Jürgen Wertheimer, *Don Quijotes Erben*

S. 291 Dostojevskis »Verbrechen und Strafe« – das Verhör als Existenz

S. 306 Im Archiv der Albträume: Raabes »Die Akten des Vogelsangs«

S. 324 Hermann Broch – Die Schlafwandler. Epochenumbruch im Zeitraffer

S. 346 Marcel Proust. Auf der Suche nach der verlorenen Zeit

S. 368 James Joyce. Ulysses. Ein »Welt-Alltag« im Leben des Leopold Bloom

S. 391 Franz Kafka. Der Prozess. Das Leben als Strafverfahren

S. 412 Thomas Mann.
Der Zauberberg. Im Museum des abendländischen Kultur

S. 432 Günter Grass. Die Blechtrommel.
Der magische Blick des Außenseiters

S. 455 Gabriel García Márquez oder der Geruch der Guayave

S. 478 Italo Calvino. Wenn ein Reisender in einer Winternacht.
Vom Erzählen des Erzählens des Erzählens

S. 498 Ingeborg Bachmann. Der Fall Franza.
Auf der Suche nach dem verlorenen Ich

Blatt von Cervantes

Die Erfindung des Romans

Zu Beginn scheint das Erzählen ein großes Fest, ein Karneval der Stimmen: ob bei Don Quijote, Gargantua, oder bei Grimmelshausen. Winzlinge und Riesen, Wahnsinnige und Heilige stürmten durch die Welt, und ihre Erzähler schwelgten in Phantasien. Tausend Seiten Ausnahmezustand. Tausend Seiten Abenteuer – das ist der Stoff, aus dem die frühen Romane sind.

Diesen großen Atem spürt man erst so recht, wenn die erzählerische Luft in den späteren Jahrhunderten dünner zu werden beginnt, die Räume enger, die Phantasien geordneter. Bei genauem Hinsehen freilich erkennt man auch in späteren Jahrhunderten den subversiven Grund aller Romane: Die Helden des Romans reiten oder stolpern von Beginn an ins Abseits. Der große Roman ist das Genre der Verlierer, Versager und Gescheiterten. »Verlorene Illusionen«: Don Quijote, Candide, Werther, Raskolnikov – keiner, der nicht aus den Koordinaten der Gesellschaft fiele. Alle Abenteuer der Romanhelden enden im Schiffbruch oder in der Kapitulation, im Selbstmord oder in der großen Desillusion. Ein allzu billiger Befund? Nur auf den ersten Blick. Denn zum einen ist alles nur eine Frage der Auswahl. Den unglücklichen Antihelden und Antiheldinnen der großen Romane steht ein Heer mehr oder weniger glücklicher Erfolgsgeschichten gegenüber. Geschichten um Menschen, deren Durchhaltevermögen am Ende auf irgendeine mehr oder weniger überzeugende Art, meistens mittels Heirat, belohnt wird. Oder durch einen gedämpften Kompromiss mit den sogenannten Realitäten.

Im Grunde gibt es seit jeher zwei Arten von Romanen. Solche, die Phantasie romantisch entzünden und solche, die sich dem Abenteuer Alltag stellen. Die erste Gruppe wird rauschkonsumiert und gelegentlich verfolgt. Man kennt das Verfahren. Schon im *Don Quijote* verbrennen die besorgten Familienmitglieder des in ihren Augen durch Überlektüre mental zu Schaden gekommenen Don die von ihnen geschmähten ›Ritterromane‹. Die zur zweiten Gruppe gehörigen Texte stellen sich der sogenannten Wirklichkeit und unterziehen sehr häufig die Phantasien und Fiktionen einem literarischen Stresstest. Flauberts *Madame Bovary* geht an den erlesenen Gefühlen aus zweiter Hand zugrunde.

Überhaupt: die Wirklichkeit. Die literarisierte Effi Briest endet weit tragischer als ihr Vorbild aus der Wirklichkeit. Denn der Roman spitzt die Probleme zu: bis in die bitterste Konsequenz. Was im Alltag bisweilen eben gerade noch einigermaßen undramatisch endet und versickert, wird im Roman gnadenlos zu Ende gedacht und gebracht: Wie viele Candides gingen und gehen halbherzig entschlossen, das Gute zu finden, durchs Leben, das ihnen das Gegenteil beweist?

– Keiner torkelt so absurd über Leichenberge, Blutlachen und Vulkanausbrüche wie Candide. Wie viele aufgeklärte mittlere Beamte mochten und mögen bisweilen Werther-Gefühle, jene Mischung aus Hochmut, Hass und Überdruss, empfunden haben? – Kaum einer gab sich programmatisch die Kugel.

Die ehrwürdige Mimesis-Diskussion begleitet den europäischen Roman seit seinen Anfängen: kein Manuskript, keine quietschende Türe, kein Hinkebein, keine Quittung, kein Versprecher, kein Stottern, Stammeln, kein Durstgefühl, kein Hungernagen, das nicht als Indiz für die stets behauptete Wirklichkeitsnähe herangezogen worden wäre: Erich Auerbach hat diesem Missverständnis ein ganzes Buch gewidmet. Und es mag ja auch zutreffend sein, dass sich der Roman der sozialen Wirklichkeit Stück um Stück anzunähern versucht.

Wichtiger als dieser soziale Bezug jedoch ist die Entdeckung der unsichtbaren Seite der Wirklichkeit. Keine andere Gattung hat sich so sehr den Blick auf die Innenseite des Individuums zur Leitaufgabe gemacht wie diese Gattung. Introspektion, Briefdokumente, innerer Monolog, Selbstbeobachtung und Vivisektion der eigenen Nerven – kein Bereich, der nicht erzählerisch abgetastet und dokumentiert würde. Oft genug anscheinend vollständig entblößt – häufiger dominiert, inszeniert, reglementiert durch das Über-Ich der Instanz des Erzählers, die sich ihrerseits bisweilen eher verbirgt, dann wieder, wie zum Beispiel bei Balzac, unverstellt, ja exhibitionistisch entfaltet.

Es war der Roman, der von ihm entdeckte Roman, der den Prozess der Auflösung von Orientierungssicherheit vor allen anderen Literaturgattungen seit Jahrhunderten vorangetrieben hatte. Der tschechisch-französische Romancier Milan Kundera hat in seinem Essay *Das verkannte Erbe des Cervantes* darauf verwiesen, dass bereits mit dem Don Quijote eine Figur in Erscheinung tritt, die die Welt als Ambiguität begreift und statt einer einzigen absoluten Wahrheit einer Vielzahl relativer, widersprüchlicher Wahrheiten gegenüberstand. Eine Tendenz der Relativierung, die sich über Richardson, Fielding, Sterne, Balzac, Flaubert als Konstante durchziehen sollte. Die Weisheit, *die* Erkenntnis des moderneren und modernen Romans besteht in der Fähigkeit, der essentiellen Relativität der menschlichen Dinge ins Auge zu sehen und die Abwesenheit irgendeines höheren Gesetzes als Realität zu akzeptieren. Der Roman ist die säkulare Gattung schlechthin.

Romane sind Lügengeschichten mit Wahrheitsanspruch, Wissens- und Gefühlsdeponien unerhörten Ausmaßes. Es gibt Romane, denen es gelingt, bestehende Möglichkeiten zu bündeln, überraschende Konsequenzen zu ziehen und das Potential der Verhaltensmöglichkeiten voll zu entfalten. Goethes *Werther*, als Summe des Briefromans, ist dazuzurechnen. Vielleicht auch Sternes *Tristram Shandy*, als Bravourstück, alle Techniken der Erzählmöglichkeiten frei flottierend Revue passieren zu lassen. Oder Manzoni, der den historischen Roman der Zukunft schrieb. Andere stehen auf faszinierend unauffällige Art und Weise außerhalb der Regeln. Austens *Emma* ist ein solcher Roman jenseits der Muster: keine Helden, keine Orte, kein Erzähler, der brillieren will – kein nennenswertes Geschehen, alle Erwartungen enttäuscht und gerade dadurch Interesse geweckt. Nur *das* schreiben, was man kennt, genau kennt. Ein unprätentiöser Weg in die Moderne.

Man erwacht, und der Alptraum verfliegt. So war es immer. In der Moderne aber beginnen die Schrecken mit dem Erwachen erst wirklich zu werden: da hat sich einer bis zur Unkenntlichkeit verändert oder er gerät in eine ihm unbekannte Welt, in ein Räderwerk der Vernichtung, ein System der Vergewaltigung. Gesicherte Wirklichkeiten und Grenzen lösen sich auf, Wahrnehmungen und Empfindungen verflüchtigten sich. Die Romane seit 1900 protokollieren diesen anfangs kaum spürbaren, allmählich übermächtig werdenden Zerfallsprozess. Die Erzähler selbst werden von diesem gewalttätigen Vorgang erfasst und versuchen dennoch, ihn noch im Moment der eigenen Gefährdung zu dokumentieren. Jeder der Romane vermittelt dieses Ineinander von Auflösungsdrohung und erzählerischer Gegenwehr. Erzählen als manchmal verzweifelter Versuch, eine, wenn auch gefährdete, Ordnung herzustellen. Wer erzählt, kommt aus dem Loch des dumpfen Schweigens heraus und modelliert die Erfahrung begrifflich. Es geht hier nicht darum, diesen Vorgang an sich zu verklären: Seit Nietzsches epochalem Aufsatz über die *Kunst der Lüge im außermoralischen Sinne* ist das Geschäft der Versprachlichung, je literarischer umso mehr, ein für alle Mal seiner Unschuld beraubt: Geschichtliches Dasein erscheint als ein Herumstochern im Nebel schiefer Metaphern und trügerischer Bilder. Das Erzählen bleibt davon nicht unberührt, verliert seine Unbefangenheit, verliert seinen ruhigen, gleichmäßigen Gang, kommt aus dem Tritt, beginnt über sich selbst zu reflektieren.

Nicht, dass die Erzähler früherer Jahrhunderte immer trittsicher gewesen, nie gestrauchelt wären. Die Gattung ist per se krisengewohnt. Doch gerieten Raum-, Zeit- und Bewusstseinskoordinaten allenfalls im Ausnahmefall außer Kontrolle: der Realismus des 19. Jahrhunderts unternimmt den wohl systematischsten Versuch einer Annäherung und Durchdringung von Sprache und Wirklichkeit. Ein zum Scheitern verurteilter Versuch, eine geschlossene Weltordnung mit einem fixierbaren Bewusstseinshorizont herzustellen. Logozentrische Kosmetik, wo längst schon die Binnenverankerungen gesicherter Wahrnehmung gerissen sind.

Der vorliegende Band will keinen Überblick geben und zielt nicht auf Vollständigkeit, jedenfalls keine quantitative Vollständigkeit. Seine Auswahl folgt einer Spur, die, von Don Quijote ausgehend, die mentalen Migrationen, narrativen Wanderwege, und die Dialektik von Aufbruch und Rückkehr in den Blick fasst. Sicherlich selektiv und subjektiv – wie sonst könnte man das sehr ›weite Feld‹ auch nur annähernd beackern. Er unternimmt im zweiten Teil auch Ausflüge in die sehr vielgestaltige europäische Erzähllandschaft des 20. Jahrhunderts. Beginnend mit der krisenhaften Ablösung vom realistischen Erbe bei Broch, bis hin zur spielerischen Selbstaufhebung der Gattung bei Calvino. Obwohl mit Gabriel García Márquez auch eine Exkursion in die Tropen unternommen wird, handelt es sich primär um eine Erkundung des europäischen Terrains, ohne jeden Anspruch auf Kanon oder Normbildung. Im Gegenteil: Das Kulturbiotop Europa überzeugt, wenn überhaupt, durch seine radikale, das heißt von den Wurzeln herrührende, innere Vielstimmigkeit. Es ist sprachgewordene, textförmige Heterogenität pur. Die ausgewählten Romane repräsentieren diese Eigenwilligkeit nicht nur thematisch, was den Anti-Typus des Menschen ohne feste Eigenschaften betrifft, der seine Fahrt durch die Schichtungen der Geschichten antritt. Auch die Art der erzählerischen Wahrnehmung und Vergegenwärtigung der Wirklichkeit vermittelt diese, sich jeder Norm und Normierung entziehende, Eigen-Sinnigkeit, Eigen-Sinnlichkeit. Alles ist möglich. Der Roman verweigert sich der Begrenzung seiner Bezirke und Stilmittel auf solch grundsätzliche Weise, dass Günter Grass zu Recht davon schreibt, dass er wie ein Geröllberg, eine Schutthalde sei. Da wird nicht unterschieden zwischen Vorder- und Hintergrund, Vergangenem und Gegenwart, relevanten Handlungsteilen und Dekor. Alles ist gleichwertig. Voll präsent. Ohne Regel, Hierarchie und geordneten Diskurs. Diese innere Anarchie der Gattung befähigt sie zur Entdeckung unbekannter Bezirke der sogenannten Wirklichkeit. Und zur Vermittlung von Wahrheiten tief unter der Haut der Kultur ihres Regelwerks und ihren Normen. Denn nicht zuletzt sind Romane, wie vernichtend die Geschehnisse, über die sie berichten auch sein mögen, große Gesten der Befreiung, des Auskostens der Lust am Sieg des Erzählens über die Misere. Wie schreibt Umberto Eco im Vorwort zu seinem Roman *Im Namen der Rose*: »So fühle ich mich denn nun frei, aus schierer Lust am Fabulieren die Geschichte zu erzählen ... Denn es ist eine Geschichte von Büchern, nicht von den Kümmernissen des Alltags.«

    Der Band entstand aus einer Reihe von Vorlesungen im Rahmen des *Studium Generale*. Er kann und wird den sprachlichen Duktus dieser Situation nicht ganz verleugnen. Jeder Versuch, möglicher Kritik im Vorfeld zu begegnen, ist letztlich vergebens. Auch, was die Auswahl der Romane betrifft und damit verbunden vieler Lücken, ist Kritik möglich. Vielleicht sogar angebracht. Deshalb nur so viel: das Kriterium der Auswahl war letztlich das der Sogwirkung, die ein Text in seiner Um- oder Nachwelt entfaltet. Alle die hier angesprochenen Romane wurden zur Referenz für viele andere Autoren, die sich an ihnen orientierten. Markieren Innovations- oder Wendemarken, Punkte, an denen ein Funke übersprang und etwas in den Lesern zum Explodieren oder Implodieren brachte.

    Für die unermüdliche Arbeit am Manuskript danke ich herzlich Magda Hirschberger, Tugba Diri und Isabelle Holz, Amira Möding, Andrée Gerland.

Gustave Doré

EL INGENIOSO
HIDALGO DON QVI-
XOTE DE LA MANCHA,

Compuesto por Miguel de Ceruantes Saauedra.

DIRIGIDO AL DVQVE DE BEIAR,
Marques de Gibraleon, Conde de Benalcaçar, y Bañares, Vizconde de la Puebla de Alcozer, Señor de las villas de Capilla, Curiel, y Burguillos.

Año,  1605.

CON PRIVILEGIO,
EN MADRID Por Iuan de la Cuesta.

Vendese en casa de Francisco de Robles, librero del Rey nro señor.

Cervantes' Don Quijote
eine Figur auf Kollisionskurs gegen den Rest der Welt

Die Überführung von rechtskräftig verurteilten Schwerkriminellen in eine Haftanstalt. Auf der Landstraße stellt sich plötzlich ein auf altertümliche Art Schwerbewaffneter mit Komplizen dem Transport in den Weg, schlägt nach kurzem Wortwechsel einen der Aufseher nieder, befreit die Gefangenen und lässt sie laufen. Dann verschwinden die beiden spurlos. Ringfahndung. Straßensperren. Kein Erfolg. Don Quijote zieht weiter.

Ein Gewalttäter von beachtlicher krimineller Energie terrorisiert ganze Landstriche: Zwei friedlich auf der Straße ziehende katholische Ordensgeistliche werden ohne Vorwarnung zusammengeschlagen und ausgeplündert, der Bodyguard einer reisenden Dame bleibt mit Hieb- und Stichverletzungen schwerverletzt auf der Strecke. Don Quijote zieht weiter.

Nur ein winziger Auszug aus dem Register des Protagonisten, des Mannes von der Mancha, der, ohne romantisierenden Weichzeichner betrachtet, eine Spur der Verwüstung hinterlässt. Das Schema ist meist dasselbe: eine beliebige Person hat das Unglück, in den Gesichtskreis dieses ritterartigen ›Easy Riders‹ zu geraten, die Ahnungslosen werden mit einer Flut von nur zum Teil verständlichen Verwünschungen überschüttet und dann brutal attackiert, frontal mit eingelegter Lanze, mit der Brechstange angegangen. Dass es häufig gelingt, die ungestümen Angriffe abzuwehren und den körperlich eher schmächtigen Aggressionsbolzen dann selbst in die Mangel zu nehmen, erwächst eher aus einer Art von Notwehrsituation.

Don Quijote, der Mann von der Mancha, hat sich zwar in unserem Bewusstsein als Ikone versponnener Harmlosigkeit und als Märtyrer des Romantischen festgesetzt. Die Wirklichkeit jedoch sieht anders aus, als das Bild des ohnmächtigen Kämpfers gegen Windmühlen, Riesen, Zauberer es vorspiegelt. Und dieselben sanften Gemüter, die den armen Ritter von der traurigen Gestalt, halb Parsifal, halb Pierrot, lieben, sind in der Regel extrem angefasst, wenn ihnen solch ein Irrläufer und Normenzerstörer etwas zu nahe kommt. Man kann die unverbindlichen Sympathieempfindungen, die man dem Hidalgo entgegenbringt, gut verstehen. Aber man sollte dieser Tendenz zu einfühlsamer Annäherung auch etwas kritischen Widerstand entgegensetzen. Und sei es ›nur‹, um der Figur gerecht zu werden, statt sie zu vereinnahmen, wie dies zum Beispiel die Romantiker getan haben.

Gerechtigkeit für Don Quijote heißt, ihn in seiner durchaus gewalttätigen Andersartigkeit zu akzeptieren. Sagt sich leicht, lebt sich schwer. Denn der Don

macht es seiner Umwelt nicht gerade einfach. Sein persönlicher Kampf gegen den Terror ist nicht frei von terroristischen Elementen. Und nicht frei von Widersprüchen, zumindest nicht frei von Anachronismen. Immerhin, – man lebt im 17. Jahrhundert, nicht im Mittelalter. Doch der selbsternannte »Ritter von der traurigen Gestalt« gebärdet sich wie ein Kreuzritter oder Minnesänger. Man stelle sich nur einmal vor, heutzutage würde jemand in Robin-Hood-Tracht in eine Börse vordringen und Jagd auf Investmentbanker machen. Knast oder Psychiatrie wären die Folge.

Unserem Helden und sozialen Irrläufer gelingt es wundersamerweise über 1400 Seiten, mehr oder weniger folgenlos, weiter zu agieren. Ein Serientäter in Sachen ›Gerechtigkeit‹ wie Don Giovanni es in Sachen Erotik ist. Don Giovanni freilich braucht keine Bücher als Handlungsvorlage. Don Quijote hingegen ist ein frühes Textualitäts-, Intertextualitäts-Opfer. Fehlgeleitete Lektüre als Symptom einer ausgewachsenen Midlife-Crisis: Der Mann ist kein Jüngling, sondern in den Fünfzigern, ledig, Frühaufsteher, mager, hager, müßiggängerisch. Bescheidener ländlicher Wohlstand, Haushälterin Mitte vierzig, Nichte, knapp zwanzig, im Haus. Bisher offenbar verhaltensmäßig unauffälliges Landadligenleben. Einziger Exzess: Bücher, Romane, Ritter-Romane – Fluten heroisch-phantastischer Fantasy-Literatur. Der Erzähler kommentiert trocken:

Kurz, er versenkte sich so tief in die Bücher, dass er über ihnen die Nächte vom letzten bis zum ersten Licht und die Tage vom ersten bis zum letzten Dämmer verlas, und der knappe Schlaf und das reichliche Lesen trockneten ihm das Gehirn ein, so dass er den Verstand verlor. (Kap. 1)

Hirnverbrennungen ersten Grades diagnostiziert der Gewährsmann, bedingungslose Totalidentifikation eines erwachsenen Mannes mit den Stars und Idolen der Ritterepen und Heldengeschichten. Nun ist es schlimm genug und allemal gefährdend, wenn einer Literatur und Leben nicht differenziert, sondern ineinander verschwimmen lässt und zum Beispiel den Werther nachahmt, indem auch er sich eine Kugel vor den Kopf schießt. Vollends absurd wird es immer dann, wenn ein Text aus Buchstaben den Konsumenten nicht nur zum Nach-Leser, sondern zum Nach-Leber werden lässt. Schwärmerischer Minne-Dienst von Rittern ist bedenklich; imitierende Selbstverwandlung in einen verspäteten Pseudo-Ritter ist, der Verfasser lässt keinen Zweifel daran, Verrücktheit, ›loco‹ eben.

Kopf-geboren

Literarisch gesehen hat diese radikalisierte Art des Wahnsinns nicht nur Methode, sondern ist geradezu Schlüssel zum Erfolg. Gedankenspiele und ›als ob‹-Tändeleien sind banal. Sich wie ein Tier zu fühlen, metaphorisch, ist keine Kunst.

Ist Normalität. Aufzuwachen und ein Käfer mit Chitinpanzer und Zappelbeinchen zu *sein* wie in Kafkas *Verwandlung* – dies ist der Trick, der aus einem vagen Gefühl, das man zu kennen glaubt, eine ästhetische und existenzielle Erfahrung von besonderer Konkretheit wie Schärfe entstehen lässt, die es ermöglicht, ein ganz neues Gespür für das Phänomen der ›Verwandlung‹ zu entwickeln. Sich in die Rolle eines Verteidigers der Schwachen und Rächers der Verfolgten hineinzuphantasieren ist eine eher langweilige Geschichte. Wer kennt nicht dergleichen Tagträume, bei denen man sich als einen anderen/eine andere denkt oder empfindet oder wünscht.

Und vielleicht verwandelt man sich auch für erlaubte Momente in dieses andere Wunschwesen – Faschingshelden und -hexen sind schließlich keine Seltenheit. Mutigere nehmen sich das Recht, auch außerhalb ›toller Tage‹ der Welt Zeichen ihrer Zugehörigkeit zum Stamm der Irokesen oder der ›Gruftbewohner‹ zu zeigen. Doch der Fall Don Quijote ist weit radikaler gelagert: Grufties knipsen Busstreifenkarten, Irokesen machen Lohnsteuerjahresausgleich – Tattoo, Nasenring und absolvierter Grundwehrdienst sind miteinander unter Umständen vereinbar. Anders Don Quijote. Die Verkleidung, die Verwandlung in einen Ritter ist identisch mit einer, das gesamte Verhaltensinventar umfassenden, Totaltransformation des Denkens, Empfindens *und* des konkreten Verhaltens. Er ist gestaltgewordene Andersartigkeit, bekennendes Wesen vom anderen Stern, durch und durch, innerlich und äußerlich. Und die wirkliche Herausforderung beginnt erst dann, wenn sich eine Idee konkret materialisiert, wenn Konzeption und Wirklichkeit aneinandergeraten. Etwa wenn es darum geht, einen angemesseneren Helm für die große ›Queste‹, ›Aventiure‹, Ausfahrt zu finden. Don Quijote zögert nicht, sich das heroische Requisit unter Verwendung einer alten Sturmhaube regelrecht selbst zusammenzubasteln, wobei allerdings die alte Designerregel des ›form follows function‹ sträflich außer Acht gelassen wird.

Er bastelte sich aus Pappwerk die fehlende Hälfte und brachte sie an der Birne an, so dass sie wie ein echter Visierhelm aussah. (Kap. 1)

Unnötig zu sagen, dass beim ersten Testschlag, den der Amateur-Chevalier dann gegen den skurrilen Kopfschutz führt, dieser umgehend in Stücke fällt. Notdürftig mit Draht zusammengestoppelt, wird er dennoch für überaus geeignet befunden und der Verwendung zugeführt.

Nicht nach der Methode »ich denke also bin ich«, sondern »alles ist so wie ich es denke«, wird dann auch Rocín, der alte Klepper, zu rocín-ante, Rocinante, erklärt und damit zum edelsten aller Rösser umgewidmet. Gar nicht zu reden von der nächstwichtigen Requisite des Rittertums, der Dame, Herrin, Gebieterin, für die man streitet. Auch hier steht der Name für die ›Sache‹. Dulcinea del Toboso wird die Angebetete genannt. Wirklich geben tut es sie natürlich nicht. Die eigene Welt des Ritters Don Quijote de la Mancha, wie er selbst sich nun nennt,

endet weder im eigenen Kopf noch auf eigenem Grund und Boden. Wer davon überzeugt ist, die Welt retten zu können, muss hinaus:

Ohne einer Menschenseele seine Absicht mitzuteilen und ohne dass ihn irgendjemand gesehen hätte, wappnete er sich eines Morgens vor Anbruch eines besonders heißen Julitages mit all seinem Rüstzeug, bestieg Rocinante, stülpte sich den gestückelten Helm auf, packte den Lederschild, griff zur Lanze und zog durchs Pförtchen seines Hinterhofs aufs Feld hinaus. [...] (Kap. 2)

Reitet hinaus und imaginiert, während er über die staubtrockene Mondlandschaft der Mancha tapert – die Hitze allein hätte schon genügt, »dass ihm das Hirn zerflossen wäre«, notiert der empfindungslose Chronist – seinen eigenen Roman. Der würde sich ganz anders lesen als der Anschein der kruden ›Wirklichkeit‹ es vermuten lässt:

Kaum hatte der blondgelockte Apoll über das Antlitz der großen, weiten Erde die güldenen Fäden seines holden Schopfes gespannt [...], da verließ der treffliche Ritter Don Quijote von der Mancha die trägen Pfühle, bestieg Rocinante, sein treffliches Ross, und zog seines Weges über die ehrwürdigen, berühmten Felder von Montiel. (Kap. 2)

Die ›Wirklichkeit‹, ihr materieller Teil, sieht anders aus. Weit und breit keine Gegner, niemand, an dem er eine seiner ruhmvollen Taten ausüben könnte. Brachliegender Enthusiasmus ist immer von Übel. Brachliegender Heroismus ist inakzeptabel. Jedenfalls für heroisch Motivierte. Und dann wird es auch noch dunkel und er hat kein Quartier. Der erste Tag endet als chevalereskes Fiasko.

Vom Erzähler der Erzählung

Der Erzähler macht sich das Erzählen nicht leicht. Recherchiert genau, schlägt bei anderen Autoren und in Chroniken nach, darunter auch in den Jahrbüchern der Mancha. Auch wer dieser Erzähler eigentlich ist, lässt sich nicht ganz leicht bestimmen. Natürlich steht auf dem Buch, welches 1605 unter dem Titel *El ingenioso hidalgo Don Quixote de la Mancha* erscheint, ein Name, der von Miguel de Cervantes Saavedra. Ein Name, hinter dem sich bereits ein ganzer Roman verbirgt. 1547 als Spross einer verarmten Adelsfamilie geboren. Nach einem Jurastudium wird er Soldat, wird bei der historischen Seeschlacht von Lepanto gegen die Ottomanen verwundet. 1575 gerät er in algerische Gefangenschaft, aus der er erst fünf Jahre später losgekauft wird. Später dreizehn Jahre Staatsdienst in Oran (dem späteren Schauplatz von Camus' *Pest*-Roman) und Andalusien. Danach im Zusammenhang mit dem Vorwurf der Unterschlagung und Steuerhinterziehung noch zwei weitere Male im Gefängnis. Erst der Erfolg des zweiten Teils des *Don Quijote* bringt eine gewisse finanzielle Erleichterung. Drei Wochen,

nachdem er 1616 in den Franziskanerorden eingetreten ist, stirbt Cervantes.
    1597. Miguel einmal mehr im Knast, in der großen, modernen ›Strafvollzugsanstalt‹ von Sevilla. Zeitgenössische Berichte beschreiben sie als eine wahre Hölle von Lärm, Chaos, Gewalt, Gestank und Schwerkriminalität. Es gibt keine Beweise dafür, dass Cervantes genau hier mit seinem Don Quijote begann. Vorstellbar, vielleicht sogar wahrscheinlich ist es schon, dass bei einem, dessen Hoffnungen, Träume und Energien seit Jahrzehnten unzählige Male enttäuscht und eingesperrt wurden, nun, stillgestellt, die Phantasien und Erinnerungen weit ausgreifen, ihn überfluten, ihn – kontrolliert – ausrasten lassen. So wie es sich Cervantes für Don Quijote vorstellt. Mit dem Unterschied, dass dessen Visionen aus den Büchern kommen, während sie beim Verfasser Cervantes in ein Buch fließen. Der Autor selbst spielt in der Vorrede mit dieser Formel, die nichts mit simpler Gleichsetzung von Verfasser und Figur zu tun hat:
    Und doch entkam ich nicht dem Gesetz der Natur, nach dem jedes seinesgleichen zeugt. Was sonst also sollte mein unbestellter Geist zeugen als die Geschichte eines spröden, knorrigen, launischen Sohnes, den Kopf wirrer Gedanken [esteríl y mal cultivado], auf die kein anderer verfallen könnte [...]? (Vorrede)
    »Avellanado«, sei er, also runzelig, »antojadizo«, das heißt skurril, und voll von irrwitzigen Einfällen und Ideen, auf die vor ihm noch keiner gekommen ist, eben ein etwas gestörtes Gefängniskind, »un hijo de cárcel«. Don Quijote als ›Prison Song‹ – eine vielleicht überraschende, möglicherweise aber auch wieder romantisierend wirkende Sehweise. Und gestandene Philologen werden nicht zögern, jeden Versuch dieser Art, den Autor als empirische Person zu verorten und dann auch noch einen irgendwie gearteten persönlichen Bezug zwischen ihm und seiner Figur herzustellen, als indiskutable Naivität abzutun. Und sie haben natürlich gute Gründe, denn in der Tat ist das Werk von Beginn an eine einzige, virtuos aufgestellte, raffiniert durchkonstruierte Falle. Dennoch scheint mir der professionelle Mauerbau: hier Text – dort Mensch, bei genauerer Betrachtung ziemlich unproduktiv, da unzutreffend. Lebensnerv und Textspur stehen in einem gewachsenen Verhältnis zueinander. Und auch die Masken, Konstruktionen, Mystifikationen und intertextuellen Zitationen, aus denen der literarische Text lebt, stehen in – oft sehr gebrochenem – Bezug zu den spezifischen Wahrnehmungen und emotionalen wie mentalen Erfahrungen des Autors.
    Mit anderen Worten: Wenn Cervantes, Mitte fünfzig, nach einem Leben voll verlorener Illusionen, ein Buch über einen Helden, Mitte fünfzig, schreibt, in dessen Schädel die Illusionen, Imaginationen und Phantasmagorien zu explodieren beginnen, wäre es wohl ein wenig absurd, Leben und Werk vollständig voneinander trennen zu wollen. Gerade weil eine solche situative Erfahrung gegeben ist, stellt sich dem Autor das Problem, seine Geschichte möglichst distanziert, sogar isoliert von sich selbst, zu erzählen. Und immer wieder den eminent lite-

Don Quijote

rarischen Charakter des Projekts zu betonen. Was sich bereits im Prolog zeigt, wenn Cervantes sich verzweifelt vor dem leeren Papier grübelnd zeichnet und dem intendierten Leser Einblick in die gelähmte Dichterseele gewährt:

Denn hat es mich an sich schon Mühe gekostet, die Geschichte zu verfassen, wieviel erst das Vorwort, das du hier liest. Oft habe ich zur Feder gegriffen, wollte losschreiben, und ebenso oft legte ich sie nieder, weil ich nicht wusste, was ich schreiben sollte. (Kap. 1)

Und als er wieder einmal solchermaßen frustriert, schreibgehemmt und federkauend vor dem verdammten weißen Blatt saß, sich (fast schon in der Art eines präexistenten Calvino) Gedanken über den Leser dessen, was er erst noch im Begriff ist zu schreiben, macht, da tritt ... natürlich ein Freund ein, manche vermuten dahinter den akademisch versierten Intimfeind Lope de Vega, und redet und redet auf den verhinderten Vorwortschreiber ein. Klassische und biblische Anspielungen und Zitate, kein Problem; neckische mythologische Anspielungen, souveränes Namedropping, elegante rhetorische Verrenkungsakrobatik, – komm, macht man so, mach ich dir. Und Miguel, der treuherzig Boshafte, Raffiniert-Naive, zitiert zweieinhalb Seiten lang die Auslassungen des hochgelehrten Kollegen und fügt trocken hinzu:

In tiefem Schweigen hatte ich die Worte meines Freundes angehört, und seine Rede hinterließ einen so großen Eindruck bei mir, dass ich nichts entgegensetzte, sondern sie sogleich für gut befand, ja sie für meine Vorrede verwenden wollte, so dass dir, herzensguter Leser, daraus nun die Klugheit meines Freundes entgegenscheint [...]. (Kap. 1)

Auf diese Weise (fiktiv) abgesichert, gibt es kein Halten mehr und – einmal in Fahrt gebracht – zieht der mutig gewordene ›Nachwuchsautor‹ alle Register virtuos-verkünstelt-abstruser Devotions- und akademischer Lobeshymnenkultur: alte Helden, junge Frauen und auch Figuren aus dem Roman, Rocinante inklusive, sondern ihre manieriert-löchrig-holprigen Preis-Produkte ab:

Rocinant bin ich, erko –
Als des Babieca Spro –;
Da ich nichts als Haut und Kno –
Musst du dienen Don Quijo – (Eingangsverse)
[Soy Rocinante el famo –
Bisnieto del gran Babie –
por pecados del claque –
fui a poder de un Don Quicho – (Prólogo)]

Silbenreihen fehlen, Reime fallen, das zerstampft die ganze gezierte Hof- und Unterwerfungsritualkultur, indem es sie leicht überzeichnet und so scharf und gekonnt diskreditiert, wie Goya dies hundert Jahre später mit den spanischen Granden machen wird, die er porträtierte.

Die große tragikomische, ernsthafte Travestie- und Abenteuergeschichte auf streng historischer Grundlage (darauf besteht der Erzähler wieder und wieder) kann beginnen. Wir waren ja schon mitten drin. Der Hidalgo am ersten Tage, ohne Feindberührung und ohne eine Menschenseele zu treffen. Erst am Abend kommt dann die Stunde der Wahrheit – die Begegnung mit der Außenwelt, den anderen. Wie werden sie auf seine außergewöhnliche Erscheinung reagieren? Und: wie wird er auf sie und ihre Reaktionen reagieren? Einfach kompliziert nämlich ist seine Art, mit der sogenannten Wirklichkeit zurechtzukommen. Und er versucht fast immer, zu seinem Recht zu kommen, denn:

[...] *alles, was er dachte, sah oder ersann [schien ihm] ganz so bestimmt und beschaffen [...] wie er es gelesen hatte [...]. (Kap. 2)*

Die Formel, die der Erzähler da so einfach vorstellt, ist ver-rückt und normal zugleich. Verrückt nämlich, insofern sie dazu führt, die Wirklichkeit schlicht auszublenden. Normal, insoweit sie anno 1605 bereits hellsichtig eine Prognose der ›brave new world‹ der Mediokratien liefert. Heutzutage ist es freilich nicht ein Einzelner, der sich einreden lässt, alles sei so, wie er es zu lesen und zu sehen bekommt, sondern ein ganzes Heer von Manipulierten. Bei Don Quijote verhält es sich noch umgekehrt: alle anderen ›ticken‹ scheinbar richtig, nur er funktioniert ›anders‹. Die billige Absteige erscheint ihm als Burg, der Schweinehirte als Herold, zwei Huren vor der Schenke als edle Schlossdamen. Auf diese letzteren reitet er, ausgerüstet wie ein ganzes Waffenarsenal und staubbedeckt, direkt zu und schneidet den – verständlichen – Fluchtversuch der Damen galant ab, hebt das Pappdeckelvisier und spricht:

Hebet euch nicht hinweg, ihr gnädigen Holden, und banget vor keinem Ungemach, alldieweil ich dem Rittertume angehöre, dem es nicht ziemlich und nicht füglich ist, jedwedes zu verüben, und gar niemalen an solch edlen Jungfern, als die euch euer Antlitz offenbart.

Besonders die Benennung ausgerechnet als »Jungfrauen« führt bei den Betroffenen zu schallendem Gelächter. Einen Kunden, der zu »dienen«, nur zu dienen wünscht, sind die eher rustikalen Gunstgewerblerinnen nun gar nicht gewöhnt. Ihr Gelächter ist im Übrigen noch die ehrlichste Reaktion. Die meisten sagen gar nichts, sondern denken sich ihren Teil. Der Wirt, in Don Quijotes ritterlichem Weltbild treffsicher als »Kastellan« erkannt, buckelt und wedelt servil. Der Don, erst kurz ärgerlich, wird so allmählich eingewickelt. Keiner spricht offen das absurde Skandalon seiner Erscheinung aus, fast alle schließen sich halb voyeuristisch, halb spielerisch, seinen Wahrnehmungen an.

So ergibt sich ein ganz merkwürdiges Verhaltensmuster, bei dem es von Beginn an nicht ganz leicht fällt, die inneren Abhängigkeiten, Bezüge und Kausalitäten zu bestimmen. Denn in dem Maße, in dem die zunächst befremdete Umwelt es lernt, auf die Wahrnehmungsbedürfnisse des Don einzugehen, manipuliert sie ihn ihrerseits, und der Provokateur wird zum Spielball. Bald wird eine Mahlzeit mit dem Ritter zum regelrechten Spaß-Event:

Ihn essen zu sehen, war ein hübsches Schauspiel, denn da er den Helm auf dem Kopf trug und das Visier hochhalten musste, konnte er nichts mit eigener Hand zum Mund führen, ein anderer musste es für ihn tun [...]. Doch zu trinken konnte man ihm erst geben, als der Wirt ein Schilfrohr zuschnitt, ihm das eine Ende in den Mund steckte und durch das andere den Wein goss.

So wird der heroische Hidalgo einerseits rasch zum ›idiot de la famille‹, zum Spielball der ›Fun‹-Bedürfnisse der Leute, auf die er sich einlässt, andererseits bleibt er ein unverdaulicher Irritations- und Störfaktor, ja wird zum regelrechten Gefahrenquell, wenn er seinen Kollisionskurs fährt.

Und den fährt er letztlich immer. Und gleich am nächsten Morgen, wenn er, wieder auf Tour, eine Gruppe von Kaufleuten aus Toledo, die das Unglück haben, mit dem Namen Dulcinea del Toboso nichts verbinden zu können, frontal mit eingelegter Lanze angreift. Glücklicherweise ist Don Quijote selbst sein größter Feind: Während des Angriffs strauchelt Rocinante, worauf auch Don Quijote schwer zu Fall kommt und von den Teilen der eigenen Rüstung und der Waffen beinahe erschlagen wird. Doch damit nicht genug. Als er völlig zerbeult zwischen den diversen Altmetall- und Schrottteilen wieder auftaucht, wütet er solange hinter den bereits abziehenden Feinden hinterher, bis einer davon ihn doch noch mit den Bruchstücken seiner ehemaligen Lanze so durchbläut, dass er sich kaum mehr zu rühren vermag.

Ein katastrophaler Ausgang – für fast jedermann, außer für Don Quijote, dem als versierten Leser auch in diesem jämmerlichen Zustand sofort die passende heroisch-epische Parallele einfällt: verwundeter Ritter im Wald fern der Geliebten – ein so wunderbares Sujet, dass sich daraus sofort wieder erhabenes Empfinden herstellen lässt.

Double oder Dummy

Nein, dieser Don Quijote ist wirklich kein Alter Ego seines Autors. Oder umgekehrt: vielleicht ist er genau das, freilich in einem besonderen Sinn, die andere Seite des Ich als gespenstischer Gegenentwurf, nach allen Seiten hin radikalisiert weitergedacht. Das Dummy des Dichters, Kunstfigur aus Papier, Literatur-Roboter, auf ›Ritter‹ programmiert. Wenn man versucht, das Erzählgebilde als Ganzes zu sehen, ist der Ort des Autors bei Weitem nicht nur im ziemlich autistisch funktionierenden Einzugsbereich des Bewusstseins der Hauptfigur. Im Gegenteil, die Absurdität, schlicht der glatte Wahnsinn vieler seiner Aktionen, wird durch das Verhalten Hunderter anderer Figuren, die im Verlauf des Romans mit ihm in Berührung kommen, deutlich markiert. Vor allem aber durch die vielleicht großartigste Erfindung, dem Protagonisten eine fast gleichwertige Figur zur Seite zu stellen: Sancho Pansa.

Das erste Mal in der Weltliteratur der Neuzeit, dass solch eine Paarung in Szene geht. Sicher, es gibt Ritter und ihre Knappen. Doch Helden wie Odysseus oder Parsifal dulden keine komplementären Begleiter. Solche Symmetrien finden sich naturgemäß allenfalls im Romeo-und-Julia-, Tristan-und-Isolde-Schema. Selbst problematische, schwächelnde und verrückte Figuren wie Hamlet und Lear sind weitgehend auf sich selbst gestellt und letztlich allein. Es ist schon etwas Besonderes, dass gerade diejenige Figur, deren Lebensform eine Art freiwilliger Isolationshaft (im freien Vollzug) darstellt, nie alleine, sondern immer zu zweit ist. Damit ist ein Prototypus erfolgreicher Figurenkonstellationen für alle zukünftige Zeit in Gang gesetzt: die Reihe reicht von Diderots aufklärerischer Don-Quijote-Paraphrase des *Jacques der Fatalist und sein Meister* bis hin zu Grass Tag- und Nachtschatten-Paar Fonty – Tallhofer in *Ein weites Feld*, von Sherlock Holmes und Dr. Watson bis hin zu Dick und Doof, Dr. Jekyll und Mr. Hyde ...

Psychologische, vor allem aber auch erzähltechnische Gründe mochten im Don Quijote zu dieser Konstellation geführt haben. Um das Interesse an einem autistischen Extremisten wie dem Don über 1400 Seiten nicht ermüden zu lassen, ist es zwingend geboten, nach der inneren Motivation und Disposition dieser Figur zu fragen. Immerhin wird 150 Jahre später der Roman auch zu *dem* Medium der Innenschau, der Selbsterkundung werden. Was im Drama Ausnahmezustand ist, der Monolog auf offener Bühne, ist im Roman Normalität im geschlossenen System. Fast gleichzeitig mit dem Don Quijote entstehen große Dramenfiguren wie König Lear und Hamlet, mit ihren Glanzlicht-Hochglanz-Monologen, die man fast besser kennt als die Stücke selbst. Cervantes verzichtet auf dieses Mittel vollständig, kann darauf verzichten, denn die allzeit präsente, allzeit zur Verfügung stehende Figur des Sancho funktioniert wie ein Hohlspiegel zum Ausleuchten des Don, der sich ihm gegenüber erklärt, rechtfertigt, der ihn belächelt, korrigiert, tadelt, beschimpft und verflucht. Gemessen an der Tatsache, dass es sich um ein Herr-Diener-Verhältnis handelt, muss man allerdings sagen, dass Sancho eine der emanzipiertesten Dienerfiguren der Literatur darstellt. Don Giovannis Leporello verflucht seinen Herrn nur insgeheim, meist beneidet und bedient er ihn. Und noch die freundschaftlich zugewandte Franziska der Minna von Barnhelm wird in den entscheidenden Momenten von ihrer Herrin ›zur Minna gemacht‹. Das Verhältnis Don Quijote – Sancho Pansa aber ist nur der Form nach noch aristokratisch oder hieratisch. Innerlich ist es geradezu basisdemokratisch: Sie küssen, schlagen, lieben und brauchen sich, dass es eine Wonne ist, plündern einander solidarisch aus und wollen zweistimmig das Beste. Don Quijote will – auf seine Art – das Beste für die Welt, wie er sie sieht, Sancho

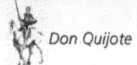

begnügt sich damit, das Beste für seinen merkwürdig altruistischen Herrn und ein wenig auch für sich selbst zu wollen. Und da auch Don Quijote letztendlich seinerseits Sancho etwas Gutes tun will, entsteht hier eine Alchemie, gegen die ein Pech- und Schwefelgemisch als geradezu labil erscheint. Zugleich ist dieses Gemisch jedoch hochexplosiv oder – um es im Bereich der Klänge auszudrükken – extrem dissonant. Eine Harmonie der Missklänge zwischen zwei Figuren, die auf exemplarische Art alles und nichts miteinander zu tun haben: hier entfesselte Phantasie, dort pragmatischer Realitätsbezug, hier Spiritualismus und idealistische Vision, dort Materialismus pur und die Sorge um die Bezahlbarkeit. Hier Furchtlosigkeit des Irrsinns, dort Angst vor den Folgen, hier Pathos, dort Gelächter, hier Askese, dort das Fressen ... Ein Traum für Strukturalisten, die hier regelmäßig kaum mehr an sich halten können und von symbolischen Ordnungen beziehungsweise ihren jeweiligen Überschreitungen dieser und jener Art zu schwärmen beginnen wie Don Quijote von seinem Ritterorden. Die Wirklichkeit sieht auch in diesem Fall ganz anders aus.

Autodafé und ›Blendung‹

Der Bauer Sancho liest den ziemlich zertrümmerten, zerdroschenen und zerwalkten Don Quijote am Straßenrand auf, legt den Helden auf den Esel und bringt ihn diskret nach Hause. Nach Hause, wo Nichte, Haushälterin, Pfarrer und ein paar andere vor Sorge um den verhinderten Helden schon in großer Aufregung sind. Keine Bange. Die Lektüre schreitet zwar ungemein langsam voran (wir befinden uns noch immer im 6. von 126 Kapiteln, aus denen dieser Riesenroman besteht), geht aber zumindest in die richtige Richtung. Richtung Neuzeit, dort, wo Literatur und Schiffbruch, Kunst und kleine Katastrophen, Untergänge ohne Würde literatur- und kunstwürdig werden. Und auch dort, wo Literatur um Literatur zu kreisen beginnt, und zwar nicht, weil sie keine neuen Themen mehr fände, oder sich kopflastig vom Leben abwenden würde, sondern, ganz im Gegenteil, weil sie dezidiert ihrer selbst bewusst wird, ihrer eigenen Regeln und ihrer eigenen Wirklichkeit. Literatur, große moderne Literatur ist nicht in Bilder gefasste Philosophie und noch weniger plastische Theologie. Ein Text ist ein Text, Literatur ist auch immer Literatur aus Literatur, Erzählen ist ein Stückweit Erzählen über das Erzählen.

Dieses Prinzip des sich auf kreative Art und Weise am eigenen Material Ab-Arbeitens ist folgerichtig von Beginn an das eigentliche Thema des Don Quijote. Die Arbeit am Hypertextsystem Literatur beginnt früh und auf ebenso amüsante wie beklemmende Weise. Man erinnert sich, Don Quijotes Wahnsinn begann mit unmäßiger Lektüre. Merkwürdigerweise wurde Jahrhunderte lang die Irrlehre verkündet, Lesen sei nicht nur angenehm und vergnüglich, sondern auch ausgesprochen nützlich. Horaz' prodesse et delectare – Formel (Nestroy würde spöttisch sagen: »dumm aber klassisch«) spukt uns noch immer nach. Denn das Gegenteil ist der Fall, und es ist unverständlich, weshalb zwar auf jeder Zigarettenpackung der Verweis, dass Rauchen der eigenen oder der mitmenschlichen Gesundheit schade, zu finden ist, sich jedoch auf keinem Buch dieser in der Tat nützliche Hinweis findet:

»Lesen schadet Ihrer – mentalen – Gesundheit.« – Je nach Verwendung.

Don Quijote, so die einhellige Meinung seiner Umwelt, hat es jedenfalls geschadet, und zwar gravierend. Was Wunder, dass nach der zerschmetterten und zerschmetternden Rückkehr umgehend der Entschluss gefasst wird, den üblen Lesestoff zu eliminieren. Während der geschundene Hidalgo die schweren Prellungen auskuriert, machen sich Haushälterin, Nichte und Barbier unter der Federführung des in Autodafés erfahrenen Geistlichen daran, eine Ritter-Bücherverbrennung im großen Stil vorzubereiten. – Natürlich nicht ohne ordnungsgemäßes Gerichtsverfahren: Wer hätte eine unbestreitbarere Kompetenz in literarischer und speziell in phantastischer Literatur als berufsmäßige Interpreten des Neuen und des Alten Testaments? Und so zögert der Pfarrer mit seinem Urteil keine Sekunde: Ein gutes Buch. Ein schlechtes Buch. Das Urteil lautet ›schuldig‹, selbst wenn der Titel heißen sollte *Der Ritter vom Kreuz*. Denn »Hinter dem Kreuz lauert der Teufel. Ins Feuer damit«: Romanzen, Epen, Aventiuren; Legenden, Pastoralen und Idyllen – selbst die *Galathea* des Cervantes entgeht dem Urteil knapp; man entschließt sich, erst noch den zweiten Band abzuwarten.

Nicht genug damit, und hier wird diese Vorschule der medialen und virtuellen Manipulation avant les lettres wirklich beklemmend, die selbsternannten Therapeuten und Exorzisten entschließen sich zur mentalen Totaloperation an ihrem Patienten. Man beschließt, das Bücherzimmer nicht nur zu leeren, sondern darüber hinaus zu vermauern und hinter einer Kalkschicht verschwinden zu lassen. Falls der Getäuschte wie zu erwarten nach dem Zimmer suchen sollte, würde man ihn mühelos mit seinen eigenen Wahnvorstellungen beruhigen können. Wenn es ein Verfahren gibt, jemanden in den Wahnsinn zu treiben, so dieses: einerseits den Wahn zu bekämpfen und diesen Kampf mit exakt den Mitteln zu führen, die man zu bekämpfen vorgibt. In der Tat glaubt Don Quijote dann auch bald das Märchen der von seinem Feind Frestón entführten Bibliothek und schwört diesem Rache für den Bücherfrevel.

Obwohl die Aktion ›verschwundene Bibliothek‹ gelingt, bleibt der erhoffte therapeutische Effekt aus: Der Ritter rüstet zur zweiten Fahrt, diesmal mit Begleiter, Sancho Pansa, getreu dem Motto »bis zu den Ellenbogen hineingreifen in die sogenannte »Aventiure« (Kap. 8).

Es kann nicht das Ziel sein, die Fülle dieser Abenteuer in den noch folgenden 120 Kapiteln hier wiederzugeben oder nachzuerzählen. Und selbst auf den

zur Legende gewordenen, überaus unglücklichen Kampf gegen die sprichwörtlichen Windmühlen muss hier verzichtet werden. Konzentrieren wir uns auf einige jener Episoden, die strukturell aufschlussreich sind, vor allem im Sinne des Themas der Verwerfungen von Wirklichkeit im Lichte ihrer Wahrnehmung und des Auslotens der höchst trügerischen Grenzen zwischen Text und Materie. Auch hier kommen Protagonist und Erzähler einander nahe, ohne sich zu berühren. Während die Figur Literatur und Wirklichkeit in eins blendet, wörtlich nimmt, tödlichen Ernst mit ihr macht – und selber Literatur wird, spielt der Verfasser aufs Virtuoseste mit der Instrumentalisierung der Übergänge und Zwischenzonen. Elegant springt er über jene Gräben, in die seine Figur fällt, umgeht er jene Fallen, die dem Don zum Verhängnis werden.

Filmriss und Erzählbruch

Brillantes Beispiel für die Fähigkeit, zwischen der Empirie des Geschehens und der Mechanik des Erzählens zu oszillieren, ist der Kampf mit dem Basken, kurz nach der Windmühlenepisode: Faszination des Geschehens und literarisierende Verfremdung werden hier punktgenau zur Deckung gebracht, so dass ein außerordentlich reizvoller, neuer Effekt entsteht. Wir befinden uns am Ende des achten Kapitels mitten in einem schweren Gefecht, gnadenlose Hiebe werden ausgeteilt:

Don Quijote stürmte also mit geschwungenem Schwert gegen den gewappneten Basken, entschlossen, ihn in der Mitte durchzuhauen, der Baske erwartete ihn seinerseits mit erhobenem Schwert und seinem Kissenpolster, und all die Umstehenden harrten ängstlich und atemlos der gewaltigen Hiebe, mit denen sie einander bedrohten. Die Dame in der Kutsche und ihre Dienerinnen legten tausend Gelöbnisse und Gelübde an alle Heiligenbilder und Wallfahrtskapellen Spaniens ab, damit der Herrgott ihren Begleiter und sie selbst aus der großen Gefahr errette, in der sie schwebten. (Kap. 8)

Allgemeines Erzittern, sich steigernde Spannung, als sich plötzlich der Erzähler als Herausgeber von Fragmenten einschaltet und philologische Erörterung an die Stelle spannender Erzählung tritt:

Ein Jammer, dass der Verfasser der Geschichte den Ausgang des Kampfes ausgerechnet an dieser Stelle in den Sternen stehen lässt, mit der Entschuldigung, er habe über Don Quijotes Heldentaten nur das Berichtete niedergeschrieben gefunden. Allerdings wollte der zweite Autor dieses Werkes nicht glauben, dass eine so erstaunliche Geschichte dem Regiment des Vergessens einheimgefallen wäre oder dass die klugen Geister von der Mancha so wenig Wissbegier bewiesen und in ihren Archiven oder Pulten nicht ein paar Schriften aufbewahrt hätten, die von dem trefflichen Ritter handelten. Mit dieser Überzeugung gab er die Suche nach dem Ende der erbaulichen Geschichte nicht auf, und der Himmel war ihm gewogen. Wie er fündig wurde, soll im zweiten Teil erzählt werden.

Der Leser verlässt die Kämpfenden also buchstäblich in dem Moment, wo, die Arme hochgereckt, der Körper angespannt, der entscheidende, der tödliche Treffer zu erwarten steht. Das Bild bleibt stehen, es reißt der Film, die Lücke klafft – und wird zum Thema. Wo heute in Serien die Werbepause dazwischen geschaltet wird, wird im Quijote-Krimi ein (weit spannenderer) Editionsbericht eingeschoben. Das folgende 9. Kapitel gibt davon umfangreiches Zeugnis:

Im ersten Teil dieser Historie ließen wir den tapferen Basken und den trefflichen Don Quijote mit erhobenen, blanken Klingen zurück, beide im Begriff, einen gewaltigen Dachschlag niederblitzen zu lassen, der, sobald er sein Ziel erreichte, gewiss das Dach des anderen gespalten und ihn von Kopf bis Fuß wie einen Granatapfel durchgehauen und zerteilt hätte. An solch heiklem Punkt brach eine so ergötzliche Geschichte ab, wurde entzweigehauen, ohne dass uns der Verfasser einen Hinweis gegeben hätte, wo das fehlende Ende zu finden sein.

Mich bekümmerte das sehr, denn mein Vergnügen beim Lesen dieser Späne wandelte sich in Missvergnügen beim Gedanken an den steinigen Weg zum Balkan, der von der ergötzlichen Erzählung wohl noch fehlte. Undenkbar schien es mir und allen guten Sitten zu widersprechen, dass einem so wackeren Ritter kein weiser Zauberer zur Seite gestanden und seine unerhörten Heldentaten aufgeschrieben hätte [...]. Demnach wollte ich nicht glauben, dass eine derart stolze Historie so einhändig und verstümmelt geblieben sein sollte, und schob die Schuld auf die Missgunst der Zeit, dieser Verzehrerin und Benagerin aller Dinge, die sie verborgen oder verschlungen hatte. (Kap. 9)

Folgt der akribische Bericht über mutmaßlich vorhandene, möglicherweise nur abhanden gekommene Manuskriptteile, folgt der Zufallsfund eines arabischen Manuskripts, in dem der Name Dulcinea del Toboso auftaucht. Elektrisiert forscht der Quijote-Biograph weiter und stößt beglückt auf eine »historia des Don Quijote de la Mancha«, geschrieben von einem gewissen Cide Harnete Benengeli. Das Manuskript zu erwerben, einen Native Speaker mit der Übersetzung aus dem Arabischen zu betrauen, war eines, und endlich wird auch der Anschluss an die gesuchte Stelle gefunden – man erinnert sich, noch immer stehen die Kämpfenden vor dem entscheidenden Schlag mit vermutlich bereits eingeschlafenen Gliedern. Und erst jetzt, endlich, – nein noch nicht ganz, denn nun noch eine längere Auslassung über die illustrativen Qualitäten des zweiten Manuskripts und der Leser wühlt mit dem Autor förmlich in Papierbergen, um endlich mit der Geschichte weiterzukommen, was nicht einfach ist, denn:

Im ersten Heft war naturgetreu der Kampf zwischen Don Quijote und dem Basken abgebildet, beide in der beschriebenen Haltung erstarrt, die Schwerter erhoben, der eine mit seinem Rundschild beschirmt, der andere mit dem Kissen,

und das Maultier des Basken so lebensnah gezeichnet, dass man ihm das Mietpferd schon auf Schussweite ansah. Unter dem Basken stand geschrieben »Don Sancho von Azpetia«, zweifellos sein Name, und unter Rocinante war zu lesen »Don Quijote«. Rocinante war herrlich gezeichnet, so haarklein, so hager und dürr, mit so spitzigem Rückgrat, so vollendet abgezehrt, dass ein jeder sehen konnte, mit wieviel Sinn und Berechtigung er allen Schindrössern voranging und den Namen Rocinante trug.

Und nach noch einer weiteren, äußerst dichten Seite über die vermeintlichen oder auch vermutlichen inneren Beweggründe des arabischen Kollegen, kann endlich, endlich der weitere Verlauf des Kampfes erzählt werden. Ich überspringe diese Stelle jetzt aus Gründen des philologischen Sadismus. Sollte daran Interesse bestehen, so besteht die Möglichkeit, am Ende des 9. Kapitels diesbezüglich nachzulesen, wie es genau weitergeht.

Denn wichtiger als von klirrenden Schwertern, abgeschnittenen Ohren, blinder Wut, Schmerzensschreien, blutig verschmierten Kampfgesichtern u. a. zu berichten, ist es doch, die Struktur dieses raffiniert suspendierenden Erzählmodells kurz zu beleuchten: Borges scheint Pate zu stehen, wenn sich Fiktion in Folianten, Materie in Manuskript, Tat in Text verwandelt und Leser und Erzähler plötzlich nicht mit beiden Händen bis über die Ellenbogen in Abenteuern stekken, sondern in Papierseitenbergen.

P^2 oder: Wie wirklich ist die Wirklichkeit?

Nicht weniger spannend, wenn die Jagd nach dem Textkörper zur Geschichte neben der zunächst erzählten Geschichte zu werden beginnt: Poesie hoch zwei haben die deutschen Romantiker entzückt diese potenzierte Form der Literatur genannt. Und noch die Nachfahren dieser Romantiker schwärmen von Cervantes' Fähigkeit, spielerisch die hieratischen Ordnungen außer Kraft zu setzen und den Akt des Erzählens mit dem Erzählgegenstand in Dialog geraten zu lassen. Das Wort wird zweistimmig, wird mehrstimmig, agiert auf unterschiedlichen Ebenen zugleich: Lesen wird zum Vexierspiel, zum Wahrnehmungs-Test unter der Fragestellung: Wie wirklich ist die Wirklichkeit?

Das Bemerkenswerteste dabei ist, dass dies alles nicht als virtuose artistische Vorführung an uns vorüberrauscht, sondern als Verfahren, das zutiefst mit dem zentralen Thema des ganzen Romans in Verbindung steht. Ein System, das System Don Quijote, in dem Wirklichkeit und Einbildung in einem gleichwertigen Verhältnis zueinander stehen, bedarf einer Erzählweise, die diesem komplexen Wirklichkeitsverständnis gewachsen ist. Wo einer seine Wirklichkeit aus Fiktion zur materiellen Wirklichkeit der anderen macht, ist Schluss mit dem braven monokausalen, linearen Geschichtenerzählen. Wo Wirklichkeit jederzeit als Fiktion, Fiktion als ›Wirklichkeit‹ erkennbar werden kann, bedarf es eines Erzählers, der jederzeit bereit ist, sich ganz konkret in den Text zu stürzen, Text zu werden, Figuren aus dem Vollzug zu reißen und wieder in den Strudel des Erzählens zurückzuschmeißen.

Deshalb ist auch der Protagonist, ist Don Quijote kein naives Gemüt, das stets das Gute will und stets das Törichte macht, sondern ein weitaus komplizierteres psychologisches Gebilde. Einmal, im 25. Kapitel, entschließt er sich in Anlehnung an Amadís, eines seiner hochritterlichen Vorbilder, »rasend« zu werden. Auch Roland u. a. pflegten bei Gelegenheit rasend zu werden. Auf den bescheidenen Einwand Sanchos, dass bei ihm derzeit ja gar kein objektiver Anlass zu Raserei vorläge, antwortet der Hidalgo im souveränen Gestus fortgeschrittener Hyperlogik:

Genau da liegt der Hase im Pfeffer [...] und das gewisse Etwas an meinem Vorhaben. Wir ein fahrender Ritter nämlich mit Grund verrückt, was ist das für eine Kunst? Der Reiz liegt darin, dass ich ohne Anlass außer Rand und Band gerate, denn meine Herzensdame soll sehen, bin ich schon aus dem Stand und im Trokkenen dazu fähig, zu was erst, wenn ich Wasser auf der Mühle habe? (Kap. 25)

Solch einer hermetischen Logik ist argumentativ schwer beizukommen. Sancho, der unbeirrbare und letztlich erfolglose Aufklärer, versucht sein Äußerstes, unterliegt aber zugleich auch ein wenig dem suggestiven Reiz des ›Systems Don Quijote‹, zumal dieser auch weiterhin in seinem Sinne schlüssig argumentiert: So etwa auf den Vorwurf, sein Helm sei eben nicht der sagenumwobene Helm des Mambrín, sondern – das Bartbecken eines Barbiers:

Ist es die Möglichkeit, dass du schon so lange mit mir ziehst und immer noch nicht begriffen hast, dass bei den fahrenden Rittern alles nach Hirngespinst, Torheit und Ungereimtheit aussieht und wie umgestülpt ist? Und nicht etwa, weil es das wirklich wäre, sondern weil [...].

Nun, weil Zauberer oder andere dunkle Mächte alles verwandelten, vertauschten, täuschten: Fiktion hoch zwei – wer möchte dagegen argumentieren? Wer möchte ihm beibringen, dass Dulcinea nur ein gewöhnlicher Bauerntrampel ist, in ›Wirklichkeit‹, wenn der Irrende die Struktur des Irrtums selbst so brillant als Virtualität analysiert?

Nun, wofür ich Dulcinea von Toboso brauche, Sancho, taugt sie ebenso wie die hochvornehmste Prinzessin auf Erden. [...] Glaubst du etwa [...] [die Frauen], von denen die Bücher und Romanzen, die Babiergeschäfte und Theater voll sind, dass die wahrhaftig Damen aus Fleisch und Blut waren [...]?

Getroffen. Die Aufklärer als naive poetologische Minimalisten, der ›Wahnsinnige‹ als Web-Master eines exquisiten virtuellen Hypertexts – so sieht es aus. Und so geht es weiter, immer virtuoser, immer wilder, immer ausgreifender:

Wirklichkeitsschwund als Gesellschaftsphänomen, der Don als Theoretiker; mitten in einer fröhlichen Tafelrunde hört er auf zu essen, hebt den Finger und sagt:

Welch Menschenseele auf Erden, die jetzt durchs Tor dieser Burg ritte und uns dergestalt beisammen sähe, wüsste oder könnte glauben, dass wir sind, wer wir wahrhaftig sind? (Kap. 37)

Und in einer großen Rede erklärt er den andächtig Lauschenden die Philosophie, die Heilslehre eines neuen, wirklichen Rittertums hinter der vermeintlich bizarren Schauseite. Und die Wucht seiner Rede, die Konsequenz seines Verhaltens verfangen allmählich. Im 45. Kapitel weiß nicht einmal der Barbier mehr zwischen einem Bartbecken und einem Heldenhelm zu unterscheiden.

Verlorene Illusionen

Trotz dieser vorübergehenden Erfolge hat der Protagonist auf Dauer keine Chance. Und sein Weiterziehen und Umherirren ist nur *eine* Bewegungsdimension des Buches. Komplementär dazu besteht das Bedürfnis, den seltsamen Vogel wieder einzufangen. Zurückzubringen. Zu zähmen. Klerus und Kanonikus, Bürgerschaft und Honoratioren sind sich hierin einig, und so kommt es, dass der Don immer wieder aufgegriffen, eingesperrt, kaserniert wird. So auch am Ende des 52. Kapitels, am Ende des Liedes, als beide, Herr und Knecht, wenig ruhmreich an den Ausgangspunkt ihrer großen Fahrt zurückgebracht werden. Mit gebrochenen poetischen Flügeln und gebrochenen körperlichen Rippen. Sancho Pansa wird von Frau Juana Pansa nur bedingt freundlicher Empfang zuteil. Und dann verliert sich die Spur Don Quijotes auf ganz merkwürdige Art. Kein Endkampf. Kein Sich-Aufbäumen. Der Held fällt aus dem Textprogramm, stürzt ab. Kommt dem Erzähler abhanden: »Nichts weiter erfuhr er dort über Hinfahrt und Ende des Ritters«.

So heißt es lapidar nach über sechshundert Seiten. Verlorene Illusionen. Desengaño total. Ein paar halbvermoderte Verse in einem Kästchen aus Blei sind alles, was bleibt:

Hier ruht der Rittersmann,
verdroschen und verfahren,
den Rocinant getragen
so manchen Pfad hinan. (Kap. 52)

Basta. Punkt. Und noch ein Ariost-Zitat:

Forse altro canterà con miglior plectro.

Das wars.

Das soll's gewesen sein, mochten sich die Leser 1605 gefragt haben, am Ende dieses Romans, der seine Figur regelrecht versickern lässt. Das kann doch nicht alles gewesen sein. Und in der Tat: Das dicke Ende sollte erst noch kommen.

- Kundera, Milan: *Die Kunst der Romans. Essay.* Übers. v. Weidmann, Brigitte. Fischer. Frankfurt. 1989.
- Nabokov, Vladimir: *Die Kunst des Lesens.* Übers. v. Polakovics, Friedrich. Fischer. Frankfurt. 1985.

Miguel de Cervantes Saavedra

Vita
*29. 09. 1547 Alcalá de Henares, Spanien
†23. 04. 1616 Madrid, Spanien

1568	Schüler des Humanisten López de Hoyos, Madrid
1569	Studium bei dem Humanisten Juan López de Hoyos in Madrid
1569	Flucht vor der spanischen Justiz nach Rom; Kammerdiener in die Dienste von Kardinal Giulio Acquaviva
1570	Kriegsdienst in der spanischen Flotte
1571	Teilnahme als Matrose an der Galeerenschlacht von Lepanto gegen die Osmanen
1575	Vor der Rhônemündung gerät er in die Gefangenschaft von algerischen Seeräubern
1580	Nach mehreren vergeblichen Fluchtversuchen wird er vom Trinitarierorden freigekauft
1587	Proviantkommissar der spanischen Flotte
1597	Verurteilung zu einer Gefängnisstrafe in Sevilla wegen Unterschlagung von Steuergeldern
1597	Beginn der Arbeit an seinem bedeutendsten Werk El ingenioso Hidalgo Don Quijote de la Mancha (Der sinnreiche Junker Don Quijote von La Mancha)

Werke

1568	Erste Gedichte
1580	Sklave in Algier
1584	Die Belagerung von Numancia
1605	El ingenioso hidalgo Don Quixote de la Mancha Don Quijote (I. Teil)
1614	Viage al parnaso Die Reise zum Parnaß
1615	Don Quijote (II. Teil)
1615	Acht Komödien und acht Zwischenspiele

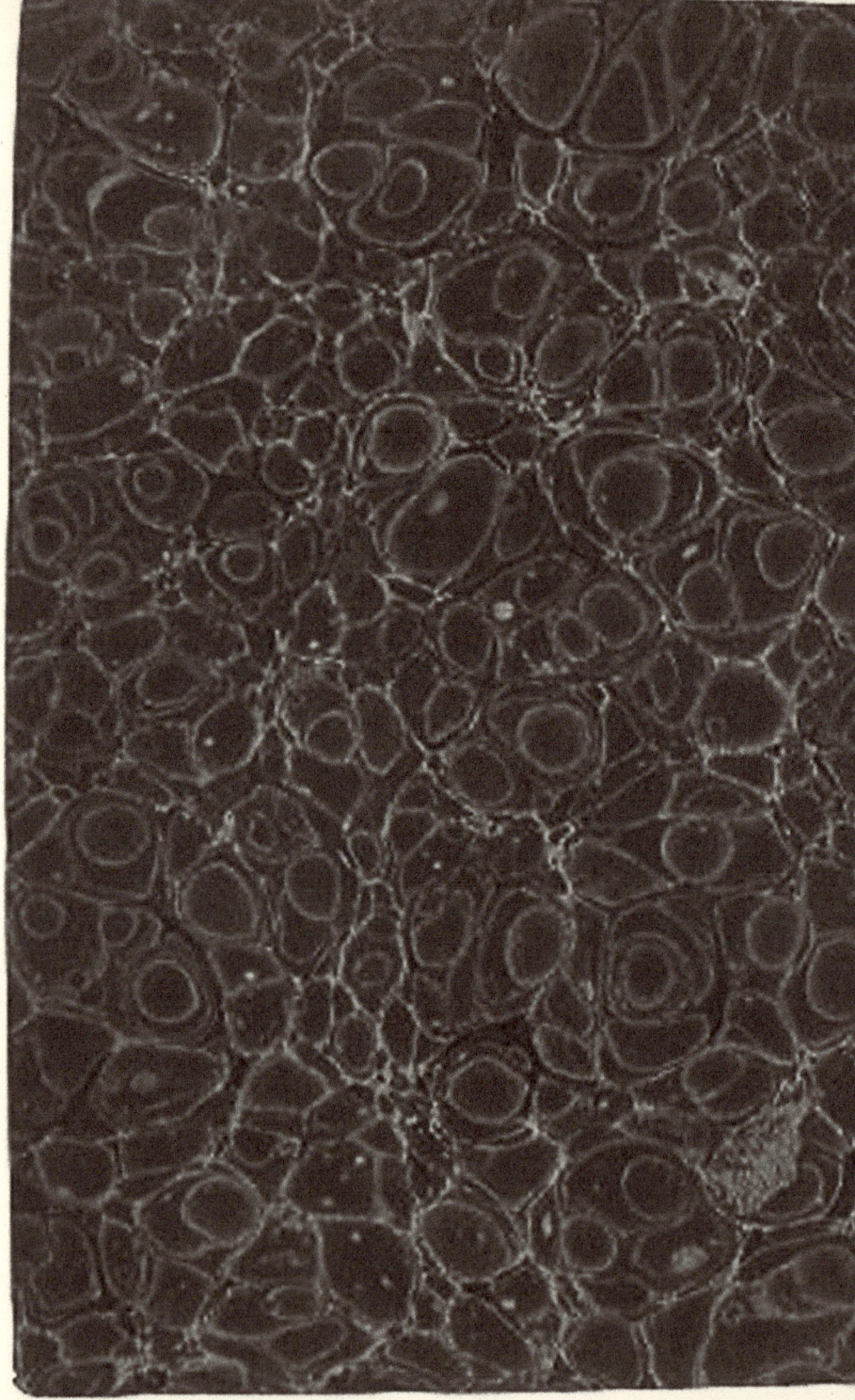

Hat wohl jemals seit der Erschaffung der Welt eine Frau einen Mann mit einer so dummen Frage unterbrochen?
Sternes Tristram Shandy

Machen wir uns nichts vor. Italo Calvino und Umberto Eco sind großartige Erzählartisten. Perec, Arno Schmidt, die Autoren des »Nouveau Roman« haben Großes geleistet. James Joyce war ein Pionier. Doch mit Blick auf Laurence Sternes *Leben und Ansichten von Tristram Shandy* (1759-1766) sind sie alle nur Epigonen. Ehrliche, intelligente Epigonen, die um ihr Epigonentum wissen. Cervantes hat eine kopernikanische Wende des Erzählens eingeleitet. Sterne entfaltet das Potential der neuen Möglichkeiten mit einer Virtuosität ohnegleichen.

Wieder ein irischer Autor an einer der Schwellen zur Moderne. Geboren 1713 im irischen Tipperary. Gestorben 1768 in London. Pfarrer in Sutton in Yorkshire. Eine Art *Vikar von Wakefield*, um an Oliver Goldsmith zu erinnern, der gleichfalls Ire, genau im selben Jahr 1766 seinen Roman publiziert. Der Fall Sterne ist einzigartig: Zunächst nur Predigten, Reiseberichte, viele Briefe an Freunde. Und dann dieses fulminante Ausnahmebuch, das seiner Zeit um zwei Jahrhunderte voraus zu sein scheint und doch ganz und gar in seiner Zeit steht. Kein skurriles Produkt für die ›happy few‹, sondern ein internationaler Bestseller. Offenbar existiert beim europäischen Romanpublikum Mitte des 18. Jahrhunderts eine große Bereitschaft, sich auf ganz andere Erzählstile als brave Briefromane belehrenden Inhalts oder phantasievolle, exzentrische Abenteuer- und Reiseromane einzulassen. Keine larmoyanten Rührschinken, keine exotischen Robinsonaden. Die wirkliche Exotik, die heitersten Tropen finden sich im Bereich der häuslichen Tragikomödien des 18. Jahrhunderts. Und es gab ganz offensichtlich eine große Offenheit, eine Reise nach innen, in die merkwürdigen Zerklüftungen und abstrusen Verwerfungen der Seele, der Nerven, des Körpers anzutreten.

Tristram Shandy ist nichts weniger als die Transformation des Phantasiepotentials des *Don Quijote* in den Binnenraum der Familie, der häuslichen ›Normalität‹, der Autobiographie. Auf den ersten Blick, nur auf den ersten Blick, gar nichts Besonderes.

Jedenfalls im Vergleich zu den exotischen Abenteuer- und faszinierenden Reiseromanen der Zeit, man denke nur an Robinson Crusoe. Im Gegensatz dazu macht sich im »Shandy« ein an der Normalität/ Banalität orientiertes Individuum daran, sein relativ ereignisloses Leben akribisch zu protokollieren. Als ob nicht gerade auch ein durchschnittliches, ›einfaches‹, gemeines Leben ein Recht hätte, für ebenso ernst befunden zu werden als das Leben eines der sogenannten Großen, wird man einwerfen; doch wer nun dementsprechend etwas Kreuzbrav-säuerliches über den Wert auch des ›kleinen‹ Lebens erwartet, wird bitter enttäuscht werden.

The Life and Opinions of Tristram Shandy Gentleman nennt sich das zwischen 1759 und 1768 erschienene neunbändige Werk, und man erwartet naturgemäß eine fiktive (Auto-) Biographie. Auch diese Erwartungen werden, gelinde gesagt, enttäuscht. Viel erfährt der Leser zwar über die ›Opinions‹, wenig über das Leben des Helden. Was nur zum Teil damit zusammenhängt, dass es vielleicht auch nur weniges zu erfahren gibt. Und selbst das Wenige eher ein Merkwürdiges beziehungsweise Banales ist: im ersten Buch wird Tristram gezeugt, im dritten – endlich – geboren, im vierten getauft. Im fünften, er ist mittlerweile fünf Jahre alt, durch ein herabfallendes Schiebefenster unfreiwillig beschnitten. Im sechsten Buch beschließen die Eltern, dem Kleinen – etwas zu spät freilich – ein Paar Hosen anpassen zu lassen. Dann wendet sich die Erzählung Onkel Tobys Feld- und Liebesschlachten zu, nämlich in den Büchern 6, 8 und 9. Nur das siebte Buch, thematisch ein Fremdkörper, zeigt in zeitlichem Vorgriff den erwachsenen Tristram auf Bildungsreise in Frankreich.

Lauter Abschweifungen

Auf der Handlungsebene also ein erzählerischer Flop, Spannung gleich Null. Und auch die dem Roman vorangestellte Widmungsred**e**, verweist mehr auf Elend denn auf Glanz des Projekts; als »armer Wicht« bezeichnet der Verfasser sich, strohgedeckte Hütte, schlechte Gesundheit, elende Kondition – und dennoch, keine Bitte um Protektion, im Gegenteil:

Ich ersuche Euch untertänigst, Sir, erweist diesem Buch die Ehre und nehmt es – (nicht unter Eure Protektion – es muss sich selbst protegieren, sondern) – mit Euch aufs Land. (I, Widmungsrede)

Lesen statt Löhnen – wer hätte je von einem Mäzen etwas so Anstrengendes verlangt? Lesen und – lächeln. Nicht lernen, lächeln. Das ist die kurze Lesensphilosophie dieses selbstbewussten Selbst-Zweiflers. Und dass solche Selbstzweifel als Zweifel am Selbst, an der Kondition des Individuums, seiner »Identität« angebracht sind, daran lässt bereits das I. Kapitel keine Zweifel. Denn wenn seine Eltern, so klagt der Ich-Erzähler gleich zu Beginn, sich ein wenig sachbezogener verhalten hätten,

– bin [ich] wahrhaftig überzeugt, ich würde in der Welt eine ganz andere Figur vorgestellt haben, als die, in der mich der Leser wahrscheinlich erblicken wird. (I, Kap. 1)

Der Verfasser begnügt sich nicht mit vagen Andeutungen, sondern führt überaus anschaulich vor, was er meint. Anschaulich und allwissend. Denn er weiß wahrlich mehr als ein Erzähler seines eigenen Lebens, der seine Geschichte von

Anfang an zu erzählen versucht, zu wissen pflegt. Zwar sagt schon Horaz, man solle Geschichten ›ab ovo‹ erzählen und meint, vom gelegten Ei an. Aber doch nicht vom Eisprung an. Genau das aber tut Sterne, wenn er Horaz zugleich wörtlich nimmt und ad absurdum führt. In praxi sieht das so aus, dass er die Umstände seiner eigenen Erzeugung, genauer Zeugung, genau, sehr genau beschreibt. Vermutlich das erste Mal, in der abendländischen Literaturgeschichte, dass eine Figur, eine erzählende Figur, so weit und konkret in die eigene Vorgeschichte zurückgreift. Und auf so schonungslos kompromittierende Art, wie dies heutzutage allenfalls in den Medien zu finden ist, – und selbst dort nur auf etwas niedrigem Segment. Ganz offensichtlich nämlich hat die exakt in diesem Augenblick im Begriff zur Mutter zu werdende Frau Shandy ihren in diesem Moment mit den dazu nötigen körperlichen Aktivitäten vollauf beschäftigten Mann mit der (an sich berechtigten, in dieser Situation jedoch deplazierten) Frage irritiert:

»*Mein Lieber, hast du übrigens drangedacht, die Uhr aufzuziehen?*« *(I, Kap. I)*

und derart und im wahrsten Sinne aus dem Takt gebracht, dass der weitere Verlauf der Empfängnis nur ein bedingt befriedigender war. Vater Shandy stöhnt wütend auf:

»*Guter Gott, hat je seit Erschaffung der Welt eine Frau einen Mann mit einer so dummen Frage unterbrochen?*« *(I, Kap. 1)*

Aber die Sache ist natürlich gelaufen. Und zwar schlecht, schlecht für den zukünftigen Tristram, dessen Lebensgeister durch diesen ärgerlichen Zwischenfall schon von Beginn an so aus der Spur geschüttelt, ›versprengt‹ und ›zerstreut‹ werden, dass der entstehende Homunculus loco-motorisch und bio-genetisch betrachtet, etwas defizitär geriet. Also, vulgo, ein bisschen einen Hau hatte.

So weit so schlecht, und möglicherweise könnte es mit dieser kleinen Anekdote auch sein Bewenden haben. Wo andere Autoren aufhören, beginnt Sterne: zurückzugreifen, nachzutragen, hinzuzufügen, auszuschweifen, abzuschweifen. Der ausschweifendste Erzähler der Weltliteratur.

Was ist eigentlich eine Ausschweifung (»digression«)? – Die großen Lexika und Handbücher verweigern den Dienst, die Philosophen und Theologen schweigen. Bei Lausberg findet man unter § 340 unter »digressio« ein paar belanglose Hinweise. Wer ›abschweift‹, kommt vom Weg ab. Jedenfalls vom Weg, der von A nach B führt. Erzählerisch gesprochen, verlässt er die Bahn der Linearität, in Foucaults Termini verlässt er die »Ordnung des Diskurses«. Dahinter steht mehr als Poetologisches, Erzähltheoretisches. Jede Gesellschaft setzt – auch mit Mitteln der Literatur, der Kunst – das ihr inhärente Normensystem in Szene: Eckpunkte, Regeln, die man als Verhaltensrahmen, inklusive der Emotionen, Träume, Phantasien, die man mehr oder weniger, auch mehr oder weniger ausgesprochen, registriert.

Gerade das jeweils als gültig erachtete Erzählmodell ist integraler Bestandteil dieses Kommunikations- und Verständigungsprozesses. Denn Erzählen heißt häufig auch, eine gewisse Ordnung der Dinge und der Ideen herzustellen. Wer erzählt, gestaltet, durchdringt, durchschaut die Phänomene, er ist zugleich – allein durch das Medium der Sprache – gezwungen, eine Art Ordnung herzustellen. Innerer Ordnung wie äußerer Ordnung. Allein die Disziplin, eine gewaltige Stoffmenge, die eine unendliche Flut von Figuren, Dingen, Aussagen, Texten, Gefühlen, Meinungen (»opinions«), miteinander in lineare Berührung bringt, ist ein ordnender Akt.

Und nun aber geschieht das Eigen-Artige, Einzigartige, dass ein Erzähler, während er diesen Ordnungsprozess in Angriff nimmt, die geordnete Linie, die Verarbeitungsstrategie verlässt und ganz andere un-geordnete Wege geht. So gesehen ist die Ab-erration, die Abschweifung der subversive Akt per se. Er greift tief in das Ideen- und Empfindungsmuster der Gesellschaft ein. Stellt Un-Ordnung her. Vermittelt Un-Sicherheit. Stiftet Verunsicherung. Befremdet, indem er verfremdet. Noch nicht einmal in neuesten, unendlich-bändigen Rhetoriklexika taucht der genannte Stichwortbereich auf. Was zeigt, dass hier eine Art ›horror vacui‹, eine ›terra incognita‹, eine Dunkelzone des öffentlichen Denkens berührt wird. Lediglich die Enzyklopädisten gingen kreativer mit diesem Bezirk um und werten ›digression‹/›distraction‹ als Symptome geistiger Beweglichkeit und besonderer Begabung. Auch Sterne geht mit diesem Tabu überaus offensiv um. Ebenso humorvoll wie provokant verlässt er den Pfad der Ordnungstugend und malt sich im wahrsten Sinn des Wortes aus, wie man eine Geschichte auch erzählen kann; nämlich wie im Kapitel 40 von Buch IV: Linien, die der Autor mutwillig als hinreichend ›straight‹ und gerade bezeichnet. Aufklärung und Abschweifung sind also durchaus miteinander vereinbar.

Gegen den Strich – im Labyrinth des Erzählens

Nachdem nun endlich geklärt ist, weshalb der Held der Geschichte, mithin in diesem Fall auch der Erzähler der Geschichte ein etwas verstörtes, ›betrüblich-wirres‹ Naturell hat, schreitet die ›narratio‹ zügig voran. Mitten im Zeitalter der Aufklärung darf wohl auch aufgeklärt, das heißt unter Verwendung des ›eigenen Verstandes‹, erzählt werden. Was Kant recht ist, ist Sterne/Shandy billig, und so gilt Horaz hin oder her:

[...] bei dem, was ich mir zu schreiben vorgesetzt habe, werde ich mich weder nach seinen Regeln richten, noch nach den Regeln irgendeines anderen Menschen, der jemals gelebt hat. (I, Kap. 4)

Einfach so. Nach dem Motto ›wie ich es sehe‹. Basta. – Und Tür zu — steht da im Buch mit langem, scharfem Trennungsstrich, Trennungsschnitt.

Die Schnittfolgen der erzählerischen Fokuswechsel Sternes mögen abrupt und überraschend sein – unlogisch sind sie nicht, wenn man sich einmal daran gewöhnt hat, dass zum Beispiel recht häufig ›bottom-up‹, von hinten nach vorne und gegen den Strich erzählt wird. Wie im Fall des eingangs zitierten Beispiels. Es bleibt nicht bei einem einmalig hingeworfenen witzigen Einfall. Immer wieder werden in weiteren Sequenzen eingeblendet, die das Vorangegangene wieder aufnehmen und – retrospektiv – mit neuen Inhalten in Bezug bringen. Etwa im dritten Kapitel, als der, eigentlich noch längst nicht einmal geborene Tristram bereits über seine Kinderzeit berichtet und bei der Gelegenheit auch über seinen Onkel Toby (von dem wir zu diesem Zeitpunkt noch rein gar nichts wissen):

Der alte Gentleman [der Vater] schüttelte den Kopf und sagte [...], es habe ihm schon immer geschwant [...], dass ich weder denken noch handeln würde wie irgendeines anderen Menschen Kind: – Aber ach! fuhr er fort, meines Tristrams Unglück begann ja schon neun Monate, bevor er überhaupt zur Welt kam.

– Meine Mutter, die dabeisaß, blickte auf – aber sie wusste ebenso wenig wie ihre Kehrseite, was mein Vater meinte, — doch mein Onkel, Mr. Toby Shandy, dem die Affäre hinterbracht worden war, – verstand ihn sehr wohl. (I, Kap. 3)

Eine rührende kleine Familienidylle, mit subtilen Gesprächspartikeln. Wenig später die dritte Annäherung an das Geheimnis jener lebensschicksalhaften Nacht zwischen dem ersten Sonntag und dem ersten Montag im Monat März des Jahres 1718. Woher diese Genauigkeit? Nun, Tristram Shandys Vater ist ein Gewohnheitstier und so

[H]atte er sich's zur Gewohnheit gemacht, am ersten Sonntagabend jedes Monats im Jahr [...] mit eigner Hand eine große Hausuhr aufzuziehen, die wir auf dem oberen Absatz der Hinterstiege stehen hatten. [...] und da er bereits von den fünfzig auf die sechzig zusteuerte, hatte er allmählich gewisse andere Familienobliegenheiten gleichfalls auf diesen Termin geschoben, um sie, wie er oft zu meinem Onkel Toby zu sagen pflegte, alle auf einen Streich vom Hals zu haben, und den Rest des Monats über damit nicht weiter geplagt und geplackt zu sein. (I, Kap. 4)

Was vorher nur Andeutung schien, verfestigt sich durch systematische Recherche allmählich zur Gewissheit. Doch im Zeitalter der Logik, der Empirie und des beginnenden Positivismus, und bei einem Autor, gegen den, was den Punkt der Manie des Übertreibens betrifft, Thomas Bernhard als moderat gelten darf, ist damit noch lange nicht Schluss. Denn nun taucht eine in diesem Zusammenhang hochinteressante Notiz im Nachlass des Vaters auf. Diese besagt, »dass an Mariä Verkündigung, die auf den 25. desselben Monats fiel, von dem ich meine Zeugung datiere, mein Vater sich mit seinem ältesten Bruder Bobby auf die Reise nach London verfügte« und dass er in der Folge erst in der zweiten Woche des Monats Mai »zu Frau und Familie zurückkehrte«. Dies, so der Detektiv seines Lebens voller Nachweissüchtigkeit stolz, mache die Sache beinahe zur Gewissheit.

»Aber bitt Euch, Sir, was tat Euer Vater denn den lieben langen Dezember, – Januar und Februar?«, fragt da mittendrin plötzlich eine weibliche Stimme

aus dem Erzähl-Off. Doch der Erzähler beruhigt, »Madam, da hatte er Ischias«.

Mal »Madam«, mal »Sir«, mal der/die »Leser« und »Leserinnen« im ganzen, stehen von Beginn der erzählerischen Bemühungen an im Mittelpunkt des Interesses. Sie fragen dazwischen, schalten sich kommentierend ein, werden angesprochen. Keine statische Routine, sondern eine Bekanntschaft, die sich erst allmählich entwickelt. Zu Beginn herrscht noch eine gewisse förmliche Distanz, und der Autor stellt fest, dass man sich – also »Ihr« und »ich« ja »noch einander gewissermaßen völlig fremd« sei, aber, fährt er fort, wenn man erst einmal eine Zeitlang beieinander bleibe und miteinander »so dahinzockle«, eine Art Roman-›Jogging‹ betreibe, würde man einander schon näher kommen:

[...] laugh with me, or at me, or in short, do anything – only keep your temper. (I, Kap. 6)

Ein richtig flotter Animateur, dieser Sterne, der mit lockerem Plauderton motiviert, die Leute reinzieht, mitnimmt – witzig, selbstironisch, cool. Und den – selbstaufgebauten – virtuellen Leser so unernst ernst nimmt, dass der tatsächliche, empirische Leser wirklich reagiert; und zwar, wie der unglaubliche europaweite Erfolg des anspruchsvollen Buches verrät – kultartig. Tristram war angesagt: diese ganz besondere versponnen-melancholische, selbstironisch-respektlose, unprätentiös-virtuose Sterne-Suada, die einen zum Beispiel von sich und der Welt sagen lässt, dass:

[Es] eine der nichtswürdigsten Welten ist, die je fabriziert wurden. – Denn ich darf wahrlich sagen, dass ich von der ersten Stunde an, da ich darin Luft schnappte, bis zu der jetzigen, da ich fast gar keine mehr bekomme, aufgrund eines Asthmas, das ich mir in Flandern durch eine gegen den Wind gelaufene Schlittschuhpartie zuzog; — beständig der Spielball der [...] sogenannten Dame Fortuna gewesen bin. [Und] so muss ich ihr doch bei aller Lammfrommheit [...] das Zeugnis ausstellen, dass mir diese ungnädige Dame in jeder Lage meines Lebens [...] einen solchen Packen von erbärmlichen Missgeschicken und Widerwärtigkeiten an den Hals geworfen hat, als nur je ein kleiner HELD erdulden musste. (I, Kap. 5)

»A small HERO«, ein kleiner, geplagter Held als Mittelpunkt eines gewaltigen Romans, einer monumentalen autobiographischen Recherche: Wann hätte es je zuvor ein Phänomen dieser Art gegeben? Große Geschichten über große Männer – man kennt sie im Überfluss. Große Geschichten über geplagte kleine Jedermänner sind das Privileg der Moderne.

Der Pakt mit dem Leser

Und eine derartige Konfiguration, ein derartiger Pakt zwischen einem kleinen, höchst komplizierten Wesen, das sich seinen – selbstgeschaffenen wie seinen konkreten – Lesern hautnah und ungreifbar zugleich präsentiert und entzieht, hat es überhaupt noch nicht gegeben. Kafkas kleine Männer, seine anonymen Strichmännchen, sind vielleicht späte Erben dieses asthmatischen Typus, und auch an Günter Grass' boshaften Gnom in der »Blechtrommel« ist natürlich zu denken. Auch was das aggressive Potential betrifft, das solche Selbstverkleinerungsreflexe häufig begleitet. »Ich bin kein kluger Mann; – und überdies ein Sterblicher von so geringer Konsequenz in der Welt, dass wenig daran liegt, was ich tue«, heißt es zum Beispiel in Kapitel VIII, um sich gleich darauf submissest in einem imaginären, erhabenen »Mylord« zu verbeugen, den man im nächsten Moment allerdings in eine Reihe erhabener, majestätischer Knallchargen, die von ABC bis OPQ und so weiter kurz durchbuchstabiert und ad acta gelegt werden.

Überhaupt ist die Art und Weise, wie der ›kleine Autor‹ mit den ›großen Gönnern‹ umgeht, schon einen zweiten Blick wert. Denn wenn ihm dann mal ab und an eine jener konventionellen, ausgeleierten Dedikationsfloskeln herausrutscht (wie man sie aus den gewichtig ächzenden Werken des 17./18. Jahrhunderts zuhauf kennt und meist überblättert), dann kippt die Devotion gleich darauf so virtuos um, dass man nicht recht weiß, ob man sich geschmeichelt oder provoziert fühlen soll, – Cervantes auch hier Bruder im Geist, lässt grüßen: Nach mehreren ›alleruntertänigsten‹ Couteaus und Dienern setzt das Folgekapitel mit einem Widerruf ein, nach dem Magritte-Motto: »Dies ist keine Pfeife«:

Ich erkläre feierlich vor aller Welt, dass die obige Dedikation für keinen Prinzen, Prälaten, Papst oder Potentaten, – Duke, Marquis, Earl, Viscount oder Baron dieses oder eines anderen Landes der Christenheit geschneidert wurde; —— noch ist sie bis dahin in den Hausierhandel gelangt, oder publice oder privatim, direkt oder indirekt, irgendeiner Person oder Persönlichkeit, groß oder klein, angeboten worden; es ist [...] eine echte ›Virgin-Dedication‹, (I, Kap. 9)

garantiert noch unbenutzt, wie hinzugefügt wird. Unbenutzt und damit noch zum öffentlichen Gebrauch frei. Der Autor zögert nicht, sie bei dieser Gelegenheit deshalb gleich zum Kauf anzubieten. Hochwertige, unbenutzte Dedikation preisgünstig abzugeben. Für die lächerliche Summe von fünfzig Guineen erklärt sich der PR-versierte Selbstvermarkter bereit, bereits in der nächsten Auflage dieses Kapitel zu tilgen und einen Teil des Werks ordnungsgemäß und untertänigst seiner hochwohlgeborenen Lordschaft, dem ›Kunden‹, zu dedizieren.

Ein Angebot auf Teilexklusivität, – nur mehr die Rechte auf den ›Rest‹ verbleiben beim Verfasser, der auch schon ganz konkrete Vorstellungen davon hat, wie diese Restverwertung sich für ihn möglichst profitabel darstellen könnte:

Den Rest dediziere ich der Mondfrau Luna, die [...] die größte Macht besitzt, mein Buch in Schwung zu bringen und die Welt sich die Hacken danach krumm laufen zu lassen.

Lichthelle Göttin,
Falls du nicht gerade zu viel mit Candide und Miss Cunegunds Angelegenheiten zu tun hast, so nimm auch Tristram Shandy unter deinen Schutz. (I, Kap. 9)

Der kollegiale, freundschaftliche Bezug auf Voltaire und seinen Roman *Candide* (1757), dessen englische Übersetzung im selben Jahr auf den Markt kam wie die ersten beiden Bände des *Tristram Shandy*, ist natürlich die einzige wahre, trotz aller ironischen Verklausuliertheit ernstzunehmende Dedikation, die es in diesem Buch gibt: Candide, Don Quijote, Hamlet – Literatur beginnt immer mehr, ihre eigene Welt, ihr eigenes Bezugssystem aufzubauen und zu bewahren.

Bisweilen mag sich der Eindruck einstellen, Autor und Leser bewegten sich gemeinsam in einem undurchdringlichen Geflecht aus Wirklichkeit und Literatur. So präsentiert sich Tristram-Freund, der Pfarrer Yorick, auf »einem dürren, jammervollen Eselshengst von einem Klepper«, der sich als »ein leibhaftiger Bruder des *Rocinante*« erweist. Keusch und enthaltsam wie Rocinante, knochendürr wie Rocinante. Und sein Besitzer, eben jener Yorick, seinerseits klapperdürr wie Don Quijote (freilich ungleich sanftmütiger), jedoch ebenso lauter, aufrecht und liebevoll als dieser. Doch die Herkunft dieser Figur aus Liebe und Literatur ist weitaus komplexer. Spanien und England stehen gemeinsam an ihrer Wiege: Cervantes und Shakespeare, Don Quijote und Hamlet. Und mit Hamlet tritt auch noch Dänemark auf den Plan: Saxo Grammaticus, Shakespeares 900 Jahre alte Quelle, Genealogien aus inneren Bezügen, Seelenverwandtschaften und Gespräche über Jahrhunderte hinweg.

Die Figuren, die aus diesem Gemisch aus Text und Leben entstehen, sind von ganz besonderer Beschaffenheit: in ihnen überlagern sich mehrere Wirklichkeitsebenen ebenso wie unterschiedliche Zeitebenen. Figuren, die Mitte des 18. Jahrhunderts leben, werden gleichsam historisch-literarisch unterfüttert und beginnen zu driften: mit Yorick lebten und starben auch Shakespeares und Cervantes' Figuren, deren Vorbilder und Vorfahren. Und es ist in diesem Zusammenhang dann vielleicht mehr als eine bloße Wiederholung zu erwähnen, dass der englische Dramatiker und der spanische Erzähler genau am selben Tag des Jahres 1616 gestorben sind. Ein Kosmos literarischer Echos und ein Widerhall von Stimmen über die Zeit hinweg, der den Raum des Werks aus dem Hier und Jetzt des Erzählens auf völlig unpathetische Art und Weise löst und – befreit.

Diese Freiheit ist und bleibt selbstverständlich immer eine literarische Freiheit. Eine ästhetische Freiheit. Man soll nicht glauben, dies bedeute Beschränkung. Und es hat nichts Abgehobenes an sich, wenn dieser Befreiungsakt von Regeln, Konventionen, Ritualen der Wahrnehmungsmechanik sogar als besonders intensive, in die Tiefenstruktur des Individuums wirkende Art Befreiungs- (nein, nicht -Theologie) Philologie betrachtet wird. Und Sterne überschreibt dabei mit beneidenswerter Radikalität und Unbefangenheit alle Grenzen der Norm. Innerhalb des Metiers des weißen Blattes der leeren weißen Seite, Gründungslegende aller Autoren, stellt die schwarze Seite, das schwarze Loch der Literatur, die größtmögliche Anomalie und Provokation dar. Unser Autor geht dieses Risiko auf hinreißend intelligente Art ein. Als Yoricks Lebensweg zu Ende geht, wird dies zum einen noch einmal durch einen, in dieser Situation besonders angebrachten und zwingenden Rückverweis auf Shakespeares Yorick geadelt. Eine jener Szenen, die sich im ikonographischen Gedächtnis der westlichen Kultur geradezu prototypisch festgesetzt haben: Hamlet, den Totenschädel Yoricks, des ehemaligen Hofnarren, in der Hand, in Meditation über Sein oder Nichtsein, Sein und Schein, Schein und Vergänglichkeit:

»Alas, poor Yorick!«

Alas! poor Yorick (I, Kap. 12), seufzt der empfindsame Dänenprinz. *Alas, poor YORICK!* – Grabinschrift, Epitaph und Elegie – echot unser Erzähler und gleich darauf noch einmal:
– denn da ein Fußweg dicht an seinem Grabe durch den Kirchhof führt, – kommt keiner dran vorüber, ohne für einen Augenblick zu verweilen, – und im Weitergehn zu seufzen:
Alas, poor Yorick! (I, Kap. 12)

Und gleich darauf, kohlrabenschwarzes Rechteck doppelseitig, gleichsam wie wenn die Seiten Trauer tragen: Schwarzes Loch der Literatur, das sogar den Hypertext verschlingt und zugleich steigert, erhöht, Bild, plastisches Bild werden lässt.

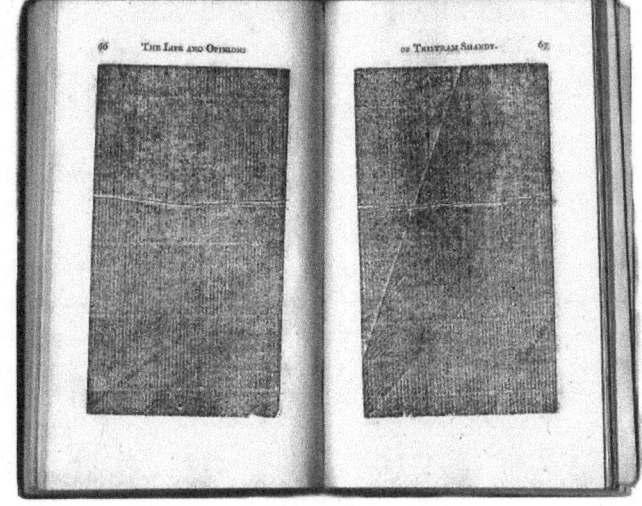

Beinahe wäre man versucht, mit Sternes Zeitgenossen Lessing zu rufen: *Halten Sie, mein Herr; lassen Sie uns sehen, wo wir sind, ehe wir uns weiter verirren!* (II, 9)

Denn die Art, einen Roman »rhapsodisch«, wie Sterne das nennt, ausufern zu lassen, ist schon einigermaßen verwirrend. Im Normalfall wird der so geschätzte Leser sicher versuchen, sich von Haupthandlungsinsel zu Insel vorzutasten und die Episodenlagunen rasch zu durchschwimmen. Auch der Autor muss bei dieser schnellfüßigen Treibsanderzählweise höllisch darauf aufpassen, nicht zu straucheln: Figuren aus dem Blick zu verlieren, den Gesamtzusammenhang aus dem Auge zu verlieren, sich in der Vielzahl der Textarten und Quellen zu verheddern. Und das ist gut so. Denn nur ein Idiot geht nach Sterne maultiergleich von Punkt A zu Punkt B etc., ohne nach rechts oder links zu blicken. Und:

Wer nur ein Fünkchen Geist besitzt, wird von der geraden Linie abweichen, nach links und rechts blicken, mit dieser und jener Gesellschaft in Beziehung kommen, auf fünfzig Abwege geraten, ununterbrochen auf neue Dinge stoßen, [...]. (I, Kap. 14)

Dabei wird er alles Mögliche auf-lesen, sichten, sammeln – Berichte, Anekdoten, Inskriptionen, Geschichten sind einzuweben, Überlieferungen zu sieben; Archive, Akten Annalen zu durchwühlen, Dokumente und Bandwurm-Genealogien zu dechiffrieren. Alles aufwendige Tätigkeiten, die dem narrativen Mauleselgemüt, das seine Geschichte schlicht und recht von Anfang bis Ende durcherzählt, selbstredend erspart bleiben.

Ganz anders unser allmählich ja fast zum Bekannten gewordener Entdekker der Ästhetik der erzählerischen Langsamkeit und der Zeitverschleppung, der Mitte des ersten Bandes kokett verrät, dass er nun seit mehr als sechs Wochen über dem Manuskript brüte, aber noch immer »nicht einmal geboren« sei. Und es sieht nicht danach aus, als ob sich daran in Bälde etwas ändern sollte, denn als nächstes wird nun zum Beispiel der an Umständlichkeit nicht zu überbietende, achtseitige Ehekontrakt der Mutter in voller Länge zitiert und im Ergebnis zusammengefasst. Verklausulierter juristischer Rede platter Sinn ist: »meine Mutter konnte [...] in *London* niederkommen.« Die Relation von acht Seiten Ausschweifung versus einer Zeile Haupt-Handlung gibt das Bauprinzip des Romans im Ganzen einigermaßen zutreffend wieder.

Er lässt sich viel Zeit, der Herr Pfarrer von Sutton-on-the-Forest, der so gar nichts Theologisches an sich hatte. Beziehungsweise es verstanden haben muss, berufliche und künstlerische Tätigkeit perfekt voneinander zu trennen. Das Schicksal des erwähnten Kollegen Oliver Goldsmith zeigt, wie halsbrecherisch dieser Spagat zwischen Religion und Kunst (in der Moderne) sein kann. Jedenfalls dann, wenn nicht die bis zum Überdruss bekannte ›Eichhörnchen-Volte‹ pflichtschuldigst vollzogen wird. Ob Waschmaschine, Autobahngebühr oder

Eichhörnchen – einem Theologen wird es stets gelingen, dem Diskurs letztlich eine Wende zu geben, die, über den vermeintlichen Umweg, hin zum Sinn des Lebens beziehungsweise Christus-Fragen führt. Er kann gar nicht anders. Das Rhizom der Sinnherstellung frisst sich bis in die feinsten sprachlichen Saugwürzelchen hinein und unterspült das freie, respektlose Denken. Macht jene Autonomie und Subversivität unmöglich, aus der wirklich große Literatur, die nie im Sold irgendwelcher Gesinnungen und Gesittungen stand, lebt.

Sentimental Journey

Oliver Goldsmith jedenfalls wurde sein geistliches Amt vom Bischof entzogen, und er musste sich als »Sonderling« auf abenteuerlichen Wegen durchschlagen. Sein zeitgleich mit dem *Tristram Shandy* erschienener Roman über den *Vicar of Wakefield* (1766) schildert das Leben solch eines Landgeistlichen, der versucht, bis zur Grenze der Lächerlichkeit versucht, die Botschaft der Tugend gegen den Zugriff der rauen Wirklichkeit zu leben. Und der das Abenteuer Glaube, Liebe, Hoffnung mit knapper Not überlebt. Im Kapitel über Voltaires *Candide* wird mehr über die Religion ›Aufklärung‹ zu sagen sein. Nichts von diesem Dilemma bei unserem Vicar of Sutton-on-the-Forest: Andacht bei der Predigt – Anarchie beim Schreiben. Im Toten Meer der Tugend treibend, wirkte das auf die Leser offenbar wie eine wiederbelebende kalte Dusche. Endlich ist da einer, der aus der moralischen Standard-(Schmal-)Spur ausschert. Und sich als exzentrisch-skurriles Gesamtkunstwerk präsentiert. Der Begriff ›sentimental‹, den man mit ihrem und seinem Werk, spätestens seit seinem letzten Buch *Sentimental Journey* in Verbindung bringt, hat wirklich nichts mit Sentimentalität, Rührseligkeit und Betulichkeit zu tun. Emotional reizbar bis zur Hysterie, neuronal sensibel und wirklichkeitsobsessiv, sind der Autor und sein Personal dabei selbstbezogen und selbstanalytisch, auf selbstironische Art ich-versessen und außenfixiert zugleich. Überhaupt sind es gemischte Gefühlszustände und ambivalente Befindlichkeiten, die die Grundtonart des ›Shandyismus‹ bilden: bald heiter, bald hypochondrisch, unter Tränen lächelnd und während des Gelächters in Tränen auszubrechen, vital und todesängstlich – jeder Augenblick kann zu einer Abkippbewegung führen: eben noch operierte der Erzähler virtuos und selbstsicher mit seiner Philosophie der in übermütigen Arabesken tanzenden Lebenslinie – da tritt im ersten Kapitel des siebenten Buchs unvermittelt der Tod auf den Plan und die fröhlich-muntere Erzählmaschinerie gerät für Augenblicke ins Stocken. Wie nahe der – außerliterarische – Tod ihm selbst war, mag Sterne, der wenige Jahre später, mit 54, starb, ahnungsweise gespürt haben. Nun jedenfalls pocht der – literarische – Tod an das Tor, mitten in der schönsten skurrilen Erzählung

von der Nonne, die sich einbildete, ein Schellfisch zu sein. Blut und Tinte stocken, und auch als nach ein paar Minuten das Schlimmste überstanden zu sein scheint, und das hautnahe Gefühl der Todesangst allmählich einer ängstlichen Beklommenheit weicht, sitzt der Schock noch tief. Tristram verordnet sich eine größere Reise, denn »der Hurensohn [von Tod] weiß ja jetzt, wo ich wohne«.

Diskret und durch unterschiedlichste Erzählweise getarnt, saugt sich der Roman immer mehr mit Materie aus biographischer und literarischer Selbsterfahrung an. Es entsteht ein gewaltiges Ganzes, ein Palimpsest aus Wirklichkeitsschichtungen. Das Erzählwerk amalgamiert und verschmilzt die normalerweise getrennten Erfahrungs- und Wahrnehmungsfelder, schafft eine ganzheitliche artistische Wirklichkeit, an deren glatter Umsetzung sowohl der Autor wie der Leser direkt beteiligt sind. Denn dieses im Ecoschen Sinne »offene Kunstwerk« braucht den bewegten, beweglichen Leser, der bald eingesogen und vereinnahmt, bald auf Abstand gehalten und – meist liebevoll – kritisiert wird. Nicht nur als literarisches Artefakt, sondern als Gesamtsystem, als System ›Shandy‹ hat dieser Roman als ein Stück angewandter Kunst, als Kunst-Stück, das ins Leben und in die Phantasien greift, seine Erfolgsspur gefunden. Die Menschen sympathisieren mit dem skurrilen Autor. Er verbindet Lebens-, Leser- und Literaturgeschichte, ist Freund, Berater und Salonobjekt der Bewunderung und des Interesses – durchaus nicht nur, was seine Persönlichkeit betrifft.

Der Blick in eine französische Ausgabe aus dem Jahr 1785 zeigt Eigenarten einer halbprivaten Rezeptionspraxis, die den besonderen Stil und Charme eines Leser-Autor-Verhältnisses anschaulich machen. So um die drei, vier »Livres« hat solch ein in Kalbsleder gebundenes und auch in einer kleinen Damenhandtasche mitzuführendes Büchlein gekostet. Und die kulturell »au courant« lebende urbane Leserschaft, mein empirischer Leser heißt Jean de Hochpied, genoss ganz offenbar dieses halb privatistische, halb belletristische Changieren, diese Mischung aus Fiktion des Textes und ironischer Verifikation seiner Figuren: diese treten sozusagen aus dem Roman ein Stück weit heraus und beginnen zu Familienmitgliedern, zum Teil eines Freundeskreises zu werden. Miss Eliza, Uncle Toby nehmen wirklich persönliche Gestalt an, als ob sie dem Autor oder dem Leser jederzeit auf der Straße begegnen könnten.

Ich – eine Durchgangsstation

Oder, könnte man versucht sein, zu sagen, genau umgekehrt: Personen, die aus dem familiären Umfeld vertraut zu sein scheinen, können als literarische Figuren jederzeit auch wieder in die Bücherwelt zurückgleiten. Dies betrifft nicht nur das Szenarium der auftauchenden Figuren, sondern umfasst auch den Autor selbst:

der in einem Anhang dann auch, sozusagen im ›Backstage‹-Bereich des Romans, abgeschminkt und ohne die Maske des Erzählers als ganz einfaches Individuum, als Ich auftaucht und sich exponiert. »Und weil ich gerade dabei bin zu beschreiben«, heißt es da im gefälligen Plauderton, »beschreibe ich gleich noch die Charaktere von Yorick, Tristram oder Sterne. Das wird Sie vielleicht amüsieren, oder, was dasselbe ist, mich.« Immer wieder, fast ein Reflex, dieser Kurzschluss mit dem Publikum. Dabei handelt es sich nicht nur um das Bemühen, die Gunst der Adressaten zu erringen. Die Formel ›ihr‹ = ›ich‹ beinhaltet letztlich zugleich eine Aussage über den Status des Publikums als eines Konstrukts, einer Fiktion. Man kann es auch so sagen: auch der Leser ist ein Geschriebener. Und der Schreibende inszeniert sich in seiner zweiten Rolle als ein Gelesener. Das Cervantes-Syndrom mit neuer Wendung. Seinerzeit galt es der Distanzierung und war im weitesten Sinne verfremdendes Signal. Nun ist es Bestandteil einer verfeinerten Annäherungsstrategie. Der Roman wird zu *der* Gattung des vertraulichen und vertrauten Miteinander. Eines mediatisierten Miteinander – denn der Satzspiegel der Seite ist immer dabei und immer dazwischen, aber eines Miteinander auf gleicher Augenhöhe und beinahe auf Tuchfühlungsnähe. Diese Fähigkeit, diese erotisierende Annäherung über das Medium Papier hat der Roman des 18. Jahrhunderts entdeckt und systematisch durchgestaltet.

Richardson lässt uns mit jedem seiner Briefe in den Romanen tiefer in die innersten Empfindungen, Ängste und Erwartungen seiner meist bürgerlichen, kleinbürgerlichen Heldinnen, man denkt natürlich an den Modellroman *Pamela*, eindringen. Fielding, Diderot, Jean Paul lassen den Erzählvorgang fast zum erotischen Akt zwischen Autor, Leser, Figuren werden. Und Lawrence Sterne schließlich ist der absolute Meister des diskursiven Flirts mit dem Leser, mehr noch mit Madam, Mademoiselle, My-Lady-Leserin.

Ich sagte, das Ich des Autors bleibt in diesem Reigen nicht ausgespart. Und in der Tat findet sich zwischen Briefschaften und Bonmots auch ein Abschnitt mit der fast plakativen Überschrift »ICH«: Wie zu erwarten, liefert der Autor kein durch Seelengründelei bestechendes Psychogramm seiner selbst, sondern skizziert ein recht buntscheckiges Bild seiner disparaten (nicht desperaten) Persönlichkeit: »hasard«, Zufall sei das bestimmende Prinzip seiner Lebensweise, zufällig sei er Pfarrer, Schreiber geworden, ebenso zufällig wie er überhaupt – entstanden sei. Unstet sei er, manchmal leidenschaftlich, manchmal oberflächlich. Immer aber jedoch sei er talentiert, bewundernswert intelligent. Und von gewaltiger Fröhlichkeit, melancholiegetönter Fröhlichkeit, die von der Annahme ausgehe, dass das Leben als solches nicht sonderlich ernst zu nehmen sei. Das Leben sei ein großer Scherz, ein Spaß, ein Epigramm, dessen Pointe der Tod sei. Und als er dies im Begriff zu schreiben ist, kommt auch schon das Zimmermädchen herein und unterbricht die tiefschürfenden Gedanken. – – –

Was den Autor nicht davon abhält, einen Essay über die »Melancholie« dranzuhängen, in dem er von Attacken tiefer Traurigkeit und seelischen Depressionen spricht. Weitere Stichworte: »sensibility«, »esprit«, Nervosität, innere Unruhe. Innere Unruhe, auch hier steht Don Quijote imaginär Pate, eine Unruhe, die sich immer wieder im Wunsch nach Reisen, wirklichen Reisen und Reisen der Phantasie Luft und Raum schaffen. Sterne ist in allem Produkt seiner Zeit, das heißt sensibler Katalysator und Verstärker von Empfindlichkeiten der *späten*, reifen Aufklärung. Man darf nicht vergessen, dass diese Bewegung bereits in der zweiten Hälfte des 17. Jahrhunderts beginnt. P. Hazard hat diesen Prozess in seinem noch immer lesenswerten Buch über das *Jahrhundert der Prosa* anschaulich dargestellt. In den Jahrzehnten nach 1760 war die Aufklärung längst ihren eher rationalistisch geprägten philosophischen Anfängen entwachsen und in ein neues Stadium eingetreten: sie beginnt sich selbst zu reflektieren und besonders ihre neuralgischen, auch neurotischen Zonen in Augenschein zu nehmen.

Auch das Bild des vernunftgeprägten Individuums, das mehr oder weniger hölzern dem Pfad seiner selbstgestrickten Tugend nachhinkt, wenn es sein muss, wie Emilia Galotti, getreu, masochistisch oder hochmütig bis in den Tod (auch den eigenen), nimmt man kritisch ins Visier. Man beginnt nach der inneren Wirklichkeit, Plausibilität und Berechtigung der äußerlichen Aufklärungs-Moral zu fragen. Auch nach ihrer möglichen Blindheit und sogar nach ihrer höchstwahrscheinlichen Verlogenheit wird gefragt.

Im Verlauf dieses epochalen Selbstbesichtigungsprozesses wird mit ungereimten, unmenschlichen, da nicht zutreffenden Annahmen Schluss gemacht und ein recht ungeschminktes Bild der Wirklichkeit, der komplexen Wirklichkeit gezeichnet. Ebenso wie ein ungeschminktes, alles andere als idealtypisches Bild von den Subjekten und Individuen der Aufklärung präsentiert wird. Ein Blick in einige Zeugnisse der Tristram Shandy-Kritik der Zeit bestätigt, dass diese Revision massive Folgen hatte. Gerade der Entwurf gebrochener Vorstellungen, gebrochener, fragiler Existenzen und Dichterexistenzen hat Erfolg. Viele der zeitgenössischen Kritiker Sternes (natürlich bei Weitem nicht alle) genießen diese Scharade und Camouflage, diese permanente erzählerische »digression«, Dekomposition, Vervielfältigung des ›ich‹, so ein Rezensent im *London Magazine*:

Oh rare Tristram Shandy! – Thou very sensible – humorous – pathetick – humane – naccountable! – what shall we call thee? – Rabelais, Cervantes, What? – Thou hast afforded us so much real pleasure in perusing thy life, – we can't call it thy life neither, since thy mother is still in labour of thee, – as demands our gratitude for the entertainment. Thy uncle Toby – Thy Yorick – thy father – Dr. Slop – corporal Trim; all thy characters are excellent, and thy opinions amiable! If thou publishest fifty volumes, all abounding with the profitable and pleasant, like these, we will venture to say thou wilt be read and admir'd, – Admir'd! by whom? Why, Sir, by the best, if not the most numerous class of mankind.

Die Erfindung des Lesers

Sterne fordert, entwirft Leser, die gefordert sein wollen: permanent werden sie dazu bewegt, sich der Denk- und Assoziationsgeschwindigkeit des Autors anzupassen, sich ihm, was die Schnelligkeit der Assoziationssprünge anbelangt, gewachsen zu zeigen. Um die dazu nötige Leserbindung aufrecht zu erhalten, müssen in rhythmischen Abständen Streicheleinheiten verteilt werden: kaum einmal zwei, drei Seiten, auf denen er/sie nicht aktiviert oder hofiert, angesprochen oder eingeladen würde. Und was muss er/sie auch nicht alles verarbeiten, auf welche Leseabenteuer muss er beziehungsweise sie sich nicht einlassen: Plötzlich taucht (II, Kap. 17) eine sperrige Predigt von fast zwanzig Seiten auf, durch die sich Onkel Toby, der Vater und – natürlich – auch der Leser durchwühlen muss. Kurz darauf, zu Beginn des III. Buches, werden wir Leser gar mit dem Originaltext einer Exkommunikationsurkunde im lateinischen Original konfrontiert. Keine ganz unkomplizierte, lineare Lektüre: Sterne riskiert es einmal mehr, gegen das Aufklärungsgebot der Klarheit zu verstoßen, wenn er – gewissermaßen auf James Joyces ›Spuren‹ – auf einen Weg macht, den dieser erst zweihundert Jahre später gehen wird, seine intertextuellen Delirien auslebt:

manducando, bibendo, esuriendo, sitiendo, jejunando, dormitando, dormiendo, vigilando, ambulando, stando, sedendo, iacendo, operando, quiescendo, mingendo, cacando, flebotomando.

Maledictus sit in totis viribus corporis.

Maledictus sit intus et exterius.

Maledictus sit in capillis; maledictus sit in cerebro.

Maledictus sit in vertice, in temporibus, in fronte, in auriculis, in superciliis, in oculia, in genis, in maxillis, in naribus, in dentibus mordacibus sive molaribus, in labiis, in guttere, in humeris, in harnis, in brachiis, in manubus, in digitis, in pectore, in corde, et in omnibus interioribus stomacho tenus, in renibus, in inguinibus, in femore, in genitalibus, in coxis, in genubus, in cruribus, in pedibus, et in unguibus.

Verdammt sei er inwendig und auswendig Verdammt im Haar seines Hauptes! Verdammt im Gehirn und im Scheitel (Das ist ein besonders schlimmer Fluch, rief mein Vater.), in seinen Schläfen, seiner Stirn, seinen Ohren, seinen Augenbrauen, in seinen Wangen, Kinnladen, Nasenflügeln, Schneidezähnen und Mahlzähnen, in seinen Lippen, seinem Schlund, seinen Schultern, Handgelenken, Armen, Händen, Fingern.

Verdammt sei er in seinem Mund, seiner Brust, seinem Herzen und seinem ganzen Inneren bis zum Magen hinunter.
Verflucht sei er in seinen Nieren und Leisten (Gott behüte, rief Onkel Toby.), seinen Schenkeln und Genitalien (mein Vater schüttelte sein Haupt), in seinen Hüften, Knien, Beinen, Füßen und Fußnägeln. (III, Kap. 11)

Nicht nur ein polyphones Sprachgemisch, sondern, Thema und Fuge, Original und Variante, Text und Kommentar, Stimme und ihre plastische Überformung, mittelalterliches Dokument und aktueller, gegenwärtiger, hautnaher Lesevorgang.

Noch Unbestimmbareres legt sich wenig später dazwischen, zum Beispiel eine marmorierte Seite: chaotisch buntes Abbild des Werkes, ›geheimnisvoll‹ hinter dem dunklen Schleier der schwarzen Seite, wie der Autor kommentierend erklärt:

Manchmal erscheint es in der Tat, als seien die Experimente neuen und neuesten Erzählens in Relation zu diesem Roman aus der grauen Vorzeit der Mitte des 18. Jahrhunderts, wenn schon nicht als alte Hüte, so doch als ein bisschen weniger ›gewagt‹ und unkonventionell einzuschätzen als meist üblich. Wobei es dem jugendlich und frisch wirkenden Alt-Meister – eben weil das Konzept, seine Art des Zugriffs noch vergleichsweise unverbraucht war – dabei zumeist gelingt, die Leser/ den Leser auch noch wirklich zu überraschen und trotz vieler Zumutungen: bei der Stange zu halten. Manchmal wird sogar, wie zum Beispiel im 38. Kapitel des III. Buches, der bibliophile Tabubruch begangen, dass da einer eine Seite ›herausreißt‹ und so veritable Buchkörperverletzung begeht – selbst solche Todsünden werden augenzwinkernd entschuldigt und der Lese-Spaß geht weiter. Und kaum sind die zuletzt genannten Papierfluten und linguistischen Rösselsprünge bewältigt, geht es munter auf textfallengespicktem Terrain weiter: das poetische ›Hobbyhorsegehoppel‹ wird zum professionellen Literatur-Parcours. Als nächstes steht eine größere Auslassung über einen gewissen Hafen Slawkenbergius zur Bewältigung an. Verfasser einer allumfassenden philosophischen Weltchronik und erklärte Lieblingslektüre von Tristrams Vater. Nun ist man bei Sterne, was die Authentizität der zitierten Quellen betrifft, ja nie so ganz auf der sicheren Seite. Viele skurril anmutenden Zitate und Namen sind ›echt‹ und lassen sich verifizieren. Bei Hafen Slawkenbergius würde man geneigt sein, zum Beispiel an einen Renaissance-Gelehrten aus dem Ostelbischen zu denken, beste Wittemberger Schule, dort wo Hamlet ein paar Semester Philosophie studiert hat.

Und wenn einem dann eine Kostprobe aus der Feder des Hafen Slawkenbergius de Nasis unter die Lesernase gehalten wird und einer die ›Fabella‹ so renitent lateinisch aufhebt, ist man, doch versucht, das Ganze für echt zu halten; allenfalls die Tatsache, dass dann im Text von de Nasis auch noch von ebensolchen Nasen/ Nasis die Rede ist, irritiert vielleicht ein wenig:

Miles peregrini in faciem suspexit – Di boni, nova forma nasi! [...] ... ! Quantus nasus! deque longus est, ait tubicina, actuba. [...] Tantum abest, respondit illa, quod fistulam dulcedine vincit. (Slawkenbergius' Erzählung)

Jedenfalls die Lateinkundigen amüsieren sich, doch der Autor will solche Bildungsasymmetrien erst gar nicht aufkommen lassen und liefert die – kommentierte –Übersetzung deshalb auf der anderen Druckseite mit, so dass die Doppeldeutigkeit zweistimmig wird:

Der Wachposten sah dem Fremden ins Gesicht – never saw such a nose in his life! – er hatte noch nie eine solche Nase gesehen. Lieber Himmel, rief das Weib, was für eine Nase, die ist ja so lang wie eine Trompete [...] und so sanft wie eine Flöte [...].

Erst einige Seiten später wird die zweigleisige, zweideutige Textpassage wieder eingleisig, wenn auch nicht weniger doppeldeutig. Die Nase stochert sich, bald süß, bald heftig explodierend durch ganz Straßburg, Quedlinburg, Lyon, erquickt und amüsiert die Leute in Häusern und Höfen, Kirchen und Klöstern. Und der Vater hängt mit steifem Zeigefinger hingebungsvoll zwischen den Seiten: Zoten und Zitate, Körperkrampf und Gelehrtenprosa – hier verschmelzen die Horizonte wahrlich ineinander: bekommt jedes auch noch so unschuldige Wort einen ganzen Hof von Neben-, Zusatz- und verdeckten Hauptbedeutungen. Autor(en) und Leser heben jedes Wort auf, drehen es um und schauen es sich auch von der Unterseite an. – Kein Zufall, dass der spätere Berufskollege James Joyce dieses Buch geliebt hat, weil er aus ihm – literarisch – unendlich viel lernen konnte.

Kein Wunder, wird man sagen, bei solchen Originalen. Und es ist ja schon der Mühe wert, das Personal dieses Romans etwas genauer kennen zu lernen. Der gelehrte, großsprecherische, lesehungrige, etwas schrullige Vater, sein merkwürdiger Bruder, Tristrams sprichwörtlicher »Uncle Toby«, der lebende Beweis dafür, dass launige Steckenpferdreiterei und manischer Fanatismus eine teilweise sogar menschenfreundliche Symbiose eingehen können. Ex-Militär und militärstrategischer Experte auf Lebenszeit, kann er eigentlich nur mehr in Kategorien der Schlacht, genauer: einer Schlacht, die sich in ihm förmlich festgefressen hat, denken, handeln, fühlen. Lebenslängliches Sandkastennachspiel des Immergleichen in immer neuen Variationen. Ein beklagenswerter Zustand – gottlob ist niemand von uns von solchen Symptomen befallen. Gefechtsfeld, Attacke, Vorfeldbesetzung, Zündung ... »Uncle Toby« unterlegt jede seiner Aktivitäten, einschließlich und vorzüglich der erotischen, mit Terminologien aus dem Bereich taktischer Landstreitkräfte. Doch dazu später, mit Sterne-gebührender Verschleppung etwas mehr.

Tristram Shandy

Hörsturz und »Fülle des Wohllauts«

Schließlich sind wir daran interessiert, mehr über »Life and Opinions« des Tristram Shandy zu erfahren. Nun, das ist schnell nachgetragen. Kaum vierhundert Seiten nach seiner Zeugung nähern wir Leser uns nun bereits dem historischen Moment seiner Einkleidung. Der Vater höchstpersönlich plant die Anpassung des ersten Paars Hosen. VI. Buch, 18. Kapitel. Spät, zu spät, denn inzwischen wurde der Kleine durch ein herabrutschendes Schiebe- oder Klappfenster so unglücklich getroffen, dass von einer Art unfreiwillig vollzogener, ganz und gar nicht religiös motivierten Beschneidung der ungewöhnlichen Art gesprochen werden könnte.

›Shandyismus‹ pur könnte man sagen, denn inzwischen hat der Protagonist aus seinen diversen Eigentümlichkeiten und Einstellungen bereits eine Art Philosophie abgeleitet. So auch nun unser Leserwohl in Bezug auf seine Sozialverträglichkeit. Denn, Cervantes grüßt auch hier – und zwar keineswegs – vom hohen Ross herab, zu viel Literatur könnte der mentalen Gesundheit abträglich sein. Jedenfalls fragt Tristram besorgt:

Wie fühlt sich Ihr Kopf dabei? Mein eigener tut mir weh. (VII, Kap. 2)

»Was Ihre Gesundheit anbelangt«, – so der Erzähler optimistisch – »so weiß ich zwar, dass sie viel besser als die meine ist«, doch »wahrer Shandyismus« sei ein Lebenselixier, öffne Herz und Lunge und lasse alle Leidenschaften und Körpersäfte freier durch die Kanäle fließen. Auch eine Affekt-Poetik, die ganz ohne vernünftige oder aufgeklärte Gefühle auskommt und die den intelligenten ›fun-factor‹ als Wellness-Strategie einzusetzen versucht. Auch musiktherapeutische Elemente dürfen da naturgemäß nicht fehlen, wen wundert's da, dass ein klanginstrumentiertes Kapitel dazwischengeschaltet wird. Keine dieser mühseligen Umschreibungen, sondern ein geschriebenes Hör-Erlebnis:

Ptr .. r .. r..ing – twing – twäng – pröt – tröt – ‚s ist eine hundsmiserable Fidel. – Sagt mir's doch, ist meine Fidel gestimmt oder ist sie's nicht? – tröt .. pröt.. – Das sollten Quinten sein. – Erbärmliche Saiten – tr ... a . e . i . o . u . – twäng. – Der Steg ist eine Meile zu hoch und der Stimmstock bodenlos, – sonst – tröt .. pröt – horcht! gar kein so übler Ton. – Diddel diddel, diddel diddel, diddel diddel, dum. Vor wahren Kennern ließe sich schon spielen, – doch da steht ein Mann – nein – nicht der mit dem Bündel unterm Arm – der mann in Schwarz, der mit der Leichenbittermiene. – Todsicher nicht der Gentleman da mit dem Degen an der Seite. [...] Twaddel, diddel, tweddel diddel, – twiddel diddel, – twoddel diddel, – twuddel diddel, – pröt – tröt – kritze – kratze – kreisch. – Euch, Sir, hab' ich den Garaus gemacht. [...]

– Ew. Gestrengen und Ew. Ehrwürden lieben die Musik – und Gott hat Euch allen feine Ohren mitgegeben – und einige von Euch spielen selbst gand fürtrefflich – tröt–pröt, – pröt–tröt.

Oh! Einen gibt's – dem ich ganze Tage lauschen könnte, – dessen Kunst darin besteht, dass, was er geigt, man fühlt, – der mich mit Freuden und Hoffnungen beseelt und die verborgensten Triebfedern meines Herzens in rührt. (V, Kap. 16)
Ein Hörerlebnis zwischen Hörsturz und Wohllautsfülle. Intermezzo für einen neuen Erzähllauf im VI. Buch: Beginnende Shandyisten werden schon erahnen, was ihnen bevorsteht, wenn nun, wie angekündigt, das Projekt ›Hosenanfertigung‹ ernsthaft in Angriff genommen wird. Im erzählerischen Normalfall eine Bagatelle, wenn überhaupt. Bei den meisten Romanfiguren nehmen wir einfach stillschweigend an, sie trügen welche. Kein Thema also. Bei Werther werden sie aus semiotischen Gründen erwähnt. Bei Sternheim sind Hosen Intrigenanlass. Bei Balzac oder Dickens ist die Hose ein getreues Abbild der sozialen und psychologischen Befindlichkeit ihres Trägers, wird die Hose also im weitesten Sinne politisch. Bei Sterne aber erschließt sich uns auf der Suche nach der zu findenden Hose förmlich ein historischer Fundus der vestibulären Möglichkeiten aller Zeiten und Epochen; Folianten werden durchwühlt, Kataloge listenreich ergründet: Toga, Tunika, griechisch-römisch-türkische Obergewänder, Altes und Neues Testament werden zu Rate gezogen, Schuhlisten von Sandale bis Schnabelschuh angefertigt, bis endlich alle Bestandteile zueinander passend geordnet werden können; während hier Schlaufen, Schleifen, Knöpfe, Bänder durcheinander trudeln, beginnen Onkel Toby und ein Freund ein Modell der Befestigungsanlage mit Laufgräben, Bastionen, Rampen und Geschützstellungen minutiös zu bestücken, bereiten die Schlacht von Flandern und den Frieden von Utrecht vor und spielen Krieg so ernsthaft, dass Don Quijote als Dritter im Bunde jederzeit mit von der Partie sein könnte. Gottlob sind die Zeiten der Epopöen von der *Ilias* bis zum *Nibelungen-* und *Rolandslied* vorbei und die der großen Romane à la *Krieg und Frieden* noch nicht angebrochen, und so erwachsen aus dem Kriegsspiel keine bleibenden Schäden größerer Art. Große Männer schreiben große Geschichten. Kleinere Männer wie Sterne schreiben kleinere Geschichten, die dann zu den ganz großen werden. Große Geschichten erzählen von symbolischen Ordnungssystemen. Kleine Geschichten erzählen vom Alltagswahnsinn der real existierenden Unordnung und Vermischung im Haus und im Kopf, die man Leben nennt. In den großen Geschichten halten große Männer große Reden. In diesen kleineren Geschichten halten kleinere Männer etwas merkwürdige Reden, die dann wie die »Schutzrede« Onkel Tobys durchaus so enden können:
»xxxxx
xxxxxxx
xxxxxxx
xx.« *(VI, Kap. 34)*
Und der Vater darauf, zu sich selbst:
»x

xxxxxxx
xxxxxxx.« (VI, Kap. 39)
Welch erstaunlicher Dialog im Zeitalter desselben!
Nehmen wir uns jetzt die Freiheit, das VII. Buch einfach zu überspringen, ein Reisetagebuch, eine Art Vorstudie zur *Sentimental Journey*, über die man gesondert reden sollte. Bleiben Buch VIII und IX, die die durch und durch prikkelnde Liebesgeschichte Onkel Tobys beinhalten, also Militärgeschichte pur mit einem neuen Gegner, einer Gegnerin: Witwe Wadman. Witwe Wadman, deren Witwenschaft nun bereits so lange dauert wie der siebenjährige Krieg; eine Frau, die durch das Requisit gigantischer, leinwandfressender Nachthemden eingeführt wird, genauer, mit dem Ritual des Abdichtens dieses Nachthemdes:

[Sobald] als Mrs. Wadman zu Bette gebracht worden und ihre Beine lang gegen das Fußende hin ausgestreckt hatte, was sie Bridget allemal anzeigte – Bridget mit allem geziemenden Dekorum, nachdem sie zuvor das Bettzeug bei den Füßen gelüftet hatte, die besagte halbe Elle Leinwand fasste und, wenn sie diese sacht und mit beiden Händen weitmöglichst zu sich herunter gezogen und anschließend wieder längsweise in vier oder fünf glatte Falten gerafft hatte, sodann eine große Stecknadel aus dem Ärmel zog und damit, indem sie die Spitze gegen sich kehrte, die Falten sämtlich ein Stückchen oberhalb des Saumes fest zusammenheftete; also geschehen stopfte sie bei den Füßen alles feste wieder ein und wünschte ihrer Herrin eine gute Nacht. (VIII; Kap. 9)

Wenn man erläutern möchte, wie aus einem deskriptiv-realistischen ein symbolhaft zeichenartiger Erzählakt mit verweisendem Charakter werden kann, braucht man nun nur zu lesen, wie die Szene weitergeht, als Onkel Toby und die Liebe mit »Missis Wadmans Witwenschaft« in – gedankliche – Berührung kommen: Denn, gerade als Bridget, zum soundsovielten Mal mit der Stecknadel die Falten zusammensteckte –

Confounded Passions

Kaum nötig hinzuzufügen, was diese Geste – roh übersetzt – bedeutet. Gut, es handelt sich um »Liebe«. Ein offenbar vor dem Wirken des französischen Strukturalismus bereits bekanntes Gefühl. Prä-Barthianer Shandy Senior decodiert, buchstabiert es Bruder Toby dergestalt, dass »Liebe« eine der:
   most **A**gitating
   Bewitching
   Confounded passions
   der Welt sei. Und dazu sei sie: dumm, extravagant, frivol, »galligaskinish« bis gimpelhaft, »handy-dandish«, irrig, »K« gibt's nicht, dafür lyrisch, »of all

human passions, the most«, missverständlich, nichtsnutzig, offen, pragmatisch, »stridulous«, »ridiculous«, obwohl das »R« eigentlich vor dem »S« dran gewesen wäre usw., usw.

Derweil steht das Objekt der Liebe, Witwe Wadman, einfach erwartungsvoll da: *She stood however ready harnessed and decorated at all points waiting to watch accidents. (VIII, Kap. 13)*

Was die Erfüllung dieser so durch und durch erotisierten Passion betrifft (der französische Gegenwartsfilm ist dagegen prüde), so darf ich Sie entsprechend dem Meister dieser Leselektion nicht nur um Geduld, sondern auch um Frustrationstoleranz bitten. Dieser Roman ist eine Guckkastenbühne, in der sich nur Buchstaben und Wörter paaren und in Schlachtaufstellung übereinander herfallen. Etwas für Lesevoyeure, deren heimliche Augen ins Innere des eigenen Kopfes gerichtet sind. Vom Ende des VIII. Buches könnte noch *Reigen*-Autor Schnitzler gelernt haben.

»Soldat und Witwe« heißt die Szene und sie findet ›nur‹ im Kopf der Leser statt; zwar, der ›Angriff‹ ist für elf Uhr festgelegt. Doch im entscheidenden Moment:

sagte mein Vater zu meiner Mutter, komm, meine Liebe, es ist nur brüderlich und schwesterlich gehandelt, wenn wir beide jetzt einen Spaziergang [machen].
[...]
Ich möchte so gerne durchs Schlüsselloch sehen, nur so aus Neugierde, sagte meine Mutter. – Nenn es nur beim rechten Namen, meine Liebe, sagte mein Vater. Und gucke dann durchs Schlüsselloch, solange du willst! (VIII, Kap. 35)

Ende des Buches. – – – drei Striche wie bei Schnitzler. Und augenzwinkernde Leserinnen und Leser, die sich an der Finesse erfreuen, mit der hier der eigene Voyeurismus transparent gemacht wird. Komisch. Mehr als zweihundert Jahre später haben dieselben Leute in Wien bei der Premiere des *Reigen* das Theater angezündet und den Autor lynchen wollen. Es ist schon so, das 18. hätte nach dem 19. Jahrhundert kommen sollen.

12. August 1766. Ein schwüler Tag, es wird in den frühen Abendstunden ein Gewitter geben. Lawrence Sterne sitzt, knapp zwei Jahre vor seinem Tod, einigermaßen wohlgelaunt in purpurfarbenem Seidenwams und safrangelben Schlafschuhen, ohne Perücke oder Mütze, es ist heiß, am Schreibtisch und arbeitet am letzten Band des *Tristram*. Woher man das so genau weiß? Nun, es steht einfach drin, nämlich am Beginn dieses 9. Bandes, der gerade im Begriff ist geschrieben zu werden. Zwischen Schreibendem und Lesenden passt längst allenfalls gerade noch ein Löschblatt, die Tinte ist noch feucht, schon kann der Roman gelesen werden. Hautnah ist man sich gekommen während dieser Don Quijotterie von Lesereise, und so wird man auch die letzten Schlusskapitelchen noch miteinander durchstehen.

Tristram Shandy

Am Ende aber kommt immer die Ehe. Da kann der Korporal noch so wild und freiheitstrunken mit seiner Stockspitze herummäandern: Das Ende ist die Ehe. Der Einsatz ist gespielt, die Spannung steigt, Witwe Wadman zückt die letzte Karte, Onkel Toby sitzt gebannt wie das Karnickel vor der Verführungsschlange, es gibt kein Zurück mehr, die bildhaften Verhüllungen der Erzählung fallen, es gibt kein Entkommen – es sei denn. Es sei denn, wir lassen es dabei. Da trifft es sich gut, dass der Autor sich plötzlich sehr schwach zu fühlen beginnt – 80 Unzen Blut hat er in dieser letzten Woche als Transfusion bekommen. Was Cervantes, Rabelais und Boccaccio konnten, der ›Sentimental Narrator‹ des 18. Jahrhunderts fühlt sich dem nicht mehr gewachsen. Noch ein paar erzählerische Aufschwünge sind zu registrieren, aber es wird nichts mehr so rechtes mit der Wadman-Toby-Connection-Erzählung. Ganz abgesehen von der Peinlichkeit, die – erzählerisch – damit verbunden wären. Obwohl (niemand anderer als der Vater hat das allerletzte Wort), obwohl es merkwürdig ist, auf welche Art epischer Erzählungen wir uns verstehen. Mord ja, Liebe nein:

»[W]ie kömmt es [so der Vater], dass alles, was damit verbunden – das Zubehör – die Vorbereitungen – die Werkzeuge und was sonst noch dazu dient, für etwas gilt, das einem reinen Geist in keiner Sprache, Übersetzung oder Periphrasis verdeutlicht werden dürfe?«

»Der Akt der Tötung und Vernichtung eines Menschenlebens«, fuhr mein Vater fort, indem er die Stimme erhub, »ist [dagegen] rühmlich – und die Waffen, womit wir es tun, sind ehrenvoll – Wir marschieren mit ihnen auf der Schulter einher – Wir stolzieren mit ihnen an der Seite – Wir vergolden sie – Wir ziselieren sie – Wir verzieren sie mit Einlegearbeiten – Wir schmücken sie[...].« (IX, Kap. 33)

Überflüssig zu sagen, dass der Kasus natürlich nicht ausdiskutiert wird. Zwar legt Toby die Pfeife weg, Yorick hebt zu sprechen an, da ... – kommt etwas dazwischen und irgendjemand fängt an, von einem Stier und einer Kuh zu reden und Mutter sagt: »G—t!«, sagte meine Mutter, »was ist mir das nun wieder für eine Geschichte?« Und dann ist der ganze Roman aus. Mitten im Wort. Mitten im Satz, wie das Sterne so häufig gemacht hat. Ein offenes Kunstwerk. Er stellt Fragen. Gibt keine Antworten. Die Antwort auf die oben genannte Frage wird ein paar Jahre später ein anderer geben: Marquis de Sade. Aber das ist eine andere Geschichte.

Literaturverzeichnis

- Sterne, Laurence: *Leben und Ansichten des Tristram Shandy, Gentleman.* Übers. v. Walter, Michael. Haffmans. Zürich. 1983.
- Barthes, Roland: *Fragments d'un Discours amoureux.* Seuil. Paris. 1977.
- Cross, Wilbur: *The Life and Times of Laurence Sterne.* Macmilian. New York. 1909.
- Defoe, Daniel: *Robinson Crusoe.* W. Taylor. London. 1719.
- Goldsmith, Oliver: *Vicar of Wakefield.* Newbery. London. 1766.
- Schnitzler, Arthur: *Reigen.* Wiener. Wien. 1903.

Laurence Sterne

Vita
*24.11.1713   Clonmel/Tipperary Irland
†18.3.1768   London

1731   Tod des Vaters
1733   Studium der Theologie im Jesus College, Cambridge
1738   Pfarrstelle in Sutton-on-the-Forest
1740   Erkrankung an Tuberkulose
1741   Heirat mit Elizabeth Lumley
1747   Geburt Lydias
1760   Übersiedlung nach London
1762   Dreijähriger Aufenthalt in Südfrankreich aus Gesundheitsgründen
1765   Gefeierter Literat in den Salons London
1765   Reise nach Italien und Frankreich

Werke
1759-67 The Life and Opinions of Tristram Shandys, Gentleman
        Leben und Meinungen von Tristram Shandy, Gentleman
1760-69 The semons of Mr. Yorick
        Predigten des Herrn Yorick
1768   A Sentimental Journey Through France and Italy
        Eine empfindsame Reise durch Frankreich und Italien

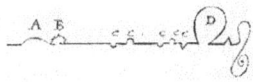

Gwin delin.   J. Hall sculp.

Voltaire oder der Optimismus
oder auch: »Was immer ist, ist gut«

Candide oder der Optimismus, Ende 1758 in wenigen Wochen niedergeschrieben, schlägt ein wie eine Bombe. Bereits im März 1759 wurde das Buch in Genf öffentlich hingerichtet – einmal mehr der makabre Büchertod durch das Verbrennen. In Paris wurde es verboten. Vom Vatikan auf den Index gesetzt. Das Buch erregte den Widerspruch von Frommen und Freidenkern, Theologen und Philosophen, Königen und Kardinälen, Calvinisten und Katholiken. Und es fand eine enorme Leserschaft: allein in den ersten zwei Jahren, 1759 und 1760 erschienen dreizehn Ausgaben, rund vierzig bis zum Tode Voltaires 1778.

1713 geboren, war Voltaire, als das Buch erschien, 65 Jahre alt. Und obwohl der Verfasser zunächst die Autorschaft abstritt, um sich zu schützen, hat das verleugnete Buch ihm dies nicht übel genommen, sondern ganz im Gegenteil: es hat ihn über die folgenden Jahrhunderte getragen. Von all den vielen Romanen, Erzählungen, Dramen, Gedichten, Essays, Satiren, Pamphleten politischer, ästhetischer, philosophischer Natur, inklusive eines ganzen *Dictionnaire philosophique*, sind fast alle vergessen oder allenfalls von literaturgeschichtlichem Interesse. Ausgerechnet der hoffnungslos hoffende Tollpatsch Candide aber hat überlebt. Candide, eigenwillig wie Tristram Shandy, aber ohne dessen Witz, unbelehrbar wie Don Quijote, aber ohne dessen Charisma. Dieser Hans Castorp des 18. Jahrhunderts sollte den Ruhm des großen Voltaire über die Zeit tragen? Kein Wunder, dass der philosophische Hoffnungsspürhund aus Prinzip, Ernst Bloch, darauf euphorisch reagierte und er dieses Buch in seiner großen Rede *Zur Ontologie des Noch-Nicht-Seins* in markigen Worten pries: als flammenden Protest gegen Dummheit, Dogma und Unbelehrbarkeit und als erstes Schriftzeichen des »Prinzips Hoffnung«. Als »Eingedenktag, der die Versuchswerkstatt Welt zu möglichem Heil fortarbeiten lässt. Bleibt die Frage, ob das »Prinzip Hoffnung« nicht eine verzweifelte Fortsetzung des ›Prinzips Candide‹ darstellt. Nämlich den bedingungslosen Versuch, eine Philosophie des Sinns, eine Art Heilshorizont dort sehen zu wollen, wo letztlich nur Chaos und Zufall herrschen.

Der *Candide*-Roman stellt ganz unverblümt und auch ein wenig grob eine Frage, die ins Mark des Aufklärungskonzepts trifft: die Frage nach dem Unterschied zwischen gutgemeinter Theoriebildung und miserabler Wirklichkeit. Oder auch: die Frage nach dem Sinn des gigantischen Zukunftsprojekts ›Aufklärung‹ in Relation zu den kruden Realien der Gegenwart. Um ein Gefühl für den Diskussionsstand und das Problembewusstsein Mitte des 18. Jahrhunderts zu bekommen, ist es nötig, etwas auszuholen. Am Anfang steht auch hier – das Wort. Vielleicht ist es sogar zutreffend zu sagen, die Aufklärung *ist* eine gewaltige Wort-Blase. System aus Wörtern, Matrix, jedes Phänomen und Problem zu rubrizieren und zu durchrastern. Der berühmte Plan der *Encyclopédie*, des größten Wissenstransfer-Projekts des 18. Jahrhunderts, ordnet jeder Disziplin exakt ihren Ort zu. Selbst Phantastik, Chaos, Anarchie haben im Systemdenken der Aufklärung ›ihren‹ Platz. Im Zweifelsfall gilt Popes Jahrhundertsatz: »Was immer ist, ist gut.« Kein Geringerer als das englische Pendant zu Voltaire hat ihn kreiert – und auch er schlug ein wie eine geistige Bombe.

Der Jahrhundertsatz

Popes Formel aus seinem langen Lehrgedicht *An Essay on Man* stammt von 1733, aus einer Phase, als die Prämissen des neuen Denkmodells noch frisch und unverbraucht waren. Jeder Aufklärer schleppt ja einen gewaltigen Rucksack voller mentaler Energie-Drinks mit sich. Am meisten Kraft spenden Tuben mit der Aufschrift »Prinzip Hoffnung« (Konzentrat). Hochdosiert trägt »Prinzip Hoffnung« über Jahrtausende, lässt den Schritt noch immer frisch erscheinen. Es ist wahr, was Baudelaire in einem seiner bösartig-klugen Prosagedichte sagt: »Chacun porte sa chimère.« und ›Glaube und Hoffnung‹ sind die fettesten davon. Dreißigjähriger Krieg, Massensterben, Entvölkerung – bald wird Friede. Siebenjähriger Krieg, Hunger, Deportation, Folter – alles wird besser werden. Und so weiter. Auschwitz, Hiroshima. – Aber ab jetzt werden wir wirklich ... und nie wieder ... Es ist wohl kein Zufall, dass Ernst Bloch nie eine Zeile über den Holocaust schrieb. Hätte nicht in sein Modell gepasst. In sein »whatever is, is right«-Modell. Ein im Grunde theologisches Denkmuster, das alle Katastrophen und Desaster, alles Scheitern und Zerstören in einen erst in der Zukunft greifbaren Deutungshorizont stellt und alle scheinbare Disharmonie als Resultat einer verkürzten Wahrnehmung deutet:
Bezeichne nicht, was Ordnung ist, als Unvollkommenheit.
Alle Natur ist doch nur Kunst, die du nicht wahrnimmst.
Deshalb der aphoristische Schlussappell:
und allem Stolz zum Trotz Trotz auch irrender Vernunft,
Nur eine Wahrheit gilt: Was ist, hat seine Richtigkeit.
beziehungsweise im Original:
One truth is clear, WHATEVER IS, IS RIGHT.
Selbst wenn man nicht auf moralischen Qualitäten besteht (›gut‹), sondern sich mit pragmatischeren (›richtig‹) begnügt, so kann doch kein Zweifel daran bestehen, dass hier ein weltanschaulicher Richtungsstreit grundsätzlicher Art ausgetragen wird: ›Sinn‹ oder ›Nicht-Sinn‹, das ist hier letztendlich die Frage und dahinter gleich die zweite: macht das Projekt ›Aufklärung‹ eigentlich Sinn?

Sinn in Anbetracht der Natur des Menschen und der Natur an sich.

Werden wir konkret. Im November 1755, vor knapp 250 Jahren, ereignete sich in Lissabon ein verheerendes Erdbeben. In einer Nacht kamen damals über 50.000 Menschen ums Leben, die Stadt wurde zu drei Vierteln in Schutt und Asche gelegt. Im Bewusstsein der Zeit eine Jahrhundertkatastrophe, die an den Nerv des Gefühls rührte, ein Schock, der der Aufklärung die gepuderte Perücke vom Schopf riss und sie am Schopf packte. Die Erschütterung über das ungeheuerliche Ereignis erfasst Alt und Jung: noch in *Dichtung und Wahrheit* wird der spätere über den damals sechsjährigen Goethe davon berichten:

Durch ein außerordentliches Weltereignis wurde jedoch die Gemütsruhe des Knaben zum ersten Mal im Tiefsten erschüttert. [...] Der Knabe, der Dieses [Berichte über das Erdbeben] wiederholt vernehmen musste, war nicht wenig betroffen. Gott, der Schöpfer und Erhalter Himmels und der Erden, der ihm die Erklärung des ersten Glaubensartikels so weise und gnädig vorstellte, hatte sich, indem er die Gerechten mit den Ungerechten gleichem Verderben preisgab, keineswegs väterlich bewiesen ...

Die Empörung über diesen moralischen Treuebruch des Gottes oder der Götter der Vernunft sollte bis in das 20. Jahrhundert fortwirken; noch im *Zauberberg* wird Thomas Mann seinen Spätaufklärer Settembrini in den Aufruhr um Lissabon leidenschaftlich einstimmen lassen und dabei die Rolle Voltaires besonders herausstellen. Der nämlich, so Settembrini, hätte sich schlicht dagegen »empört«, ja »revoltiert«. Und Settembrini präzisiert auf Hans Castorps verdutzte Gegenfrage:

Er revoltierte, ja. Er nahm das brutale Fatum und Faktum nicht hin, er weigerte sich, davor abzudanken. Er protestierte im Namen des Geistes und der Vernunft gegen diesen skandalösen Unfug der Natur, dem drei Viertel einer blühenden Stadt und Tausende von Menschenleben zum Opfer fielen ... Sie staunen? Sie lächeln? Mögen sie immerhin staunen [...] Sehen Sie, Ingenieur, da haben Sie die Feindschaft des Geistes gegen die Natur, sein stolzes Misstrauen gegen sie, sein hochherziges Bestehen auf dem Rechte zur Kritik an ihr und ihrer bösen, vernunftwidrigen Macht. Denn sie ist die Macht, und es ist knechtisch, die Macht hinzunehmen, sich mit ihr abzufinden ... wohlgemerkt, sich innerlich mit ihr abzufinden.

Und letztlich ging und geht es eigentlich immer noch genau um diesen Gegensatz zwischen souveränem Gestus des Verstehens auf einer ›höheren‹ Ebene und manchmal durchaus hilflosem Protest gegen den ungerechten Lauf der Dinge. Dahinter stehen, oft innerhalb derselben Bewegung oder Gruppierung, zwei wesensmäßig unterschiedliche Verhaltenskonzepte, Reaktionsweisen: einer erklärt von höherer Warte – der andere wütet unfein. Einer zeigt Verstand, der andere verliert ihn. Lessing sagt, dass »wer über gewisse Dinge den Verstand nicht« verliere, wohl keinen zu verlieren habe. Voltaire jedenfalls war sich nicht zu gescheit, um über das Erdbeben fast den Verstand zu verlieren. In seinem großen *Gedicht über das Erdbeben von Lissabon oder [die] Prüfung des Axioms: Alles ist gut* jedenfalls begehrt er wütend auf:

Getäuschte Philosophen, die ihr alles gut nennt,
kommt her und seht die grauenhaften Trümmer,
Ruinen, Fetzen, seht dies Häuflein Asche.
Verschüttet, liegen Frauen, Kinder durcheinander,
und der gestürzte Marmor deckt die abgerissenen Glieder.
Die Erd' hat hunderttausend Elende verschlungen,
die, atmend noch, zerfleischt und blutig,
von ihrem Dach begraben, hilflos enden.
Wollt ihr, wenn sie mit halber Stimme sterbend seufzen
beim grauenvollen Anblick ihrer warmen Asche
noch immer sagen: »Dies die Folge ewiger Gesetze,
die eines freien, guten Gottes Wahl bedingen?«
Sagt ihr noch, angesichts der Opfer ohne Zahl,
Gott habe sich gerächt, sie zahlten mit dem Tod für ihr Verbrechen?
[...]
Nein, kommt mir (meinem aufgewühlten Herzen)
nicht mehr mit der Notwendigkeit unwandelbarer Regeln,
nach denen Körper, Geister, Welten sich verketten.
Gelehrtentraum, profundes Hirngespinst [...]

Voltaire leidet nicht nur an Lissabon. Er durchleidet zugleich die dunkelste Stunde des Projekts ›Aufklärung‹. Wie weitermachen und weshalb, wenn alles auf Willkür, Zufall und Sinnverlust hinweist? Sein Fazit fällt entsprechend bitter aus:

Wir sind gepeinigte Atome bloß auf einem Haufen Schlamm,
Spielball des Schicksals und des Todes Beute.

Ist dies das Ende der Aufklärung? Vielleicht weit mehr ihr Beginn. Das Gedicht markiert allenfalls das Ende der Phase eines harmoniesüchtigen Dauerutopismus; Aufklärung als mentales Wellness-Programm, damit freilich ist Schluss. Selbst ein Voltaire ist kein Automat zum Fabrizieren neuer Strategien im Schnellverfahren. Und mitten in der Wut ist einer manchmal auch etwas blind. So imponierend der spontane Fußtritt gegen den Götter- und Gelehrtenhimmel (nichts anderes stellt dieses Gedicht dar) auch ist, gedanklich führt er eher in eine Sackgasse. Jean Jacques Rousseau, damals 43, und bereits einer anderen Generation zugehörig, geht hier weiter und verweist auf den Typus von Fragen, die nach dem Voltaireschen Einbruch zwingend notwendig geworden sind. Am 18. August 1756 reagiert er in einem kritischen, ausführlichen Brief an Voltaire. Seine Argumentation löst mit ein paar Worten auch die letzten Schicksalsdunstwölkchen auf, die Voltaires wuchtiger Rundumschlag zurückgelassen hatte. Was heißt hier »böse Natur«, fragt Rousseau und weiter:

Gestehen Sie zum Beispiel, dass es nicht die Natur war, die dort 20.000 sechs- bis siebenstöckige Häuser hingestellt hatte, und dass, wenn die Einwohner dieser großen Stadt mehr zerstreut und bequemer gewohnt hätten, der Schaden viel geringer oder vielleicht gleich Null gewesen wäre. (18. August 1756)

Ein zwingendes Argument, mit dem der Prozess ›Aufklärung‹ praktisch neu beginnt und die Aufgabenstellung – ganz ohne Hochmut – an die Verursacherseite, die der Menschen selbst, zurückdelegiert wird. Kant hat mit seiner Formel von der »selbstverschuldeten Unmündigkeit«, die es durch den eigenen kritischen Verstand zu überwinden gelte, eine tendenziell vergleichbare Position bezogen. Es markiert den Beginn der Nüchternheit. Nadelspitzen, die die metaphorischen Sprechblasen zum Platzen bringen. Zum Beispiel das gewichtige Grundmuster von Ursache – Wirkung und letztem Sinn, das Gottfried Wilhelm Leibniz immer wieder in groß angelegten Studien präsentiert hat. Zwei Beispiele mögen genügen, um einen Eindruck dieser merkwürdig in sich kreisenden, hermetischen Denkstruktur zu gewinnen. So heißt es zum Thema »Jede Ursache hat ihre Wirkung«:

Nehmlichen jed Ursach hat ihre gewisse Wirkung, die von ihr zuwege bracht würde, wenn sie allein wäre; weilen sie aber nicht allein, so entsteht aus der Zusammenwürkung ein gewisser ohnfehlbarer Effect oder Auswurf nach dem Maass der Kräfte, und dass ist wahr, wenn nicht nur zwei oder 10 oder 1000, sondern ohnendlich viel Dinge zusammenwürken, wie dann wahrhaftig in der Welt geschieht.

Und zu der Debatte um den »zureichenden Grund« findet sich folgender obsoleter Passus:

Denn kraft der vollkommen im Universum eingerichteten Ordnung ist alles in der bestmöglichen Weise eingerichtet, und zwar sowohl für das allgemeine Gute, als auch insbesondere zum Besten derer, die davon überzeugt und mit der göttlichen Regierung zufrieden sind, was für alle die gelten muss, die die Quelle alles Guten zu lieben verstehen.

Hat es erst einmal gezündet, kann dieses Denkmodell elaborierter Scheinaufklärung dann auf eine populärwissenschaftliche Umlaufbahn geschossen werden, die alles und jedes in zwingenden Bezug zueinander stellt; die valentineske Weiterführung der Theodizee führte zu Denkschleifen, im Vergleich zu denen Tristram Shandys narrative und gedankliche Verschlingungen sich als geradezu linear ausnehmen; in der hohen Schule der fortgeschrittenen Nonsense-Philosophie argumentiert man dann routiniert über alles und jedes, hier zum Beispiel das Ohr:

Zu dem Gehöre ist das Ohre gewidmet.

Ist zwar weich, damit man nicht gedruckt wird, wenn man darauf lieget, jedoch aber bestehet er aus einem Knorpel, damit der Schall, der davon aufgefangen wird, in das innere Ohre sich reflektieren lässet. Der Schall, sowohl derjenige, der vor sich hineinfället als von dem äusseren Theile reflectiret wird, passiret den

Gehör-Gang (meatum auditorium) und ist von innen ganz knochig, weil der Schall von dem weichen geschwächt wird, aber nicht von hartem. Die darinnen vorhandene kleine Drüsen sondern das Ohrenschmaltz ab, welches durch seinen bitteren Geschmack das Ungeziefer vertreibet, dass es in das Ohre hineinkreuchet.

So Christian Wolff in seinen *Vernünfftige Gedancken von den Würckungen der Natur*, Halle 1725. Wie man auf tiefschürfende Art flach sein kann – von manchen Professoren der systemtrunkenen Phase der Aufklärung kann man das zumindest lernen. Ein in der Wolle eingefärbter Theodizeaner könnte Lissabon als Strafgericht und Auschwitz als Gottesbeweis erklären. Die Verwendung von Begriffen wie ›schicksalhaft‹ und ›tragisch‹ empfiehlt sich übrigens besonders, um grausamste und sinnloseste Erfahrungen auf systemerhaltende Weise zu ›verarbeiten‹. In der »Schluss-Anmerkung« zu seinem *Mutmasslichen Anfang der Menschengeschichte* hat selbst Kant diese Variante des »Prinzips Hoffnung« verwendet, das heißt die nihilistische Notbremse gezogen, wenn er sagt:

Die eigentlichen physischen Übel, wenn jener Punkt wegen der moralischen berichtigt ist, können alsdann in der Gegenrechnung von Verdienst und Schuld schwerlich einen Überschuss zu unserem Vorteil austragen.

Und so ist der Ausschlag einer durch Philosophie versuchten ältesten Menschengeschichte: Zufriedenheit mit der Vorsehung und dem Gange menschlicher Dinge im ganzen, der nicht vom Guten anhebend zum Bösen fortgeht, sondern sich vom Schlechtern zum Bessern allmählich entwickelt; zu welchem Fortschritte denn ein jeder an seinem Teile, soviel in seinen Kräften steht, beizutragen, durch die Natur selbst berufen ist.

Es ist ein unauflösbarer innerer Widerspruch im Projekt ›Aufklärung‹: ohne künstliche Naivität und Unbelehrbarkeit keine Arbeit am Mythos. Andererseits befördern gerade diese Qualitäten eine hermeneutische Schieflage, die den Blick für die Wirklichkeit der Dinge verschiebt.

Aufklärung pur

Es gibt freilich (»wo Gefahr ist«/dort wächst einem poetischen Naturgesetz entsprechend ja auch das »Rettende«, Hölderlin) eine diesem Denkmodell als Konsequenz in nichts nachstehende Gegenbewegung und Zweitstimme der Aufklärung, ohne die das eben gezeichnete Bild nahe an einer Karikatur wäre. Es gibt diesen Typus des scharfsinnigen und respektlosen Zurechtrückers der rosaroten Optiken in einer Dichte und in einem Format, das Staunen macht. John Lockes *Essay Concerning Human Understanding* (1689) mit seinem neuen Konzept, menschliche Wahrnehmungs- und Identitätsbildungsprozesse in das Zentrum der Analyse zu rücken und den Körper, die Sinne, die Nerven als substantiellen Teil von kognitiven

Prozessen zu sehen. Genau hinzusehen, beim Sehen. Fast vergessene Autoren wie Pierre Bayle haben auf diesem Sektor entscheidende Pionierarbeit geleistet.

Auf dem Feld der Literatur ist es die Satire, die entscheidende Kurskorrekturen vornimmt: Der *Candide* ist eines dieser Bücher, die dagegen halten. Und prompt reagieren nicht nur die üblicherweise ›bewahrenden‹ Kräfte, sondern auch die Gutmenschen unter den Aufklärern. Gottsched zum Beispiel spricht schon anno 1759 angesichts solcher Autoren wie Voltaire in der »Ratten- und Schmeißfliegen«-Diktion, die wir aus dem 20. Jahrhundert kennen. Von denen, die »alle Gräuel ihrer Einbildungskraft zusammenraffen und die in ihrer unordentlichen Phantasie in fieberhaftem Paroximus schwelgten«.

und im Weiteren von den »erdichteten verabscheuungswürdigen Lastern«, und gottlob[t], dass es nur in dem Gehirne dieses Dichters solche verdammliche Bosheiten gäbe.

Man hat inzwischen nachgewiesen, dass es die Gräuel durchaus nicht nur in den Dichtergehirnen gab, sondern, im Gegenteil, im konkreten Raum der Geschichte. Auch Voltaires Text ist weniger satirisches Konstrukt, sondern vielmehr nüchterne Bestandsaufnahme. Der Eindruck des Bizarren mag daher rühren, dass die Wirklichkeit im Ton des Banalen, Selbstverständlichen dargestellt wird. Auch Goethe zeigt sich von dieser Art des Witzes einmal mehr angefasst und schreibt diesbezüglich am 7. Juni 1784 an Frau von Stein:

»*Du wirst finden, es ist als wenn ein Gott (etwa Momus), aber eine Kanaille von einem Gotte, über einen König und über das Hohe der Welt schriebe. Dies ist überhaupt der Charakter aller Voltaireschen Witzprodukte, der bei diesen Bogen [den Memoiren] recht auffällt. Kein menschlicher Blutstropfen, kein Funke Mitgefühl und Honettität. Dagegen eine Leichtigkeit und Höhe des Geistes, Sicherheit, die entzücken. Man kann ihn einem Luftballon vergleichen, der sich über alles wegschwingt und da Flächen unter sich sieht, wo wir Berge sehen.*« Es sei hier, wegen der verblüffenden Ähnlichkeit, noch die Äußerung der Madame de Staël zum Candide zitiert:

»*Dieses Werk ist von einer infernalischen Fröhlichkeit. Denn es scheint von einem Wesen geschrieben zu sein, das ganz anderer Natur ist als wir, dem unser Schicksal gleichgültig ist, das sich unsere Leiden gefallen lässt und wie ein Dämon lacht ...*«

Voltaire ist mit dieser Art des Erregens öffentlichen Ärgernisses, mit seiner ›Un-Menschlichkeit‹ in guter Gesellschaft. Bereits 1729 schockiert Jonathan Swift seine Leser mit einer nicht minder harten Satire, die auf ›Taubenfüßen‹ ankommt:

A Modest Proposal for Preventing the Children of Ireland from being a Burden to their Parents or Country.

ist der Vorschlag umschrieben, in dem es sich der Verfasser zur Aufgabe macht, etwas für, beziehungsweise gegen die entsetzlichen Zustände, in denen die Kinder der Armen vegetieren, zu unternehmen. Man beginnt das Schriftstück so zu lesen, wie man alle vernünftigen, amtlichen Verlautbarungen zu lesen pflegt. Wohlwollend:

»Ich denke«, schreibt der Verfasser im Stil einer UNESCO-Resolution,
alle Parteien sind sich darüber einig, dass diese übertriebene Kinderzahl in den Armen oder auf dem Rücken oder an den Fersen ihrer Mütter, und oft genug ihrer Väter, bei dem gegenwärtigen beklagenswerten Zustand des Königreichs nur eine sehr große Plage mehr ist; und wer daher eine gute, billige und leichte Methode fände, diese Kinder zu gesunden und nützlichen Gliedern des Staates zu machen, würde sich ein solches Verdienst um die Öffentlichkeit erwerben, dass man ihm als einem Retter der Nation ein Denkmal errichten müsste.

So weit, so gut. Was dann folgt, überschreitet freilich den Usus des zu Erwartenden bei Weitem, wobei das Skandalon des Textes in der Diskrepanz zwischen sachlich-vernünftigem Ton und der »Ungeheuerlichkeit« des Inhalts liegt. Die Gesellschaft diktiert, überwacht, kontrolliert sozusagen zu jeder Zeit das ›decorum‹, und es ist keine bloße Frage des ›Stils‹, wenn einer willentlich oder unbewusst gegen die internen Regeln verstößt. Auch hier symbolisiert die Ordnung des Erzählverfahrens die Ordnung der Normen und Werte, auf die man sich verständigt zu haben glaubt.

Swifts Vorschlag lautet in Kürze so: man solle doch die verwahrlosten irischen Kinder, die ohnehin nach wenigen Jahren Hungers oder aus Mangel an Pflege sterben, im Alter von etwa einem Jahr schlachten und als Delikatesse verkaufen. O-Ton Swift:
Ein Kind wird für zwei Mahlzeiten bei einer Geselligkeit mit Freunden ausreichen, und wenn die Familie allein speist, wird ein vorderes oder hinteres Viertel ein ergiebiges Mahl sein, und am vierten Tag, mit etwas Pfeffer oder Salz abgeschmeckt, wird es gekocht noch sehr willkommen sein, besonders im Winter.

Aber es kommt noch schlimmer, weil es von unserer Zeit, von unserem Jahrhundert verifiziert worden ist:
Wer aber besser bei Kasse ist [...], kann ja den Leichnam abhäuten; denn aus der Haut, wenn sie aufgearbeitet ist, lassen sich bewundernswerte Damenhandschuhe machen, auch Sommerschuhe für feine Herren.

Wenn ein Satiriker heutzutage, mitten in unserer besten aller möglichen Welten, in dieser pluralistischen, permissiven, literalen Gesellschaft, an die wir uns so sehr gewöhnt haben, einen entsprechenden Vorschlag machen würde? Etwa Vorschläge, die zu Hunderttausenden verhungernden Kinder Afrikas doch besser als nachhaltige, exotische Naturstoffquelle zu verwenden ... – Es ist zu vermuten, dass ein solches »proposal« eine Debatte über die Grenzen der Freiheit der Kunst lostreten würde. Die falsche Debatte. Und auch Swift wollte keinen Literatursalon über ›Formen satirischer Überzeichnung‹, sondern über den alltäglichen, menschenverachtenden Wahnsinn, die wirklichen Verbrechen seiner unter der Tarnadresse der Vernünftigen ausschließlich am Profit und am persönlichen Wohlleben (nicht am breiten Wohlstand) interessierten Zeitgenossen anstoßen. Frage: Ist es eine größere Schuld, so grausam a-sozial zu schreiben oder sich so grausam a-sozial zu verhalten wie die ›aufgeklärte‹ Society im frühindustriellen England dies tat? Weitere Frage: Steht die formulierte Inhumanität der Satire nicht sogar in einem direkten Verhältnis zum Grad der gesellschaftlich praktizierten Desensibilisierung? Ist Swifts Satire etwa nicht die angemessenste Reaktion auf eine nutzenzentrierte Kultur, aus der menschenverachtende Haltungen entstehen? Wie zum Beispiel die (um ein Beispiel aus Preußen dagegen zu halten) des Vertrauten Friedrichs des Großen und Präsidenten der Berliner Akademie der Wissenschaften Maupertius als eines typischen Kindes seiner Zeit. Der renommierte Wissenschaftler schlug etwa vor, Verbrecher für Experimente in der Vivisektion zu verwenden, beziehungsweise weitaus makabrer – Euthanasie zu betreiben. Der gedankliche Entwurf eines KZ-Arztes Mitte des 18. Jahrhunderts:

Ich würde es gerne sehen, dass man Verbrecher für diese Operationen benutzte, sowenig dabei auch herauskommen mag [...]. Möglicherweise könnte man Entdeckungen hinsichtlich der wunderbaren Verbindung von Seele und Leib machen, wenn man es wagte, im Gehirn eines lebenden Menschen nach diesem Zusammenhang zu forschen. Man sollte sich durch Erwägungen der Grausamkeit dabei nicht behindern lassen. Vor dem Menschengeschlecht hat ein einzelner Mensch nichts zu bedeuten. Ein Verbrecher ist weniger als nichts.

Das war keine Literatur. Das war ganz ernst gemeint. Darüber hat sich kaum einer erregt. Aber Swift wurde verfolgt. Voltaire wurde verfolgt. ›Gott‹ ist frei ausgegangen. Die »Sache« Gott, so hat Diderot ihn genannt. Und die Sache mit der »Theodizee«, dem Gottes-Rechtfertigungs-Tick, wie man das Verfahren nennen könnte?. Auch dieser Tatbestand geistiger Irreführung führte nicht zu einem Ermittlungsverfahren gegen Leibniz oder zu einem Verbrennen seiner Bücher, in denen diese Irrlehre (in den Augen Voltaires) verkündet wurde. Deshalb holt dieser, Voltaire, zu einem literarischen Gewaltstreich der besonderen Art aus: *Candide oder der Optimismus* unter Pseudonym, um einer weiteren Verhaftung zu entgehen. Und – natürlich – als Manuskript. Es gibt nur sehr wenige Romane, die auf diese Zwischenwand, diesen Schutzzaun rund um den Erzähler verzichten. Auch Voltaire nicht. Auch er schreibt kein Buch, sondern ediert und übersetzt den Text eines gewissen Herrn Dr. Ralph, »mit den Zusätzen, die man in der Tasche des Doktors fand, als er zu Minden starb im Jahre des Herrn 1759«. Das deutsche Manuskript ist in diesem Fall nicht nur ein Schutz, sondern weit mehr ein Hinweis. Hinweis auf die deutsche Grundlage dieser allgemeinen Beglückungs- und Beruhigungsphilosophie, die man später ›Idealismus‹ nannte.

Satirische Verstimmungen

Den Rahmen des eigentlichen Romans bildet gleichfalls ein deutsches Thema, nämlich die Liebesgeschichte zwischen Kunigunde, der Tochter eines adelsstolzen westfälischen Barons und Candide, einem entfernten bürgerlichen Verwandten derselben, der dann wegen einer amourösen Geschichte des Hauses verwiesen wird. Der Rausschmiss führt – einmal mehr auf eine Umlaufbahn: der erste Hans Castorp-Typus der Weltliteratur geht auf Reisen: naiv und gutartig bis zum Exzess, stolpert sich Candide auf der Suche nach Kunigunde über Leichenberge und Schlachtfelder, vorbei an Erschießungskommandos und Audodafés, durch die Welt. Ein ängstlicher Don Quijote. Sein Sancho heißt Pangloß, ein Vertreter jener Art des metaphysischen Optimismus, die im Zentrum der Kritik Voltaires stehen wird. Allen Katastrophen zum Trotz vertritt dieser Fundamentalist des »zureichenden Grundes« die ›was-immer-ist-ist-gut‹-These in quälender Unbeirrbarkeit. Und der Anlässe, den Verstand zu verlieren, sind viele: zunächst soll Candide als Deserteur erschossen werden. Später wird er die geschändete Kunigunde in den Händen eines Großinquisitors wiederfinden. Candide sieht sich gezwungen, einen Doppelmord zu begehen, um die Geliebte vor neuer Schande zu bewahren. Er muss daraufhin nach Südamerika fliehen und verliert Kunigunde ein zweites Mal, denn diese wird einmal mehr, diesmal nach Konstantinopel, entführt. Dass Candide zudem zwischenzeitlich seiner gesamten Habe beraubt wird, fällt demgegenüber kaum noch ins Gewicht.

Eine Katastrophengeschichte, bei der Unglück und Erklärung miteinander in einen absurden Wettlauf treten, wobei das Prinzip der infantilen Belehr- und Erklärsucht, repräsentiert durch Pangloß, lange Zeit triumphiert. Kein Wunder, sind Candides Lehrmeister doch in der Mehrzahl gestandene Philosophen, die wissen, worum es geht und wie es zugeht in der Welt. Gleich zu Beginn wird über Pangloß berichtet: »Pangloß lehrte immerhin die sogenannte ›metaphysisch-theologisch-kosmologische Tropfologie‹« (»la métaphysico-théologo-cosmonigologie«), also die Leitwissenschaft von der Wirkung und ihren Ursachen: »denn da alles zu irgendeinem Zwecke gemacht ist, dient es notwendigerweise dem besten Zwecke«; man weiß ja, Nasen sind geschaffen, um Brillen daran zu befestigen, weshalb wir folgerichtig Brillen tragen, um die dafür vorgesehenen Befestigungseinrichtungen sachgerecht zu nutzen. Ebenso haben wir nach Voltaires Pangloß Beine, um daran Schuhe zu tragen, Steine, um damit Schlösser zu bauen, Schweine, um sie aufzuessen. Die Schönheit Kunigundes wiederum sei ein hinreichender Grund, um sie zu lieben.

Orientiert am Vorbild des Meisters wird das Liebesspiel naturgemäß zur Wissenschaft. Und streng wissenschaftlich geht auch Pangloß vor, als er der

Kammer-frau hinter einem Buch eine »experimentalphysikalische« Lektion erteilt, bei der sowohl sein zureichender Grund wie auch diverse Ursachen und Wirkungen erkennbar werden. Solchermaßen wissenschaftlich inspiriert versuchen Kunigunde und Candide ein ähnliches Ursachen-Wirkungs-Experiment nachzugestalten. Was in Entdeckung, Aufruhr und Gewalt endet: der liebende Jüngling erhält vom vornehmsten Edelmann der Gegend, Baron Thunder ten Tronck, wuchtige Tritte in den Hintern, während der keuschen Kunigunde von der würdigsten aller Gräfinnen ein paar schallende Ohrfeigen verpasst werden. Und dies alles doch nur, weil man in aller Unschuld eine experimentalphysikalische Versuchsanordnung nachgestellt hatte, die dazu dienen sollte, mehr über den Mechanismus zureichender Gründe, gewisser Ursachen und interessanter Wirkungen zu erfahren.

Satire ist zu neunzig Prozent Technik. Nicht so sehr die Sache, um die es geht, ist Auslöser der emotionalen Lust oder Unlust. Hätte Swift im Furor moralischer Entrüstung das Elend der Kinder angeprangert, wäre sein Appell vermutlich relativ wirkungslos verpufft. Erst die kunstvoll eingezogene Zwischendecke aus Wissenschafts- und Verwaltungssprache lässt aus routinierter Betroffenheit jenes Widerhakengefühl amüsiert-grimmiger Irritation werden, das die Voraussetzung für eine geschärfte Wahrnehmung bildet. Erst so wird aus einem Appell, einer Kundgabe, der man mehr oder weniger desinteressiert folgt, eine Kontroverse, die ins Mark trifft, die innere Verletzungen anrichtet, kurz: die verstört und stört.

Große Satiriker sind Verstimmungs-Virtuosen. Ihre Performance verstört, frustriert, erkältet *und* reizt, frappiert, ja amüsiert. Auf ihrer höchsten Stufe gelingt das Paradox, Ekel und Genuss, Ekel am Genuss und Genuss am Ekel gleichzeitig herzustellen. Gelungene Satiren sind intellektuelle und emotionale Hochseilakte, zwischen Vergnügen und Verstörung. Während Swift nach nur kurzem Vorgeplänkel seine Schocks verabreicht, gewährt Voltaire seinen Lesern mit dem erotisch-naturwissenschaftlichen Vorgeplänkel zwischen dem Protagonisten und seiner Liebsten eine etwas längere Aufwärmphase. Auch in dieser vergleichsweise heiteren Phase resultiert das Leservergnügen aus jener satirespezifischen Überlagerung zweier Codes: die wirkungs- und grund-orientierte Liebesszene ist gleichsam nur Vorspiel zur lustvoll-grausamen Theodizee-Attacke.

Das Desaster der besten aller möglichen Welten

Candide wird aus der häuslichen Sicherheit geworfen und auf eine Welt-Umlaufbahn getrieben, die ihn wie einen Don Quijote wider Willen mit sozialen und politischen Ambientes der unterschiedlichsten Couleur in Berührung bringt, wobei auch diese Berührungen zunächst eher sanft zu sein scheinen: während die

Figur sich noch immer geborgen in der besten aller möglichen Welten wähnt, beginnt hier der Leser die Fallgrube bereits zu ahnen. Bevor er sich's versieht, ist Candide bereits Soldat im Heer des liebenswürdigsten aller Monarchen des Königs der Bulgaren und bevor er etwas Böses ahnt, ist er bereits tot. Nur der zufällig vorbeikommende König bewahrt ihn vor der Erschießung, einer Strafe, die sich als Gnadenakt versteht. Die Alternative – Spießruten zu laufen:

Das Regiment bestand aus zweitausend Mann. Das machte viertausend Peitschenhiebe, die ihm vom Nacken bis zum Hintern Muskeln und Sehnen bloßlegten. Als er den dritten Gang [von 36 geplanten] antreten sollte, konnte er nicht mehr. Er erbat sich als Gnade, man möge die Güte haben, ihm den Kopf zu zerschmettern: diese Gnade gewährte man ihm. (Kap. 2)

Sein Verbrechen: ein kleiner Spaziergang. In Termini des Militärstrafgesetzes heißt das: »die unerlaubte Entfernung aus dem Heer in der Absicht, sich der Verpflichtung zum Dienst [...] zu entziehen« – also zu »desertieren«. Eine Absicht, die der theorielastig agierende Candide vermutlich nicht einmal hatte. Er wollte vielmehr, so der Erzähler, eigentlich nur an einem schönen Frühlingstag einen kleinen Spaziergang machen; die Annahme, er hätte dazu kraft des Naturrechts eine Art Legitimation, erweist sich als irrig. Hingegen besteht aufgrund der »Gottesgabe, die man ›Freiheit‹ nennt,« wenig später die Möglichkeit, souverän zwischen Spießrutenlauf und Erschießung zu entscheiden; vom »Gnadenakt«, zehn Kugeln in den Kopf zu kriegen, war ja bereits die Rede. ›Liberté‹, ›égalité‹, ›grâce‹, ›tolérance‹, ›vertu‹ – kaum eine der Aufklärungs-Tugenden, die bei Chefaufklärer Voltaire nicht auf den Prüfstand der Wirklichkeit käme. Im Roman, in Dramen, Essays, Pamphleten, Streitschriften, – sogar der *Dictionnaire philosophique* wird dem Publikum 1764 vorgelegt. Im Zeitalter der Enzyklopädien nichts Besonderes, mag man sagen. Doch zum einen ist dies sicherlich die kürzeste Enzyklopädie der Welt: ›portatif‹, zum Mitnehmen, schlanke 280 Seiten. Zum anderen ist dieser Taschen-Dictionnaire sicherlich das bissigste, polemischste Philosophie-Nachschlagewerk aller Zeiten:

Liberté: na, versuchen Sie mal vor einer schussbereiten Kanone wegzulaufen, wenn Sie gelähmt sind. – Ja, aber, bin ich denn nicht ein freies Wesen? – Klar, Sie haben die Freiheit zu tun, was Sie wollen. – Wenn Sie es können. – Aber in meinen Büchern ... – steht Quatsch, es gibt keine »liberté d'indifférence«, keine Freiheit der Selbstentscheidung. ›Freiheit‹ ist nur ein Wort ohne Sinn und Verstand. Erfunden von Leuten, die auch kaum eine haben. Basta.

Grâce: Gnade. Was bedeutet das jetzt wieder? Einer empfängt sie. Ein anderer kommt nicht in ihren Genuss. Warum? Weshalb? Mit welchem Recht? Wenn Ihnen ein Funken Verstand geblieben ist, finden Sie nicht auch, dass dieses ›System‹ nicht extrem lächerlich ist?

Idee: Idee? Wenn du denkst, du denkst dann denkst vielleicht nur du, du denkst.

Bien: (tout est). Eine philosophische und menschliche Katastrophe. Für die, die denken können – die spielen mit den Ketten, an denen sie hängen. Für die anderen: denen wird eine Art Schwachsinns-Optik ins Gehirn gepresst: Mord ist Strafe, Folter Läuterung, Tod Erlösung, Krankheit Reinigung. Don't worry! Be happy! Monthy Python lässt vom Kreuz herab grüßen und blinzelt dem Kenner kumpelhaft zu.

Ich räume ein, Voltaires *Dictionnaire* ist nichts für philosophische Feinschmecker und idealistisch bewegte Gemüter. Sein Menschenbild entspricht in etwa demjenigen Machiavellis, und dieser ging bekanntlich davon aus, dass der Mensch undankbar, feige, verlogen und grausam sei. Man liebt solche Spiegelungen nicht. Man muss sie nicht lieben. Satiren sind bis zur Unkenntlichkeit verdeckte Liebeserklärungen wider besseres Wissen. Der Schock, den sie oft auslösen, resultiert aus ihrer Sucht, der Wahrheit im Verhältnis 1:1 zuleibe zu rücken. Man hat sich so an literarische Stilisierungen, Verklärungen, Dämonisierungen u. a. gewöhnt, dass ein *Abbild* empört zurückgewiesen wird.

Der erwähnte Spießrutenlauf etwas scheint nicht auf einer grotesken Verzerrung des Autors zu beruhen, sondern sich mehr oder weniger in genau dieser Form abgespielt zu haben. Von wegen König der Bulgaren: setzt man Friedrich den Großen an dessen Stelle und verfolgt man die Szene in das Gefängnis nach Spandau, so kommt man der Sache schon näher:

Im Spandauer Gefängnis gab es einen alten Edelmann aus der Franche-Comté, sechs Fuß groß, den der selige König wegen seines guten Wuchses hatte rekrutieren lassen. Man hatte ihm den Rang eines Kammerherrn versprochen, statt dessen machte man ihn zum Soldaten. Dieser arme Mensch desertierte bald mit einigen seiner Kameraden; er wurde gefasst und vor den König geführt, dem er schlichterdings vor den Kopf sagte, dass er bedaure, einen solchen Tyrannen wie ihn nicht getötet zu haben. Man schnitt ihm, statt einer Antwort, Nase und Ohren ab, und er musste 36 Male Spießruten laufen. Danach ließ man ihn in Spandau Schubkarren schieben. Er tat das immer noch, als M. de Valori, unser Gesandter, in mich drang, [...] um Gnade zu bitten. Seine Majestät beliebte zu sagen, dass er für mich La Clemenza di Tito spielen lasse, eine Oper voller Schönheiten vom berühmten Metastasio, die der König selbst, von seinem Hofkomponisten beraten, vertont hatte. Ich ergriff die Gelegenheit, seiner Güte den armen Mann ohne Nase und Ohren zu empfehlen ... Die Bitte war ein wenig stark, aber in Versen, das ist ein Privileg, kann man alles sagen. Der König versprach auch einige Erleichterungen und ließ sogar, nach etlichen Monaten, den betreffenden Edelmann in ein Krankenhaus bringen.

Mehr als ein episodischer Beitrag zum Thema Wirklichkeit und Literatur. Zugleich ein Dokument, das Beobachtungen zu der Art und Weise, wie Voltaire sein Material erzählerisch umgestaltet, erlaubt. Der entscheidende Trick besteht im Weglassen: nichts von Verzweiflung, kühner Anklagepose, Mitleid und noch nicht einmal Schrecken. Statt dessen der gespenstisch ruhige Sach- und Vollzugsbericht. Ohne Aufregung, sondern geborgen im System und mit der Mechanik einer Strafmaschine (man kommt nicht umhin, an Kafka zu denken) wird Strafe verteilt und empfangen.

Man hat gesagt, dieser Candide, dem doch nach dem Spießrutenlaufen Sehnen und Muskeln entblößt sind, sei keine Gestalt aus Fleisch und Blut, sondern satirisches Konstrukt, literarische Kreation pur. Eine zutreffende Aussage, solange damit nicht wie in Goethes Kritik an Voltaire »Mangel an Tiefe und Gemüt« gemeint sein soll.

Theodizee-Automaten im Herzen

Ja, Candide ist eine Art Theodizee-Automat, ein Glücks- und Harmonieneurosen-Computer. Die Wirklichkeit, einschließlich der ›Natur‹ des Menschen, kommt in seiner Software nicht vor: er arbeitet sein Programm völlig unbeeindruckt und unbeeindruckbar vom Verhalten der Außenwelt ab. Gerade, was Goethe als Defizit gesehen hat, der Verzicht auf psychologische Vertiefung, bringt die Möglichkeit zur literarischen Vitalisierung.

Voltaire hat ja keine Figur auf dem Reißbrett der Abstraktion entworfen, sondern ein Wesen, an dem die Amputationen vorweggenommen erscheinen, die dem Menschen widerfahren sind, weil er sich frühzeitig damit begnügte, die Welt mit den Prothesen eines Dogmas abzuschreiten und mit den Scheuklappen schönfärberischer Thesen zu sehen. Was immer ist, ist nicht notwendigerweise gut – aber es ist. Voltaires Philosophie ist eine Schulung für Ist-Zustände. Und das ist eine Ausbildung, die nichts an Aktualität eingebüßt zu haben scheint. Wir selbst lassen uns doch immer noch durch die Theodizee-Maschinen der Politik und der Medien jagen und uns einreden, dass es etwas gerechtere und weniger gerechte Kriege gäbe, dass eine Seite mehr, die andere weniger hinreichende Gründe dafür hätte, die beste aller Welten, von einigen zehntausend Schurken dieser oder jener Staaten zu befreien, die »die [Erd]oberfläche verpesten«.

Voltaire skizziert ein Szenarium des Krieges und der Vernichtung, das keiner besonderen Aktualisierung bedarf, um wirklichkeitsnah zu sein; – ›universal soldiers‹, ›universal victims‹, hier treffen sie aufeinander. Und Candide geht über Leichen, ohne einen Schritt weiter zu kommen:

Er stieg über Berge von Toten und Sterbenden und erreichte zunächst ein Dorf [...], das die [Sieger] entsprechend den Bedingungen des Völkerrechts niedergebrannt hatten. Hier mussten aus tausend Wunden blutende Greise zusehen, wie ihre Frauen erwürgt wurden [...] Dort hauchten Mädchen mit aufgeschlitzten Bäuchen ihre letzten Seufzer aus, nachdem einige Helden ihre natürlichen Bedürfnisse an ihnen befriedigt hatten [...] – und ringsum bedeckten Gehirne und abgehauene Arme und Beine den Boden. (Kap. 3)

Stehaufmännchen und kleiner Sisyphos ohne Mythos, Prototyp des Weitermachers und Marathonmannes – Candide, dieser Hans im Unglück, hat beachtliche Nehmerqualitäten, wenn es zu viel wird, fällt er kurzfristig in Ohnmacht, rappelt sich jedoch rasch wieder auf und – macht weiter. Als ihm der inzwischen zur Syphilisruine verkommene Pangloß überraschend begegnet und ihm das zwischenzeitlich Vorgefallene in Stichworten berichtet (4. Kapitel), geht es Schlag auf Schlag. Kunigunde? – Tot – Ohnmacht – Wie? – Mehrfach vergewaltigt, Bauch aufgeschlitzt. Dem Herrn Baron den Schädel eingeschlagen. Frau Baronin in Stücke gehackt. Dies in Kurzform das Wesentliche. – Neuerliche Ohnmacht Candides. Wiederaufwachen im nächsten Satz. Und sofort die Frage, die Frage der Fragen nach »dem zureichenden Grund« des »bejammernswerten Zustands«. Des beklagenswerten Zustands des Pangloß wie auch des beklagenswerten Zustands der Welt an sich. Hiob, Marc Aurel und die gesamte Stoa würden sich ob der philosophischen Gelassenheit unseres Gespannes (bei dem man nicht so recht weiß, wem die Rolle des Irrsinns zufällt) bewundernd verneigen. Auge kaputt, Zähne raus, Geliebte tot. Doch unbeschädigt hebt sich die reine Lehre der Unmenschlichkeit aus den Niederungen der Misere:

»Alles dieses ist unerlässlich«, erklärt der einäugige Doktor, »auf dem Unglück einzelner baut sich das Wohl der Allgemeinheit auf, so dass also das Glück der Gesamtheit um so größer ist, je mehr privates Unglück es gibt.« (Kap. 4)

Es war einmal (und ist noch immer) eine Literatur und/ oder ein Lebensentwurf, der davon handelt, dass bewährte Tugend belohnt wird. Und es gibt natürlich die böse Variante zu dieser Form der Betörung. Marquis de Sade erzählt Geschichten, in denen die Tugend gedemütigt und bestraft, das Laster kräftig belohnt wird. Was den Leser hier jedoch präsentiert wird, ist jenseits von Gut und Böse. Im Vergleich zu dieser Variante der Theodizee ist de Sade geradezu ›normal‹. Der wahre Sadomasochist versteht es, die private Vernichtung als Beitrag zur Gesundung des Ganzen zu genießen, ja genussvoll zu suchen. Das nennt man dann: ›Heroismus‹, ›Idealismus‹ oder Altruismus. Nicht ganz so Candide und die Seinen. Sie dulden still und ohne große Posen. Und sie dulden viel. Im Vergleich zu den Leiden, die allein Kunigunde und ihre Begleiterin, die alte Dame mitmachen oder mitgemacht haben, ist Shakespeares mit Abstand grausamstes Stück *Titus Andronicus* vergleichsweise moderat.

Dabei hat Kunigunde noch Glück. Bereits in Kapitel 6 begegnet sie, obwohl kurz zuvor ermordet, ihrem Geliebten wieder. »Also hat man Sie doch nicht vergewaltigt und Ihnen den Bauch aufgeschlitzt«, stöhnt Candide aufgelöst zu ihren Füßen, aber Kunigunde antwortet ganz sachlich und schlicht:

»Doch! [...] Aber man stirbt ja schließlich nicht immer an diesen beiden Unfällen.« (Kap. 6)

Und dann erzählt sie eine haarsträubende Geschichte, von Vergewaltigungen, Verstümmelungen, Verschleppungen, finsteren Mächten und desaströsen Verschwörungen.

»Bewegt und bestürzt, bald außer mir vor Aufregung, bald nahe daran, vor Schwäche zu sterben, sah ich vor mir die Ermordung meines Vaters, meiner Mutter, meines Bruders; die Unverschämtheit des abscheulichen bulgarischen Soldaten und den Messerstich, den er mir versetzte; die Zeit meiner Dienste als Magd und Köchin bei dem bulgarischen Hauptmann; meinen hässlichen Don Isaschar, meinen scheußlichen Inquisitor, den aufgehängten Doktor Pangloß, ich hörte das große Miserere im Brummbass, während Sie gepeitscht wurden, vor allem aber erinnerte ich mich an den Kuss, den ich Ihnen hinter dem Wandschirm gegeben hatte, an jenem Tage, da ich Sie zum letzten Male sah. Ich pries Gott, dass er Sie nach so viel Prüfungen zu mir geführt hatte. Ich befahl meiner Alten, Sie zu pflegen und hierher zu bringen, sobald es möglich sei. Sie hat meinen Auftrag gut ausgeführt. Ich habe die unaussprechliche Freude gekostet, Sie wiederzusehen, zu hören, zu sprechen. Sie müssen einen verzehrenden Hunger haben; auch ich habe starken Appetit; lassen Sie uns zu Abend essen.«

Sie setzten sich zu Tisch. Nach dem Essen gingen sie wieder zu dem schönen Sofa, von dem schon gesprochen wurde. Dort waren sie, als Don Isaschar, einer der Herren des Hauses, erschien. Es war Sabbat. Er kam, um seine Rechte auszuüben und seine zärtliche Liebe zu erklären. (Kap. 8)

Tritt also der gierige Jude Don Isaschar ins Zimmer und flucht und tobt und attackiert Candide. In Notwehrsituationen wird sogar er gefährlich. Ein Stich mit dem Degen und der »Israelit liegt tot auf den Fließen«.

Es ist schon eine eigenartige anarchistisch-chaotische Welt, in die uns Voltaire hineinerzählt: bald hat man Goyas grässliche *Los desastres de la guerra* vor Augen, bald Kasperltheater, Grand Guignol, schriller Piratenroman, Schauerroman, Rührstück – kaum etwas, das nicht kurz anzitiert und kurz darauf achtlos liegengelassen würde: wild durcheinandergeworfene Literatur-Bausteine, die allenfalls durch getrocknetes Blut aneinander kleben. Allein die Geschichte der alten Dame, die das Liebespaar auf seiner Endlosprüfungsschleife begleitet, bietet eine Stofffülle, die normalerweise für Bände ausreicht. Dass sie sich auch noch als Tochter des Papstes herausstellt, ist das wenigste:

»Marokko schwamm in Blut, als wir ankamen. Die fünfzig Söhne des Sultans Mulei-Ismaël hatten jeder eine Partei hinter sich: was fünfzig Bürgerkriege verursachte, Schwarze gegen Schwarze, Schwarze gegen Halbbraune, Halbbraune gegen Halbbraune, Mulatten gegen Mulatten; es war ein ununterbrochenes Blutbad über das ganze Reich hin.

Kaum waren wir gelandet, als die Schwarzen einer Partei, die mit der meines Korsaren verfeindet war, erschienen, um ihm seine Beute zu entreißen. Wir waren, nach den Diamanten und dem Golde, sein kostbarster Besitz. Ich wurde Zeuge eines Kampfes, wie er in Ihrem europäischen Klima niemals zu sehen ist. [...] Ein Maure ergriff meine Mutter beim rechten Arm, der Leutnant meines Kapitäns riss sie am linken Arm zurück; ein maurischer Soldat nahm sie beim linken Bein, einer unserer Seeräuber zog sie am rechten. Unsere Mädchen wurden fast alle im Nu auf diese Art zwischen vier Soldaten hin und her gezerrt. Mein Kapitän hielt mich hinter sich versteckt. Er hatte seinen krummen Säbel in der Faust und tötete alles, was sich seiner Wut entgegenstellte. Schließlich sah ich alle unsere Italienerinnen und meine Mutter zerrissen, durchstochen, massakriert durch die Ungeheuer, die sich um sie stritten. Die Gefangenen, meine Gefährten, und die, welche sie gefangen hatten, Soldaten, Matrosen, Schwarze, Braunen, Weiße, Mulatten, und schließlich auch mein Kapitän, alle wurden getötet. Ich blieb sterbend auf einem Haufen Toter liegen. Ähnliche Szenen geschahen, wie man weiß, im Umkreis von mehr als dreihundert Meilen, ohne dass es dabei an den fünf täglichen, von Mahomet vorgeschriebenen Gebeten fehlte.

Ich befreite mich mit vieler Mühe aus dem Haufen blutiger Leichname.« (Kap. 11)

Exotische Abenteuer in Paraguay und El Dorado müssen nun übergangen werden, um nicht im Meer der Möglichkeiten an piratesken und kannibalistischen Zwischenfällen zu ertrinken. – Sprung über den Atlantik, Gold verloren, zurück in Frankreich. Candide uns sein neuer Freund Martin philosophieren. Und Candide, der gelegentlich, so wie wir alle, für einen Moment ins Zweifeln gekommen war, ist wieder, gleichfalls wie wir alle, zu seinen Grundannahmen zurückgekehrt. Sein Erzähler, der es längst nicht mehr hören kann, schneidet ihm kurzerhand das Wort ab:

»Glauben Sie, dass die Menschen sich zu allen Zeiten gegenseitig umgebracht haben, wie sie es heute tun?« [...] »Glauben Sie«, stellte Martin die Gegenfrage, dass die Sperber von jeher Tauben gefressen haben, wenn sie solche fanden?« »Selbstverständlich«, gab Candide zu. »Nun also«, versetzte Martin, »wenn die Sperber zu allen Zeiten die gleichen Gewohnheiten hatten, warum sollen die Menschen die ihren geändert haben?« »Oh!« rief Candide, »das ist doch ein gewaltiger Unterschied, denn der freie Wille ...« Während sie so philosophierten, kamen sie in Bordeaux an.« (Kap. 21)

Ohne verallgemeinern zu wollen, gewinnt man allmählich doch den Eindruck, die wirklich wichtigen Gespräche würden im 18. Jahrhundert an den entscheidenden Stellen abgebrochen. Oder ist es nur in Frankreich und England so? Sterne jedenfalls ließ seine Figuren die Sachen nie so richtig ausdiskutieren, und auch Voltaire gehört als Erzähler zu den Wortabschneidern. Lesetechnisch handelt es sich dabei natürlich um eines der wirksamsten Signale, um den Fokus des Lesers zu steuern. Das gelangweilte Ausblenden an den vermeintlich entscheidenden Stellen diskreditiert die Gesprächsgegenstände aufs Entschiedenste. Nichts mehr von der irrwitzigen Dignität eines irrenden Ritters Don Quijote, nichts von der wunderlichen Selbstvergessenheit eines Tristram Shandy. Diese Figur mag ein Stehaufmännchen sein, – aber ein Stehaufmännchen, das einer willkürlich, systemlos und unendlich hin und her schiebt. Und ausnahmslos alle anderen Figuren werden gleichfalls nach einem ähnlichen Zufallsprinzip bewegt. Manchmal denkt man eher an einen makabren Slapstick oder an einen Comic der bizarren Sorte, wenn man Voltaires Figuren rudelweise durcheinander sterben und gleich darauf doch wieder sich irgendwie zusammenrappeln und weitermachen sieht. Das stolpert, zappelt, fällt und blutet, baumelt am Galgen, steckt auf Pfählen, wird geröstet, geschlagen, zerschnitten, zerrissen, dass es eine ›Lust‹ ist. Oder zumindest eine Gewohnheit. Eine Tradition, deren Herkunft und Bedeutung man halb vergessen hat.

Happy End als Dauerzustand

Frappierend ist die relative Folgenlosigkeit schwerster Übergriffe, nahezu jede der Figuren stirbt sozusagen mehrere Tode und lebt mehrere Leben. So etwa auch Kunigundes Bruder, der, inzwischen auch schon ein paar Mal klinisch tot, im 28. Kapitel recht frisch wieder auf den Plan tritt. Zu Beginn des Kapitels entschuldigt sich Candide auch mit ein paar netten Worten dafür, dass er auch diesem in der Hitze der Auseinandersetzung den Degen durch den Leib gerannt hätte. Doch der sagt nur ›don't worry‹ und erzählt dann seine Geschichte im Stil seiner Schwester, nach dem Motto: ›man stirbt ja nicht immer dran‹. Gottlob ist im vorausgehenden Kapitel auch der öffentlich erhängte, unverzichtbare Dr. phil. Pangloß wieder zur Gruppe der renitent Weiterlebenden gestoßen, und der kann nun eine wahrlich entsetzliche Geschichte erzählen:

»*Es ist wahr*«, *sagte Pangloß,* »*dass Sie mich hängen sahen; eigentlich sollte ich verbrannt werden. Aber Sie erinnern sich, dass es in Strömen regnete, als man mich braten wollte. Der Sturm war so heftig, dass man es aufgeben musste, das Feuer anzuzünden. Ich wurde gehängt, weil man nichts Besseres tun konnte. Ein Chirurg kaufte meinen Leichnam, brachte mich in seine Wohnung und sezierte mich. Er machte zunächst einen Kreuzschnitt vom Nabel bis zum Schlüsselbein. Man konnte nicht schlechter gehängt worden sein, als ich es war. Der Vollstrecker der hohen Werke der heiligen Inquisition, der Subdiakon war, verbrannte in der Tat die Menschen aufs wunderbarste, aber er war nicht gewohnt, sie zu hängen: der Strang war durchnässt und schlüpfte nicht, er war schlecht geknüpft. Kurz, ich atmete noch – der Kreuzschnitt entriss mir einen so durchdringenden Schrei, dass mein Chirurg auf den Rücken fiel. Er glaubte, dass er den Teufel seziere, floh in Todesangst und fiel auf der Flucht noch einmal über die Treppe hin. Seine Frau eilte auf den Lärm aus einem Nebenzimmer herbei: sie sah mich mit meinem Kreuzschnitt auf dem Tisch ausgestreckt, fürchtete sich noch mehr als ihr Mann, floh und fiel auf ihn. Als sie wieder etwas zu sich gekommen waren, hörte ich die Frau zu ihrem Manne sagen: ›Mein Guter, was fiel dir auch ein, einen Ketzer zu sezieren? Weißt du nicht, dass der Teufel immer im Leib dieser Menschen ist? Ich werde schnell einen Priester holen, um ihn austreiben zu lassen.‹ Ich zitterte bei diesem Vorschlag und sammelte die wenigen Kräfte, die mir geblieben waren, um zu rufen: ›Haben Sie Mitleid mit mir!‹ Endlich fasste der portugiesische Bader Mut: er nähte meine Haut wieder zusammen. Auch seine Frau sah nach mir; vierzehn Tage darauf war ich wieder auf den Beinen. Der Bader suchte für mich eine Stelle und brachte mich als Lakai zu einem Herrn aus Malta, der nach Venedig fuhr. Da aber mein Herr mir keinen Lohn zahlen konnte, trat ich bei einem venezianischen Händler in Dienst und folgte ihm nach Konstantinopel.« (Kap. 28)*

Es ist schön, dass im Großen und Ganzen bei allem, was geschieht, nichts Schlimmes passiert. Man kann es auch so sehen: Holzköpfe können sich nicht den Schädel brechen. Dummheit härtet und macht unverwundbar. Der ›universal idiot‹ ist unsterblich. Kommt wieder. Macht weiter. Genau dort, wo er erschossen oder geviertielt wurde. Wie der Bruder Kunigundes, der nach unzähligen Schicksalsschlägen den finalen Heiratsantrag, den der brave Candide nun endlich macht, hochmütig ablehnt und einen Standesebenbürtigen für seine Schwester sucht. Da geht doch selbst dem oft so erstaunlich ruhigen Candide für ein paar Sätze der Gaul durch, und er schreit den adelsstolzen Pinsel an:

»Erznarr, [...] ich habe dich von der Galeere befreit, dein Lösegeld und das deiner Schwester bezahlt; sie wusch hier Geschirr auf, sie ist hässlich, ich habe die Großmut, sie zu meiner Frau zu machen, und du wagst es noch, dich zu widersetzen? Wenn ich meinem Zorn nachginge, würde ich dich von neuem töten.« (Kap. 29)

Wenn man gegen Ende eines solchen Buches über das Prinzip ›hoffnungslos dumm‹ die Frage nach einem möglicherweise dennoch spürbar werdenden Entwicklungsbemühen des Protagonisten stellen würde (und als total verarmte Erben des reichen deutschen ›Bildungsromans‹ sind wir nun einmal daran gewöhnt, solche Fragen zu stellen), – wenn man also solch eine Frage stellen würde, hier, an dieser Stelle, hätte man ein erstes kleines Indiz dafür, dass Candide aus dem infantilen Optimismus-Traum aufzuwachen beginnt und er die trügerischen Illusionen von sich weist.

Wenn man das Unglück hat, Figur in einem Voltaire-Roman zu sein, ist diese Phase der *Auf*-Klärung der *Ver*-Klärung allerdings eine besonders kritische. Immerhin ist das Prädikat Dummheit bei ihm fast gleichbedeutend mit einer Garantie auf ›Glück‹. Sodass jedes Klügerwerden mit einem schmerzlichen Verzicht aufs Glücklichsein erkauft werden muss. Kommt dann auch noch dazu, dass dieser Zustand gerade dann eintritt, wenn man endlich an seinem Ziel angekommen ist oder zu sein glaubt, so ist die Verstörung eine besonders schmerzliche. Statt Autodafés Kaffeestunde. Statt Folter Familie. Anstelle der Spießruten Spießertum und Alltagszänkereien statt Galeere und Peitsche; die alte Dame stellt ernsthaft die Frage nach dem Sinn eines solchen Lebens in Sicherheit und bei relativer Behaglichkeit:

Ich möchte wissen, was schlimmer ist, hundert Mal von schwarzen Seeräubern vergewaltigt zu werden [...] oder hier zu bleiben und nichts zu tun.« (Schluss)

»Das ist eine große Frage«, meint auch Candide, um nach kurzer Schlussreflexion die »Langeweile« durch das Prinzip »Arbeit« abzuschaffen. Nur Pangloß, der inzwischen mit seinem furchtbaren Schicksal, nicht an irgendeiner deutschen Universität, Philosophischen Fakultät, als Professor wirken zu können, hadert, macht weiter in seinen endlosen Denkschleifen und Argumentationsnetzen. Aber Candide, der neue Candide, unterbricht den Schwätzer: »... vous savez ...« – »je sais aussi«, fällt ihm Candide ins Wort, »ich weiß auch [...], dass wir unseren Garten bebauen müssen.« Und nach der Formel ›lasst uns arbeiten, ohne zu philosophieren‹, macht die kleine Gesellschaft zwar einerseits weiter, fängt aber doch auch neu an:

Die ganze kleine Gesellschaft war einverstanden mit diesem lobenswerten Vorsatz; jeder machte sich daran, seine Talente auszuüben. Das kleine Gut brachte viel ein. Kunigunde war in der Tat sehr hässlich; aber sie wurde eine ausgezeichnete Kuchenbäckerin; Paquette stickte; die Alte besorgte die Wäsche. [...] Und Pangloß sagte manchmal zu Candide: »Alle Ereignisse verketten sich in dieser besten aller möglichen Welten, denn schließlich: wenn Sie nicht für Ihre Liebe zu Fräulein Kunigunde mit einem tüchtigen Fußtritt in den Hintern aus einem schönen Schlosse verjagt worden wären, wenn Sie nicht auf die Inquisitionsliste gesetzt und Amerika zu Fuß durchquert hätten wenn Sie ferner dem Baron nicht einen gewaltigen Schwerthieb versetzt sowie all Ihre Hammel aus dem guten Lande Eldorado verloren hätten, würden Sie hier nicht eingemachte Zitronen und Pistazien essen.« – »Das ist sehr gut gesagt«, antwortete Candide, »aber wir müssen unsern Garten bebauen.« (Kap. 30)

»cultiver notre jardin« – der neue Candide hat das letzte Wort, und, da er bereits am Anfang zitiert wurde, soll auch der alte Bloch das allerletzte Wort haben. Er deutet das Ende so:

Das Nichtwissen um den Ursprung ist der einzige Grund für die Erscheinung der vorhandenen Welt, das Wissen darum, als beginnendes, gibt den Grund der besseren an und mit. Es lässt Hand anlegen an der besseren Zukunft, deren letzter Impuls die sich selber, ohne Entfremdung, erfassenden Menschen sind. ›Lasst uns in den Garten gehen und arbeiten‹, sagt derart Voltaires Candide in der keinesfalls besten aller Welten, erst recht nicht der besten aller möglichen. *Optimismus mit Trauerflor wäre hier das rechte, und dies Rechte bleibt, ja ist die so kritische wie positive Beschaffenheit der Hoffnung [...] Derart lässt sich übers Schicksal, das nicht unabwendbare, mit Candide und seinem Garten beruhigt sein. Einen größeren Garten jedoch vorausgesetzt und keinen aus der Welt nur ausgesparten, sondern aus ihr selber erforschten, tapfer umgeschaffenen [...] In der Welt muss man selber nach dem Rechten sehen, als einem zu Erwartenden und Betreibbaren; dann ist Segen dabei und Optimismus mit Trauerflor, kämpfend.*

Das Menschenmögliche machen. Aufklärungs-Maschine Voltaire hat es getan. Ein Schreibautomat, der Tinte und Gift verspritzte, der Leute aus dem Knast geholt hat und u. a. dafür zwei, drei Mal in denselben gegangen ist. Dessen Giftbücher die Tugendwächter und Ausbeutungsstrategen in den Giftschrank gestellt haben oder zerrissen oder verbrannt oder verbannt. Man weiß ja inzwischen, dass man dergleichen nicht stellvertretend, sondern vorbereitend tut.

Voltaire hat bis zum Ende weitergemacht, kaum mehr Körper, Strichmännchen, abgemagert, mit schrecklichen Magenkrämpfen, Schreibkrämpfen. Weitergemacht wie seine Figuren. Weitergemacht wie deren Schergen. Gegen besseres Wissen. Aufklärungstrieb und Sisyphos-Mythos haben verdammt viel miteinander zu tun. Hat ganz gut gelebt dabei. Schlösschen hier. Schlösschen da. Als er starb, gab es eine gewaltige staatliche Apotheose. Sowohl Monarchisten wie auch die Revolutionäre adorierten ihn. Rousseau hat ihn wegen seines Wohlstands und Ruhms heftig attackiert, bevor auch er zu Wohlstand und Ruhm kam.

Literaturverzeichnis

- Voltaire: *Candide oder der Optimismus.* In: *Dichtung und Wirklichkeit. Candide – Apotheose des Menschenmöglichen.* (Hg. Hildebrandt, Dieter) Ullstein. Frankfurt. 1963.
- Baudelaire, Charles: »Chacun sa chimère.« In: *Le Spleen de Paris.* Michel Levy. Paris. 1869
- Hölderlin, Friedrich: »Patmos«. In: *Hundert Gedichte.* (Hg. Mieth, Günter) Aufbau. Berlin. 2005.
- Kant, Immanuel: *Mutmasslicher Anfang der Menschengeschichte.* Johann Friedrich Peterßen. Leipzig. 1786.
- Lessing: *Emilia Galotti.* Christian Friedrich Voß. Berlin. 1772.
- Mann, Thomas: *Der Zauberberg.* Fischer. Berlin. 1924.
- Wolff, Christian: *Vernünfftige Gedanken von den Würckungen der Natur.* Rengerische Buchhandlung. Halle. 1734.

Voltaire (François-Marie Arouet)

Vita
*21.11.1694   Paris
†30.5.1778   Paris

1704   Eintritt ins Jesuitenkolleg
1711   Jurastudium
1717   Inhaftierung wegen kritischen Äußerungen gegen den Hof, Verbannung aus Paris
1734   Verbot der Briefe über die englische Nation
1745   Geschichtsschreiber Ludwigs XV., Cirey
1746   Aufnahme in die Académie Française
1746   Aufnahme in die Petersburger Akademie
1755   Mitarbeit an der Enzyklopädie, Genf
1773   Erkrankung
1778   Ehrung durch die Académie Française

Werke
1719   Oedipe
        Oedipus
1743   Le Fanatisme, ou Mahomet le prophète
        Mahomet
1747   Zadig ou La destinée
        Zadig oder das Schicksal
1759   Candide ou l'optimisme
        Candide
1763   Traité sur la tolérane
        Über die Toleranz
1764   Dictionnaire philosophique portatif
        Das Philosophische Taschenwörterbuch
1767   L'ingénu
        Der Unbefangene

Goethes *Werther*
oder: Butterbrot & Klopstock

Es gibt Romane, die kennt man einfach. Gleichzeitig herrscht ein unausgesprochenes gesellschaftliches Einverständnis darüber, dass man sie nicht allen Ernstes liest. Die Werke von James Joyce, Robert Musil und – bis auf Ausnahmefälle – Proust gehören dazu. Es gibt andere, bei denen man, ohne kultureller Ächtung anheim zu fallen, bei privaten Anlässen verschämt bekennen darf, man sei irgendwann darin ›abgestürzt‹, wahlweise ›abgestorben‹, jedenfalls verendet. Und dann gibt es Romane, die hat man in der Regel tatsächlich einmal gelesen. Der *Werther* von Dr. Goethe, wie er damals genannt wurde, gehört dazu. Eine ausgesprochen schwierige Situation, denn man muss de facto damit rechnen, dass auch der Gesprächspartner den Roman, von dem die Rede ist, kennt. Hinzu kommt die Goethe-Hürde. Faust, Dichtung und Wahrheit, Weimar, Klassik – das Erhabene, der Kanon. In Weimar zum Beispiel belagern die Besucher nach wie vor ehrfürchtig Goethes Anwesen und flüstern nur noch, wenn sie durch die Hallen schreiten. Durch Schillers Drei-Zimmer-Küche-Bad-Häuschen geht auch eine Handvoll Leute, und die fragen meistens, ob er nicht doch vergiftet worden ist.

Als man 1999 den 250. Geburtstag Goethes feierte, gab es kaum eine Institution, die sich nicht Goethe als festtägliches Kulturbratenstück hätte entgehen lassen. ›Goethe light‹ war angesagt. Nach dem Motto »das Leben, es ist gut« und »ich bin so guter Dinge«, (Zitat aus dem Suhrkamp-Prospekt), tänzelte der liebenswerte »Zeitgenosse« Goethe verschmitzt lächelnd durch den Katalog. Goethe wird als »unser Zeitgenosse« beworben, nicht zuletzt, weil er uns stets zu uns selbst hinführt, was auch immer das heißen und bedeuten mag.

Durs Grünbein formuliert schärfer, treffender:

Was ist das Besondere an Goethe, das ihn von allen anderen Dichtern seiner Zeit unterscheidet? Dass er dem Allgemeinen in jeder Gestalt soviel abgewinnt und in markanten Ausdruck verwandelt. Goethe ist das Allgemeine in Person [...]. Ein Mann wie ein sauber geeichtes und sorgsam justiertes Instrument der Beobachtung [...].

Einer wie gemacht dazu, seismographisch genau kaum noch wahrnehmbare Spannungen und Bewegungen des gesellschaftlichen Untergrunds zu erspüren und zu dokumentieren. Über diese Eigenschaft verfügte er lange bevor er wissen konnte, dass er im Begriff war, zum Mythos zu werden. Schon mit 23 Jahren, als er sich am 9. Juni 1772 in der Gegend von Weimar aufhielt. Mit von der Partie waren jüngere Juristen, Schriftsteller, Leute aus der Verwaltung.

Gelegentlich sah Goethe den Braunschweiger Legationssekretär Carl Wilhelm Jerusalem, den er noch von seiner Leipziger Studentenzeit her kannte und von dem noch die Rede sein wird.

9. Juni 1772

An diesem schwülen Tag (wie bei Sterne wird es auch an diesem Abend noch ein Gewitter geben) ist Goethe auf einer Party, einem Ball in Volpertshausen, und lernt dort Lotte Buff, eine ausgesprochen aparte 19-jährige junge Dame kennen – und später auch ihren Verlobten, den Gesandtschaftssekretär Johann Christian Kestner. Goethe war 23, Lotte 19 – Kestner bereits 32.

Für den 9. Juni notiert Christian Kestner, der soweit wir wissen, alles andere als ein verknöcherter Pedant, sondern ein kluger, taktvoller Zeitgenosse war, nur:

Den 9ten Juni. Das war ein Ball in Volpertshausen, einem Dorf, das sich etwa zwei Wegstunden entfernt von Wetzlar befindet. Es waren 25 Personen zusammengekommen. Wir haben uns am Abend dort hinbegeben mit Kutsche und Pferd, und wir kamen am nächsten Morgen zurück. [...]

Um 7 Uhr abends bin ich alleine mit dem Pferd dorthin geritten [...].

Kestner geht, denn die Pflicht ruft. Goethe bleibt, denn Lotte lockt. Bleibt offenbar länger, viel länger als geplant. Ende Juni notiert Kestner:

Nachher und wie ich meine Arbeit getan, geh ich zu meinem Mädchen, ich finde den Dr. Goethe da [...]. Er liebt sie, und ob er gleich ein Philosoph und mir gut ist, sieht er mich doch nicht gern kommen, um mit meinem Mädchen vergnügt zu sein. Und ich, ob ich ihm gleich recht gut bin, so sehe ich doch auch nicht gern, dass er bei meinem Mädchen allein bleiben und sie unterhalten soll [...].

Die Wochen, Monate gehen ins Land:

9. August. Morgens ging ich mit dem Dr. Goethe dem Lottchen entgegen. Sie begegnete uns jenseits Garbenheim ... Nachmittags waren wir wieder bei ihr, lasen im Garten ..., unterhielten uns ... Dann ging ich mit Goethe nach Garbenheim ... Unterwegs handelten wir ein ganzes System von des Menschen Bestimmung hier und dort ab; eine merkwürdige wichtige Unterredung [...].

15. August. [...] Ich ging mit Goethe noch Nachts bis 12 Uhr auf der Gasse spazieren. Merkwürdiges Gespräch, da er voll Unmut war und allerhand Phantasien hatte, worüber wir am Ende im Mondschein an eine Mauer gelehnt lachten.

Trotz des Gelächters ist bald Schluss mit Lustig. Bereits am 16. notiert Christian:

Bekam Goethe von Lottchen gepredigt: sie declariert ihm, dass er nichts als Freundschaft hoffen dürfe; er ward blass und sehr niedergeschlagen.

Goethe tut, was er immer tut, wenn eine Situation außer Kontrolle zu geraten scheint: er reist ohne Vorankündigung ab.

11. September: Morgens um 7 Uhr ist Goethe weggereiset, ohne Abschied zu nehmen [...]. Unter den Kindern im Deutschen Hause sagte jedes: »Doktor Goethe ist fort!« [...] Nachmittags brachte ich die Billets von Goethe an Lottchen. Sie war betrübt über seine Abreise, es kamen ihr die Tränen beim Lesen in die Augen. Doch war es ihr lieb, dass er fort war, da sie ihm das nicht geben konnte, was er wünschte ... Wir sprachen nur von ihm. Ich konnte auch nicht anders als an ihn denken, verteidigte die Art seiner Abreise, welche von einem Unverständigen getadelt wurde [...].
12. September. Nach dem Essen begleitete ich Lottchen bis gegen Garbenheim [...] Auf dem Berge sah ich ihr mit Perspektiv nach, ich sah sie mit einer Bauersfrau unterwegs, die bei ihr stillstand, reden. Es war des Dr. Goethe Freundin in Garbenheim, eine Frau, welche ziemlich gut aussieht, eine freundliche unschuldige Miene hat und gut, jedoch ganz ohne Kunst reden kann; sie hat drei Kinder, welchen Dr. Goethe oft etwas mitbrachte, daher sie ihn lieb hatten, die Frau sah ihn auch gern [...]. (11. September 1772)

Es ist ebenso schön wie auch beängstigend, dass wir über alles Tun Dr. Goethes in einem Maße informiert sind, das alles Maß übersteigt. Der Mann hat, wo immer er auftauchte, Vertextungslawinen losgetreten und Leben in Literatur verwandelt. Natürlich vor allem das eigene, aber auch das seines Umfeldes. Selbst ein Prosagemüt wie das des Sekretärs Kestner greift immer wieder zur Feder und berichtet:

Im Frühjahr kam hier ein gewisser Goethe aus Frankfurt, seiner Hantierung nach Dr. Juris, 23 Jahr alt, einziger Sohn eines sehr reichen Vaters, um sich hier – dies war seines Vaters Absicht – in Praxi umzusehen, der seinigen nach aber, den Homer, Pindar usw. zu studieren, und was sein Genie, seine Denkungsart und sein Herz ihm weiter für Beschäftigungen eingeben würden ...

Den 9. Juni 1772 fügte es sich, dass Goethe mit bei einem Ball auf dem Lande war, wo mein Mädchen und auch ich waren. Ich konnte erst nachkommen und ritt dahin. Mein Mädchen fuhr also in einer anderen Gesellschaft hin. Der Dr. Goethe war mit im Wagen und lernte Lottchen hier zuerst kennen. ... Er wusste nicht, dass sie nicht mehr frei war. Ich kam ein paar Stunden später. Und es ist nie unsere Gewohnheit, an öffentlichen Orten mehr als Freundschaft gegen einander zu äußern. Er war den Tag ausgelassen lustig – dieses ist er manchmal, dagegen zur andern Zeit melancholisch [...].

Es konnte ihm nicht lange unbekannt bleiben, dass sie ihm nichts als Freundschaft geben konnte; [...] Er fing nach einigen Monaten an einzusehen, dass er zu seiner Ruhe Gewalt brauchen musste. In einem Augenblick, da er sich darüber völlig determiniert hatte, reisete er ohne Abschied davon, nachdem er schon öfters vergebliche Versuche zur Flucht gemacht hatte. Er ist zu Frankfurt, und wir reden fleißig durch Briefe miteinander. Bald schrieb er, nunmehr wieder seiner mächtig zu sein, gleich darauf fand ich wieder Veränderungen bei ihm. Kürzlich konnte er es doch nicht lassen, mit einem Freunde, der hier Geschäfte hatte, herüber zu kommen; er würde vielleicht noch hier sein, wenn seines Begleiters Geschäfte nicht in einigen Tagen beendet worden wären, und dieser gleiche Bewegungsgründe gehabt hätte, zurückzueilen; denn er folgt seiner nächsten Idee und bekümmert sich nicht um die Folgen, und dieses fließt aus seinem Charakter, der ganz Original ist. (Briefentwurf an Henning, Herbst, 1772)

Originell, spontan, ich-bezogen – »voilà«, um mit *Werther*-Fan Napoleon zu sprechen, »un homme«. Hautnähe und Sicherheitsabstand – für Goethe kein Widerspruch. (Ich glaube, für Autoren insgesamt kein Widerspruch, eher eine Voraussetzung.) Um in Termini der Theodizee zu sprechen, diese Distanz-Nähe ist eine hinreichende, noch nicht aber eine notwendige Voraussetzung für das Entstehen eines großen literarischen Textes; jedenfalls was Romane betrifft, so gehört auch Wirklichkeits-Süchtigkeit, Realitäts-Obsession dazu; in jener Form freilich wie sie die Sammler und Jäger haben. Realitätssuche als Beutekunst machende Berufung.

Das Opfer heißt in diesem Fall »Jerusalem«. Legationssekretär Carl Wilhelm Jerusalem, Jahrgang 1747, Freund des Hauses Kestner, Freund Goethes, Freund Lessings. Im Oktober dieses Schicksalsjahrs am Wendepunkt der Aufklärung, kommt die Nachricht von seinem Selbstmord:

Goethe spürt augenblicklich: Jerusalem ist sein Double. Er hat sich letztlich in effigie an seiner statt erschossen. An Kestner schreibt er verräterisch:

Friedberg, 10. November 1772.

[...] Gewiss, Kestner, es war Zeit, dass ich ging. Gestern Abend hatt' ich rechte hängerliche und hängenswerte Gedanken, auf dem Canapee – –

Und Kestner berichtet:

Jerusalem ist die ganze Zeit seines hiesigen Aufenthalts missvergnügt gewesen, es sei nun überhaupt wegen der Stelle, die er hier bekleidete und dass ihm gleich anfangs bei Graff Bassenheim der Zutritt in den großen Gesellschaften auf eine unangenehme Art versagt worden, oder insbesondere wegen des Braunschweigischen Gesandten, mit dem er bald nach seiner Ankunft kundbar heftige Streitigkeiten hatte ... Neben dieser Unzufriedenheit war er auch in des Pfälzischen Sekretärs H. Frau verliebt. [...] Vor 9 Uhr kommt er zu Haus, sagt dem Bedienten, es müsse im Ofen noch etwas nachgelegt werden, weil er so bald nicht zu Bette ginge, auch solle er auf Morgen früh 6 Uhr alles zurecht machen; lässt sich auch noch einen Schoppen Wein geben [...] Da nun Jerusalem allein war, scheint er alles zu der schrecklichen Handlung vorbereitet zu haben [...]. Er hat zwei Briefe, einen an seine Verwandte, den andern an H. geschrieben ... Nach diesen Vorbereitungen, etwa gegen 1 Uhr, hat er sich dann über das rechte Auge hinein durch den Kopf geschossen. Man findet die Kugel nirgends. Niemand im Hause hat den Schuss gehört sondern der Franziskaner Pater Guardian, der auch

den Blick vom Pulver gesehen, weil es aber stille geworden, nicht darauf geachtet hat. Der Bediente hatte die vorige Nacht wenig geschlafen und hat sein Zimmer weit hinten hinaus, wie auch die Leute im Haus, welche unten hinten hinaus schlafen. – Es scheint sitzend im Lehnstuhl vor seinem Schreibtisch geschehen zu sein. Der Stuhl hinten im Sitz war blutig, auch die Armlehnen. Darauf ist er vom Stuhle herabgesunken, auf der Erde war noch viel Blut [...]. Von dem Wein hatte er nur ein Glas getrunken. Hin und wieder lagen Bücher und von seinen eignen schriftlichen Aufsätzen. Emilia Galotti lag auf einem Pult am Fenster aufgeschlagen; [...].
[...]
[Von] dem Weine hat er nur ein Glas getrunken. Emilia Galotti lag auf dem Pulte aufgeschlagen. [...] Nachts gegen elfe [...] ließ er ihn begraben. Handwerker trugen ihn. Kein Geistlicher hat ihn begleitet. (2. November, 1772)

So wird es dann auch bei Goethe heißen. Die besten Geschichten schreibt das Leben. Dass Sekretäre auch noch die besten Formulierungen und Sätze schreiben, ist etwas weniger bekannt. Man sollte mal mitschreiben, hat Tucholsky einmal gesagt, was die Leute so reden. Auch hier war Goethe weiter: man sollte einmal abschreiben, was die Leute so schreiben, war seine Devise. Und er hatte Recht. Denn es ist ein Zeichen von großer ästhetischer Klugheit, zu begreifen, dass die authentischen Sprachformeln nicht künstlich aufgestylt werden müssen, sondern bloß übernommen zu werden brauchen. Peter Handke hat diese Entdeckung 200 Jahre später gemacht, als er in seinem besten Buch, *Wunschloses Unglück*, davon schrieb, dass er nur anfangs nach den nuanciertesten Formulierungen zum Beschreiben des Lebens seiner Mutter gesucht habe, bevor er begriffen hätte, dass es weit besser sei, von vorformulierten Elementen zur Beschreibung auszugehen, und das zu beschreibende Schicksal an dem von der Gesellschaft dazu bereitgestellten Formenschatz zu orientieren. So würde aus der persönlichen Impression ein (auch) politisch erhellender Text.

Liest man mit Blick darauf Kestners Bericht und Goethes Verarbeitung im Roman, so ist vor allem zu bemerken, dass die Szene des sterbenden und toten Werthers schärfer konturiert wird, alles Zufällige, Willkürliche, Irritierende wird getilgt. Da liegen dann zum Beispiel nicht wie bei Kestner »hin und wieder Bücher und Aufsätze« durcheinander, sondern ein Buch, *Emilia Galotti*, demonstrativ aufgeschlagen wie eine Anklageschrift, auf dem Pult.

Ausgerechnet *Emilia Galotti*, die irrsinnige Selbstmörderin aus noch nicht einmal verlorener Ehre; die liebe scheinheilige Emilia, die das böse, warme Blut lieber aus sich herauslaufen lässt, als es in sich rumoren zu lassen. Römertugendheldin im Rokokosalon. Bei Hofe in Braunschweig haben sie Tränen gelacht über diese Tochter und diesen Vater, der auf ihre Bitte hin sein Kind ersticht, weil es einem adligen Playboy gefallen könnte. Und was haben wir hier – mit Werther?

Auf jeden Fall einen großen Selbstdarsteller, der seinen Tod wie ein Gesinnungsstrafgericht anrichtet. Mit sich selbst als Hauptgang. Tränen, Blut, Wein werden gereicht. Das Ritual des pathetischen Selbstopfers in voller Uniform – blauer Frack und gelbe Weste – wird wie ein Gottesdienst dieser neuen Freiheitsreligion zelebriert. Eine semiotische Umdeutungs-Meisterleistung ohnegleichen.

Im Reich der Anordnung und der Arrangements der kulturellen Zeichen ist der junge Doktor wirklich unübertrefflich. Und da bleibt nichts dem Zufall überlassen. Weder beim Autor, der sich als Herausgeber authentischer Briefe gibt, noch bei seinem Protagonisten. Der ordnet in der Nacht vor seinem Tode noch alle seine Papiere, lässt gegen 10 noch einmal den Ofen nachlegen und sich eine Flasche Wein bringen und schreibt dann seinen letzten Brief an Lotte und malt darin seinen Tod und den absurden Gestus des Selbstopfers genussvoll und detailreich aus – ein virtuoser Regisseur des eigenen Todes-Theaters:

Hier Lotte! Ich schaudere nicht, den kalten, schrecklichen Kelch zu fassen, aus dem ich den Taumel des Todes trinken soll! Du reichtest mir ihn, und ich zage nicht. All! all! so sind all die Wünsche und Hoffnungen meines Lebens erfüllt! So kalt, so starr an der ehernen Pforte des Todes anzuklopfen.

Dass ich des Glückes hätte teilhaftig werden können! Für dich zu sterben, Lotte, für dich mich hinzugeben! Ich wollte mutig, ich wollte freudig sterben, wenn ich dir die Ruhe, die Wonne deines Lebens wieder schaffen könnte; aber ach das ward nur wenig Edlen gegeben, ihr Blut für die Ihrigen zu vergießen und durch ihren Tod ein neues hundertfältiges Leben ihren Freunden anzufachen.

In diesen Kleidern, Lotte, will ich begraben sein. Du hast sie berührt, geheiligt: ich habe auch deinen Vater darum gebeten. Meine Seele schwebt über dem Sarge. Man soll meine Taschen nicht aussuchen. Diese blassrothe Schleife, die du am Busen hattest, als ich dich zum ersten Male unter deinen Kindern fand. – O küsse sie tausendmal und erzähl' ihnen das Schicksal ihres unglücklichen Freunds. Die Lieben, sie wimmeln um mich. Ach wie ich mich an dich schloß! seit dem ersten Augenblicke dich nicht lassen konnte! – Diese Schleife soll mit mir begraben werden. An meinem Geburtstage schenktest du mir sie! Wie ich das alles verschlang – Ach ich dachte nicht, daß mich der Weg hierher führen sollte. – – Sei ruhig! ich bitte dich, sei ruhig! –

Sie sind geladen – es schlägt zwölfe! So sei's denn! – Lotte! Lotte leb wohl! leb wohl! (II)

Und unmittelbar darauf dann eben jene grausig-authentisch-schöne Szene, die wir bereits aus den Berichten kennen:

[...] über dem rechten Auge hat er sich durch den Kopf geschossen, das Gehirn war herausgetrieben. [...] der Puls schlug. Die Glieder waren alle gelähmt.

Lessing hat sofort gespürt, dass da ein Wahnsinnsbuch kommt, und schon am 26. Oktober – der *Werther* war im September 1774 erschienen – rät er:

Also, lieber Goethe, noch ein Kapitelchen zum Schlusse; und je cynischer, je besser! (Brief an Eschenburg, 26. Oktober 1774)

Lessing meint, Goethe sollte und wollte Werther als Irrläufer zeichnen, und dementsprechend karikieren, ihn »cynisch« beleuchten. Er verweist damit auf den kritischen Punkt des Ganzen. Was er nicht begreift, als Aufklärer nicht begreifen kann: Goethe spielt mit dem Abgrund, seine Absicht ist es nicht, davor zu warnen. Deshalb eben kein ›cynisches Schlusskapitelchen‹ als kalte Dusche, das den wohligen Todesschauer, diese mühsam aufgebaute Sympathie mit dem Abgrund wieder zerstören würde. Entsprechend des Victor-Hugo-Mottos aller Literatur, »je te montre le gouffre, tu l'habites«, verfährt auch der junge Goethe als Verführer zum todessehnsüchtigen Inhalieren dieses suizidalen Grundgefühls.

Romane haben keine Lehre, aber sie vermögen es, eine Grundstimmung, ein Grundgefühl zu übertragen. Sie vermögen es, etwas Unausgesprochenes, auch ein unausgesprochenes »Unbehagen in der Kultur«, in der einer feststeckt, in eine geschlossene Konfiguration zu bringen, die blitzartig einen Erkenntnisruck herstellt, einen Erkenntnisschlag austeilt. Auch die Alltagsphrase von der Trennbarkeit von Kalkül und Rausch, nüchterner Strategie und irrer Pathologie – im Bereich der Kunst gilt sie nicht. Thomas Mann zeigt in seinem Essay *Goethes Werther*, dass auch Goethe von dieser Ambivalenz wusste, wenn er

als alter Mann [..] mit einer Art von liebevollem Schrecken über das Buch [spricht]: »*Ich habe es*«, *sagt er 1824,* »*seit seinem Erscheinen nur einmal wieder gelesen und mich gehütet, es abermals zu tun. Es sind lauter Brandraketen! Es wird mir unheimlich dabei, und ich fürchte den pathologischen Zustand wieder durchzuempfinden, aus dem es hervorging.*«

Psychopathologie und bürgerlicher Alltag. Auch Extremismus und Mittelmäßigkeit berühren manchmal einander. Thomas Mann hat das treffsicher beschrieben. In *Lotte in Weimar* lässt er die inzwischen 63-jährige Lotte mit dem 67-jährigen Goethe wieder zusammentreffen:

Sie hatten einander vierundvierzig Jahre nicht gesehen. Sie und ihr Mann hatten damals unter der rücksichtslosen Bloßstellung, die ihre Verhältnisse durch die Werther-Dichtung erfahren, recht sehr gelitten. Jetzt aber, wie die Dinge sich entwickelt hatten, war die gute Frau eher stolz auf ihre Eigenschaft als Modell der Heldin des Jugendwerks eines so groß gewordenen Mannes. Ihr Erscheinen in Weimar erregte ein Aufsehen, das dem alten Herrn keineswegs lieb war. Seine Excellenz lud die Frau Hofrat zum Mittagessen ein und behandelte sie mit einer steifen Courtoisie, die sich in einem ihrer Briefe spiegelt, den sie über dies Wiedersehen an einen ihrer Söhne schrieb. Es ist ein tragikomisches, menschliches und literarhistorisches Dokument. »*Ich habe*«, *schrieb sie,* »*die Bekanntschaft eines alten Mannes gemacht, welcher, wenn ich nicht wüsste, dass er Goethe wäre, und auch dennoch, keinen angenehmen Eindruck auf mich gemacht hat.*«

Vielleicht nicht angenehm, aber klug war Goethe. Und er hat seinen Coup mit halluzinatorischer Präzision, mit a-sozialem Selbst-Bewusstsein durchgeführt. Als ihm der brave Kestner (Modell für den Albert des Romans) Briefe und den letzten Zettel, in dem Jerusalem um die Pistolen bittet, zeigt, reagiert Goethe professionell, – und annektiert den Zettel mit schneller Hand für das eigene Archiv.

Die literarische Briefbombe zündet

Es scheint, als fieberte Goethe förmlich nach authentischem Material, an das er seine eigenen Erfahrungen und Phantasien anlagern konnte. Und was packt er nicht alles an Materialien, Lektüren, Persönlichem, Literarischem in diesen Roman, von Lessing bis Jerusalem, Klopstock bis MacPherson, Homer bis Rousseau ... Der Freitod eines Einzelnen wird so – systematisch – zum Fanal einer Generation. Wie war solch eine besondere Biographie um 1770 zu schreiben? Natürlich musste es ein Briefroman sein. Und natürlich ein ›herausgegebener‹.

Die Mitte des 18. Jahrhunderts war eine schreibselige Zeit, welche die allgemeine Briefkultur auf höchste literarische Ebenen hob. Der englische Drucker Samuel Richardson (1689-1761) hatte zuerst daran gedacht, eine Briefschule zu schreiben. Statt einer stilistischen Beispielsammlung verfasste er dann aber drei dicke Romane in Briefen: *Pamela, or Virtue Rewarded* (1740), *Clarissa Harlowe* (1747/48) und *Sir Charles Grandison* (1753). Rousseaus berühmte *Nouvelle Héloïse* (1759), das absolute Meisterwerk des Genres des Briefromans darf hier nicht fehlen.

Briefe sind Dokument pur, jede Emotion kann unmittelbar einfließen, jedes Stocken, Stammeln, Suchen, Tasten nach Wörtern kann ohne gelackten Literaturfirnis im Verhältnis 1:1 dargestellt werden. Nackt, ungeschützt, offen für die Gefühle des Lesers, der sozusagen stellvertretend an die Position des ›eigentlichen‹ Briefpartners treten kann, und zwar umso besser, je weniger dieser ›eigentliche‹ Partner in Erscheinung tritt. Goethes Geniestreich ist ebenso simpel wie effizient. Während alle seine Vorgänger ein dichtes Netzwerk brieflich-dialogischer Bezüge herstellen und den jeweiligen Protagonisten mit Gegenstimmen, anderen Meinungen, anderen Personen konfrontieren (vier, sechs, acht andere Briefpartner sind keine Seltenheit), fokussiert Goethe auf das Monodram *Werther:* allein seine Stimme, seine Briefe – und was für welche – stehen im Zentrum.

Da ist einer, der partout nicht ins System kommt. Einer, der wie viele sein will, aber nicht um jeden Preis. Einer, der auf dem Weg ins System nicht korrupt, senil, zynisch oder dämlich werden möchte. Wer kennt diesen Wunsch nicht? Die meisten vergessen ihn irgendwann. Werther kann es nicht, will es nicht. Enttäuscht wendet er sich von der Gesellschaft ab, feiert das »neue Leben«:

Am 4. May 1771.
Wie froh bin ich, daß ich weg bin! Bester Freund, was ist das Herz des Menschen!

Er ist bei sich, er ist im Zentrum seiner Existenz und fühlt sich wunderbar. Am 10. Mai:

Eine wunderbare Heiterkeit hat meine ganze Seele eingenommen, gleich den süßen Frühlingsmorgen, die ich mit ganzem Herzen geniesse. Ich bin so allein, und freue mich so meines Lebens in dieser Gegend, die für solche Seelen geschaffen ist wie die meine. Ich bin so glücklich, mein Bester [...]

Und so geht es weiter. Am 15. Mai beflügeln ihn ›himmlische Phantasien‹.

Die geringen Leute des Ortes kennen mich schon und lieben mich, besonders die Kinder.

Auch wenn sie manchmal über ihn lachen, sie mögen ihn und man versteht sich instinktiv. Der 17. Mai meldet eine erste mögliche Dissonanz:

Ich habe allerlei Bekanntschaft gemacht, Gesellschaft hab ich noch keine gefunden. Ich weiß nicht, was ich anzügliches für die Menschen haben muss [...]

Doch noch überwiegt das Positive. Werther stößt auf Figuren, die ihn frappieren. Er schildert die unglücklich-tragische Liebesbeziehung eines Knechts zu seiner Herrin, spricht provokativ von den »reizenden Gefühlen«, der »Reinheit« und »Unschuld« des späteren Mörders, als ob er der verhassten guten Gesellschaft einen ideologischen Fehdehandschuh vor die Füße werfen wollte.

Sinistre Begleitstimme als Vorverweis zum eigentlichen Drama. Der Protagonist stochert nach Worten, sucht nach einer neuen Sprache für seine neuen Gefühle:

16. Juni

Kurz und gut, ich habe eine Bekanntschaft gemacht, die mein Herz näher angeht. Ich habe – ich weis nicht. [...]

Einen Engel! Pfui! das sagt jeder von der seinigen! Nicht wahr?

Die erste Begegnung mit Lotte gleicht dem Sprung in eine neue Welt. Eine Welt aus Liebe, Ohrfeigen und Butterbroten.

Klopstock und Butterbrot

[...] ich mußte zu ihr hinaus. Da bin ich wieder, Wilhelm, will mein Butterbrot zu Nacht essen und dir schreiben. (16. Junius)

J. Nisle, Brotschneideszene; Kindergruppe (1840)

Selbst während des Schreibens der Briefe werden Butterbrote als eine Art heiliger Nahrung verspeist. Und wenn Lotte ein paar Stullen schneidet, wird dies in Werthers Beschreibung zum parasakralen Akt:

> In dem Vorsaale wimmelten sechs Kinder von eilf zu zwey Jahren um ein Mädchen von schöner, mittlerer Taille, die ein simples weißes Kleid, mit blaßrothen Schleifen an Arm und Brust, anhatte. Sie hielt ein schwarzes Brod und schnitt ihren Kleinen rings herum jedem sein Stück nach Proportion ihres Alters und Appetits ab, gabs jedem mit solcher Freundlichkeit, und jedes rufte so ungekünstelt sein: Danke! indem es mit den kleinen Händchen lang in die Höh gereicht hatte, eh es noch abgeschnitten war, und nun mit seinem Abendbrode vergnügt, entweder wegsprang, oder nach seinem stillen Charakter gelassen davonging, nach dem Hofthore zu, um die Fremden und die Kutsche zu sehen, darinnen ihre Lotte wegfahren sollte.

Eine bescheidene, kleine Welt, in der alles stimmt und die zum Schauplatz einer mentalen Revolution wird. Das mit blassroten Schleifen garnierte Kleid mutiert ebenso zum Megazeichen einer anderen, authentischeren und stimmigeren Kultur – wie die Butterbrote, die Kinderhändchen und die Ohrfeigen:

> Ich selbst kriegte zwei Maulschellen und glaubte mit innigem Vergnügen zu bemerken, dass sie stärker seien, als sie sie den übrigen zuzumessen pflegte. [...] ich folgte Lotten in den Saal. Unterwegs sagte sie: Über die Ohrfeigen haben sie Wetter und alles vergessen! – Ich konnte ihr nichts antworten.

Redliche Innigkeit statt steifer Galanterie der bisherigen guten Gesellschaft und zwei, die sich fast ohne Worte zu verstehen scheinen:

> Es donnerte abseitwärts, und der herrliche Regen säuselte auf das Land, und der erquikkendste Wohlgeruch stieg in aller Fülle einer warmen Luft zu uns auf. Sie stand auf ihren Ellenbogen gestützt, ihr Blick durchdrang die Gegend, sie sah gen Himmel und auf mich, ich sah ihr Auge tränenvoll, sie legte ihre Hand auf die meinige und sagte – Klopstock! – Ich erinnerte mich sogleich der herrlichen Ode, die ihr in Gedanken lag, und versank in dem Strome von Empfindungen, den sie in dieser Losung über mich ausgoß. Ich ertrug's nicht, neigte mich auf ihre Hand und küßte sie unter den wonnevollsten Tränen. Und sah nach ihrem Auge wieder – Edler! hättest du deine Vergötterung in diesem Blicke gesehen [...].

Der Name »Klopstock« wird zur Abbreviatur für eine Empfindungswelt jenseits konventioneller Werte: Man versteht sich mit einem Wort und man versteht sich total. Beglaubigt durch Emotionen, fast wortlos: ein Begriff, eine Denkungsart, ein gemeinsames Empfinden. Alles funktioniert blitzschnell und unwiderstehlich. Klopstock, die Träne, die Schleife, die Butterbrote, die Kinder – die Zeichen formieren sich zu einem Paket, das für ein anderes Lebensgefühl steht. Damit hat Goethe punktgenau, zielgenau etwas getroffen, das noch nicht vorformuliert war. Und einen Stil dazu gefunden – nicht nur die hier beschriebene elegische, getragene, pathetische Ebene, sondern alle Register. Er kann die Leute auf allen Ebenen abholen und ins Spiel bringen. Am 26. Juli schreibt er ganz aus der Situation heraus, nervös, aufgeregt, bewegt:

Ich habe mir schon manchmal vorgenommen, sie nicht so oft zu sehn. Ja, wer das halten könnte! Alle Tage unterlieg' ich der Versuchung, und verspreche mir heilig: morgen willst du einmal wegbleiben, und wenn der Morgen kommt, finde ich doch wieder eine unwiderstehliche Ursache, und eh ich mich's versehe, bin ich bei ihr. [...] Oder der Tag ist gar zu schön, ich gehe nach Wahlheim, und wenn ich nun da bin, ist's nur noch eine halbe Stunde zu ihr! – Ich bin zu nah in der Atmosphäre – Zuck! so bin ich dort. [...]

30. Julius

Unter uns, ich passe die Zeit ab, wenn [Albrecht] zu tun hat; wutsch! bin ich draus, und da ist mir's immer wohl, wenn ich sie allein finde.

Solch ein »Zuck!« und »Wutsch« war für die Literatur des 18. Jahrhunderts eine Zumutung, die die Leser überraschte und die einen frustrierte und die anderen affizierte. Denn immer noch gilt über weite Strecken die strenge Diktion der Logik, die Grammatik der Vernünftigkeit. Anerzogen von den ersten Lebens- und Schuljahren an. Albert, Werthers erklärter Gegenspieler, der Verlobte seiner Geliebten, sein Rivale, ist in allem sein Antagonist. Der eine vibriert permanent und ist voller unruhiger Energien, der andere bleibt stets gelassen, kultiviert und reflektiert. Hören wir in eines ihrer Gespräche hinein, das Thema – ausgerechnet – Leidenschaften:

Das ist ganz was anders, versezte Albert, wie ein Mensch, den seine Leidenschaften hinreissen, alle Besinnungskraft verliert, und als ein Trunkener, als ein Wahnsinniger angesehen wird. – Ach, ihr vernünftigen Leute! rief ich lächelnd aus. Leidenschaft! Trunkenheit! Wahnsinn! Ihr steht so gelassen, so ohne Teilnehmung da, ihr sittlichen Menschen! scheltet den Trinker, verabscheut den Unsinnigen, geht vorbei wie der Priester und dankt Gott wie der Pharisäer, dass er euch nicht gemacht hat wie einen von diesen. Ich bin mehr als einmal trunken gewesen, und meine Leidenschaften waren nie weit vom Wahnsinne, und beides reut mich nicht: denn ich habe in meinem Maße begreifen lernen, wie man alle außerordentliche Menschen, die etwas grosses, etwas unmöglich scheinendes würkten, von jeher für Trunkene und Wahnsinnige ausschreien müßte.

Aber auch im gemeinen Leben ists unerträglich, fast einem jeden bei halbweg einer freien, edlen, unerwarteten Tat nachrufen zu hören: der Mensch ist trunken, der ist närrisch! Schämt euch, ihr Nüchternen! Schämt euch, ihr Weisen. Das sind nun wieder von deinen Grillen, sagte Albert. Du überspannst alles [...] (12. August)

Albert bringt darüber hinaus durchaus vernünftige Gegenargumente. Doch jedes seiner Argumente gleitet an Werther wirkungslos ab, wird zum Anlass, die Doktrin seiner Gegenaufklärung erst so richtig virtuos und suggestiv zu entfalten. Im vorliegenden Fall replizierte er so mitreißend, dass ihm die Herzen seiner

Leser vermutlich scharenweise zuflogen. Allesamt Sympathisanten eines Generalangriffs gegen eine sauber-vernünftige Aufklärungswelt mittleren Zuschnitts:
Und, mein Guter, wenn Anstrengung Stärke ist, warum soll die Überspannung das Gegenteil sein? Albert sah mich an und sagte: nimm mirs nicht übel, die Beispiele, die du da gibst, scheinen hieher gar nicht zu gehören. Es mag sein, sagte ich, man hat mir schon öfter vorgeworfen, daß meine Kombinationsart manchmal an Radotage grenze [...].

Die menschliche Natur, fuhr ich fort, hat ihre Grenzen, sie kann Freude, Leid, Schmerzen bis auf einen gewissen Grad ertragen und geht zugrunde, sobald der überstiegen ist.

Hier ist also nicht die Frage, ob einer schwach oder stark ist, sondern ob er das Maß seines Leidens ausdauern kann; es mag nun moralisch oder physikalisch sein, und ich finde es ebenso wunderbar zu sagen, der Mensch ist feig, der sich das Leben nimmt, als es ungehörig wäre, den einen Feigen zu nennen, der an einem bösartigen Fieber stirbt.

Paradox! Sehr paradox! rief Albert aus. – Nicht so sehr, als du denkst, versetzte ich. Du gibst mir zu, wir nennen das eine Krankheit zum Tode, wodurch die Natur so angegriffen wird, daß teils ihre Kräfte verzehrt, teils so außer Wirkung gesetzt werden, daß sie sich nicht wieder aufzuhelfen, durch keine glückliche Revolution den gewöhnlichen Umlauf des Lebens wieder herzustellen fähig ist.

[...] Vergebens, daß der gelassene, vernünftige Mensch den Zustand des Unglücklichen übersieht, vergebens, daß er ihm zuredet, eben als wie ein Gesunder, der am Bette des Kranken steht, ihm von seinen Kräften nicht das geringste einflößen kann. (12. August)

Und – einmal im Rausch der Rede fährt er – konkreter werdend – fort, indem er das Beispiel eines Mädchens zitiert, das verzweifelt den Freitod suchte:

[...] Wehe dem, der zusehen und sagen könnte: Die Törin! hätte sie gewartet, hätte sie die Zeit wirken lassen, es würde sich die Verzweiflung schon gelegt, es würde sich schon ein anderer sie zu trösten vorgefunden haben.

Das ist eben, als wenn einer sagte: Der Tor! stirbt am Fieber! Hätte er gewartet, bis sich seine Kräfte erholt, seine Säfte sich verbessert, der Tumult seines Blutes gelegt hätten: alles wäre gut gegangen, und er lebte bis auf den heutigen Tag!

Albert, dem die Vergleichung noch nicht anschaulich war, wandte noch einiges ein, und unter andern: ich hätte nur von einem einfältigen Mädchen gesprochen; wie denn aber ein Mensch von Verstande, der nicht so eingeschränkt sei, der mehr Verhältnisse übersähe, zu entschuldigen sein möchte, könne er nicht begreifen. Mein Freund, rief ich aus, der Mensch ist Mensch, und das bisschen Verstand, das einer haben mag, kommt wenig oder nicht in Anschlag, wenn Leidenschaft wütet und die Grenzen der Menschheit einen drängen. Vielmehr – ein andermal davon, sagte ich und grif nach meinem Hute. O mir war das Herz so voll – Und wir gingen auseinander, ohne einander verstanden zu haben. Wie denn auf dieser Welt keiner leicht den andern versteht. (12. August)

Werther ist mehr als eine verunglückte romantische Liebesgeschichte. Er ist das Fanal über eine saturierte Vernunftsmoral, die sich im Alltag des Aufklärungssystems eingenistet und überlebt hat.

Am 20. Oktober 1771 reist Werther als Assistent und Sekretär des Gesandten mit diesem ab. Von Anfang an gerät er mit ihm als Repräsentanten der Kultur, auch der Macht, in Konflikt. Es entwickelt sich eine Art Grammatik des Widerstandes. Der Gesandte erscheint in seinen Augen als eine Inkarnation von Sekundärtugenden. Am 24. Dezember 1771:

Der Gesandte macht mir viel Verdruss, ich habe es voraus gesehen. Es ist der pünktlichste Narre, den's nur geben kann; Schritt vor Schritt, und umständlich wie eine Base. Ein Mensch, der nie selbst mit sich zufrieden ist, und dem's daher niemand zu Danke machen kann. Ich arbeite gern leicht weg, und wie's steht so steht's: da ist er imstande, mir einen Aufsatz zurückzugeben und zu sagen: er ist gut, aber sehen Sie ihn durch, man findet immer ein besser Wort, eine reinere Partikel. – Da möchte ich des Teufels werden. Kein Und, kein Bindewörtchen sonst darf außenbleiben, und von allen Inversionen, die mir manchmal entfahren, ist er ein Todfeind; wenn man seinen Period nicht nach der hergebrachten Melodie heraborgelt; so versteht er gar nichts drinne. Das ist ein Leiden, mit so einem Menschen zu tun zu haben.

Zum ersten Mal wird hier falsche Sprache zum Indikator für falsches Denken, für eine Standardisierung und Normierung, die das Individuum und seine persönlichen Wünsche, Bedürfnisse stranguliert und nur mehr Automaten-Menschen produziert.

Wenn Sie mich sähen meine Beste, in dem Schwall von Zerstreuung! Wie ausgetrocknet meine Sinne werden; nicht Einen Augenblick der Fülle des Herzens, nicht Eine tränenreiche Stunde! Nichts! Nichts! Ich stehe wie vor einem Raritätenkasten, und sehe die Mängen und Gäulgen vor mir herumrücken, und frage mich oft, ob's nicht optischer Betrug ist. Ich spiele mit, vielmehr, ich werde gespielt wie eine Marionette, und fasse manchmal meinen Nachbar an der hölzernen Hand und schaudere zurück. (20. Januar 1772)

Selbst auf dem Weg, Marionette zu werden, findet er sich in eine erstarrte Marionettenwelt verbannt und tritt die Flucht nach vorne an. Werther katapultiert sich aus dem System. Die Nachricht von der Verehelichung Lottes und Alberts ist nur ein letzter Stoß, der diesen alternativlosen Entschluss begünstigt. Nicht weniger wichtig ist der gesellschaftliche Ausschluss, seine Ausstoßung, nachdem er auf einer offiziellen Gesellschaft höflich beiseite gebeten wird, und ihm zu verstehen gegeben wird, er hätte hier nichts zu suchen. Werther kontert mit dem empörten Aufschrei, dass »wir Subalternen [hier] nicht hineingehören« und zeich-

net das karikaturhafte Portrait einer jämmerlich prätentiösen Duodezclique.
Ich denke, Gott weiß, an nichts. Da tritt herein die übergnädige Dame von S.. mit Dero Herrn Gemahl und wohl ausgebrüteten Gänslein Tochter mit der flachen Brust und niedlichem Schnürleib, machen en passant ihre hergebrachten hochadlichen Augen und Naslöcher, und wie mir die Nation von Herzen zuwider ist, wollte ich eben mich empfehlen und wartete nur, bis der Graf vom garstigen Gewäsche frei wäre [...] Über dem füllt sich die Gesellschaft. Der Baron F... mit der ganzen Garderobe von den Krönungszeiten Franz des ersten her, der Hofrath R.. hier aber in qualitate Herr von R ... genannt mit seiner tauben Frau etc., den übel fournierten J ... nicht zu vergessen, bei dessen Kleidung, Reste des altfränkischen mit neumodischen Lappen ausgeflickt, das kommt zuhauf, und ich rede mit einigen meiner Bekanntschaft, die alle sehr lakonisch sind [...]. (15. März 1772)

Flucht aus dieser Gesellschaft. Der Protagonist streicht sich aus, verlässt das Spiel und fängt ein neues an. Ein Spiel auf Leben und Tod, kompromisslos wie Don Quijote. Ob Windmühle oder Nussbaum, beide Figuren setzen ihre Wahrnehmung absolut. In diesem Fall geht es um einen Nussbaum, der dem Nützlichkeitsdenken im Wege steht:

Ich möchte toll werden, ich könnte den Hund ermorden, der den ersten Hieb dran tat. [...] Lieber Schatz, eins ist doch dabei! Was Menschengefühl ist! Das ganze Dorf murrt, und ich hoffe, die Frau Pfarrern soll's an Butter und Eiern und übrigem Zutrauen spüren, was für eine Wunde sie ihrem Orte gegeben hat. Denn sie ist's, die Frau des neuen Pfarrers [...], ein hageres kränkliches Geschöpf, das sehr Ursache hat, an der Welt keinen Anteil zu nehmen, denn niemand nimmt Anteil an ihr. Eine Närrin, die sich abgibt, gelehrt zu sein, sich in die Untersuchung des Kanons meliert, gar viel an der neumodischen moralisch-kritischen Reformation des Christentums arbeitet [...], eine ganz zerrüttete Gesundheit hat und deswegen auf Gottes Erdboden keine Freude. So ein Ding war's auch allein, um meine Nußbäume abzuhauen. Siehst du, ich komme nicht zu mir! Stelle dir vor, die abfallenden Blätter machen ihr den Hof unrein und dumpfig, die Bäume nehmen ihr das Tageslicht, und wenn die Nüsse reif sind, so werfen die Knaben mit Steinen darnach, und das fällt ihr auf die Nerven, das stört sie in ihren tiefen Überlegungen [...]. (15. September 1772)

Und beide suchen sich ihre Mythen: Don Quijote die Ritterbücher, Werther »Ossian«. Auf den 12. Oktober datiert der Brief, der diesen Paradigmenwechsel vollzieht: »Ossian hat in meinem Herzen den Homer verdrängt. Welch eine Welt, in die der Herrliche mich führt.« Tatsächlich ist James MacPhersons *Works of Ossian* eine der größten Fälschungen des 18. Jahrhunderts – der Autor hat die Poesie der alten keltischen Druiden so perfekt gefälscht, dass ihm eine Generation zu Füßen lag und er alle glauben machte, ein authentisches Original vor sich zu haben. Goethe selbst trug in seiner Straßburger Zeit nicht unerheblich zur

Nobilitierung des *Ossian* bei, er rezensierte, übersetzte den Text und integrierte ihn nun in den *Werther*: als die antiklassische, präromantische Stimme jenseits aller Wertmaßstäbe bisheriger Poesie: wuchtig, unbehauen, tragisch umflort: ein einziger Aufschrei gegen die Versfußzähler und *Clairté*-Freaks seiner Zeit. Maßlos in seinen Gefühlen ist der *Ossian* ein verbaler Angriff auf jede Ordnung des Diskurses. Der Versuch, Lotte die Verse vorzutragen, wird zum Desaster.

Am 20. Dezember versucht sie ihn in einem letzten Gespräch zu stabilisieren, zu reintegrieren. Ein sehr ernstes, eindringliches, ein letales Gespräch, das wiederum in dem Hinweis auf seine ›Unmäßigkeit‹ gipfelt:

Sie sollen, sagte Lotte, indem sie ihre Verlegenheit unter ein liebes Lächeln verbarg: Sie sollen auch bescheert kriegen, wenn Sie recht geschickt sind; ein Wachsstöckchen und noch was. – Und was heißen Sie geschickt sein? rief er aus; wie soll ich sein? wie kann ich sein? beste Lotte! – Donnerstag Abend, sagte sie, ist Weihnachtsabend, da kommen die Kinder, mein Vater auch, da kriegt jeder das Seinige, da kommen Sie auch – aber nicht eher. – Werther stutzte. – Ich bitte Sie, fuhr sie fort, es ist nun einmal so, ich bitte Sie um meiner Ruhe willen, es kann nicht, es kann nicht so bleiben. – Er wendete seine Augen von ihr, ging in der Stube auf und ab und murmelte das: es kann nicht so bleiben! zwischen den Zähnen. Lotte, die den schrecklichen Zustand fühlte, worin ihn diese Worte versetzt hatten, suchte durch allerlei Fragen seine Gedanken abzulenken, aber vergebens: Nein, Lotte, rief er aus: ich werde Sie nicht wieder sehn! – Warum das! versetzte sie, Werther, Sie können, Sie müssen uns wiedersehen, nur mäßigen Sie sich. O! warum mussten Sie mit dieser Heftigkeit, dieser unbezwinglich haftenden Leidenschaft für alles, was Sie einmal anfassen, gebohren werden! Ich bitte Sie, fuhr sie fort, indem sie ihn bei der Hand nahm, mäßigen Sie sich, Ihr Geist, Ihre Wissenschaften, Ihre Talente, was bieten die Ihnen für mannigfaltige Ergötzungen dar! sein Sie ein Mann! wenden Sie diese traurige Anhänglichkeit von einem Geschöpf, das nichts tun kann, als Sie bedauren. – Er knirrte mit den Zähnen und sah sie düster an.

Zähneknirschend und erkaltet registriert Werther diese definitive Grenzziehung und kommentiert knapp und doppeldeutig:

Das könnte man, sagte er mit einem kalten Lachen, drucken lassen und allen Hofmeistern empfehlen. Liebe Lotte! Lassen Sie mir noch ein klein wenig Ruh, es wird alles werden!

Beide registrieren den irreversiblen Bruch und wissen, dass von diesem *point of no return* aus kein Zurück mehr zum spontanen Einverständnis des Anfangs zu finden ist. Lotte fungiert dabei nicht als kaltherzige Argumentatorin im Stile einer dogmatischen Aufklärung. Im 18. Jahrhundert konnte und durfte man erwarten, dass die Figuren ihre Emotionen vernünftig zu gestalten vermögen. Ein Irrglaube möglicherweise, aber ein Glaube, ja die Prämisse schlechthin.

Ein ›wunderbares‹ Beispiel für eine fast ähnlich verfahrene, tragische Situation findet sich im 1769 erschienenen *Leben der schwedischen Gräfin von G.* von Christian Fürchtegott Gellert: Es handelt gleichfalls von einer ausweglos erscheinenden Konfliktsituation. Hier reagieren die Personen so, wie Lotte, wie es auch Albert und alle anderen erwarten durften – nämlich ›vernünftig‹:

Sogleich nahm er mich bei der Hand und führte mich zu dem Grafen. »Hier«, sprach er, »übergebe ich Ihnen meine Gemahlin und verwandle meine Liebe von diesem Augenblicke an in Ehrerbietung.«

Der Wunschtraum des 18. Jahrhunderts: die Gefühle zu sensibilisieren und sie dennoch kontrollierbar, handhabbar zu machen – sie so zu gestalten, dass sie ins soziale Bild passen und Katastrophen schon im Ansatz vermeiden. Genau an dieser Stelle geht der Weg Werthers in eine, wenn man so will, modernere Richtung. Eine Passage aus *Dichtung und Wahrheit* beschreibt diese »Distanznähe« Goethes. Sie ist Dokument einer Ästhetik des Genusses am Leid, der permanenten Vivisektion der eigenen Empfindungs-Abgründe und emotionaler Extreme.

[Ich] besaß [...] einen wohlgeschliffenen Dolch. Diesen legte ich mir jederzeit neben das Bette und ehe ich das Licht auslöschte, versuchte ich, [...] die scharfe Spitze ein paar Zoll tief in die Brust zu senken. Da dies aber niemals gelingen wollte, lachte ich mich zuletzt selbst aus und beschloß zu leben. (XIII, Buch 13)

Goethe betreibt das Spiel mit Gefährdung und Selbstgefährdung routiniert und mit jener ironischen Distanz, die seiner Figur fehlt. Im Rahmen seiner Schreibtherapie bedient er sich der Wirklichkeit als eines Arsenals von Denk- und Empfindungsmöglichkeiten und nutzt seinen Protagonisten als Ersatzfigur, der er auch skurrile Momente zumuten kann:

Ihre Sinne verwirrten sich, sie drückte seine Hände, drückte sie wider ihre Brust, neigte sich mit einer wehmütigen Bewegung zu ihm, und ihre glühenden Wangen berührten sich. Die Welt verging ihnen. Er schlang seine Arme um sie her, presste sie an seine Brust und deckte ihre zitternden, stammelnden Lippen mit wütenden Küssen. – Werther! rief sie mit erstickter Stimme, sich abwendend, Werther! – und drückte mit schwacher Hand seine Brust von der ihrigen; – Werther! rief sie mit dem gefassten Tone des edelsten Gefühles. – Er widerstand nicht, ließ sie aus seinen Armen und warf sich unsinnig vor sie hin. Sie riss sich auf und in ängstlicher Verwirrung, bebend zwischen Liebe und Zorn, sagte sie: Das ist das letzte Mal! Werther! Sie sehn mich nicht wieder. – Und mit dem vollsten Blick der Liebe auf den Elenden eilte sie ins Nebenzimmer und schloß hinter sich zu. Werther streckte ihr die Arme nach, getraute sich nicht, sie zu halten. Er lag an der Erde, den Kopf auf dem Kanapee, und in dieser Stellung blieb er über eine halbe Stunde, bis ihn ein Geräusch zu sich selbst rief. Es war das Mädchen, das den Tisch decken wollte. (Alpin)

Erst das banale Geklapper des Geschirrs löst die melodramatische Pose des Protagonisten auf und erdet die suggestive Szene wieder. Goethe reizt das Potential der Szene aufs Äußerste aus, um es dann im entscheidenden Moment mit einem Klirren zu unterbrechen. Seine Versuche, den Mythos »Werther« zugleich zu beschwören und zu bannen, umfassen auch die Fiktion eines Herausgebers, der die Briefe kritisch kommentiert. Sätze wie den folgenden sollen Abstand herstellen:

Die Harmonie seines Geistes war völlig zerstört, eine innerliche Hitze und Heftigkeit, die alle Kräfte seiner Natur durcheinander arbeitete, brachte die widrigsten Wirkungen hervor. (Der Herausgeber an den Leser)

Unter dem Deckmantel des Protokolls über einen Fall, den Fall Werther, wird es möglich, aus der ideologischen Deckung zu gehen und den Suizidanten zum Heroen einer neuen Empfindungskultur aufzubauen. Nicht verschämt, sondern demonstrativ, plakativ:

Es ist beschlossen, Lotte, ich will sterben, und das schreib ich dir ohne romantische Ueberspannung, gelassen, an dem Morgen des Tages, an dem ich dich zum lezten mal sehen werde. (20. Dezember 1772)

Resultat: Figur tot, Autor lebendig und wie! Die Krankheit zum Tode blendend auskuriert. Und er hat Recht, wenn er sagt, er wäre wirklich in diesem Jahr zum literarischen Meteor geworden. Die Wirkung des Büchleins sei groß, ja sei ungeheuer gewesen, weil es, wie Goethe selbst richtig analysiert, genau in die richtige Zeit traf, an den Kipppunkt der Aufklärung. Candide, Tristram Shandy, Werther – drei Antworten auf das Dilemma der Zeit ... Voltaire führt die Dogmatik der Vernunft ad absurdum. Goethe spielt mit ihr artistisch und spielt sie an die Wand. So vehement, dass man tatsächlich an den Film von Fatih Akin denkt.

Mine, Zündkraut, Explosion – mit diesen Begriffen hat Goethe in der Rückschau sein Buch selbst immer wieder beschrieben, mit paramilitärischen Termini, als ein Fanal gegen eine versteinerte Gesellschaft. Und das Buch hat gezündet, es hat verführt und gegriffen. Seriensuizide von Lesern waren die Folge, ein Nachleben, Nachsterben in einer bislang unbekannten Intensität. Dieses Buch bildet Brücken. Ruft Halbbegriffenes, Halbgefühltes an die Oberfläche. Es entstand eine ganze Werther-Industrie, harmloseste Variante dieses Kults: Kleidung, Sammeltassen, Gürtelschnallen, Fächer, Bonbonnieren, Parfum, all dies erzeugte der literarische Meteor in diesen Jahren.

Auftrumpfend und geradezu übermütig stilisiert Goethe Werthers Tat der Verzweiflung gegen den Rat der Aufklärer zum Opfer um und macht ihn zum Märtyrer. Der Demutsgestus der Vorrede ist im besten Sinne schein-heilig:

Was ich von der Geschichte des armen Werther nur habe auffinden können, habe ich mit Fleiß gesammelt, und leg es euch hier vor, und weiß, daß ihr mir's danken werdet. Ihr könnt seinem Geist und seinem Charakter eure Bewunderung und Liebe, und seinem Schicksale eure Thränen nicht versagen.

Und du gute Seele, die du eben den Drang fühlst wie er, schöpfe Trost aus seinem Leiden, und laß das Büchlein deinen Freund seyn, wenn du aus Geschick oder eigener Schuld keinen nähern finden kannst.

Alte Leiden – Neue Leiden

Zweihundert Jahre später, 1973, wird ein junger DDR-Autor, Ulrich Plenzdorf, die ausgestreckte »Freundes«hand unter etwas anrüchigen Umständen ergreifen und ziemlich heftig durchschütteln. Auf dem Klo einer Bekannten stößt er, der erklärte Salingerfan ausgerechnet auf die alte Schwarte und opfert einige Seiten davon dem ortsspezifischen Zweck; bevor er sich anschickt, sich das ganze Ding reinzuziehen. Zu sagen, Edgar Wibeau, so heißt der späte Leser, fände keinen rechten Zugang zu Goethe wäre ein Euphemismus. Der desolate Lektüreversuch mündet in empörte Frustration:

Der Kerl in dem Buch, dieser Werther, wie er hieß, macht am Schluss Selbstmord. Gibt einfach den Löffel ab. Schießt sich ein Loch in seine olle Birne, weil er die Frau nicht kriegen kann, die er haben will. [...] Ich meine, wenn ich mit einer Frau allein im Zimmer bin [...], dann versuch ich doch alles. Kann sein, ich handle mir ein paar Schellen ein, na und?

Selbst in der Abkehr, in der Abwehr Goethes landet man im Arsenal seiner Situationen, seiner Bilder. Es erübrigt fast hinzuzufügen, dass der ruppige, bemüht unromantische Leser bis zum Ende des schmalen Bändchens in den Sog einer Geschichte gerät, die der des verachteten Vorläufers strukturell verdammt ähnlich ist – Selbstmord inklusive.

Literaturverzeichnis

- Goethe, Johann Wolfgang von: *Die Leiden des jungen Werther. Erste Fassung.* In: *Poetische Werke. Romane und Erzählungen. I.* Aufbau. Berlin. 1970. Band 9.
- Goethe, Johann Wolfgang von: *Die Leiden des jungen Werther. Zweite Fassung.* In: *Poetische Werke. Romane und Erzählungen. I.* Aufbau. Berlin. 1970. Band 9.
- Gellert, Christian Fürchtegott: *Leben der schwedischen Gräfin von G. Kleinere Prosaschriften.* (Hg. Behrend, Fritz) Bong. Berlin. 1910
- Goethe, Johann Wolfgang von: *Aus meinem Leben. Dichtung und Wahrheit.* Cotta'sche Buchhandlung. Tübingen. 1811.
- *Goethe in vertraulichen Briefen seiner Zeitgenossen. 1749 – 1793.* (Hg. Bode, Wilhelm) Beck. München. 1982.
- Grünbein: »Weltliteratur: ein Panoramagebilde«. In: *Antike Dispositionen.* Suhrkamp. Frankfurt. 2005.

- Handke, Peter: *Wunschloses Unglück*. Residenzverlag. Salzburg. 1972.
- Kestner, Johann Christian: »Kestners Tagebuch«. In: *Goethes Gespräche*. (Hg. Herwig, Wolfgang) Artemis. Stuttgart. 1749-1805. Band I
- MacPherson James: *Works of Ossian and related Works*. (Hg. Gaskill, Howard) Edinburgh University Press. Edinburgh. 1996.
- Mann, Thomas: *Lotte in Weimar*. Suhrkamp. Berlin. 1946.
- Mann, Thomas: »Goethes ›Werther‹«. In: Goethes *Werther. Kritik und Forschung*. (Hg. Herrmann, Hans Peter) Wissenschaftliche Buchgesellschaft. Darmstadt. 1994.
- Plenzdorf, Ulrich: *Die neuen Leiden des jungen W*. Suhrkamp. Frankfurt. 1973.

Johann Wolfgang von Goethe

Vita
*28.8.1749   Frankfurt am Main
†22.3.1832   Weimar

1765   Studium der Rechtswissenschaft, Literatur, Philosophie und Medizin in Leipzig
1771   Promotion zum Lizentiaten der Rechte in Straßburg
1776   Ernennung zum Geheimen Legationsrat
1786   Heimliche Abreise nach Rom
1788   Erste Begegnung mit Christiane Vulpius, die er 1806 heiratet
1789   Geburt des einzigen Sohnes Julius August Walther
1791   Leiter des Weimarer Hoftheaters
1794   Beginn der Zusammenarbeit mit Schiller
1815   Ernennung zum Staatsminister
1823   Krankheit und Erholung von einer Herzbeutelentzündung, Liebe zu Ulrike von Levetzow

Werke
1773   Götz von Berlichingen mit der eisernen Hand
1774   Die Leiden des jungen Werthers
1787   Iphigenie auf Tauris
1795-96 Wilhelm Meisters Lehrjahre
1808   Faust. Der Tragödie erster Theil
1809   Die Wahlverwandtschaften
1819   West-östlicher Divan

»Mir fehlt nichts«
die Welt von Jane Austens EMMA

Gustave Flaubert hatte weder von der »Literatur«, noch vom »Roman« eine besonders hohe Meinung. In seinem *Wörterbuch der Gemeinplätze* steht zu lesen, POESIE sei schlicht »vollkommen überflüssig«, LITERATUR »Beschäftigung für Müßiggänger«, ROMANE seien Prosagebilde, die sich »unendlich über ein unbedeutendes Thema« verbreiten und so ganz unzutreffend ist seine Definition nüchtern betrachtet nicht. Der Roman, besonders der Roman der neueren Zeit, ist tatsächlich im Grunde *die* Gattung der »unbedeutenden« Vorkommnisse. Und genau dies ist seine Stärke. Großer Text über kleine Dinge zu sein.

Das Prinzip des großen Texts für ›große‹ Geschehnisse kennt man zur Genüge: Troja, Gral und Nibelungen, Rosenkriege, Völkerschlachten, Katastrophen, alle diese Themenbereiche erhalten normalerweise große Formate zugeteilt. Wenn man zum Beispiel, wie der österreichische Dramatiker Wolfgang Bauer, den Stoff der Wagner-Opern in einem Minidrama von ein paar Minuten abhandeln lässt, resultiert allein aus dieser ungewohnten Zeit- und Raumzuteilung ein komischer Effekt. Dementsprechend gilt umgekehrt im allgemeinen die Regel, ›kleine‹ Stoffe – kleiner dimensionierte Formen: Novellen, Erzählungen, Kurzgeschichten, Anekdoten ...

Handsome, clever, rich

Der moderne Roman schert sich nicht um Quantitätsnormen dieser Art. Und Jane Austen ist die Königin des Regelverstoßes. Eine Revolution auf Samtpfoten, diese 500 Seiten über – nichts Besonderes. Nicht nur, dass die Hauptfiguren, die wir ungefähr ein Jahr begleiten, kaum je den Umkreis von ein paar Meilen verlassen, in diesem Mikrokosmos geschieht auch auf der Handlungsebene de facto so gut wie nichts. Dass am Schluss ein paar Leute heiraten, entschädigt ja wohl nicht für vorangehende 500 Seiten, auf denen es ein paar mehr oder weniger ereignisfreie Besuche, Teestunden, Dinner Parties, ein, zwei kleine Tanzabende und zwei Tagestouren gibt und ansonsten kaum ein auch nur halbwegs frappierendes, geschweige tragisches Ereignis, noch nicht einmal mittelgroße Schicksalsschläge, wie sie sonst ja nun einmal unverzichtbar sind. Kein Ehebruch, kein Duell im Morgengrauen, kein Suizid um Mitternacht, kein erschütternder Todesfall, keine gravierende Krankheit – man wird ja wohl Harriets Halsentzündung nicht unter dieser Kategorie verrechnen wollen. Keine großen

Leiden, ein paar kleine Freuden, kein klaffender Abgrund zwischen kultivierter Fassade und Abgrund dahinter.

Wie man so etwas lesen soll? Ob man es liest, lesen kann? Es findet sich mit großer Selbstverständlichkeit auf den Leselisten für Anglistik-Studenten. Viele werden den Roman deshalb wohl auch lesen. (In meiner eigenen Penguin-Ausgabe von 1973 finden sich freilich die letzten Anstreichungen, die auf aktive Lesetätigkeit schließen lassen, auf S. 160. Ich fürchte, ich war seinerzeit den Finessen dieser Ästhetik des Verzichts und der Aussparung noch nicht gewachsen.) Jetzt, dreißig Jahre später, taucht er wieder auf der – selbstverschuldeten – Leseliste auf und das gewünschte Lesevergnügen stellt sich ein. Weshalb? Vielleicht, weil man allmählich empfänglich geworden ist für kleine Besonderheiten und Episoden wie die folgenden. Vielleicht auch, weil man gelernt hat, auf Doppelbödigkeiten, Ambivalenzen und Grauzonen stärker als früher zu achten ...

Der Roman beginnt in der nach oben offenen Skala hinführender, einführender Romananfänge extrem direkt:

Emma Woodhouse, schön, gescheit und reich, mit einem behaglichen Zuhause und heiterem Gemüt, schien in sich einige der besten Glücksgüter des Daseins zu vereinigen [...]. (Kap. 1)

Emma Woodhouse, 21, »schön, gescheit und reich«, wie es in wünschenswerter Direktheit gleich im ersten Satz heißt, zudem gesegnet mit einem glücklichen Naturell, lebt mit ihrem etwas ängstlichen, umständlichen, stets ein wenig kränkelnden, ein wenig hypochondrischen, gewohnheitsfixierten, freundlichen, doch mental unbeweglichen Vater zusammen. Auf ihrem Gut Hartfield, bei Highbury, einem idyllischen größeren Dorf (oder einer sehr kleinen Stadt), sechzehn Meilen von London entfernt. Eben mussten die beiden erfahren, dass Miss Taylor, langjährige Hausdame, Dienerin, Gefährtin und Freundin Emmas, heiraten und deshalb das Haus verlassen wird. Emma begreift sofort, dass dieser Wechsel gravierende Konsequenzen auch für ihr eigenes Dasein haben wird: die Bindung an ihren Vater würde dadurch unausweichlich; schon als dieser aus dem Nachmittagsschlaf erwacht, sieht sie sich gezwungen, sich dieser Mechanik der Anpassung nahezu reflexmäßig zu unterwerfen und sich selbst als eine Art Beruhigungsmittel zu begreifen:

Es war ein trübseliger Wechsel; und Emma konnte nur darüber seufzen [...], bis dann ihr Vater erwachte und es nötig wurde, frohmütig zu sein. Sein Gemüt war auf Ermunterung angewiesen. Er war sensibel, leicht zu verstimmen, den Menschen zugeneigt, an die er gewöhnt war, und höchst unwillig, sich von ihnen zu trennen; überhaupt höchst unwillig über jede Veränderung. Eine Heirat, von der ja Veränderung herrührte, brachte stets Unannehmlichkeiten [...]. Die ihm zur Gewohnheit gewordene harmlose Selbstsucht und Unfähigkeit, sich vorzustellen, dass andere Leute anderer Meinung sein könnten als er [...]. (Kap. 1)

EMMA:

A NOVEL.

IN THREE VOLUMES.

BY THE
AUTHOR OF "PRIDE AND PREJUDICE,"
&c. &c.

VOL. I.

LONDON:
PRINTED FOR JOHN MURRAY.
1816.

Mit dem Gewölk all dieser anstrengenden Eigenarten und Besonderheiten im Kopf, lächelt und plaudert, charmiert und parliert Emma, wehrt Ängste ab, beruhigt, beschwichtigt, versucht dezent abzulenken, gibt sich alle erdenkliche Mühe, »diese fröhlicheren Gedanken in Fluss zu erhalten, und hoffte, mit Hilfe von Halma ihren Vater leidlich durch den Abend zu bringen«. Aber es ist nicht nur diese behutsame Beschwichtigungsstrategie, die wohl jedem von uns aus dem eigenen Alltag irgendwie bekannt erscheint – es ist die hinreißend dezente Formulierung, dieses »to get her father tolerably through the evening«, ihn so »leidlich« hinzukriegen. Kleinigkeiten, die man im Allgemeinen eher überliest und nicht einmal mitübersetzt, und die doch für das Klima dieses Mikrokosmos ›Hartfield/ Highbury‹ so wichtig sind. Zwei Minuten später werden die strategischen Dame-Spiel-Vorbereitungen durch das unerwartete Auftauchen eines Freundes der Familie, »Mr. Knightly, a sensible man of about seven or eight-and-thirty« aufs Angenehmste unterbrochen. Beiläufig-freundlich erkundigt er sich nach dem Verlauf der Hochzeit von »poor Miss Taylor« (wie der Vater sie ab jetzt nennt):

»Übrigens habe ich meine Glückwünsche noch nicht angebracht. [...] Aber ich hoffe, alles ist leidlich gut abgelaufen. Wie haben Sie sich alle verhalten? Wer hat am meisten geweint?« (Kap. 1)

»Trivial communications and harmless gossip« – mit dieser Formel könnte man den ›Hofton‹ dieses ganz besonderen kulturellen Biotops um und in Highbury zutreffend charakterisieren. »Great talkers about little matters« sind sie alle, und auch die Erzählerin, die mit diesen Figuren zu leben scheint, verfügt über entsprechende Qualitäten. Versteht es, sich in die alltäglichen Treffen, Gespräche, Kontroversen und sonstigen »little matters« so einzuschleusen, dass sie gar nicht mehr heraussticht, sondern sich scheinbar mühelos in die Gruppe integriert und den Leser, die Leserin, auf zwanglos-elegante Art mit in die Gesellschaft einführt. Kein outrierter Beobachter-Status, keine Leser-Anreden, kaum Kommentare: Erzählerin und Leserschaft stehen oder sitzen gleichsam als unsichtbare Dritte interessiert mit in der Runde. Ohne Anbiederung, doch wohlwollend geduldet: »Niemand hat Angst vor ihr: das ist ein großer Reiz.« Auch dies eine Wendung, die anzeigt, dass man es hier mit einer Kultur zu tun hat, in der ein Virginia-Woolf-Typus nichts zu suchen hätte und in der der Werther-Typus wohl als »hardly tolerable« ziemlich gemieden, keinesfalls nachgeahmt würde. Tristram Shandy würde man gewähren lassen. Candide, nun für Candide, poor Candide, würde Emma nicht zögern, eine gute Partie im Raum Highbury auszumachen und lustvoll eine Ehe anzubahnen. Denn das »matchmaking«, um mit Nestroy zu sprechen, »Liebesgeschichten und Heiratssachen« *anderer*, sind nun mal Emmas Leben. Sie liebt es, für andere zu planen, ihre Wege kreuzen zu lassen, Kontakte auszubauen. Dabei geht sie mit der strategischen Gerissenheit einer Machiavellistin vor, im gleichzeitigen Glauben daran, eine Art Mutter Teresa aller Liebenden zu sein.

So etwa im Fall ihres eben erfolgreich abgeschlossenen ›Projekts Miss Taylor‹, »poor Miss. Taylor«. Mit der tiefen Zufriedenheit eines Großwildjägers, der nun endlich das lange verfolgte Prachtstück zur Strecke gebracht hat, berichtet sie:

Der Liebes-Spiel-Trieb

Von dem Tage an (vor etwa vier Jahren), da Miss Taylor und ich ihm auf dem Broadway-Pfad begegneten, wo er dann, weil es zu nieseln begann, mit so viel Beflissenheit davonstürzte, um bei Bauer Mitchell zwei Regenschirme für uns auszuborgen, stand die Sache bei mir fest. Von jener Stunde an plante ich die Verbindung [...]. (Kap. 1)

Emmas Liebes-Spiel-Trieb findet durchaus keine allgemeine Billigung: Mr. Knightly etwa findet ihr Verhalten, Schicksal spielen zu wollen, ziemlich degoutant. Der Vater steht dem Prinzip des »match-making« ohnehin skeptisch gegenüber, werden durch Ehen doch in der Regel harmonische Familienzirkel unliebsam gesprengt. Einwände dieser Art können Emma freilich nicht weiter tangieren, »nur noch eine«, verspricht sie und wendet sich einem neuen Objekt ihrer strategischen Begierde zu: Mr. Elton, der neue, junge Pfarrer. Es muss bereits jetzt darauf verwiesen werden, dass die Planspiele Emmas in der Regel kolossale Flops sind. Denn auch sie bleibt nicht vom Heine-Prinzip verschont: man erinnert sich an das *Buch der Lieder*:

Ein Jüngling liebt ein Mädchen,
Die hat einen andern erwählt;
Der andere liebt eine andre,
Und hat sich mit dieser vermählt.
Das Mädchen heiratet aus Ärger
Den ersten besten Mann,
Der ihr in den Weg gelaufen,
Der Jüngling ist übel dran.

Liebesstrategin Emma ist nicht sehr viel besser dran: So wird das von ihr als zukünftige Mrs. Elton konzipierte junge Mädchen den Herrn Pastor völlig kalt lassen. Stattdessen wird er sie, Emma, mit einem glühenden Liebesgeständnis überraschen und verärgern. Doch bis dahin ist es noch weit, und nun, zu Beginn der Affäre, läuft aus Emmas Sicht alles noch nach Plan. Und diese Art von Plan ist keineswegs unkompliziert und unbedacht angelegt, im Gegenteil. Match-Making im England des frühen 19. Jahrhunderts ist kein mutwilliges Kinderspiel, davon weiß Pfarrerstochter Jane ein Lied zu singen. Viele ungeschriebene Gesetze sind zu beachten, vor allem und immer wieder solche standesbezogener Art.

Als der Zufall Emma in Kontakt zu einem sehr jungen, hübschen Mädchen ohne finanziellen Hintergrund bringt, beginnt sich in ihr ein Szenarium zu verdichten, das Harriet Smith und Pfarrer Elton imaginär und virtuell bereits ehelich vereinigt sieht. Die Erzählerin gibt Emmas Gedanken verdeckt wieder:

Er wäre eine ausgezeichnete Partie; und nur eine allzu naheliegende, natürliche und wahrscheinliche Verbindung [...]. Je länger sie ihn erwog, umso fester war sie von seiner Tauglichkeit überzeugt. Mr. Eltons Stellung war durchaus passend, er selbst ganz der Gentleman und ohne unstandesgemäßen Anhang (»low connections«); andererseits entstammte er nicht einer Familie, die zu Recht an Harriets diskreter Herkunft Anstoß nehmen konnte. Er hatte für sie ein behagliches Heim und, wie Emma sich vorstellte, ein hinreichendes Einkommen [...]. (Kap. 4)

Aus der Sicht der jungen Dame (gesehen durch die Brille Emmas) stellt sich die Situation so dar, dass an der Zuneigung Harriets kein Zweifel bestehen kann; die bloße Idee, von diesem gutaussehenden, liebenswürdigen jungen Mann ausgewählt oder erwählt worden zu sein, würde genügen, geradezu beglückt sein zu müssen. Jedenfalls, so fügt Emma mit einem kleinen, kokett-arroganten Gedankenschlenker hinzu, für ein Mädchen, das bereits gerührt war, wenn ihr ein Bauernjunge ein paar Walnüsse präsentierte. Während Mr. Elton doch wirklich etwas darstellte und sogar bewundert wurde, im allgemeinen, nicht von ihr selbst natürlich, weil es ihm dann doch an wirklicher Vornehmheit fehlte, auf die Emma sehr großen Wert legte, »denn seinen Zügen fehlte jene gewisse Feinheit, auf die sie nicht verzichten konnte.«

Spätestens an dieser Stelle, an der diese kleine Spur arroganter Giftigkeit im Gemüt der Emma Woodhouse spürbar wird, beginnt man sich natürlich Gedanken zu machen, was sich hinter diesem manischen Interesse am Glück Anderer eigentlich verbirgt: Altruismus, Narzissmus, Bindungsunfähigkeit – oder Angst, Frigidität, Sadismus – der psychoanalytischen und tiefenpsychologischen Erklärungsmöglichkeiten sind viele; doch gibt es zumindest zwei »tolerably good reasons«, zwei vielleicht halbwegs vernünftige Gründe, nicht gleich zur Diagnose fortzuschreiten, sondern den ›Fall Emma W.‹ etwas distanzierter zu sehen. Beide Gründe mögen als sehr banal erscheinen, zutreffend sind sie trotzdem:

1. Emma besteht zu hundert Prozent aus Papier und Druckerschwärze. Es gibt sie nicht, noch hat es sie je gegeben.

2. Emma ist Baujahr 1813, keine Zeitgenossin von Dr. Schnitzler und Dr. Freud, sondern jemand, die zur Zeit der Französischen Revolution ›geboren‹, erfunden wurde.

Weil dies so ist, sollte man weder therapeutische Maßnahmen ergreifen, noch verständnisvoll oder entrüstet einschreiten. Natürlich: Literatur lebt aus dieser ständigen Verwechslung von Text und Wirklichkeit, Konstruktion und Projektion. Doch die Möglichkeit der persönlichen Annäherung sollte die Fähigkeit zur Verfremdung nicht eliminieren. Die Lektüre auf beiden Ebenen zugleich stellt auf jeden Fall einen angemesseneren und genussreicheren Weg der aktiven Auseinandersetzung mit dem Text dar. Erst der Blick auf die Erzählmechanik gibt uns Einsicht in den Mechanismus unserer Wahrnehmung wie des Aufbaus jener Gespenster aus Buchstaben, mit deren Leiden und kleinen Freuden wir uns so gerne affizieren.

Im Fall der Emma Woodhouse jedenfalls sollten wir uns nicht das Vergnügen nehmen, zu verfolgen, wie behutsam und polyperspektivisch geschickt die Erzählerin sie aufbaut, entfaltet, erklärt und mit verschiedenen Scheinwerfern aus unterschiedlichen Blickwinkeln beleuchtet. So ist es in der Tat nicht uninteressant zu verfolgen, wie Emma ganz offensichtlich versucht, mit ›wirklichen‹ Figuren das zu tun, was ihre Erzählerin mit erfundenen Gestalten macht. Sie erfindet deren Leben, setzt sie auf eine Bahn, lässt sie aufeinander zufahren. Austen beschreibt ein literarisches Verfahren, das ziemlich konsequent und rücksichtslos auf ›Wirklichkeit‹ angewandt wird. Nicht von ihr, sondern von ihrer Figur, die, ohne es zu wissen oder wissen zu wollen, ein im Grunde zynisches und nicht ungefährliches Spiel mit anderen treibt. Unverantwortlich ist dieses Spiel deshalb, weil sie ihre eigenen Wunschbilder, Träume und Kategorien wie selbstverständlich auf andere überträgt. Ohne Abstriche, ohne Brechung. Und zudem mit dem besten Wohltäterinnen-Gewissen der Welt.

Und es ist durchaus nicht so, dass uns dieses Verhalten als harmloser Tick, als liebenswürdige, charmante Schwäche beiläufig und affirmativ präsentiert würde; vielmehr gibt sich die Erzählerin große Mühe, möglichst dezent und elegant freilich nicht moralisierend mit besserwisserischem Zeigefinger herumzufuchteln, sondern nach dem Prinzip mehrfach gebrochener Spiegelungen Deutungsmöglichkeiten gegeneinander zu halten. Erzählerische Mehrfachbelichtungen einer Figur in Variationen sozusagen, um sie immer neu zu erzählen und so ganz allmählich transparent werden zu lassen. Wie in Kapitel 5, das Emma im Anschluss an die besprochene Introspektion nun von außen, aus gegenläufiger Sicht zeigt. Mr. Knightly, der Emma notorisch skeptisch gegenüberzustehen scheint und die eben verehelichte Mrs. Weston im Disput über Emma, ihren Einfluss auf Harriet, die Bedeutung dieser auffälligen Freundschaft zwischen den beiden jungen Frauen. Beide kennen Emma von Kindheit an und kommen dennoch zu einer ganz unterschiedlichen Einschätzung ihrer Persönlichkeit; Knightlys Blick ist desillusionierend: er zeichnet das Bild eines zwar ambitionierten, jedoch willensschwachen Charakters. Seine Indizien:

»*Es war Emma mit dem öfter Lesen schon seit ihrem zwölften Lebensjahr Ernst. Ich habe zu verschiedenen Zeiten zahlreiche Listen gesehen, die sie von*

Büchern aufgestellt hatte, die sie regelmäßig durcharbeiten wollte – und es waren sehr gute Listen – sehr gut gewählt und sehr sauber angeordnet – zuweilen in alphabetischer, zuweilen in anderer Reihenfolge. [...] Emma ist dadurch verwöhnt, dass sie die Gescheiteste in der Familie ist. Mit zehn Jahren hatte sie schon das Missgeschick, Fragen beantworten zu können, vor denen ihre Schwester mit siebzehn noch hilflos stand. Sie war stets rasch und selbstsicher [...]. Und von ihrem zwölften Jahre an hat Emma das ganze Haus und Sie alle beherrscht.« (Kap. 59)

Nicht genug damit: die Freundschaft mit der ihr in allen Belangen unterlegenen Harriet wird dazu führen, die Tendenz zu dieser bodenlosen Selbsteinschätzung weiter zu steigern und jeglichen Wirklichkeitsbezug vollends zu unterminieren. Harriets »delightful inferiority« als existenzielle Hochglanzpolitur, als Oberfläche, ohne Bezug zum Untergrund. Demgegenüber präsentiert die liebenswürdige Mrs. Weston eine Reihe von Beobachtungen, die ihren Standpunkt als nicht weniger plausibel erscheinen lassen:

»Entweder verlasse ich mich eher auf Emmas Vernunft als Sie, oder ihr gegenwärtiges Wohl liegt mir mehr am Herzen; denn ich kann die Bekanntschaft nicht beklagen. [...]

Ich [...] bin ebenso unerschütterlich in meiner Zuversicht, dass [diese] für sie unschädlich ist. Bei allen kleinen Fehlern ist die liebe Emma ein prachtvoller Mensch. Wo werden wir je eine bessere Tochter, eine liebevollere Schwester oder eine treuere Freundin finden? Nein, nein; sie hat Eigenschaften, auf die man sich verlassen darf; sie wird nie jemanden in die Irre führen; sie wird keinen folgenschweren Fehler begehen; wo Emma sich einmal irrt, hat sie hundertmal recht.« (Kap. 5)

Verwöhntes Püppchen, eitle Blenderin oder redliche Haut, Ehrlichkeit pur – der erzählte Dialog gibt keine Sicherheit, zeigt eher, dass hinter jedem Urteil neue, andere Interessen lagern, dass alles letztlich nur »opinions« sind. Wer dächte schon daran, dass es gerade dieser kritische Hagestolz Knightly sein wird, der am Ende Emma seine leidenschaftliche Liebe erklärt und sie heiratet? Und Mrs. Weston nimmt ihrerseits etwas Power aus dem Gespräch, weil sie selbst – insgeheim – diese Möglichkeit bereits verdeckt in Erwägung zieht. Jane Austen zeichnet ein realistisches Bild von den Hintergrundprozessen und Abgründigkeiten, Tarnungen und Rücksichten, die hinter fast allen unserer Äußerungen und Urteilsbildungen stehen, und ich denke nicht zuletzt, dies ist ein Grund, weshalb ihre großen Studien über kleine Geschehnisse uns noch immer etwas angehen. Besonders, was die Zonen anbelangt, die von Gesprächen ausgespart und tabuisiert werden.

Wir wissen noch immer nicht, weshalb die vieldeutige Miss so gar nicht an eigene Heirat zu denken scheint, aber wir erfahren, dass sie, was die virtuellen

Ersatzheiraten betrifft, ohne jeden inneren Zweifel an der Stimmigkeit ihres Konzepts fortschreitet. Weshalb sie – und bereits hier wird die Sache wieder alarmierend – ohne alle Skrupel den redlichen Heiratsantrag des erwähnten jungen Bauern aufs Entschiedenste hintertreibt. Da hier die Weichen für alles Weitere gestellt werden, verdient diese Phase des Romans besondere Aufmerksamkeit. Was geschieht hier? Ist vorausdenkendes, für den anderen mitdenkendes Verantwortungsgefühl wirksam oder zeigt sich beginnender Omnipotenzwahn, der den anderen entmündigt und den eigenen Entschluss zum Absoluten erhebt?

Austen gibt keine Antworten, aber die Art, wie sie Fragen stellt, indem sie Prozesse anschaulich macht und sich hierfür Zeit nimmt, nämlich kostbare Erzählzeit, ist überaus eindrucksvoll. Sie leuchtet die Stadien der allmählichen Verfestigung des Vorhabens akribisch aus, es gibt nichts Nebensächliches. Harriet wird wie ein Spitzenprodukt vertrieben, präsentiert, erst immer wieder in Worten, dann sogar mittels eines extra angefertigten Porträts auch als Bild. Streng achtet die Partnervermittlerin- beziehungsweise Marketing-Strategien auch darauf, dass das Produkt ›Harriet‹ ausschließlich mit der richtigen Zielgruppe in Berührung kommt, das heißt ›falsche‹ Interessenten bereits im Vorfeld demotiviert werden. Wie der erwähnte junge Bauer Martin, der Emmas professionelle Arbeit durch einen überraschenden Heiratsantrag kurzfristig behindert. Zu diesem Zeitpunkt ist die aparte Blondine gottlob bereits so gut abgerichtet, dass sie die Entscheidung über ihr Lebensschicksal freiwillig und selbstverständlich dem Urteil ihrer Meisterin überantwortet, ihr den entsprechenden Brief vorlegt und regelrecht auf deren Urteil wartet. Wieder sind wir ganz nahe mit dabei, lesen den Brief mit Emma, – doch noch nicht ganz wie Emma:

Sie las – und war erstaunt. Der Stil des Briefes übertraf bei weitem ihre Erwartungen. Er enthielt nicht nur keine grammatischen Schnitzer, sondern als Ganzes wäre er eines Edelmannes nicht unwürdig gewesen; die Sprache, wenn auch schmucklos, war kraftvoll und ungeziert [...]. Das Schreiben war zwar kurz, drückte jedoch klaren Verstand, herzliche Neigung, Hochsinnigkeit, Wohlanständigkeit, sogar Zartgefühl aus. Sie verweilte ewas darüber, während Harriet dabeistand, gespannt [...]. (Kap. 7)

Emma ist irritiert, jedoch unbeirrt. Was nicht heißt, dass sie vorzeitig aus der Deckung ginge. Gerade weil wir als Leser so weit in ihre Gedanken Einblick nehmen konnten, vermag er nun ihr geschicktes Taktieren, ihr Lavieren zwischen scheinbarer Zurückhaltung und faktischer Manipulation weit besser einzuschätzen, als wenn er über ihre innere Einstellung unaufgeklärt oder unsicher wäre. So aber können wir ihr raffiniertes Spiel mit Harriet mit gemischten, aber sicherlich auch bewundernden Gefühlen verfolgen. Und genießen: Ein guter Brief. Zweifellos. Sogar ein sehr guter. Mag sein, dass der junge Mann ihn sogar selbst geschrieben hat. Man sollte ihn unbedingt beantworten. Ja, ja, sagt Harriet, natürlich, aber wie? Was soll ich sagen, was raten Sie mir? Doch Emma zuckt zurück und entscheidet dennoch zugleich:

»Ach nein, nein! Es ist viel besser, wenn der Brief von Ihnen allein ist. [...] Ihnen braucht man nicht vorzusagen, wie Sie schreiben müssen, damit der Eindruck entsteht, seine Enttäuschung bekümmere Sie sehr.«

»Sie glauben also, ich sollte ihm eine Absage geben?«, sagte Harriet mit gesenktem Blick.

[...]

»Sie haben die Absicht, in zusagendem Sinne zu schreiben, wie ich sehe.«

»Nein; das heißt, ich habe nicht die Absicht...Was soll ich nur tun? Was würden Sie mir raten? Bitte, liebe Miss Woodhouse, sagen Sie mir doch, was ich tun soll!«

»Ich werde Ihnen keinen Rat geben, Harriet. Ich will nichts damit zu tun haben. Dies ist ein Punkt, den Sie mit dem eigenen Gefühl entscheiden müssen.« (Kap. 7)

Natürlich ist der beraterische Rückzug nur eine Finte, um die Betroffene selbst auf die in Emmas Augen ›richtige‹ Entscheidung kommen zu lassen. Kleine Impulse, verdeckte Hinweise genügen, um diesem Ziel schrittweise näher zu kommen. Harriet mag denken, sie denke. De facto wird sie gedacht:

»Es wird wohl sicherer werden, wenn man ›Nein‹ sagt. Meinen Sie, ich sollte lieber ›Nein‹ sagen?«

»Nicht um die Welt«, erwiderte Emma mit wohlwollendem Lächeln, »würde ich Ihnen im einen oder anderen Sinne raten. [...] Wenn Sie Mr. Martin jedem anderen vorziehen, wenn Sie ihn für den nettesten Mann halten, mit dem Sie je zusammenkamen, warum sollten Sie dann zögern? Sie erröten, Harriet...Fällt Ihnen in diesem Moment jemand anderer ein, auf den eine solche Beschreibung zutrifft? [...]«

Die Symptome waren vielversprechend. Statt zu antworten, wandte sich Harriet verwirrt ab und blieb gedankenverloren beim Kaim stehen; und obschon der Brief noch immer in ihrer Hand war, wurde er jetzt mechanisch und achtlos herumgedreht. Emma wartete auf das Ergebnis mit Ungeduld, doch nicht ohne Zuversicht. Endlich sprach Harriet, mit einigem Zögern: »Miss Woodhouse, da Sie mir Ihre Meinung nicht sagen wollen, muss ich mich so gut wie möglich allein zurechtfinden; und ich habe jetzt alles bedacht und mich wirklich beinahe entschlossen – Mr. Martin eine Absage zu geben. Glauben Sie, so ist es recht?«

»Ganz, ganz recht, liebste Harriet; Sie tun genau das, was Sie tun sollen. Solange Sie noch unentschieden waren, behielt ich meine Meinung für mich; aber jetzt, da Sie einen so klaren Entschluss gefasst haben, zögere ich nicht, ihn zu loben.« (Kap. 7)

Erst jetzt, nachdem Harriet selbst sich in die erwünschte Richtung manipuliert hat, liefert die verhinderte Souffleuse Text: sie wird sogar den Ablehnungsbrief mitgestalten, letzte Skrupel zerstreuen, Mr. Elton wieder ins Spiel bringen. Es mag reizvoll sein, mit anderen Menschen zu spielen, ihnen den eigenen Willen aufzudrücken. Doch es ist mit Sicherheit das noch größere ästhetische und moralische Vergnügen, zu beobachten, wie andere Menschen den eigenen Willen halbautomatisch zu vollziehen scheinen, ohne dass man sich manipulativ bemühen müsste. Im Gegenteil, indem man auf diese Art des Eingriffs sogar explizit verzichtet. Emma ist Spezialistin auf diesem, zu Recht als »sophisticated« eingestuften, Feld des Vergnügens. Sie reüssiert unter teilweiser Hintergehung oder zumindest Umgehung des eigenen Bewusstseins.

Man kann Jane Austens Fähigkeit, die verschiedenen Wahrnehmungsebenen und Sehweisen in Bezug auf ein- und dasselbe Phänomen darzustellen, nicht hoch genug einschätzen. In immer neuen Konversationsvarianten werden die unterschiedlichsten Lesarten gegeneinander gehalten und miteinander kontrastiv entfaltet. In einem der längsten Kapitel des Buches, dem 8., kommt es zu einem langen Gespräch zwischen Mr. Knightly und Emma, in dem die unterschiedlichen Positionen, was Harriet und Mr. Martin betrifft, hart aufeinandertreffen. Knightly hält Martin geradezu für idealtypisch geeignet, Harriet zu heiraten, Emma genießt den Triumph, bereits auf einer ganz anderen Ebene zu verhandeln: Auf seine Ankündigung, bald könnte man mit einem Antrag des hochanständigen jungen Mannes rechnen, antwortet sie:

»Warten Sie«, sagte sie, »ich will Ihnen etwas erzählen, zum Dank, für das, was Sie mir erzählt haben. Er hat gestern wirklich gesprochen, das heißt, geschrieben, und wurde abgewiesen.« (Kap. 8)

Mr. Knightly ist wie vom Donner gerührt und lässt seiner Frustration freien Lauf; das Bild Harriets leidet dabei extrem – aus der naiven Unschuld wird eine dubiose Ignorantin:

»[...] Sie ist die natürliche Tochter von niemand weiß wem, wahrscheinlich hat man ihr keine feste Rente ausgesetzt, und bestimmt hat sie keine standesgemäßen Verwandten. Man kennt sie nur als Pensionärin in einem gewöhnlichen Internat. Sie ist weder gescheit noch gebildet. Man hat sie nichts Nützliches gelehrt, und sie ist zu jung und zu einfältig, um von sich aus irgendetwas zu lernen. [...]«

Zwar argumentiert Emma gegen diese ressentimentgespickte Tirade und zeichnet ein sehr viel positiveres Bild, dennoch ist auch sie nicht eigentlich am Individuum Harriet, sondern an der Profilierung *ihres* Bildes von Harriet interessiert; (ganz abgesehen davon, dass die Unabdingbarkeit und Unverzichtbarkeit sozialer Standards bei beiden Diskutanten außerhalb jeglicher Diskussion bleibt); O-Ton Emma:

»Was die Umstände ihrer Geburt betrifft – obschon man sie in rechtlichem Sinne als einen Niemand bezeichnen kann, so gilt das doch nicht bei vernünftiger

Überlegung. Sie soll nicht büßen für die Verfehlungen anderer, indem man sie unter das Niveau der jungen Mädchen herabdrückt, mit denen zusammen sie erzogen wurde. Es kann kaum bezweifelt werden, dass ihr Vater ein Mann von Stande – und ein vermögender Mann von Stande ist. [...] Dass sie die Tochter eines Mannes von Stande ist, steht für mich fest; dass sie mit den Töchtern höherer Stände verkehrt, wird – so meine ich – niemand bestreiten.« (Kap. 8)

Menschen werden zur Verhandlungssache und mit dem menschenfreundlichsten Gefühl der Welt sozialen Klassen zugeschlagen beziehungsweise ausgegrenzt, routiniertes Zuordnungs-Schach, bei dem die Betroffene selbst je nach Bedarf und Situation souverän hin und her geschoben wird: Mr. Martin, nein. Entschiedenes Nein. Mr. Elton, ja! Doch der will nicht. Der will Emma, die ihn nicht will, unter anderem, weil er bereits von Emma für Harriet verplant ist. Danach glaubt Emma Frank Churchill wäre als Ersatzkandidat geeignet und Harriet müsste, ihren Vorstellungen nach, in diesen verliebt sein! Ist sie aber nicht. Stattdessen hat sich die schöne Blondine zwischenzeitlich in Mr. Knightly verliebt, der seit jeher – Kritik hin oder her – Emma geliebt hat. Und als diese spät, sehr spät zu realisieren glaubt, dass auch sie unsterblich in diesen wahren Gentleman verliebt ist, dreht sie, ohne einen Augenblick zu zögern, die Harriet-Knightly-Liaison abrupt ab. Und ist nun heilfroh und ganz und gar nicht mehr schockiert, dass der Bauer Martin seine Werbung um Harriet wiederholt und segnet das nun plötzlich gar nicht mehr unstandesgemäße Glück ab.

Spielerin und Spielfigur

Zynisches Spiel? Arrogantes Verfügungsgebaren? Auch. Aber sicher nicht nur. Denn es kann kein Zweifel daran bestehen, dass Emma phasenweise wirklich das Beste für Harriet will oder, was noch wichtiger ist, zu wollen glaubt. Und auch die Art und Weise, wie sie vorgeht, ist keineswegs plump und unsensibel. Die auf Serienmisserfolge programmierte Beziehungsspezialistin wägt vielmehr alle Möglichkeiten im Rahmen der total verinnerlichten gesellschaftlichen Rücksichtnahmen ab und gestaltet die Szenarien im Vollgefühl ihres begrenzten Durchblicks.

Mag sein, dass ihre Projekte scheitern, weil sie zum einen ihr eher kühlwohlwollendes Naturell zum Maßstab der Dinge macht, zum anderen sich selbst paradoxerweise stets aus dem Spiel zu nehmen versucht. Omnipotenz auf der einen, Absenz auf der anderen Seite, das ist ein halsbrecherischer Balanceakt: Schachspieler und Figur zugleich, das geht nicht, und deshalb trifft Emma die Entscheidung zugunsten der Spielerseite. Damit verkürzt sie die Situation unzulässig. Denn realiter besteht das Besondere ihrer Situation ja gerade in dieser simultanen Erfahrung, Spielerin und gespielte Figur zugleich zu sein.

Ohne dass sie es voll realisiert, ist die souveräne junge Dame in Gefahr, nicht nur andere Figuren, sondern auch sich selbst auf gefährliche und falsche Weise zu manövrieren. Auch Harriet, ›selbst‹ Harriet ist klug genug, dies zu bemerken und fragt, weshalb sie selbst entschlossen sei, nicht zu heiraten. Emmas Antworten sind logisch, unbefriedigend und hilflos zugleich:

»*Ich möchte lieber nicht verlockt werden. Für das, was ich habe, kann ich eigentlich nichts Besseres eintauschen. Wenn ich jemals heirate, dann muss ich darauf gefasst sein, dass ich's nachher bereue.*«

[...]

»*Ich habe keine der üblichen weiblichen Beweggründe zum Heiraten.*«
Sollte ich mich verlieben, dann wäre das freilich ein ander Ding!« (Kap. 10)

Selbst die Drohung, einmal als »alte Jungfer« zu enden, kann sie nicht erschrecken:

»*Seien Sie unbesorgt, Harriet, ich werde keine arme alte Jungfer sein[...]! Eine ledige Frau mit Vermögen ist immer hochangesehen [...].*«

Doch kommen wir endlich zu den wenigen wirklich dramatischen Höhepunkten der Handlung unserer Ehe-Schach-Novelle im Großformat, – kommen wir zu Harriets Halsweh. Es gibt, gottlob selten, gelegentlich tragische Aufgipfelungen, die den Menschen schlagartig ihre ganze Winzigkeit vor Augen führen: Erst lässt sich Emmas Vater dazu verleiten, am 24. Dezember an einer Dinner Party außerhalb der eigenen vier Wände teilzunehmen, dann wird das Wetter schlecht, und es kommt zu ergiebigen Schneefällen, und dann bekommt Harriet auch noch eine fiebrige Halsentzündung. Auch Knightly sind das entschieden zu viele Zumutungen auf einmal, und so hält er den eindrucksvollen Monolog eines Gentleman-Grantlers:

»*Ein Mann [...] muss eine hohe Meinung von sich haben, wenn er andere Leute auffordert, den häuslichen Herd zu verlassen und sich einem Tag wie diesem auszusetzen, um ihn zu besuchen. [...] Es ist der größte Unsinn – jetzt schneit es ja schon regelrecht! [...] Hinzufahren bei grässlichem Wetter, um wahrscheinlich bei noch schlimmerem heimzukehren; vier Pferde und vier Bediente hinausgeschickt zu nichts anderem, als fünf müßige, fröstelnde Personen zu kälteren Räumen und schlechterer Gesellschaft zu spedieren, als sie zuhause gehabt hätten.*« (Kap. 13)

Und es werden beileibe nicht die einzigen auch Emma betreffenden strukturellen Unbilden und Missverständnisse dieses festlichen Abends sein. Weitaus Gravierenderes bahnt sich an, und die Protagonistin wird davon so kalt erwischt werden, dass Harriets Erkältung im Vergleich dazu gemütlich ist. Man sollte einmal die Rolle von Kutschfahrten in Romanen untersuchen: äußerst gefährliche Räume sind das, geborgen, bequem, beweglich, diskret; Intimität auf Zeit stellt sich ein. Entführungen und Verführungen finden in diesen dämmrigen

Gefährten statt, – Effi Briest, Emma Bovary und Emma Woodhouse wissen ein Lied davon zu singen. Zwar, zur Verführung wird es bei ihr auf der Rückfahrt zusammen mit Mr. Elton nicht kommen, doch das, was in der Kutsche geschieht, schockiert sie nicht weniger. Denn Mr. Elton, ausgerechnet jener Mr. Elton, den sie in liebevoller Detailarbeit systematisch auf Harriet angesetzt hat und bei dem sie immer davon ausgeht, dass auch er ziemlich zärtliche Gefühle für diese reizende junge Dame hegt (die ja auch nur wegen dieses unglücklichen Infekts der Atemwege nicht mit von der Partie ist), also dieser vermeintlich über beide Ohren in Harriet verliebte junge Mann – gesteht Emma seine Liebe. Und zwar »ohne Gewissensbisse – ohne Entschuldigung – anscheinend ohne jede Scheu«, wie Emma fassungslos feststellt.

Für sie bricht eine Welt in sich zusammen. Ihre Welt der emotionalen Pläne nämlich. Konstruktionen fallen wie ein Kartenhaus. Doch dieser Absturz vollzieht sich wie im Zeitlupentempo. Emma scheint zum Opfer ihrer eigenen Phantasien geworden zu sein, im Netz ihres eigenen Wunschdenkens gefangen zu sein.

»*Muss ich glauben, dass es nie Ihr Bestreben war, sich besonders Miss Smith zu empfehlen? Dass Sie nie ernstlich an sie gedacht haben?*« (Kap. 15),

hält Emma dem verdutzten Freier wütend entgegen, und auch der beginnt nun allmählich weniger freundlich zu reagieren:

»*Ich ernstlich an Miss Smith denken...! Miss Smith ist ein sehr braves Mädchen [aber] ich brauche die Hoffnung auf eine standesgemäße Verbindung nicht so völlig aufzugeben, dass ich Miss Smith den Hof zu machen beginne! Nein, mein Fräulein, meine Besuche [...] geschahen einzig Ihretwegen; die Ermunterung, die mir zuteil wurde (encouragement received)...*«

»*Ermunterung (Encouragement)! Ich hätte Ihnen Ermunterung gegeben...! Mein Herr, [...] in keinem andern Licht hätten Sie mir mehr bedeuten können als ein gewöhnlicher Bekannter.*«

Danach noch ein paar peinlich berührte, stumm erboste Minuten in der Kutsche, – blanke, wechselseitige Verachtung jetzt statt verwirrender Zickzackgefühle –, endlich am Ziel, man steigt aus, wünscht gute Nacht und (wie es bei Goethe in vergleichbarer Situation viel feiner hieß: »man bot sich einen frostigen guten Abend«): Ende einer Dienstfahrt. Aber noch keineswegs das Ende der Episode.

Denn Emma ist Produkt ihrer Kultur und funktioniert deshalb nach dem ›Eisbergprinzip‹. Nicht, dass sie etwa ›kalt‹ wäre, wir wissen, sie ist ganz ›sense and sensibility‹; Prinzip Eisberg heißt bei ihr, wie auch in ihrer Community, zu neun Zehnteln verdeckt zu sein. Gefühle zeigt man nicht. Von den Dingen, die einen wirklich bewegen, spricht man nicht. Und man sollte sich nichts unmittelbar anmerken lassen. Der Schlusssatz dieses Kutschfahrt-Kapitels lautet:

Ihr Gemüt war noch nie in solchem Aufruhr gewesen, und sie musste sich aufs äußerste zusammennehmen, um aufmerksam und fröhlich zu erscheinen, bis die gewohnte Stunde, da man auseinanderging, ihr die Erleichterung ruhigen Nachdenkens gewährte.

Undercover-Denken und Phantom-Gefühle als Verhaltensnorm – kein Wunder, dass Emma nie die Möglichkeit hatte, ihr Sensorium für die Wirklichkeit ihrer Gefühle, Gedanken, Vorstellungen, »opinions« zu schulen. Man geht aus und spielt eine Rolle nach den vermuteten Erwartungen der Gesellschaft. Das ist fast normal. Dann aber kommt man nach Hause und spielt bruchlos weiter: Small talk, Haferschleim, Dame-Spiel, um »tolerably comfortable« durch den Abend zu kommen. Durch diesen Abend wie durch alle anderen Abende und Tage. Schlimm genug, würde man meinen. Doch es kommt noch schlimmer. Was Werther leiden lässt und rasend macht, fällt Emma gar nicht auf. Die Tür ist zu. Das Licht geht aus. Jetzt wird die Maske abgenommen. Und jetzt erst beginnt das Nachdenken, darf das Nachdenken beginnen. Eigentlich ein perfides System – doch seine Repräsentanten sind soweit sein Bestandteil, dass sie den Druck, unter dem sie stehen und dem sie sich unhinterfragt stellen, gar nicht wahrnehmen, geschweige denn darunter leiden, geschweige denn dieses Leiden artikulieren würden.

»Night Thoughts«

Das Missverhältnis könnte kaum größer sein. Ständig sich imaginär ins Zentrum zu stellen und dennoch nie bei sich zu sein – außer wenn es dunkel ist. Das Ich als Top Secret. Wie dieses 16. Kapitel, das Kapitel der »night thoughts«, der nächtlichen Gedanken von Emma zeigt und – das ist die erzählerische Absicht – zeigen soll, hat sie alles wahrgenommen, alles in ihr System eingeordnet und jeden anderen auch als Teilsystem in ihr logisches Raster integriert: immer mehr vermutete Fakten, unterstellte Annahmen, behauptete Wahrheiten, präsupponierte Einstellungen werden zu Bausteinen eines Regelwerks, das Menschen steuern will und falsche Koordinaten eingibt. Existenzieller Blindflug auf hohem technischem Niveau. Vor ein paar Jahren rauschte ein hi-tech-gesteuerter moderner Jet auf seinem Jungfernflug majestätisch und zielstrebig in einen Wald. Gesteuert von seinen Vorgaben setzte das Programm seinen Kurs durch, nach dem Motto: es gilt die angegebene Höhe, nicht die tatsächliche. So wie dieser Airbus flog, handelt Emma. Und der Pilot oder Erzähler muss zusehen und protokollieren, wie dieser Wahnsinn seine Methode fortschreibt ohne Rücksicht auf Verluste, und nicht ohne Witz:

»Da habe ich nun [...] die arme Harriet wahrhaftig durch mein Gerede so weit gebracht, dass sie diesem Mann von Herzen zugetan ist. Wäre ich nicht ge-

wesen, dann hätte sie vielleicht gar nicht an ihn gedacht; und jedenfalls hätte sie sich bei einem Gedanken an ihn keine Hoffnungen gemacht, wenn ich sie nicht von seiner Neigung überzeugt hätte, denn sie ist so zurückhaltend und bescheiden, wie ich es früher auch von ihm glaubte. Oh! Hätte ich mich damit begnügt, ihr die Sache mit dem jungen Martin auszureden. Da hatte ich völlig recht. Dies war wohlgetan von mir; aber dort hätte ich aufhören sollen und das Übrige der Zeit und dem Zufall überlassen. Ich habe sie nach und nach in die gehobene Gesellschaft eingeführt und ihr Gelegenheit gegeben, sich die gute Meinung eines erstrebenswerten Mannes zu erringen; mehr hätte ich nicht versuchen sollen. Doch jetzt, armes Kind, wird sie für einige Zeit um ihre Ruhe gebracht sein. Ich bin für sie nur eine halbe Freundin gewesen; und sollte diese Enttäuschung doch nicht so schmerzlich für sie sein, fällt mir wahrhaftig kein anderer ein, der für sie irgendwie in Frage käme: William Coxe...O nein, ich könnte William Coxe nicht ausstehen – ein kecker junger Advokat.«

Sie hielt inne, errötend und lachend über ihren eigenen Rückfall, und nahm dann einen ernsthafteren, bedrückenderen Gedankengang auf über das, was geschehen war, und geschehen könnte, und geschehen musste. (Kap. 16)

Es gibt einen Zustand des Systemdenkens, in dem selbst die Systemkritik zum Teil des Systems wird. Längst ist die autonome Phantasiewelt zum Masterplan für lebende Menschen geworden. Kein Wunder, dass Emma nicht auf die Idee kommt, selbst zu heiraten. Man hört das ja immer wieder: Erotik beginnt im Kopf. Emma ist da, mitten in der Romantik, viel weiter. Sie lebt in einer Welt, die fast ausschließlich aus virtuellen Bezügen, Hypothesen über mögliche Bezüge und Beziehungen besteht. Sie lebt zwar in Highbury. Aber ganz Highbury findet eigentlich in ihrem Kopf statt. Die Welt im Kopf einer Webmasterin der besonderen Art. Die Welt als Wille und Vorstellung – ganz konkret, banal, witzig, traurig, absurd – alles, nur nicht hochtönend philosophisch. Denn: die Welt im Kopf, das ist in dieser doch eher realistischen als romantischen Geschichte eben nur die eine Hälfte der Medaille. Die andere: Emma, Harriet, Churchill ... Sie alle sind keine Luftwesen, sondern sehr konkrete Individuen, festgebannt an diesem »Ort«. Die Erzählerin kommentiert:

Dass sie alle so festsaßen, so völlig festsaßen am selben Ort, war schlimm für jeden, für alle drei. Nicht einer von ihnen hatte die Möglichkeit des Weggehens oder des Sicheinfügens in eine wesentlich andere Gesellschaft. Sie mussten einander begegnen und sich der Lage gewachsen zeigen.

Harriet hatte überdies unter den Reden ihrer Gefährtinnen bei Mrs. Goddard zu leiden, denn Mr. Elton war der Schwarm aller Lehrerinnen und größeren Mädchen in der Schule und so musste Hartfield allein ihr die Chance bieten, ihn mit abkühlender Mäßigung oder erschreckender Offenheit erwähnt zu hören. Wo die Wunde zugefügt worden war, dort – wenn irgendwo – musste man Hei-

lung suchen; und Emma fühlte, dass erst dann, wenn sie sie auf dem Wege der Besserung sähe, für sie selbst wahrer Friede möglich wäre. (Kap. 17)

Man stelle sich vor, lauter ineinander fest verbackene Eisberge. Mit mächtig viel Masse unter der sichtbaren Wasserlinie. Doch wie es darunter aussieht, geht niemand, auch die Erzählerin etwas an. Dies ist zwar ein Roman, der genau hinsieht und ins Detail geht – aber bewusst nicht unter die Haut beziehungsweise unter die Oberflächen. Es ist ein äußerst diskreter, oberflächlicher Roman im besten Sinne. Ein Roman, der auch sehr genau wegsieht:

»Indessen ist es mir unmöglich zu sagen, wie sie in Wirklichkeit zueinander standen – wie die Dinge hinter der Szene aussehen mochten. Ich kann nur sagen, dass sie nach Außen ein Herz und eine Seele waren.« (Kap. 24)

Eine typische Dialogpassage, in der man die Eindrücke abwägt, die blinden Flecke markiert, aber dann nicht weiter eindringt, nachhakt, offen legt. Dieses System der kontrollierten Diskretion hat viele Vorteile und einen entscheidenden Nachteil: fast alles bleibt denkbar – wir wissen es im Fall Emmas – frei interpretierbar, damit auch beliebig als Kopfgeburt verfügbar nach der Formel, das bisschen Realität, das ich brauche, gestalte ich mir selbst. Zu den erwähnten ›Vorteilen‹, wenn man es so sehen will, zählt die Tatsache, dass die Illusion fast alles, nahezu immer, stets vollständig unter Kontrolle zu haben, sich relativ lange aufrechterhalten lässt, der innere Frieden also vergleichsweise garantiert scheint.

Für die virtuose Designerin ihrer eigenen emotionalen Bedürfnisse, Emma, trifft dies auch für die Liebe zu, selbst dann, wenn ausnahmsweise sie selbst betroffen ist. Objekt ihrer zärtlichen Gefühle ist für kurze Zeit der gutaussehende, gewandte und auch irgendwie sympathische Frank Churchill, der zudem – Sohn aus sehr gutem Hause – über den Vorteil der standesgemäßen Äquivalenz verfügt. Emma schwärmerisch und für ihre Verhältnisse geradezu beseligt:

»Ich muss es wohl sein«, sagte sie. »Dieses Gefühl von Lustlosigkeit, Überdruss, Sinnlosigkeit, dieser mangelnde Antrieb, mich hinzusetzen und etwas zu tun, dieses Gefühl, hier im Hause sei alles langweilig und fade! Ich muss verliebt sein; ich müsste schon das merkwürdigste Geschöpf auf Erden sein, wenn ich's nicht wäre – mindestens ein paar Wochen lang.« (Kap. 30)

Ekstatische Gefühle, energieschonend terminiert; Emma ist auf ihre verspielte Art imstande, aufkeimende Regung und drosselnden Würgegriff elegant miteinander zu verbinden:

»Jedenfalls will ich mir nicht einreden, dass ich mehr fühle, als ich tue. Ich bin verliebt genug. Mehr wäre von Übel.«

Im großen Ganzen war sie ebenso zufrieden mit der Art, wie ihr seine Gefühle erschienen.

»Er ist zweifellos sehr verliebt – alles weist darauf hin: in hohem Grade verliebt!« (Kap. 31)

Emmas Diagnose trifft zu. Zwar kann sie zu diesem Zeitpunkt noch nicht wissen, dass diese Liebe einer ganz anderen gilt (und in diese Jane Fairfax ist der schöne Frank nicht nur verliebt, er ist darüber hinaus sogar auch noch heimlich mit ihr verlobt) – aber irgend etwas sagt ihr, dass sie nicht zu viel emotionale Energien in diese Liebesbeziehung investieren will. Im Gegenteil, sie ist entschlossen, sie präventiv zu beenden: Wenn Emma auf einen vom Schlage ›Werthers‹ getroffen wäre – die tödlichen Wirrungen der Gefühle hätten erst gar nicht begonnen. Ihr Urteil über Frank ist mehr als distanziert:

»*Seine Empfindungen sind zwar warm, doch ich kann mir vorstellen, dass sie ziemlich wandelbar sind. Kurz, unter jedem Gesichtspunkt kann ich dankbar sein, dass mein Herz nicht tiefer verstrickt ist. Nach einem Weilchen werde ich mich wieder sehr gut zurechtfinden – und dann wird etwas glücklich überstanden sein; denn man sagt, jeder ist nur einmal im Leben verliebt, und so bin ich noch gnädig davongekommen.*«

Und obwohl es im Weiteren zwar noch diese und jene kleine Irritation und Turbulenz in dieser ›Comedy of Errors‹ geben wird, behält die Analystin ihrer eigenen Empfindungen mit dieser Diagnose im Wesentlichen recht. Liebesdinge und Heiratsgeschichten rangieren in etwa auf dem dramatischen Level wie »Plaudern und Spielen, [...] Biskuits und Bratäpfel und Wein« und die hundert anderen kleinen Dinge, die den Alltag der Figuren bestimmen. Man muss kein Action-Freak sein, um die Ereignis- und Geschehnislosigkeit dieses Romans als ein klein wenig ungewöhnlich zu empfinden. Etwas einigermaßen Bemerkenswertes geschieht eigentlich nur zwei Mal. Zum einen wird ein Ball veranstaltet, zum anderen wird Harriet Smith auf einem Nachhauseweg auf freiem Feld von Zigeunern attackiert und von dem zufällig vorbeikommenden Frank Churchill heldenhaft gerettet; eines jener Vorkommnisse, die üblicherweise in Romanen einer gewissen Art dutzendweise geschehen, bleibt hier Unikat und Handlungspreziose.

Man muss dabei nicht unbedingt an so extrem handlungsgesättigte Romane wie *Candide* denken. Auch der Alltag eines bürgerlichen Romans wie Richardsons *Pamela* ist voll von Schocks und Bedrohungen ähnlicher Art, im *Werther* verlagert sich das dramatische Geschehen zum großen Teil in den Innenraum der Seele. Dort freilich ereignet sich umso Bewegenderes. Gar nicht zu reden von der Spezies des insbesondere in England hochgeschätzten romantischen ›Schauerromans‹, der zwischen 1780 und 1820 Triumphe feiert. So viel verfolgte Unschuld wie in Horace Walpoles *The Castle of Otranto* (1764), Lewis' *The Monk* (1796) oder E. T. A. Hoffmanns *Die Elixiere des Teufels* (1814) horrorartig leidet, flieht, röchelt, schaudert, findet sich nicht leicht ein zweites Mal. Gar nicht zu reden von Ann Radcliffes *The Italian* (1797) oder Bram Stokers *Dracula* (1897) und anderen ›Tales of Terror‹. Selbst Austens literarische Geistesschwester Charlotte Brontë zieht in Romanen wie *Wuthering Hights* (1847) oder *Jane*

Eyre (1847) alle Register unheimlich schockierender Gefühle aufgrund sinisterer Geschehnisse.

Nichts davon bei Jane Austen. Der Zigeunerüberfall erscheint eher als ein Fremdkörper in diesem Roman. Figuren wie Emma sind auf reale Impulse der Außenwelt eigentlich gar nicht angewiesen. Wer so viel Kino im Kopf produziert wie sie, ist – im Unterschied zu imaginativen Normalverbrauchern – gar nicht auf Derartiges angewiesen. Sie verschwinden auch wie sie kamen, noch vor Ende des Kapitels, – die Erzählerin kommentiert etwas süffisant, es sei ein Ereignis für »die Jungen und die einfachen Gemüter« gewesen, die sich einmal im glücklichen Besitz furchteinjagender Neuigkeiten befanden. Für Emma ist das Ereignis nur insofern stimulierend, als die ›romantische‹ Szene sie zu einem neuen Projekt für Harriet und ihren Retter anregt. Kaum nötig zu erwähnen, dass auch dieses Projekt von falschen Voraussetzungen ausgeht.

Das andere Vorkommnis, das hier erwähnt werden soll, ist ein Eintagesausflug einer kleinen Gruppe der Society von Highbury mit Picknick im Freien. Nichts Besonderes, wird man sagen, und in der Tat wartet man vergeblich auf irgendein schockierendes Vorkommnis von außen. Dennoch geschieht Entscheidendes: unbemerkt von den meisten und ganz am Rande. Nach ein paar Spielchen und Geplänkel, insgesamt ist die Atmosphäre ein wenig gereizt, ist Emma eben im Begriff, die etwas lustlos verlaufende Lustpartie zu verlassen, als Mr. Knightly auf sie zutritt und sie mit herber Kritik überrascht. Dieses Gespräch im 43. Kapitel stellt in gewisser Weise den Wendepunkt des Romans dar – oder anders gesagt, leitet den ›fünften Akt‹ ein. In Knightlys Augen hat Emma eine unverzeihliche Taktlosigkeit begangen, eine Herzens-Takt-Losigkeit. Wenig vorher hatte sie eine Art Wortwitz so pointiert gesetzt, dass die ohnehin sozial eher unterprivilegierte Miss Bates zum Objekt der Heiterkeit wurde. Emma selbst hat in ihrer souveränen Prätention gar nichts von ihrem Fauxpas bemerkt, ist vielmehr sehr überzeugt von ihrer Schlagfertigkeit, und es bedarf schon einer sehr wuchtigen Attacke durch ihren Kritiker, um ihr das menschliche Versagen zu vermitteln:

»*Wäre sie in guten Verhältnissen, dann könnte ich das gelegentliche Überwiegen des Lächerlichen durchaus als Entschuldigung anerkennen. Wäre sie eine begüterte Frau, dann würde ich jede harmlose Kinderei hingehen lassen, dann würde ich Ihnen nicht Vorhaltungen machen wegen ungebührlichen Betragens. Wäre sie Ihnen gleichgestellt – aber bedenken Sie, Emma, wie weit sie davon entfernt ist! Sie ist arm; sie hat einen Abstieg erlitten von den bequemen, gesicherten Verhältnissen ihres Vaterhauses; und ist sie einmal alt, so wird der Abstieg vermutlich noch größer sein. Ihre Lage hätte Anspruch auf Ihr Mitleid. Das war nicht wohl getan, nein! Sie, die Sie von Kind an kennt, die Sie aufwachsen sah zu einer Zeit, wo es noch eine Ehre war, von ihr beachtet zu werden, sie muss es jetzt erleben, dass Sie in gedankenlosem Übermut und momentaner*

Überheblichkeit sie auslachen, sie demütigen...und noch dazu vor ihrer Nichte – und auch vor anderen, von denen sich viele (einige bestimmt) ein Beispiel nehmen würden an der Art, wie Sie sie behandeln. [...]«

Noch nie, bei keinem Ereignis in ihrem bisherigen Leben, hatte sie sich so erregt gefühlt, so zerknirscht, so voller Jammer. Er hatte sie im Innersten getroffen. Die Wahrheit seiner Vorhaltungen war nicht zu bestreiten. Sie spürte sie im Herzen. Wie konnte sie nur so herzlos, so grausam sein gegen Miss Bates! Wie konnte sie eine so schlechte Meinung von sich entstehen lassen bei einem Menschen, der ihr teuer war! (Kap. 43)

Die Stunde der wahren Empfindung

Nein, *Emma* ist kein ›Bildungsroman‹. Weder Lehr- noch Wanderjahre finden hier ihre Erfüllung. Dennoch finden Brüche, Einbrüche statt, deren genaue Beachtung sich lohnt, weil sie einschneidende Veränderungen im Wesen der Protagonistin beinhalten. Einmal mehr keine großen Umbrüche, hervorgerufen durch existentielle Erfahrungen wie Tod, Krankheit oder Begegnung mit unbekannten Phänomenen. Aber dieser peinliche Zwischenfall, diese kleine Achtlosigkeit gräbt sich peinigend in ihr Bewusstsein ein und unterspült die im Normalzustand so überaus soliden Grundlagen ihrer emotionalen Ordnung. Die stets auf heiter-souverän-gelassene Art praktizierte Kontrolliertheit zerbricht, und obwohl Harriet Zeugin ist,– verliert sie die Fassung und weint. Emma ist kein Werther-Typ und auch keine Lotte: Tränen gehörten bisher, und deshalb tritt diese Szene so eindrucksvoll heraus, nicht zu ihrem Ausdrucksinventar:

Und wie [konnte sie] es zulassen, dass er von ihr ging, ohne ein Wort der Dankbarkeit, der Zustimmung, der einfachsten Freundlichkeit!

Die Zeit machte sie nicht ruhiger. Indem sie sich alles immer stärker vergegenwärtigte, war es, als würde der Schmerz nur noch stärker.

Noch nie war sie so verzagt gewesen. Zum Glück brauchte sie nicht zu reden. Nur Harriet war da, die selbst nicht froher Laune schien, erschöpft und nur zu gern zum Schweigen bereit; und Emma spürte, wie ihr fast auf dem ganzen Heimweg die Tränen über die Wangen liefen, ohne dass sie sich bemüht hätte, sie zurückzuhalten, so außergewöhnlich sie waren.

Und das Folgekapitel deckt, im Unterschied zu sonst, nicht durch eleganten Themenwechsel die Gefühle zu, sondern setzt exakt an derselben Stelle mit demselben Befinden an und vertieft die Problematik:

Der misslungene Ausflug nach Box Hill lag Emma den ganzen Abend im Sinn. Wie die übrigen Teilnehmer ihn beurteilen mochten, konnte sie nicht sagen. Diese – in ihrer verschiedenen Häuslichkeit und ihrer verschiedenen Art

– behielten vielleicht angenehme Erinnerungen daran, doch ihrer Empfindung nach war dieser Vormittag in höherem Maße vergeudet, noch mehr jeden richtigen Behagens bar, und verabscheuenswerter in der Rückschau als jeder bisher erlebte. Im Vergleich damit war ein ganzer Abend Dame-Spiel mit ihrem Vater Seligkeit. (Kap. 44)

Mehr noch, es bleibt nicht bei Selbstvorwürfen. Emma versucht, ihren Fehler persönlich bei Miss Bates wieder gut zu machen. Und beginnt überhaupt in eine Richtung nachzudenken, die bislang unhinterfragt Akzeptiertes neu bewertet. Beispielsweise die schlichte Tatsache, dass manche Individuen wichtiger als andere sind, jedenfalls so von der Öffentlichkeit behandelt werden.

Der Gegensatz zwischen Mrs. Churchills und Jane Fairfax' Bedeutung in der Welt ging ihr auf: die eine war alles, die andere nichts – und sie saß da und sann nach über die Unterschiede im Geschick der Frau, ohne sich der Richtung ihres Blicks bewusst zu sein [...].

Beginnt sich da eine neue, spezifisch weibliche Denkfigur der Solidarität und Sensibilität abzuzeichnen? Abgesehen davon, dass Emma auch hier irrt. Jane Fairfax ist keineswegs so unbehaust, wie sie zu diesem Zeitpunkt noch annimmt. Tatsächlich ist sie nämlich bereits – ohne dass irgendjemand eine Ahnung davon hat, mit dem begehrten Frank Churchill verlobt. Was impliziert, dass Emmas Schützling Harriet von ihr zum zweiten Mal falsch aufgestellt wurde. Zum anderen ist Jane Fairfax, eine junge Dame, hochmusikalisch, sehr verschlossen, bislang keineswegs ein besonderer Liebling Emmas, noch in anderer Hinsicht zu ihrem Schicksal zu beglückwünschen: immerhin ist es ihr gelungen, als literarische Figur weiterempfohlen und narrativ herumgereicht worden zu sein.

Und noch ein Punkt bedarf hier der Erwähnung: Jane Austens Schicksal als Autorin. Mit *Emma*, Roman in drei Bänden, schafft sie 1816 endlich den Durchbruch. Mit 41. Und es war kein einfacher Weg gewesen. Wieder ein Jahr später stirbt sie. In einer Kurzmeldung der Lokalzeitung *The Hampshire Chronicle and Courier* heißt es dürftig:

Died, yesterday, [...] Miss Jane Austen, youngest daughter of the late Rev. George Austen, formerly Rector of Steventon, in this county.

Welch zutreffende Beschreibung. Die jüngste Tochter eines durchschnittlichen Landgeistlichen, unverheiratet, ohne Familienkontext, kaum Reisen, nie im Ausland. Keine Tagebücher. Keine literarischen Salons oder Zirkel. Keine besonderen Vorkommnisse. Kein professionelles Porträt, außer ein paar Skizzen ihrer Schwester Kassandra – auf einer davon als Geistersilhouette aus Stoffbahnen ... Und dann, später, ›zu spät‹, jede Menge von Philologen, die sie mit diesem Kenner-Slogan loben und deckeln: »Gipfel des Werks«, »ein Meister der Erzählkunst, – unbezweifelbar«, »Höhepunkt ihrer literarischen Leistungen«, »repräsentativstes Werk« usw.

The rise of the novel

Später, in den 70ern, weiteres, gesteigertes Interesse unter feministischen Vorzeichen. Was ist ›gender-spezifisch‹ an ihrem Leben, ihrer Arbeit? Vielleicht, dass sie zusammen mit ihrer Schwester mehr im Haus als in Schulen unterrichtet wird? Dass die älteren Brüder auf Karrieren orientiert ausgebildet wurden? Die Mädchen mehr ›domestic‹?

Für das kleine Journal eines ihrer Brüder schreibt sie 1789 einen Beitrag, in dem auf ironische Art das Fehlen von Frauen-Themen und gender-orientierter Fiktion beklagt wird:

Let us see some nice affecting stories, relating the misfortunes of two lovers, who died suddenly just as they were going to church. Let the lover be killed in a duel, or lost at sea, or you make him shoot himself, just as you please; and for his mistress, she will of course go mad; or, if you will, you may kill the lady, and let the lover run mad (28. März 1789)

Tragische Schicksale, große Gefühle, klangvolle Namen und was Jane sonst noch vorschlägt – bereits die 14-Jährige scheint genau zu wissen, was literarische Klischees sind und was sie nicht mag. *Emma* ist Punkt für Punkt das Gegenteil davon. Statt tödlicher Schicksale – Weiterleben. Statt romantischer Emotionen gemischte Gefühle, statt suggestiver Namen – Emma. Und der eigene taucht nicht einmal in den publizierten Büchern auf. Dennoch: der sogenannte ›Rise of the Novel‹ war Frauensache: Was das Publikum, die Stoffe und Autoren, die Autorinnen betrifft. Damit verbunden: ein allmählicher, grundlegender ›Shift‹ der Themen. Das literarische Kunstwerk ohne Mythos, ohne Abenteuer, ohne Kitschgesten. Nicht allen Autorinnen wird dies gelingen, viele strampeln sich in den Schreib-Maschen der Männer ab. Jane Austen realisiert nichts weniger als einen *anderen* Roman.

Mit Verklärung von Frauenschicksalen oder Verklärung und gesinnungsgeladener Weichzeichnerei hat dies übrigens nichts zu tun. Noch mit dem herben Pathos eines ›mit-meiner-verbrannten-Hand-schreibe-ich-von-der-Natur-des-Feuers‹-Gestus. Auch kann man nicht sagen, dass sich ein neues Verhältnis von Körper und Schrift artikulieren würde. Allenfalls dieser systematisch eingeschränkte Blickwinkel, der sich als gezielter Verzicht auf Möglichkeiten darstellt, scheint mir das Spezifische dieses Romans zu sein, und ich weiß nicht, ob dies etwas Frauenspezifisches ist. Und dann dieser Blick: Geschärft für das Wahrnehmen gesellschaftlicher Koordinaten, Regelsysteme und Differenzen. Als Christa Wolf ihre Kassandra erforschte, geschah es mit der Absicht, die Figur aus dem Mythos herauszulösen und in die gedachten sozialen Koordinaten ihrer Zeit einzufügen. Wenn man so will, versuchte Jane Austen – eine Stufe unprätentiöser –, ihre Figur und ihren Roman aus dem Sog des Romanhaften herauszuholen und ganz und gar als Gesellschaftswesen, als Wesen der Gesellschaft zu verstehen beziehungsweise verstehbar zu machen.

Und diese Realität nimmt Emma immer stärker in den Griff. Es kommt Schlag auf Schlag: Die Kontroverse mit Knightly, dann die Nachricht der Liaison Frank Churchills, wenig später der Schock, dass Harriet, »ihre« Harriet nie an ihm interessiert war, sondern an dem, der ein Kapitel später wiederum Emma seine Liebe gestehen wird. Man hat den Roman gelegentlich als einen ›Krimi ohne Leichen‹ bezeichnet, und in der Tat hat die Art und Weise, wie Emma (aber auch andere) kleinste Zeichen als Indizien für etwas anderes lesen und interpretieren, etwas von einem detektivischen Verfahren an sich. Jedes Wort, jede Geste, jeder Blick ein Hinweis auf eine mögliche Beziehung ohne Tat:

Vieles, was in Harriets Erinnerung weiterlebte, viele kleine Einzelheiten, die seine Beachtung ausdrückten, etwa ein Blick, ein Wort, ein Platzwechsel, ein verstecktes Kompliment, eine angedeutete Bevorzugung, waren Emma dagegen entgangen, weil sie noch arglos war. Dieses und jenes Beisammensein, das sich zu einer halben Stunde ausgedehnt haben mochte und für die, die sich daran erinnerte, vielfältige Beweise enthielt, hatte von der, die nun davon hörte, unbemerkt stattgefunden; doch bei den beiden jüngsten Fällen, die erwähnt werden mussten, war Emma immerhin mehr oder weniger Augenzeugin gewesen – und es waren die für Harriet verheißungsvollsten. Im ersten Fall war er, abseits von den anderen, mit ihr in der Lindenallee in Donwell promeniert, und zwar schon einige Zeit, bevor Emma dazukam, und er hatte sie (davon war sie überzeugt) absichtlich von den Übrigen weg zu sich gezogen – und zuerst hatte er zu ihr in persönlicherer Art als je zuvor gesprochen, wirklich in höchst persönlicher Art! [...] Im zweiten Fall war er fast eine halbe Stunde plaudernd bei ihr gesessen, bevor dann Emma von ihrem Besuch zurückkehrte, und dies am letzten Vormittag vor seiner Abreise – obschon er zu Anfang gesagt hatte, er könne keine fünf Minuten bleiben –, und bei diesem Gespräch hatte er ihr gesagt, er müsse zwar nach London, ginge aber sehr ungern von zuhause fort – und das war (wie Emma empfand) viel mehr, als er vor ihr selbst zugegeben hatte. Dieser Beweis größeren Vertrauens gegenüber Harriet schmerzte sie tief.

Was den ersten der beiden Fälle anging, so wagte sie nach kurzer Überlegung folgende Frage: »Gibt es nicht eine einfache Erklärung dafür? Könnte es nicht sein, dass er, als er sich, wie Sie dachten, nach einer möglichen Neigung bei Ihnen erkundigte, an Mr. Martin gedacht hat – Mr. Martins Anliegen vertreten hat?« Doch Harriet wies diese Vermutung energisch zurück. (Kap. 47)

In einem solchermaßen aufgeladenen Zeichensystem wird ein Liebesbekenntnis wirklich zur Tat. Oder zum ›Geständnis‹. ›Liebes-Geständnis‹ statt ›Indizien-Prozess‹. Am Ende kommt nicht immer die Erlösung, aber die Auflösung; das ›whodunnit‹ wird zum Heiratsantrag, und plötzlich wird alles, was bislang

Vermutung und Andeutung, Spekulation und Spur war – aufgelöst. Klarheit tritt an die Stelle von Verschwommenheit. Emma als Miss Marple ihrer eigenen Empfindung fällt es wie Schuppen von den Augen, als eben der Mr. Knightly – ihr völlig unerwartet – sein Geständnis ablegt und sie fassungslos ist:

Sie vermochte kein Wort hervorzubringen.
»Sie schweigen!« rief er mit großer Lebhaftigkeit. »Sie schweigen ganz und gar! Vorläufig erbitte ich nichts weiter.«
Emma wäre fast hingesunken unter der Erschütterung dieses Augenblicks. Die Angst, aus dem glücklichsten Traum aufgeweckt zu werden, hatte dabei wohl den Vorrang vor anderen Gefühlen.
»[...] Ich habe Sie getadelt und Ihnen Strafpredigten gehalten, und Sie haben sie ertragen, wie keine andere Frau in England sie ertragen hätte. Nehmen Sie auch die Wahrheiten geduldig hin, die ich Ihnen jetzt sagen möchte, teuerste Emma, so wie Sie jene hingenommen haben. Die Art, wie ich sie vorbringe, wird sie vielleicht ebensowenig anziehend machen. Gott weiß, meine Werbung hat wenig Schwung gehabt. Aber Sie verstehen mich. Ja, Sie erkennen, Sie verstehen meine Gefühle – und werden sie erwidern, wenn Sie es können. Jetzt bitte ich nur, dass ich Ihre Stimme hören, ein einziges Mal hören darf.«
Während er sprach war Emmas Verstand höchst geschäftig und hatte es mit der ganzen wunderbaren Schnelligkeit des Denkens erreicht – ohne auch nur ein Wort von ihm zu überhören – den genauen Sinn des Ganzen aufzufassen und zu verstehen [...]. (Kap. 49)

Was hat ein Kommissar, nachdem der Täter ermittelt ist, noch zu tun? Zumindest dies: die unschuldig Verdächtigten wieder freizulassen, sich für die Zumutung der U-Haft zu entschuldigen. Harriet Smith kommt frei – und geht leer aus. Da kennt Emma ›Marple‹ keine Gnade. Knightly kommt nicht mehr frei. Strafvollzug = Ehestand. Hatte sie deshalb so lange gezögert? Einer, den keiner mehr auf der Rechnung hatte, taucht wieder auf: Bauer Martin. Ein Wiederholungstäter. Auch er ist jetzt überführt. Und dreimal lebenslänglich steht deshalb am Ende. Und wie immer nach einer Aufklärung haben alle danach ein besseres Gefühl.

Dass man den Roman, obwohl so wenig vorgeht, immer wieder mit Spannung liest, muss mit dieser verbogenen Grundstruktur zu tun haben: kein Psychokrimi, aber eine Ermittlungsgeschichte der eigenen Psyche. Und ein semiotisches Bravourstück zum Thema ›Type‹ and ›Token‹. Und zur Frage, wie lesen wir die Zeichen, die wir ständig bewusst und unbewusst aussenden, empfangen und auch einander zusenden. Und was können wir tun, um möglichst wenige gravierende Lesefehler zu begehen?

Im Fall dieses Romans ist die Antwort auf diese Frage unerwartet klar: Reden. Wenn irgend möglich, möglichst früh, möglichst klar, möglichst taktvoll und unbefangen reden, das heißt, den anderen verhören, nicht nur stumm ihn zu beobachten. Solange Begriffe wie ›to presume‹, ›to doubt‹, ›to suspect‹, ›to spy‹ prägend für den Grundgestus sind, wird solch eine vorzeitige Aufklärung gar nicht erwünscht sein. Zeichen werden gesammelt und da sie keine Bedeutung per se in sich tragen – frei interpretiert. Die Erzählerin zeigt uns anhand eines relativ harmlosen Beispiels aus dem Bereich des Alltäglichen, was an Fehlverständnissen, Missinterpretationen alles möglich ist. Sie zeigt dies behutsam, unaufgeregt und ohne zu moralisieren. Dies gelingt ihr, indem sie selbst genauso wenig weit oder hoch über ihren Figuren steht wie der Leser. Nur ein Stück daneben. Das Gegenteil eines allwissenden, den Leser mit Infos überflutenden Erzählers. Austen kreiert eine ›point-of-view‹-Technik, die es im besten Fall ermöglicht, auf gleicher Augenhöhe miteinander zu verkehren – fast die gleichen Irrtümer zu begehen – und dabei gemeinsam ein Stück klüger, vorsichtiger, aufrichtiger zu werden. Die ins Politische gewendete Variante dazu: Manzonis Semiotik.

Literaturverzeichnis

- Austen, Jane: *Emma*. Übers. v. Leisi, Ilse. Manesse. Zürich. 2003.
- Austen, Jane: *Emma*. John Murray. London. 1816.
- Austen, Jane: »To the Author oft he Loiterer«. In: The Loiterer. Ausgabe: 28.03.1789.
- Flaubert, Gustave: *Wörterbuch der Gemeinplätze*. Übers. v. Penzenhauser, Monika/Langendorf, Cornelia. Insel. Frankfurt. 1991.
- Heine, Heinrich: »Ein Jüngling liebte ein Mädchen«. In: *Buch der Lieder*. Hoffmann und Campe. Hamburg. 1827.
- Nestroy, Johann: *Liebesgeschichten und Heiratssachen*. In: *Johann Nestroy Komödien. Ausgabe in sechs Bänden*. Insel. Frankfurt. 1970.
- Todesanzeige In: *Hampshire Chronicle and Courier*. Ausgabe: 21.08.1817.

Jane Austen

Vita
*16.12.1775   Steventon, Hampshire
† 18.7.1817   Winchester, Hampshire

1775   Geburt als siebtes von acht Kindern
1783   Schulbesuch in Oxford und Southampton

1786	Rückkehr nach Steventon
1787	Beginn, kleinere Werke anonym zu verfassen
1801	Umzug nach Bath
1802	Heiratsantrag von Harrison Bigg Wither wird abgelehnt
1805	Tod ihres Vaters
1809	Umzug nach Chawton
1815	Schwere Erkrankung
1817	Erfolglose ärztliche Behandlung

Werke

1811	Sense and Sensibility Vernunft und Gefühl
1813	Pride and Prejudice Stolz und Vorurteil
1814	Mansfield Park Mansfield Park
1816	Emma Emma
1818	Persuasion Überredung Northanger Abbey Die Abtei von Northanger
1871	The Watsons Die Watsons

Wiedergefundene Illusionen
Manzonis »I Promessi Sposi«

Dass Romane über die Fähigkeit verfügen, Zeitgefühl zu verdichten, es figurativ und kontrastiv herzustellen, und damit Stimmungen zu kommunizieren, die bis dahin in der Gesellschaft nur teilweise oder unausgesprochen vorhanden sind, hat sich auf besonders überzeugende Art bei *Werther* gezeigt. Goethe hat eben nicht den x-ten Aufklärungs-, Empfindsamkeits- und Tugendroman geschrieben, den das Publikum erwartet haben mag, sondern eine Geschichte erzählt, die in fast allem das Normalschema sprengt und unterläuft. Auf ungleich subtilere, dezentere Art hat Jane Austen einen Antiroman geschrieben und Millionen erreicht.

Heutzutage geht man möglicherweise strategischer vor, bestimmt vermutete Zielgruppen und liefert passgenau das Produkt, von dem die Experten sagen, es würde gewünscht, gekauft, verbraucht. Und der Verbraucher verbraucht es denn ja auch in der Regel tatsächlich.

Doch davon soll jetzt nicht die Rede sein. Sondern von jenem Typus von Roman, der alles anders macht und dennoch Erfolg hat: weil er es versteht, auch seine Leser neu zu machen. Umberto Eco hat diesen Vorgang im Absatz »Den Leser schaffen« seiner *Nachschrift zum ›Namen der Rose‹* beschrieben und dabei die Differenz zwischen der Reproduktion von Erwartungen und ihrer Neuformatierung und Gestaltung genau zu umschreiben versucht. Während der »Marktforscher«-Typus die jeweilige Nachfrage registriert und bedient, unternimmt es der »Zeitgeist«-sensitive Schriftsteller, seinen Lesern nicht einfach zu geben, was sie verlangen, sondern was sie verlangen sollten oder müssten, - auch wenn sie selbst es noch gar nicht wissen, jedenfalls nicht bewusst wissen. Am Fall Manzoni lässt sich dieser Unterschied sehr konkret darstellen. »Hätte Manzoni«, so Eco,

als er Die Verlobten schrieb, auf die geäußerten Wünsche des Publikums hören wollen, er hätte sich's leicht machen können, die Formel war da: der historische Schinken im mittelalterlichen Milieu mit Heroengestalten [...], Königen, Prinzessinnen, großen und edlen Leidenschaften, Schlachtengetümmel und Verherrlichungen der Größe Italiens zu einer Zeit, als Italien noch Herrenland war.

So wie das viele historische Geschichtsroman-Schreiber im Gefolge Walter Scotts getan haben, – hier sei nur Viktor von Scheffels *Ekkehard* als Beispiel aus dem deutschen Sprachraum genannt.

Was aber tut Manzoni? Er nimmt das 17. Jahrhundert, eine Zeit der Versklavung Italiens, und lauter niederträchtige Typen [...].

Keine großen Schlachten, nur kleine, schmutzige Intrigen. Viel Alltagsgeschichte. Der Held, ein analphabetischer junger Seidenspinner aus der Tessiner

I Promessi Sposi

Provinz und seine Verlobte, Lucia, fromm und furchtsam, ›freundlicher Durchschnitt‹, intellektuell, emotional und sogar was das Äußere betrifft – der Erzähler lässt keinen Zweifel daran. Und was geschieht? Das Buch gefällt den Leuten, es gefällt einfach allen, sogar Goethe, der es 1827 in einer Woche liest und als Meisterwerk preist. Wie in einer ergreifenden Oper würde man »immer von der Rührung in die Bewunderung [fallen] und von der Bewunderung wieder zur Rührung«. Er umschreibt mit sicherem Gespür für Wirkungen genau den Prozess, der sich dann tatsächlich abspielte. Der Roman wurde in kurzer Zeit zu einem ebenso großen wie nachhaltigen Erfolg: populär wie Verdi und so tief ins kollektive Halbbewusste eingedrungen wie dessen große, patriotische Opern oder Garibaldis politische Aktionen.

Eco sieht es so:

Manzoni schrieb nicht, um dem vorgegebenen Publikum zu gefallen, sondern um ein Publikum zu erschaffen, dem sein Roman einfach gefallen *musste*. [Weil er ihnen etwas gab, von dem sie selbst noch gar nicht genau wussten, dass sie es brauchten.] Und wehe, er hätte nicht gefallen, man sehe nur, mit welcher Scheinheiligkeit [...] er von seinen fünfundzwanzig Lesern spricht. Fünfundzwanzig Millionen, das wollte er.

Und er hat es geschafft, sie zu erreichen. Mehr als 25 Millionen. Und nicht nur oberflächlich, sondern so, dass manche Szenen und Figuren zum Inventar der Volkskultur wurden – wie Pinocchio oder Don Camillos Peppone. Das ganze ohne sich anzubiedern. An die tausend Seiten, eine entlegene Zeit, viel historischer, politischer, medizinischer Wissensballast, Dokumente, Berichte, Quellen – keine leichte Lesekost; trotzdem eben kein Geheimtipp, etwas für den literarischen Kenner, sondern für Leser aller Schichten und Richtungen und jedes Bildungsgrades. Wie und weshalb ein solch intensiver Kontakt trotz jeder Menge Barrieren und Stolpersteine entstehen kann und bestehen bleibt, lohnt der Betrachtung.

Die erste Hürde muss schon mit der »Vorrede« übersprungen werden, wenn im »Proömium« zu derselben gleich zu Beginn eine ganze Passage aus dem angeblichen, vergilbten und verschmierten Originalmanuskript in schwelgerisch-verschraubter Barockprosa zitiert wird, um Originalität und Aura echter Seiten authentisch spürbar zu machen – in bester Cervantes-Tradition, wie man sich erinnern wird:

Die Historie kan man füglich als einen ruhmreichen Krieg gegen die Zeit deffiniren, denn indem sie dieser die Jahre, ihre Gefangenen, ja schon zu Leichen gemachten entreißet, rufft sie dieselben wieder zurück ins Leben, hält Heerschau über sie und reihet sie von Neuwem zur Schlacht.

[...]

... nur alldieweil mir denckwürdige Ereignisse sind bekant geworden, mögen sie auch blos kleinen Lewten von niederer Herkunfft wiederfahren seyn, rüste ich mich anitzo, den Nachgebornen davon Kunde zu tun ... (Vorrede)

»Erschröckliche Tragödien«, »grandiose Bosheyt«, »Thaten [...] engellicher Güte« und – im Kontrast hierzu »teufflische Machenschaften«, die der Verfasser dieser Chronik allesamt in seiner Jugend selbst erlebt haben will, werden in Aussicht gestellt, und der Entdecker, Editor und Emendator Manzoni zögert nicht, seine Schwierigkeiten im Umgang mit dem Dokument in extenso zu formulieren und so den Leser von Beginn an in den Prozess der Aneignung und Bearbeitung der Geschichte aktiv mit einzubeziehen. Dieser Kontakt ist durchaus notwendig, denn das vorliegende Material erweist sich als doch sehr problematisch: Herausgeber Manzoni lässt sich äußerst despektierlich über die »alte Scharteke« aus, an der er sich abzuarbeiten anschickt. Sein Befund: das Ganze ist derart dilettantisch und uneinheitlich verfasst, dass man die Geschichte im Grunde neu schreiben müsste. Oder alles kommentieren. Insgesamt eine Mystifikation der besonderen Art. Der Autor überarbeitet ein – natürlich gar nicht vorhandenes – Buch. Eine Anstrengung, die sich als sinnvoll erweist, – das Resultat kann sich sehen lassen. Manzoni wird insgesamt mehr als zwanzig Jahre am Projekt der *Promessi Sposi* arbeiten. Die Erstfassung entstand in der Zeit der Österreichischen Repressionen gegen Italien des Risorgimento zwischen 1821-23 unter dem Titel *Fermo e Lucia*.

Während die erste Fassung noch teilweise im lombardischen Dialekt geschrieben ist, wurde die endgültige in die Hochsprache übertragen; für die italienische Literatur ein sehr wichtiger Schritt von nicht nur symbolhafter Bedeutung: für das vereinigte Italien ein einheitliches Idiom, ein urbanes Italienisch ohne klassizistische Verrenkungen und dennoch echte, große Literatur und – großes Kino. Denn wenn man im ersten Kapitel in einem gewaltigen Panoramaschwenk über den Comer See und die ihn umgebenden Gebirgsketten gehoben wird, um endlich in Lecco zu landen, hat man in der Tat den Eindruck einer filmischen Bildwelt. Mitsamt deren Perspektivenwechseln vom ganz Großen zum winzigen Detail, zur konkreten Situation: 7. November 1628, Dorfpfarrer Don Abbondio schlendert, brevierlesend und steinchenkickend, arglos dahin, biegt um eine Ecke und sieht unvermutet zwei »Bravi« – ebenso pittoreske wie bedrohliche Typen. Heutzutage tauchen sie in zwie- oder rotlichtigen Etablissements auf: Goldkettchen, Lederjacken, lange Haare, Stichwaffen, Klappmesser, Pistolen. Damals schlichen sie eben nicht um irgendwelche Mafiagrößen oder Drogenbosse herum, sondern um durchlautigste Exzellenzen, um die Drecksarbeit zu erledigen.

Showdown am Anfang

Don Abbondio kapiert sofort, dass die zwei Schläger auf ihn gewartet haben. Szenen, wie sie uns aus Krimis und Western vertraut sind, Manzoni hat sie zum ersten Mal in dieser visuellen Genauigkeit in Sprache gefasst: als sie ihn erkennen, entsteht sofort diese ganz gewisse High-Noon-Stimmung, bei der die Parteien sich langsam und drohend und unausweichlich aufeinander zu bewegen, während Herzschlag, Atmung und Schweißabsonderung der Beteiligten wie auch der Zuschauer sich gravierend verändern. Hier jedoch kommt es zu keinem Schuss-, sondern nur zu einem Wortwechsel, der es freilich in sich hat, obwohl der Anlass eher harmlos zu sein scheint. Es geht um die für den folgenden Tag angesetzte Trauung von Renzo Tramaglino und Lucia Mondella, zwei jungen Leuten aus der Gegend. Sie soll, sie wird nicht stattfinden, und wer sie dennoch vollziehen sollte, der wird keine Zeit mehr haben, dies zu bereuen. Alles klar, Herr Pfarrer? Und schon steht Don Abbondio alleine da, die Herren haben ihren Auftrag erledigt. Don Abbondio ist alleine. Ist ratlos; hat Angst, ist »wie vom Donner gerührt« und fühlt sich schwach, wie wenn er einen Krampf in den Beinen hätte. Ein Schock. Nichts Besonderes, wird man sagen. Wer würde in einer solchen Situation nicht erschrecken? Darüber hinaus ist der Monsignore von Natur aus alles andere als mutig.

Diese persönliche Seite der Geschichte markiert aber nur einen Teil des Problems. Nicht weniger wichtig wie die private, individualpsychologische ist Manzoni die strukturelle, gesellschaftliche, politische Dimension dieser exemplarischen Panik-Attacke des völlig aufgelösten, verstörten Pfarrers. Sein Schrecken wird als eine systembedingte Reaktion dargestellt, nicht nur als eine persönliche Schwäche. Er ist das Resultat einer besonderen, kulturspezifischen Traumatisierung, ist Produkt des mafiosen Terrorsystems, in dem und mit dem er groß geworden ist, indem man ihn klein gemacht hat. Der Zustand einer umfassenden Rechtlosigkeit auf der einen und unkontrollierbaren Willkür durch einen maroden und marodierenden präpotenten Adels auf der anderen Seite, einer gewaltbereiten, allein aufs Faustrecht vertrauenden Feudalclique. Lynchjustiz statt Rechtsstaatlichkeit, Straffreiheit für Gewalttäter und drakonische Strafen für Unterprivilegierte – solch ein System produziert Duckmäuser oder Märtyrer. Oligarchien und mächtige Verbände als Organisationsform im Hintergrund, Gewalt und viel Geld als Mittel korrupter Politik im Alltag: da genügt es dann, einen Namen wie den des mächtigen, skrupellosen Don Rodrigo en passant fallen zu lassen, um einem durch diese Erfahrungen Geprägten das Herz auf Grundeis gehen zu lassen – beziehungsweise einen Menschen wie diesen Pfarrer, der sich in einem Leben in engen Abhängigkeitsgrenzen halbwegs eingerichtet hat, voll zu treffen.

Das Besondere an diesem Roman ist es nun, personale Bezüge und Figurenprofile nicht anzudeuten, vorauszusetzen oder bildhaft zu umschreiben, sondern ganz explizit in ihrer Herkunft zu analysieren. An die Schilderung des Schocks Don Abbondios zum Beispiel schließt sich etwa ein entsprechend umfassender Panorama-Schwenk an, wie er bereits als Einstieg in den Roman zu beobachten gewesen war. Nur dass diesmal keine Naturszenerie, sondern eine Gesellschaftstopographie überflogen wird. Vier, fünf Seiten lang kann solch ein geopolitisches Landschaftsprofil dann sein, in dem die Höhen, Tiefen und Besonderheiten eines gesellschaftlichen Gefüges genau ausgelotet und dokumentiert werden, bevor die Perspektive wieder auf den Einzelfall zurückführt, der am Anfang dieser Auslassungen stand und der auch ihr Anlass war. So wird jede Verhaltenseigenart zum einen visuell und deskriptiv erfasst, darüber hinaus aber auch semiotisch, kultursemiotisch genau bestimmt und ausgelotet; im vorliegenden Fall geschieht dies, indem nun – auf der Basis der vorangestellten Analyse – das Verhalten des Don präzise entschlüsselt werden kann:

Meine fünfundzwanzig Leser[!] können sich nun vorstellen, welchen Eindruck das oben Geschilderte im Gemüt des Ärmsten gemacht haben mußte. Der Schreck über jene Visagen [...], die Drohung eines großen Herrn, der dafür bekannt war, nicht umsonst zu drohen, der jähe Zusammenbruch einer sorgfältig aufgebauten Lebensweise [..] (Kap. 1)

Der Name Rodrigo steht in diesem Moment für die Inkarnation der Macht, der Übermacht, wie Don Abbondio für die der Ohnmacht schlechthin. Spät findet der Aufgewühlte Ruhe, kaum Schlaf, dann kommen Albträume, – er erwacht: und der Albtraum geht weiter. Geht weiter in harmloser Gestalt: Renzo, Zwanzig, freudig erregt, festlich angezogen, Federhut, Dolch, verwegen und friedlich zugleich, möchte fragen, wann man ihn und seine Braut Lucia heute zur Hochzeit in der Kirche erwartet. Für den Pfarrer entsteht eine äußerst unangenehme, peinliche Situation. Er ist entschlossen, die Zeremonie zumindest zu verschieben, möchte Zeit gewinnen, zugleich versuchen, die wahren Gründe seiner Entscheidung zu vertuschen. Resultat: ein Geschwiemel ohnegleichen; wenn etwas nicht klappt, sind in der Regel verwaltungstechnische Gründe anzuführen. Neuerdings empfehlen sich Begriffe wie ›Umstrukturierung‹ zu diesem Zweck. Damals solche in juristischem Kirchenlatein: »antequam matrimonium«, »cultus disparatis«, »honestas, si sis affinis«. Renzo versteht kein Wort, versteht aber, dass sein Pfarrer kneifen will, wird wütend, stochert nach, droht, die Hand – vielleicht unbewusst am Dolchgriff – und quetscht aus dem vor Angst Schlotternden, »weiß und schlaff wie ein frisch aus der Wäsche gezogener Lappen« endlich die Wahrheit heraus, das heißt, den Namen des gewalttätigen Fürsten, den auch er bisher nur als ominöse Macht im Hintergrund kennt. Renzo ist nicht weniger entsetzt, nicht weniger verstört als der Pfarrer – freilich mündet diese Verstörung bei ihm in blanke Wut und in Hass – und das Gefühl der Ohnmacht. Denn er weiß: er hat gegen diese Schlägertruppe und Gorillas kaum eine reale Chance. Und es kommt noch schlimmer. Denn im Gespräch mit Lucia, die ihn schon fertig zur Trauung umgezogen erwartet, kommt die Wahrheit ans Licht; »Birbone! Assassino! Donnato!« Renzo schäumt vor Wut und fuchtelt schon wieder mit dem Messer herum, als er erfährt, dass seine Schöne von der Nachricht der geplatzten Hochzeit nicht ganz so überrascht ist wie er selbst. Was er bisher nicht wusste: Schon ein paar Tage vorher hatte Rodrigo Lucia, der er zufällig auf ihrem Weg zu ihrer Arbeit begegnete, regelrecht angemacht. Lucia ist keine Emilia. Emilia Galotti, die von der Kirche, in der ihr Fürst sie angesprochen hatte, panisch nach Hause jagt und den Eltern als angstvoll zuckendes, bleiches Bündel förmlich in die Arme fällt. Lucia hält es für klüger, besser nichts von dem Vorfall zu erzählen und stattdessen die geplante Heirat schnell durchzuziehen. Doch Lucia hat die Aggressionsbereitschaft ihrer Verfolger unterschätzt.

Was tun, in dieser zugleich verfahrenen wie gefährlichen Situation? An so etwas in ihren Augen Absurdes wie Gegengewalt, Blutrache u. ä. will die tiefgläubige Lucia erst gar nicht denken. Der Pfarrer ist seinerseits selbst involviert – bleibt der Gang zum Rechtsanwalt. Fast alle von uns fünfundzwanzig Lesern werden da spontan kein gutes Gefühl haben: in einem Faustrechts-System auf rechtsstaatliche Mittel zu hoffen; dennoch stattet Renzo sich mit ein paar Kapaunen zur Bezahlung und Bestechung aus und macht sich auf den Weg. Zum bestens beleumundeten Azzeccagarbugli, Knäuelaufdrösler, einem Genie der Interpretation und Anwendung juristischer Finessen. Und in der Tat zieht der Rechtsgestalter sofort eine passende Verordnung aus der Tasche, ein Schriftstück vom 15. Oktober 1627. Dieses Dokument, eine authentische Verordnung, die Manzoni auf den Einfall zu seinem Roman brachte, scheint geradezu idealtypisch auf den Fall Lucia – Renzo zu passen. Während der Dottore das verklausulierte Schriftstück vorliest, versucht Renzo, dem Sinn zu folgen. Er hört etwas von Straffreiheit für solche, die ihre Obliegenheiten in Anbetracht der strengen Auflagen mit sehr nachdrücklichen Methoden durchsetzen, hört viel, versteht immer weniger, begreift dann aber, dass sich da ein Missverständnis im großen Stil anbahnt. Der Advokat scheint ihn für einen Bravi, einen Berufsgangster zu halten und glaubt, dieser hätte was ausgefressen, und er die Aufgabe, ihn da rauszuhauen. Renzo begreift, dass dieser Anwalt, mit der in seinen Augen grotesken Situation, einen Unschuldigen zu verteidigen, absolut überfordert ist. Das sei ihm nun wirklich noch nicht vorgekommen. Renzo versucht, die Sache richtigzustellen:

»Herr Doktor [...] das ist doch genau andersherum! Ich habe niemanden bedroht. Ich mache solche Sachen nicht, ich nicht [...].

[...] heute sollte ich ein Mädchen heiraten [...] und [d]ieser anmaßende Don Rodrigo...« (Kap. 3)

– Er hat noch nicht ausgesprochen, da fällt ihm der tief gekränkte Avvocato über den Mund und fertigt das unerwünschte Unschuldslamm Renzo ab, da er sich bereits auf einen fetten, gewinnträchtigen Fall eingestellt hatte. Die Leiden des jungen Renzos sind anderer Art als die des jungen Werthers oder des gleichfalls jungen Candide, an die man unwillkürlich zurückdenken muss.

Werther setzt seine Empfindungen zum Maßstab und urteilt, verurteilt nach eigenen Maßstäben. Candide ist blind für die Wirklichkeit und legt gleichfalls ein eigenes Wahrnehmungsraster über die Fakten, mit denen er in Berührung kommt. Renzo ist der erste Normalverbraucher in Sachen Wirklichkeit, einer, der einigermaßen korrekt bedient und halbwegs ernst genommen werden möchte, dem aber jeder Anspruch von überlegenen Instanzen aus der Hand, aus dem Kopf geschlagen wird. Ein Hauch von Kafka liegt über ihm: hoffnungsloser Kampf gegen Institutionen, die sich seines Willens bemächtigen und ihm keine Chance lassen, zu seinem Recht zu kommen: Geistlichkeit, Macht und Justiz scheinen sich gegen ihn verschworen zu haben.

Gegen die geschlossene Phalanx der Institutionen hilft – so denken zumindest Lucia und ihre Mutter – allenfalls der Glaube an eine andere Instanz, die Instanz schlechthin: Gott. Hier vertreten durch die imponierende Figur des Kapuzinerpaters Christoforo. Mit ihm tritt eine Autorität von großer Glaubwürdigkeit und auratischer Dignität in Erscheinung. Auch hier überlässt Manzoni nichts dem Zufall, begnügt sich auch nicht mit ein paar eingeblendeten Andeutungen, sondern liefert – wie für alle wichtigeren Figuren des Romans – die Biographie und Vorgeschichte expressis verbis nach. Der Fall des Pater Christoforo beginnt mit dem Totschlag eines Rivalen, den er als junger Adliger vor vielen Jahren begangen hatte. Eine schlimme Geschichte, für die der junge Mann schwere Buße tun will. Er entschließt sich, unter dem Eindruck seiner Schuld, Ordensmann zu werden. Bekehrungserfahrungen dieser Art sind eines der bevorzugten Themen Manzonis, der gleichfalls ein solches Saulus-Erlebnis erfahren hatte. Solche symbolisch markierten Gesinnungskehrwenden sind Dreh- und Angelpunkte, Orientierungslinien, auch suggestive Höhepunkte im Ganzen des Romangefüges. Umberto Eco hat in seinem Essay *Worte und Taten. Natürliche Zeichensprache und Wort bei Manzoni* auf den ritualartigen Charakter dieser Ereignisse aufmerksam gemacht. Auch und gerade Bruder Christoforos Ent-Schuldigung wird nämlich als solches Ritual im großen Stil beschrieben – Eco spricht von »einer großen, höfisch-zeremoniellen und liturgischen Inszenierung«. Große Szene, als der zum Mönch Konvertierte die Angehörigen seines Opfers trifft. Beklemmende Szene, die nicht zufällig auch immer wieder visuelle Phantasien freisetzt: die Versammlung aller Familienmitglieder des Getöteten im großen Saal, die weiten Mäntel, hohen Federn, wippenden Degen, steifen Halskrausen, eine weltliche Liturgie des Adels. Durch das Spalier dieser Menge schreitet der zum Mönch gewordene Büßer und ›zeigt‹ in Gesicht und Haltung, dass er wirklich bereut. Dafür ist nicht entscheidend, dass Christoforo ehrlich ist, sondern dass er sich ehrlich verhält, also sich nach Art eines Ehrenmannes in einem offiziellen Akt entsprechend in Szene setzt. So auftretend, spielt er nun seine vorgegebene Rolle: kniet nieder, kreuzt die Hände vor der Brust, beugt den geschorenen Kopf, bittet um Vergebung. Doch nicht die Worte sind es, die die Edelleute überzeugen, die Beleidigten tragen sogar »forcierte Herablassung und verhaltenen Zorn« (Kap. 4) zur Schau (wie Schauspieler in einem Theater), und die Gesten und rituellen Posen des Reumütigen bewirken eine Art Induktion der Reue. Umarmung, Friedenskuss und Bitte um das Brot der Vergebung schließen dieses parareligiöse Zeremoniell der Ent-Schuldigung folgerichtig ab. Vergebung wird nicht nur be-zeugt, sondern szenisch-performativ er-zeugt.

Hat man sich erst einmal an diese Art, den Text zu lesen gewöhnt und ihn nicht nur auf seine Oberflächen-Politur hin betrachtet, wird man in dieser Hinsicht immer weiter fündig. Nahezu jede Geste findet auf zwei Ebenen statt, jeder Ausdruck hat zumindest zwei Spielplätze: einen im Binnenbezirk der Figur, einen zweiten im Außenbezirk ihrer zeichenartigen Repräsentation; über Pater Christoforos Verhalten im Kloster etwa wird Folgendes erzählt:

Seine Sprache war für gewöhnlich demütig und gesetzt; handelte es sich jedoch um Gerechtigkeit oder umkämpfte Wahrheit, dann erfüllte ihn mit einem Mal wieder der alte Impetus, der, sekundiert und modifiziert durch eine feierliche Emphase, die er sich beim Predigen angewöhnt hatte, seiner Sprache einen einzigartigen Charakter gab. (Kap. 4)

Diese mentale Doppelbödigkeit der Wahrnehmung und des Ausdrucks befähigen den Pater, seinen moralischen Weg auf nicht minder theatralische Weise zu gehen. Spätestens wenn er (Kap. 6) dem Lokaltyrannen Rodrigo gegenüber steht, um für das Recht der beiden Liebenden zu streiten und den Unterdrücker in die Schranken zu weisen, setzt er ein ganzes Repertoire zum Teil auch etwas klischeehaft wirkender Gesten ein. Als der adlige Verführer in spe das zynische Angebot macht, die Schutzbefohlene zu ihrer eigenen Sicherheit doch am besten in seinem Schloss einzuquartieren, ist solch ein Moment und der Akteur nutzt ihn gekonnt:

»Euren Schutz?!«, rief [der Pater] aus, trat zwei Schritte zurück, stellte den rechten Fuß trotzig vor, stemmte die Rechte in die Hüfte, hob die Linke mit ausgestrecktem Zeigefinger Don Rodrigo entgegen und durchbohrte ihn mit flammendem Blick. (Kap. 6)

Um es vorwegzunehmen: auch diese ausgeklügelte Strategie, Lucia aus der Schusslinie zu bekommen, wird scheitern, und nach kurzem heftigen Widerstand wird der blaublütige Adlige ebenso brüsk und brutal abgewiesen und hinausgeworfen wie jeder andere. Ein dezidiertes Ende jeglichen herrschaftsfreien Dialogs. Wo nackte Gewalt im Spiel ist, endet die Macht des Wortes und der Sprache ebenso wie diejenige der Rituale und Zeichen.

Vielleicht, nein ganz sicher, ist der Minimalkonsens, ist das Funktionieren und Respektieren vorhandener semantischer beziehungsweise semiotischer Codes ein Indiz für ein wie immer geartetes Noch-Funktionieren einer Gesellschaft. Das muss, wie zu erkennen war, nichts mit Aufrichtigkeit, nichts mit innerer Wahrheit zu tun haben. Es handelt sich eher um eine Art grammatikalischen Funktionierens, einen Pakt der Codes, der kommunikativen Übereinkünfte und Grundverständnisse. Hier aber spürt man: es ist etwas sehr faul im Staate, im Staats- und Gemeinwesen, das in den *Promessi* geschildert wird. Wo nämlich innere Anarchie, besser Auflösung, Chaos und Willkür herrschen, gibt es notwendigerweise keine horizontal beziehungsweise vertikal wirksamen oder verbindlichen ›Standards‹, Normen, Sprachregeln: Rauswurf, Abbruch, Gewaltakt, Übergriff markieren die Eckpunkte, an denen die Macht der Sprache endet: Kopf einziehen oder Kopf ab, so sehen die Alternativen aus. In Demokratien ist vieles Verhandlungssache. Hier ist nichts zu besprechen: ›kapier oder krepier, gehorch und parier‹, ist im System des kultivierten Faustrechts Spiel- und Verhaltensregel Nr. 1, und so weiß auch Pater Christoforo, was es jetzt, nach seinem missglückten Gespräch geschlagen hat, und was nun auf der Agenda der verfolgten doppelten Unschuld folgerichtig zu stehen hat: Flucht. Widerstand wäre nicht nur zwecklos, sondern gefährlich.

Für die Seite der Betroffenen stellt sich das Problem zu diesem Zeitpunkt noch nicht so, noch nicht genauso dar. Renzo, der den frommen Aktivitäten der Geistlichkeit immer weniger Glauben schenken kann, und die listige Agnese – Lucias Mutter – schmieden Pläne; einer davon: Scheinheirat. Jedenfalls ein Verfahren, nachdem eine Eheschließung auch dann Gültigkeit hat, wenn der betreffende Geistliche sie gar nicht aktiv vollzieht, sondern nur ›zufällig‹ anwesend ist und zusammen mit Zeugen die entscheidenden Sprechakte hört: »[...] dies ist meine Frau.« - »[...] dies ist mein Mann.«

Da »kann der Pfarrer [...] sich wie der Teufel aufführen, es hat keinen Zweck, ihr seid Mann und Frau.«, fügt die lebenserfahrene, kluge Dame hinzu, und Renzo wittert sofort Morgenluft; nur die quälend fromme Braut Lucia, gottesfürchtig bis zur Selbstpreisgabe, hat Skrupel, wird aber dazu gebracht, diese zumindest temporär zu suspendieren. Ihr Motto scheint zu sein: ›what thou would'st highly, thou would'st holyly‹; erschwerend kommt hinzu, dass dieses Mädchen nicht nur eine ausgesprochene Wahrheitsfanatikerin zu sein scheint, sondern darüber hinaus auch noch über ein besonders schlichtes Sprachgefühl zu verfügen scheint: ›corriger la fortune‹ – ist ihre Sache nicht.

Renzo, der mit der wachsenden Gefahr immer scharfsinniger zu werden beginnt, glaubt plötzlich den Dreh gefunden zu haben, zwei Zeugen stehen zur Disposition. Doch die standhafte Lucia:

»*Das sind krumme Wege [...] das ist nicht redlich gehandelt. Bis jetzt sind wir immer ganz offen vorgegangen. Lass uns mit Gottvertrauen so weitermachen [...].*« *(Kap. 6)*

Im Grunde auch einer von den Sätzen, an denen die Macht der Worte an ihr Ende kommt.

Lucia – der blinde Fleck in diesem Roman. Im Vergleich zu ihrer Passivität ist eine Emilia Galotti geradezu hyperaktiv, von Emma erst gar nicht zu reden.

Oder ist ängstliche Bravheit wirklich primär ein Klassenphänomen? Wird man so demütig, lammfromm, unbelehrbar optimistisch erst gemacht, weil man sonst keine Chance hat? Dagegen spricht, dass es auch in der Literatur jede Menge ruppiger, widerspenstiger Dienerinnen, Bauernmädchen gibt. Aber die Kombination kleine Verhältnisse plus massiven Einsatzes katholischer Religiosität führt zumindest zu einer besonders auffälligen Form der Demut.

Noch aus einem anderen Grund ist Lucia, die Geliebte, die den Leser kalt lässt, eine Figur, die Probleme aufwirft. Blass wie Fräulein Kunigunde und dem Autor, so hat man manchmal den Eindruck, fast ein wenig lästig: später wird sie einige Zeit weggeschlossen, um erst kurz vor dem Happy End wieder ausgemottet zu werden. Im Augenblick wird sie aus handlungstechnischen Gründen noch benötigt. Immerhin muss sie die Prozedur und das Scheitern des Projekts der Scheinheirat noch mitmachen, entführt werden, ein Gelübde schwören, nie zu heiraten, an der Pest erkranken und vieles andere mehr.

Die Handlung dieses Romans ist so großflächig dimensioniert, dass es hier nur möglich ist, in großen Schritten und mit vielen Sprüngen voranzugehen und nur einige der Schwellen und erzählerischen Weggabelungen ein wenig genauer auszuleuchten. In den Kapiteln 7 und 8 scheitern, wie angedeutet, sowohl das Projekt der fingierten Heirat, wie auch ein erster Entführungsversuch durch die Bande um Rodrigo. Pater Christoforo hat zwischenzeitlich Vorbereitungen für eine Flucht des Paars eingeleitet. Lucia soll in einem Kloster in Monza Zuflucht finden, Renzo soll in Mailand untertauchen. Der Leser muss sich entscheiden, wem der beiden er nun folgen soll. Der Erzähler ist ihm dabei behilflich: erst kommt die Geschichte der Lucia, dann, weitaus breiter dargestellt, die Renzos.

Die Trennung der Lebenswege auf Zeit öffnet erzähltechnisch gesehen den Weg in die Candide-Kunigunde-Struktur: das heißt die unendliche Geschichte einer unendlichen Suche des Protagonisten nach seiner Geliebten. Und sie bietet den Vorteil der Verdopplung des Erlebnispotentials.

Semitiotik als Überlebenshilfe

Als Agnes und Lucia vom guten Mönch (Kap. 9) in die Obhut der Nonnen von Monza gebracht werden, mit dem Satz, dass sie dort »so sicher wie auf dem Altar« sein würden, atmen wir Leser erleichtert auf (außer wir hätten die etwas abwegige Eingebung, den Altar als Opfertisch zu sehen). Dann treten wir als kleine Gruppe – Manzoni sagt, dass er zu diesem Zeitpunkt noch mit vielleicht zehn Lesern rechnet – in den Vorhof ein, Mutter und Tochter warten auf die angekündigte ›Signora‹, eine jüngere Dame von uraltem Adel, die – obwohl weder Äbtissin noch Oberin – *die* Autorität des Klosters ist. Ihr Auftritt – eine

Erscheinung, haarscharf ausbalanciert zwischen Entrücktheit, Schönheit und Zeichen des Suspekten.

Der unerwartete Anblick dieser »müden, verblühten, fast möchte man sagen: verfallenen Schönheit« [L'aspetto della Signora d'una bellezza sbattuta, sfiorita alquanto, e direi quasi un'po conturbata, ma singolare.] frappiert, irritiert Erzähler und Figuren. Man kann die Augen nicht mehr von ihr wenden und ›liest‹ sie, versucht die einander widersprechenden Zeichen in ein Wahrnehmungsraster einzuordnen: vergeblich, der Eindruck bleibt widersprüchlich:

> [A]uf jener weißen Stirn erschienen oft steile Falten, als würde sie von einem Krampf geplagt, und dann zogen sich ihre schwarzen Augenbrauen mit einer jähen Bewegung zusammen. Die Augen, ebenfalls tiefschwarz, musterten bald hochmütig forschend das Gegenüber, bald senkten sie sich hastig, als suchten sie nach einem Versteck [...]. Sogar in ihrer Kleidung lag hier und da etwas Gesuchtes oder Nachlässiges, das auf eine recht eigenwillige Nonne hindeutete: Die Taille war mit einer fast mondänen Sorgfalt geschnürt, und vom Stirnband fiel eine schwarze Locke auf die Schläfe, was entweder Unachtsamkeit oder Missachtung der Regel verriet. (Kap. 9)

Dem Erzähler ist es immerhin wichtig zu betonen, dass diese Feinheiten zwar ein Thema für ihn und den Leser sind, den beiden Frauen jedoch Nonne gleich Nonne ist. Warum betont er diese Unfähigkeit, Zeichen zu lesen? Sicher nicht, um die beiden Frauen vom Land intellektuell zu diffamieren. Vielmehr geht es darum zu zeigen, dass soziologisch bedingter Analphabetismus – und es gibt durchaus einen solchen jenseits des bloßen Lesens von Schrift – ein überaus wirksames Herrschaftsinstrument sein kann. Diese Unterprivilegierten vermögen aufgrund ihrer defizitären semiotischen Erfahrung und Ausbildung auch solche Zeichen nicht zu dechiffrieren, die ihnen Gefahren signalisieren würden. Der Roman ist so gesehen auch ein Kompendium der Dechiffrierkunst; auch deshalb immer wieder die langen Passagen, in denen die Vorgeschichte einzelner Figuren präzise dokumentiert wird, um transparent zu machen, weshalb einer so wird, wie er ist und wie die Zeichen, die er oder sie sendet, zu lesen sind, was sie bedeuten. Im Falle dieser besonders ambivalenten Nonne wird eine Geschichte nachgereicht, die bis in die Kindheit der Signora zurückreicht. Als jüngste Tochter eines mächtigen Mailänder Fürsten war ihr Schicksal bereits vor ihrer Geburt entschieden. Denn dieser Vater war entschlossen, den Erstgeborenen zum Nachfolger zu machen, – das heißt alle anderen Kinder, natürlich auch dieses Mädchen, im Kloster zu ent-sorgen. Es beginnt eine jener grausamen und grauenhaften Erziehungsgeschichten, in denen ein Vater sein Konzept auf Gedeih und Verderb durchsetzt: mit zwei Jahren – kleine Nönnchen als Puppen, mit sechs Einschulung ins Kloster, danach jede Menge Vorschriften, Evaluationen, Prüfungen, ob die Gehirnwäsche bereits erfolgreich abgeschlossen sei. Die

Geschichte einer Kindheit, der die Kindheit vollständig geraubt wurde. Mehr noch, das Protokoll einer seelischen Zucht, Notzucht, der grausamsten, tyrannischsten Art. Wie dieser Roman letztlich insgesamt ein erschreckendes Panorama von Demütigungen und Vereinnahmungen ohne Ende und auf allen Ebenen ist, wobei die zerstörte Verlobung den Rahmen dieser Entmündigungs-Rituale bildet. Doch so wie Renzo und Lucia von der Truppe um Rodrigo, werden sehr viele Figuren von Dominatoren unterschiedlichster Art stärksten Repressionen ausgesetzt: Pfarrer Don Abbondios Situation ist im Vergleich zu den Leiden, freilich auch den verbotenen Freuden und geheimen Lüsten der Nonne von Monza, geradezu harmlos.

In der Urfassung des Romans bildet ihre Geschichte einen Roman im Roman. Hundert Seiten erotischer Beziehungen zu Egidio inklusive deren verbrecherische Folgen. Für die Publikation hat Manzoni all dies gekürzt und lediglich durch drei Wörter ersetzt: »la sventurata rispose« – »die Unglückselige antwortete«. Man bezeichnet diese Technik wohl als ›suggestive Aussparung‹ ...

Doch nicht nur einzelne Individuen, ganze Dörfer, Städte, Stände, ja das ganze Land werden von Hunger, Pest und Fremdherrschaft okkupiert und tyrannisiert. Der Roman atmet förmlich diese Luft, diese Atmosphäre aus Angst, Gift und Terror. Und er ringt nach Luft, um nicht zu ersticken. Man muss es nicht so poetisch ausdrücken wie Umberto Eco, der in der *Nachschrift* davon spricht, dass »manche Romane wie Gazellen, andere wie Wale oder Elefanten« atmeten und damit die Folge der Abbrüche und Szenenwechsel, den Rhythmus der großen Einheiten und Sequenzen, in denen erzählt wird, meint. Die Beschleunigungen, Raffungen, das Ins-Stocken-Geraten oder Hastig-Werden des narrativen Geschehens, vom ruhigen Durchatmen bis zum flachen Hecheln ist in der Tat bestimmend für die Resonanz des Lesers.

Der große Atem

Versucht man diesen Ansatz auf Texte wie *Werther* oder *Emma* zu übertragen, so zeigt sich, dass es durchaus Sinn macht, auf Atemkurven zu achten. Im Fall *Werthers* würde man dann wohl eher zum Befund einer sehr unregelmäßigen, in Intervallen aufgipfelnden, erregungsgesteuerten Atmung gelangen, während Emmas erzählerischer Atem – bis auf ganz wenige Momente – besonders gleichmäßig mit nur geringen Amplituden fließt. Der Atem der *Promessi Sposi* ist im Vergleich hierzu weniger eindeutig zu bestimmen. Es ist vielleicht wie in der großen Oper im Stil Verdis, wo zwischen Erstickungsanfall und beseligtem Triumphschrei oft nur ein paar Takte liegen. Und dieser Vergleich zur Oper ist wohl nicht zufällig. Zwischen Verdi und Manzoni besteht schon eine Art geisti-

ger Wahlverwandtschaft. Auch Manzoni (1785-1873) ist ohne den Erfahrungshintergrund der Französischen Revolution, der napoleonischen Kriege und des ›Risorgimento‹ nicht denkbar. Enkel Cesare Beccarias, des leidenschaftlichen Kämpfers gegen die Todesstrafe, Pariser Libertin, engagierter Patriot, – all diese Stufen hat der in Mailand geborene Schriftsteller mit gleicher Intensität durchlebt: ein halbes Jahrhundert, in dem buchstäblich alles zu Politik wurde und von Politik mitbestimmt wurde. Freund Garibaldis, später Senator, war auch Manzonis Leben ein politisiertes. Sein Tod ein nationales Ereignis, mit Verdis Requiem als Trauermusik.

Man sollte an diese gemeinsame geistige Herkunft beider Künstler aus dem politischen Umfeld des ›Risorgimento‹, also der italienischen Befreiungs- und Vereinigungsbewegungen des 19. Jahrhunderts denken, um zu verstehen, was dieser Wechsel zwischen Atemanhalten, Ersticken und Atemschöpfen, Aufatmen, frei durchatmen, den Atem wiederfinden bedeutet. Dieses kollektive Nach-Luft-Ringen, die Stimme wiederfinden, sich frei sprechen, wer kennt es nicht, zum Beispiel aus der Musik und insbesondere Verdis großem Sehnsuchtslied:

Va, pensiero, sull'ali dorate;	Zieht, Gedanken, auf goldenen Flügeln,
va, ti posa sui clivi, sui colli,	Zieht, Gedanken, ihr dürft nicht verweilen!
ove olezzano tepide e molli	Lasst euch nieder auf sonnigen Hügeln,
l'aure dolci del suolo natal!	Dort, wo Zions Türme blicken ins Tal!
Del Giordano le rive saluta,	Um die Ufer des Jordan zu grüßen,
di Sïonne le torri atterrate...	Zu den teuren Gesandten zu eilen,
Oh mia patria sì bella e perduta!	Zur verlorenen Heimat, der süßen,
Oh membranza sì cara e fatal!	Zieht Gedanken, lindert der Knechtschaft Qual!
Arpa d'or dei fatidici vati,	Warum hängst du so stumm an der Weide,
perché muta dal salice pendi?	Goldne Harfe der göttlichen Seher?
Le memorie nel petto raccendi,	Spende Trost, süßen Trost uns im Lieder
ci favella del tempo che fu!	Und erzähle von glorreicher Zeit.
O simile di Sòlima ai fati	Singe, Harfe, in Tönen der Klage
traggi un suono di crudo lamento,	Von dem Schicksal geschlag'ner Hebräer.
o t'ispiri il Signore un concento	Als Verkünd'rin des Ew'gen uns sage:
che ne infonda al patire virtù!	Bald wird Juda vom Joch des Tyrannen befreit.
(Nabucco, III)	

Wenige Wochen nach der Premiere von Nabucco, 1842, nur zwei Jahre nach der revidierten Fassung letzter Hand der Promessi, wurde der »Chor der gefangenen Hebräer« spontan zur heimlichen Nationalhymne des entstehenden Italien, zur kollektiven Selbsterkennungs-Losung. Was der Name ›Klopstock‹ als Chiffre für Werther und Charlotte war, wurde Verdis Gefangenenchor für die ganze Nation, die sich mit den Juden im Exil völlig identifizierte und deren Suche nach der verlorenen Identität, der verlorenen eigenen Stimme hochemotionalisiert begleitete und sich aneignete. Die besonderen Umstände der Entstehung dieses zum politischen Symbolstück gewordenen Chors wurde von Verdi selbst überliefert, und Franz Werfel erzählt in seinem Verdi-Roman, wie der Komponist beim unmutigen Überlesen des Librettos plötzlich auf die Zeilen »Va, pensiero ...« stieß und von daher den entscheidenden Inspirationsschub in Richtung seines nationalpolitischen Engagements erhalten sollte. In der politisch aufgeladenen Atmosphäre der Mitte des 19. Jahrhunderts ging diese Vereinnahmung des Mythos Verdi so weit, dass der Name des ersten gesamtitalienischen Königs zu dem Akronym VERDI (= Vitt. Em. re d'Italia) verschmolzen wurde. Und noch zur Beerdigung wird dieser Chor Verdi (dirigiert von Toscanini) bis ins Grab begleiten.

Gesamtkunstwerk ›Italia‹

Verdi, Manzoni, Garibaldi – das ist der Stoff, aus dem das politische Gesamtkunstwerk ›Italien‹ in diesen Jahren geformt zu sein scheint, und ohne diesen patriotischen Horizont, den Willen, sich von der Fremdherrschaft zu befreien, zu einer autonomen politischen Existenz zu finden, ist auch der enorme Erfolg der *Promessi* nicht zu verstehen: Spanier sind im Roman die Besetzer, gemeint aber waren die Österreicher und ihre Fremdherrschaft in Italien.

Der Roman spielt zu Beginn des 17. – gelesen hat man ihn mit Blick auf die politische Situation des frühen 19. Jahrhunderts. In seinen zwei Abhandlungen, die er über den ›historischen Roman‹ geschrieben hat, lässt Manzoni keinen Zweifel daran, dass er diesen Aktualitätsbezug des historischen Substrats durchaus sieht und bewusst will. Indem man zwei historische Schichten wie Folien gegeneinander hält, entsteht so etwas wie eine narrative Zeitmaschine mit Tiefe und Fluchtpunkt, einer Dimension des Temporären.

Dieser Zeit-Raum als geschichtlicher Raum aus Zeit erlaubt es, Entwicklungen und Stagnationen, Herkünfte und Zielvorstellungen prospektivisch beziehungsweise perspektivisch auszuleuchten. Aus der Differenz zwischen dem historisch Rekonstruierten und dem aktuell Erfahrenen baut sich eine Spannung auf, die den Leser auf suggestive, atmosphärisch und emotional angereicherte Art auf die imaginative Reise durch einen Zeittunnel treibt: – ganz weit weg von sich selbst fährt man hinein, und ganz nah bei sich kommt man wieder heraus. So oder so ähnlich muss es gewesen sein, als mittels eines hellsichtigen Kurzschlusses die Geister der spanischen Besetzer und Besitzer, die mit Menschen wie mit ›toten Seelen‹ umgingen, wiederauferstanden, um im Hier und Jetzt des Romans ihr Unwesen zu treiben: 200 Jahre Entwicklungsstillstand, 200 Jahre Stagnation, Entmündigung, Willkür und Anpasserei werden damit nicht nur behauptet und belegt, sondern als historische Realität überaus konkret erfahrbar, persönlich

I Promessi Sposi

und über Personen spürbar. Aus dieser konkreten Vergegenwärtigung von hundert Jahren, zweihundert Jahren Einsamkeit und Ohnmacht, Selbstentmündigung und Missbrauch, erwächst eine gewaltige Schubkraft, ethisch, politisch, ästhetisch. Auf der Basis einer sich formierenden Widerstandsgemeinschaft ist alles neu zu durchdenken: jede Figur kommt auf den Prüfstand. Es gibt keine eindimensionalen Chargen mehr. Jede Figur repräsentiert zwei Zeitebenen, muss in zwei Gesellschaften funktionieren.

Die fürstliche Signora aus dem Kloster in Monza ist ein schaurig-schönes Beispiel für diese Technik der Doppelbelichtung: einerseits könnte die bleiche aristokratische Nonne noch fast aus einer bösen elisabethanischen Rachetragödie im Stil Shakespeares oder Marlowes entsprungen sein, andererseits kommt sie als neurasthenisches Produkt einer rigiden familialen Fehlleistung zur Kenntlichkeit. Renaissancekostüm und Psychologie um 1800 – hier werden sie narrativ in eins geblendet: egoistisch und systematisch dirigiert der Vater die Kleine am Faden seiner auf Traumatisierung zielenden Strategien ins Abseits: pubertäre Regung, unschuldige Empfindungen der Heranwachsenden zu einem Pagen werden durch eine mehrtägige Schweige-, Schande- und Isolationsfolter psychologisch benutzt, um in ihr den letzten Widerstand gegen das Kloster zu brechen. »Er log aus Schamhaftigkeit der Nerven«, heißt es in einer Heranwachsenden-Studie Hugo von Hofmannsthals aus der Zeit um 1900. Sein Essay über die *Promessi Sposi* geht dieser Modernität des ›romantischen‹ Romans sensibel nach. Und in der Tat fühlt man sich bereits auf das Fin de Siècle verwiesen, wenn es an einer Stelle des Psychogramms der inzwischen extrem labil-aggressiv gewordenen Beinahe-Novizin bei Manzoni heißt:

[Gertrude] lief [...] in eine Ecke der Kammer und verharrte dort eine Weile, die Hände vors Gesicht geschlagen, um ihre Wut hinunterzuschlucken. Dabei wuchs in ihr ein übermächtiges Bedürfnis, andere Gesichter zu sehen, andere Worte zu hören und anders behandelt zu werden. Sie dachte an ihren Vater [...] und der Gedanke zuckte erschrocken zurück. Aber dann [...] empfand [sie] eine unverhoffte Freude. Danach eine Verwirrung und [...] ein starkes Verlangen, für [ihren Fehltritt] zu büßen. [...] Sie stand auf, ging an einen kleinen Schreibtisch, griff erneut nach jener verhängnisvollen Feder und schrieb ihrem Vater einen von Schwärmerei und Zerknirschung, von Kummer und Hoffnung erfüllten Brief [...] (Kap. 9)

Verdrängte Erotik, unstet flottierende Religiosität, ein koketter Trieb, mit der Rolle der ›sposina‹, der kleinen Braut Christi, ein ästhetisches Spiel zu treiben, gleichzeitig hilflose Angstattacken beim bloßen Anblick der monströs erscheinenden Nonnenreihen, Angst auch vor den Prüfungsgesprächen mit dem Beichtvater, Lust daran, diese Angst durch souveränes Schauspiel zu überwinden, und immer wieder das Gefühl, dem Vater zu gehorchen, zu gefallen, ihn zu demontieren, zu attackieren – all diese Affekt- und Reflexionsimpulse fluktuieren beinahe unkontrollierbar durch »die düstere Leere ihrer Seele«, wie es im 11. Kapitel heißt.

Und nun (dieser lange Umweg war nötig, um zu verstehen, was eigentlich vor sich geht), nun also steht ausgerechnet dies höchst hybride, dekadent-neurasthenisch-aristokratische Erscheinung vor den beiden eher als »einfach«, »geradlinig« und »unerfahren« geschilderten Frauen vom Land. Zwei Welten, nicht einmal eine Zweckgemeinschaft. Auch wenn die Signora sich für Lucia zu interessieren scheint, so bleibt doch in jedem Moment spürbar, dass es das Interesse einer eleganten Dompteuse an ihrem braven Dressurtier ist, das geduldig und arglos seine Runden dreht ....

Der Atem dieses Romans geht in großen, sehr großen Bögen. Die Szenen im einzelnen mögen noch so hitzig, beklemmend, pittoresk und wechselvoll gezeichnet sein, im Ganzen betrachtet wird das Geschehnis von großen Zäsuren, breiten Panoramen geprägt. Nun etwa (11. Kapitel), da Lucia in diesem Kloster mit seiner merkwürdigen »Signora« in das, was man »Sicherheit« nennt, gebracht ist, wechselt der Erzählgegenstand für 200 Seiten auf Renzo: wie ein anderer Candide, jedoch ohne dessen philosophische Präformation, gerät Renzo in eine ganz andere, ihm gleichfalls aber kaum vertraute Umgebung, und auch er kennt die Gesetze dieser ihm fremden Kultur genauso wenig wie Lucia die des Klosters. Kaum in Mailand angekommen, gerät der Junge in eine handfeste Revolte, die durch die Brotpreispolitik der spanischen Besatzungsmacht ausgelöst wird. Die zweite Missernte nacheinander, dazu verlustreiche Erbfolgekriege; - hohe Mehlpreise und Hunger in der Stadtbevölkerung sind die Folge. Renzo wird zum Zeugen der Plünderung von Bäckereien, aufflackernder Lynchjustiz, Gewaltausbrüchen, Massenaufläufen. Der junge Mann ist, ohne viel von den Hintergründen zu begreifen, schlagartig mitten im Geschehen; und die Situation schaukelt sich auf. Die Menge heult vor Wut, gewaltige Sprechchöre: »pane! pane! apri! apri!« – man zieht vor den Palast des Statthalters – »Brot! Brot! Aufmachen! Aufmachen!« [Pane! Pane! apri! apri!]. Der Wachoffizier versucht zu beschwichtigen und wählt dazu die falschen, weihrauchgeschwängerten Worte der Absolutionsformel: Indulgenza plenaria, perdono a chi torna a casa« – – Zu spät. Statt zu beruhigen, löst er damit einen Steinhagel aus. Man bricht das Tor auf, stürmt Bäckerei und Palast, es gibt die ersten Toten, die Menge heult auf: »Ah cani! vi faremo in pezzi!«. Die Masse wird zum Volkskörper, die blinde Wut zum ›Volkszorn‹, die nackte Gewalt zur ›gerechten Strafe‹.

Lynchjustiz liegt in der Luft. Und schon kommt ein blutgeiler alter Fanatiker mit Hammer und Nägeln und fordert, den Statthalter am Tor zu kreuzigen. Die Leute johlen auf, Renzo, der bis zu diesem Moment im wahrsten Sinne »mitgerissen« worden war und beim Schrei nach Blut gespürt hatte, dass sein eigenes Blut in Bewegung kommt, erschrickt, zuckt zurück, mischt sich ein:

»Schämt euch! Wollen wir dem Henker sein Handwerk nehmen? Einen Christenmenschen ermorden!«

»Ha, du Hund! Du Vaterlandsverräter!« [...] »Warte nur, warte! Das ist ein Diener des Proviantverwesers, der sich als Bauer verkleidet hat: ein Spion! Packt ihn, packt ihn!« (Kap. 13)

Eine für alles weitere, die weitere gedankliche und symbolische Ordnung des Romans wichtige und (ideologie-)kritische Zone: Aufstand ja, Terror nein – so in etwa könnte die durchgängige Strategie Manzonis umschrieben werden, und immer ist das Phänomen der Gewalt der Richtwert für die Legitimität einer Aktion. In solchen Momenten nimmt der Autor stets eine Art Auszeit, der Handlungsverlauf wird unterbrochen, und der Erzähler wird zum Geschichtsphilosophen. Er analysiert die Psychologie der Massen im Kontext von Volksaufständen, skizziert das Schema der Aufspaltung in einen eher radikalen und einen tendenziell gemäßigten Flügel und das unkalkulierbare Driften der Mehrheiten dazwischen. Er beschreibt das Phänomen der Manipulation und der Selbstmanipulation, die Wirkung von Gerüchten, den Prozess der Inszenierungen und schauspielerischen Repräsentationen von Gerechtigkeitsfanalen und scheinbar spontanen Ausbrüchen des sogenannten »Volkszorns«. So wird auch der drohenden Eskalation im gegenwärtigen Moment die Spitze genommen. Der Statthalter wird unter höchst dubiosen Begleitumständen ausgeflogen, die Menge beruhigt und verläuft sich.

Geschichte von oben und unten

Doch Renzo, bis dahin »bravo ragazzo«, ist auf den Geschmack des politischen Aktionismus gekommen. Der Country-Boy stellt sich auf die Piazza und beginnt eine Brandrede zu halten. Leute, wir werden doch nicht nur beim Brot begaunert. Die da oben nehmen uns doch alles. Es wäre an der Zeit, ganz andere Seiten aufzuziehen. Und erzählt die eigene Geschichte, fordert eine Generalabrechnung, redet sich wie ein aufgebrachter Kohlhaas in Rage, trinkt, spricht mit immer schwererer Zunge weiter und weiter, redet sich, ohne es zu bemerken, um Kopf und Kragen. Später, als er sturztrunken im Bett liegt, hat der Wirt selbstredend nichts Eiligeres zu tun, als heimlich die Militärpolizei zu rufen und ihn zu denunzieren. Mit mehr Glück als Verstand gelingt es ihm, den Kopf im letzten Moment aus der Schlinge zu ziehen. Und während die Rädelsführer des Aufstandes bereits am Galgen baumeln, ist Renzo Tramaglino, Seidenspinner aus Luco, steckbrieflich gesuchter Terrorist und Todeskandidat. Er wird bei einem Bekannten in Bergamo untertauchen und der Verfolgung entgehen.

Während Renzo sich halbwegs in Sicherheit bringt, gerät Lucia, die bis dahin halbwegs gesichert im Kloster von Monza lebte, in eine neue Spirale der Gewalt und des Schreckens. Auf Veranlassung Don Rodrigos und unter zumindest duldender Billigung der dubiosen Nonne beziehungsweise »Signora« wird sie entführt und auf ein düsteres Schloss gebracht, das sich im Besitz eines mächtigen Raubritters, dessen Namen man am besten nicht einmal nennt, befindet. »L'innominato«, wie er von da an im Buch heißen wird, ist eine jener düster-gefährlich-faszinierend-ambivalenten Figuren, die die *Promessi Sposi* zu jenem besonderen Buch werden ließen, das mehr als nur literarischen Erfolg im üblichen Sinne haben sollte. Auch eine Opern- (oder Kintopp-) Szene: die schöne jugendliche Unschuld, die vor ihm angststarr und tränenüberflutet auf die Knie sinkt. Und davor, darüber, kalt, hart, böse, der ohne Namen, das anonyme Böse, der ganze Mann eine einzige Waffe. Es gibt keine Hoffnung mehr. Es müsste ein Wunder geschehen. Es geschieht ein Wunder. Ihr Flehen, ihre Bitten, ihr Wimmern um Gnade oder ihr Ohnmacht, ihre unschuldige Ausstrahlung oder verzweifelte Hilflosigkeit lösen in diesem Blaubart, halb Marquis de Sade, halb Hamann, etwas aus; etwas Unbenennbares unterminiert die Panzerung des Unbenannten. Noch höhnt er, verhöhnt er den Namen Gottes, doch das Glaubensvirus ist bereits unter die Haut gedrungen. Und als dann auch noch die schöne Unschuld in der Zelle der Allerheiligsten Jungfrau Maria schwört, Jungfrau zu bleiben, Nonne zu werden und auf Renzo zu verzichten, wenn sie nur hier rauskäme —, während sie dies also gelobt, fährt dem Burgherrn, der zwischenzeitlich in seinem Schlafzimmer in dumpfes Brüten über sein böses Leben gefallen ist, förmlich der Gewissenswurm in die Glieder. Der Erzähler behauptet zwar nicht expressis verbis einen Kausalzusammenhang zwischen Keuschheitsgelübde auf der einen und Kastrationsdelirium auf der anderen Seite, aber er legt es doch sehr nahe:

Doch gegenwärtiger denn je stand ihm ihr Bild vor Augen [...].

»[...] man ist kein Mann mehr, jawohl, kein Mann mehr...Ich? ...Ich bin kein Mann mehr. Ich! Was ist geschehen? Welcher Teufel hat mich geritten? Was ist denn neu an der Sache? Hatte ich nicht schon vorher gewußt, dass Frauen jammern?« (Kap. 21)

Neu an der Sache ist, dass der böse, gefährliche Mächtige Innominato bereits zu diesem Zeitpunkt nicht mehr der ist, der er war. Ein bekehrter Macbeth, ein geläuterter Nero, ob er es wahrhaben will oder nicht: aus einem grausamen Mann ist ein reumütiger Mensch geworden. Es ist, als ob das Gelübde der Entsexualisierung das Böse aus der Welt schaffen würde. Dies alles geschieht im 21. Kapitel, und bereits in Kapitel 22 verlässt der neue Mensch den Venusberg des Bösen und eilt freudigen Herzens in die Verderbnis seiner vollständigen Bekehrung. Im Dorf neben dem Schloss sammelt der so gut wie heilige Kardinal Karl Borromäus Volk um sich. Ein Blick, zwei Worte, der Mann ohne Namen bricht als zuckendes Bündel zusammen: Tränen, Umarmungen, Verzückung – Kitsch. Das

dreimal »Lebenslänglich« am Ende von *Emma* kann man mit einigem guten Willen ja als ein Happy End ohne Kitsch sehen. Manzonis *Promessi* jedoch gleiten, je mehr es dem Ende zugeht, nicht so sehr dem Trivialen, sondern was schlimmer ist, dem Verlogenen, was noch schlimmer ist, dem Ideologisierenden, Manipulativen zu; diese Ideologie trägt einen Namen: Christentum, Glaube, Gottes Wille.

Erfasst von freudiger Volksbewegung schließt sich auch der düster-feierlich bewegte Innominato dem Pilgerzug zum Heiligen Mann an – wie ein büßender Tannhäuser, der sich bekanntlich auf den Weg nach Rom machte, um den Venusberg-Trip zu büßen. Das 19. Jahrhundert ist ja generell das Jahrhundert der Buße, Sühne, Strafe, Erlösungssüchtigkeit. Die beiden heiligen Männer, ist man versucht zu sagen, sinken einander schluchzend in die Arme. Erst noch kurz beklommen, verwirrt, bewegt, schweigend. Dann raunt der Kardinal: »Ihr habt mir eine gute Nachricht zu bringen?« Noch einmal köchelt das Böse kurz auf:

»*Ich eine gute Nachricht? Ich habe die Hölle im Herzen.*« *(Kap. 23)*
[Ho l'inferno nel cuore.]

Das klingt wie aus dem Libretto einer Oper, und so endet die Szene auch mit Melodramatik pur, zwei Minuten, das heißt genau eine Seite später ist aus der Höllenfahrt eine christliche Himmelfahrt geworden. Es folgt das Rezitativ »Dio grande e buono« von Seiten des Conte und die Arie »È troppo ... lasciatemi, monsignor« gerahmt, gekrönt mit einem delikaten Bekenntnis-Baiser à la Rousseau:

»*Wahrhaft großer Gott, wahrhaft gütiger Gott, jetzt erkenne ich mich, meine Untaten stehen mir vor Augen, mir schaudert vor mir [...] und doch empfinde ich eine Freude in mir [...]*« *(Kap. 23)*

– Oper und Schlager beinhalten ja als großen gattungsspezifischen Vorteil die Eigenart, dass man in der Regel den Text kaum ernsthaft zur Kenntnis zu nehmen gezwungen ist. Beim Roman geht das aus technischen Gründen nicht. »Das ist nur ein Vorgeschmack«, verkündet der Kardinal dem Penitente – und siehe er behält recht: Lucia wird selbstredend mit Kusshand und in Ehren entlassen, und der selige Innominato führt von Stund an ein Leben im Dienste der Armen und Schwachen. Was für ein erhebendes Finale. Allerdings: wir Leser sind jetzt ziemlich genau auf S. 500 des Romans, das heißt – in der Mitte.

In den Akten III und IV, wenn man im Rhythmus der großen Oper denkt, überziehen große Katastrophen und Heimsuchungen das Land: erst die plündernde, brandschatzende Soldateska der Erbfolgekriege, in ihrem Gefolge die Pest. Den Roman wiederum überzieht – die Geschichte: Manzoni plündert den historischen Fundus der Zeit, und er schickt seine Figuren ins Feuer: die befreite Lucia, Agnes und der arg gebeutelte Don Abbondio erleben den Krieg aus der Froschperspektive, Renzo kehrt, immer noch auf der Suche nach seiner ›Kunigunde‹, nach Mailand zurück, steigt über Leichenberge, wird wieder und aufs neue gejagt, verfolgt, bedroht – und findet endlich – Lucia als Pflegerin in einer

Peststation, endlich, nach zwanzig Monaten Hoffnung, Suche, Verzweiflung, Gefahr. Bei Voltaire, man erinnert sich, war es ja dann so, dass der Bruder von Kunigunde nicht in die Heirat einwilligen wollte. Hier ist es – die Braut, die ja mittlerweile mit Christus verlobt ist. Renzo ist verstört, bedrängt Santa Lucia und fragt – unerhörterweise – ob sie ihn denn noch liebe:

»*Du herzloser Mensch!*«, *antwortete Lucia [...] Geh fort, geh und vergiss mich! [...] Wir werden uns im Himmel droben wiedersehen [...] Geh jetzt und denk nicht mehr an mich [...] (Kap. 36)*

Voltaire setzt seinen Figuren eine rosarote Brille auf, um sie den Lesern aus der Hand zu schlagen, und er trampelt auf dem verbogenen optischen Gerät auch noch mutwillig herum. Manche der fliegenden Splitter verletzen. Manzoni aber setzt seinen Figuren und ihren Lesern Gesinnungsbrillen auf: er verordnet, ganz sachte und verständnisvoll – im Gestus irgendwo zwischen Lebenshilfe und Seelsorge – ein Gestell der katholischen Krankenkasse und getönte Gläser, die die Dinge etwas verschwimmen lassen.

Pater Christofero wird aus der Requisite gezogen, um das Gelübde in Christi Namen zu lösen und die christliche Ehe dennoch zu ermöglichen, und Don Camillo, pardon Abbondio, kann nun endlich auf S. 930 das Sakrament der Ehe spenden. Und das junge Paar kann sich daran machen, den Garten zu bestellen –«cultiver le jardin – –«. Aber was tun sie? Sie beginnen zu philosophieren. Renzo rekapituliert fast in der Art eines Theodizeeaners und zählt auf, was er alles gelernt hatte, um sich in der Zukunft besser zu verhalten: keine Volksreden mehr, kein Alkohol, um sich nicht zum Narren machen, hundert andere Dinge, um normal zu werden. Lucia vervollkommnet den Gedanken und fügt hinzu:

»*Ich bin das Unglück nicht suchen gegangen, es ist von selber gekommen, mich heimzusuchen.*« *(Kap. 38)*

Und gemeinsam kommen sie zu der heilsamen Minimalerkenntnis,

dass auch die vorsichtigste und unschuldigste Lebensführung nicht genügt, um [Unglück und Not] fernzuhalten, und dass, wenn sie kommen, ob durch eigene Schuld oder nicht, sie durch das Vertrauen in Gott gemildert und für ein besseres Leben nützlich gemacht werden können. (Kap. 38)

Das klingt doch sehr gedämpft. Der Erzähler spricht von einem »costrutto morale«. Und dabei sollte man es belassen.

Jedenfalls, der Himmel öffnet die Schleusen, spült die Pest weg, Don Rodrigo stirbt elendiglich, der Kardinal wird heilig gesprochen, und Szenen aus *Fermo und Lucia* werden bis ins 20. Jahrhundert melodramatisch nachgespielt. Manchmal in Kostümen und freiwillig. Häufiger unbewusst und unfreiwillig.

Und jetzt erst, vom Ende her gesehen, lässt sich das gesamte Bild ausbilanzieren: wo andere highlightartig ausblenden, beginnt Manzoni richtig mit der Arbeit. Eines ist die opernartige Breitwand-Bekehrung der besseren Stände:

Kardinäle, Fürsten, Heilige. Gesellschaftsikonen. Ein ganz anderes als das, was die Leute im Alltag daraus machen; la »povera gente«, die armen kleinen Leute. Für die es immer nur heißt: Fermo! Stia! Faccia! Scappa! Die müssen sich durch die Misere schlagen, mehr recht als schlecht, und ihre kleine Utopie gegen die großen Entwürfe durchsetzen. Religion ist auch im Spiel. Nicht als Opium. Aber doch als Sedativum.

Für mich ist der heimliche ›Held‹ des Romans, der das ganze Gemisch aus Geschichte, Religion und Literatur im Inneren zusammenhält – Don Abbondio. Der hakenschlagende, ewig misstrauische, ewig quenglerische, höchst unzuverlässige, eben nicht grundgütige oder auch nur im Grunde doch gütige kleine Landpfarrer. Eine unangenehme, moderne Figur. Immer wieder taucht sie auf: kein großer Verräter, ein kleiner Trickser; kein großer Intrigant, ein kleiner Wurm. Was soll er machen? Hat niemanden hinter sich. Muss sich durchschlagen. Erst kommt die Angst. Dann – vielleicht – die Moral. Großen Gesten gegenüber bleibt er misstrauisch. Widerstand würde er nie riskieren. Ein unauffällig unauffälliges Leben. Am Schluss kein bisschen ›besser‹ als zu Beginn. Mögen kann man ihn nicht. Aber man braucht ihn: als Handlanger, Funktionär, Verwaltungsaktvollzieher; in Brochs *Schlafwandler*-Trilogie tauchen solche Männer ohne Eigenschaften wieder auf. Als Hauptfiguren. Im großen historischen Roman bekommen sie den Preis für die wichtigste Nebenrolle. Dort werden sie gebraucht, um der Reinheit mancher Hauptfiguren eine kleine Spur realistisches Gift beizumischen. Geschichte von oben und unten. Der Roman bietet beides.

Literaturverzeichnis

- Manzoni, Alessandro: *I Promessi Sposi*. Giulio Enaudi. Torino. 1960.
- Manzoni, Alessandro: *Fermo e Lucia*. Sansoni. Florenz. 1985.
- Manzoni, Alessandro: *Die Brautleute*. Übers. von Kroeber, Burkhart. Hanser München. 2000.
- Eco, Umberto: *Nachschrift zum »Namen der Rose«*. Übers. Kroeber, Burkhart. Carl Hanser. München. 1986. S. 57-58
- Eco, Umberto: *Worte und Taten. Natürliche Zeichensprache und Wort bei Manzoni*. In: *Lüge und Ironie*. Übers. von Kroeber, Burkhart. Hanser. München. 1999.
- Hofmannsthal, Hugo von: *Stadien. Sentimentale Entwicklung. Age of Innocence. Stationen der Entwicklung*. In: *Loris. Die Prosa des jungen Hugo von Hofmannsthal*. Fischer. Frankfurt. 1930.
- Hofmannsthal, Hugo von: *»Manzonis ›Pormessi Sposi‹«*. In: *Reden und Aufsätze III. 1925-1929*. (Hg. Steiner, Herbert) S. Fischer. Frankfurt. 1980.

- Verdi, Giuseppe: *Nabucco. Textbuch (Italienisch – Deutsch)*. Übers. Schottlaender, Leo. Schott. Mainz./Piper. München. 1990.

Alessandro Manzoni

Vita
*7.3.1785   Mailand
†22.5.1873   Mailand

1790-1803   Erziehung in kirchlichen Internaten
1805   Tod des Vaters, Umzug nach Paris und fortan Wirken in den Salons der Aufklärer
1808   Heirat mit der Calvinistin Enrichetta Blondel
1810   Übertritt zum Katholizismus
1818   Verkauf des väterlichen Erbes
1827   Wird durch Die Verlobten literarisch weitgehend bekannt
1833   Tod Enrichettas
1837   Heirat mit Teresa Borri
1860   Zum Senator des neuen Königreiches ernannt
1873   Tod seines ältesten Sohnes, nachdem bereits sechs seiner neun Kinder gestorben waren

Werke
1819   Osservazioni sulla morale cattolica
        Bemerkungen über die katholische Moral
1820   Il conte di Carmagnola
        Der Graf von Carmagnola
1821   Il cinque Maggio
        Der fünfte Mai
1822   Inni sacri
        Heilige Hymnen
        Adelchi
        Adelgis
1823   La Monaca di Monza
        Die Nonne von Monza
1826   I Promessi Sposi
        Die Verlobten
1842   Storia della Colonna Infame
        Die Schandsäule

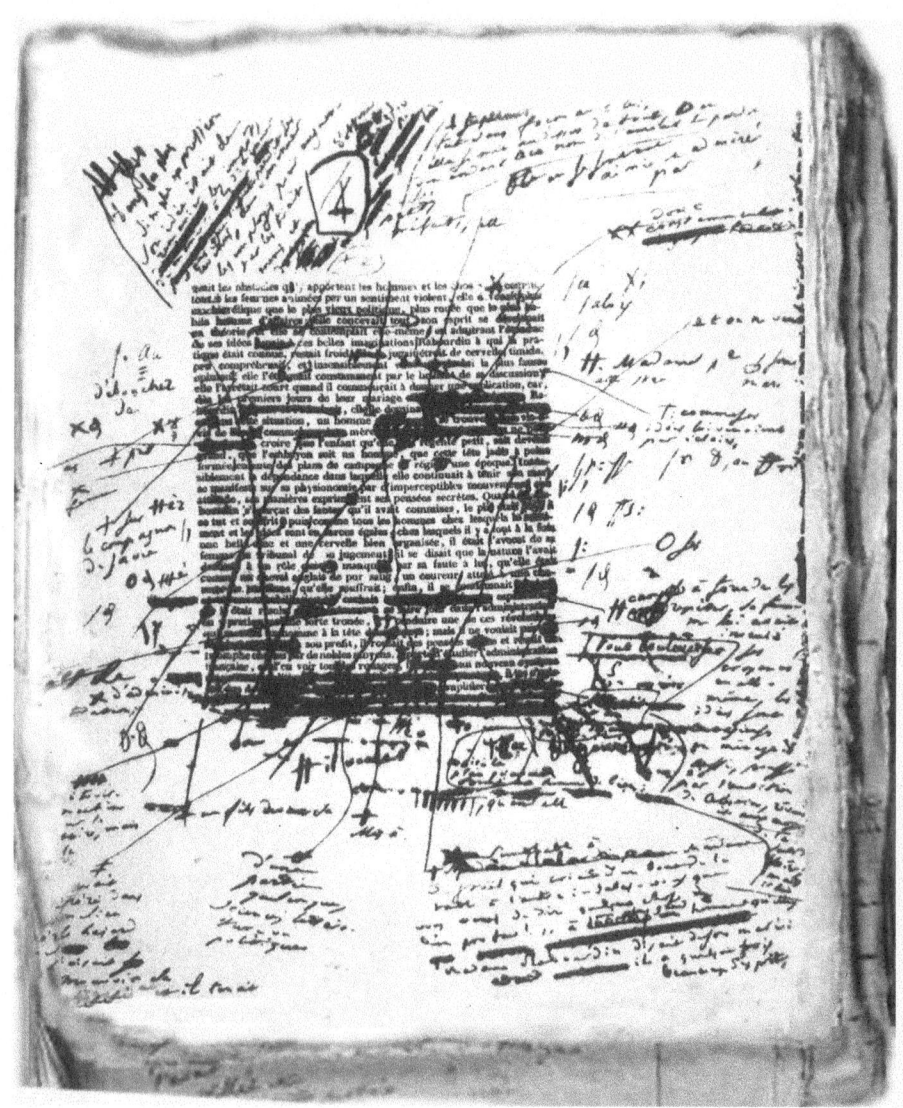

Balzacs Fahnenkorrektur

Balzacs verlorene Illusionen
oder: Eine Abrechnung auf Francs und Sous

Als der ›Held‹ der *Illusions perdues* achtzehn Monate nach seinem Aufbruch nach Paris wieder in seine Heimat zurückkommt, besitzt er noch ganze drei Francs. Damit könnte es sein Bewenden haben, und das Wesentliche zum Roman des Realismus wäre gesagt.

Es ist schon frappierend zu sehen, wie sehr die Verläufe und die Grundsituationen im Roman der neueren Zeit sich ähneln: *Don Quijote, Candide, Promessi Sposi*, Balzac, Keller, Dickens – immer bricht einer, meist ein sehr junger, sehr unerfahrener Mann auf, zieht durch die Welt, bezahlt dafür und kehrt desillusioniert und mehr oder weniger mittellos zum Ausgangspunkt zurück. Dieser Typus des neuen Romans ist Protokoll eines Scheiterns im Grundsätzlichen. Figuren, Umstände und Details dieses Scheiterns sind freilich sehr unterschiedlich. Und es sind diese Details, die hier interessieren, weil aus ihnen das Spezifische des Werks und der Kultur, aus der es kommt, für die es steht, aufscheint.

Don Quijote war der Letzte seiner Art; Abschluss, Höhepunkt und bitterste Persiflage des Prototypus, der aus einer anderen Welt kommt: ständische Feudalkultur, Gralssuche, Heilsgeschichte. Das Grundmuster ist auch in der Inversion noch erhalten. Gleichzeitig ist dieser Roman in nahezu allen Details schrille Gegenstimme zum ritterlichen Gesang; Abgesang, Katzengesang auf hohe Heroismuslieder, ›Minne‹, ›Queste‹, ›Truivve‹, ›Staete‹ inklusive.

Abgesang und Auftakt. Auftakt zu einer Erzählkultur mit eingebauter Bruchlandung: der Held, ein malträtierter Haufen Heldenschrott. Seither sind Typen dieser Art unterwegs: gehetzt, gejagt, verdroschen, verhöhnt, jämmerliche Repräsentanten eines immer fragwürdiger werdenden Prinzips Hoffnung oder Liebe. Richtung: Endstation Sehnsucht. Und wenn das nicht mehr geht: Endstation Ehe oder Arbeit oder Rente. Schwerter und Degen wandern peu à peu in den Fundus und werden eingemottet, und nur zu seltenen Anlässen wie Duellen – Rituale aus einer fernen, längst untergegangenen Welt – kurzfristig reaktiviert. Keine Riesen, Windmühlen und Zauberer sind mehr die Gegner, sondern Direktoren, Börsenkurse und Betrüger; fließt kaum mehr Blut – umso stärker sind die Kapital- und Geldflüsse.

Spätestens mit Balzac hat der Roman die Phase des pubertären Herumprobierens hinter sich gelassen – ist ›erwachsen‹ geworden. Immerhin befinden wir uns im wirklichkeitssüchtigen 19. Jahrhundert, im Zeitalter des sogenannten ›Realismus‹. Erich Auerbach hat in seinem erstaunlichen Buch *Mimesis* (es entstand 1942-45 im türkischen Exil) dargestellt, dass der Versuch nachahmender

Wirklichkeitsdarstellung mit sprachlichen Mitteln ein, wenn nicht *das* Grundmuster der »abendländischen Literatur« ist: von Homer bis Boccaccio, Aristoteles bis Rabelais reicht diese Tradition. Montaigne, Cervantes, Shakespeare markieren einen ersten Gipfel dieser Poetik der Wirklichkeitsobsession. Etwas zugespitzt könnte man die wesentlichen poetologischen Auseinandersetzungen der europäischen Literatur der letzten Jahrhunderte auf eine permanente Auseinandersetzung zwischen zwei Grundkonzeptionen ästhetischen Selbstverständnisses deuten. Auf der einen Seite stehen Idealismen und Klassizismen der verschiedensten Art: Verfahren, um die Empirie poetisch, imaginativ, ästhetisierend zu umgehen. Auf der anderen Seite ›Realismen‹ unterschiedlicher Couleur, um die krude Materialität des Daseins auch ins literarische Spiel zu bringen, beziehungsweise sie auf literarische Art ins Spiel zu bringen.

Wie wirklich ist die Wirklichkeit?

Zugleich sollte man sich davor hüten, allzu einfachen Schematisierungen auf den Leim zu gehen. Denn mit dem Realismus ist es wie mit der englischen Sprache: es ist relativ einfach, sie schlecht zu sprechen. Auf den zweiten Blick wird alles diffiziler. Rasch stellt sich die Frage nach der tatsächlichen Wirklichkeitshaltigkeit dieser sogenannten Wirklichkeit. »Wie wirklich ist die Wirklichkeit?«, so fragt Paul Watzlawick und verweist damit auf das Problemfeld der Wirklichkeits-Wahrnehmung und Wirklichkeits-Konstruktion. Also der Verbindlichkeit dessen, was wir als Wirklichkeit zu erkennen glauben, und nach der Art und Weise wie wir eine Art von Wirklichkeitsbild herstellen: Wirklichkeit als Quotient aus Wahrnehmung und sprachlicher Vermittlung.

Vielleicht ist alles sogar noch komplizierter: eine Wirklichkeit der Fakten (ein Unfall, eine Schwangerschaft, ein Todesfall) – eine Wirklichkeit der Anschauungen (was einer/eine davon mitbekommt, empfindet, wahrhaben kann oder will) – und eine Wirklichkeit des Diskurses, der Sprache – und nur mit dieser zuletzt genannten haben wir als Leser es unmittelbar zu tun. Es ist ganz zutreffend, mit Paul Watzlawick von »sogenannter Wirklichkeit« zu sprechen. Seit Platos Diskussion des Mimesis-Konzepts in Buch X des *Staats (politeia)* geht diese Diskussion nun, und bereits er war zu dem Schluss gekommen, dass der Nachahmer nicht die Wahrheit der jeweiligen Sache nachahme, sondern nur deren Erscheinungsbild. Und im Fall der Dichtung auch dies noch mittels einer Begrifflichkeit, deren Zeichen nichts von der Substanz der Dinge, von denen sie berichten, in sich tragen:

Wollen wir also feststellen, dass vom Homeros an alle Dichter nur Nachbildner von Schattenbildern der Tugend seien und der anderen Dinge, worüber sie dichten, die Wahrheit aber gar nicht berühren [...].

[Er] werde etwas machen, was man für einen Schuhmacher hält, ohne selbst etwas von der Schusterei zu verstehen, und für die, welche nichts davon verstehen [...]. (X, 1.22 Die Unkenntnis der Dichter)
Aristoteles wird diese Grundidee aufnehmen und dichtungsspezifisch diversifizieren, wenn er im 25. Abschnitt der *Poetik* schreibt:
Da der Dichter ein Nachahmer ist [...], muss er von den drei Nachahmungsweisen, die es gibt, stets eine befolgen:
1. Er stellt die Dinge entweder dar, wie sie (waren oder) sind
2. oder so, wie man sagt, dass sie seien, und wie sie zu sein scheinen
3. oder so, wie sie sein sollten.
Aristoteles' Definition beinhaltet ein beträchtliches Maß an Varianten. Es scheint, als seien fast alle Umsetzungsversuche mimetisch gültig. In Wirklichkeit öffnet sich hier der Rahmen für einen säkularen, kontroversen, gelegentlich dogmatischen Diskurs um die Funktion von Kunst in der Gesellschaft. Um ihre Funktionstüchtigkeit, ihre Gültigkeit, ihre Relevanz, die oft an ihrem »Wirklichkeits-Gehalt« festgemacht wird. Nun gibt es eine gleichfalls seit der Antike auf uns gekommene Tradition, die Darstellung gewisser Bereiche der Erfahrung als in besonderem Maße authentisch, glaubhaft, ›wirklichkeitsnah‹ zu betrachten: Sexualität, Gewalt, Körperlichkeit – und Geld. Und Komik. Der Philosoph, der über den Kosmos reflektierend den Nachttopf übersieht und stolpert, bringt nicht nur die thrakische Dienerin zum Lachen, sondern uns alle. Szenen dieser Art sind ›klassischer‹ Kunst unerträglich. Schiller hat, als er Shakespeares *Macbeth* für die Weimarer Bühne einrichtete, die berühmt-berüchtigte Pförtner-Szene umgeschrieben: statt minutenlang mit hochroter Nase über den Zusammenhang zwischen Saufen und Sex zu meditieren, singt der brave Mann in dieser klassizistischen Fassung dann ein christliches Morgenlied. Bei Don Quijote gerät der Leser permanent in diesen Widerspruch von erhabener Erwartung und bösem Erwachen. Und Candides schmerzhaft-komischen Kultur-Clash-Slapstick-Lauf wird man gleichfalls ohne weiteres in dieses Konzept von ästhetischer Fallsucht und systematischem Stilbruch im Dienste des Realismus einordnen können. Bis hin zu Goethes sturm- und drängerischem Zer-Brechen der gehobenen Diktion im *Werther*:
»Ich bin zu nah in der Atmosphäre – Zuck: so bin ich dort.« (26. Juli)
»Ich passe die Zeit ab, wenn er zu tun hat; wutsch, bin ich drauß, und da is mir wohl wenn ich sie allein find.« (30. Juli)
Obwohl sich also eine durchgängige Tradition der ›Realismen‹ nachweisen lässt, ist doch nicht zu übersehen, dass es, grob gesprochen, zwischen 1789 und 1830, also zwischen französischer Revolution und den europäischen Befreiungskriegen zu einer umfassenden Umstrukturierung des öffentlichen und privaten Bewusstseins kommt – und damit verbunden zu einer systematischen Ausgestaltung der realistischen Poetik in Theorie und Praxis. Balzac ist einer

der entscheidenden Protagonisten dieser Bewegung. Und es ist alles andere als jener Schulbuchrealismus, der noch immer gelegentlich Lehrbücher durchspukt und schlichte Schematisierungen produziert, der ihn interessiert. Schemata wie das vom ›romantische Dichter‹, als Verwandler auf der einen Seite, der realistischen als Abbilder, Spiegelbildhersteller, auf der anderen nichts davon ist wahr, Simplifikationen dieser Art schaden mehr als sie nutzen, denn sie desensibilisieren für stimmige Leseprozesse.

Gerade einmal 51 Jahre alt ist Honoré de Balzac geworden. Geboren 1799, im letzten Jahr des 18. Jahrhunderts, ganz ein Mann des 19. Jahrhunderts. Der Vater Weinbauer in Tours. Die Mutter aus einer Familie von kleinen Händlern. Den Zeugnissen nach alles andere als eine glückliche Ehe. Vier Kinder. Er beginnt als Schreiber, wird Buchdrucker, Verleger, Autor. Unter dem Namen Honoré de St. Albin veröffentlicht er einige an Scott angelehnte Romane. In Paris lernt er die imponierenden Relikte des von der Revolution weggespülten Ancien Régime kennen, Leute, die im Heer Napoleons Europa durchzogen, befreiten, plünderten, globalisierten. 1819/20, die Zeit, in der die *Verlorenen Illusionen* spielen, ist Balzac 20, fiebrig und gelähmt zugleich, überrollt von gewaltigen politischen Ereignissen dichter Folge: 1812 der Rückzug Napoleons, 1814/15 der Wiener Kongress, 1814 die Rückkehr der Bourbonen und Louis XVIII. Restauration. Restauration und Zynismus. Eigentlich kein Wunder, dass eine ganze Generation Jüngerer in eine Art Zeitloch fällt:

Alles was war ist nicht mehr,
Alles was sein wird noch nicht.

Alfred de Musset, Generationsgenosse Balzacs, wird dies besondere Zeitgefühl 1836 in seiner *Confession d'un enfant du siècle* auf eine spontan erhellende Formel bringen und erläuternd hinzufügen, dass alle, die 1793 und 1814 erlebt oder in Erinnerung hätten, diese zwei mentalen Verletzungen in sich trügen, die zu einer Art ›Maladie du Siècle‹ würden: Napoleon war tot, der göttliche Staat wieder etabliert – aber keiner glaubte mehr daran.

Eine nervöse, unstete, bleiche, glühende Generation, melancholisch und übermotiviert zugleich, chaotisch, dynamisch, bedürftig, exzessiv bedürftig nach Bedeutung. Und sich zugleich der Tatsache bewusst, zu spät geboren und zum Schicksals-Epigonen verdammt zu sein. Eine vor Aggressivität berstende, ebenso ambitionierte wie leicht frustrierbare Zeitgeistklientel.

Von diesem zeittypischen und generationsspezifischen Eindruck ist auszugehen, will man der systematischen Programmatik des Realismus-Konzepts Balzacs gerecht werden. Es ist wahr: Balzac beschreibt unendlich viele Individuen. Doch Individuen stehen nicht im Zentrum seines Interesses. Im Gegenteil. 1843, nach gut dreizehn Jahren als »Zwangsarbeiter des Ruhms«, wie er sich selbst zutreffend beschrieben hat – das heißt sechzehn Stunden Schreiben am Stück, alle drei Stunden Kaffee, ca. 50.000 Tassen – skizziert er im ›avant-propos‹ zur *Comédie humaine* Grundsätze seiner Arbeit. Das Projekt: der Menschenpark namens »Gesellschaft«. Ihn zu beschreiben, ihn zu analysieren, zu sezieren. Ein völlig neuer Ton kommt ins literarische Geschäft. Balzac strebt nichts Geringeres an, als eine »comparaison entre l'Humanité et l'Animalité«. Das Tertium: ein identisches Prinzip der Diversifikation. Hier: ein Urtier und Tausende unterschiedlicher »espèces zoologiques«; dort: ein Prototypus und Tausende unterschiedliche Einzelwesen, Einzelkulturen. Konsequenz: die »espèces sociales« können nach denselben Kategorien untersucht werden wie die »espèces zoologiques«. Weshalb also die Fauna untersuchen, wenn Hominiden zur Verfügung stehen, die sich ungleich komplexer, interessanter, künstlicher verhalten?

Entsprechend einem Gesetz, das noch zu erforschen ist, tendiert der Mensch dazu, seine Sitten, seine Ideen und sein Leben entsprechend seinen Bedürfnissen zu organisieren. (Vorrede zur Menschlichen Komödie)

Der Mensch als »soziale Spezies«

Daraus leitet Balzac den Auftrag zu einer umfassenden »histoire des mœurs« ab; einem Hypertext, Integral eines repräsentativen Gesellschaftsporträts, bestehend aus 3000 bis 4000 Personen, die diese Gesellschaft repräsentieren. Alle Laster, Leidenschaften, Charaktere, Prinzipien, Werte müssen in diese Inventarliste eingetragen werden, mit dem Ziel, eine Art Reliefkarte der archäologischen Zone »Gesellschaft« zu erstellen, ihr näher zu kommen. Der Dichter als demütiger Sekretär einer solchen Wissenschafts-Community, nicht Prophet und nicht Philosoph, nicht Patriot, Führer oder empfindsamer Freund – nein, als wissens- und kulturarchäologische Archivar, so soll die Rolle definiert sein. Vor allem nicht ›Pfarrer‹ oder ›Moralist‹, denn, was die Grundprinzipien anbelangt, so gilt als Hypothese Nr. 1:

L'homme est ni bon ni méchant. – Der Mensch ist weder gut noch böse.

Mit einem Set von Instinkten geboren, wird er von der Gesellschaft bald so, bald so geformt und auf unterschiedliche Art sozialisiert. Im selben Abschnitt allerdings betont Balzac, dass auch die Religion als ein solches – sogar besonders wirksames – Sozialisationsverfahren zu sehen ist, als ein präformierendes, depravierendes System rigidester Art.

Aus einem aus dieser Neutralität eventuell erwachsenden Amoralitätsvorwurf der Gesellschaft dürfe sich der Dichter nichts machen: Sokrates und Jesus seien in den Augen der »Société« auch der »immoralité« bezichtigt worden. Man sieht, der Sekretarius legt doch eher größere Maßstäbe an die Rolle des Autors an. Napoleon als Zeitgenosse mag prägend gewesen sein.

Als Wissenschaftler mit leidenschaftlichem Eroberungsinstinkt steht Balzac seinem Metier nicht indifferent oder abgeklärt gegenüber: »histoire«, »mœurs«, tausende von Menschen, zehntausende von Details – das soll nicht alles um seiner selbst willen angehäuft werden und auch nicht als positivistische Datenbank, als Mausoleum des Determinismus dienen. Balzac setzt seinerseits dezidiert auf die Prämissen einer auf Fortschritt und Evolution geeichte Kultur.

Wenn man mich diese gewaltigen Datenmengen anhäufen und als Fakten, so wie sie sind, beschreiben sieht, soll man nicht glauben, ich mache das mehr oder weniger unbeteiligt, in der Art der Sensualisten oder der Materialisten, die den Menschen als eine Art biogenetisch funktionierenden Apparat ansehen.

Zwar, an einen »progrès indefini« der Gesellschaft glaube auch er nicht, wohl aber an einen »progrès de l'homme sur lui-même«.

Was immer mit diesem großen Wort gemeint sein soll, – die Tendenz, in Termini der menschlichen Vervollkommnung zu denken, zu schreiben, muss als wesentlicher Hintergrund des Projekts *Comédie humaine* gesehen werden. Des ›système comédie humaine‹. Was bei Dantes *Divina Commèdia* theologisch definiert und heilsgeschichtlich perspektiviert war, ist im säkularisierten Gegenentwurf der »menschlichen« Komödie des Realisten soziologisch und sozialutopisch definiert. Wobei hier wie dort mit dem Anspruch der Systematik und des vollständigen Panoramas vorgegangen wird. Statt Höllenkreise und Purgatoriumszonen nun Gesellschaftsnischen und »espèces sociales«.

Es war keine kleine Aufgabe, zwei- oder dreitausend markante Gestalten eines Zeitalters zu schildern; denn das ist letztlich die Summe der Typen, die jede Generation darbietet und die die ›Menschliche Komödie‹ enthalten soll. Diese große Zahl von gestalten, von Charakteren, diese Fülle von Existenzen erforderten Rahmen und, man verzeihe mir diesen Ausdruck, ganze Galerien. Daher die so natürlichen, schon bekannten Einteilungen meines Werkes in ›Szenen aus dem Privatleben, aus dem Provinzleben, aus dem Pariser Leben, dem politischen Leben, dem Soldatenleben und dem Landleben‹. In diesen sechs Bänden sind all die ›Sittenstudien‹ untergebracht, die die allgemeine Geschichte der Gesellschaft bilden, die Sammlung aller facta und gesta, wie unsere Vorfahren gesagt hätten. Jene sechs Bände entsprechen übrigens allgemeinen Ideen. Jedes von ihnen hat seinen Sinn, seine Bedeutung, und formuliert eine Epoche des menschlichen Lebens. Ich möchte hier, wenngleich in aller Kürze, wiederholen, was Félix Davin, ein junges, der Literatur durch einen vorzeitigen Tod entrissenes Talent, schrieb, nachdem er sich über meinen Plan eingehend unterrichtet hatte. Die ›Szenen aus dem Privatleben‹ stellen die Kindheit, die reifezeit mit ihren Verfehlungen dar, wie die ›Szenen aus dem Provinzleben‹ das Alter der Leidenschaften, der Berechnungen, des Eigennutzes und des Ehrgeizes.

[…]

Darüber sollen die ›Analytischen Studien‹ zu stehen kommen, über die ich nichts sagen möchte, da erst eine einzige davon veröffentlicht worden ist: ›Die Physiologie der Ehe‹.

In der nächsten Zeit werde ich zwei weitere Werke dieser Art geben. Als erstes die ›Pathologie des sozialen Lebens‹, alsdann die ›Physiologie der Lehrkörper‹ und die ›Monographie der Tugend‹.

Balzac verhandelte zu dieser Zeit mit einem Verlegerkonsortium über das Exklusivrecht zum Abdruck seiner sämtlichen bereits erschienenen und in Zukunft erscheinenden Werke. Der *Werkkatalog* von 1845 enthält eine entsprechende Gesamtauflistung:

Études de mœurs, Études philosophiques und *Études analytiques*. Die erste und umfangreichste Gruppe ist ihrerseits wiederum aufgeschlüsselt in *Scènes de la vie privée, Scènes de la vie de province, Scènes de la vie parisienne, Scènes de la vie politique, Scènes de la vie militaire* und *Scènes de la vie de campagne*. Jedem dieser Bücher liegt eine allgemeine Idee zugrunde: So sollten die *Scènes de la vie privée* zum Beispiel die ›Kindheit, Jugend und ihre Fehler‹ zeigen, die *Scènes de la vie de province* die ›Zeit der Leidenschaften, des Kalküls, der Interessen und des Ehrgeizes‹ darstellen usw. Der detaillierte Katalog von 1845 kündigt die Titel von 137 Romanen an. Doch trotz äußerstem Fleiß, großem Selbstvertrauen und der unbeirrbaren Überzeugung von seiner Genialität konnte Balzac das beinahe übermenschliche Vorhaben, aus Realität und Imagination eine eigene, neue Welt zu schaffen, nicht im geplanten Ausmaß bewältigen; seine *Comédie humaine* umfasste am Schluss 91 Romane und Erzählungen, in denen rund 3000 Personen auftreten. Im Medium der Fiktion stellt Balzac die Dynamik der postrevolutionären Gesellschaft dar.

L'effet de réel – der Wirklichkeits-Trick

Die besondere Leistung der Literatur dabei: Die Produktion eines siebten Sinns der Wirklichkeit, die ästhetische Herstellung und Gestaltung eines ganz besonderen ›Effet du réel‹. So ist auch der Roman, der hier im Zentrum stehen soll, als Baustein im Gesamtpuzzle der *Comédie humaine* zu begreifen: Die drei Bände, aus denen das Werk komponiert ist, sind unter den Titeln *Die beiden Dichter, Ein großer Mann aus der Provinz in Paris* und *Die Leiden des Erfinders* erschienen und zwar innerhalb der Sektion *Szenen aus dem Provinzleben*. Das Schicksal der Hauptfigur, Lucien Chardon wird über das Projekt der *Illusions perdues* von Balzac weiterverfolgt in *Glanz und Elend der Kurtisanen*. Dieser systembezogene, am Exemplarischen orientierte Charakter, der die einzelne Figur als Repräsentanten eines sehr speziellen ökologisch-soziologischen Gesamtszenariums begreifbar

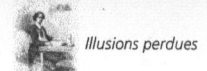
Illusions perdues

macht, ist von Beginn an spürbar. Eröffnete Manzoni seine Studie mit einem gewaltigen Panoramaschwenk über den topographischen Raum, so skizziert Balzac das Profil eines Berufsfeldes, markiert er die Eigenarten eines Arbeitsgebiets. Der Roman beginnt im Druckereiwesen zur Zeit der Restauration unter Ludwig XVIII. (1821/22). Er beginnt mit einer scheinbar eher technischen Nebensächlichkeit:

Zu der Zeit, da [diese] Geschichte beginnt, fand man in den kleinen Druckereien der Provinz weder die Stanhopesche Presse noch Walzen zum Auftragen der Farbe. (S. 7)

Während man in England die neuen Technologien bereits seit 1800 nutzte, führte man sie in Frankreich erst allmählich, gut fünfzehn Jahre später ein. Ächzende hölzerne Pressen und lederne, mit Schwärze getränkte Kissen, mit denen die Lettern betupft wurden, bestimmten das Bild. Jérôme-Nicolas Séchard, ›le père Séchard‹, bringt diesen altertümlichen Geräten eine abgöttische Liebe entgegen. Der alte Séchard, im Setzer-Argot genannt »l'ours«, aufgrund der schwerfälligen Bewegungen zwischen Farbstein und Presse, Presse und Farbstein, hin und her und her und hin, wie ein Bär in einem Käfig, ist ein Fossil, aber ein zähes – und ein ziemlich geschäftstüchtiges. Wie fast alle Drucker seiner Zeit Analphabet, hatte er die Gunst der Stunde genutzt und einen Adligen, der vor der ›Terreur‹ der neunziger Jahre untertauchen musste, einen gewissen Monsieur le Comte de Mancombe, in den Betrieb integriert, um mit dessen Hilfe republikanische Erlasse und Ähnliches fehlerfrei drucken zu können. Folge: florierende Geschäfte, wachsender Wohlstand. Sohn David besucht bereits das Gymnasium und lernt zudem das Handwerk; um 1819 bahnt sich eine u. a. technologisch bedingte Strukturkrise des Druckwesens an. Der alte Bär oder auch Fuchs möchte rechtzeitig gut verkaufen, und er findet einen geeigneten Käufer in Gestalt des eigenen Sohnes. Es gelingt dem gewitzten Suffkopf, den Deal einzufädeln: »Causons d'affaires?«/»Sprechen wir von Geschäften?«, sagt er mit vor Bosheit funkelnden »kleinen grauen Augen, in denen die Schläue eines alles in ihm, selbst die Vaterschaft tötenden Geizes funkelte«. Die Strategie des extrem geldgierigen Aufsteigers ist glasklar vorgegeben, und der Erzähler hält nicht damit hinter dem Berg. Unter den Romanciers der neueren Zeit ist Balzac sicher derjenige, der sich, was den Grad der erzählerischen Vielwisserei, Meinungs- und Wertungsfreudigkeit betrifft, am weitesten und verwegensten aus der Deckung wagt:

Er [hatte] sich vorgenommen, mit ihm [seinem Sohn] das große Geschäft zu machen [...] Wenn der Vater dabei ein gutes Geschäft machte, so musste der Sohn ein schlechtes machen [...] also wurde sein Sohn zu einem Feind, den es zu besiegen galt. Diese Verwandlung des Gefühls in persönliches Interesse, die bei gut erzogenen Menschen gewöhnlich langsam, qualvoll und heuchlerisch geschieht, vollzog sich bei [ihm] schnell und direkt. (S. 12)

Und schon beginnt der Leser zu verstehen, weshalb es nötig war, die Geschichte vom Maschinenpark des Buchdruckers aufzuziehen; man versteht viel über den alten »Bären« und über David, seinen Sohn, wenn man miterlebt, *wie* es diesem gelingt, den völlig überalterten Bestand mit treuherzig-fanatischer Gemeinheit dem gutmütigen Junior für die stattliche Summe von 30.000 Francs (gut 150.000.- Euro) anzudrehen. Hinter dem Rücken des sorglosen und notorisch rechtschaffenen David wird dieser gerissene Geschäftemacher noch ein paar andere ebenso dubiose wie gewagte Manipulationen vollziehen – doch das Gemüt des Sohnes David bleibt davon zunächst unberührt.

Nüchtern betrachtet ist die Situation desaströs: ›Besitzer‹ einer Bruchbude von Druckerei, die aufgrund eines Konkurrenten, der im Begriff ist, sich spürbar besser aufzustellen, kaum mehr Gewinn abwirft. Jede Menge Schulden, Lohnnebenkosten und Verbindlichkeiten. Dazu ein Vater von der Giftigkeit desjenigen, an den Franz Kafka bekanntlich einen Brief schrieb, schreiben wollte, um sich vor ihm zu retten und ihn in die Schranken zu weisen.

Balzac liebt es, sich seinen Hauptfiguren auf Umwegen anzunähern – etwa nach dem durch Johann Mario Simmel etwas beschädigten Motto: »Keiner ist eine Insel«. In der Tat: Vater und Sohn Séchard, – und endlich dessen Freund: Lucien, die eigentliche Hauptfigur der Trilogie, gehören in eine soziologische Reihe.

Ein Maitag 1821, David und Lucien stehen in der Nähe des Hoffensters, während ihre vier, fünf Arbeiter auf dem Weg in die Mittagspause sind. Eine alltägliche, vollständig banale Situation. Man kann es auch so sagen: beide sind ziemlich genaue Abbilder jener oben umrissenen Situation des »nicht mehr« und »noch nicht«. David, breitschultrig, massig, melancholisch. Mangel an Stand, Vermögen, Perspektive. Lucien, graziöser, anmutiger Lockenkopf, von adonisartiger Schönheit, unstet, nervös, sensibel. Künstlernaturell nennt man das gemeinhin. Auch er: ohne Vergangenheit, ohne Zukunft. und deshalb auch wie David ohne Gegenwart. Fluchtweg, Fluchtpunkt für beide: die Poesie – *Werther,* Schiller, Byron, Scott, André de Chénier. Beide weinen gelegentlich in hochgestimmter Ergriffenheit über ihre ortlosen poetischen Ideale. Vielleicht aber gelten die Tränen der Differenz dieser Ideale zu ihrer derzeit ziemlich ärmlichen, erbärmlichen Wirklichkeit. Einer Wirklichkeit, die ununterbrochen und sehr massiv, überaus konkret auf den Plan tritt. Die Geschichte von Lucien und David beginnt nicht im Irgendwo und Ungefähr, oder an einem beliebigen Ort, sondern in Angoulême. Genauer in Angoulême-L'Houmeau, Département Charente; auf einem zuckerhutförmigen Felsvorsprung liegt dieses alte Städtchen – Kathedrale, mittelalterliche Wälle, eine Festung, 25.000 Einwohner. Oben die Stadt, unten die Vorstadt L'Houmeau. Papier-, Lack-, Wachsfabrikation. Kurz:

oben der Adel und die Macht, unten der Handel und das Geld; zwei soziale Bereiche, die überall und immer einander feind waren« (S. 40).

Oben die Alteingesessenen, unten die Zugewanderten. Oben: Kastengeist und konservative Kampffront; unten Minderwertigkeitskomplexe und forcierter Aufstiegswille. Oben die Einheimischen. Unten die Paria. Oben der Salon der Madame de Bargeton. Unten Apothekersohn Lucien, der schöne, ambitionierte Nachwuchsdichter. Oben ›Kultur‹, Literatur und Künste, Lamartine, extravaganter Geschmack, – unten Hunger nach Akzeptanz, Zugehörigkeit, Kultur-Hörigkeit. Oben – vor allem Madame de Bargeton, 36, leicht magersüchtelnd, von betörender, provinziell getönter Eleganz. Jenem Typus zugehörig, der das Wort ›culture‹ nur mit gespitzten Lippen haucht. Nun, es ist nicht nötig, sich in zutreffenden Charakteristika zu versuchen, wenn es einen wie Balzac gibt, der dies alles besser, böser, brutaler getan hat:

Für sie war alles erhaben, außergewöhnlich, seltsam, göttlich und wunderbar. [...] Sie schwang sich auf, stürzte herab [...] ihre Augen füllten sich mit Tränen. [...] Sie betete Lord Byron, Jean-Jacques Rousseau und alle Dichter und Dramatiker an. Ihre Tränen flossen bei jedem Unglück, ihre Fanfaren klangen bei jedem Sieg. Sie sympathisierte mit dem besiegten Napoleon [...]. Sie umgab die Menschen von Genie mit einem Glorienschein und glaubte, sie würden von Wohlgerüchen und Lichtstrahlen leben. (S. 48)

Und genau diese elitäre Empfindsamkeits- und Bedeutsamkeitsikone landet nun in einer aristokratischen Provinzehe, eingekeilt zwischen Nichtigkeiten und dem Nichts – was Wunder, dass die Erhabenheitsfanatikerin dem ›Néant‹ den Vorzug gibt, um ihr Haus zu einer Bastion des exquisiten Scheins auszubauen: Treffpunkt erlesener, prätentiöser Mittelmäßigkeit, ein Louvre en miniature, eine Académie Française im Taschenformat. Und dann trifft den bedeutungshungrigen Jungpoeten Lucien unvermittelt der Strahl der Gnade aus dem Hause Bargeton: Eine Illusions-Implosion ohnegleichen durchflutet Gehirn und Sinne des Epheben, und er findet sich beseligt und poesietrunken im Reich der Kunstsinnlichkeit mitsamt seiner Herrscherin, er nennt sie »sa souveraine«, ein. Der tolldreist-respektlose Erzähler drängt sich in die erste Reihe, um die Szene alles andere als zurückhaltend und diskret zu kommentieren; die Serenissima ruht, wie sie hofft, malerisch zwischen ihren mit Schutzüberzügen versehenen altmodischen Plüsch- und Plummöbeln und räkelt sich in schlangenhaft-gezierter Pose dem Poeten entgegen, bevor sie ihn mit einer souveränen Geste »ihrer schmalen und gepflegten, [...] ein wenig dürren Finger« auffordert, Platz zu nehmen. Lucien ist hingerissen; drei Stunden verfliegen, während derer die beiden hochsensiblen Elitegemüter seelisch förmlich ineinander verschmelzen. Madame – ein schwarzes Samtbarett bändigt ihre verführerische rotblonde Haarflut, matter weißer Teint schimmert morbide: das Ganze (für den Erzähler) eine Kitsch- und Mogelpackung à la ›fragiler schöner Seelenhaftigkeit‹; für den Jüngling ist sie trotz ihrer Magerkeit eine üppige Inkarnation aller Phantasmagorien erotopoetischer Art, die man sich nur denken mag:

»[...]
Und meiner schönen Herrin flüchtiger Stift
Vertraute mir oft ihre verborgne Freud
Oder ihr stilles Leid.
Ach, wenn ihre müden Finger meine vergilbten Seiten
Befragen nach dem glücklichen Geschick,
[...].« (S. 62-63)
So dichtet er die Muse an und diese haucht kokettierend zurück: »Bin ich es wirklich, die [...] Ihnen [diese Verse] eingab?«

Panoptikum und Menschenzoo

Sanfte Tränen, Küsse auf Hände und Stirn, sowie verquälte Botschaften werden ausgetauscht, der Kleinstadtdichter, halb Adonis halb Apoll, beginnt unaufhörlich zu steigen. Nun ist im 19. Jahrhundert allerdings selbst die privateste Herzensergießung nur dann von Belang, wenn sie öffentlich deklariert und vollzogen wird. Das ›Vakuum der Werte‹, das man um 1900 konstatieren wird, ist das Resultat eines hundertjährigen Aushöhlungsprozesses. Man treibt nicht folgenlos und straffrei siebzig, achtzig Jahre lang ein Gesellschaftsspiel, das den Verzicht auf persönliche Empfindung, beziehungsweise den Zuschnitt der Empfindung auf die vermutete öffentliche Erwartung als oberste Spielregel hat. Lucien muss also in Form einer öffentlichen Lesung im Salon von Naïs, wie er sie mittlerweile zärtlich nennt, in die Gesellschaft eintreten, sich präsentieren. Dazu gehört natürlich Monsieur de Bargeton, ein ruhiger Herr von 58 Jahren, der unter allen Umständen ein Lächeln zur Schau stellt, dann der in die Jahre gekommene Dandy und Finanzmann Sixte du Châtelet, Monsieur Stanislas de Chandour, ein ehemaliger und ewiger Jüngling. Auch mit solchen eher randständigen Nebenfiguren gibt sich Giftköchler Balzac in der erzählerischen Zubereitung viel böse Mühe:

[...] sein Gesicht glich einem Sieb. Seine Krawatte war stets in der Art gebunden, dass sie zwei beängstigende Enden zeigte, das eine in der Höhe des rechten Ohrs, das andere zu dem roten Band seines Ordenskreuzes herabhängend. [...] Stanislas beschaute sich ständig mit einer gewissen Genugtuung von oben bis unten, [...] indem er den Wellenlinien seiner enganliegenden Hose folgte und seine Beine mit einem zärtlichen Blick abtastete, der sich verliebt an der Spitze seiner Stiefel verfing. [...] Mit zufriedenem Blick [...] lehnte [er] sich zurück und posierte im Dreiviertelprofil, Schäkereien eines Gockels, die ihm in der aristokratischen Gesellschaft gelangen, in der er der Beau war. (S. 89)

Die gemischte, ambitiöse, schmerzhaft provinzielle Soirée bevölkern darüber hinaus Figuren wie M. de Saintot, Astolphe genannt, Präsident der Landwirtschaftlichen Gesellschaft, ein »blutrot aussehendes« großes, dickes Ungetüm, »Gelehrter ersten Ranges, unwissend wie ein Karpfen«, die Damen Charlotte, genannt Lolotte de Brebau, und Josephine, genannt Fifine de Barlas, beide Meisterinnen ebenso bemühter wie schreiend unglücklicher Farbzusammenstellungen, und viele andere mehr, von denen es zusammenfassend heißt, dass es sich um Leute »bar jeder Gemütsbewegung« handle.

Die Lyrik-Lesung wird zum Debakel. Die Diskussion danach gerät zur verbalen Körperverletzung:

»*Arbeiten Sie schnell?*«, *fragte ihn Lolotte mit einer Miene, mit der sie zu einem Tischler gesagt hätte: Brauchen Sie lange, um eine Kiste zu machen?* (S. 106)

Keulenschläge, die den jungen Byron von Angoulême förmlich betäuben, vernichten, und auch vernichten sollen, – denn hinter der Ablehnung seiner Lyrik verbirgt sich, kaum getarnt, die hochmütige Ablehnung seiner bürgerlichen Herkunft. Dem Gedemütigten bleiben dennoch drei mehr oder weniger zuverlässige Bezugsfiguren: Madame Naïs, die ihn aus Hochmut gegenüber den von ihr verachteten Provinzgrößen lustvoll ›tröstet‹:

»*Mein Engel [...] sie haben dich nicht verstanden [...] leiden Sie, leiden Sie, mein Freund, Sie werden groß sein, Ihre Schmerzen sind der Preis Ihrer Unsterblichkeit [...].*« (S. 109)

Sehr viel überzeugender sein trockener Freund David, der das Genie mit der pragmatischen Sentenz ›tröstet‹:

»*Die langwierige Ausführung genialer Werke erfordert ein beträchtliches Vermögen.*« (S. 114)

Und schließlich seine unprätentiöse, solidarische, sympathische Schwester Ève – in allem ein wohltuender Gegensatz zur Dame Naïs.

Während der Dichter oben auf hohem Niveau scheitert, reüssiert in der Unterstadt David auf durchaus überzeugende Art und Weise. Er fasst sich nämlich ein Herz und fragt, beziehungsweise stellt während eines Spaziergangs mit Ève fest:

»*Sie lieben mich also!*«

»*Ouiiii*«, *dit-elle und dehnte diese eine Silbe, als wollte sie damit die Tiefe ihrer Gefühle kennzeichnen.* (S. 118)

David ist selig, führt seine geliebte Ève an der Hand zu einem Balken am Weg, sie setzen sich hin, und er malt ihr in einem Kolleg von fünf eng bedruckten Seiten die gemeinsame Zukunft aus, und zwar auf der Grundlage einer völlig neuen Technologie der Papierherstellung inklusive eines sensationellen Verfahrens des Recycling alter Lumpen und der Möglichkeit einer neuen Produktgestaltung. Ungeschickt, ernsthaft, echt ist diese Liebe zwischen der jungen Arbeiterin und dem phantasievollen Techniker. Der bissige Gesellschaftskritiker Balzac braucht offenbar einen positiven Horizont, den er als Folie aufspannt, um die Torheit der Mächtigen und Vornehmen umso plastischer kontrastiv darauf zu projizieren. Bei Ève stimmt alles, die Erscheinung, das Bewusstsein, – die Einrichtung:

Das Zimmer zeugte von einer wohlanständigen Armut. Es befand sich darin ein Bett aus Nussbaumholz mit weißen Vorhängen, vor dem ein ärmlicher grüner Teppich ausgebreitet war. Eine Kommode mit hölzernem Aufsatz und einem Spiegel sowie Stühle aus Nussbaumholz vervollständigten das Mobiliar. Auf dem Kamin erinnerte eine Standuhr an die Tage der entschwundenen einstigen Wohlhabenheit. Das Fenster hatte weiße Vorhänge. Die Wände waren mit einer grau geblümten Tapete bespannt. Die Dielen, die Ève eingefärbt und poliert hatte, glänzten vor Sauberkeit. In der Mitte des Zimmers stand ein Tischchen, wo man auf einem roten Tablett mit eingelegten vergoldeten Rosen drei Tassen und einer Zuckerdose aus Porzellan von Limoges sah. Ève schlief in einer angrenzenden Kammer, in der ein schmales Bett, ein alter Lehnsessel und nahe dem Fenster ein Arbeitstisch standen. Wegen der Enge dieser Seemannskabine musste die verglaste Tür ständig offen bleiben, um genügend Luft hereinzulassen. Trotz der Dürftigkeit, die sich in diesen Gegenständen offenbarte, atmeten sie doch die Bescheidenheit eines arbeitsamen Lebens. Für jeden, der die Mutter und ihre beiden Kinder kannte, bot diese Szene eine rührende Harmonie. (S. 78)

Im Vergleich zu dieser Atmosphäre unaufgeregter Solidität wird das ›du-meine-Beatrice, Laura-Gestammel‹ beziehungsweise ›du-mein-erhabenes-Kind-Geraune‹ zwischen Dame und Dichter als poetisch verlogene Schmierenkomödie durchschaubar. Dazu passt dann auch der Rest des ersten Teils: vor der Angebeteten auf Knien, ertappt man Lucien, Spion und Gatte treten zum Duell an, der Gatte trifft, der Schurke fällt (verwundet); Ehe kaputt, Madame reist ab; im Handgepäck den schlanken Dichter. Ziel: Paris. Was sonst? Paris, magisch wie Moskau in Cechovs *Drei Schwestern*.

Dort, mein Lieber, leben die Leute von Rang. Man fühlt sich nur unter seinesgleichen wohl, überall sonst leidet man. Zudem ist Paris, die Metropole der geistigen Welt, der Schauplatz Ihrer Erfolge! Überwinden Sie schnell die Entfernung, die Sie davon trennt! Lassen Sie Ihre Gedanken nicht von der Provinz ranzig werden, treten Sie umgehend mit den großen Männern in Verbindung, die das 19. Jahrhundert verkörpern werden. [...] Nennen Sie mir doch die schönen Werke, die in der Provinz geschrieben wurden, und sehen Sie sich im Gegensatz dazu den armen, erhabenen Jean-Jacques an, wie er unwiderstehlich von dieser moralischen Sonne angezogen wird, die den Ruhm erschafft, indem sie die Geister durch das Wirken der Rivalitäten erregt. [...] Sie können sich nicht vorstellen, wie nützlich es für ein junges Talent ist, von der hohen Gesellschaft ins Licht gestellt zu sein. Ich werde dafür sorgen, dass Madame d'Espard Sie empfängt.

Madame d'Espard wird ihn, um es vorwegzunehmen, empfangen. Sie wird von seiner provinziellen Ausstrahlung und dem Gerücht seiner niedrigen

Herkunft (Apothekersohn, Mutter Arbeiterin) so entsetzt sein, dass sie ihrem Schützling, Madame Bargeton, den Umgang mit dem kleinen Nichts untersagen wird. Bis dahin dauert es noch ein paar Tage und ein paar verlorene, zerstückelte Illusionen. Einstweilen schwirren nur Wörter und Begriffe wie Talent, Genie, Bourbonen, Künstler durch die Sinne des jungen Poeten, der einmal mehr berauscht ist und glaubt, bisher nur mit »*einer* Hälfte seines Gehirns« gelebt zu haben. Paris Geistes-Eldorado, Sprungbrett zum vermeintlichen Ruhm.

Paris!

Vorerst Sprung in die unbekannte Kultur. Abenteuer Metropole. Der junge Mann beginnt, die Zeichen der Zivilisation zu lesen, die Chiffren der Wirklichkeit abzutasten, die neuen Spielregeln, Gesetze zu erspüren – einen ›sens du réel‹ für die spezifische Wirklichkeit dieses gigantischen Menschenparks der Metropole Paris zu entwickeln. Und es geht Schlag auf Schlag: Madame de Bargeton, »seine Louise« – er vermag sie kaum mehr wiederzuerkennen, schämt sich in der Oper, »diese Gräte geliebt zu haben«: eine »große hagere Frau mit finnigem Gesicht, welk, rothaarig, knochig, geziert, verstiegen, anspruchsvoll, provinziell« – lächerlich.

Eine interessante Verschiebung. Das Individuum als Größe ohne Gewähr. Abhängig vom soziologischen Status, innerhalb dessen es agiert und von dem es registriert wird. Louise re-formatiert sich zu Madame de Bargeton, der Byron von Angoulême regrediert in wenigen Stunden zum Dorftrottel. Ein Spaziergang in den Tulerien und der vergleichende Blick auf andere junge Männer seines Alters genügt, ihn innerlich kollabieren zu lassen. Blitzartiger Kostümwechsel, neue Frisur:

Abends um sieben Uhr ließ er sich zur Oper fahren, frisiert wie der heilige Johannes in einer Prozession, wohl ausstaffiert und mit passender Weste und Krawatte, doch etwas verlegen in dieser Hülle, die ihn zum ersten Mal umgab. [...] Beim Anblick eines Mannes, dessen geborgte Eleganz ihn einem Ersten Brautführer ähnlich machte, bat der Aufseher ihn, seine Karte zu zeigen. (S. 186)

Diese Gesellschaft als ein gnadenlos perfektes semiotisches System, in der jede Abweichung vom Raster, von der Norm exakt registriert wird:

In dieser Welt, in der die kleinen Dinge bedeutend werden, bringt eine Geste, ein Wort einen Anfänger ins Verderben. Das wesentliche Verdienst der schönen Manieren und des Tones der guten Gesellschaft liegt darin, dass sie ein harmonisches Ganzes bieten, in dem alles so gut ineinander übergeht, dass nichts abstößt. Auch wer aus Unwissenheit oder im Überschwang eines Gedankens die Gesetze dieser Wissenschaft nicht beachtet, wird begreifen, dass auf diesem Gebiet, wie in der Musik, eine einzige Dissonanz die vollständige Nega-

tion der Kunst selber ist, deren Bedingungen im kleinsten Detail erfüllt werden müssen, will man sie nicht zerstören. (S. 190)

Die sichtbaren Zeichen figurieren dabei als Indikatoren für soziale Zugehörigkeit beziehungsweise Nichtzugehörigkeit. Design der Oberfläche ist in einer Kultur der Fassade wie der des 19. Jahrhunderts Träger und Medium des gesellschaftlichen Konstrukts. Codes sichern das Spiel der ausgesprochenen und unausgesprochenen Übereinkünfte, die ein gesellschaftliches Gefüge herstellen:

Lucien war nichts mehr. Ein jeder betrachtete den armen Unbekannten mit [...] grausamer Gleichgültigkeit, und er wirkte so auffällig wie ein der Sprache unkundiger Fremder [...] (S. 193)

Eine gespenstische Szene. Während Lucien de Rubempré, wie er sich jetzt zu nennen versucht, im Foyer der Oper steht und mit den aristokratischen Gesellschaftsgrößen noch angeregt zu parlieren glaubt, ist er in Termini des Sozialen bereits liquidiert. Schon trägt man sich zu, dass sich hinter dem noblen Namen »de Rubempré« ein bürgerlicher Chardon steckt und die ganze Figur lächerlich, unbedeutend und inakzeptabel ist – nicht mehr als eine Kleiderpuppe in der Auslage eines Schneiders. In der Loge verständigen sich Madame d'Espard und Louise mit einem Wimpernschlag, und schon sitzt der Kleine allein in der Gegend herum: isoliert, aufgeputzt, verstoßen:

[...] der Pariser Salonlöwe [gegenüber] ließ sein Lorgnon so bezeichnend herabfallen, dass es Lucien wie das Fallbeil der Guillotine erschien. [...] Wäre Madame de Bargeton in seinen Armen gewesen, er hätte sie erwürgt. [...]

Mein Gott! Geld um jeden Preis! [...] Geld ist die einzige Macht, vor der diese Welt auf die Knie geht. (S. 204)

Geld und Ruhm, Ruhm und Geld – die Formel ist klar, und nachdem nun eindeutige Fronten hergestellt sind, schickt sich Lucien umgehend an, seinen Rache- und Rehabilitations- wie Karriereplan umzusetzen. Kampfplatz Literatur. Seit seinen Tagen in der Provinz trägt er ein Romanmanuskript und das Manuskript einer Lyriksammlung mit sich. Der Roman im Stile Scotts trägt den enigmatischen Titel *Der Bogenschütze Karls IX.* und erweist sich als ziemlich hoffnungsloses Projekt. Der Band Sonette trägt den Titel *Margueriten* und ist unqualifizierbar. Beide sind nicht an den Verlagsmann zu bringen. Lucien belässt es nicht bei einzelnen, zufälligen Versuchen, sondern geht alle denkbaren Wege, um in den Markt zu geraten. Er verhandelt, fleht, befragt die Leute, spricht vor, liest vor. Bis ihm endlich der zynische Journalist Lousteau den entscheidenden Hinweis gibt und ihn mit ein paar Sätzen in die Theorie und Praxis des Kunst- und Literaturmarketing einführt. Vom Papier bis zum Produkt: alles eine Frage von Preis und Nachfrage, Angebot und Public Relations. Unter dem Stichwort der umfassenden ›Kapitalisierung des Geistes‹ findet sich alles Wissenswerte. Das ›Zur-Ware-Werden‹ der Literatur der Ideen, der Ideologien ist

Thema, Struktur und Artikulationsform der gesellschaftlichen Grunderfahrung der nach-napoleonischen Generation. Das Motto »l'argent, c'est la vie‹ oder die Devise des ›Enrichissez-vous!‹ bestimmen dabei alles Handeln, werden zum Credo einer neuen Wert- und Welterfahrung – auch und gerade in Bezug auf die ›geistigen Produktionen‹. Auch die Erzeugung und Verbreitung von Ideen wird zum Produktionsfaktor, zur Ware.

Literatur als Ware: Menschen als Ware

Balzac begnügt sich nicht mit der allgemeinen Feststellung der Konsequenzen dieser Herrschaft des Kapitalismus, sondern legt auf allen Gebieten (Zeitung, Theater, Verlag) den konkreten Prozess der Kapitalisierung in allen Etappen und Bestimmungen bloß. »Was ist der Ruhm«, fragt der Verleger Dauriat. »Für 12.000 Francs Artikel und für 3000 Francs Diners« und führt seine Prinzipien folgendermaßen aus:

Ich gebe mich nicht damit ab, 2000 Francs für ein Buch aufs Spiel zu setzen, um ebensoviel zu gewinnen; [...].

Ich mache Spekulationen in Literatur, ich veröffentliche vierzig Bände zu 10.000 Stück. [...] Meine Macht und die Artikel, die ich durchsetze, bringen ein Geschäft von 300.000 Francs zustande statt der elenden 2.000. Das Manuskript, das ich für 100.000 Francs kaufe, ist billiger, als das des unbekannten Autors, dem ich 600 Francs gebe.

Wie der Verleger, so der Schriftsteller:

»Sie glauben wirklich an das, was Sie schreiben?«, fragte Vernou Lucien spöttisch, »aber wir sind Händler in Worten und leben von unserem Handel [...]. Artikel [...] haben in meinen Augen keinen Sinn, als dass man sie bezahlt.

Die Journalisten und Schriftsteller sind dabei die Ausgebeuteten und die Ausbeuter: ihre Fähigkeiten werden zur Ware, zum Spekulationsobjekt des Literaturkapitalismus. Noch sind sie willentlich Ausgebeutete. Sie selbst wollen aber zu Ausbeutern oder Zwischengliedern der Ausbeutung werden.

Vor dem Eintritt Lucien de Rubemprés in den Journalismus gibt ihm sein Kollege und Mentor folgende Verhaltensmaßregeln:

Kurzum, mein Lieber, in der Literatur heißt das Geheimnis des Erfolgs nicht Arbeit, sondern Ausbeutung fremder Arbeit. Die Eigentümer der Zeitung, des Verlags sind Unternehmer, wir sind Maurergehilfen.

Balzac diagnostiziert das allbeherrschende Denken seiner Zeit in finanziellen, ökonomischen Ideen als »Krankheit der nachrevolutionären Gesellschaft zwischen 1830 und 1848 und liefert gleichsam Rohstoff für die Theorien von Karl Marx. Existentielle und ökonomische Kondition durchdringen einander soweit, dass die finanzielle Ressource zur eigentlichen »condition humaine« des künstlerischen Menschen wird.

Der marxistische Literaturkritiker György Lukács verweist in seinem Aufsatz über *Verlorene Illusionen* zu Recht auf den epochalen Charakter jener Szene in *Le Peau de Chagrin*, in der eine sentimentale Episode von der Folie ökonomischer Erwägungen und Möglichkeiten erzählt wird:

In diesem Augenblick entzog sie sich meinen trunkenen Blicken nicht und ließ sich meine Bewunderung gefallen, sie liebte mich also! Wir langten bei ihr an. Zum Glück reichte der Inhalt meiner Börse hin, den Kutscher zu bezahlen. Ich verbrachte den Tag bei ihr voll Wonne, mit ihr allein [...].

Unglücklicherweise fiel mir das wichtige Geschäft ein, das ich abschließen sollte, und ich wollte mich zu der tags vorher verabredeten Zusammenkunft begeben. – »Wie! Schon?« Sie liebte mich! Ich glaube es wenigstens, als ich sie diese zwei Worte mit zärtlicher Schmeichelstimme sagen hörte. Um meine Ekstase zu verlängern, hätte ich damals freudig zwei Jahre meines Lebens für jede Stunde hingegeben für jede Stunde, die sie mir gewähren wollte. Mein Glück vertiefte sich mit all dem Geld, das ich verlor. Es war Mitternacht, als sie mich entließ.

[...] Als ich meinen neuen Hut, 60 Speisemarken, das Stück zu 30 Sous, und meine Schulden bezahlt hatte, blieben mir nur noch 30 Francs; aber alle Schwierigkeiten des Lebens waren für einige Tage beseitigt.

[...] Von diesem Tage an brach ich mit dem mönchischen, arbeitsamen Leben, das ich drei Jahre lang geführt hatte. Ich ging eifrig zu Fœdora, wo ich die Maulhelden und Salonlöwen auszustechen suchte, die sich bei ihr einfanden. Da ich mich nun für immer dem Elend entronnen glaubte, erlangte ich eine geistige Freiheit wieder, stellte meine Rivalen in den Schatten und galt als verführerischer, blendender, unwiderstehlicher junger Mann.

Die betreffende Dame wird später das Credo dieser Art zu Denken und zu Fühlen auf den Punkt bringen:

»Ich werde immer Geld haben. Mit Geld aber können wir die Gefühle ums uns schaffen, die zu unserem Wohlbehagen nötig sind.«

Keine Frage: Balzac war kein Frühmarxist. Doch kommt seine Diagnose an manchen Punkten dem systematisch ökonomischen Zugriff von Marx bisweilen gespenstisch nahe. Marx ist in allem vielleicht konsequenter. Radikaler aber ist Balzac. Marx sieht zwei große feindliche, einander gegenüberstehende Lager: hier »Proletarier«, dort »Bourgeoisie«. Im *Manifest der Kommunistischen Partei* von 1848 heißt es mit noch immer manche verstörender Klarheit:

Die Bourgeoisie [...] hat alle feudalen, patriarchalischen, idyllischen Verhältnisse zerstört. Sie hat die buntscheckigen Feudalbande, die den Menschen an seinen natürlichen Vorgesetzten knüpften, unbarmherzig zerrissen und kein anderes Band zwischen Mensch und Mensch übriggelassen, als das nackte Inter-

esse, als die gefühllose »bare Zahlung«. Sie hat nach Marx die heiligen Schauer der frommen Schwärmerei, der ritterlichen Begeisterung, der spießbürgerlichen Wehmut in dem eiskalten Wasser egoistischer Berechnung ertränkt. Sie hat die persönliche Würde in den Tauschwert aufgelöst und an die Stelle der zahllosen verbrieften und wohlerworbenen Freiheiten, die *eine* gewissenlose Handelsfreiheit gesetzt. Sie hat, mit einem Wort, an die Stelle der mit religiösen und politischen Illusionen verhüllten Ausbeutung die offene, unverschämte, direkte, dürre Ausbeutung gesetzt.

Die Bourgeoisie hat alle bisher ehrwürdigen und mit frommer Scheu betrachteten Tätigkeiten ihres Heiligenscheins entkleidet.

Nun, die »proletarische Klasse« kommt bei Balzac, alles Vollständigkeitswillens zum Trotz, nicht so recht vor. Da fehlen dann doch ein paar tausend oder zehntausend Figuren des ›unteren‹ Segments. Doch was die Analyse des Phänomens der Bourgeoisie betrifft, so steht Balzacs ›comédie monétaire‹ der Analyse von Marx an Schärfe in nichts nach. Im Gegenteil. Balzac macht sich sogar wesentlich weniger Illusionen, was den Auftrag und die Möglichkeit einer umfassenden Revolution der ökonomischen Kondition durch das neue Bewusstsein einer neuen Klasse betrifft. Sein Denken ist sehr viel weniger von theologischen Erlösungshoffnungen getragen als das des Politiktheoretikers:

Die Art und Weise, wie er hier in den *Illusions perdues* etwa den Bereich Kunst-Theater-Literatur als vollständig kapitalisiert, das heißt durch und durch korrumpiert zeigt, ist gnadenlos. Ein brutales Spiel mit allen Tricks, Fallen und Strategien, die dazugehören:

Das literarische Leben hat seine Kulissen [...] die abscheulichen Mittel, die geschminkten Komparsen, die Claqueure und Handlanger bleiben in den Kulissen verborgen. (S. 258)

Literarische Reputation ist gesellschaftliche Prostitution. Belletristische Bordellbesitzer, feuilletonistische Zuhälter und käufliche Kunstgewerbler.

Eine Welt, um das Kotzen zu kriegen, und Lucien ist drauf und dran, sich zu übergeben und aufzugeben: »Ekel würgt« ihn, und er sagt: »Lieber sterben«. »Lieber leben«, antwortet sein Kumpan Etienne. Und wir Leser sind wohl kaum davon überrascht, dass unser Held seine Ekel-Aufwallung rasch überwindet und wieder Appetit auf »la vie, la grande vie« bekommt. Der Entschluss wird wesentlich begünstigt durch das Kennenlernen der jungen Schauspielerin Coralie, ausgezeichnete Diners und einen Spontanerfolg als Theaterkritiker. Lucien trifft im richtigen Moment den richtigen Ton, bedient instinktiv die gewünschte Interessenlage und landet einen journalistischen Volltreffer. Von diesem Augenblick ist sein Weg festgelegt. Er wechselt die Seiten. Vorbei die Zeiten der Askese des Feilens am Detail seiner Werke, vorbei die Zeit der ernsthaften Anläufe und der Demütigungen. Auch hier irrt Marx im Befund nicht. Eine Kultur, die alle

Verhältnisse ökonomisch definiert, produziert notwendig ein Menschenbild, in dem die humane Fassade ausschließlich Mittel zum Zweck oder zum Verbergen der dahinter angelagerten Intentionen ist: »Sei schon still, nimm die Menschen als das, was sie sind: als Mittel.« So rät einmal mehr Freund Lousteau und leitet damit eine weitere Lektion innerhalb des Curriculums dieser alles andere als ethisch grundierten Lehr- und Wanderjahre ein. Diesmal geht es um Maßstäbe und Techniken der Literaturkritik und der Literaturkritik-Politik. Macht- und Ohnmachtspiele der Kritik – jeder weiß heutzutage selbstredend davon und kennt Abhängigkeiten und Verflechtungen. Weiß man es wirklich? Will man es wirklich wissen? Liest man Kritiken nicht doch immer noch als ernstgemeinte Aussagen und Beurteilungsversuche über ein Werk, ein Buch, ein Theaterstück? Macht man sich wirklich klar, will man sich wirklich klarmachen, dass hinter jeder Zeile primär persönliche Interessen des Journalisten und solche des jeweiligen Mediums stehen? Wie etwas besprochen wird, wann und vor allem ob überhaupt – drei Fragen, die das Machtpotential des Journalismus umreißen, die die Mechanik eines Systems bestimmen, dessen Kunst auch darin bestehen kann, »das Buch zwischen zwei Versprechungen« zu ersticken.

Grausame Lektionen, die der nunmehrige Feuilleton-Eleve Lucien gierig aufnimmt und begeistert umsetzt. Die zwanziger Jahre des 19. Jahrhunderts scheinen eine Vorstudie durchkapitalisierter Medienkultur zu sein, die wir gerade in unserer Zeit sich ungebremst entwickeln sehen. Frei flottierende Gesinnungen, Überzeugungen ohne Gewähr, ›floatende‹ Ideologien – der Wert misst sich am Erfolg. »Sie sollten Royalist werden«, denn Sie haben Talent, schlägt ein Herzog Lucien vor. – »Seien Sie also nur liberal, um Ihren Royalismus vorteilhaft verkaufen zu können.« Im Whirlpool der organisierten Meinungsvielfalt gibt es keinen Standpunkt, man surft auf Erfolgswellenso lange und so gut es geht. Die flotte ›fun-generation‹ der Zwanziger in Paris jedenfalls meint souverän und spielerisch mit eleganten Positionswechseln zu jonglieren; Abstürze sind dabei vielleicht nicht vorgesehen, aber unvermeidlich. Es gibt im Wesentlichen zwei Risikofaktoren. Faktor 1: Ist etwas finanzierbar oder nicht? Faktor 2: Ist eine solche Finanzierbarkeit politisch gewünscht oder nicht? An einem gewissen Punkt seiner schwindelerregenden Feuilletons beziehungsweise Spekulationslaufbahn kommt Lucien mit beiden Faktoren schmerzhaft in Berührung. Erstens: Er ist bankrott. Zweitens: Er steht auf der ›falschen‹ Seite. Ergo: Er muss abstürzen. Der Erzähler kommentiert vergleichsweise trocken:

So wurde der Sturz Luciens, dieses kleinen Gauners, der alle Welt schlucken wollte, einstimmig beschlossen und gründlich durchdacht. (S. 463)

Geschickt manövriert man ihn in eine ausweglose Situation: seine Maîtresse zu verlieren oder seinen wunderbaren ehrlichen Freund d'Arthez zu verreißen. Er entschließt sich zum zweiten und verliert beides. Und dazu sein Vermögen und den

letzten Rest Respekt vor sich selbst. Die Freunde d'Arthez' bespucken den Verräter auf offener Straße. Coralie stirbt, aufgerieben von den Intrigen ihrer Kolleginnen. Lucien verlässt Paris mittellos, mit ein paar geborgten Francs in der Tasche.

Jenseits von gut und böse

Verlorene Illusionen? Oder nur ein verlorener Börsengang? Lucien jedenfalls ist mit seinem Größen-Wahn-Sinn noch lange nicht am Ende. Jedenfalls will sein Autor ihn länger noch nicht ziehen lassen. Denn nun begleitet er ihn einen dritten Band lang zurück nach Angoulême, von wo er nur achtzehn Monate zuvor nach Paris aufgebrochen war. Und auch nach diesen 200 Seiten ist der Hass-Liebes-Pakt zwischen Autor und Figur noch nicht beendet: *Splendeurs et misères des courtisans/Glanz und Elend der Kurtisanen*, Roman in vier Teilen von 1838-47, schildert unter anderem das weitere Schicksal von Lucien, der 1824 neuerlich in die Pariser Gesellschaft zurückkehrt und sie durch sein gewandeltes Auftreten zunächst in Erstaunen versetzt und in höchste politisch mächtige Zirkel aufsteigt. Erst nach neuerlichen Verstrickungen und einem Polizeiverhör unter der Anklage von Mord und Unterschlagungen kommt es zum Finale: Lucien hängt sich in der Gefängniszelle auf. Man hat den Eindruck, ohne diesen Suizid wäre der Autor vermutlich von dieser Figur nicht mehr losgekommen. Literarische Figuren können, besonders wenn sie zentrale Facetten des Autor-Egos betreffen, offenbar eine beträchtliche Eigendynamik entfalten, die sie zu Selbstläufern werden lässt. Ob der Erfinder dabei aufgrund der Ähnlichkeiten mit sich selbst in den Bann seiner eigenen Kreation geraten oder sich an ihr als Kontrastfolie abarbeiten könnte, mag ein Psychologe entscheiden. Dass körperlich, physiognomisch kaum ein Bezug zwischen Balzac und Lucien besteht, sondern der letztere eher eine Wunschprojektion all dessen, was einer äußerlich nicht ist, darstellt, ist evident. Schwerer beurteilen lässt sich die mentale, charakterliche Nähe oder Ferne. Mag sein, dass Balzac alle potentiellen Gefährdungen des Lucien sehr gut begriff, verstand, empfand. So gut wie Goethe seinen Werther, Austen ihre Emma. Und dazu genau jene glasklare Distanz hatte wie der Autor Goethe zum Selbstmörder Jerusalem, die einsame Autorin Austen zur Gesellschafts-Lady Emma.

Aber lassen wir diese Spekulationen zunächst beiseite. Psychologie ist wichtig. Wichtig auch für Balzac. Die ›formule Balzac‹ aber lautet: Psychologie und Geld. Und was dies betrifft, hat auch die kleine Provinzstadt, aus der Lucien kommt und in die er zurückkehrte, längst alle ländliche Unschuld verloren, falls es sie jemals hatte.

Wie geht es weiter? Wie könnte es weitergehen? Lucien könnte geläutert, redlich, ehrlich, bescheiden werden. Ein paar Gedichte im Tagblatt von Angoulême. Später Heirat mit einer Dorfschullehrerin. Drei Zimmer, Küche, Bad. Funktioniert nicht? Selbstmord? Schon besser. Das literarische Zeug zum Werther hat Lucien durchaus. Oder ein Pakt mit dem Teufel. Nun, im Roman des Realismus gibt es zwar keine Teufel mehr, aber immer noch spanische Jesuiten oder Jesuitenartiges. Voltaire ist noch keine fünfzig Jahre tot.

Um es kurz zu machen: Balzac wählt eine faszinierende Verbindung zweier nur auf den ersten Blick unvereinbarer Möglichkeiten, um so die contradictio inadjecto eines überlebenden – als literarische Figur noch weiterverwendbaren – Selbstmörders zu kreieren. Goethe dachte noch nicht in Serien. Balzac würde auf heute umgedacht TV-Staffeln produzieren und sicher keinen Moment zu früh auf einen geliebten Protagonisten verzichten.

Luciens neuerlicher betrügerischer Bankrott zieht Kreise, die Wechsel landen bei David – wir kennen seine redlichen Anträge vom Beginn –, der verschuldet ist und versucht, sein Patent für eine neue Sorte Billigpapier voranzutreiben. Das Schicksal klopft an seine Tür. Im 19. Jahrhundert trägt das Schicksal den Namen: »Die Bank«. Eintausendsiebenunddreißig Francs fünfunddreißig Centimes Retourkosten sind fällig.

David und Ève – die rührend Zueinanderhalten – geraten noch mehr unter Druck. Ein Versuch, vom alten Séchard etwas »Flüssiges« zu bekommen, scheitert am extremen Geiz des Vaters, der bis zum Schluss pokert. Gerichtsvollzieher, Anwälte, Bankvertreter geben sich die Klinken in die Hand. – Währenddessen genießt der schöne junge Rückkehrdichter verschiedene Provinzehrungen. Die Lokalzeitung schreibt eine Hymne, doch die kluge Schwester warnt: »Von welcher Seite dieser Artikel auch kommt, ich finde ihn beunruhigend und: »Misstraue hier den kleinsten Dingen.« Sie wird natürlich Recht behalten. Statt der erhofften Unterstützung durch den Präfekten, an die Lucien glaubt, erreichen zu können, wird David durch einen gefälschten Brief aus seinem Versteck gelockt und verhaftet. Daraufhin entschließt sich Lucien zu Recht zum Freitod. Seit Werther weiß der Leser, was zum literarischen Suizid gehört. Zum einen ein langer, poetischer, die Hinterbliebenen quälender Abschiedsbrief, zum anderen gute Kleidung.

Es gibt Männer, die wie Eichen sind. Ich bin vielleicht nur eine Zierstaude und erhebe den Anspruch, eine Zeder zu sein. [...] Ich will kein Lumpen der Gesellschaft sein [...] Forscht weder nach mir noch nach meinem Schicksal [...] Die Resignation [...] ist ein täglicher Selbstmord, ich habe nur einen Tag der Resignation, ich werde ihn heute nützen [...] (S. 659)

Und dann noch um zwei Uhr die Nachschrift:

Ja, mein Entschluss ist gefasst. Lebe denn wohl für immer, meine liebe Ève. Es tut mir wohl, dass ich nur noch in Euren Herzen leben werde. Dort wird mein Grab sein [...] ich will kein anderes [...].

Danach schreitet Lucien, »als ginge er zu einem Fest, denn er hatte sich seine Pariser Kleider, seine hübsche Rüstung eines Dandy zum Leichengewand gewählt«, – mutigen Schrittes in den Tod. Als »Poet« verspürt er den berechtigten Wunsch, »poetisch zu enden«. Der gefährlich tiefe Flusslauf bietet sich an. Schon ist er im Begriff, die Taschen mit Steinen zu füllen, um nie wieder aufzutauchen ... und zwar aus ästhetischen Gründen. Der Erzähler merkt an, »wie viele Selbstmörder hatte er eine posthume Eigenliebe«. Dann ... dann wartet er noch ein wenig, wie Papageno, der in der *Zauberflöte* so lange zählt und singt, bis jemand kommt, um ihn vor der Schlinge zu retten. Im Märchenspiel stehen für solche Rettungsaktionen sinnvollerweise zumeist irgendwelche Elementargeister zur Verfügung – im realistischen Roman muss diese Rolle neu besetzt werden. Ein Geistlicher auf Reisen taucht auf: braunes, narbenübersätes Gesicht, Kutte, bepuderte Perücke, Zigarre, nähert sich ihm. Ehrenkanonikus der Kathedrale von Toledo, so stellt er sich vor und beginnt ein Gespräch.

Man ahnt es: wer mit diesem Priester spricht, ist des Lebens. Lucien akzeptiert die Zigarre. Und dann erzählt ihm das »Ungeheuer« in der Kutte, wie Geschichte wirklich funktioniert und wie man das Spiel spielt: im Grunde handelt es sich um dieselbe Strategie und dieselben Lektionen, die er schon in Paris gelernt hat. Nun aber werden sie mit der Dignität des Sakralen ohne die Billig-Mentalität der Broker präsentiert: Machiavellismus in Soutane. Grundgesetz auch hier: »Sehen Sie in den Männern und vor allem den Frauen nur Werkzeuge, doch lassen Sie es sie nicht merken.«

Mit einer kleinen, aber wichtigen Zusatzkomponente: »Wahren Sie die Dehors. Verbergen Sie die Kehrseite Ihres Lebens.«

Und »der Priester nahm Luciens Hand und tätschelte sie«. Bruder Kain. Bruder Abel. Der böse Mönch: ein schwarzromantisches Gespenst mit der gefährlichen Aura eines verführerischen Décadents. Lord Henry wird Dorian Gray ähnlich skrupellos manipulieren, ihn sich erschaffen wie dieser dämonische Priester den rachsüchtigen schönen Lucien. Doppelporträt und Spiegelmetapher signalisieren – hier verabreden sich zwei zu einem neuen Roman, einer »Ilias der Verderbtheit«:

»Nun, ich bin allein, ich lebe allein. Wenn ich den Rock des Priesters trage, so habe ich doch nicht dessen Herz. Ich liebe es, mich einer Sache zu weihen, ich habe dieses Laster. Ich lebe durch die Hingabe, deshalb bin ich Priester. [...] Die Kirche bedeutet mir nichts, sie ist eine Idee. [...] Ich will mein Geschöpf lieben, es bilden und für meinen Umgang formen, um es zu lieben, wie ein Vater sein Kind liebt. Ich werden in deinem Tilbury fahren, mein Junge, ich werde mich über deine Erfolge bei den Frauen freuen, ich werde sagen: Dieser schöne junge Mann bin ich! dieser Marquis de Rubempré, ich habe ihn geschaffen und in die aristokratische Welt gesetzt; seine Größe ist mein Werk, er schweigt oder er spricht mit meiner Stimme, er zieht mich bei allem zu Rate. Der Abbé de Ver-

mond war das für Marie-Antoinette.«

Selbst Lucien kommen bei diesem zynischen Va banque Spiel Zweifel. Der Abbé winkt ab und gibt ihm die 12.000 Francs für Bruder David. Der Pakt gilt. David und Ève werden auch ohne das Judasgeld gut über die Runden kommen. Lucien aber steigt zum »Teufel« in die Kutsche und fährt mit ihm zur Hölle, zurück nach Paris, zurück in sein Milieu. An der Seite des bösartig genialen Collin, der ihn von nun an, Dämon, Satan und manisch Liebender eifersüchtig leiten und unterdrücken wird. Eine merkwürdige Endlosgeschichte, die Balzac uns erzählt. Von wegen »verlorene Illusionen«: kälter, glühender, skrupelloser denn je ist dieses Doppelwesen, das Paris bis ins Mark aushöhlen wird. Betörender, bestürzender, ästhetischer, abstoßender ist Verbrechen nie dargestellt worden und als Leser atmet man fast auf, als Lucien endlich tot, wirklich tot in seiner Zelle hängt.

Literaturverzeichnis

- Balzac, Honoré de: *Die Menschliche Komödie.* Übers. v. Sander, Ernst. Wilhelm Goldmann. München. 1971. Band I.
- Balzac, Honoré de: *Die Menschliche Komödie. Verlorene Illusionen.* Übers. v. Wolf, Udo. Winkler. München. 1978.
- Aristoteles: *Poetik. Griechisch/Deutsch.* (Hg. u. Übers. v. Fuhrmann, Manfred) Reclam. Stuttgart. 1994.
- Auerbach, Erich: *Mimesis. Dargestellte Wirklichkeit in der abendländischen Literatur.* Francke. Bern. 1946.
- Balzac, Honoré de: *Chagrinleder.* Übers. v. Lachmann, Hedwig. Insel. Frankfurt. 1996.
- Balzac, Honoré de: *Die Menschliche Komödie. Glanz und Elend der Kurtisanen.* Übers. v. Junker, Ernst Wiegand. Winkler. München 1978.
- György Lukács: »Verlorene Illusionen«. In: *Balzac und der Französische Realismus.* Aufbau. Berlin. 1951.
- Marx, Karl/Engels, Friedrich: *Manifest der kommunistischen Partei (1848).* In: *Das Kommunistische Manifest.* (Hg. Jones, Gareth Stedman). C. H. Beck. München. 2012.
- Musset, Alfred de: *Confession d'un enfant du siècle.* Felix Bonnaire Paris. 1836.
- Plato: *Der Staat.* Übers. v. Schleiermacher, Friedrich. Wissenschaftliche Buchgesellschaft. Darmstadt. 1990.
- Watzlawick, Paul: *Wie wirklich ist die Wirklichkeit – Wahn, Täuschung, Verstehen.* Piper. München. 1976.

 *Illusions perdues*

Honoré de Balzac

Vita
*20.05.1799   Tours, Frankreich
†18.08.1850   Paris

1807   Besuch der Schule des Oratorianer Ordens in Vendôme
1814   Nach physischen und psychischen Krise Wechsel auf das Gymnasium in Tours
1816   Jurastudium; Schreiber in einer Anwaltskanzlei
1817   Abbruch des Studiums mit dem Ziel, Schriftsteller zu werden
1821   Zusammen mit dem Autor Auguste Lepoitevin produzierte er unter dessen Pseudonym „Viellerglé" in den Folgejahren mehrere Romane
1829   Selbsterhebung in den Adelsstand
1830   Im Jahr der Julirevolution gründet er mit dem späteren Zeitungsmagnaten Girardin eine politische Zeitschrift
1831   Offizielles Engagement für die royalistischen Legitimisten
1838   Gründung der Société de Gens de Lettres zusammen mit Victor Hugo, Alexandre Dumas und George Sand
1841   Vertrag mit dem Verleger Furne über „Die menschliche Komödie"

Werke
1823   Le Nègre
1829-50   La Comédie humaine
             Die menschliche Komödie
1834   Eugénie Grandet
1835   Le Père Goriot
             Vater Goriot
1837   Illusions perdues
             Verlorene Ilusionen
1838   César Birotteau
             Cäsar Birotteau
1838-47   Splendeurs et misères des courtisanes
             Glanz und Elend der Kurtisanen

Gottfried Kellers *Grüner Heinrich*
Der Bildungsroman wird zu Grabe getragen

Ganz offenkundig gibt es eine Signatur des realistischen Romans: ambitionierter Aufbruch – gebrochene Rückkehr. Das Grundmuster ähnelt. Der Modus ist sehr unterschiedlich. Balzacs Lucien und Kellers Heinrich – welch ein Kontrast. Gleich alt. Gleich illusionär. Und doch eine Welt dazwischen. Am Ende vom Lied rauscht Lucien an der Seite des Teufels ab, zurück nach Paris, böser, skrupelloser, motivierter denn je. Und wird erst so richtig loslegen. Der andere, Heinrich, legt sich ins Grab, es hat ihn »aufgerieben«, ein Zettelchen in der Hand, und frisches grünes Gras deckt sein Grab. Todesursache: Versagen. Moralisches, künstlerisches, finanzielles Versagen.

Auf das Jahrhundert des bürgerlichen Trauerspiels folgte das des Trauerspiels des Bürgertums. »Tragödie[n] ohne Gift, ohne Dolch, ohne Blutvergießen« würden nun gespielt, aber denen, die sie erlebten erschienen sie grausamer als alle Atriden Tragödien zusammen. Die tragischen Konflikte sind nicht mehr tragisch im Sinne des Kampfes von Recht gegen Unrecht oder auch nur im Sinn eines grausamen Kampfes zwischen Recht und Recht. Es fließt kein Blut. Und man gibt sich nicht die Kugel. Es geht einfach um Biegen oder Brechen. Und wer sich nicht verbiegt, der wird zerbrochen, unsichtbar, schlimmer: zerbricht an sich selbst, zerbricht sich selbst. Chance gehabt, Chance vertan. Wenn es einen Roman gibt, in dem Illusionen auf diese Art gnadenlos zerstört werden – der *Grüne Heinrich* ist es. Obwohl, gerade weil alles so geregelt, geordnet, besonnen zu sein scheint; kein brodelnder Kessel Ehrgeiz wie im gründerzeitlichen Paris, kein boomendes Kapitalismus-Treibhaus London, sondern – Zürcher Gediegenheit pur. Äußerlich. Aus der Innenschau sicher nicht weniger doppelbödig und abgründig wie Brüssel, Prag ...

Doch im Augenblick ist davon noch nicht die Rede; umso mehr von Biedersinn und Biedermännern – weit und breit keine Brandstifter. Dafür ein Panorama urbanen Wohlbefindens und bürgerlichen Wohlstandes und wohl auch Anstandes. Wie eine Modelleisenbahnlandschaft im Weihnachtsschaufenster sieht alles zu Beginn aus. Der Typus vogelschauartiger Einführung, wie er schon bei Manzoni zu beobachten war, doch ungleich ständischer grundiert, gesamtgesellschaftlich, vom ersten Wort an, ausgerichtet. Statt Landschaft – Bürgertum. Statt Häusern und Gassen städtische Kulissen:

Das ganze Treiben einer geistig bedeutsamen und schönen Stadt drängt sich an den leicht dahinschwebenden Kahn. Soeben versammelt sich der gesetzgebende Rat der Republik. Trommelschlag ertönt. In einfachen schwarzen

Kleidern, selten vom neuesten Schnitte, ziehen die Vertreter des Volkes auf den Ufern dahin. Auch die Gesichter dieser Männer sind nicht immer nach dem neuesten Schnitte und verraten durchschnittlich weder elegante Beredsamkeit noch große Belesenheit; aber aus gewissen Strahlen der lebhaften Augen leuchtet Besonnenheit, Erfahrung und das glückliche Geschick, mit einfachem Sinn das Rechte zu treffen. [...] Zwischendurch steuert der deutsche Gelehrte mit gedankenschwerer Stirne nach seinem Hörsaal; sein Herz ist nicht hier, es weilt im Norden, wo seine tiefsinnigen Brüder, in zerrissenen Pergamenten lesend, finstere Dämonen beschwörend, sich ein Vaterland und ein Gesetz zu gründen trachten. [...] Jetzt ertönt das Getöse des Marktes von einer breiten Brücke über unserm Kopfe; Gewerk und Gewerb summt längs des Flusses und trübt ihn teilweise, bis die rauchende Häusermasse einer der größten industriellen Werkstätten voll Hammergetönes und Essensprühen das Bild schließt. (I, Kap. 1)

Eine arbeitsame Welt, in der alles unverrückbar seinen Platz und Sinn zu haben scheint. Dahinter, dazwischen, es ist ein früher Ostermorgen, taucht nun aus dem Nichts ein Individuum, ein junger Mensch auf: grüner Rock, weißes Hemd, Nusshäherfederchen auf dem Barett; Heinrich Lee, der »grüne Heinrich«, wie er leibt und lebt – und fühlt. Denn als »zwanzigjähriger Gefühlsmensch« wird er auch gleich angekündigt. So unschuldig, gottesfürchtig, ja »in der Seele keusch« wie ein Lucien es vielleicht nie war. Ein Jüngling wie aus dem Bilderbuch der deutschen Romantik entsprungen.

Magischer Realismus und Kontostand

Der junge Mann ist im Begriff, Abschied zu nehmen.. Auch dies wäre noch nichts Beunruhigendes. Sämtliche jungen Männer pflegten seit je Hans-im-Glück-artig auszuziehen und – ob Taugenichts oder Wilhelm Meister – auf Lehr- und Wanderjahre zu gehen. Und auch hier verläuft das Ritual des Abschiednehmens von Kindheit, Heimat, Mutter zunächst geradezu exemplarisch und beruhigend putzig, butzig. Nur manchmal blitzt ein kleines Bild auf, das den Blick des behaglich gedämpften Realismus sur-real zoomen und zucken lässt. So als Heinrich durch die Fenster einer dunklen Wohnung hineinblickt und an einer kupfernen Kaffeekanne hängen bleibt, auf der sich die »Silberfläche einer zehn Meilen fernen Gletscherfirne« abzeichnet. Oder ist es nicht genau umgekehrt? Spiegelt sich der Umriss der zehn Meilen entfernten Alpen in den Fenstern und scheint davor oder dahinter die kupferne Kaffeekanne sich in die gespiegelten Schneefirne einzuzeichnen? Dieser junge Mann scheint einen Blick für magischen Realismus zu haben und die Dinge auf seine sehr spezielle Art wahrnehmen zu können, zu wollen.

Jetzt ist er endlich von seinem Abschiedsspaziergang zurück in der kleinen Wohnung seines Vaterhauses eingetroffen, wo ihn auch schon sein uralt Mütterlein, eine Frau von knapp 45 Jahren, ungeduldig, kofferpackend erwartet. Die literarischen Mütter der deutschsprachigen Literatur des 19. Jahrhunderts scheinen vom Status her häufig bereits in greisinnenhafter Grabesnähe, selbst wenn sie, wie diese hier, »noch kohlschwarze, schwere Haare hatte«, was wie der Erzähler meint, ihr »ein ziemlich junges Aussehen gab«. Zum Eindruck der Alterung trägt vor allem die Art und Weise bei, wie das Mutterbild, das Bild einer Mutter, in Szene gesetzt wird: nämlich als ordnungsamtliche Oberhoheit, detailversessen, sparsam, pragmatisch. ›Achte auf deine Hemden, achte auf deine Schuhe, achte auf die Wäsche, die Taschentücher, das Geld. Sei reinlich, verzettle dich nicht, unterscheide Wesentliches von Unwesentlichem.‹ Dann wird gemeinsam der Koffer gepackt, eigentlich sind es zwei Koffer, ein ›bürgerlicher‹ und ein ›künstlerischer‹:

Indessen war Frau Lee besorgt, noch eine Menge Kleinigkeiten auf die geschickteste Weise in dem Koffer unterzubringen. Dann brachte sie ein mächtiges Stück feine Seife, wohl eingewickelt, eine zierliche Nadelbüchse, Faden und Knöpfe aller Art in einem artigen Schächtelchen, eine Schere, eine gute neue Kleiderbürste, unterschiedliche Tuchabschnitzel, welche seinen Kleidungsstücken entsprachen, zusammengerollt und mit einem Bindfaden vielfach umwunden und die sie ihm ja nicht zu verlieren empfahl, indem ein gewandter Schneider die Existenz eines Rockes mit dergleichen manchmal um ein volles Jahr zu fristen vermöge. Sie geriet hierbei wieder in einigen Konflikt mit dem Sohne, welcher alle vorhandenen Lücken für die verschiedenen Bruchstücke einer alten Flöte, für ein Lineal, eine Farbenschachtel, einen baufälligen Operngucker usw. in Beschlag nehmen wollte. Ja, er machte, obgleich er kein Mediziner war, doch einen vergeblichen Versuch, einen defekten Totenschädel, mit welchem er seinem Kämmerchen ein gelehrtes Ansehen zu geben gewusst hatte, noch unter den Deckel zu zwängen. Die Mutter jagte ihn aber mit widerstandsloser Energie von dannen, und man behauptet, dass das gräuliche Möbel nicht lange nachher einem ehrlichen Totengräber bei Nacht und Nebel nebst einem Trinkgelde übergeben worden sei. (I, Kap. 1)

Nachdem das Gepäck besorgt ist, ›dürfen‹ (wie man im Alemannischen), also ›müssen‹ wie man im eher nördlichen Sprachraum sagen würde, die sozialen Teile dieses Abschiedsrituals, das in jedem Detail, jeder Geste für eine ganze Kultur und Lebensform steht, durchgeführt werden. Mutter und Sohn machen die Runde durch das Haus. Kleine, geduckte, düster verbaute Wohnungen, in denen Handwerkerfamilien wohnen. Festtagsruhe. Kleines Glück. »Ernsthafte Hausväter«, Rasierschaum im Gesicht, wünschen ihm Glück, stecken ihm diskret nach alter Sitte mit schwieligen Arbeiterhänden noch den einen, andern Taler zu. Alles atmet Bescheidenheit, fast schon etwas beklemmenden, bedrückenden, ungelenken Anstand. Freilich auch keinerlei Pathos, keine Sentimentalität. Dann das Frühstück. Mutter und Sohn allein. Eher ein letztes Abendmahl als ein letztes Frühstück. Erinnerungen lasten schwer und brütend über allem:

[...] es war eine Totenstille in der Stube. Die Morgensonne umzirkelte die altertümlichen, ererbten Porzellantassen, welche Heinrich schon zwanzig Jahre lang durch die Hände seiner Mutter gehen sah, ohne dass je eine zerbrochen wäre. Es war ein feierlicher Moment gewesen, als er für würdig erfunden ward, sein Kinderschüsselchen mit einer dieser bunten und vergoldeten Tassen versuchsweise zu vertauschen. (I, Kap. 1)

Jedes Wort kostet Überwindung. Mit Worten wird gespart wie mit Waren. Das Nötigste wird dann immer zum Wichtigsten: erst das Thema »Gott«, dann das Thema »Geld«:

Frau Lee hätte ihrem Sohne noch gern allerlei gesagt; aber sie konnte mit ihm gar nicht sentimental sprechen, so wenig als er mit ihr. Endlich sagte sie schüchtern und abgebrochen:

»Werde nur nicht leichtsinnig und vergiss nicht, dass wir eine Vorsehung haben! Denke an den lieben Gott, so wird er auch an dich denken, und mach, dass du bald etwas lernst und endlich selbständig werdest; denn du weißt genau, wie viel du noch zu verbrauchen hast und dass ich dir nachher nichts mehr werde schicken können, das heißt, wenn es dir übel ergehen sollte, so schreibe mir ja, so lange du weißt, dass ich selbst noch einen Pfennig besitze, ich könnte es doch nicht ertragen, dich im Elend zu wissen.«

Der Sohn schaute während dieser Anrede stumm in seine Tasse und schien nicht sehr gerührt zu sein. Die Mutter erwartete aber keine andern Geberden, sie wusste schon, woran sie war, und fühlte sich etwas erleichtert. Ach, du lieber Himmel! dachte sie, [...] wenn das arme Kind nicht zurecht kommt, wie werde ich die Sorge mit dem gehörigen klugen Ernste vereinigen können? (I, Kap. 1)

Unter jedem der verdickten Wortklumpen stecken also viele Gedanken und noch mehr unausgesprochene und nicht gezeigte Gefühle. Der Erzähler macht von Beginn an klar, dass es auch in dieser Gesellschaft zu den eingefleischten Spielregeln gehört, das Meiste von dem, was einen berührt, *nicht* auszudrücken. Weder in Worten noch in Gesten. Gefühlskultur klassenspezifisch geregelt. Bloß kein Überschwang. Bloß keine Abweichung von Standards und Normen. Geregelte Kümmerlichkeit braucht es, unsichtbare Zärtlichkeit, unspürbare Zuneigung:

Die Hausgenossen kamen auch noch unter die Haustüre, wo Heinrich allen zumal noch die Hand gab, ohne seine Mutter dabei stark auszuzeichnen, wenn man einen letzten flüchtigen und wehmütigen Blick, den er auf sie warf, ausnehmen will. Das Volk, das mit der äußeren Sorge sein Leben lang zu kämpfen hat, erweist sich selbst wenig sichtbare Zärtlichkeit. Von verwandtschaftlichen

Umarmungen und Küssen ist wenig zu finden; niemand küsst sich als die Kinder und die Liebenden und selbst diese mit mehr Dezenz als die gebildete und sich bewusste Gesellschaft. Dass Männer einander küssten, wäre unerhört und überschwänglich lächerlich. Nur große Ereignisse und Schicksale können hierin eine Ausnahme bewirken. (I, Kap. 1)

Wie Kulturethnologen stehen wir mit dem Erzähler daneben, schauen zu und machen unsere kleinen Beobachtungen. Über die Leute, den Sohn, in seiner merkwürdigen Mischung von kluger Empfindsamkeit und seltsamer Unbeholfenheit, natürlich auch über eine strenge, liebesbedürftige und liebesunfähige Mutter, die unmittelbar nach der Abreise des Sohns ihre Gefühle ›zeig‹. Wem ›zeigt‹ man seine Gefühle (oder um mit Beuys zu sprechen: seine Wunde)? Fast scheint es, am besten sich selbst. Oder allenfalls der Empfindungsanstalt Kirche, Gemeinschaft der Trauernden, Geduckten und Dogmatisierten »gleichen Standes«:

Sie war auf ihre Stube zurückgekehrt. Ein tiefes Gefühl der Verlassenheit und der Einsamkeit überkam sie und sie weinte und schluchzte, die Stirn auf den Tisch gelehnt. Der frühe Tod ihres Mannes, die Zukunft ihres sorglosen Kindes, ihre Ratlosigkeit, alles kam zumal über ihr einsames Herz. Ein mächtiges Ostermorgengeläute weckte und mahnte sie, Trost in der Gemeinschaft der vollen Kirche zu suchen. Schwarz und feierlich gekleidet ging sie hin; es ward ihr wohl etwas leichter in der Mitte einer Menge Frauen gleichen Standes; allein, da der Prediger ausschließlich das Wunder der Auferstehung sowie der vorhergehenden Höllenfahrt dogmatisierend verhandelte, ohne die mindesten Beziehungen zu einem erregten Menschenherzen. (I, Kap. 1)

Wie selbstverständlich wird diese emotionale Bankrotterklärung einer gesellschaftsprägenden Instanz ›hingesagt‹. Von wegen ›Mutter Kirche‹ – eher ›empfindungsfreie Zone‹. Mit ein paar Zeilen ein vernichtender Befund. Und noch ein Nachsatz dazu, der die seelische Veränderung von Frau/Witwe Lee auf den Sohn fortschreibt; wer wie dieser »in jeder Weise verwaist und einsam aufgewachsen ist, der kann wohl sagen, dass er um einen Teil seines Lebens zu kurz gekommen sei«.

Nun ist der Leser am Ende des ersten Kapitels und doch im Grunde bereits vollständig informiert und auch desillusioniert. Rumpffamilie, amputiert. Stückwerk, denn ohne die Figur des Vaters scheint die Rolle der Frau kaum definierbar. Eine Anti-Existenz bereits in der Ehe. Durch den Verlust des Vaters scheint aus der bürgerlichen Kleinfamilie rasch eine Rumpf- und letztlich eine Restfamilie zu werden. Womit nicht gesagt sein soll, dass das bloße Faktum des Vorhandenseins der Vaterinstanz einen spürbaren Zugewinn an familialer Lebensqualität bedeuten muss, wie unzählige Porträts kompakt-trostloser Klein- und Großfamilien aus dem Verlauf des 19. Jahrhunderts veranschaulichen.

Doch tut Zurückhaltung Not. Es kann nicht angehen, redliches kleinbürgerliches Dasein von Beginn an unter solch negativen Vorzeichen zu verzerren. Schließlich ist die Struktur allein noch kein zwingender Grund für ein sich anbahnendes Desaster. Im Gegenteil: Ein junger Mann bricht hoffnungsfroh in die Welt auf; optimistisch lebensfroh. Wie ein König:

Wenigstens fuhr Heinrich wie ein wahrer König in die helle Welt hinaus. Er war nun sich selbst überlassen und konnte in den Kreis seines Geschickes aufnehmen, was sein leichtes Herz begehrte; und indem er gewissenhaft den Armen seinen Kreuzer mitteilte, rechnete er dieses zu den seinem Leben nötigen Ausgaben. Er dachte übermütig: Zwei Pfennige sind immer genug, um den einen wegzuschenken! und so trug er wenige Taler in der Tasche, aber ein Herz voll Hoffnung und blühenden Weltmutes in der Brust. Wäre er ein König dieser Welt gewesen, so hätte er vermutlich viele Millionen ›verschleudert‹, so aber konnte er nichts vergeuden als das Wenige, was er besaß: seines und seiner Mutter Leben. (I, Kap. 2)

Immer wieder sind es Sätze dieser Art, die ein sich eventuell einstellendes harmonisches Grundgefühl bereits im Vorfeld demolieren. Etwa durch eine ominöse Andeutung der eben zitierten Art, die dem Leser ganz unvermutet in die moralischen Knochen fährt und ja wohl auch fahren soll. Zwei Leben zu vergeuden und das in einer Kultur, in der nichts vergeudet werden darf, ist mehr als Missgeschick oder ein Vergehen. Es ist ein Verbrechen, ein Sakrileg. Und wir Leser beginnen uns den jungen Mann genauer anzusehen. Uns zu fragen, was es mit ihm auf sich habe. Wo seine Defizite, Defekte, Fehler – wenn es sie denn gibt – liegen. Friedlich sitzt er in der Postkutsche und beobachtet frohgestimmt die Welt da draußen. Zum Beispiel einen Zug netter, sechzehnjähriger Konfirmandinnen:

Aus diesem herzlos unschönen Gebäude nun bewegte sich ein langer Zug sechzehnjähriger Konfirmandinnen quer über die Straße, von einem dicken jovialen Pfarrherrn angeführt, so dass der Postwagen anhalten musste, bis alle vorbei waren. Schwarz gekleidet, mit gebeugten Häuptern, die tränenden Augen in weiße Taschentücher gedrückt, wallten die zarten Gestalten paarweise langsam vorüber, die keuschen Lippen noch feucht von dem Weine, welchen man ihnen als Blut zu trinken, in der Kehle noch das Brot, welches man ihnen als Menschenfleisch zu essen gegeben hatte. Diese dunkle Mädchenschar mit dem rotnasigen Pfarrer an der Spitze kam Heinrich vor wie ein Flug gefangener Nachtigallen aus dem Morgenlande, welche ein betrunkener Vogelhändler zum Verkauf umher führt. Der Zug schlängelte sich aber auch traumhaft genug unter dem klaren Himmel und durch Land und Leute hin. (I, Kap. 2)

Die fromme Szene kippt durch die Art und Weise ihrer Darstellung mehrfach: vom Ästhetischen zum blasphemisch Angehauchten weiter zum Surreal-Karikierenden; erst zarte Gestalten, dann Frischfleisch, schließlich piepsende

Vögelchen seien die frommen Mädchen. Es ist, als wollte Keller demonstrieren, wie ›verrückt‹ die Weltsicht des jungen Mannes ist, wie gefährlich sich in seinem Gemüt die Maßstäbe für die Wirklichkeit verschieben. Das scheinbare Detail der freigesetzten diffamierenden Bilderflut wird dabei nicht unkommentiert belassen, sondern als erklärungsbedürftig herausgestellt:

Wenn wir solche Dinge in der Weise schildern, wie sie sich dem jungen Wanderer eindrückten, so wird man in derselben nicht die rücksichtslose Art der Jugend verkennen, welche mit einer gewissen, übrigens gesunden Unbestechlichkeit zwischen dem scheinbaren und dem wirklich Anstößigen durchaus keinen Unterschied zugeben will. (I, Kap. 2)

Nur scheinbar »rücksichtslos« und »anstößig« seien diese durch die Jugendlichkeit der Figur zu legitimierenden Läufe der frei flottierenden Phantasie und Imagination. Der Erzähler nimmt die Figur geradezu in Schutz und weist den Verdacht der willentlichen Provokation präventiv ab; in Wirklichkeit sei es ihm gerade mit der Religion sehr ernst.

Heinrich hegte eine besondere Pietät gerade für die Begriffe Brot und Wein, das Brot schien ihm so sehr die ewig unveränderte unterste Grundlage aller Erden – und Menschheitsgeschichten, der Welt aber die edelste Gabe der geistdurchdrungenen lebenswarmen Natur zu sein, dass nichts ihm so geeignet dünkte zur Feier eines gemeinsamen symbolischen Mahles der Liebe als edles weißes Weizenbrot und reiner goldener Wein. Daher war es ihm auch anstößig, diese züchtigen, aber einfachen und reinlichen Begriffe mit einer heidnisch-mystischen und, wie ihm vorkam, widermenschlichen Mischung zu treiben. Auf das Historische des vorhandenen Sakraments konnte er nun umso weniger Rücksicht nehmen als ihm die theologischen Einsichten und Kenntnisse abgingen. (I, Kap. 2)

Ein merkwürdiger Pakt zwischen Figur und Erzähler: der Versuch einer kontrollierten Erregung öffentlichen Ärgernisses. Keine unzuverlässige, aber eine nicht zur Verantwortung zu ziehende Erzählinstanz berichtet im Zusammenspiel mit und über eine gleichfalls nicht eindeutig zu greifende Figur.

Der Kontrakt des Erzählers

Vielleicht nicht der grüne Heinrich, wohl aber der Erzähler wissen dabei, dass sie sich auf ideologisch brüchigem Eis bewegen. Ein ästhetischer Ritt über den Bodensee der Moral. Und was sich da einer nicht alles im Dunkel, »in der Finsternis seines Postwagens« und, so wird impliziert, in der Finsternis seines noch nicht dressierten Verstandes zusammenreimt, -denkt und -stellt. Ein mutwilliger Experimentator hantiert mit den Elementen eines Chemiebaukastens der Wahrnehmung und der symbolischen Ordnung, wofür diese steht. So als wäre er schon jenseits von Gut und Böse und nicht noch mitten im 19. Jahrhundert als dem schuld- und sühnesüchtigsten aller moralischen Zeitalter. Ein paar Seiten weiter schon wieder so eine Provokation, ein Skandalon ohne Gewähr:

»Man muss wohl unterscheiden zwischen Leiden und Leiden; das eine ist zu dulden, ja zu ehren, während das andere unzulässig ist!«

»Der beste Maßstab«, dachte er weiter, »ist vielleicht der ästhetische. Alle Leiden lassen sich in schöne und unschöne einteilen, in sittliche und unsittliche, unsittlich für die, welche sie ansehen und in ihrer Nähe dulden. Eine Waise, die auf einem Grabhügel in Tränen zerfließt, ist schön und ihr Schmerz wird ihr durch das ganze Leben wohltuend sein; aber ein Kind, welches verkommen und hungrig im Staube liegt, ist eine Schande für die ganze Landschaft, und für es selbst erwächst nicht die mindeste ersprießliche Regung aus diesem Zustande; [...]. Der Jüngling, der mit mächtigen Leidenschaften ringt und seine Grundsätze dem Leben Schritt für Schritt abstreitet, ist, so unglücklich er sich oft fühlt, bei alledem wohl daran, während uns der Bauernknecht in den Augen weh tut, der verachtet und vergessen, unwissend und trotzig vor seiner Stalltüre liegt und nach nichts verlangt als nach seinem Vesperbrot. Jener Jüngling gewinnt in jedem Sturme und seine Energie erfreut den Zuschauer, dieser unglückliche Faulpelz aber wird durch das langweilige Tröpfeln seiner nasskalten Tage zuletzt ganz verdorben. Kurz, man soll nur dasjenige Unglück dulden, was seinem Träger zur eigentlichen Zierde gereicht, alles andere ist in einer anständigen Gesellschaft auszurotten.« (I, Kap. 2)

Nichts weniger als eine Ästhetik des ›l'art pour l'art‹ erspekuliert sich der junge Künstler da, sicherlich eine Provokation in den Augen der Zeit; oder nimmt einer da, ebenso unfreiwillig und polternd naiv, den Zynismus, der in jedem geschönten ›Realismus‹ steckt, ins Visier: ästhetische Armutsdarstellungen, Leid in kleinen verträglichen Dosierungen ...? Nicht leicht auszumachen. Dennoch ist bereits zu spüren, dass der durchtriebene Erzähler zunehmend Lust daran gewinnt, die Maske, den Dummy der jugendlichen Unschuld ohne Gewähr dazu zu benutzen, ideologisch irritierend durch das moralische Minenfeld seiner Zeit zu ziehen.

Keller spielt in den Augen vieler seiner Zeitgenossen nicht unbedenkliches Spiel, wenn er an der unreifen charakterlichen Figur ein Stück weit partizipiert, jedenfalls nicht entschieden Einspruch erhebt, sondern eher die Ambivalenz auskostet.

Im 4. Kapitel erleben wir den grünen Heinrich bei einer Art Bestandsaufnahme. Nun weiß man ja bereits von Balzac, dass begabte reisende junge Männer dazu tendieren, bedeutungsträchtige Manuskripte im Handgepäck mit zu verfrachten. Was Lucien billig ist, ist Heinrich recht. Und seinem ernsten Naturell entsprechend beinhaltet das Manuskript, das er nun auf Reisen auspackt und in welchem er nun zu blättern und nachzulesen beginnt, eine ganze Jugend. Seine ganze Jugend:

[...] es war die Geschichte seiner bisherigen Jugend, welche er in jugendlicher Subjektivität und Schreibseligkeit niedergeschrieben hatte. (I, Kap. 4)

Wie es eher herablassend heißt, ein »mäßiges Büchlein«, das man sich jetzt einmal als Dokument anschauen muss, um Heinrich als ›Fall‹ studieren zu können. Ein strategischer Schachzug, um sich von der allzu großen Nähe zu dieser suspekten, labilen Figur etwas abzusetzen und klarere erzählerische Verhältnisse herzustellen. Wenn jetzt überhaupt einer morbide Gedanken hegt, so ist es die erzählte Figur selbst, und sie tut es auf eigene Rechnung. Nach wenigen Zeilen verliert sich der ›Ich-Erzähler‹ auf dem Friedhof der Erinnerungen:

Der kleine Gottesacker, welcher sich rings an die trotz ihres Alters immer schneeweiß geputzte Kirche schmiegt und niemals erweitert worden ist, besteht in seiner Erde buchstäblich aus den aufgelösten Gebeinen der vorübergegangenen Geschlechter, es ist unmöglich, dass bis zur Tiefe von zehn Fuß ein Körnlein sei, welches nicht seine Wanderung durch den menschlichen Organismus gemacht und einst die übrige Erde mit umgraben geholfen hat. Doch ich übertreibe und vergesse die vier Tannenbretter, welche jedes Mal mit in die Erde kommen und den ebenso alten Riesengeschlechtern auf den grünen Bergen rings entstammen; ich vergesse ferner die derbe ehrliche Leinwand der Grabhemden, welche auf diesen Fluren wuchs, gesponnen und gebleicht wurde, und also so gut zur Familie gehört wie jene Tannenbretter und nicht hindert, dass die Erde unseres Kirchhofes so schön kühl und schwarz sei als irgendeine. Es wächst auch das grünste Gras darauf, und die Rosen nebst dem Jasmin wuchern in göttlicher Unordnung und Überfülle, so dass nicht einzelne Stäudlein auf ein frisches Grab gesetzt, sondern das Grab muss in den Blumenwald hineingehauen werden, und nur der Totengräber kennt genau die Grenze in diesem Wirrsal, wo das frisch umzugrabende Gebiet anfängt. (I, Kap. 4)

Aber Achtung auch jetzt. Die Sicherheit der Perspektiven ist eine trügerische. Nur zum Auftakt findet sich das beruhigende Personalpronomen »ich« und »mein«. Nach wenigen Zeilen wird die feste Anbindung gelockert und vergessen, und die Erzählung flottiert undefiniert und frei im Niemandsland von Autor und Figur: Urplötzlich schießen aus der ›braven‹ Ich-Erzählung Sätze heraus, die das geborgene System diagnostisch zersprengen, Sätze wie: »Aber diese ganze Herrlichkeit barg bereits den Keim ihres Zerfalls in sich selbst.« Oder ist der biedere junge Mann doch in der Lage, solch raffinierte Wendungen, hellsichtige Diagnosen und schillernde Bilder niederzuschreiben? Vom »sanft knisternden Papierblumenfrühling [zu reden], welcher nach der Schlacht bei Waterloo« aufging. Was wiederum auch kein Wunder wäre, bei solch einem Vater, wie er nun zumindest narrativ wiederbelebt wird. Proto-, ja idealtypisch ist dieser Mustervater wie aus dem Bilderbuch der dynamischen zwanziger Jahre des 19. Jahrhunderts: wachstumsorientiert, politisch bewegt, sozial engagiert, materialistisch (jenseits von jenem späteren Raubtierkapitalismus). Einer wie David Séchard. Einer, der für alle mitdenkt und anfasst und sich aufreibt, aufzehrt. Stirbt. Urplötzlich aus dem Leben gerissen wird. Heinrich, nun wieder ganz treuherziges Kind, fasst die Situation zusammen und schildert die Lücke, die sein Tod im Leben der Restfamilie hinterlassen hat:

So aber muss ich mich darauf beschränken, je mehr ich zum Manne werde und meinem Schicksale entgegenschreite, mich zusammenzufassen und in der Tiefe meiner Seele still zu bedenken: Wie würde Er nun an deiner Stelle handeln oder was würde Er von deinem Tun urteilen, wenn er lebte? [...] Nach vielen Jahren hat meine Mutter, nach langen Zwischenräumen, wiederholt geträumt, der Vater sei plötzlich von einer langen Reise aus weiter Ferne, Glück und Freude bringend, zurückgekehrt, und sie erzählte es jedes Mal am Morgen, um darauf in tiefes Nachdenken und in Erinnerungen zu versinken, während ich, von einem heiligen Schauer durchweht, mir vorzustellen suchte, mit welchen Blicken mich der teuere Mann ansehen und wie es unmittelbar werden würde, wenn er wirklich eines Tages so erschiene.

Je dunkler die Ahnung ist, welche ich von seiner äußeren Erscheinung in mir trage, desto heller und klarer hat sich ein Bild seines innern Wesens vor mir aufgebaut, und dies edle Bild ist für mich ein Teil des großen Unendlichen geworden, auf welches mich meine letzten Gedanken zurückführen und unter dessen Obhut ich zu wandeln glaube. (I, Kap. 4)

Lücke Vater. In einem dominant patriarchal organisierten Familienkonzept kaum zu schließen. Im Grunde seines Gemüts revoltiert der junge Mann gegen den Riesenschatten des Vaters, in dessen grüne Zwangsjacke er gesteckt wird. Aus Gründen der Sparsamkeit. Der Sohn als Vater-Klon. Als Vater-Gnom. Als Vater-Epigone. Je mehr er instinktiv spürt, dass etwas an diesem Rollen-Entwurf nicht stimmt, umso massiver, aggressiver beginnt er sich auf die verbliebenen Rest-Autoritäten-Ersatz-Instanzen einzuschießen. Auf »Gott«, den er sich wechselweise als »Geist« als »prächtig gefärbten Tiger«, als »glänzenden Vogel« vorstellt. Dies Gottes-Bestiarium auf der einen und die bleiche, saft- und kraftlose Mutter auf der anderen Seite; eine flache, gewohnheitsmäßige »Gottesanbeterin«, deren Suppen »nicht fett und nicht mager« sind, deren Leben, wie Heinrich sagt, »nüchterne Mittelstraße« pur ist. »Die Speisen meiner Mutter ermangelten, sozusagen, aller und jeder Individualität« – konstatiert er und meint damit natürlich mehr, Grundsätzlicheres als bloß Kulinarisches. Meint die Defizite einer ganzen Kultur dieser dürftig-genügsamen, durchschnittlichen Zufriedenheit, wofür die Mutter steht: nicht fett nicht mager, nicht stark nicht schwach, nicht zu viel, nicht zu wenig; nicht Überfluss, nicht Mangel; nicht Fleisch nicht Fisch. Ausgewogen bis zum Exzess.

Das Ich als leerer Raum

Man kann es auch so sehen: der gesamte emotionale, sensitive Bereich des Kindes bleibt un-berührt, ist inexistent. Es lebt und wächst in einem sinnlichen Hohlraum auf. Wo außen nichts ist, dehnt die Innenwelt sich aus. Könnte die Innenwelt sich ausdehnen, wenn das Individuum nicht schon soweit anerzogen und disponiert, präformiert wäre, dass es selbst hierin zu seinem eigenen Zensor wird. Leere und Angst fressen Seele auf. Früh zeigen sich beunruhigende Symptome im Verhalten des Jungen, und er versucht die Blockaden seines Verhaltens in diesem Bericht auch für sich selbst und vor sich selbst zu klären. Noch immer beklommen und zugleich distanziert, memoriert er eine Szene bei Tisch, als ihm das Tischgebet förmlich im ›Munde zerfiel‹. Der Selbstbiograph erinnert sich der blamablen und zugleich grausig faszinierenden Szene:

[...] als ich nur die ersten Worte trocken hervorbrachte und dann plötzlich verstummte und nicht weiter konnte! – Das Essen dampfte auf dem Tische, es war ganz still in der Stube, die Mutter wartete, aber ich brauchte keinen Laut hervor. Sie wiederholte ihr Verlangen, aber ohne Erfolg; ich blieb stumm und niedergeschlagen, und sie ließ es für diesmal bewenden, da sie mein Benehmen für eine gewöhnliche Kinderlaune hielt. Am folgenden Tage wiederholte sich der Auftritt und sie wurde nun ernstlich bekümmert und sagte: »Warum willst du nicht beten? Schämst du dich?« Das war nun zwar der Fall, ich vermochte es aber nicht zu bejahen, weil, wenn ich es getan, es doch nicht wahr gewesen wäre in dem Sinne, wie sie es verstand. Der gedeckte Tisch kam mir vor wie ein Opfermahl, obgleich ich von einem solchen noch nichts wusste, und das Händefalten nebst dem feierlichen Beten vor den duftenden Schüsseln wurde zu einer Zeremonie, welche mir alsobald unbesieglich widerstand. Es war nicht Scham vor der Welt, wie es der Priester zu nennen pflegte; denn wie sollte ich mich vor der einzigen Mutter schämen, vor welcher ich bei ihrer Milde nichts zu verbergen gewohnt war? Es war Scham vor mir selber; ich konnte mich selbst nicht sprechen hören und habe es auch nie mehr dazu gebracht, in der tiefsten Einsamkeit und Verborgenheit laut zu beten. (I, Kap. 5)

Von Lügen aus »Schamhaftigkeit der Nerven« wird Hugo von Hofmannsthal etwas später bei Gelegenheit einer strukturell vergleichbare Szene sprechen. Auch Gottfried Keller ist ein akribischer psychologischer Interpret verschlüsselter emotionaler Symptome. Im vorliegenden Fall lässt er seine Figur versuchen, sich selbst auf die Schliche zu kommen. Angst vor Magie, Scham vor Selbst-Entäußerung, Lust am verborgenen Spiel mit Tabus – eine komplexe sensitive Gemengelage verbirgt sich hinter dieser gefrorenen Oberfläche oder schafft diese gefrorene Oberfläche. Vielleicht hätte Heinrich bei dieser Veranlagung dasselbe tun sollen wie sein Erfinder: Schriftsteller werden. Wer so schreiben kann (siehe

Tagebuch) wie er, sollte unbedingt an diese Möglichkeit denken. Was ist Literatur anderes als Opferersatz, auch Opferverhinderung? Wo das Sprechen nach draußen aufhört oder nicht mehr stattfindet, beginnt das Schreiben über das, was jenseits der Oberfläche geschieht. Wo die Zone der Tabus und gesellschaftlichen Rücksichtnahmen anfängt, beginnt auch diejenige der ge-schriebenen und gedachten Rücksichtslosigkeiten und Tabudurchbrechungen. Und genau diesen Raum eröffnet sich der kleine Heinrich in fast bestürzendem Maße. Der Kommentar aus der dunklen Kutsche über die Konfirmandinnen und das Blut und das Fleisch der Hostien war kein ›Ausrutscher‹, sondern Ausdruck, genauer Ausdruck des Denk- und Empfindungsmusters, das sich als Raster seiner Wahrnehmung bereits verfestigt zu haben scheint.

Und die Rasterfahndung nach den Rhizomen und Wurzelgründen seiner Seele geht weiter, gräbt tiefer. Wenig später ist im autobiographischen Bericht vom historischen »Hexenkind« in der Kirchhofmauer die Rede, seiner Geisterschwester, verstorben im Jahre 1713. Nie habe diese Schwester im Geiste dazu gebracht werden können, »die drei Namen der höchsten Dreieinigkeit auszusprechen« – und elendiglich sei das arme Kind dann verstorben. Eine Halbaußenseiterin in ihrer Welt wie er in der seinen – Wesen von irritierender ›morbidezza‹, unpassend in einer Welt der Gesunden, auf Progress Ausgerichteten. Man denkt eher an neurasthenische Erscheinungen der Zeit um 1900. Der junge Erzähler vergegenwärtigt sich diese ›hexenhafte‹ Erscheinung wieder und wieder, lässt sie anhand historischer Dokumente virtuell wieder auferstehen. Poesie hoch drei, oder ›Erzählen im Erzählen im Erzählen‹, die Geschichte der Geschichte der Geschichte; die Geschichte einer ›Maßregelung‹, rekonstruiert aus einem vergilbten ›diarium‹.

Heute habe ich von der hochgebornen und gottesfürchtigen Frau von M. das schuldende Kostgeld für das erste Quartal richtig erhalten, alsogleich quittiret und Bericht erstattet. Ferner der kleinen Meret (Emerentia) ihre wöchentlich zukommende Correction ertheilt und verscherpft, indeme sie nackent auf die Bank legte und mit einer neuen Ruthen züchtigte, nicht ohne Lamentiren und Seufzen zum Herren, dass ER das traurige Werk zu einem guten Ende führen möge. Hat die Kleine zwraen jämmerlich geschrieen und de- und wehmütig um Pardon gebeten, aber nichts desto weniger nachher in ihrer Verstocktheit verharret und das Liederbuch verschmähet [...] (I, Kap. 5)

Züchtigung und Verniedlichung haben oft einen Ursprung und ein Ziel. Am Ende ist die Widerspenstige erfolgreich »gezähmt«: als »Leichlein«, als »Tödlein« im »Todtenbäumlein«.

»Heute hat der Medicus nach unterschiedlichen Experimenten erklärt, dass das Kind wirklich todt seye und ist es nun in der Stille beigesetzt worden und nichts Weiteres arriviret u. s. f.«

Chronik eines nicht angekündigten Todes. Eines Zivilisationsopfers. Die Leitkultur der Vernunftreligion setzt sich auf die ihr eigene diskrete Art durch. In aller Stille. Und es ist schon faszinierend und erschreckend zu sehen, wie der junge Schreiber, von seinem Alter ego magisch angezogen, seine eigene Zukunft protokolliert. Wie sein Weg ohne steuernde Koordinaten von außen sich mit einer gewissen Zwangsläufigkeit in Richtung auf eine gesellschaftliche Schattenzone bewegt, entlang einer imaginären Grenze, angelockt von allem in seinen Augen »Wunderbaren«, »Geheimnisvollen«, Sinnlichen, Mythologischen – Erst das junge »Hexlein«, dann die Kräuterhexe Margaret – dann das Theater und seine irritierende Fähigkeit, Schein und Wirklichkeit einander durchdringen zu lassen:

[...] ein gewisses Geschick [..], an die Vorkommnisse des Lebens erfundene Schicksale und verwickelte Geschichten anzuknüpfen und so im Fluge heitere und traurige Romane zu entwerfen, deren Mittelpunkt ich selbst oder die mir Nahestehenden waren, die mich viele Tage lang beschäftigten und bewegten, bis sie sich in neue Handlungen auflösten, je nach der Stimmung und dem äußern Ergehen. In jener ersten Zeit waren es kurze und wechselnde Bilder, welche sich rasch und unbewusst formierten und vorbeigingen, wie die befreiten Erinnerungen und Traumvorräte eines Schlafenden. Sie verflochten sich mir mit dem wirklichen Leben, dass ich sie kaum von demselben unterscheiden konnte. (I, Kap. 6)

Die Verflüssigung der Grenzen zwischen Wirklichkeit und Fiktion, Wahrheit und Phantasie – Heinrich laviert zwischen den Fronten, so wie er, was seine Identität betrifft, zwischen sich und dem Phantom des Vaters laviert. Ich, ein anderer. Heinrich driftet sehenden Auges in das Vakuum des Zwischenraums. Hier Vater-Gott/Gott-Vater, dort Vater-Imitat; hier Zauberwelt, dort Kleinbürgertum; hier kleine Welt, dort große Geld-Welt, hier Künstlerwelt, dort Bourgeoisie – Heinrich ist zum Grenzgänger geworden. Und zwar ein Grenzgänger jenes Typus, der nicht zwischen beiden jeweiligen Territorien treibt und an beiden Teil hat, sondern einer, der von beiden Seiten ausgestoßen wird. Eine Transitexistenz im Niemandsland. Noch nicht einmal zum Opfer und sympathietragenden Underdog taugt dieser Taugenichts. Denn im Grunde seines Herzens ist er viel zu giftig, viel zu intelligent auch, um je unschuldig zu sein. Die Mutter sieht er als geschmacklose Pedantin, die Schule als sadistische Zuchtanstalt, die Kirche als Ort der Versündigung am Menschen.

Man hat Gottfried Keller später vorgeworfen, er hätte seinen Protagonisten nicht scharf genug an die erzählerische Kandarre genommen, sich nicht deutlicher von ihm abgegrenzt. Die so urteilten, bewiesen damit vor allem eines: ihre literarische Inkompetenz. Denn selbstredend trifft das genaue Gegenteil zu: Keller benutzt das halbe Kind, um sich hinter dieser Figur zu verbergen und Ansichten zu kommunizieren, die in dieser Schärfe ihm selbst zwar zuzutrauen, aber nicht zuzumuten waren. Dem Knaben mag man sie umgekehrt vielleicht nicht zutrauen, kann sie ihm jedoch getrost zumuten. Wie etwa Aussagen gegen Rituale der katholischen Kirche:

Wenn man diese, gegen die verwilderte Sündhaftigkeit ausgewachsener Menschen gerichteten, vierschrötigen nackten Gebote neben den übersinnlichen und unfasslichen Glaubenssätzen gereiht sah, so fühlte man nicht den Geist wehen einer sanften menschlichen Entwicklung, sondern den schwülen Hauch eines rohen und starren Barbarentums, wo es einzig darauf ankommt, den jungen, zarten Nachwuchs auf der Schnee?– und Zwangsbleiche so früh als möglich für den ganzen Umfang des bestehenden Lebens und Denkens fertig und verantwortlich zu machen. (I, Kap. 7)

Als ein Experte des Leidens erweist sich dieses Unschuldslamm im grünen Röckchen mit allen Sinnen und nicht ohne intellektuelle Lust daran, in einigen der prägnantesten wenngleich unerfreulichsten Szenen des Romans kommt dies auf sehr bildhafte Weise zum Ausdruck:

Die lebendigen Schmetterlinge aber, welche ich fing, wie die glänzenden Käfer, machten mir saure Mühe mit dem Töten und dem unversehrten Erhalten; denn die zarten Tiere behaupteten eine zähe Lebenskraft in meinen mörderischen Händen, und bis sie endlich leblos waren, fand sich Duft und Farbe zerstört und verloren, und es ragte auf meinen Nadeln eine zerfetzte Gesellschaft erbarmungswürdiger Märtyrer. Schon das Töten an sich selbst ermüdete mich und regte mich zu sehr auf, indem ich die zierlichen Geschöpfe nicht leiden sehen konnte. Dieses war keine unkindliche Empfindsamkeit; mir widerwärtige oder gleichgültige Tiere konnte ich so gut misshandeln wie alle Kinder [...].

Ich nahm ein dünnes langes Eisen, machte es glühend und drang mit zitternder Hand damit durch die Gitter und begann ein gräuliches Blutbad anzurichten. Aber die Geschöpfe waren mir alle lieb geworden, auch erschreckte mich das Zucken des zerstörten Organismus und ich musste inne halten. Ich eilte in den Hof hinunter, machte eine Grube unter den Vogelbeerbäumchen, worin ich die ganze Sammlung, tote, halbtote und lebende, in ihren Kasten kopfüber warf und eilig verscharrte.

Ein geisterhafter Friedhof zerfetzter Tiere, die einem sadomasochistischen Mörder zum Opfer fallen. Heinrich: Weder Richter noch Henker (und doch beides), weder Täter noch Opfer (und doch beides). Die Psychopathologie, die in diesem jungen Mann durchscheint, ist nicht wegen ihrer Dämonie so erschreckend, sondern aufgrund ihrer vermutlichen Normalität. Mag gut sein, dass halbherzige Spaltungen auf Zeit ein ziemlich realistisches Abbild unserer banalen Durchschnittsbefindlichkeit darstellen. So wie Heinrich mit der Religion, verfährt er auch mit anderen Lebensbereichen, kulturellen Räumen, wie etwa dem Theater:

Die Menschen führten ein doppeltes Leben, wovon das eine ein Traum sein mochte; aber ich wurde nicht klug daraus, welches davon der Traum und welches für sie die Wirklichkeit war. Lust und Leid schien mir in beiden Teilen gleich gemischt vorhanden zu sein; doch im innern Raume der Bühne, wenn der Vorhang geöffnet war, schien Vernunft und Würde und ein heller Tag zu herrschen und somit das wirkliche Leben zu bilden, während, sobald der Vorhang sank, mit ihm alles in trübe, traumhafte Verwirrung zu sinken schien. Auch dünkte es mich, dass diejenigen, welche sich in diesem wüsten Träume am heftigsten und leidenschaftlichsten gebärdeten, dort in dem bessern Stück Leben, wenn die Sonne des Kronleuchters hereinschien, die edelsten und ausdrucksvollsten Gestalten waren; diejenigen aber, welche in der Nähe ruhig, kalt und friedfertig herumstanden, in jenem Glanze eine ziemlich traurige Rolle spielten.

Im Theater mag lediglich alles ein Stück weit mehr zur Kenntlichkeit gelangen – wobei doch das Theater, natürlich für die ganze sonstige Weltgesellschaft steht: Mit dem einzigen Unterschied, dass im Theater die Herstellung ästhetischer Illusion als Qualität und Ziel, nicht aber als Defizit und Gefahr erachtet wird. Im 7. Kapitel geistert H. Lee noch im Meerkatzen-Kostüm des Komparsen durch das leere Theater, teilt imaginäre Schwerthiebe aus und empfindet eingebildete Gefühle. Statt in romantischen Phantasmagorien endet diese theatralische Geisterstunde – fast – in den Armen einer hier nächtigenden Schauspielerin. Und unserem jungen Held entgleist einmal mehr der Blick, das Gefühl; während seine Augen im Halbdunkel

auf dem weißen Raume ihrer Brust hafteten und mein Herz zum ersten Male wieder so andächtig erfreut war, wie einst, wenn ich das glänzende Feld des Abendrots geschaut und den lieben Gott darin geahnt hatte.

Ästhetisch-moralische Verirrungen und Wirrungen dieser und ähnlicher Art mochten es gewesen sein, die die strenge, rigide zeitgenössische Kritik früh auf den Plan rief. Denn was da 1855, nach mehr als zehn Jahren Arbeit, endlich im Ganzen vorlag, erregte nicht nur Zustimmung, sondern gab auch Anlass zu sehr prinzipieller Kritik. Keller geriet geradezu in eine Art poetologisches Sperrfeuer. Der Autor hatte die mögliche Gefahr durchaus antizipiert und das Credo des deutschen ›poetischen Realismus‹ immer wieder präventiv nachgebetet, vorgebetet. So in einem Brief an seinen Verleger Vieweg vom 3. Mai 1850:

Die Moral meines Buches [des Grünen Heinrich] ist: dass derjenige, dem es nicht gelingt, die Verhältnisse seiner Person und seiner Familie im Gleichgewicht zu erhalten, auch unbefähigt sei, im staatlichen Leben eine wirksame und ehrenvolle Stellung einzunehmen. Die Schuld kann in vielen Fällen an der Gesellschaft liegen, und alsdann wäre freilich der Stoff derjenige eines sozialistischen Tendenzbuches. Im gegebenen Falle aber liegt sie größtenteils im Charakter und dem besonderen Geschicke des Helden und bedingt hierdurch eine mehr ethische Bedeutung des Romans.

Im Klartext: Literatur war um 1850 primär zur Gesinnungssache geworden. Ein Schritt vom Weg konnte für den Autor riskant sein. Ein guter Autor will: Vieldeutigkeit. Die Gesellschaft erwartete: Eindeutigkeit. Keller war in der Zwickmühle – Qualität oder Akzeptanz, also: nackte Wahrheit oder gefällige Tendenz? Er riskiert einen Balanceakt: unter dem Schutz der bekenntnishaften Ich-Erzählung kann Heinrich die problematischen Aspekte seines Charakters zeigen, ja sogar lustvoll entblößen, ohne dass dem Erzähler zunächst der Vorwurf des allzu großen Verständnisses oder Ent-Schuldigung des Suspekten ›Henri vert‹ gemacht werden könnte. Und er nutzt diesen Spielraum aus, reizt ihn aus: schulischer Ungehorsam, erste finanzielle Unregelmäßigkeiten, Aggressionen des 16-, 17-Jährigen werden detailreich dargestellt (Kap. 8 und 9), sogar subversive politische Verwicklungen werden angedeutet.

All dies eben nicht nur getragen von jugendlicher Emphase, sondern von asozial getöntem Narzissmus. Von wegen der brave Bursche im grünen Rock. Das Kalkül einer Kunstfigur verbirgt sich unter der ererbten Hülle; Heinrich entwirft von sich selbst folgendes Szenarium:

Denn nach dem immerwährenden Misslingen meines Zusammentreffens mit der übrigen Welt hatte eine ungebührliche Selbstbeschauung und Eigenliebe angefangen, mich zu beschleichen, ich fühlte ein weichliches Mitleid mit mir selbst und liebte es, meine symbolische Person in die interessantesten Szenen zu versetzen, welche ich erfand. Diese Figur, in einem grünen, romantisch geschnittenen Röckchen [...] starrte in Abendröten, [...] ging auf Kirchhöfen oder im Walde [...] (I, Kap. 9)

Wenn es eines Satzes bedürfte, der die romantische Szene endgültig untergehen ließe, – dieser wäre es. Und wenn man das Klischee eines gesinnungstüchtigen, schlichten Realismus mit klar umrissenen Figuren, wie ausgeschnitten aus einem bürgerlichen Bilderbogen, endgültig aushebeln wollte, – hiermit könnte man es. Mit diesem Konzept eines sich selbst erfindenden, sich selbst als Fiktion begreifenden ›Individuums‹, mit dem der erste Band ausklingt.

Die Affäre Judith

Die ›Unschuld‹, die am nächsten sonnenlichtüberfluteten Morgen aufwacht, ist, dies hat der Leser mittlerweile verstanden, alles andere als »unschuldig« – auch wenn er, gerade wenn er werthermäßig versonnen über den Kirchhof tappt oder tiefsinnig-melancholisch wie ein romantisierter Hamlet posiert. Wenn da nicht die bleiche, zarte, treue Anna wäre. Ein Mädchen, das er schwärmerisch seit den Kinder- und Schultagen begleitet. Anna, Märchenbraut im Märchenwald. Anna, anämisch, fragil, die, während er sie küsst, totenbleich wird, und ihm in seinen Armen wesenlos zu werden scheint.

Die Küsse erloschen wie von selbst, es war mir, als ob ich einen urfremden, wesenlosen Gegenstand im Arme hielt. [...] und das fast feindliche Fühlen des Körpers riss uns vollends aus dem Himmel. (II, Kap. 8)

Entzauberung bereits vor dem Beginn. Doch Gottlob findet sich Cousine Judith, das sinnlich-erotische Gegenstück zur bleichen Anna. Sie spricht die bekannten, geflügelten Worte: »Kommt herein, ich will noch einen Kaffee kochen!«. Ihm klopft das Herz wie mit Hämmern und »wallendes Blut verfinsterte ihr Bild«. Draußen stürmt ein Gewitter (auch ohne Klopstock). Und nicht nur das Haus bebt:

Ich umfasste Judith, um nur dies beklemmende Zittern zu unterbrechen, und küsste sie auf den Mund; sie küsste mich wieder, fest und warm [...].

Doch statt erotischer Überwältigung stellt sich ein eigentümlich gespaltener, von Judit mir Erstaunen registrierter, emotionaler Zwischen-Zustand ein, den der Liebhaber selbst akribisch in dieser Situation analysiert:

»[Ich] liebe [..] dich von ganzem Herzen und wenn du zum Beweis dafür verlangtest, ich sollte mir von dir ein Messer in die Brust stoßen lassen, so würde ich in diesem Augenblick ganz still dazu halten und mein Blut ruhig auf deinen Schoß fließen lassen!« [...] Zugleich seufzte sie und sagte: »Was tue ich mit deinem Blute! [...] Ich habe dich zu mir gelockt, erstens, weil ich wieder einmal ein wenig küssen wollte, was ich auch gleich hernach tun will, du bist mir dazu gerade recht! Zweitens wollte ich dich als ein hochmütiges Bürschchen ein wenig in die Schule nehmen, und drittens macht es mir Vergnügen, in Ermangelung eines anderen, den Mann zu lieben, der noch in dir verborgen ist [...]« Mit diesen Worten packte sie mich und fing an mich zu küssen, dass es mir glutheiß wurde und ich nur, um die Glut zu kühlen, ihre feuchten Lippen festhalten und wieder küssen musste. Als ich Anna geküsst, war es gewesen, als ob mein Mund eine wirkliche Rose berührt hätte; jetzt aber küsste ich eben einen heißen, leibhaften Mund und der geheimnisvolle balsamische Atem aus dem Inneren eines schönen und starken Weibes strömte in vollen Zügen in mich über. Dieser Unterschied fiel mir so auf, dass mitten im heftigen Küssen Annas Stern aufging.

Mit dem vertrauten bürgerlichen Grundgefühl des männlichen Blicks, unheilbar gespalten zwischen dem Bild des ›Weibes‹ als ›Heiliger‹ oder ›Hure‹, schließt der Autor das zweite Buch und lässt den Protagonisten angenehm erregt den Rausch nachkosten.

Ich fühlte mein Wesen in zwei Teile gespalten und hätte mich vor Anna bei der Judith und vor Judith bei der Anna verbergen mögen. Ich gelobte aber, nie wieder zur Judith zu gehen und mein Versprechen zu brechen; denn ich empfand ein grenzenloses Mitleid mit Anna, die ich [...] jetzt so still schlafend wusste.

Dennoch ist die Affäre Judith ist damit naturgemäß in keiner Weise ausgestanden oder abgeschlossen. Im Gegenteil – sie materialisiert sich in mehreren Phasen, in denen der Protagonist unterschiedliche Strategien erprobt.

Strategie 1: Versuche, der ›Macht des Eros‹ rationalisierend auf die Spur zu kommen; Gespräche mit dem Oheim, von Mann zu Mann.

Strategie 2: Strategie der Separation. Tags Anna – Nachts Judith. Natürlich eher metaphorisch. Ein Don Juan zwischen Elisabeth und Venus. Ein interessanter, jedoch diffiziler Ansatz.

Strategie 3: Eskalation. Und Lösung. Judith siegt – Anna stirbt. Erst der Skandal. Dann der Tod. Eros und Thanatos, präfreudianisch gesprochen, auf zwei Rollen verteilt. Alle Kritiker hatten die Szene gelesen. Verurteilung unisono: »Unerträgliche Nuditäten«, erschreckender Verfall, man kennt das; der Film lebt von Szenen wie dieser:

Auf den Schultern, auf den Brüsten und auf den Hüften schimmerte das Wasser, aber noch mehr leuchteten ihre Augen, die sie schweigend auf mich gerichtet hielt. Jetzt hob sie die Arme und bewegte sich gegen mich; aber ich, von einem heißkalten Schauer und Respekt durchrieselt, ging mit jedem Schritt, den sie vorwärts tat, wie ein Krebs einen Schritt rückwärts, aber sie nicht aus den Augen verlierend. So trat ich unter die Bäume zurück, bis ich mich in den Brombeerstauden fing und wieder still stand. Ich war nun verborgen und im Dunkeln, während sie im Lichte mir vorschwebte und schimmerte [...]. Jetzt ward es ihr selbst unheimlich; sie stand dicht bei ihrem Gewande und begann wie der Blitz sich auszuziehen. Ich sah aber, dass sie erst jetzt in Verlegenheit geriet, und trat unwillkürlich, meine eigene Verwirrung vergessend, hervor, half ihr zitternd den Rock über der Brust zuheften und reichte ihr das große weiße Halstuch. Hierauf umschlang ich ihren Hals und küsste sie auf den Mund, gewissermaßen um keinen müßigen Augenblick aufkommen zu lassen; sie fühlte dies wohl; denn sie war nun über und über rot bis in die noch feuchte Brust hinein; sie steckte hastig ihre feinen Strümpfe in die Tasche und schlüpfte mit bloßen Füßen in die Schuhe, worauf sie mich noch einmal umschloß und heftig küsste, dann quer durch die Bäume die Halde hinaneilte [...] (III; Kap. 3)

Schauer der Lust – und wenige Seiten später, abrupt, verfremdet, ins Ästhetische gewendet – der Tod Annas. Hier der Leib als Oberfläche der Sexualität. Dort als – Anlass des Erschreckens. Des Erstaunens:

Jetzt aber war ich erstaunt über den frühen Tod und noch mehr darüber, dass dies arme tote Mädchen meine Geliebte war. Ich versank in tiefes Nachdenken darüber, ohne Schrecken oder heftigen Schmerz zu empfinden, obgleich ich das Ereignis mit meinen Gedanken nach allen Seiten durchfühlte. Nicht einmal die Erinnerung an Judith verursachte mir Unruhe.

Kaltes Erstaunen. Eine Kälte, über die die Figur selbst leicht befremdet ist, der abgespaltene Doppelerzähler nicht.

Indessen verweilte ich ruhig bei der Leiche und beschaute sie mit unverwandten Blicken; aber ich ward durch das unmittelbare Anschauen des Todes nicht klüger aus dem Geheimnis desselben, oder vielmehr nicht aufgeregter als vorhin. Anna lag da, nicht viel anders als ich sie zuletzt gesehen, nur dass die Augen geschlossen waren und das blütenweiße Gesicht auf den Wangen wunderbarerweise mit einem leisen rosigen Hauche überflogen, wie vom Widerschein eines fernen, fernen Morgen- oder Abendrotes. Ihr Haar glänzte frisch und golden, und ihre weißen Händchen lagen gefaltet auf dem weißen Kleide mit einer weißen Rose. Ich sah alles wohl und empfand beinahe eine Art glücklichen Stolzes, in einer so traurigen Lage zu sein und eine so poetisch schöne tote Jugendgeliebte vor mir zu sehen.

Der tote Körper: schön. Die Seele des Betrachters: tot. In Termini der literarischen Qualität eine der stärksten Stellen dieses Romans. In solchen der Gesinnung: inakzeptabel. Literatur und Gesinnungskorrektheit haben so viel miteinander zu tun wie politischer Alltag und das Grundgesetz. Heinrich fasziniert dieses Kippspiel von ›davor‹ und ›danach‹:

Ich hatte mich erhoben und vor das Bett gestellt, und indem ihre Gesichtszüge klar wurden, nannte ich ihren Namen, aber nur hauchend und tonlos; es blieb totenstill, und als ich zugleich zaghaft ihre Hand berührte, zog ich die meinige entsetzt zurück, als ob ich an glühendes Eisen gekommen wäre; denn die Hand war kalt wie ein Häuflein kühler Ton.

Wie dies abstoßend kalte Gefühl meinen ganzen Körper durchrieselte, ließ es mir nun auch plötzlich das Gesicht der Leiche so seelenlos und abwesend erscheinen, dass mir beinahe der erschreckte Ausruf entfuhr: »Was hab ich mit dir zu schaffen?« als aus dem Saale her die Orgel in milden und doch kräftigen Tönen erklang [...]. Ich lauschte der Melodie, sie bezwang meinen körperlichen Schrecken, ihre geheimnisvollen Töne öffneten die unsterbliche Geisterwelt, und reuevoll gelobte ich Anna ewige Treue.

Ich fühlte mich stolz und glücklich durch diesen Entschluß; aber zugleich wurde mir nun der Aufenthalt in der Totenkammer zuwider.

Intellektuell ist der Fall ›Anna‹ für den jungen Künstler damit abgeschlossen und – als Nebenprodukt – auch der Fall Judith. Wenn die Madonna stirbt, kann, muss die Hure und Hexe verb(r)annt werden. Eine Notwendigkeit aus seelendiätischen Gründen. Auch Heinrich ist jetzt soweit, seine seltsamen Gefühle philosophisch darzustellen, stets das sicherste Indiz für den erfolgreich abgeschlossenen Verdrängungsakt. Er beginnt regelrecht zu dozieren:

[...] und das Gefühl mit dem fremden hochtrabenden und kalten Worte ›objektiv‹ benennen kann, welches die deutsche Ästhetik erfunden hat. Ich glaube, die Glasscheibe tat es mir an, dass ich das Gut, was sie verschloß, gleich einem in Glas und Rahmen gefassten Teil meiner Erfahrung, meines Lebens, in gehobener und feierlicher Stimmung, aber in vollkommener Ruhe begraben sah; noch heute weiß ich nicht, war es Stärke oder Schwäche, dass ich dies tragische und

feierliche Ereignis viel eher genoß als erduldete und mich beinahe des nun ernst werdenden Wechsels des Lebens freute.

Der Schieber wurde zugetan, der Totengräber und sein Gehilfe stiegen herauf und bald war der braune Hügel aufgebaut.

Judith ließ sich nicht sehen am Grabe; in einem demütigen und entsagenden Gefühle der Fremdheit hielt sie sich in ihrem Hause verschlossen.

Die Liebe: ins Bild gesetzt. Ästhetisch gefasst. Als Ikone gespeichert. Re-Präsentanz statt Empfindung. Heinrich ist frei. Die Geschichte der Kindheit und Jugend ist definitiv abgeschlossen: »eiserne Ordnung«. »Exerzierplatz«, »Disziplin«, »Altar des Vaterlands«, »Integral-Erneuerung« – so lauten die neuen Leitkultur-Begriffe des neuen Heinrich Lee. Die Abreise wird jetzt als Flucht vor sich selbst erkennbar. Getragen vom aufgesetzten Vorsatz, alles anders zu machen. Sein neues ›Ich‹ vom gewachsenen ›Ich‹ abzuschneiden. Freilich: Man lebt nur einmal.

Das Ende der Jugend

Mit dem »Ende der Jugendgeschichte«, schließt das Kapitel 10: zumindest, was den nun folgenden Wechsel der Erzählform anbelangt. Ansonsten ist er eine Illusion. Mit dem vierten Kapitel des 3. Buches ist allenfalls ein zeitlicher Sprung verbunden, zwei Jahre sind nun vergangen, seit Heinrich Zürich verlassen hat, mit dem Ziel München, mit dem Ziel, Maler zu werden, Künstler zu werden. Es geht um die Kunst. Es geht um die Wurst. Um Sein oder Nicht-Sein. Das Balzac-Syndrom taucht wieder auf. Die Frage nach dem »Wie wirklich ist die Wirklichkeit?« Dem ›sens du réel‹. Seit dem 5. Kapitel des Buches II steht die Frage im Raum; seit der Zeit der ersten zeichnerischen Versuche:

»Diese Bäume«, sagte er, »sehen ja einer dem andern ähnlich und alle zusammen gar keinem wirklichen!« (II, Kap. 5)

Heinrich zeichnete wie gleichzeitig Adalbert Stifter und natürlich Gottfried Keller kleine Dinge – »aufrichtige Arbeiten von unprätentiöser, anspruchsloser Durchgeführtheit«. Was Heinrich sagt, klingt überlegt und vernünftig:

Denn wie es mir scheint, geht alles richtige Bestreben auf Vereinfachung, Zurückführung und Vereinigung des scheinbar Getrennten und Verschiedenen auf. Einen Lebensgrund, und in diesem Bestreben das Notwendige und Einfache mit Kraft und Fülle und in seinem ganzen Wesen darzustellen, ist Kunst; darum unterscheiden sich die Künstler nur dadurch von den anderen Menschen, dass sie das Wesentliche gleich sehen und es mit Fülle darzustellen wissen, während die Anderen dies wieder erkennen müssen und darüber erstaunen, und darum sind auch alle die keine Meister, zur deren Verständnis es einer besonderen Geschmacksrichtung oder einer künstlichen Schule bedarf. (III, Kap. 1)

Doch im Gespräch und in Konkurrenz mit den Kollegen und Rivalen, allen voran der Amsterdamer Lys, beginnt das Gewebe die anfängliche Selbstsicherheit zu verlieren. Wieder greift das Syndrom des ›nicht mehr‹- und ›noch nicht‹-Gefühls:

[...] wir sind bloßes Übergangsgeschiebe. Wir achten die alte Staats- und religiöse Geschichte nicht mehr und haben noch keine neue hinter uns [...] Wir haben das Paradies der Unschuld – in welchem jene noch alles malen konnten, was ihnen unter die Hände kam – verloren und leben nur in einem Fegefeuer. (III, Kap. 4)

Manche versuchen das Dilemma durch perfekte Technik zu umgehen. Andere durch Abstraktion; wieder andere durch Anbindung an einen Auftrag: Kunst tendenziell, engagiert. Lys ist der Begabteste, Radikalste, Brutalste der Gruppe. Er vernichtet Heinrichs immer fragwürdiger werdende Konzeption der Gespaltenheit mit ein paar Worten, die ins Zentrum – nicht nur seines Daseins als Artist, sondern auch als Individuum im Ganzen treffen.

»Du hast aber die wahre Leidenschaft noch nie gekannt, weder in meinem noch in deinem Sinne. Was du als halbes Kind erlebt, war das bloße Erwachen deines Bewusstseins, das sich auf sehr normale Weise sogleich in zwei Teile spaltete und an die ersten zufälligen Gegenstände haftete, die dir entgegentraten. [...]

»Du aber schäme dich [...], als solch ein zierlich entworfenes, aber doch leeres Schema in der Welt umherzulaufen, wie ein Schatten ohne Körper! Suche, dass du endlich einen Inhalt, eine solide Füllung bekommst, anstatt anderen mit deinem Wortgeklingel beschwerlich zu fallen!« (III; Kap. 6)

»Leeres Schema« – auch *die* Formel für sein Versagen in der Kunst. Die ästhetisch-theoretische Wortklingelei des ›Phantomwesens‹ Heinrich Lee ist eine Seite, die Geldklingelei auf dem Kunstmarkt die andere Seite der Medaille. Balzac-Zeit. Die Kunst im Zeitalter ihrer Kapitalisierung, ihrer Mehrwertbildung ist auch hier ein Thema. Ich erinnert sich des hellseherisch-trockenen Satzes von Séchard Fils:

Die Herstellung genialer Kunstwerke erfordert in der Regel das Vorhandensein beträchtlicher finanzieller Grundlagen. (Verlorene Illusionen)

Vulgo: Ohne Moos nix los. So auch hier; »Schüsselchen«, »Strohmättchen«, »Dreiviertellöffel« (S. 674) – wenn sich die Sprache klein macht und duckt, wird es für Heinrich existenziell bedrohlich. So auch in Kap. 3/4 des IV. Buches:

So verging die Zeit, und während Heinrich ohne freien Willen, denn er konnte gar nicht anders, rücksichtslos und gänzlich die Zeit verwendete, sich Zeug und Stoff für seinen freien Willen zu verschaffen, nämlich Einsicht, wusste er bereits nicht mehr, wovon er leben sollte, und sah sich plötzlich zu seinem großen Erstaunen von Not und Sorge umgeben, so dass er kaum wusste, wie ihm geschah. (IV, Kap. 3)

Kunst auf Pump. Pump der verachteten Mutter. Eine Demütigung für den einen. Eine Beleidigung für die andere. Ideologiezerstört, halbherzig in allem, theorieverseucht, rutscht Heinrich Lee in bemühtem, verquältem Dilettantismus ab:

Heinrichs Werklein, als es fertig war, sah nun höchst seltsam aus. Er hatte sich die vollsaftige Frische des Vortrages, auf welche die von dem Meister geratene Anordnung durchaus berechnet war, doch nicht geben können und war unwillkürlich wieder in seine blasse traumhafte Malerei verfallen, während die vielen naiven und liebenswürdigen Züge eines erfindungslustigen Gemütes, welche auch ein solches mangelhaftes Werk gewissermaßen ansprechend und unterhaltend machen, daraus entfernt waren. So stellte es nun durch seinen gesichteten Inhalt und das magere scheinlose Machwerk den geübten geistreichen Dilettantismus dar, obgleich es auf der Stube noch ziemlich respektabel aussah und von den Leuten, welche das ernstlich Angestrebte, aber nicht ganz Gelungene immer zärtlicher behandeln als das schlechtweg Gute, vergnüglich belobt wurde. (IV, Kap. 4)

Der erste zaghafte Vermarktungsversuch auf einer Verkaufsausstellung wird zum Debakel. Kredite folgen. Die Mutter nimmt Wechsel auf. Die Geld-Spirale, das Rückenmark des 19. Jahrhunderts, beginnt sich zu drehen. Kunstversuche – Schulden – Geldmangel – Kunst – Schuld – Schulden! – – – als Stangerlmaler in München endet Heinrich. Später gab es noch einen von der Sorte. Der kam aus Braunau, wollte Kunstmaler werden und malte Kitschpostkarten. Bruder Hitler grüßt von gleicher Stelle. Im 19. Jahrhundert ist der Kontostand die eigentliche Lebenslinie. Der Bankrott die Todsünde. Welcher Absturz:

»*Ihr aber, Schweizermännchen, müsst die Stangen anstreichen. Bst! nicht gemuckst! Hier für diese großen gebe ich einen Kreuzer das Stück, für diese kleineren einen halben, von diesen ganz kleinen aber, welche für die Mauslöcher und Blinzelfenster der Armut bestimmt sind, müssen vier Stück auf den Kreuzer gehen! Jetzt passt aber auf, wie das zu machen ist, alles will gelernt sein!*« *(IV, Kap. 6)*

Sein Lehrer Römer ist an der Kunst wahnsinnig geworden. Heinrich geht daran zugrunde. Nur ein großer Verbrecher, ein Caravaggio, hätte das Zeug, unter dieser Kondition Kunst zu machen. Heinrich ist nur ein kleiner kluger Schuft. Und müsste eine Bestie sein, wollte er dem sozialen Druck dieses Geldes standhalten. Geldgabe als Liebesakt, die Überweisung als moralischer Pyrrhussieg, jede Münze, die sie ihrem Sohn sendet, wird zur Chiffre seines Versagens:

[...] bis endlich das Geld in ihrem Schreibtische lag und sie dazu noch die Darleiher, welche für ihren Nutzen hinlänglich gesorgt hatten, als große Wohltäter betrachten musste. Nur war sie aber auch so müde und eingeschüchtert, dass sie nicht vermochte, sich etwa nach einem bequemen Wechselbrief umzusehen, sondern sie wickelte das Geld in vieles starkes Papier ein, umwand es mit vielen dicken Schnüren und wandte es seufzend und unter Tränen um und um, überall das heiße Siegelwachs aufträufelnd und höchst ungeschickt siegelnd und petschierend. Dann legte sie das schwere unbeholfene Paket in ihren

Strickbeutel, nahm diesen auf den Arm und schlich damit auf Seitenwegen zur Post; denn sie wünschte um alles in der Welt nicht, dass jemand sie sähe, und zwar aus dem Grunde, weil sie, befragt, wo sie mit dem Gelde hinwolle, durchaus um eine Antwort verlegen gewesen wäre. Sie reichte, den seidenen Ridikül verschämt und zitternd abstreifend, den Pack durch das Schiebfensterchen, der Postbeamte besah die Adresse und dann die Frau, gab ihr den Empfangschein, und sie machte sich davon, als ob sie so viel Geld jemandem genommen anstatt gegeben hätte. Der linke Arm, auf welchem sie das Geld getragen, war ganz steif und ermüdet, und so kehrte sie auch körperlich angegriffen in ihre Behausung zurück und war froh, als sie dort war. Nichtsdestominder fühlte sie einen gewissen mütterlichen Stolz [...] (IV, Kap. 5)

Die Bilanz dieses Künstlerlebens ist ernüchternd. Finanziell. Artistisch. Sozial. Als seine Mutter durch seine Lebensuntüchtigkeit in die Armut gerät, ist in den Augen der Gesellschaft sein Urteil gesprochen. Auch der Verfasser hat nun keine Wahl mehr; in dem bereits zitierten Brief an seinen geduldigen Verleger vom 26.04.1850 ist dazu zu lesen:

Das Band, das ihn nach rückwärts an die Menschheit knüpft, scheint ihm blutig und frevelhaft abgeschnitten, und er kann deswegen auch das lose halbe Ende desselben, das nach vorwärts führt, nicht in die Hände fassen, und dies führt auch seinen Tod herbei.

Die vorübergehende Aufhellung des ökonomischen Aspekts – während der Rückreise findet er, wie der Autor gleichfalls brieflich mitteilt, »Glück und einen Kreis edler Menschen [...] und betritt eine neue reinere Lebensbahn« – ändert nichts an diesem Ablauf. Die Begegnung mit dem Grafen und Dorothea kommt zu spät. Zu spät (so wie der Wechsel Luciens in *Illusions perdues* zu spät eingelöst wird.). Es geht nichts mehr. Es gibt im realistischen Roman einen ideologischen ›Point of no Return‹. Im Bann der Rückkehr scheint sich der Fluch zu lösen; die »ängstliche Traumreise« aber mündet nach kurzem Aufflackern von Hoffnung in einen neuen tödlichen Albtraum. Da mag der Nicht-Held sein Zurückkommen noch so sehr in Termini einer Philosophie des Ganzen, Volkshaften zu beschreiben versuchen. Es bleibt Monolog, ohne Echo. »Leeres Schema«:

[...] es tritt eine wundersame Wechselwirkung ein zwischen dem Ganzen und seinem lebendigen Teile. Mit großen Augen beschaut sich erst die Menge den Einzelnen, der ihr etwas vorsagen will, und dieser, mutvoll ausharrend, kehrt sein bestes Wesen heraus, um zu siegen. Er denke aber nicht, ihr Meister zu sein; denn vor ihm sind Andere da gewesen, nach ihm werden Andere kommen, und jeder wurde von der Menge geboren; er ist ein Teil von ihr, welchen sie sich gegenüberstellt, um mit ihm, ihrem Kind und Eigentum, ein erbauliches Selbstgespräch zu führen. Jede wahre Volksrede ist nur ein Monolog, den das Volk selber hält. Glücklich aber, wer in seinem Lande ein Spiegel seines Volkes

sein kann, der nichts widerspiegelt als dies Volk, indessen dieses selbst nur ein kleiner heller Spiegel der weiten lebendigen Welt ist! (IV, Kap. 14)

Heinrich kommt zu spät, tritt in den Kirchhof und hört im selben Augenblick den Namen seiner Mutter, der sie gerade die Totenmesse lesen. Er wird leichenstarr. Steht ohne Bezug, als Beobachter, Fremder neben dem, was vor sich geht. Eine geschlossene Holzkiste statt seiner Mutter – etwas in ihm zerbricht, er weiß, er ist ›gerichtet‹.

Heinrich konnte nicht durch die Bretter hindurchsehen, er sah nur, wie jetzt der Sarg in die Erde gesenkt und mit derselben zugedeckt wurde, und er rührte sich nicht. (IV, Kap. 15)

Heinrichs vollkommene Starre entspricht seiner inneren und äußeren Situation: Die Tür des durch seine Schuld verkauften Hauses ist ihm verschlossen. Die vergeblichen Tränen der Mutter werden zum Fanal für Heinrich: Der Spiegel zwischen sich und den anderen ist endgültig »zerschlagen« und zerbrochen. Das Haus verschlossen. Die Tränen fließen zu spät:

Es war ihm, als ob alle Mütter der Erde ihn durchschauten, alle glücklichen ihn verachteten und alle unglücklichen ihn hassten als auch zur Rotte Korah gehörig. Da nun aber in Wirklichkeit nichts an ihm zu durchschauen war als das lauterste und reinste Wasser eines ehrlichen Wollens, wie er jetzt war, so erschien ihm dies Leben wie eine abscheuliche, tückische Hintergehung, wie eine niederträchtige und tödliche Narretei und Vexation, und er brauchte alle Mühen einer ringenden Vernunft, um diese Vorstellung zu unterdrücken und der guten Meinung der Welt ihr Recht zu geben.

Im Rückblick scheint das Bild der Mutter nun wie ein drohendes Menetekel auf. Heinrich im blinden Fleck: optisch wie existenziell. Das Todesurteil wird gesprochen: kaum zwölf Zeilen später schildert der Erzähler nach mehr als 850 Seiten das dürftige Sterben seiner Figur, die aus dem Rahmen der Gesellschaft gefallen ist und rasch entsorgt wird:

[...] aber ehe eine Antwort da sein konnte, rieb es ihn auf, sein Leib und Leben brach und er starb in wenigen Tagen. Seine Leiche hielt jenes Zettelchen von Dortchen fest in der Hand, worauf das Liedchen von der Hoffnung geschrieben war. Er hatte es in der letzten Zeit nicht einen Augenblick aus der Hand gelassen, und selbst wenn er einen Teller Suppe, seine einzige Speise, gegessen, das Papierchen eifrig mit dem Löffel zusammen in der Hand gehalten oder es unterdessen in die andere Hand gesteckt.

So ging denn der tote grüne Heinrich auch den Weg hinauf in den alten Kirchhof, wo sein Vater und seine Mutter lagen. Es war ein schöner freundlicher Sommerabend, als man ihn mit Verwunderung und Teilnahme begrub, und es ist auf seinem Grabe ein recht frisches und grünes Gras gewachsen.

Wohl der kürzeste, grausamste, trost-loseste Abschied von einer literarischen

Figur, den man aus dem 19. Jahrhundert kennt. »Bildungstragödie« (Brief Hermann Hettners an Keller, 11. Juni 1855) – was für ein Begriff. Keller spürt: Er hat keinen ›deutschen Bildungsroman‹ geschrieben. Er hat ihn begraben.

Die ›Wiederaufnahme‹

Man würde vielleicht annehmen, damit wäre in den Augen der Gesellschaft das Ritual der Sühne und Bestrafung vollendet. Und Keller schreibt am 5.1.54 an H. Hettner:

Da er den Gedanken der Unsterblichkeit aufgegeben, fühlt er den Verlust um so tiefer und intensiver, sowie das ganze Verhältnis, das körperliche Band der Familie, die unmittelbare Quelle des Daseins. In solcher Weise schließt das Buch tragisch, aber klar, und besonders glaube ich den sogenannten Atheismus respektabel und poetisch gemacht zu haben, so dass er selbst in den Augen der Frommen wenigstens als eine Tragödie gelten kann, welche zur Reinigung ihres Gottgedankens beiträgt.

Soviel nur, damit Sie ungefähr sehen, auf was es ankommt.

Hettner antwortet verständnisvoll und skeptisch am 11. Juni 1855:

Bedenken hatte ich anfangs gegen den Schluß. Warum, fragte ich mich, lassen Sie Ihren Helden sterben? Fast dünkt es mir, Sie predigen das ›In der Beschränkung zeigt sich erst der Meister‹ etwas allzu eindringlich, wenn der Held seine strebsamen Bildungswirren mit dem Tode büßt. Ist er nicht schon genugsam gestraft, wenn er sich sagt, dass er das kümmerliche Alter und das gramvolle Absterben seiner treuen Mutter verschuldet? Jedoch haben sich mir diese Bedenken allmählich gemildert, indem ich mir sage, dass der Ernst der Bildungstragödie nur um so durchschlagender auftritt.

Und Keller, der um den ideologisch-neuralgischen Punkt seines Werkes natürlich genau weiß, antwortet am 25.06.55:

Ihre Bedenken wegen des Todes des grünen Heinrich stoßen wahrscheinlich vielen Leuten auf; wenigstens haben mir ganz schlichte und ungeschulte Leser gesagt, dass sie diesen Tod nicht erbaulich fänden. Das rührt daher, weil das letzte Kapitel nicht ausgeführt ist und die Moral eigentlich nur zwischen den Zeilen gelesen werden kann, was hoffentlich mit der Zeit geschehen wird, wenn das Buch überhaupt so lang die Aufmerksamkeit zu fesseln imstande ist.

Und Keller geht weiter, versucht auch den noch zentraleren Vorwurf, den des Verzichts auf einen positiven Horizont, im Ganzen auszugleichen:

Ein anderes Motiv des Todes, wenigstens des symbolischen, ist das Scheitern seiner neuen Hoffnungen. Denn wie kann er, da er in bezug auf die Familie, welche die Grundlage der Staatsgemeinschaft ist, ein verletztes oder wenig-

stens beschwertes Gewissen hat, ein öffentliches Wirken beginnen oder sich für dasselbe vorbereiten? Ferner, da er mit der Erfahrung der geläuterten Liebe zurückgekehrt und eine lebendige Hoffnung darauf trägt, macht ihm gerade diese Hoffnung das Leben unmöglich, weil sich wohl kein edles und ungetrübtes Lebens- oder Eheglück denken lässt nach dem so beschaffenen Tode der Mutter.

In den siebziger Jahren wird die Kritik spürbar rigider, ruppiger, und sie zeigt Wirkung. Keller entschließt sich zu umfassenderer Umarbeitung inhaltlicher wie struktureller Art. Was den Inhalt betrifft, so ist er sich mit seinen Kritikern darüber einig, dass die »Nuditäten etc. selbstverständlich wegfallen« müssen. Was die Struktur betrifft, beratschlagt er sich regelrecht mit dem Kollegen Theodor Storm. Am 25.06.78 folgendes Dossier:

Ich habe, was von dem Gedruckten, circa 2 ½ Bände, bleibt, jetzt durchkorrigiert und mit zahlreichen Streichungen verziert. Nun schreibe ich das, was in der dritten Person erzählt wird, um und lasse es auch von Heinrich in erster Person erzählen bis zum Tode der Mutter; das zuletzt angeknüpfte Liebesverhältnis verunglückt auch; das Problem alles dieses Misslingens wird klarer und ausdrücklicher motiviert als eine psychologisch-soziale Frage (aber nicht pedantisch). Heinrich lebt still und dunkel fort bei einer anspruchslosen aber geregelten Tätigkeit, ungekannt und in der Erinnerung lebend (wie ein paar Ihrer Helden), alternd und durch einen Unfall der Hülfe und Pflege bedürftig. Hier tritt die Judith wieder ein, die als gemachte Person aus Amerika zurückkehrt, die den Teufel hat zähmen lernen, aber immer einsam geblieben ist. Sie erkennt den alten Heinrich an dem Lebensbuch, das er geschrieben. Ihm ist sie das Beste, was er erlebt hat, nach allem, eine einfache Naturmanifestation, und er hat ihr auch immer im Sinne gesteckt. So bildet sich noch ein kurzer Abendschein in den beiden Seelen.

Storm ist skeptisch, fürchtet, dass die Spontaneität und Frische des frühen Heinrich verloren ginge. Der Fall bleibt vertrackt. Wie gut, dass es nur Figuren aus Text sind, die man des Effekts halber so oder so schieben kann:

Nun Ihren Vorschlag anlangend: – man müsste beieinander sitzen, um es zu besprechen – aber ich meine, Sie dürfen die schöne Wirkung, welche die Rückkehr der Judith hervorbringen muss, dem Schlusse des Buches nicht entziehen. Das muss sich machen lassen, irgendwie. Zunächst müsste die Judith bei ihrem Fortgang nicht 30, sondern etwa 25 Jahre alt sein; das genügt ja, um ihr die Überlegenheit dem etwa 6 oder 7 Jahre jüngeren Manne gegenüber zu verleihen. Dann mag sie mit fünf-, sechs- oder siebenunddreißig Jahren zurückkehren; Heinrich ist dann freilich noch nicht alt; aber das müsste gemacht werden. Judith könnte auch 40, oder reichlich, alt sein und nur in der Seelenbewegung des Wiedersehens noch in, wenn auch vergehender, Schönheit erscheinen. Es ist zu kümmerlich, wenn sie als krankenpflegendes altes Mütterchen wiederkommt. (15. Juli, 1878)

Es geht her und hin. Am 21. April 1881 kann Gottfried Keller sich bei Wilhelm Petersen bedanken – nicht ohne Untertöne, die Beschädigung signalisieren:

Nun danke ich auch für die wohlwollende Aufnahme des retuschierten ›Grünen Heinrich‹. Namentlich ist es mir lieb zu erfahren, dass Sie die neuen Einschaltungen im 3. Bande nicht missbilligen, obschon der Zwiehan etwas gar zu gewaltsam und absichtlich allegorisch ist. Die kleine Episode der Hulda im 4. Bande ist beileibe nicht erlebt; ich erfand sie plötzlich, um den Tag des Einzuges resp. das Abenteuer der Fahnenstangen besser abzurunden, und fand damit ein nicht übles Motiv, das Niedersteigen in die untern Schichten der dunklen, anspruchslosen Arbeit nicht nur mit der Sicherheit des täglichen Stückes Brot, sondern auch mit dem Reize eines lockenden Sinnenglückes im verborgenen scheinbar zu begründen. Dass das Mädchen dabei etwas zierlicher und liebenswürdiger ausfiel, als es in jenen Volksschichten der Fall zu sein pflegt, ist in einem Romane ja nur angemessen.

Ein Blick in den »retuschierten *Grünen Heinrich*« zeigt, wie viel Gesinnungsarbeit nötig war, um den Nihilismusverdacht aus dem Werk herauszuschreiben, es auszubleichen. Der Tod der Mutter wird nun weitgehend entschärft in der Ich-Form erzählt:

Unwillkürlich schlug ich die Gardine zurück und öffnete das Fenster. Die reine Frühlingsluft und das mit ihr einströmende Licht bewegten das erstarrende ernste Gesicht mit einem Schimmer von Leben; auf der Höhe der hageren Wangen zitterte leicht die Haut; sie regte energisch die Augen und richtete einen langen fragenden Blick auf mich, als ich mich, ihre Hände ergreifend, zu ihr niederbeugte; das Wort aber, das ihre ebenfalls zitternden Lippen bewegte, brachte sie nicht mehr hervor.

Die Nachbarin nahm die Wärterin mit sich hinaus, drückte leise die Türe zu, und ich fiel an dem Bett nieder mit dem Rufe: »Mutter! Mutter!« und legte den Kopf weinend auf die Decke. Ein röchelndes stärkeres Atmen hieß mich wieder emporschnellen und ich sah die treuen Augen gebrochen. Ich nahm den leblosen Kopf in die Hände und hielt dies Haupt vielleicht zum erstenmale in meinem Leben so in der Hand, wenigstens so weit ich mich entsinnen konnte. Allein es war für immer vorbei.

Es fiel mir ein, dass ich ihr wohl die Augen zudrücken sollte, dass ich ja dafür da sei und sie es vielleicht noch fühlen würde, wenn ich es unterließe; und da ich neu und ungeübt in diesem bittern Geschäfte war, so tat ich es mit zager, scheuer Hand.

Und schließlich darf Heinrich weiterleben. Ein reduziertes Mittelklasseleben als moderat besoldeter Verwaltungsbeamter im Oberamt der Gemeinde. »Regelmäßig«, »geräuschlos«, wie es im 16. Kapitel des IV. Bandes nun heißt. Überschrift: »Der Tisch Gottes«. Er ist sparsam gedeckt. Die Speisen schmecken wie die, die er bei seiner Mutter hasste. Und Judith kommt nach zehn Jahren zurück. Aus den USA. »Älter«, »zarter«, »besser«. Sie reden. Reden miteinander. Bringen ihre Schuldtraumata zu Wort. Entsühnung: Erzählung – das hat jetzt miteinander zu tun. Beide schließen einen Bund. Keine Ehe. Es gibt kein Happy End mehr in den dunklen Romanen des mittleren 19. Jahrhunderts. Restleben auf Bewährung – das ist schon das mildeste Urteil, zu der diese gelähmte Fortschrittsgesellschaft mit den guten Manieren sich entschließen kann; der Unterschied ist beträchtlich. Man erinnert sich der frühen Judith-Küsse. Jetzt liest sich das so:

Sie schloss mich heftig in die Arme und an ihre gute Brust; auch küsste sie mich zärtlich auf den Mund und sagte leis: »Nun ist der Bund besiegelt! Aber für dich nur auf Zusehen hin, du bist und sollst sein ein freier Mann in jedem Sinne!«

Und so ist es auch zwischen uns geblieben. Noch zwanzig Jahre hat sie gelebt; ich habe mich gerührt und nicht mehr geschwiegen, auch nach Kräften dies oder jenes verrichtet, und bei allem ist sie mir nahe gewesen. Wenn ich den Wohnort verändern musste, so ist sie mir das einemal gefolgt, das andere nicht, aber so oft wir wollten, haben wir uns gesehen. Wir sahen uns zuweilen täglich, zuweilen wöchentlich, zuweilen des Jahres nur einmal, wie es der Lauf der Welt mit sich brachte: aber jedes Mal, wo wir uns sahen, ob täglich oder nur jährlich, war es uns ein Fest. Und wenn ich in Zweifel und Zwiespalt geriet, brauchte ich nur ihre Stimme zu hören, um die Stimme der Natur selbst zu vernehmen.

Sie starb, als eine verderbliche Kinderkrankheit herrschte und sie sich mit ihren hilfsbereiten Händen in eine ratlose Behausung armer Leute stürzte, die mit kranken Kindern angefüllt und von den Ärzten abgesperrt war. Sonst hätte sie leicht noch zwanzig Jahre leben können und wäre ebenso lang mein Trost und meine Freude gewesen.

Ich hatte ihr einst zu ihrem großen Vergnügen das geschriebene Buch meiner Jugend geschenkt. Ihrem Willen gemäß habe ich es aus dem Nachlass wieder erhalten und den andern Teil dazu gefügt, um noch einmal die alten grünen Pfade der Erinnerung zu wandeln.

ENDE. (IV, Kap. 16)

Biegen. Brechen. Und dann – notdürftig – zusammenkleistern, so geht das. Armer Heinrich. Arme Judith. Arme Effi – wird es später auch noch heißen. Und alles ohne Verletzungen, die man von außen sehen kann. So ist das mit dem sogenannten ›Bildungsroman‹. Und es funktioniert. Selbst einen Keller konnte man zurechtbiegen, –rücken, stutzen; bis es passte. Anno ,48 hat man alles niedergeschlagen. Nicht nur die Revolutionen; auch jede andere Autonomie, jede Subversion, jede Eigen-Willigkeit. Das neu formatierte Inhaltsverzeichnis liest sich wie das Resultat einer erfolgreich durchgeführten Gehirnwäsche:

Lob des Herkommens
Vater und Mutter

Kindheit. Erste Theologie. Schulbänklein.
Lob Gottes und der Mutter. Vom Beten.
Das Meretlein
Weiteres vom lieben Gott

...

So gezähmt konnte man ihn dann auch so unverschämt loben beziehungsweise diskreditieren wie Herr Bundesrat Soundso bei Gelegenheit des Siebzigsten. Keller winkte nur ab. ›Heimatdichter-Ehrung‹.

Danke, Herr Bundesrat. Einverständnis, Missverständnis. Willentliches Unverständnis. Armer Gottfried? Gottlob nein. Gott sei Dank ist der Herr Bundesrat vergessen. Gottfried Keller wird noch immer gelesen. Genauso wie Balzac. Genauso wie Dickens.

Literaturverzeichnis

- Keller, Gottfried: *Der Grüne Heinrich. Erste Fassung.* Deutscher Klassiker Verlag. Frankfurt. 1985.
- Keller, Gottfried: *Der Grüne Heinrich. Zweite Fassung.* Deutscher Klassiker Verlag. Frankfurt. 1985.
- Balzac, Honoré de: *Eugenie Grandet.* Übers. v. Scheffel, Michael. Reclam. Stuttgart. 1987.
- Hofmannsthal, Hugo von: *Stadien. Sentimentale Entwicklung. Age of Innocence. Stationen der Entwicklung.* In: *Loris. Die Prosa des jungen Hugo von*
- *Hofmannsthal.* Fischer. Frankfurt. 1930.
- Keller, Gottfried: *Gesammelte Briefe.* (Hg. Helbling, Carl) Benteli. Bern. 1950-54.
- Keller, Gottfried: *Sämtliche Werke. Historisch-kritische Ausgabe.* Band 19. Der grüne Heinrich. Strœmfeld. Zürich. 2006.

Gottfried Keller

Vita
*19.7.1819   Zürich
†15.7.1890   Zürich

1824   Tod des Vaters
1831-33 Besuch des Landknabeninstituts
1834   Verweis von der Schule, Malunterricht bei Peter Steiger
1840-42 Kunststudium in München

1848-49 Stipendium zum Studium in Heidelberg, u.a. bei Ludwig Feuerbach
1850-55 Aufenthalt in Berlin
1861   Erster Stadtschreiber des Kantons Zürich
1864   Tod der Mutter
1876-90 Niederlegung des Stadtschreiber-Amtes und fortan Wirkung als freier Schriftsteller
1882   Fortschreitende gesundheitliche Beeinträchtigung

Werke
1854-55 Der grüne Heinrich
1856-74 Die Leute von Seldwyla
1861   Das Fähnlein der sieben Aufrechten
1872   Sieben Legenden
1878   Züricher Novellen
1881   Das Sinngedicht
1886   Martin Salander

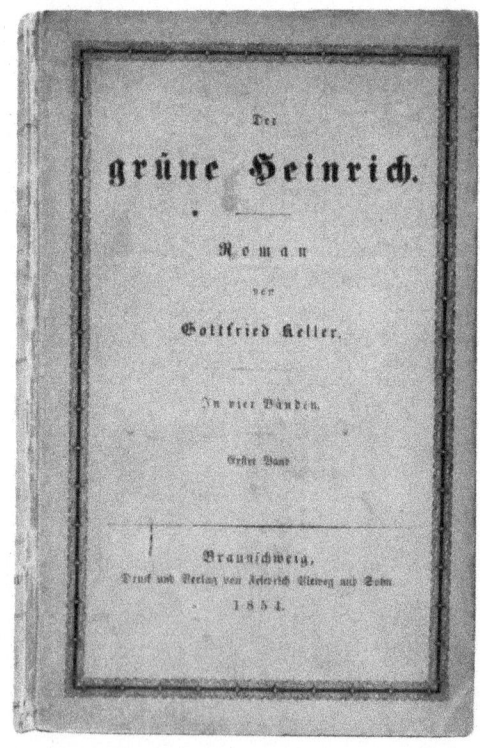

The mystery of Charles Dickens

»Dickens ist entsetzlich.« – Robert Walsers Urteil aus dem Jahr 1911 ist aber nicht so vernichtend wie es scheint. Im Gegenteil. Der Aufschrei mündet in das Gefühl, von diesem Romancier überwältigt zu werden:

Dickens ist göttlich. Dickens kann alles, und deshalb, weil er ein Zauberer, ein horribler, schauerlicher Könner ist, erlaubte ich mir [...] zu sagen, er sei entsetzlich.

»Gott«, »Zauberer«, »Könner«, »Häuptling der Schriftstellerkunst« – der sonst eher zurückhaltend-ironische Robert Walser sparte wahrlich nicht mit Superlativen in Bezug auf das Phänomen Dickens:

Ich liebe Dostojevski; vor Dickens aber bin ich starr vor Bewunderung. Die Magd kann ihn lesen, der Fürst kann ihn genießen, der Droschkenkutscher kann sich an ihm erlaben. Übrigens ist das glücklicherweise unwahr; es liest ihn kein Mensch mehr.

Nun, so schlimm verhält es sich – vermutlich – nicht. Jedenfalls hat er erstaunlich viele und zum Teil sehr unterschiedliche Leser unter seinen späteren Kollegen. Vladimir Nabokov, der ihm Vorlesungen gewidmet hat, gehört ebenso zur Schar der Dickens-Sympathisanten wie das postmoderne Autorengespann Fruttero & Lucentini, die sich sogar der Mühe unterziehen, Dickens letztes Buch – es sollte Fragment bleiben – zu vollenden. *The Mystery of Edwin Drood* wird in *Die Wahrheit über den Fall D.* aufs intertextuell Verwegenste weitergesponnen. Es entsteht ein außergewöhnlicher ›Roman zu sechs Händen‹, ein doppeltes Indizienregister, in dem das Geheimnis von Charles Dickens und die Ermittlung von Fruttero & Lucentini auf raffinierte Weise miteinander verwoben sind, sich entwickeln und ergänzen.

Dickens, das Geheimnis Dickens verdient in der Tat solch außergewöhnliche Aufmerksamkeit. Kein Autor war weltweit populärer als der »große Unnachahmliche«, wie er sich selbst immer wieder – natürlich mit ironisch getöntem Beiklang – nannte. Einzigartig in der Tat die Wirkung, die seine Texte erzielten. Eine alte Anekdote berichtet von reitenden Boten, die durch alle Dörfer ritten und den ›Tod‹ einer beliebten Dickens-Figur als Nachricht ausriefen. Einzelne Figuren seiner als Fortsetzungsromane konzipierten Bestseller wurden von der Lesersippe förmlich mit Haut und Haaren verschlungen; erregt bis in die Hutfedern und mit flatternden Nervenenden. Sein enormer Massenerfolg als Autor und *actor* seiner eigenen Texte wie auch als moralische Autorität, blieb nicht auf Europa beschränkt; in den Wintermonaten des Jahres 1867 geriet eine Reise in die Vereinigten Staaten zum Triumphzug: Die Titel seiner Romane in riesigen goldenen Lettern, hysterisierte Männer standen serviettenwedelnd auf Stühlen.

Dickens wurde als »König der Herzen« gefeiert. »Nostro Carlo Dickens è morto« titeln italienische Zeitungen, als die Nachricht vom Tod des Dichters am 9. Juni 1870 (geboren am 07.02.1812) um die Welt ging, und dem Feuilletonisten einer Genueser Zeitung kam es vor, als sei die Sonne am Himmel ausgelöscht. Manzonis Tod war ein nationaler Schock, Dickens' Tod glich einer globalen Erschütterung.

Der Status eines Autors als internationaler moralischer Instanz ist immer hochproblematisch. Wenn sentimentale Züge dazukommen, Marketing-Zugeständnisse gemacht werden, erwächst aus dieser Rolle eine doppelte Gefährdung: für das eigene künstlerische Potential wie auch für das kritische Potential der Leser. Schauspieler, Schulmeister, Autorität ... Zwischen dem ›j'accuse‹-Gestus und dem ›großen Gatsby‹ der Literatur, der alles vermarktete, bewegt sich auch das Dickens-Bild. Künstlerischer Sozialarbeiter und/oder Voyeur der Armut und des Elends, kitschgefährdeter Behaglichkeitsverbreiter und Gefühlsdarsteller? Wer war Dickens? Wo stand Dickens? Wo stand er als Künstler, als Schriftsteller?

Fragen, die man nicht erspekulieren sollte und die sich auch nicht primär auf der Basis von Selbstaussagen (der jeweiligen Autoren) erschließen. Balzacs ›Wissenschaftsgestus‹ ist genauso wenig wörtlich zu nehmen wie Kellers demütige Moralkapitulation – und Dickens Wahrheitsprimat. Nicht Fakten, Fakten, Fakten, sondern »truth, truth, truth« nämlich behauptet er immer wieder zu präsentieren. Bleibt die Frage, welche Wahrheit? Wessen Wahrheit? Die eine Wahrheit? Wahrheiten?

It is useless to discuss whether the conduct and character [...] seems natural or unnatural, probable or improbable, right or wrong. IT IS TRUE.

So heißt es zum Beispiel apodiktisch im »Author's Preface« zur dritten Auflage von *Oliver Twist* (1841). Das klingt nach ›bitte keinen Widerspruch‹. An Lessings *Nathan* denken wir unwillkürlich und dessen Gemaule in der Ringparabel: »und er will Wahrheit. Wahrheit! [...] so bar, so blank,– als ob die Wahrheit Münze wäre!« Und wenn schon Münze, so hat sie doch immerhin zwei Seiten. Und einen Rand. Am Rand der literarischen Wahrheit steht die Phantasie, und auf welche Seite die Münze fällt, hängt auch ein wenig vom Zufall ab.

Die Frau in Weiß

Da ist zum Beispiel Miss Havisham, die geheimnisvolle »Frau in Weiß« (»The Woman in White«), die durch *Great Expectations* spukt und das Schicksal des jungen Pip maßgeblich bestimmt. Dickens' Freund Wilkie Collins hatte Schwierigkeiten, für seinen berühmten Roman *The Woman in White* einen Titel zu finden. Das Werk sollte in Dickens' eigener Zeitschrift *All the Year Round* erscheinen, und ein so erfahrener Marketing-Mensch wie Dickens wusste natürlich

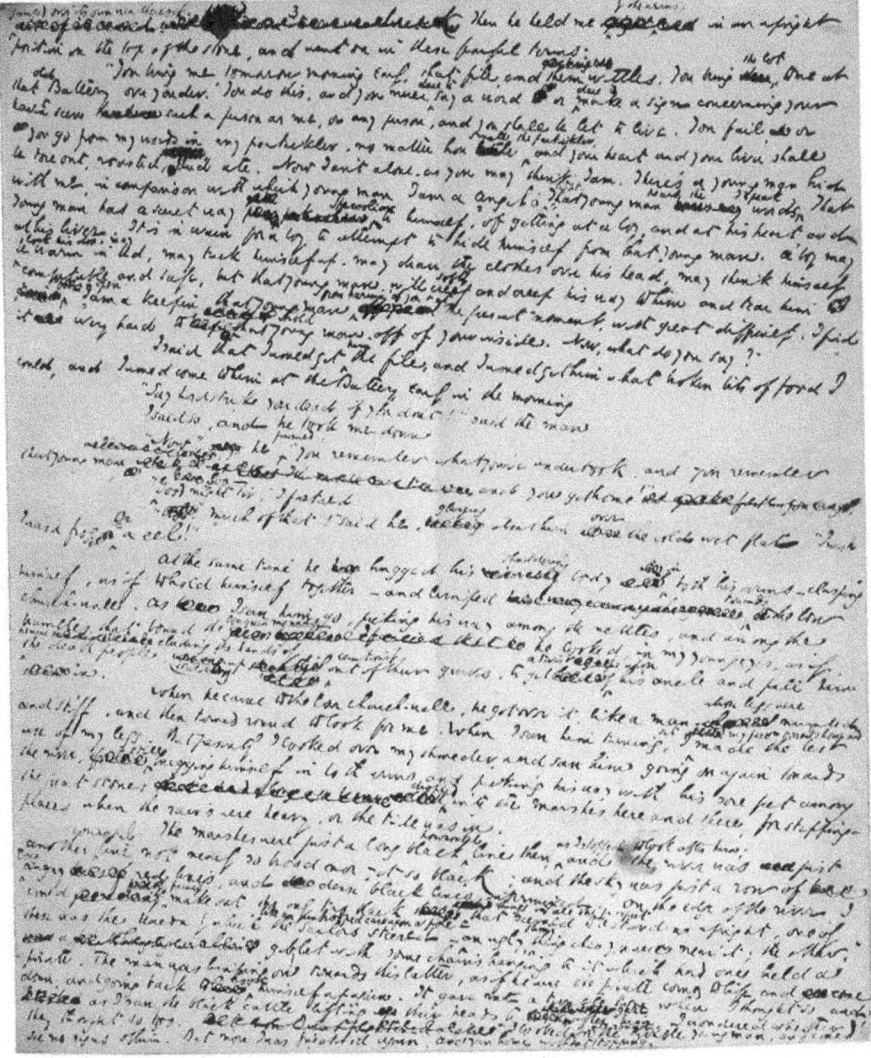

Manuskriptseite Great Expectations

um die Wichtigkeit des Titels, der die Phantasie des Lesers zwar anregen, aber nicht festlegen soll. Um mit Eco zu sprechen, ist »ein Titel [...] bereits ein Schlüssel zu einem Sinn«, soll jedoch die möglichen Lesarten nicht beschränken. *Great Expectations* selbst ist ein wunderbares Beispiel für einen in diesem Sinn gut funktionierenden Titel. »Ein Titel soll die Ideen verwirren, nicht ordnen«, anregen, nicht abschließen. Dickens hielt den Vorschlag, den Collins nach langem Nachdenken endlich machte, *Die Frau in Weiß*, für den »Titel aller Titel«. Bereits drei Monate später erschien *Great Expectations* in der gleichen Zeitschrift. Ein überraschendes Zusammentreffen: ein Dickens-Roman, der sich zum Teil um eine Gestalt drehte, die Collins' »Weißer Frau« ähnelte, jedoch in Dickens' Phantasie völlig andere Assoziationen ausgelöst hatte.

Diese Assoziationen gehen auf recht konkrete Jugenderfahrungen zurück, die ihren Niederschlag u. a. in dem Aufsatz »Where We Stopped Growing« in *Household Words* fanden. Dickens berichtete darin von einer skurrilen Gestalt, die regelmäßig in der Berners Street, nahe der ihm wohlvertrauten Oxford Street, einherstolzierte und nur »die weiße Frau« genannt wurde:

Sie ist ganz in Weiß gekleidet, abscheuliche weiße Flechten liegen um Kopf und Gesicht [...] Sie ist ein eingebildetes altes Geschöpf, kalt und förmlich, und ganz offensichtlich [...] total übergeschnappt – zweifellos, weil ein wohlhabender Quäker sie nicht heiraten wollte [..]. Wir hörten auf, Kinder zu sein, als wir zu dem Schluss kamen, dass der Quäker Glück gehabt hatte, der weißen Frau zu entkommen. (01.Januar, 1853)

Obwohl Attribute, Persönlichkeit und Geschichte der merkwürdigen Figur hier bereits im Wesentlichen vereinigt zu sein scheinen, wird bis zur fertigen Szene und dem Funktionieren der Figur als Katalysator der Aufstiegsphantasien in *Great Expectations* noch viel gestalterische Arbeit zu leisten sein.

Wie man weiß, war Dickens ein fanatischer, fast täglicher Theaterbesucher. Am Abend des 18.4.1831 gab Charles Matthews d. Ä., ein Lieblingsschauspieler des jungen Dickens, im Adelphi-Theater einen Sketch mit dem Titel »Nachbarn von nebenan«, in dem wiederum eine exzentrische alte Dame in Weiß vorkam, die vor vierzig Jahren von ihrer ersten Liebe am Tag der Hochzeit verlassen worden war. Seit diesem Erlebnis spukt sie in vergilbten, ehemals weißen Frauengewändern durch die Londoner Straßen und sucht regelmäßig einen Ort mit dem überraschenden Namen »Expectation Office« auf. In diesem »Büro für Erwartungen« fragt sie unermüdlich und vergeblich nach ihrer verlorenen Liebe. Während ihr Nachbar »von nebenan« – er kleidet sich von Kopf bis Fuß in Schwarz – sich ebenso regelmäßig in diesem Büro einfindet, um dort nach einem gewaltigen Vermögen zu fragen, das natürlich niemals eintrifft: ein weiteres zentrales Thema von *Great Expectations*.

Im Zusammenhang mit der Jugenderinnerung an die Gestalt aus seinem Viertel von damals konnten diese Sketche also eine höchst spannende Verbindung zwischen »Frauen in Weiß« und »enttäuschten Erwartungen« hergestellt haben. Viele Jahre später verband sich indessen ein Bündel noch phantastischerer Umstände mit Dickens' Jugenderinnerung an die weiße Frau und trug dazu bei, Miss Havisham und das Grundmuster von *Great Expectations* zu prägen. Diese Assoziationen kamen Dickens anscheinend 1850, also neunzehn Jahre nach Miss Mildews kurzem Gastspiel und drei Jahre, bevor er »When We Stopped Growing« schrieb. Im Jahre 1850 fing Dickens an, den wöchentlich erscheinenden *Household Words*, eine monatliche Beilage mit aktuellen Nachrichten beizufügen. In ihnen findet sich folgender Passus:

Am 29. fand die gerichtliche Untersuchung der Leiche von Martha Joachim, einer wohlhabenden und exzentrischen Dame, 62 Jahre alt, bisheriger Wohnsitz York Buildings, Marylebone, statt. Als das Gericht die Leiche in Augenschein nehmen wollte, musste es sich überstürzt zurückziehen, bis eine Bulldogge, die der Verstorbenen gehört und sich wild auf das Gericht gestürzt hatte, gebändigt wurde. [...] Im Jahre 1825 erschoss sich ein von ihrer Mutter abgewiesener Bewerber der Verstorbenen, als er auf dem Sofa neben ihr saß; sie wurde von seinem Gehirn bespritzt. Von diesem Augenblick an verlor sie den Verstand. Seit dem Tod ihrer Mutter vor achtzehn Jahren führte sie, in Weiß gekleidet, das Leben einer Einsiedlerin und ging niemals aus. Gelegentlich brachte ihr eine Aufräumefrau, was sie an Nahrung brauchte. Ihr einziger Gefährte war die Bulldoge, die sie wie ein Kind hielt, und zwei Katzen. Ihr Haus war angefüllt mit Bleisoldaten, die sie als ihre »Leibwache« bezeichnete. Wenn die Steuereinnehmer kamen, um die Steuern zu kassieren, mussten sie über die Gartenmauer steigen, um Zugang zum Haus zu finden. Eines Morgens wurde sie tot in ihrem Bett gefunden, und ein herbeigerufener Arzt stellte fest, dass sie an Bronchitis gestorben war und mit geeigneter medizinischer Hilfe hätte gesunden können. Das Gericht entschied, dass dies als festgestellt galt.

Als Dickens von diesem tragischen Schicksal hörte, muss er sich an die weiße Frau seiner Jugend erinnert haben.

Latenter Irrsinn, pittoreskes Ambiente, Morbidität, Sterilität auf der einen, jugendliche Träume und Erwartungen auf der anderen Seite, Luxus und Armut, irrer Luxus, vitale Armut, all dies löste sich auf, griff ineinander, ließ eine zugleich realistische und sur-real erscheinende Szene aus Literatur und ›Wirklichkeit‹ entstehen, die ihresgleichen sucht.

Als der kleine Pip, dessen Leben als Waise ohne Identität, umgeben von Grobheit und Armut, nun plötzlich in den Palast der geheimnisvollen Missis Havisham gerufen wird, im achten Kapitel zum ersten Mal an die Türe klopft und schüchtern eintritt, ist sein Leben von diesem Augenblick an neu bestimmt: Kerzenlicht, geheimnisvolles Dunkel, erlesene Möbel und –

[...] die befremdlichste Dame, die ich jemals gesehen habe oder sehen werde. Sie war in kostbare Stoffe gekleidet – Satin und Spitze und Seide, und alles weiß. (Große Erwartungen, I, Kap. 8)

[[...] the strangest lady I have ever seen, or shall ever see. She was dressed in rich materials – satins, and lace, and silks – all of white.] (Great Expectations, I, Chap. 8)

Dazu ein Brautkranz im schlohweißen Haargespinst, Juwelen, Blumen, Gebetbuch. Sie winkt ihn näher zu sich heran. Wer er sei? – Pip. Mr. Pumblechooks Boy. Ob er Angst vor ihr habe? No. Ob er wisse, was sie berühre, während sie ihre Hände übereinander legt und an die Brust führt. Er fragt:
»*Your heart.*« Sie antwortet:
»*Broken!*« (I, Chap. 8)

Und noch während der Junge dieses realistische Geistergespräch führt, registriert, ortet, taxiert er alle Gesten, Dinge, Zeichen dieser ihm vollständig unbekannten Welt. Sieht, dass alle Uhren stehen, auf 20 vor 9. Sieht die getrockneten Blumen, das vergilbte Weiß, das geschrumpfte Fleisch dieses gespenstischen Skeletts im Schleier, das ihn mit dunklen Augen zugleich müde, stolz und tückisch (»weird«), unheimlich, unstet mustert und dann abrupt auffordert zu »spielen«; »Ich habe manchmal morbide Gelüste.«, sagt die Lady und keiner wird ihr widersprechen, denn der Wunsch, der völlig verstörte Junge möge jetzt spielen, ist so verquer und unorganisch als forderte man von einem Gelähmten, er möge Ballett tanzen. Die Absurdität der Szene ist noch steigerungsfähig. Denn nun erscheint auch noch die extrem hochmütige Estella, ungefähr so alt wie Pip, eine Mischung zwischen Haustochter, Zofe und Zicke: spitz adressiert sie Pip durchgehend als »boy«, »common labouring-boy«. »Contempt«, »disdain«, »disgust« als Grundgefühl, das von Estella auf ihn einwirkt; – in Verbindung mit der krankhaften Erstarrung der verblichenen Halbmumie Havisham vervollständigt sie das bestürzende Szenarium, dessen erschreckt-faszinierter Betrachter und Beteiligter Pip geworden ist; Demütigung und Demut, Frustration und Faszination – ebenso starke wie widersprüchliche Gefühle werden freigesetzt. Bevor der spielende Unterhalter auf Ab- und Zuruf seinen ersten Einsatz als beendet erfährt und wieder nach Hause geschickt wird, entlädt sich die aufgebaute Spannung in einer mörderischen Halluzination:

Ich richtete den Blick [...] auf einen großen Holzbalken [...] in der Nähe zur Rechten, und ich sah eine Gestalt, die am Hals von ihm baumelte. Eine Gestalt, ganz in vergilbtem Weiß [...], die so hing, dass ich sehen konnte, dass der verschossene Putz an ihrem Kleid wie erdiges Papier aussah und dass das Gesicht Miss Havishams Gesicht war, über das eine Bewegung ging, als versuchte sie, mir etwas zuzurufen.

Es ist, als ob sich die Chiffren und Figuren dieser hermetischen Gegenwelt bereits in das Unterbewusstsein des Grenzgängers und unfreiwilligen Eindringlings eingefressen hätten und ihn in seinen Bann zu ziehen begännen. Eine diffuse Begegnung auf Zeit zweier Welten, die realiter kaum jemals miteinander in Berührung kommen. Auch nun ist nicht eindeutig auszumachen, wie das Verhältnis von Ursache und Wirkung in dieser merkwürdigen Begegnung der dritten Art zwischen frustrierter elitärer Schäbigkeit und erwartungsvoll ärmlicher Bedürftigkeit organisiert ist. Wer der Verführte, Manipulierte im Spiel dieser ungleichen Kräfte ist, ob hier nicht ein todbringender Virus in das hermetische System ›Abschottung vor dem Leben‹ eingeschleppt wird? Und ob sich da nicht einer fast süchtig mit dem Virus des gefährlichen Lebens kontaminiert? Dickens' Text wirft immer neue Fragen auf, spielt mit Geheimnissen.

August von Platens Vers »Wer die Schönheit angeschaut mit Augen, ist dem Tode schon anheimgegeben« könnte als Losung dieser eigentümlichen Konstellation dienen. Ganz merkwürdig, wie hier Verfügung und Verfügungsbereitschaft, diffuse Erwartung und bestimmender Gestus aufeinander zu re-agieren beginnen und ein neues System entstehen lassen. Freilich ist die perspektivische und figurale Konzeption so perfekt-perfide aufgestellt, dass ein magischer Sog entsteht, der die Dinge in Gang bringt. Dickens' Geheimnis: der Blick des Kindes.

Der Blick des Kindes

Jeder Autor hat sein eigenes Verfahren, jeder eine von ihm allein bevorzugte Methode. Balzac den Systemtrieb, der ihn Typologiereihen herstellen lässt; Gottfried Keller lässt seine Figur sich von innen heraus in immer neuen Reflexionsbögen und auf Staffeln der Selbstkritik und Spiegelung einer narrativen Vivisektion unterziehen. Wollte Dickens ein, sein ›Patent‹ anmelden, so wäre es der Blick des Kindes. Beileibe nicht einfach als einer Perspektive der Unschuld. Wohl aber des Ungewöhnlichen. Kräfteverhältnisse werden dabei nicht auf den Kopf gestellt, sondern zur Kenntlichkeit gebracht. Um Ängste von sich fernzuhalten, spricht man manchmal davon, dass dieser und jener doch ›kein Monster‹ sei. Bei Dickens, aus der Froschperspektive des Kindes, hat alles den Aspekt des Monströsen. Bei Keller war das Frühstück ein Ort der beklemmenden Erstarrung. Bei Dickens wird ein gemeinsames Lunch der Familie Pumblechook aus der Sicht Pips zu einer Art Kannibalenmahl: Hühnerknochenbeine splittern, gigantische Gliedmaßen tauchen auf, greifen mit riesigen Gabelzinken nach Fleischstücken, die krachend in ihren gewaltigen Schlünden und Mäulern verschwinden. Während Pip fast unter dem Tisch verschwindet und mit ängstlichen Gefühlen die Katastrophen und Explosionen oberhalb der Tischkante gebannt beobachtet:

Ich konnte meinen Blick nicht von ihm abwenden. Während ich mit Händen und Füßen weiter an dem Tischbein festhielt, sah ich, wie das abscheuliche Geschöpf spielerisch sein Glas berührte, es erhob, lächelte, den Kopf zurücklegte und den Branntwein mit einem Schluck leerte. Im nächsten Augenblick erfasste größte Ratlosigkeit die Gesellschaft, denn er sprang auf die Füße, drehte sich mehrmals mit erschreckenden Zuckungen in einem Tanz des Keuchens und Hustens und rannte zur Tür hinaus; dann sah man ihn durch das Fenster, wie er heftig den Kopf ins Wasser tauchte und ausspie, die scheußlichsten Fratzen schnitt und allem Anschein nach den Verstand verloren hatte.

Ich hielt mich fest, während Mrs. Joe und Joe zu ihm liefen. Ich wusste nicht, wie ich es getan hatte, aber ich zweifelte nicht daran, dass ich ihn offenbar ermordet hatte. In meiner furchtbaren Lage war es eine Erleichterung, als er zurückgebracht wurde, alle Anwesenden beäugte, als wären sie ihm nicht bekommen, und sie auf seinen Stuhl sinken ließ mit dem einsilbigen, vielsagenden Wort: »Teer!« (I, Kap. 4)

Die kindliche Froschperspektive hatte also durchaus ihren strategischen Sinn gehabt. Pip, der Schnaps entwendet hatte, um einem entsprungenen Häftling zu helfen, und dafür Teerlösung in die Flasche gegossen hatte, weiß, dass sich während dieses Essens in froher Runde etwas zusammenbraut und geht sozusagen präventiv in Deckung. Nach kurzer Erholung des römernasigen Onkels spitzt sich die Szene erneut zu: draußen steht – die Infanterie, bewaffnet bis an die Zähne:

Sofort ergriff ich wieder das Tischbein und drückte meinen Busen daran, als wäre es der Gefährte meiner Jugend und der Freund meiner Seele. Ich ahnte, was bevorstand, und ich wusste, dass es diesmal um mich geschehen war.
[...]
Ich hörte ihre Schritte sich der Speisekammer nähern. Ich sah Mr. Pumblechook sein Messer balancieren. Ich las an den römischen Nasenflügeln Mr. Wopsles wiedererwachenden Appetit ab. Ich hörte Mr. Hubble bemerken, »ein Stück schmackhafte Schweinefleischpastete« sei ein »krönender Abschluss für alles Vorausgegangene« und könne »keinesfalls schaden«, und ich hörte Joe sagen: »Du sollst auch etwas abbekommen, Pip«. Ich bin mir bis heute nicht ganz sicher, ob ich einen schrillen Schrei des Entsetzens nur in Gedanken ausstieß oder tatsächlich in Hörweite der Anwesenden. Ich wusste, dass ich es nicht länger ertragen konnte und weglaufen musste. Ich ließ das Tischbein los und lief um mein Leben.

Doch ich lief nicht weiter als bis zur Haustür, denn dort lief ich geradewegs in die Abteilung Soldaten mit Gewehren, und einer von ihnen hielt mir ein Paar Handschellen entgegen und sagte: »Jetzt haben wir dich, pass bloß auf, los geht's!«

Gerade mal dreißig, vierzig Seiten Dickens-Lektüre bewältigt, und der Leser fällt, zusammen mit der malträtierten kleinen Hauptfigur von einem Schock zum nächsten. Von Anfang an: Der kleine Pip, der weder Vater noch Mutter je kennenlernte und wie ein anderer »grüner Heinrich« den Friedhof durchstöbert, um wenigstens nach den Bildern seiner Eltern zu suchen, liest aus dem Äußeren der Grabsteine die Gestalt der Toten ab, an deren Gräbern sie stehen. Eine einsame Marschlandschaft, beklemmend und beängstigend wie das Moor bei Annette von Droste-Hülshoff. Pip steigen Tränen in die Augen – als plötzlich eine furchterregende Gestalt hinter ein paar dieser Grabsteine hervorspringt und ihn mit schrecklicher Stimme anschreit:

»*Bist du wohl still!*«*[...]*»*Sei still, du Satansbraten, oder ich schlitz dir die Kehle auf!*« (I, Kap. 1)

Und wieder zappelt ein Winzling in den Armen eines Riesen, der ihn gewalttätig herumdreht, auf den Kopf stellt und ihm die Taschen auf der Suche nach Essbarem durchwühlt. Die Welt beginnt sich zu drehen, Schwindel erfasst die Figur (und ein wenig auch den Leser) – upside down –, der Kirchturm mit der Spitze nach unten. Nach diesem Eröffnungsschock ist jeder Widerstand gebrochen: etwas zu Essen, etwas zu Trinken und eine Eisenfeile, um die Fußkette des flüchtigen Straftäters loszuwerden! Pip gelobt hoch und heilig, alles zu bringen, keinem auch nur ein Sterbenswörtchen zu sagen und hastet zu Tode erschrocken nach Hause zurück. Kaum angekommen und noch völlig außer Atem, wird er von seiner zwanzig Jahre älteren, ebenso robusten wie gewalttätigen Schwester überfallartig mit dem Stock grün und blau gedroschen und mit Drohungen und Verwünschungen aller Art überhäuft. Danach das schreckliche Weihnachtsessen. Dann das Militär im Zimmer, die Bullen in der Küche, der Gangster auf dem Friedhof und eine Festnahme unter dramatischen Umständen, — es vergeht kaum ein Augenblick, in dem nicht Schläge, Vorwürfe, Verdächtigungen, Schocks auf den Jungen hageln. Er wird gestoßen, gepackt, gezerrt, hin und her geschubst und immer wieder auf den Kopf gestellt. Eine Umlaufbahn der Ohnmacht: der Begriff des Spielballs – hier drängt er sich wirklich auf.

Und auf dieses labile, poröse, erschütterte mentale Terrain fast ohne jede Perspektive, ohne gesichertes Blickfeld, ohne Standort trifft nun die nahezu wunderbar erscheinende Einladung der sagenhaft reichen, legendenumsponnenen weißen Miss Havisham. Was wir bei Balzac erlebten, als der junge Dichter Lucien von Madame Bargeton aufs Schloss eingeladen worden war, ist im Vergleich dazu ›ordinary stuff‹. Immerhin wird bei Balzac ein Zwanzigjähriger, der bereits eine sehr spezielle Vorstellung über seine Zukunft hat, in eine vergleichsweise realistische Wonderland-Situation gebracht: das Schloss, der Salon, die Society. Vergleicht man damit Pips gesellschaftliche Geisterfahrt, so wird, bei vergleichbarer Grundkonstellation, die schiere Ungeheuerlichkeit seiner Situation klar. Kaum ist die Nachricht der Einladung in das Haus Havisham eingetroffen, als ihn sich seine Schwester greift, ihm den Kopf in den Holzzuber zwängt, knetet, pufft, zerrauft und zerreibt, dass ihm fast Hören und Sehen vergeht, dann in neue Kleider steckt, verpackt, verfrachtet, abgeliefert und – übergangslos – mit der verblichenen Dame in Weiß in ihrer hermetischen Kunstwelt aus welken Blumen und Spinnwebgeflechten konfrontiert. Durch die Konfrontation mit dieser ebenso verstörenden wie faszinierenden ›World of Decay and Death‹ formiert sich das amorphe Chaos der Gefühle und Gedanken des jungen Pip neu. Wobei sich auch ein ganz besonderer Ton der verdeckten Vertraulichkeit zwischen ihm und der alten Dame herstellt, eine fremdartige Intimität, die immer wieder für Momente existenzielle Fragen anrührt. Während des zweiten Besuchs von Pip – es handelt sich um ihren Geburtstag – gibt es solch einen Augenblick, als sie, die anderen Gäste sind gerade gegangen, mit dem Kleinen das Mausoleum ihres geplatzten Hochzeitsbanketts besichtigt, mit dem Stock die Spinnweben wegstreicht und verächtlich auf den »heap of decay« hinweist, der ebenso wie sie selbst verrotte; sie imaginiert das Ende, ihr Ende:

»Wenn das Zerstörungswerk vollendet ist«, sagte sie mit einem gespenstischen Gesichtsausdruck, »und wenn man mich als Tote in meinem Brautkleid auf den bräutlichen Tisch legt [...].« Sie stand da und betrachtete den Tisch, als betrachtete sie ihre eigene Gestalt, die darauf lag. (I, Kap. 11)

Pip hält mucksmäuschenstill, und als die ungreifbare Estella dazukommt, glaubt er zu spüren, wie sie alle drei bereits zu »zerfallen« beginnen. Diffuse Annäherung an ein a-soziales Szenarium der Décadence auf der einen, immer spürbarer werdende Ausgrenzung von und durch das rigide Kleinbürgerambiente zuhause auf der anderen Seite. Die Schere öffnet sich. Wenn sie zuschnappte, würde Pip in der Mitte durchgeschnitten. Andeutungsweise vollzieht sich diese Spaltung, Persönlichkeitsspaltung in symbolischer Form bereits durch die doppelte Verarbeitung des Havisham-Erlebnisses, das er für »seine Familie« mit ganz anderen Inhalten auszustatten beginnt – entsprechend deren vermuteter Erwartungen. Immer wieder betont der Ich-Erzähler, wie sehr ihn diese unerträglichen Szenen belasteten, wobei sich psychische und physische Folter ein Gleichgewicht des Schreckens halten:

Der Esel Pumblechook kam gerne abends vorbei, um meine Zukunftsaussichten mit meiner Schwester zu erörtern [...]. Der elende Mensch war von so beschränktem, schwerfälligem Verstand, dass er meine Aussichten nicht erörtern konnte, ohne mich vor Augen zu haben, um mich zu drangsalieren, zu welchem Zweck er mich (meistens am Kragen) von dem Hocker zerrte [...], mich vor dem Feuer absetzte, als sollte ich gegart werden [...]. Dann verstrubbelte er mir dir Haare in die falsche Richtung [...]: ein Bild der Blödheit, nur ihm selbst vergleichbar. (I, Kap. 12)

Die Phase des großen Stumpfsinns, der vollständigen Orientierungslosigkeit und der tiefgreifenden Depression Pips erreicht ihren Höhepunkt, als er regelrecht verschachert wird und die verhasste Lehrzeit in der Schmiede antritt. Das Leben – ein Dasein in einer Zelle ohne Aussicht auf vorzeitige Entlassung. Manchmal sind es kleine, scheinbar unwichtige Bilder, die das Grundgefühl in einem Wimpernschlag einfrieren, wie im Kapitel 15:

[...] und dann ging ich unter dem undeutlichen Eindruck (»vague sensation«) [...] – dem Eindruck, es wäre Sonntag und es wäre jemand gestorben –, die Treppe hinauf, um mich umzukleiden. (I, Kap. 15)

In jeder literarischen Lebensgeschichte, deren Komplexität und innere Chaotik wir gerne mit dem bequemen Begriff des »Bildungs- oder Entwicklungsromans« eher ausblenden und uns vom Leibe halten, als ihn wirklich auf uns zukommen zu lassen, gibt es solche Augenblicke des Gelähmtseins. Ob im Wilhelm Meister oder bei Werther, ob bei Lucien Rubempré oder bei Heinrich Lee – stets gab es Momente der vollständigen Antriebs- und Hoffnungslosigkeit. Sie sind meist temporär, oft löst sich die Blockade durch Aggression, neue Motivation, Imagination, Phantasien.

Für den kleinen Pip gibt es de facto keinen Ausweg, der von innen heraus motiviert wäre. Die Dame in Weiß beziehungsweise Estella stellen die einzige Rettungsphantasie dar, die dieses Leben bewegen könnte. Doch Haus Havisham ist kein Fluchtraum, sondern allenfalls eine Fallgrube. Von Spinnweben bedeckt. Dickens erzählt keine Geschichte, in der Männer Geschichte machen. Und sei es ›nur‹ die eigene. Es wird vielmehr etwas mit ihnen gemacht. Sie werden gebeutelt, gedreht, geschüttelt. Selbst wenn sie zuschlagen, tun sie es nicht aus eigenem Antrieb, sondern in Notwehr. Bei Dickens assoziiert man merkwürdigerweise, aber sicher nicht ganz unzutreffend, Charly Chaplins Tramps und Paria und Kafkas kleine Strichmännchen. Helden im hoffnungslos-aufreibenden Kampf gegen die Welt. Während Kafkas Strichmännchen versuchen, die Zumutungen der Systeme zu erfüllen, sprengen Dickens Kleinhelden die Toleranzzonen der ›rules of the game‹. Unvergesslich in diesem Zusammenhang die emblematische Szene in *Oliver Twist,* als der kleine Oliver mit der Bitte um einen Nachschlag zum »Terroristen« wird:

Obwohl er noch ein rechtes Kind war, machte ihn doch der Hunger verwegen und das Elend tollkühn. Er […] trat […] vor den Aufseher und sagte, freilich selbst von seiner Vermessenheit beunruhigt: »Ich bitte um noch etwas Suppe, Sir.«

Der Aufseher war ein wohlgenährter Mann; aber er wurde ganz blass, blickte einige Sekunden mit starrem Entsetzen auf den kleinen Aufrührer und klammerte sich dann Halt suchend an den Kessel. […]

»Was?«, fragte der Hausmeister endlich mit schwacher Stimme.

»Noch etwas Suppe, bitte«, wiederholte Oliver.

Der Aufseher führte mit dem Löffel einen Hieb nach Olivers Kopf, ergriff ihn mit den Händen und rief laut nach dem Büttel.

Der Verwaltungsrat hielt eben feierliche Sitzung, als Mr. Bumble in großer Aufregung ins Zimmer stürzte und sich an den Herrn im hohen Lehnstuhl wandte: »Verzeihung, Mr. Limbkins! – Oliver Twist hat nach mehr begehrt!«

Alles war starr, Entsetzen malte sich auf jedem Gesicht.

»Mehr begehrt?«, sagte Mr. Limbkins. »Nehmt Euch zusammen, Bumble, und antwortet mir deutlich. Muss ich das so verstehen, dass er noch mehr verlangte, nachdem er seinen vorschriftsmäßigen Anteil aufgezehrt hatte?«

»Ja, Sir«, erwiderte Bumble.
»Der Bursche endet am Galgen«, sagte der Herr in der weißen Weste; »denkt an mich, der Bursche endet am Galgen.« (Oliver Twist, Kap. 2)

Nicht nur der Terror, auch das Glück kommt bei Dickens von außen. Nicht in Form ›reitender Boten‹, wohl aber gestandener Rechtsanwälte, tritt das Schicksal – paramilitärisch – in die Stube.

Great Expectations

Jahre sind vergangen. Ein Fremder erscheint (Kap. 17). Großer Kopf, dunkler Teint, tiefliegende Augen, buschige Brauen, Backenbart, Uhrkette, parfümiert duftende Hände – Mr. Jaggers aus London. Seine Botschaft ist eindeutig, überraschend, irritierend, ominös, vor allem aber unglaublich, beglückend, wundervoll: Pip hat »great expectations«:

»*Denn die Eröffnung, die ich Ihnen zu machen habe, ist die, dass er große Erwartungen hat.*«

Joe und ich rissen den Mund auf und sahen einander an.

»*Ich habe den Auftrag, ihm mitzuteilen*«, *sagte Mr. Jaggers, der mir von der Seite mit seinem Finger drohte, dass er in Besitz eines ansehnlichen Vermögens kommen wird. Und dass der gegenwärtige Besitzer dieses Vermögens den Wunsch hat, ihn auf der Stelle aus seinen gegenwärtigen Lebensverhältnissen und von diesem Ort zu entfernen und ihn als Gentleman erziehen zu lassen – und anders gesagt, als einen jungen Mann von großen Erwartungen*«

Mein Traum war wahr geworden; meine verstiegensten Phantasien waren von der nüchternen Wirklichkeit übertroffen; Miss Havisham machte mein Glück in großem Maßstab.

»*Und nun, Mr. Pip*«, *fuhr der Anwalt fort*, »*richte ich das Übrige, was ich zu sagen habe, an Sie. Als erstes haben Sie zur Kenntnis zu nehmen, dass die Person, in deren Auftrag ich tätig bin, verlangt, dass Sie immer den Namen Pip tragen. Ich nehme an, dass Sie keine besonderen Einwendungen dagegen haben werden, Ihre großen Erwartungen mit dieser leicht zu erfüllenden Bedingung verbunden zu finden. Sollten Sie aber Einwendungen erheben wollen, wäre dies der passende Zeitpunkt.*«

Mein Herz klopfte so heftig und in meinen Ohren sauste es so laut, dass ich es kaum fertigbrachte zu stottern, ich hätte keine Einwendungen. (I, Kap. 18)

Eine Minute, die ein ganzes Leben – einmal mehr – auf den Kopf stellt. Expectations – was für ein Wort in dieser trostlosen Öde. »Expectations« und »secret«, »top secret«, was die Person desjenigen betrifft, der hinter dem Projekt ›Pip Gentleman‹ steht. Und »secret« reimt sich, muss sich bei ihm auf

»Havisham« reimen; für ihn steht fest, sie und keine andere, ist sein Mäzen, seine geheimnisvolle Gönnerin. Sein Entschluss ist gefasst. Die bescheidene Freundin Biddy wird folgerichtig behutsam abgelegt, auch der treue, redlich-sympathische Schmied Joe wird verabschiedet, neue Kleider, neue Gefühle. Im Moment des Aufbruchs in eine Metropole sind junge Männer, ob Pip, Lucien oder Henri, einander doch sehr ähnlich; halbherzig gerührter Abschied von der kleinen Vergangenheit, ›adieu tristesse‹:

Nach unserer frühen Mahlzeit schlenderte ich allein nach draußen in der Absicht, mit den Marschen umgehend Schluss zu machen und das Thema ein für alle Mal zu erledigen. Als ich an der Kirche vorbeikam, empfand ich (wie schon während des morgendlichen Gottesdienstes) erhabenes Mitleid mit den armen Geschöpfen, deren Los es war, ihr ganzes Leben lang Sonntag für Sonntag dort hinzugehen und zuletzt unbesungen zwischen den niedrigen grünen Grabhügeln zu liegen. Ich nahm mir vor, irgendwann etwas für sie zu tun, und spielte mit dem undeutlichen Gedanken, jedermann im Dorf mit einer Mahlzeit aus Roastbeef und Plumpudding, einem Schoppen Ale und einer Gallone Herablassung zu bedenken. [...]

Kein flaches, feuchtes Land mehr, keine Deiche und Schleusen mehr, kein grasendes Vieh mehr – obwohl die Kühe auf ihre stumpfsinnige Art nun respektvollere Mienen zu haben und mir nachzusehen schienen, als wollten sie den Besitzer solch großer Erwartungen so lange wie möglich anstarren –, lebt wohl, eintönige Bekannte meiner Kindheit, künftig war ich für London und für große Dinge bestimmt: nicht für alltägliche Schmiedearbeit und für euch! Frohlockend gelangte ich zu dem alten Geschützstand, legte mich dort hin, um die Frage zu erwägen, ob Miss Havisham mich für Estella bestimmt hatte, und schlief ein. (I, Kap. 19)

Noch ein paar mürbe Abschiedstränen, dann »departure«, Ziel London. Ende des »ersten Abschnitts von Pips Erwartungen«, heißt es im Buch.

Auch was das Verhalten auf Reisen beziehungsweise in dem neuen sozialen und kulturellen Ambiente anbelangt, ähneln sich die Verhaltensweisen der jungen Herren. Zwischen leicht überheblichem Flaneur, präpotentem Souveränitätsgehabe und krasser Unbeholfenheit bewegt sich in etwa die Verhaltensmechanik. Wie dieses Knirschen der unterschiedlichen Identitätsebenen geschildert wird, ist dabei freilich sehr unterschiedlich, und diese Unterschiede sind durchweg kulturspezifisch sehr aufschlussreich: elitär-romantische Karrierrangelei im gründerzeitlichen Paris, verträumt-halbherzige Sinnsuche nach dem Sonderweg in Deutschland, brüchiges Dandytum in London. Alle drei aber gehören nicht wirklich dazu: Lucien nicht zur großen Gesellschaft, Heinrich nicht wirklich zur Bohème, Pip ist und bleibt Pip und wird nie zu einem Lord Brummel oder Dorian Gray.

Das Versprechen und die Lüge des 18. Jahrhunderts bestand in der Irrlehre einer quasi klassenlosen, beziehungsweise ständeübergreifenden Gesellschaftsstruktur. Die Aufstiegsbewegungen des frühen Bürgertums zur Zeit der Aufklärung orientierten sich primär am Willen, die Kondition einer Klasse als ethischer Empfindungsgemeinschaft neu zu definieren. Ein ganzer Stand wollte und sollte aufsteigen. Das 19. Jahrhundert – und das verändert auch die Struktur der Romane im Kern – arbeitet sich demgegenüber an einem vollständig verschiedenen Problemfeld ab. Im Mittelpunkt steht fast immer die Erfolgs- oder Misserfolgs-Geschichte eines Einzelnen, der versuchen will, seinen Platz im sozialen Gefüge neu zu bestimmen. Wenn es eine Zeit gegeben hat, in der die Losung des ›everything goes‹ subkutan als kulturgenetische Botschaft verankert gewesen sein sollte, die erste Hälfte des 19. Jahrhunderts war es: Ihre Romane sind nichts anderes als Aufstiegsepen und Glücksrittersagen in Prosa.

Das Problem: Fast alles schien in der neuen Zeit möglich – doch die alten Strukturen waren (oft bis zur Unkenntlichkeit maskiert) noch immer existent. Lucien bekommt diese Klassengrenzen als Untiefen und Risse im Gesellschaftsgefüge immer wieder äußerst schmerzhaft zu spüren. Letztlich wird er an diesen unsichtbaren Klippen stranden. Und auch der »Grüne Heinrich« wird nicht Kulturschwellen überspringen, sondern über sie stolpern. Pip schließlich ist letztlich nur ein geschundenes Versuchskaninchen, das Produkt der zynischen Strategie eines Dritten. Zufallsprodukt, das im gesellschaftlichen Laboratorium herumirrt. Programm: Gentleman im Schnelldurchlauf.

Albtraum Glück und Reichtum. Fast scheint es so, weiß dieser Junge wirklich nicht, wo er ist, wer er ist, was er ist und wozu er etwas ist oder werden soll. Im Grunde wird er nur ein weiteres Mal schwindelerregend herumgedreht und sein Leben auf den Kopf gestellt. Das bisschen Anzug, Aufzug, Ausbildungsschnellbleiche und Kaisers neue Kleider vermag daran nichts zu ändern. Pip bleibt ein ewiger Klient des Lebens vor dem falschen Schalter eines illusionären »expectation office«. Die unheimliche Fremdheit, die das Büro Mr. Jaggers in London ausstrahlt, der ekelerregende Schmutz, Dreck und Gestank der Viertel Londons, in denen er zunächst verkehrt, die schäbigen Angestellten der Kanzlei – all dies verweist bereits spürbar auf die innere Unbehaustheit dieser ›vita nova‹ ohne Kontur, ohne eigene Biographie. Allen neuen Kontakten eignet ein rein chargenhafter Charakter an. Oberflächliche, teils verblüffende, teils amüsante Detailbeobachtungen reihen sich aneinander. Sein »Herz« aber hat Pip, ohne es zu wissen, vergessen einzupacken. Es ist sicher kein Zufall, dass die Höhepunkte seines Londoner Aufenthalts letztlich in Rückreisen in sein Dorf bestehen, und im Verlauf der Geschichte nahezu alle Figuren aus seiner Vergangenheit wieder in sein Metropolenleben eintreten werden, um ihm die Vergangenheit sozusagen stückweise nachzutragen.

Die Rhetorik der Dinge

Bereits auf der ersten Rückfahrt in Teil II, Kapitel 9, noch auf der Kutsche, kommt es zu einer ersten tief in die Vergangenheit zurückverweisenden Begegnung der besonderen Art. Ein Krimineller war seinerzeit wie aus dem Nichts aufgetaucht und hatte ihn, Pip, gleichsam symbolisch erschossen, wobei er eine Verbindung zu dem Verbrecher des ersten Kapitels signalisierte. Diese Figur taucht nun, in Ketten und Fußeisen, unvermutet in der Kutsche (in der auch Gefangene transportiert wurden) auf und überträgt das gesamte Potential von Angst-Gefühlen aus der abgestreiften Zeit auf den Jungen, stärker, intensiver, körperlicher denn je:

Unmöglichst lässt sich ausdrücken, mit welcher Deutlichkeit ich den Atem des Sträflings spürte, nicht nur an meinem Hinterkopf, sondern mein ganzes Rückgrat entlang. Es war eine Empfindung, als würde ich mit einer beißenden und durchdringenden Säure bis ins Mark berührt – ein Eindruck, der mich die Zähne zusammenbeißen ließ. (II, Kap. 9)

Dieses Verfahren, Atmosphäre körperlich zu verdichten, Empfindungen nicht abstrakt zu umschreiben, sondern sprachlich unter die Haut zu treiben, zu schreiben, zeichnet Dickens von Beginn an aus und kann vielleicht als sein zweites Erzählpatent angemeldet werden. Empfindungsmimesis pur. Gesten, Dinge – alles kann, konnte von Beginn an Affekterzeugungsmaterial seiner Minidramen der Wahrnehmung werden. Bereits seine Sketche unter dem Pseudonym BOZ ab 1836 tragen diese Signatur. Man hat von einer in dieser Intensität nicht bekannten »Rhetorik der Dinge« gesprochen. Weder Dickens noch auch seine Figuren sind je unbeteiligte Beobachter: selbst in der Pfandleihanstalt tragen die Objekte noch immer den Lebensatem, die Lebensspuren ihrer früheren Besitzer an sich, tagtraumhaft bewegen sich Kleidungsstücke aufeinander zu, visionäre ›Füße und Beine‹ spielen eine kleine Pantomime gelebten Lebens nach und die Dinge repräsentieren dicht und magisch ganze Lebensgeschichten:

Einige alte Porzellantassen und ein paar moderne Vasen, geschmückt mit elender Malerei, drei spanische, Gitarre spielende Kavaliere auf der einen Seite, und auf der anderen zechende Bauern, deren jeder ein Bein mühselig in die Luft emporstreckt, um seine vollkommene Freiheit und Seligkeit auszudrücken; einige Spiele Schachfiguren, zwei bis drei Flöten und Violinen; ein rundäugiges aus einem dunklen Hintergrund erstaunt hervorstarrendes Porträt; eine Anzahl altmodische, in Halbdutzenden fächerartig arrangierte Suppen- und Teelöffel; Korallenschnüre mit großen, plumpen vergoldeten Schlössern; Ringe, Schnupftabakdosen, Betten, Decken, Tücher, Kleidungsstücke aller Art [...]. (Londoner Skizzen)

Wenn selbst die Dinge Leben in sich tragen, um wie viel mehr noch können Menschen dann erst Wirklichkeit verkörpern, beziehungsweise auf den Körper des anderen übertragen, sie real repräsentieren. Sein Ziel ist es, nicht Dinge und Menschen nachzuerzählen, sondern sie konkret in Erscheinung treten zu lassen. »I want the things to be there« lautet seine Losung, seine Absicht, den Text vom Fluidum des Daseins der Dinge und Gestalten geradezu durchdringen zu lassen. Das jeweilige Ambiente ist nicht Kulisse oder soziologischer Fingerabdruck (wie bei Balzac), sondern lebende Gestalt. Und nicht nur die Sinne, sondern vor allem die Affekte und Gefühle bilden die Grundlage dieser narrativen Vergegenwärtigung.

Bei seinem – besuchsweisen – Wiedereintritt in Miss Havishams letale Lebenswelt nach Jahren der Abwesenheit stellen sich in Pip spontan dieselben Empfindungen wie seinerzeit ein, wobei aus dem Kind Estella von damals mittlerweile eine äußerst aparte junge Frau geworden ist:

Wir saßen in dem verzauberten Zimmer inmitten der alten befremdlichen Einflüsse, die so starke Wirkung auf mich ausgeübt hatten [...]. Es war völlig unmöglich, ihre Gegenwart von all der elenden Sehnsucht nach Geld und Vornehmheit zu befreien, die meine Jugend verstört hatte [...], von all jenen Traumgebilden, die mir im Feuerschein ihr Gesicht vorgekaukelt hatten, die es auf dem Amboss aus dem Eisen geschlagen hatten, es aus der nächtlichen Dunkelheit herausgelöst hatten, so, dass es zu dem hölzernen Fenster der Schmiede hereinsah und entschwand. Mit einem Wort, es war mir unmöglich, sie in Vergangenheit oder Gegenwart von dem zu trennen, was das innerste Leben meines Lebens (»the innermost life of my life«) ausmachte. (II, Kap. 10)

Dickens Erzählweise und die mentale Disposition seiner zentralen Figuren entsprechen oft einander, zumindest an den entscheidenden Stellen, bis zum Verwechseln: nicht ›Dissoziation‹ und ›Separation‹ sind seine Stichworte, sondern, im Gegenteil, Assoziationsüberflutung und Verschmelzung. Solch ein schubartiges Abschmelzen der getrennten Pole von Gegenwart und Vergangenheit, Wirklichkeit und Vision führen nun freilich nicht zu einer generellen Auflösung von Grenzen oder zu einem nivellierenden Verschwimmen der Differenz. Auf dem Hintergrund dieses Wahrnehmungsmusters werden andere, weniger offene Figuren des Empfindens sogar besonders auffällig, so vor allem Estellas Unfähigkeit, Blockaden aufzulösen:

Ich zeigte ihr die ungefähre Stelle, wo ich sie an jenem längst vergangenen ersten Tag auf den Fässern hatte gehen sehen, und sie sagte mit einem kalten und gleichgültigen Blick in diese Richtung: »War das so?« Ich erinnerte sie daran, dass sie aus dem Haus gekommen war und mir Fleisch und etwas zu trinken gebracht hatte, und sie sagte: »Das weiß ich nicht mehr.« »Wissen Sie nicht mehr, dass Sie mich zum Weinen gebracht haben?«, fragte ich. »Nein«, sagte sie und schüttelte den Kopf und sah sich um. Ich bin wahrhaftig davon überzeugt, dass ich abermals weinen musste – innerlich –, weil sie sich daran nicht erinnerte und sich nicht das Geringste daraus machte – und das sind die bittersten aller Tränen.

»Ich muss Ihnen sagen«, sagte Estella mit aller Herablassung, die eine herausragende und schöne Dame mir bezeigen konnte, »dass ich kein Herz besitze – falls das irgendetwas mit meiner Erinnerung zu tun haben sollte.« [...]

»Oh, ich habe ein Herz, das man mit einem Messerstich oder einem Schuss treffen kann, daran zweifle ich nicht«, sagte Estella,« und natürlich würde ich nicht mehr existieren, wenn es zu schlagen aufhörte. Aber Sie wissen, was ich sagen will. Ich habe keine weiche Stelle, kein – Mitgefühl – Empfinden – Unsinn.«

Estella – eine ›belle dame sans merci‹? Eine ›femme fatale frigide‹? Und Miss Havisham als dämonische Manipulatorin ihrer Gefühle. Eine gespenstische, neurasthenisch grundierte Szene:

Miss Havisham hatte einen ihrer verwelkten Arme ausgestreckt, und ihre zur Faust geballte Hand lag auf dem vergilbten Tischtuch. [...]

Und als Estella gegangen war und wir beide allein waren, drehte sie sich zu mir um und flüsterte: »Ist sie schön, anmutig, wohlgestalt? Verehrst du sie?«

»Jeder, der sie ansieht, kann nicht anders, Miss Havisham.«

Sie legte mir einen Arm um den Hals und zog meinen Kopf eng zu ihrem Kopf hinunter. »Liebe sie, liebe sie, liebe sie. Wie behandelt sie dich?«

Bevor ich antworten konnte (wenn ich eine so schwierige Frage überhaupt hätte beantworten können), wiederholte sie: »Liebe sie, liebe sie, liebe sie! Wenn sie dich ermutigt, liebe sie. Wenn sie dich verletzt, liebe sie. Wenn sie dein Herz in Stücke reißt – und je älter und stärker es wird, desto tiefer geht der Riss –, liebe sie, liebe sie, liebe sie!«

Nie zuvor hatte ich so leidenschaftliche Inbrunst erlebt wie die, mit der sie diese Worte hervorstieß. Ich spürte, wie die Heftigkeit, die sie ergriffen hatte, die Muskeln des abgezehrten Arms um meinen Hals anspannte.

»Hör mir zu, Pip! Ich habe sie adoptiert, damit sie geliebt wird. Ich habe sie aufgezogen und erzogen, damit sie geliebt wird. Ich habe sie zu dem gemacht, was sie ist, damit sie geliebt wird. Liebe sie!«

Sie sagte es immer wieder, und es war nicht zu bezweifeln, dass es ihr damit ernst war; doch hätte das wiederholte Wort Hass statt Liebe gelautet – Verzweiflung – Rache – scheußlicher Tod –, es hätte aus ihrem Mund einem Fluch nicht ähnlicher klingen können.

»Ich will dir sagen«, sagte sie mit dem gleichen hastigen, eindringlichen Flüsterton, »was wahre Liebe ist. Es ist blinde Hingabe, bedingungslose Selbsterniedrigung, völlige Unterwerfung, Vertrauen und Glaube wider besseres Wissen und gegen die ganze Welt, sich mit Herz und Seele demjenigen ausliefern, der den tödlichen Schlag führt – wie ich es tat!«

Als sie dies sagte und darauf einen Schrei ausstieß [...].

Allmählich verdichten sich die Einzelphänomene zu einem brutalen Szenarium der Menschenvernichtung. Miss Havisham als gnadenlose Manipulatorin von Estella, diese als hoffnungsloses Objekt der Begierde Pips. Pip wiederum in der Hand seines unbekannten Wohltäters, – entgegen seiner Annahme – eben nicht Miss Havisham, sondern genau jener Schwerverbrecher, dem er zu Beginn geholfen hatte. Dieser aber kennt nur ein Ziel: Pip zu vergöttern, ihn zu seinem Ideal zu machen, zu jenem »Gentleman«, der er nicht werden konnte. Die Tatsache, dass die geliebte, kalte Estella in Wirklichkeit keine kleine Prinzessin, sondern die Tochter dieses Kriminellen ist, ihrerseits von Miss Havisham verwaltet und zur Lady gemacht werden sollte, ergänzt diese ›tragedy‹ der Projektionen, Andeutungen, Annahmen, Irrungen und Fehlinterpretationen.

Endspiel

Bis zu diesen Enthüllungen und Erkenntnissen freilich ist es noch einige Zeit hin. Noch liegen Schleier der Illusion über der banalen, kruden Wirklichkeit. Wann immer Pip solch einen Gespensterhauch, etwas Ominöses, Ungreifbares zu spüren glaubt, einen Schatten, eine Hülle, den Umriss einer unsichtbaren anderen Figur für Augenblicke ahnt, wird diese verborgene Schicht der Wirklichkeit hinter der Wirklichkeit für Augenblicke erkennbar.

Dickens der etwas schlichten Schwarz-Weiß-Malerei zu bezichtigen, ist allenfalls Hinweis auf eine beträchtliche Schlichtheit seitens der Interpreten. ›Denk nicht, dass dort nichts ist, wo du nichts siehst‹, möchte man Pip warnend zurufen, und Estella wird in der Tat nicht müde, ihn zu warnen. »In welcher Hinsicht?« fragt Pip. »In Hinsicht auf mich«, sagt sie. Estella als von Miss Havisham installierter Racheengel, um Männer zu quälen und zu vernichten – noch nicht einmal dieser Verdacht kann seine abgöttische Liebe zu ihr schmälern. Was Pip nicht wahrhaben kann oder will: die perverse Schule der Miss Havisham hat Estella auch als Individuum völlig ausgelöscht. Im Kapitel 38 kommt es zu einer ersten sehr harten und verletzenden Abrechnung zwischen der Adoptivmutter und ihrem Zögling:

»Sag die Wahrheit, du undankbares Geschöpf!«, rief Miss Havisham und stieß ihren Stock voller Heftigkeit auf den Boden. »Du bist meiner überdrüssig?«

Estella sah sie mit vollendetem Gleichmut an und richtete den Blick wieder auf das Feuer. Ihre anmutige Gestalt und ihr schönes Gesicht kündeten von einer selbstbeherrschten Gelichgültigkeit gegenüber dem Toben und Wüten Miss Havishams, die fast Grausames hatte.

»Du kalter Fisch!«, rief Miss Havisham. »Du kaltes, fühlloses Herz aus Stein!«

«Wie?«, sagte Estella, die völlig ungerührt an dem Kamin lehnte und nur den Blick bewegte, »Sie wollen mir vorwerfen, ich wäre kalt? Sie?«

»*Bist du es etwa nicht?*«, war die hitzige Erwiderung.
»*Sie müssen es wissen*«, sagte Estella. »*Ich bin, wozu Sie mich gemacht haben. Alles Lob gebührt Ihnen und aller Tadel ebenso, aller Erfolg ist Ihr Erfolg und alles Scheitern ebenso; kurzum, was ich bin, ist Ihr Werk.
[...] Was verlangen Sie?*«
»*Liebe*«, entgegnete Miss Havisham.
»*Die haben Sie.*«
»*Nein, das ist nicht wahr*«, sagt Miss Havisham.
»*Adoptivmutter*«, erwiderte Estella, *ohne ihre anmutige und lässige Haltung zu verändern, ohne ihre Stimme zu erheben, wie Miss Havisham es tat, ohne Zorn oder Zärtlichkeit zu bezeigen,* »*Adoptivmutter, ich sagte, dass ich Ihnen alles verdanke. Alles, was ich besitze, gehört unstreitig Ihnen. Alles, was Sie mir geschenkt haben, gehört Ihnen, sobald Sie es verlangen.*« *(II, Kap. 19)*

Emotionslos und analytisch beschreibt sich Estella als Kunstfigur, als Automatenwesen, als eine perfekt programmierte Empfindungsdarstellungs-Maschine. Am Ende des Gesprächs fasst sie zusammen:

»*Und deshalb*«, sagte Estella, »*müssen Sie mich nehmen als die, zu der Sie mich gemacht haben.*«

Pip als Augen- und Ohrenzeuge beginnt den Grund unter den Füßen zu verlieren oder, wie er es am Ende von Teil II, Kapitel 19 zusammenfasst, »*Und innerhalb eines Augenblicks wurde der Schlag geführt, und das Dach meiner Festung stürzte über mir ein.*« (II, Kap. 19). Er ist dreiundzwanzig und am Nullpunkt seiner Existenz. Wenig später geht der letzte Traum zu Bruch. Der zweite Abschnitt von Pips wundersamem Aufstieg endet in Kapitel 20 abrupt und (melo-)dramatisch: die Tür geht auf. Im Zimmer steht der Mörder. Sein Wohltäter. Ein absurder Showdown des »Expectation«-Wahnsinns. Keine geheimnisvolle Gönnerin. Ein grober Züchter, der sein Produkt wohlgefällig bestaunt und wie ein Rassepferd betastet:

»*Ich hab Sie oft dort gesehen [...] wie damals draußen in den nebligen Marschen. ›Ich will tot umfallen, das schwör ich bei Gott! [...] wenn ich nicht einen Gentleman aus dem Jungen mach, wenn ich frei werd und Geld verdien!*‹« *(II, Kap. 20)*

Estella ein Havisham-Klon, er selbst eine Zuchthäusler-Zucht, ein Dandy-Clown von Gnaden eines Abel Magwitch, der sich selbst als »elendes Gesindel« (»warmint«) bezeichnet. Dick aufgetragen. Möglicherweise. Aber gekonnt. Der ganze Mann, Magwitch, eine Zuchthaus-Existenz. Dass der Knast seine Delinquenz erzeugt – die alte Foucault-These –, Magwitch scheint sie nachgerade zu verkörpern:

Ob er saß oder stand, ob er aß oder trank, ob er grübelte – widerstrebend und mit hochgezogenen Schultern – oder sein großes Klappmesser mit Horngriff zur Hand nahm und an seinem Hosenbein abwischte, bevor er sein Essen zerteilte, ob er leichte Gläser und Tassen hielt, als wären es ungefüge Kannen, oder ob er einen Kanten von seinem Brot absäbelte und die letzten Reste Sauce von seinem Teller auftunkte – immer wieder im Kreis, als gälte es, eine Ration restlos zu verzehren – und danach seine Fingerspitzen an dem Brotstück abwischte, bevor er es verschlang: All das und tausend andere alltägliche Kleinigkeiten kennzeichneten ihn beredt als Sträfling, Verbrecher. Gefängnisinsassen. (III, Kap. 1)

Allmählich kommen die Dinge zur Kenntlichkeit: Estella an irgendeinen Schuft verloren. Der Mäzen ein Gangster, die Welt der Havisham ein romantisch verkleidetes Horrorkabinett. Das Finale ist dem Phänomen angemessen. In einer letzten Aussprache bricht die inzwischen vollständig Zerrüttete zusammen, steht vor den Trümmern des eigenen Lebens und legt ein ergreifendes Selbstbekenntnis ab:

Sie wendete mir ihr Gesicht zu, zum ersten Mal, seit sie es abgewendet hatte, und zu meiner Verblüffung, um nicht zu sagen zu meinem Entsetzen, fiel sie vor mir auf die Knie, die gefalteten Hände zu mir erhoben, wie sie sie gewiss, als ihr armes Herz jung und frisch und unversehrt war, neben ihrer Mutter zum Himmel erhoben hatte.

Sie mit ihren weißen Haaren und ihrem abgehärmten Gesicht zu meinen Füßen knien zu sehen, erschütterte mich am ganzen Körper. Ich flehte sie an, sich zu erheben, und legte die Arme um sie, um ihr zu helfen; doch sie drückte nur die Hand, die sie am ehesten erreichen konnte, und senkte den Kopf darauf und weinte.

Nie zuvor hatte ich sie eine Träne vergießen sehen, und in der Hoffnung, die Erleichterung könnte sie beruhigen, neigte ich mich wortlos über sie. Sie kniete nicht mehr, sie lag nun auf dem Boden. »Oh!«, rief sie voller Verzweiflung. »Was habe ich getan! Was habe ich getan!«

[...] Sie rang die Hände und raufte ihre weißen Haare und wiederholte immer wieder: »Was habe ich getan!«

Ich wusste nichts zu antworten und wusste nicht, wie ich sie trösten sollte. Dass sie unverzeihlich gehandelt hatte, als sie ein leicht zu beeinflussendes Kind genommen und in die Form gepresst hatte, mittels derer ihre wütende Rachsucht, ihre verschmähte Liebe und ihr verwundeter Stolz sich schadlos halten wollten, wusste ich sehr wohl. [...] Und konnte ich sie ohne Mitgefühl sehen, wenn ich ihre Strafe darin sah, was für ein Wrack sie war, in ihrer unermesslichen Untauglichkeit für die Erde, auf der sie sich befand, in dem eitlen Prahlen mit ihrem Kummer, das eine übermächtige Marotte geworden war, nicht viel anders als das Prahlen mit Reumut, Zerknirschung, Unwürdigkeit und anderen Abscheulichkeiten, das unserer Welt zum Schrecken gereicht? (III, Kap. 10)

Havishams brennende Reue bleibt kein Lippenbekenntnis. Dickens bindet die Gefühle an die Dinge und die Körper an die Wörter. Als Pip beim Abschied noch einmal über den alten Hof geht, spürt er das nahe Unheil:

Die Düsternis von Ort und Stunde und der große, wenn auch kurzzeitige Schrecken dieser Einbildung erfüllten mich mit unbeschreiblicher Wehmut, als ich zu dem offenen Holztor herauskam, wo ich mir damals die Haare raufte, nachdem Estella mir das Herz zerrissen hatte. Auf dem Weg in den Vorderhof zauderte ich und überlegte, ob ich die Frau rufen solle, damit sie mich mit ihrem Schlüssel zu dem verschlossenen Tor hinausließ, oder ob ich zuerst hinaufgehen und mich vergewissern solle, dass Miss Havisham gesund und wohlauf war, wie ich sie verlassen hatte. Ich entschied mich für Letzteres und ging hinauf. Ich blickte in das Zimmer, in dem ich sie zurückgelassen hatte, und sah sie in dem abgeschabten Sessel nahe am Feuer sitzen, mit dem Rücken zu mir. Als ich mich umdrehte, um leise zu gehen, sah ich eine Flammenzunge hoch auflodern. Im selben Augenblick lief Miss Havisham schreiend auf mich zu, in einer lichterloh brennenden Feuerwolke, die bis zu ihrer doppelten Höhe in die Luft schoss.
[...]
Dann sah ich um mich und sah die aufgescheuchten Käfer und Spinnen, die über den Fußboden wegliefen, und die Bediensteten, die mit erschrockenen Ausrufen zur Tür hereinkamen. Ich hielt sie noch immer mit aller Kraft wie einen Gefangenen, der nicht entkommen soll; und ich bezweifle, dass ich überhaupt wusste, wer sie war oder warum wir gekämpft hatten oder dass sie in Flammen gestanden hatte oder dass die Flammen erstickt worden waren, bis ich sah, wie die Zunderflocken, die ihr Brautstaat gewesen waren, nicht mehr in der Luft schwebten, sondern als rußiger Regen um uns herum niederfielen.

Verbrannte Illusionen. Auch die Geschichte mit Pips zweitem Ersatzvater endet tragisch. Seine Flucht aus London missglückt und der grobe aber sympathische Kerl wird zum Tod verurteilt, sein Vermögen eingezogen. Sein Glück, dass er noch vor der Hinrichtung – in den Armen des Sohns (seit Keller wissen wir, wie wichtig solche Signale sind) – ruhig sterben kann. Und eine gnädige Decke der Versöhnung breitet der Verfasser, nicht so störrisch in diesen Dingen wie der Stadtschreiber aus Zürich, bereits vor dem Ende aus. Kitsch-Guru und Erfolgsautor Edward Bulver-Lytton rät Dickens, ein positives Ende zu suchen, und auf dessen Rat lässt er Pip und Estella doch noch einander näher kommen.

Ein ›Unhappy End‹ mehr in der Realgeschichte des europäischen Romans. Frostklamm geläutert wie Judith und Heinrich, stehen sich Estella und der ›Man without expectations‹ einander gegenüber – nach fast sechshundert Seiten Katastrophik gerade mal ein paar Zeilen Besänftigung:

»Ich bin gebeugt und gebrochen worden, doch – wie ich hoffe – zu besserer Form. Seien Sie so rücksichtsvoll und gütig zu mir wie einst, und sagen Sie mir, dass wir Freunde sind.«

»Wir sind Freunde«, sagte ich und stand auf und beugte mich über sie, als sie sich von der Bank erhob.

»Und wir werden getrennt Freunde bleiben«, sagte Estella.

Ich ergriff ihre Hand, und wir verließen den verwüsteten Ort; und so, wie sich vor langer Zeit die Morgennebel gehoben hatten, als ich die Schmiede verließ, so hoben sich nun allmählich die Abendnebel, und in all der weiten Fläche ruhigen Lichts, die sie mir enthüllten, sah ich keinen Schatten einer Trennung vor mir. (III, Kap. 20)

Bei Keller konnte, musste man lernen, dass sich Literatur alles andere als im gesellschaftsleeren Raum abspielt. Keiner als der literarische Serientäter und voll in den Markt integrierte Profi Dickens wusste das besser als seine deutschen Kollegen. Er erfüllte die Regel der bewusstseinsschonenden Art des realistischen Schockierens, die über allem stand, fast reflexartig. Er wusste, was seinem Publikum zumutbar war und was es wünschte: Wahrheit mit Filter. Elend light. Kein Wunder, dass die deutsche Kritik Dickens mehr verehrte als die deutschen Meister. Der Marcel Reich Ranicki jener Tage hieß Gustav Freytag, und er schrieb in seinem posthumen »Dank an Charles Dickens« (1870):

Überall kündeten seine Bücher, dass eine ewige Vernunft und Weisheit in den Schicksalen der Menschen sichtbar wird, und dass der Einzelne nicht nur unter den eigenen Fehlern, auch unter der Verbildung seines Volkes krankt [...]. Fast aus jedem Roman blieben rührende und lebensfrische Gestalten fest in der Seele des Lesers, welche ihm unmerklich selbst die innige Auffassung alles Lebenden, das ihn umgab, und die gute Laune im eigenen Kampf mit dem Leben steigerten [...]. Solche bildende Gewalt über die Zeitgenossen erhält freilich nur der wahre Dichter, der aus dem Vollen gibt und wie mühelos seine Schätze spendet. Und er bildet am kräftigsten an der Jugend und an denen, die verhältnismäßig wenig lesen.

George Cruikshank, Ilustrationen zu Oliver Twist

Dabei gab es von Kinderarbeit bis Unterernährung, Ausbeutung, Umweltzerstörung, Massenverelendung bis hin zum menschenverachtendem Strafvollzug kaum einen sozialen Missstand, den Dickens (dies im Unterschied zu den deutschen Kollegen einschließlich Fontanes) nicht scharf angeprangert hätte.

Scharf, aber nicht schonungslos. Er beherrschte die Kunst, anzuprangern ohne zu verletzen. Wie dies zu bewerkstelligen ist? Drei goldene Regeln zumindest kann man nennen:

1) Nie auf positive Gegenfiguren verzichten. (Joe, der alles »astonishing« findet, gehört dazu. Und Biddy, die gute, kluge Seele.

2) Gleichfalls positiv, ja gefühlvoll grundiert die visuelle Begleitstimme seiner Romane. Dickens beschäftigte ein ganzes Heer von ›corporate idendity‹-artig eingeschworenen Illustratoren, die über die Fähigkeit verfügten, alles ins Skurril-Behagliche zu transformieren. Ob Armut, Arbeit oder Todesstrafe: stets scheint Dickens Pate zu stehen: »I have purposely dwelt upon the romantic side of familiar things.« »Hard times« Zerfall, Fäulnis, Krankheit, Tod – alles kann dargestellt werden. Selbst Fagins letzte Nacht in der Todeszelle, die narrativ als grauenhafte Todesnähe vergegenwärtigt wird, ist visuell so angelegt, dass zwar die Angst eines einsamen menschlichen Wesens atmosphärisch verdichtet erscheint, dennoch die Grausamkeit und Kälte der Situation (allein schon durch die Gestaltung von Licht, Schatten und Dunkel) tendenziell ausgeblendet wird.

[Fagin] setzte sich der Tür gegenüber auf eine Steinbank, die ihm als Stuhl und Bettstelle diente, heftete seine blutunterlaufenen Augen auf den Boden und suchte seine Gedanken zu sammeln. Nach einer Weile begann er sich einiger unzusammenhängender Bruchstücke aus der Rede des Richters zu entsinnen [...]. Aufgehangen am Hals, bis er tot sei – so lautete der Schluss. Aufgehangen am Hals, bis er tot sei!

Als es immer dunkler wurde, begann er sich an all seine Bekannten zu erinnern, die auf dem Schafott gestorben waren, einige sogar auf seine Veranlassung hin. Sie stiegen in so rascher Folge vor ihm auf, dass er sie kaum zählen konnte. Er hatte etliche von ihnen sterben sehen – und hatte ihrer gespottet, weil sie mit Gebeten auf den Lippen hinübergingen. Wie rasselte es, als der Strick niederfiel; und wie plötzlich verwandelten sie sich aus gesunden, kräftigen Männern in baumelnde Kleiderbündel. (Oliver Twist, Kap. 25)

Die Welt des ›Bösen‹ hautnah – und doch: anrührend.

Und 3) der Humor. Wilhelm Buschs haarsträubend grausame Geschichten sind der Beweis: komisch verpackt ist fast alles zumutbar. Swift hat mit seinem *Proposal* einen Punkt erreicht, wo der Spaß aufhört. Dickens, ebenso wie Sterne, Thackeray u.a., überschreitet ihn nie. Eine Poetik der Zumutbarkeit, die die Menschen in großer Zahl nachhaltig erreichte. »Poetische Verklärung«, mal humorig, mal psychologisch, mal emotional gedämpft, erscheint ein legitimer Weg, wichtige Themen durchzusetzen, Leser zu berühren und sie zugleich zu bewegen: es ist kein Zufall, dass eine Reihe von sozialgesetzgeberischen Reformen mit explizitem Verweis auf Dickens Vorarbeit auf den Weg gebracht wurden.

Literaturverzeichnis

- Dickens, Charles: *Große Erwartungen.* Übers. v. Walz, Melanie. Hanser. München. 2011
- Collins, Wilkie: *The Woman in White.* In: *Household words. A Weekly Journal.* London. Ausgabe: 26.11.1859 – 25.08.1860.
- Dickens, Charles: *Bleak House.* Bradbury & Evans. London. 1853.
- Dickens, Charles: *Oliver Twist.* Bentley. London. 1841.
- Dickens, Charles: *Oliver Twist.* Übers. v. Kolb, Carl. Winkler. München. 1962.
- Dickens, Charles: »Die Pfandleiherläden«. In: *Londoner Skizzen.* Übers. v. Roberts, H. Winkler. München. 1975.
- Dickens, Charles: »Narrative of Law and Crime«. In: *Household words. A Weekly Journal.* London. Ausgabe: 30.03.1850.
- Dickens, Charles: »Where we stopped growing«. In: *Household words. A Weekly Journal.* London. Ausgabe: 01.01.1853.
- Eco, Umberto: *Nachschrift zum »Namen der Rose«.* Übers. v. Kroeber, Burkhardt. Hanser. München. 1986.
- Freytag, Gustav: »Ein Dank für Charles Dickens«. In: *Die Grenzboten. Zeitschrift für Politik und Literatur. 29. Jahrgang.* Friedrich Ludwig Herbig. Leipzig. 1870.
- Fruttero, Carlo, Lucentini, Franco/Charles Dickens: *Die Wahrheit über den Fall D.* Übers. v. Burkhart Kroeber. Piper. München. 1991.
- Inchibald, Mrs.: *Next Door Neighbours. Comedy in three acts.* Dublin. P. Byrne. 1791.
- Platen, August von: *Tristan.* In: *Lyrik.* (Hg. Wölfel, Kurt/Link, Jürgen) Winkler. München. 1982.
- Walser, Robert: *Dickens.* In: *Kleine Dichtungen, Prosastücke, Kleine Prosa.* Helmut Kossodo. Genf/Hamburg. 1971.

Charles Dickens

Vita
*7.2.1812   Landport, Portsmouth
†9.6.1870   Gad's Hill, Rochester

1821   Besuch einer Baptistenschule
1824   Haft des Vaters im Schuldgefängnis
1828   Anwaltsstenograph beim Gericht
1831   Reporter und Parlamentsberichterstatter
1836   Erstes Buch Sketches of Boz wird verlegt, Heirat mit Catherine Hogarth
1842   Reisen durch Europa
1850   Das neunte Kind, Dora Annie, wird geboren
1851   Vater stirbt
1858   Erste von vier öffentlichen Vorlesungsreihen beginnt in London
1869   Erkrankung, Ende der Lesungen

Werke
836-37   The Posthumous Papers of the Pickwick Club
          Die Pickwicker
1837-39   Oliver Twist, or, The Parish Boy's Progress
          Oliver Twist
1843   A Christmas Carol in Prose
          Eine Weihnachtsgeschichte
1843-44   The Life and Adventures of Martin Chuzzleweit
          Martin Chuzzleweit
1852-53   Bleakhaus
          Bleakhaus
1855-57   Little Dorrit
          Klein Dorrit
1861   Great Expectations
          Große Erwartungen

Illustration zu Great Expectations

Im Windschatten Dantes:
Gogols Seelen(ver)käufer

»Die Menschen werden immer spucken: so sind sie nun einmal beschaffen.« – einer jener Sätze, die den Gesprächspartner und vermutlich auch die Leser wie ein Schlag trafen. Tentetnikow, der Adressat dieser Aussage des Protagonisten, jedenfalls ist regelrecht »verdutzt«. Während Tschitschikow, der Mann ohne Eigenschaften, sich weiter elegant durch die Gesellschaft fräst und tote Seelen en gros scheffelt. Ein merkwürdiger Mensch, sagt der eine vom andern; ein merkwürdiger Mensch, sagt der andere vom einen. Und dann strebt man entschieden auseinander.

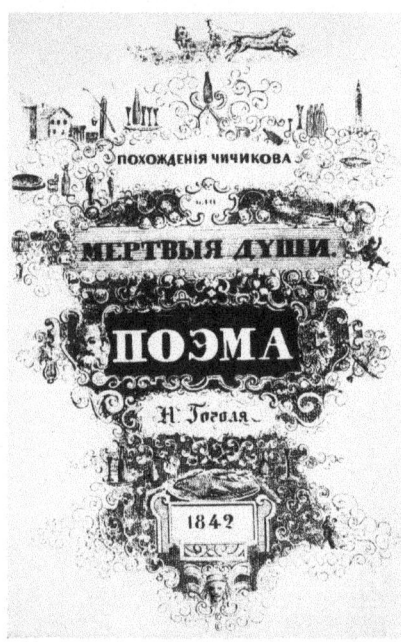

Die Geschichte dieses Romans ist die Geschichte einer Vernichtung. Am Anfang stehen beispiellose Kampagnen der Kritik und der Zensur. Am Ende, nach mehr als zehn Jahren Kampf, die Verbrennung des druckfertigen Manuskripts des zweiten Bandes durch den Autor selbst, der nur eine Woche später stirbt. Es ist, als ob das Schicksal des Autors auf beklemmende Weise mit dem Schicksal des Protagonisten in innerer Korrespondenz stünde, heiter und auf verwegene Art witzig der Beginn – zerstörerisch grausam das Finale. Beides stärker, intensiver, schroffer und gemeiner, als dies bei den anderen »great expectations«-, »illusion perdues«-Geschichten der Fall war. Kein hoffnungsfroher Kunstephebe, kein Unschuldslamm, kein Ehrgeizbolzen ist dieser Tschitschikow. Schon gar kein ›Held‹. Denn Tschitschikow neigt von Jugend an zu einer gewissen Körperfülle, und – der Erzähler weiß dies – »Beleibtheit verzeiht man einem Helden nie«. Dicklich, klein und dazu ein gar nicht so kleiner Gauner; ein opportunistischer Steuerbetrüger. Letztlich ein schleimiger Wirtschaftskrimineller – was für ein Held! Selbst in der Romanliteratur des gründlich entromantisierten 19. Jahrhunderts wird man lange nach etwas Vergleichbarem suchen müssen. An Oblomow könnte man allenfalls denken, – doch Gontscharows phlegmatisches Sofamonster ist viel zu passiv, um bösartig werden zu können. Anders Tschitschikow; eine Mischung aus Gefräßigkeit, Opportunismus, Spekulationsgier – und Eitelkeit. Das Ganze jovial, prall und proper verpackt: so sieht er aus, der überdurchschnittlich durchschnittliche ›Held unserer Zeit‹.

Kein starker Auftritt

Sein Eintritt in den Roman verläuft außergewöhnlich unaufgeregt. Vor der Gastwirtschaft einer russischen Provinzstadt hält eine Kutsche der gehobenen Mittelklasse. Ihr entsteigt ein auffällig unauffälliger Herr, weder übermäßig dick noch dünn, kein Adonis, doch auch nicht hässlich, weder alt noch jugendlich. Der Erzähler kommentiert:
Seine Ankunft erregte in der Stadt nicht das geringste Aufsehen und hatte nichts Besonderes zur Folge. (I, Kap. 1)
Wahrhaftig kein unheimlich starker Auftritt. Ein paar Leute schauen kurz hoch. Ein Mann geht vorbei und blickt sich um, achtet darauf, dass ihm eine Windbö nicht die Mütze vom Kopf reißt und – geht seiner Wege.
Eine erstaunliche erste Seite. Kein ›coup de théâtre‹ wie bei Dickens. Keine soziale Bestandsaufnahme à la Balzac, Flaubert, Fontane. Nichts irgendwie Besonderes. Irgendeiner kommt irgendwo an, und keiner kümmert sich darum. Außer wir Leser, die ja durch nichts abzuschrecken sind. Leser funktionieren wie Kellner. Kaum tritt jemand auf den Plan, schon achtet man auf ihn, geht auf ihn ein. Kellner sind dazu immerhin in der Regel verpflichtet. Weshalb Leser sich für eine uninteressante Figur in einem belanglosen Hotel interessieren, bleibt ihr Geheimnis. Weder ist der Herr auf der Flucht noch in interessanter Begleitung, noch bahnt sich irgendetwas Spannendes an. Ganz im Gegenteil. Der Erzähler wird nicht müde zu versichern, dass alles und jedes »genau wie überall« sei: übliche Durchreisende in üblichen Hotels in üblichen Provinzstädten. Kupferrote Samoware, kupferrote Gesichter, rußige Kronleuchter, »übliche« üppige Gerichte. Kohlsuppe mit Blätterteigpastete, Hirn mit Erbsen, gebratene Poularde, Gebäck. Der Reisende richtet sich ein, speist opulent, schläft ausgedehnt und erkundet den Ort, eruiert die Honoratioren, spricht bei verschiedenen Ämtern vor. Sein jovial-gewandtes Wesen kommt an, schon wird er zu einer »Abendgesellschaft des Gouverneurs« eingeladen. Tschitschikow trifft penible Vorbereitungen und präsentiert sich in einem preiselbeerfarbigen Frack, der wie Seide glänzt; dann der große Auftritt:
Als Tschitschikow in den Saal kam, musste er für einen Moment die Augen zukneifen, denn der Glanz, der von den Kerzen, den Lampen und den Damen-

roben ausging, war ungeheuerlich. Alles war von Licht überflutet. Schwarze Fräcke funkelten und schwirrten einzeln und in Scharen umher, wie Fliegen an einem heißen Julitag einen weißen glitzernden Zuckerhut umschwirren, wenn ihn die alte Wirtschafterin vor dem offen stehenden Fenster entzweiklopft und in funkelnde Stücke zerteilt; die Kinder, die sich um sie versammelt haben, schauen zu und folgen neugierig den Bewegungen ihrer harten Hände [...], die Luftgeschwader der Fliegen aber, von einem leichten Lüftchen emporgehoben, kommen kühn herbeigeflogen, als seien sie hier zu Haus [...], lassen sich auf den verlockenden Stückchen nieder, mal einzeln, mal in dichten Scharen. Gesättigt vom Reichtum des Sommers [...] sind sie ganz und gar nicht herbeigeflogen, um zu essen, sondern einfach, um sich sehen zu lassen, auf dem Zuckerhaufen hin und her zu spazieren, die Hinter- und Vorderbeinchen aneinander zu reiben, oder sich mit ihnen unter den Flügelchen zu kratzen, oder beide Vorderbeine auszustrecken und sich mit ihnen über den Kopf zu streichen, kehrtzumachen und wieder fortzufliegen, um mit weiteren zudringlichen Schwadronen aufs Neue herbeigeflogen zu kommen.

Tschitschikow hatte kaum Zeit gehabt, sich umzusehen, als ihn der Gouverneur schon am Arm ergriff und ihn sogleich der Frau Gouverneurin vorstellte.

Keiner kann diese Passage lesen, ohne an ihr hängen zu bleiben. Was geschieht hier, wenn mitten aus dem Erzählvorgang ein Bild heraustritt, sich dominant entfaltet und sperrig dazwischenschiebt? Anders als eine Sternesche Abschweifung und auch anders als die zum Beispiel von Balzac vertrauten sozialgeschichtlichen Verdinglichungen und Konkretisierungen schlägt hier das Bild eine neue Seite der Wirklichkeit auf. Und es ist dabei noch nicht einmal ganz sicher, ob der Erzähler oder das Bewusstsein der Figur in den Sog dieses tierartigen Tagtraums gerät. Ist es der Kommentar eines außerhalb der Szene Stehenden, des Beobachters, oder spielen dem glanzgeblendeten Tschitschikow die eigenen Nerven einen Streich? Oder bemächtigt sich hier ein drittes, wahrnehmungsirritierendes narratives Moment des Geschehens? Zunächst scheint nichts in besonderem Maße auffällig: sausende Fräcke und schwirrende Fliegen – die Analogie ist augenscheinlich. Ungewöhnlich ist das Ausufern, das in sich Weiterwachsen des Bildes, das sich eigenständig entfaltet, eine gleichwertige Wirklichkeit neben der primär erzählten Wirklichkeit herstellt.

Das Bild wird schließlich so stark, dass es ein Raster über die gesamte Ballszene legt, die wir, lesend, gleichfalls in Termini des Fliegenschwarmartigen, Insektenhaften wahrnehmen. Eine Verwandlung, die der Leser mit dem Protagonisten teilt. Dieser subtile wahrnehmungsästhetische Pakt ist entscheidend für das gesamte weitere Gelingen des Erzählvorgangs. Nichts von Identifikation mit einem Helden. Nichts auch von Nähe mit einem Sympathieträger. Was den Leser bei Gogol an die Hauptfigur bindet, ihn mit dieser verbindet, ist etwas anderes.

Es ist der böse Blick auf die anderen. Bei Licht betrachtet ist die Erzähllinie von Anfang bis Ende krumm, schief und verbogen, indiskret, taxierend, eigentlich durch und durch menschenverachtend, wenn man das edle Wort verwenden möchte. Jedenfalls menschenbenutzend. Kurz: Tschitschikow ist – unser aller Alter Ego. Einer wie wir gegen alle – die auch nicht sehr viel anders sind. Tote Seelen, lebende Seelen.

»Übrigens, um auch das noch zu sagen: was hat man schon von denen, die heute als Lebende geführt werden? Was sind das für Leute, Fliegen sind das und keine Menschen.« (I, Kap. 5)

So jedenfalls wird einer der ersten Kunden Tschitschikows über die Masse Mensch, mit der man es zu tun hat, urteilen. Nicht mehr wert als eine Fliege – das Gespräch nimmt diese Wendung nicht von ungefähr, geht es dem Protagonisten um nichts weniger als: den möglichst preisgünstigen Erwerb möglichst vieler »toter Seelen«. –Tote Seelen? Die meisten Geschäftspartner reagieren auf den Vorschlag, wenn nicht konsterniert, so doch einigermaßen irritiert, jedenfalls zumindest etwas befremdet. So zum Beispiel die etwas neureiche, jedoch ganz reizende Familie Manlikow und ihr etwas naiver Hausherr, die zu den ersten Kunden des Seelenhändlers zählen. Als ihm der verwegene Spekulant trocken erklärt, dass er ihm jene verstorbenen Bauern abkaufen wollen, die in der Revisionsliste noch als Lebende geführt werden, fällt diesem die Pfeife aus dem offenen Mund. Und im Nachfassen erklärt Tschitschikow dann ganz gefasst noch einmal den Sinn seines Begehrens:

»Nun also, ich würde gern wissen, ob Sie mir solche, in Wirklichkeit zwar nicht Lebende, aber der gesetzlichen Form nach Lebende, aushändigen oder überlassen könnten oder wie es Ihnen beliebt, sich auszudrücken?« (I, Kap. 2)

Der etwas schwerblütige Partner dieser Luftbuchung ist dem Abstraktionsgrad dieser ›new-economy‹-artigen Transaktion nicht gewachsen. Schnappt nach Luft und hält sich an der Pfeife fest, während der bürokratische Biedermann in seinem Element ist und bereits die Präliminarien zu dem jetzt fälligen Kaufvertrag (Manilow schluckt schon wieder) durchgeht:

Wir schreiben, dass sie leben, so, wie es tatsächlich in der Revisionsliste steht. Ich habe es mir angewöhnt, keinen Deut von den bürgerlichen Gesetzen abzuweichen [...], die Pflicht ist eine heilige Angelegenheit für mich, und das Gesetz – ich erbebe vor dem Gesetz.

Gesetzestreue und Menschenhandel – dieser Schreibtischtäter avant la lettre versteht sein Geschäft. Seine Weiße-Kragen-Mentalität weckt verborgene Instinkte in seinen Opfern. Sehnsucht nach Risiken ohne Risiko; nach Abenteuern im Geiste, geborgen im Rahmen bürgerlicher Ordnung. So lässt Manilow sich schließlich auf den etwas schrägen Deal ein, ohne so ganz zu begreifen und auch begreifen zu wollen, was genau da vor sich geht. Was zugegeben auch keine ganz leichte Aufgabe darstellt. Denn Tschitschikow ist ein wunderbarer Verkäufer. Selbst als Aufkäufer verkauft er: gute Gefühle. Was uns moderne Marketing- und PR-Strategen mühsam verkünden – Seelenverkäufer Tschitschikow hat es im Blut. Gut, man kauft oder verkauft zwar scheinbar nur ein Produkt. In Wirklichkeit jedoch kauft oder verkauft man weit mehr. Nämlich eine Geschichte, Emotionen. Von wegen, die toten Seelen seien »in gewissem Sinne doch nur Mist«, wie der unbeholfene Gutsbesitzer einwendet. Weit gefehlt, hält der gewiefte Verkaufspsychologe dagegen. Was er scheinbaren »Mist« nenne, das sei ihm, dem ›Verfolgten‹, ›Gekränkten‹ [»Nachstellungen«, »Verfolgungen«, der »Barke in tosenden Wogen« – Balsam. »Reines Gewissen«, »Witwe und Waisenkind«, ›die ausgestreckte Hand‹, keine kitschige Platitüde, die er nicht beibrächte, um den Kunden an der sentimentalen Ecke abzuholen, an der dieser steht. Die Träne fließt, das Spiel geht auf, die beiden Herren stehen einander gerührt gegenüber, ohne dass der geringste Anlass dazu vorläge:

Manilow war zutiefst gerührt. Beide Freunde drückten einander lange die Hand und sahen sich lange schweigend in die Augen, in denen Tränen schimmerten [...]. Als es [Tschitschikow] endlich gelungen war, sie behutsam herauszuziehen, sagte er, es könne nicht schaden, den Kaufvertrag so schnell wie möglich abzuschließen, und es wäre gut, wenn er sich dafür selber in die Stadt bemühen würde. (I, Kap. 3)

Der große Deal

Sprach's und eilt, während der Kunde noch von den Restgefühlen des großen Augenblicks zehrt, hocherfreut neuen Verkaufsabenteuern zu. Wieder ein später Erbe Don Quijotes, – fahrender Raubritter und Serientäter wie er, doch ohne jeden verwegenen Abenteureranstrich. Im Gegenteil. Eine Conquista der Statistik. Eine Ich-AG auf Beutezug. Man muss nicht glauben, dass die Minderung der heroischen Attribute eine Minderung der Risikobereitschaft zur Folge hätte. Die ständig wechselnden sozialen Milieus, die unterschiedlichsten Charaktere, auf die dieser moderne Spekulationsstratege trifft, fordern ein Äußerstes an Flexibilität und Risikobereitschaft. Kaum hat er den sentimentalen Saubermann Manilow bedient, stellt sich ihm die Aufgabe, die tiefreligiöse, gutmütig-geizige Kollegiensekretärswitwe Nastasja Petrowna Korobotschka von seinen Plänen zu überzeugen. Die neue Situation erfordert eine neue Maske. Selbstsicher-urban entschließt sich Tschitschikow aufzutreten.

Mit der Sekretärswitwe hat er eine ebenso leidenschaftliche wie beschränkte Verkäuferin vor sich: Hanf, Öl, Enten, Honig – alles will sie verkaufen. Aber »tote Seelen« – davon hat sie noch nie gehört. Und deshalb will sie das nicht verkaufen.

»Ich weiß nicht recht«, sagte die Hausherrin zögernd. »Tote habe ich noch nie verkauft.« (I, Kap.3)

Verkäufer-Käufer Tschitschikow begreift, dass es darum zu tun ist, diesen inneren Widerstand des Gewohnheitseffekts abzubauen. Erstens, ihn durch Gier zu überwinden (»Sie richten sich ja zugrunde, wenn Sie dafür Abgaben zahlen wie für Lebende«). Zweitens: die Normalität des unvertraut anmutenden Totengeschäfts zu suggerieren. Was in Anbetracht der extrem beharrungsfähigen imaginären Geschäftspartnerin keine geringe Aufgabe ist. Kaum ist ihre Profitgier geweckt, schnappt ein weiteres Mal das Fallbeil der Gewohnheitsfalle zu und kappt das Hoffnungsfädchen. Korobotschkas ewiges ›aber sie sind doch tot. Wollen Sie nicht lieber lebendige kaufen?‹ raubt Starverkäufer Tschitschikow allmählich den Nerv. Und nach stundenlangen quälenden Verhandlungen kehrt man unverrichteten Kaufs zum Ausgangspunkt zurück: »Bei Gott, die Ware ist so merkwürdig, so ganz und gar ungewöhnlich« Erst der darauf stattfindende Wutausbruch, in dem der aufgebrachte Tschitschikow Nastasja buchstäblich zum Teufel wünscht, bringt die Wende. Die Vorstellung des Leibhaftigen zeigt Wirkung, und so legt der gewiefte Taktiker nach; er knallt den Stuhl auf den Boden und flucht: »verrecken und zugrunde gehen sollen Sie mitsamt Ihrem Dorf!« Und endlich bricht die bornierte Festung Korobotschka ein. Wird müde. Verkauft.

Gogol mag die Gefahr gewittert haben, sich in einer skurrilen Bilderfolge erzählerisch zu erschöpfen und fällt sich (nicht zum ersten und nicht zum letzten Mal) selbst ins Wort: Weshalb man sich überhaupt so lange mit dieser Korobotschka aufgehalten habe? Was uns das eigentlich angehe? Warum man solch eine nebensächliche Figur nicht einfach beiseitelasse? Ob sie wirklich wichtiger oder weniger wichtig sei als irgendeine »Schwester« aus besseren Kreisen,

die sich, von den Mauern eines hochherrschaftlichen Hauses mit angenehm duftenden gusseisernen Treppen, blinkendem Kupfer, Mahagonimöbeln und Teppichen unerreichbar eingehegt, bei einem nicht zu Ende gelesenen Buch langweilt [...]. (I, Kap. 2)

Möglicherweise sogar genau einen Roman des Typus, den der Autor gerade im Begriff ist, zu schreiben. Einen Roman, der immer wieder sein eigenes Bezugssystem in Frage stellt und damit seine Leser extrem fordert. Plötzlich taucht etwa im Fenster einer zufällig nebenan stehenden Kutsche das Oval eines hübschen Mädchens auf, und schon könnte der Roman eine andere Richtung nehmen oder genommen haben. Zumindest, so spekuliert der Erzähler beinahe schon in der Art eines vorweggenommenen Calvino weiter, wenn anstelle des angejahrten Tschitschikow irgendein zwanzigjähriger Jüngling in dessen Kutsche gesessen wäre:

[Wäre] ein zwanzigjähriger Jüngling an Tschitschikows Stelle gewesen, ein Husar vielleicht, oder ein Student, oder einfach ein junger Mensch, der gerade ins Leben trit, du lieber Gott! Was wäre nicht alles in ihm erwacht [...]! (I, Kap. 5)

Kurz: ein ganz anderer Roman wäre möglich gewesen. Spekulation, flüchtige Erwägungen, denn noch während darüber reflektiert wird, ist auch schon die Wunderkarosse drüben weitergefahren und so ist auch »die Blondine«, die so ganz unerwartet in die Erzählung eindrang, spurlos wieder aus ihr verschwunden.

Oder eben nicht. Denn Gogol spielt das Spiel der möglichen Romane im Roman virtuos weiter. Denn in Gedanken beginnt nun Tschitschikow einen potentiellen Lebensweg des Mädchens zu entwerfen:

Sie ist noch wie ein Kind [...]. Aus ihr kann man alles machen, es kann ein Wunder aus ihr werden, oder aber ein Miststück; und sie wird ein Miststück werden! Es brauchen sich jetzt doch nur die Mamachens und Tantchen ihrer anzunehmen. [...] Aufgeblasen und geziert wird sie werden; [...] wird sich den Kopf zerbrechen und darüber nachdenken, mit wem sie wie lange reden soll und auf welche Weise, wie sie jemanden anschauen soll [...].

Im Schnelldurchlauf skizziert er eine mögliche Biographie der jungen Damen inklusive Zukunftsperspektiven, familiären Hintergrund und finanziellen Perspektiven – von verlockenden 200.000 Rubeln ist gedanklich die Rede. Doch dann verblasst der Roman so plötzlich wie er aufgetaucht war zugunsten der wirklichen Wirklichkeit, der Wirklichkeit erster Ordnung, die stets für das Handeln des Geschäftsmannes bestimmend ist.

Erst hundert Seiten später wird es – ganz zufällig – zu einer zweiten Begegnung mit dem Ausgangspunkt dieser Tagträume kommen. Auf einem Ball wird ihm das junge Mädchen als Tochter des Provinzgouverneurs vorgestellt, worauf der Entflammte sie dermaßen leidenschaftlich zu umwerben beginnt, dass er die gesamte – ihm bis dahin gewogene – Damenwelt gegen sich aufbringt. Überhaupt hat das System Tschitschikow einen großen Mangel. Es hat genauso wenig Bezug zu den Dingen und Menschen wie der Marktstratege selbst. Wo das Konstrukt über den anderen an die Stelle des anderen tritt, gibt es keine größere Irritation als den Einbruch der Wirklichkeit. Die Hilflosigkeit im Umgang mit der umschwärmten Blondine ist für diesen Defekt ebenso kennzeichnend wie die strukturelle Verletzbarkeit des Systems im Ganzen, wann immer es mit der Öffentlichkeit in Berührung kommt.

Über dem Geschäft mit Toten liegt von Beginn an ein Schatten. Eine verdruckste Pietät, die es verbietet, den Handel offen zu legen. Als der angetrunkene Nostrew die Frage nach dem Sinn und Zweck der Seelenkäufe in den Saal brüllt, kommt es zum Eklat. Das Vorhaben gerät außer Kontrolle, denn nur in der Zwielichtzone des Halbausgesprochenen und im Schattenreich des Gerüchts kann das Prinzip Tschitschikow gedeihen: im 9. Kapitel ist der Bann gebrochen, und Tschitschikow mutiert nolens volens zum Mythos – dämonischer Entführer, skrupelloser Agent, gerissener Jude – keine noch so aberwitzig erscheinende Legende, die gerüchteweise nicht mit seiner mysteriösen Figur in Verbindung gebracht würde. In Kapitel Zehn versteigt man sich sogar zur Annahme, in Wahrheit handle es sich bei dem geheimnisvollen Fremden um keinen anderen als Napoleon. Das Objekt dieser Projektionen sitzt derweil nichtsahnend auf seinem Zimmer und laboriert an einer leichten Halsentzündung. Gurgelt mit heißer Milch und legt säuberliche Verzeichnisse seiner gekauften toten Seelen an.

Aber die Zeit arbeitet gegen ihn. Längst haben sich die Gerüchte zur bedrohlichen Wirklichkeit verdichtet. Längst ist er zum Opfer seiner eigenen Legende geworden. Hals über Kopf verlässt Tschitschikow am Ende des ersten Teils fluchtartig in großer Eile die Stätte seiner vermeintlichen Triumphe. In wilder mystisch unterlegter Fahrt öffnet sich aus der Sicht des träumend Entrückten der Blick auf ein ebenso heiliges wie korrumpiertes, großartiges wie schäbiges Russland. Obgleich bei Gogol, wie alles, auch der patriotische Mantelwurf ein parodistisch-ironisches Unterfutter bekommt, ist die Ambition, die mit diesem Entwurf einhergeht, unübersehbar. Unübersehbar und nicht von ungefähr. Denn mit den *Toten Seelen* wollte Gogol einen Roman jener Dimension schreiben, der den Vergleich mit *Don Quijote* oder der *Divina Comedia* nicht zu scheuen braucht. Breitflächige Panoramen der gesamten Gesellschaft seiner Zeit zu malen und zwar so, dass damit ein umfassender Blick in die Tiefe der Zeit verbunden ist. Der Kontrast könnte nicht frappierender sein: Gralssucher und Trickbetrüger, Universalgeschichte und Steuerflucht – bei Gogol sind dies nur scheinbare Gegensätze. Sein Held hat kein Dante- und kein Vergil-Format und nicht einmal mehr das Zeug zum Ritter von der traurigen Gestalt und ist doch zugleich ein später Nachfahre dieser großen Tradition des europäischen Romans, in dem ein Individuum zur Explorationssonde des Universums wird.

Die große Blase

Wie ein Don Juan des Geschäftlichen reiht der Held Episode an Episode, Namen an Namen, Fall an Fall. Die Strichliste als Emblem der Totalerfahrung – ihr vergleichsweise frühes Stadium: der Leporello, ihre brutalste Depravierung: die Listen der Deportierten oder Schindlers Liste. Dazwischen die Revisionslisten der russischen Steuerbehörden und Gogol. Ihnen allen gemeinsam ist die bürokratische Lust an der lückenlosen Vollständigkeit. Gogol sieht sich als Schriftsteller durchaus einer solchen Ästhetik der Lückenlosigkeit verpflichtet. Glücklich, so höhnt er in den poetologischen Passagen des siebten Kapitels,

glücklich der Schriftsteller, der all die langweiligen Charaktere, die einen durch ihre kümmerliche Wirklichkeit in Erstaunen setzen, beiseiteschiebt. (I, Kap. 7)

Weit weniger zu beglückwünschen, weil weit weniger geschätzt, demgegenüber der Typus des Schriftstellers – und ihm rechnet Gogol sich selbst zu –, der ohne ›zu unterscheiden, zu wählen und zu richten‹ die Phänomene des »Alltagssumpf[es]« in ihrer ganzen Breite dokumentiert und aktenmäßig erfasst. Insofern ist der zwanghafte Perfektionismus eines Tschitschikow Indikator einer Vorgehensweise, die mit der Systematik des Verfassers verwandt ist. Dahinter verbirgt sich ein illusionsloser Realismus, der den Sieg des Systemdenkens vorwegnimmt, der Schritt in die bürokratische Erfassung des Menschen. So gesehen ist Gogols Roman nur ein besonders früher und besonders radikaler Entwurf eines Dilemmas der Moderne.

Zum Phänomen der seriellen Auf-Listung kommt dabei noch dasjenige der faktischen Inexistenz der Aufgelisteten. Tote werden wie Lebende verwaltet, der Unterschied zwischen Leben und Tod gerinnt zur Definitionssache. Und fast alle machen, ohne es zuzugeben, mit. Einer mit verschämter Zurückhaltung, einer mit spürbarem Interesse, der eine skrupellos, der andere zögerlich ... Doch am Faszinosum eines gleitenden Übergangs zwischen Tod und Leben haben alle Anteil. Der Tod eine Definitionsfrage? Wer würde sich in diesem Zusammenhang nicht an die heutzutage heftig diskutierten bio-ethischen Debatten erinnert fühlen? Hier wird das Problem der Grenzüberschreitung von einer anderen Seite angegangen.

Liste ist nicht gleich Liste. Einmal stößt Tschitschikow auf eine außergewöhnlich detailreiche Liste, in der jedem der toten Bauern noch jene Eigenschaften zugeordnet werden, die ihn als Lebenden auszeichneten:

Von einem hieß es »ein guter Tischler«, bei einem anderen war ergänzt »er versteht seine Sache und rührt keinen Schnaps an«. Ebenso ausführlich war verzeichnet, wer der Vater war und die Mutter und auch ihr Betragen [...]. Alle diese Einzelheiten verliehen dem Ganzen eine besondere Art von Frische: man hätte meinen können, die Bauern seien gestern noch am Leben gewesen. Lange betrachtete [Tschitschikow] die Namen und es überkam ihn ein Gefühl der Rührung, seufend sagte er: »Du meine Güte, wieviele von euch hier zusammengepfercht sind! was habt ihr Guten in eurem Leben eigentlich getrieben? wie habt ihr euch durchgeschlagen?« (I, Kap. 7)

Und Tschitschikow zögert nicht, in der Art eines Autors die verborgenen Leben hinter den Namen auf der Liste wiederherzustellen: mögliche, sogar plausible Lebenswege und doch Fiktionen. Er legt ihnen ganze Dialoge in den (toten) Mund, lässt den Verlauf des möglichen gelebten Lebens Revue passieren, lässt sie posthum saufen, streiten, Pleite machen. Nicht nur die Toten, auch die noch Lebenden (entlaufene Bauern) werden im imaginären Schnelldurchlauf ›beseelt‹ nach dem Motto:

»Ihr, was ist mit euch, meine Täubchen? [...] Ihr lebt zwar noch, aber wem nützt ihr schon! Ihr seid so gut wie tot [...]. Und ihr, meine Lieben? [...] Ihr lebt zwar noch, aber ihr seid dennoch so gut wie tot.«

Die einen leben und sind so gut wie tot, die anderen sind tot und erscheinen vergleichsweise lebendig – Grenzüberschreitungen ohne jeden Mystifizismus, doch von beachtlicher konzeptioneller Spekulationskraft. Alles ist also auch eine Frage von systematischer Kreativität und konzeptioneller Intelligenz. Gegen Ende des ersten Buches denkt der Protagonist wehmütig-stolz an den Moment, an dem er nach eigenen Worten die »umwerfendste Idee, die je einem menschlichen Kopf eingefallen ist«. Aus einer materiellen Notlage entsteht die zündende Idee des Bauernkaufs:

Ich werde einfach alle aufkaufen, die gestorben sind, bevor die neuen Revisionslisten eingereicht werden, wenn ich, sagen wir, tausend erwerbe, [...] habe ich zweihunderttausend an Kapital auf einmal. (I, Kap. 11)

Die Logik des Verfahrens ist unwiderlegbar: fiktives Siedlungsland, ordnungsgemäß registrierte, aber nicht mehr existierende Bauern – ein glücklicher Autor. Denn die Geschichte ist gut. Hat das intellektuelle Format jener seriösen Wirtschaftskriminalität, die uns heute aus dem Wirtschaftsteil der Tageszeitungen entgegenflutet, wenn fiktive Imperien gegründet oder Darlehen in Milliardenhöhe für unvorhandene Produkte oder Maschinen oder Menschen gebucht werden. Wie zu jeder herausragenden kriminellen Aktion gehört auch hier zum einen eine beträchtliche Energie sowie ein extremes Potential an praktischer Psychologie. Qualitäten, über die auch der Verfasser verfügen muss. Gleichfalls kurz vor dem Ende des ersten Buches deckt der Erzähler seine Strategie soweit auf, als er zwei mögliche Modi, die Geschichte dieses besonderen Protagonisten zu erzählen, skizziert: Die erste Variante erzählte die Story von außen, schildert den Protagonisten »so, wie er der ganzen Stadt erschienen war«. Tschitschikow also proper, gewandt, redlich und die Opfer entsprechend unbefangen. Eine Gaunergeschichte, interessant und dennoch nicht weiter beunruhigend. Oder aber man erzählt die Geschichte wie Gogol, also mit der Lust an radikaler Transparenz. Schnitte ins Nervenzentrum. Blicke hinter die geheimsten Gedanken-Fassaden. Freilegen der verdeckten Motivationen und Seelenregungen zum Beispiel Tschitschikows. Der Erzähler ist entschlossen, die Ästhetik des trostfreien, scharfen, durchdringenden Blicks gegen alle Erwartungen und Widerstände durchzusetzen.

Diese andere Seite der Geschichte wird im erzählerischen ›Normfall‹ von einer gnädigen Schicht der Neutralisierung abgedeckt. Vor allem die deutschen Realisten wissen ein Lied von dieser inhärenten Forderung nach einer schonenden Worthülle zu singen, Gottfried Keller und Theodor Fontane inklusive. Gogol geht aufs Ganze: Irritation und Abwehr werden nicht nur in Kauf genommen, sondern sind bewusst einkalkuliert. Das größte Skandalon – die Frage nach dem Tschitschikow im Leser, den Tschitschikow in allen. Diese Frage wird durch die Art der intimen Einführung in die geheimen Empfindungskanäle, Wahrnehmungs- und Denkstrukturen des unglücklich-listig-sympathisch-verschlagen-kühl-verletzlich-gemeinen Empfindungskonglomerats Tschitschikow gestellt.

Die toten Seelen

Radikaler Realismus oder: im 2. Kreis der Hölle

Der russische Roman des Realismus unternimmt es – vielleicht gerade in Reaktion auf eine besonders rigide Zensur –, das erzählerische Risiko bewusst zu erhöhen: Tolstoi entblößt die Scheinwelt von Ehehöllen, Dostojevski erforscht liebesunfähige, kaltblütige Doppelmörder wie Raskolnikov so, dass man – hautnah – an sie streift, sie berührt, mit ihnen zu sympathisieren beginnt. Gogol macht uns mit dem Ungeheuerlichen, Befremdenden, zutiefst Verstörenden im Grenzbereich zu unserer Normalität vertraut. Auch ohne Mord, Totschlag, Gefühlsrausch und Gewaltreflex, ohne extremen Hass und besessene Liebe, ohne Blut und fast ohne Tränen kommt es zum Exzess. Und wir alle wären demnach nur ein paar Dezimalstellen, ein paar Kontonummern, ein paar Prozentpunkte davon entfernt. Denn das Rhizom-Netzwerk, das uns mit ihm verbindet, hat Adern aus Geld und Raffgier, Gewinnorientierung, Komplizenschaft und Spekulationserwartung. Alles durch und durch bürgerliche Bruchstellen im Moralgefüge der Alltagslügen. Dazwischen leuchten immer Hoffnungsfeuer einer moralischen Erneuerung auf: Gutsbesitzer Tenetnikow etwa, der eine Art Musterbewirtschaftung in der Manier Tolstois durchführen will. Reduzierung der Frondienste, positive Motivationsschulung – doch dann beginnt sich die Gesinnungsmühle zu drehen und das positive Denkmodell gerät unter die Mühlen der Normalität. Die Bauern entdecken die Lücken im System; Eigennutzreflexe obsiegen. Der Herr verliert die Lust am eigenen Vorbildstatus, zieht sich zurück, wird ungreifbar. Das große imaginative Werk über ›Russland‹ tritt an die Stelle der kleinen, konkreten Wirklichkeit – am Ende stehen Passivität und ein umfassender Weltschmerz.

Und endlich, wie eine Art verschollene Nebenfigur, taucht nun auch wieder der zeitweise untergetauchte ›Held‹, taucht Tschitschikow wieder auf und versucht ins Geschehen einzugreifen. Leicht zerzaust und dennoch aalglatt, ganz im Stil seiner bisherigen Aktivitäten, halb Figaro, halb Zauberlehrling. Der imponierende General Betristschew stellt die erprobten Techniken und Taktiken dennoch auf eine extreme Probe. Der Mann ist ein ganz anderes Kaliber als diejenigen, mit denen Tschitschikow es bis dahin zu tun hatte. Im entscheidenden Moment – wenn der bewusste Satz fällt – und die Frage nach dem Kaufvertrag über tote Seelen zur Diskussion steht, antwortet der General einfach mit Gelächter. Mit derart »Gelächter [...], wie wohl noch nie ein Mensch gelacht hat«. Ein homerisch-explosives, krachendes, unkontroliertes, konvulsivisches Lachen:

Ich soll dir die toten Seelen überlassen? Schon allein für diesen Einfall bekommst du sie, samt Land und Unterkunft! Nimm dir den ganzen Friedhof! Ha, ha, ha, ha! [...]« Und wieder schallte das Generalgelächter durch die Generalsgemächer. (II, Kap. 2)

An dieser Stelle findet sich die erste größere Lücke im Text. Nach Angaben von Freunden, insbesondere S. P. Schewyrjow, dem Gogol die später vernichtete Fassung des zweiten Bandes der *Toten Seelen* vorgelesen hat, enthielt dieses Kapitel noch eine dramatisch-mitreißende Weiterführung der Geschichte des Generals, inklusive seiner Versöhnung mit Tenetnikow und der Tochter des Generals mit ihm. Dennoch. Von nun an ist es um die innere Kohärenz des Romans geschehen. Zwar folgen noch großartige, in ihrer Komik umwerfende Episoden. Dennoch. Mit dem Beginn des zweiten Teils wird ein Strukturproblem grundsätzlicher Art offenbar. Natürlich ließen sich unterhaltsame Episoden in unterschiedlichen sozialen Milieus ad infinitum fortführen. Man könnte auf unendlich viele Arten feilschen, schachern, heucheln, wuchern lassen. Aber solch ein satirischer Reigen schien Gogol immer weniger zu befriedigen. Spürbar stärker als die Lust am kritischen Amusement wird in diesem zweiten Kreis der Hölle das Bedürfnis, eine positive Norm zu setzen. Die Figur des am Muster-Gutshof Gescheiterten war ein erster Indikator für diese Tendenz. Wenig später wird Tschitschikow einem Mann begegnen, dem er geradezu Verehrung entgegenbringen wird. Während andere die Güter aus Desinteresse oder Inkompetenz heruntergewirtschaften, gelingt es ihm, Ordnung zu schaffen. Der drahtige, intelligente, lebenstüchtige Konstantin Fjodorowitsch Kostanshoglo versucht mit ein paar Worten und vor allem mit entschlossenem Handeln Ordnung ins korrupte, dahinvegetierende Gutswesen zu bringen. Er rührt damit an die Wurzeln des Sozialsystems, an dessen Ausläufern, den dahinvegetierenden darbenden oder toten Bauern, an denen Tschitschikow sich bis dahin abarbeitet. Aus Kostanshoglos Mund hagelt es Kulturkritik und ausgerechnet der Schmarotzer hängt nun gebannt an den Lippen dieses Predigers gegen die Dekadenz des Systems: Luxus, Schlendrian, Verschwendung, wohin man schaut, – Tschitschikow ist drauf und dran, sein eigenes Leben umfassend zu reformieren und unter dem Einfluss dieses Moralisten der Arbeit zu einem Bauern zu werden. Am Ende des dritten Kapitels des zweiten Teils träumt Tschitschikow den konkreten Traum einer, seiner besseren Welt:

Schon sah er sich genauso handelnd [...] – geschickt, umsichtig, ohne Neuerungen einzuführen, bevor er nicht alles Alte sorgfältig studiert [...] und alle seine Leute kennengelernt hätte, dabei alles Überflüssige von sich gewiesen und sich allein der Arbeit und der Wirtschaft gewidmet hätte. Schon jetzt genoss er das Vergnügen, das er empfinden würde, wenn alles seinen geregelten Gang gehen, alle Schwungfedern der Wirtschaftsmaschinerie in lebhafte Bewegung kommen und tätig ineinandergreifen würde. Die Arbeit würde leicht von der Hand gehen, und genauso, wie in einer munteren Mühle Korn schnell zu Mehl gemahlen wird, würde aus jedem Abfall und Plunder bares Geld und nochmals bares Geld werden. Unablässig stand ihm der wunderbare Gutsherr vor Augen. Er war der erste Mensch in ganz Russland, für den er persönliche Achtung emp-

fand. Bis jetzt hatte er einen Menschen entweder wegen seines hohen Ranges oder seines Vermögens geachtet. Wegen seines Verstandes hatte er noch keinen einzigen Menschen geachtet. Kostanshoglo war der Erste. (II, Kap. 3)

So positiv diese Wendung des geläuterten Tschitschikows, dem unter der Egide seines Führers moralische Flügel zu wachsen scheinen, ist, - umso problematischer scheint diese Entwicklung für den Roman als Ganzes zu sein. Das ›Divina Comedia‹-Syndrom, wie man weiß: das Fegefeuer, vor allem aber das Paradies sind keine literarisch attraktiven Gegenstände. Ein geläuterter Tschitschikow würde auch dieser russischen Menschheits-Comedia das narrative Rückgrat brechen. Man spürt dieses Brüchigwerden der Geschichte an den vielen Lücken, Abbrüchen, dem Fragmentarisch-Bruchstückhaften, das das Manuskript von nun an kennzeichnet. Der Autor hatte sich in ein unlösbares Dilemma hineinerzählt. Entweder er ließ Tschitschikow als betrügerischen Wirtschaftskriminellen weiteragieren – dann würde er auf die moralische Dimension der Geschichte verzichten müssen. Oder er verwandelte ihn gleichsam in einen Engel – dann würde ihm seine verwegen-interessante Hauptfigur und damit der Anlass des Erzählens verloren gehen. Gogol wird sich an diesem strukturellen Widerspruch regelrecht abarbeiten. Immer wieder bricht ein Erzählstrang ab, wird neu aufgenommen, eine neue Richtung erprobt. Tschitschikow dealt also doch weiter, beziehungsweise wird von den Folgen seiner früheren Untaten, von seiner dunklen Vergangenheit eingeholt. In einer wahrhaft monströs-grotesken Szene wird Tschitschikow, noch immer besonders elegant-geckenhaft gekleidet, verhaftet und in den Kerker geworfen:

»[...] Ich bin ein Mensch, Euer Erlaucht.«

Tränenbäche sprudelten ihm plötzlich aus den Augen. So wie er war, warf er sich dem Fürsten zu Füßen: in seinem Frack à la Pulverdampf und Flammen von Navarino [...], den wundervoll genähten Hosen und der Haarfrisur, die einen süßen Hauch von erstklassigem Eau de Cologne verströmte.

»Hinweg mit dir! Holen Sie die Soldaten, damit sie ihn abführen«, sagt der Fürst zu den Hereinkommenden.

»Euer Erlaucht«, schrie Tschitschikow und umklammerte mit beiden Armen einen Stiefel des Fürsten. Ein Schauer lief dem Fürsten durch alle Adern. »Hinweg, sag ich Ihnen«, sagte er und versuchte, sein Bein aus Tschitschikows Umklammerung loszureißen.

»Euer Erlaucht, ich rühre mich nicht eher von der Stelle, bis ich nicht Ihre Gnade erfahren habe«, sagte Tschitschikow ohne ihn loszulassen, presste den Stiefel des Fürsten gegen seine Brust und rutschte zusammen mit dem Fürstenbein in seinem Frack à la Pulverdampf und Flammen von Navarino über den Fußboden.

»Hinweg, sage ich Ihnen«, sprach der Fürst mit jenem unerklärlichen Gefühl des Abscheus, den ein Mensch beim Anblick eines ekelhaften Insekts empfin-

det, das zu zertreten er nicht imstande ist. Er schüttelte sich so sehr, dass Tschitschikow einen Schlag mit dem Stiefel gegen seine Nase, die Lippen und sein rundes Kinn verspürte, doch er ließ den Stiefel nicht los, sondern hielt ihn nur noch fester umklammert. Zwei kräftige Gendarmen schleppten ihn mit Mühe fort [...]. (II, Schlusskapitel)

In der Zelle gerät Tschitschikow in einen Zustand existentiellen Aufruhrs ohnegleichen. Damit verbunden auch in jene Tiefe und menschliche Dimension, die ihm bislang fehlen musste: aus einer Figur, die bislang eher als satirischer Hohlspiegel für die Laster der Gesellschaft gedient hatte, wird nun allmählich ein Individuum von der Komplexität und Ernsthaftigkeit eines Raskolnikov. Irgendwo im erzählerischen Abseits zwischen einem ›Bericht aus dem Totenhaus‹ und einer ›Auferstehung‹ verliert sich die erzählerische Spur des Protagonisten. Zwar, er wird später nach schmerzlicher Haft begnadigt werden, doch die wenigen Seiten bis zum Ende des Überlieferten erscheint er dem Leser als ein wesensmäßig Verwandelter:

Er [...] fuhr schließlich in einer seltsamen Stimmung aus der Stadt heraus. Es war nicht der frühere Tschitschikow. Er war eine Ruine des früheren Tschitschikow. Seinen inneren Seelenzustand konnte man mit einem abgerissenen Gebäude vergleichen, das in der Absicht abgerissen worden war, um daraus ein neues Gebäude zu bauen; mit dem neuen aber hatte man noch nicht angefangen, weil der Bauplan vom Architekten noch nicht da war [...].

Verbrechen und Strafe, Schuld- und Sühne-Fragmente stehen am Ende dieses schreiend-komischen, tieftraurigen satirischen Gesellschaftsepos ohne greifbaren moralischen Horizont. Das Bild der verödeten und halbgeplanten Baustelle ›Roman‹ markiert ziemlich genau die Situation der Gattung zwischen Realismus und Moderne. Nur die mutigsten Projekte haben die Größe, die Umrisse der Krise zu beschwören und die Brüchigkeit des Konstrukts so schonungslos auszuleuchten, wie Gogol es tat. Und selbst der hat dabei die Grenzen der ihm selbst zumutbaren und verkraftbaren Verunsicherung überschritten. Balzac (*chef-d'œuvre inconnue*) und Flaubert (*Bouvard et Pécuchet*) haben etwa um dieselbe Zeit ähnliche Experimente, die sie an den ästhetischen ›gouffre‹ führten, unternommen. So nachhaltig wie Gogol haben sie sich dem Blick in den Abgrund jedoch nicht ausgesetzt.

Literaturverzeichnis

- Gogol, Nokolai: *Tote Seelen*. Übers. v. Bischitzky, Vera. Artemis & Winkler. Düsseldorf. 2009.

Die toten Seelen

Nikolai Wassiljewitsch Gogol

Vita
*1.4.1809   Welkije Sorotschinzy/Poltava (Ukraine)
†4.3.1852   Moskau

1819-21 Internat in Poltawa
1820-28 Studium in Nežin
1825   Tod des Vaters
1829   Beamter im Innenministerium
1831   Geschichtslehrer an einer Privatschule für Mädchen
1834   Professor für Allgemeine Geschichte an der Universität Sankt Petersburg
1836-48 Vorwiegender Aufenthalt im Ausland nach enttäuschenden Reaktionen auf sein Werk
1845   Schwere Erkrankung
1848   Pilgerreise nach Jerusalem
1852   Zerstört Teile des Romans Die toten Seelen

Werke
1831   Večera na chutore bliz Dikan'ki
        Abende auf dem Gutshof bei Dikana
1835   Migorod
        Migorod
1836   Revizor
        Der Revisor
        Nos
        Die Nase
1842   Mërtvye duši
        Die toten Seelen (1. Teil)
        Ženit'ba
        Die Heirat
1847   Vybrannye mesta iz perepiski s druz'jami
        Ausgewählte Stellen aus dem Briefwechsel mit Freunden

Effi, Emma, Anna & Co

1894/95 schreibt Fontane:

Liebesgeschichten in ihrer schauderösen Ähnlichkeit [sind] was Langweiliges. (an Stephany, 2. Juli, 1894)

Und dann schreibt er *Effi Briest*. Wirklich zunächst keine besonders außergewöhnliche Geschichte. Eine Alltags- und Allerwelts-Geschichte, die tatsächlich so oder so ähnlich passiert war (und vermutlich nicht nur einmal, sondern dutzendweise – so oder so ähnlich).

Eine siebzehnjährige Tochter aus gutem Hause wird mit einem zwanzig Jahre älteren, angesehenen, höheren Beamten verheiratet. Der Altersunterschied war seinerzeit nichts Besonderes. Und ist es ja wohl auch nicht per se. Effi Briest heiratet nicht ungern. Vielleicht unüberlegt, aber nicht ungern. Hochzeitsreise. Übersiedlung an einen kleinen Ostseebadeort. Lokalprominenz, Langeweile, Einsamkeit. In der kommentierten Filmographie Rainer Werner Fassbinders wird der Fall Effi in schöner Lakonie so nacherzählt:

Sie ist unglücklich, ohne es sich immer ganz einzugestehen, weil sie sich von ihrem prinzipientreuen und ehrgeizigen Mann, trotz erwiesener Zuneigung, nicht wirklich geliebt weiß. Zunächst nur Abwechslung, dann Verwirrung, bringt die Bekanntschaft mit dem neuen Bezirkskommandanten Major Crampas, dem auch ihr Mann sich freundschaftlich verbunden fühlt. Zwischen Effi und Crampas entwickelt sich eine zwischen Tändelei und Leidenschaft pendelnde Beziehung, die mit dem Umzug der Familie Innstetten nach Berlin endet. Innstetten entdeckt nach sechs Jahren zufällig jene frühere Beziehung zwischen Crampas und seiner Frau. Er fordert Crampas zum Duell und tötet ihn. Er verstößt Effi, behält aber die Tochter Annie und erzieht sie in einer Art Abwehr gegen ihre Mutter. Effis Lebenswillen und Lebenskraft sind gebrochen, nach etwa einem Jahr stirbt sie.

Todesursache unklar. Die Gesellschaft hat gesiegt.

Für den Roman des 18. Jahrhunderts war das Thema der Autonomie des Individuums in Relation zu den Normen der Gesellschaft – übrigens mit deutlicher Tendenz zugunsten des Individuums – von zentraler Bedeutung. Das 19. Jahrhundert zeigt im Roman fast ausschließlich das Scheitern ambitionierter oder auch nur etwas abweichender Lebensläufe. Macht und Geld sind die entscheidenden Faktoren, die über Erfolg oder Misserfolg eines Projekts entscheiden. Emotionen, Liebe, Gefühle werden auf andere, sozusagen Ersatzbereiche projiziert: Die Oper wird zum ›Kraftwerk der Gefühle‹. Das Bordell zum Areal der Triebe. Die Börse zur Arena der Energien und Affekte. Zum Kriegsschauplatz. Und die Familie?

Die Ehe? Was ist sie? Zentrum? Mittelpunkt? Basis? Repräsentationsanstalt? Ordnungsfassade? Affektfreie Zone? ›Puppenheim‹, ›goldener Käfig‹, ›Straflager‹, ›Nussschale‹?

Eine Frage der Eh(r)e

Die Romane der zweiten Hälfte des 19. Jahrhunderts beschäftigen sich jedenfalls mit kaum einem Thema häufiger: Ehe und Ehebruch stehen im Fokus der erzählerischen Aufmerksamkeit. Und zwar so weit die Bourgeoisie reicht, fast unabhängig von nationalen Kulturen: 1857 Emile Flauberts *Madame Bovary*, 1873/76 Leo Tolstois *Anna Karenina*, 1884 Leopoldo Clarins *La Regenta* und schließlich, 1895 *Effi Briest* – Nuancen, was den jeweiligen Modus betrifft, bis zum Verwechseln ähnlich, was die Abläufe anbelangt. Materiell gesicherte Eheverhältnisse. Durchaus vorhandene nicht allzu unfreundliche Grundgefühle. Und ein halbeingestandenes Unbehagen an der Kultur der Ehe. Im Gefängnis, sagt man, sei es so, dass sich nach drei, vier Jahren erweise, ob einer/eine halbwegs ungebrochen wieder aus der Zelle herauskäme. Ein ähnlicher Zeitraum ist anzusetzen, wenn es um die Frage geht, ob Menschen das Ehejoch tragen, ohne zu zerbrechen oder zu verkümmern. Man muss sich daran erinnern, dass die Ehe als Syntheseform von Liebe, Erotik, Freundschaft und sozialer Verantwortung ein ungeheuer komplexes und in dieser Form erst sehr spät herauspräpariertes Gebilde darstellt: widersprüchlichste Elemente werden dabei auf Lebenszeit aneinandergebunden und zudem durch eine Reihe zum Teil völlig unrealistischer Vorgaben idealisiert. Solange ›Ehe‹ als dynastische Vernunftentscheidung oder pragmatische Zuerwerbsgemeinschaft konzipiert war, gab es dieses Problemfeld nicht in diesem Maße. Erst die bürgerlich-aufklärerische Verbindung von Sexualität, Sentimentalität und Sozialstatus hat jenes brisante chemische Gebilde hergestellt, dessen Hybridität kaum jemand schonungsloser beschrieben hat als Goethe in seinen *Wahlverwandtschaften* oder im *Werther*. Man stelle sich vor: Werther hätte Charlotte geheiratet. Ekstase auf Dauer gestellt – die Katastrophe wäre vorprogrammiert. Oder Romeo und Julia – gerade noch rechtzeitig wiedererwacht – wären vor den Traualtar getreten: es bedarf nicht der Phantasie eines Kishon, um sich die Misere des sechzigjährigen ächzenden Paares auszumalen.

Es ist mehr als ein bloßer Zufall, dass so gut wie alle glücklichen Liebesbeziehungen, was ihre künstlerische, literarische Darstellung anbelangt, entweder mit dem Moment der Verehelichung ausgeblendet werden – nach dem sogenannten ›Happy End‹-Modell –, beziehungsweise pränuptial durch Todesfall im letzten Moment vermieden werden: von Tristan und Isolde bis Ferdinand und Luise Miller reicht die Kette dieser eher spätromantischen Szenarien.

A. P. M. Richemont, Illustration zu Madame Bovary

Die wirklichen Probleme beginnen mit dem Tag, den Monaten und Jahren danach, und sie gestalten sich besonders gravierend, wenn beide Partner am Leben bleiben. Diderot hat es in seiner *Encyclopédie* auf unnachahmlich unprätentiöse Art auf den Punkt gebracht:

Normalerweise beginnen sich die Leute in der Ehe, wenn sie sich nicht mehr lieben, zu hassen, beziehungsweise, in der Mehrzahl der Fälle, einander gleichgültig zu werden. (Art. »Amour conjugal«)

Während auf den Opernbühnen noch immer die alten tragischen Eros- und Todes-Szenarien à la Wagner gespielt und gefeiert werden, sind die Romanautoren des 19. Jahrhunderts mutiger und aufrichtiger: Im Ehe-Roman des Realismus rückt man dem Problemfeld ›Ehe‹ systematisch und illusionslos zu Leibe: Materialismus – Öde – Betrug – Strafe sind die bestimmenden Themen. Mehr oder weniger drastisch oder schonungslos, wird das Gefühlsvakuum ›Ehe‹ systematisch erforscht. Der Begriff des ›Gefühlsvakuums‹ bedarf der Relativierung: Vakuum und Inszenierung, faktische Öde und Fassadensentimentalität und Repräsentation von Ordnung, wo de facto Anarchie, ja Terror herrscht, ist die Spielregel des 19. Jahrhunderts. Und der Roman ist eine einzigartige Dokumentation dieser Wirklichkeit hinter den Kulissen des Gesellschafts-Schauspieles Ehe – Ordnung – Familie, die zum Dogma der bürgerlichen Kultur werden sollte: Einen »Angst-Apparat aus Kalkül« wird Effi spät, zu spät, dieses System benennen können. Am Anfang kann sie kaum etwas benennen. Obwohl sie – von einem Augenblick auf den anderen – Teil dieses Systems geworden ist. Und ihr Körper mehr zu wissen scheint, mehr ›spürt‹ als ihr Intellekt.

In ihren *Ungehaltenen Reden ungehaltener Frauen* lässt Christine Brückner Effi Briest zur Sprache kommen; zur Sprache über sich selbst. Brückners Effi erinnert sich dabei an ein – seinerzeit kaum beachtetes – kleines Symptom, das im Nachhinein als Warnsignal zu interpretieren gewesen wäre:

Max Liebermann, Illustration zu Effie Briest

Als ich Innstetten zum erstenmal sah, überfiel mich ein nervöses Zittern. Als ob mein Körper sich hätte wehren wollen. Aber ich kannte die Äußerungen meines Körpers nicht.

Obwohl im Sprachusus gut nachempfunden, stoßen in Brückners *Rede* doch zwei Sprach- und Kultursysteme aufeinander, die eine nahezu einhundertjährige Distanz voneinander trennt: schließt bei ihr an den neurologisch beschreibbaren Befund – das Zittern – die generalisierte Selbstanalyse an, so wird bei Fontane genau an derselben Stelle die Perspektive der Introspektion abgebrochen, wird seiner Effi die Möglichkeit der Innenschau genommen: *Effi, als sie seiner ansichtig wurde, kam in ein nervöses Zittern; aber nicht lange, denn im selben Augenblicke fast, wo sich Innstetten unter freundlicher Verneigung ihr näherte, wurden an dem mittleren der weit offen stehenden [...] Fenster die rotblonden Köpfe der Zwillinge sichtbar, und Hertha, die Ausgelassenste, rief in den Saal hinein: »Effi, komm.«* (Kap. 2)

Doch Effi wird zu spät kommen. Wenn sie, nur wenig später, mit den »kichernden und lachenden« Freundinnen zusammentrifft, wird der fatale, in seinen Konsequenzen tödliche Ehebund bereits geschlossen sein: eine aufgeweckte Siebzehnjährige und ein vierzigjähriger Beamter: Die junge Dame liebt ökonomische Sicherheit. Und der Beamte ist in der Tat eine recht imponierende Persönlichkeit. In den Stunden, Wochen und sogar Monaten nach ihrem Verlöbnis und vor der Heirat (Fontane verfährt hier chronologisch sehr genau, es handelt sich um die Zeit zwischen August und 3. Oktober) beschreibt Effi ihre Gemütsverfassung als akzeptabel: »ganz gut« und allenfalls nur »ein bisschen genant«, antwortet sie auf die neugierig angeregten Fragen der Schwestern, »wie es ihr eigentlich sei.«, »unbekümmert«, geschäftig und zufrieden (»ach, wie wohl ich mich fühle«, 9. Sept.). Die Suche und Sucht nach »aparten« Dingen – eine Effische Leitvokabel – hält sie vollständig absorbiert: was ihr zum großen Glücklichsein noch fehle? Ihre Antwort: ein Pelz; und auf dem »Herzen« liegt ihr der einzige Wunsch nach einem »japanischen Bettschirm« und einer »roten Ampel für das Schlafzimmer«. Und auf die – mütterlich – interessierte Frage nach der

emotionalen Substanz der anvisierten Ehe antwortet sie pragmatisch-sicher, mit der ganzen souveränen Routine der Siebzehnjährigen:
»Ich bin [...] für Zärtlichkeit und Liebe. Und wenn es Zärtlichkeit und Liebe nicht sein können, [...] dann bin ich ganz für Reichtum und ein vornehmes Haus, ein g a n z vornehmes« (Kap. 4)

Durchbrochen wird diese Haltung nur durch wenige, dann jedoch signifikante Affektbewegungen und –wechsel (etwa zwischen Lachen und Weinen). Dabei kommt es zu unkontrollierten Übergängen wie im Gespräch mit der Mutter, kurz nach den eben zitierten Auslassungen über das Prinzip Ehe:
»[...] Aber sonst bin ich hier immer glücklich gewesen, s o glücklich ...« Und während sie das sagte, warf sie sich heftig weinend vor der Mama auf die Knie und küsste ihre beiden Hände. (Kap. 4)

Nachdem die Mutter diesen überschwänglichen Gefühlsausdruck zurückweist (»Steh auf, Effi. Das sind so Stimmungen ...«) reagiert Effi bereits im Anschlusssatz nun im umgekehrten Sinne:
Da lachte Effi, und sprang in plötzlich veränderter Stimmung wieder auf. »Geheimnisse!« (Kap. 4)

Unkontrollierte und unerwartete Affektkundgaben dieser Art werden von der Mutter zwar einerseits zurückgewiesen, andererseits jedoch als Signale erkannt. So wird im vorliegenden Fall auch konsequent nach der Bedeutung dieses Zeichens gefragt, bis – ganz am Ende des Kapitels – ein Moment der ›wahren Empfindung‹, der Wahrheit der Empfindung jedenfalls, gefunden ist. Effis mehr gestammeltes als ausformuliertes Bekenntnis hebt die Maske der affektischen Indifferenz für einen Augenblick auf. Hinter ihr kommt ein verschrecktes Wesen zum Vorschein:
»Ach, und ich ... ich [...]. Sieh Mama, da liegt etwas, was mich quält und ängstigt. Er ist so lieb und gut gegen mich und so nachsichtig, aber [...] ich fürchte mich vor ihm.« (Kap. 4)

Der Abbruch des Kapitels mit dieser Aussage, die wörtlich und ernst genommen zur Verschiebung oder Auflösung des gesellschaftlich so vielversprechenden Verlöbnisses hätte führen können, verhindert eine Vertiefung der Problematik.

Das anschließende fünfte Kapitel setzt bereits mit einem retrospektiven Diskurs des Elternpaares nach der Abreise der effizient verehelichten Tochter ein – beträchtlich später und zu spät. Insbesondere ist auffällig, dass n u n exakt jene Problematik ausdiskutiert wird, bei der man eben im Dialog mit der Betroffenen ausgeblendet hatte. Insgesamt übrigens ein äußerst merkwürdiges Gespräch, das ziemlich ambivalente Gefühle hinterlässt. Während Briest mit ungewöhnlicher Direktheit davon spricht, dass einem nichts so gut bekomme wie eine Hochzeit, »natürlich die eigene ausgenommen«, kontert seine Gattin Luise nicht weniger tückisch mit einem wie selbstverständlich hingeworfenen: »Jeder quält seine Frau«.

Angst-Apparat aus Kalkül

Für Effi jedenfalls erweist sich das Phänomen der Angst als zentraler Parameter, als die eigentliche ideelle und affektische Konstante ihres Da-Seins: »Gruselige« Eindrücke markieren ihren Einzug ins neue Haus in Kessin, ein panikartig verlaufender Angst-Anfall begleitet die erste Nacht, die sie dort ohne ihren Mann verbringt. Effis Bekenntnis – »ich habe solche Angst« – beantwortet die Dienerin Johanna mit einer beschwichtigend-relativierenden Phrase (»Ach, das gibt sich, gnäd'ge Frau«), und Effis größte Sorge wird es sein, die Spuren des Angst-Anfalls vor ihrem Mann zu verbergen, denn »er will immer, dass ich tapfer [...] bin, so wie er. Und das kann ich nicht«.

Die Maske eines »lethargischen Schlafs« ist die Tarn-Antwort auf den Imperativ zur Gefühlsabstinenz. So bleibt Effis ganz spezifische »Angst« fast vorgreifend im Sinne von Ingeborg Bachmanns *Fall Franza* »nicht disputierbar«. Sie verfügt über keine Grammatik, um sie zu beschreiben, noch nicht einmal eine genaue Kenntnis ihrer Ursache. Eben hierin – im nahezu sprachlosen Ausgeliefertsein an den Affekt – unterscheidet sich Effi von ihren ›Schwestern‹, Anna und Emma, die über eine Metasprache zum Dechiffrieren inszenierter Gefühlsausdrücke verfügen. Insbesondere Innstetten erweist sich als kompetent im Umgang mit »berechneten Komödien« und »gefälschten Echtheiten«, die ihn entzücken. Alles vermag er zu goutieren – nur eben nicht: echte, spontane oder schlimmer: aufrichtige, intensive Gefühle. Denn als oberster Verhaltenscode gilt es, kopierte Gefühle und kupierte Gefühle zu zeigen. Es gibt eine regelrechte Kultur der Gefühlsreduzierung unter dem Begriff des »Kupierens«. Der Protagonist einer anderen Fontaneschen Ehegeschichte, *l'Adultera*, spricht davon in ironischem Tonfall:

Er erhob sich und sagte: »Kupierungen sind etwas Wundervolles. Keine Frage. Ich beispielsweise kupiere Kupons. Ein inferiores Geschäft, das unter Umständen nichtsdestoweniger einen Anspruch darauf gibt, gegen Wort- und Redekupierungen gesichert zu sein, namentlich gegen solche, die reprimandieren und erziehen wollen. Ich bin erzogen.«

Er hatte mit vor Erregung zitternder Stimme gesprochen, aber mit zugekniffenem Auge fest zu dem Major hinübergesehen. Dieser, ein vollkommener Weltmann, lächelte vor sich hin [...] und sagte zu van der Straaten: »Es ist so viel von Kupieren gesprochen worden; kupieren wir auch das.«(L'Adultera, Kap. 5)

Der launige Tonfall sollte nicht darüber hinwegtäuschen, dass die Botschaft ernst gemeint ist. Ihr Kern ist eine nichtauflösbare Gegenläufigkeit der Denk- und Empfindungsbewegungen auf der öffentlichen und der individuellen Ebene dieser Gesellschaft. Auf der einen Seite, suprakutan, die akzeptierte Gefühlskultur: kühl, kontrolliert und »kupiert«. Auf der anderen, subkutan, die faktische

Gefühlskultur: warm, fordernd, lebendig. Notwendige Konsequenz dieses unüberwindbaren Widerspruchs: Tarnung oder Selbstverlust.

Unter dem Leitsatz des »Innstetten darf nicht davon wissen«, »Innstetten darf es nicht sehen« etc., kaschiert und kupiert Effi einerseits die Elemente des eigenen, authentischen Gefühlsinventars, um dafür – imitierend, kopierend – gesellschaftsadäquate Gefühlswerte anzunehmen. Das daraus entstehende emotionale Vakuum wird nur zum Teil wahrgenommen, denn »alle Gesetzlichkeiten sind langweilig«. Der persönliche Teil der Identität wird zugunsten des gesellschaftskonformen Verhaltensschemas ausgetrieben, was eine Veröding der eigenen Persönlichkeit zur Konsequenz hat. Angst und substantielle Erziehung werden zu Synonymen, Erziehung zur Angst und durch Angst. Crampas zu Effi über Innstetten:

»[Er] operiert nämlich immer erzieherisch, ist der geborene Pädagog, und hätte, links Basedow und rechts Pestalozzi (aber doch kirchlicher als beide) eigentlich nach Schnepfenthal oder Bunzlau hingepasst.«
»Und will er mich auch erziehen? Erziehen durch Spuk?«
»Erziehen ist vielleicht nicht das richtige Wort. Aber doch erziehen auf einem Umweg.« (Effi Briest. Kap. 16)

Effi allein reflektiert ihrerseits:

Effi ihrerseits kleidete sich um und versuchte zu schlafen; es wollte aber nicht glücken, denn ihre Verstimmung war noch größer als ihre Müdigkeit. Daß Innstetten sich seinen Spuk parat hielt, um ein nicht ganz gewöhnliches Haus zu bewohnen, das mochte hingehen [...]; aber das andere, daß er den Spuk als Erziehungsmittel brauchte, das war doch arg und beinahe beleidigend. Und »Erziehungsmittel«, darüber war sie sich klar, sagte nur die kleinere Hälfte; was Crampas gemeint hatte, war viel, viel mehr, war eine Art Angstapparat aus Kalkül. Es fehlte jede Herzensgüte darin und grenzte schon fast an Grausamkeit. (Kap. 17)

Instettens Welt der Gefühle aus zweiter Hand wird gleichermaßen als Instrument der Repression wie der Selbst-Befriedigung eingesetzt. Effi wird jede sich zunächst bietende Gelegenheit, sich der vereinnahmenden Kraft dieses Systems durch Flucht zu entziehen, nutzen, genauer: ihre Affekte versuchen sie der ›bürgerlichen‹ Gefühlskoordination zu entziehen: dies gilt vor allem für die Begegnung mit Crampas. Während der hierfür entscheidenden Kutschfahrt – etwa im Zentrum des Romans – werden jene Gefühlssignale, Affektmarken gesetzt, wird jene (der Gesellschaft suspekte) Verbindung von Schrecken und Zauber thematisiert, deren verbindender Körperausdruck wiederum das sparsam verwendete Mittel des für Effi symptomatischen »Zitterns« ist: Im 19. Kapitel geschieht's. Die Kutschen (Schlitten) bleiben auf der Rückfahrt im »Schloon« stecken, man muss umsteigen, Effi landet im Wagen des Majors und der riskiert, arrangiert einen anderen Weg, weit weg von den anderen und durch den dunklen, dunklen Wald.

253

Und mit dieser Veränderung der Situation verändert sich auch das Verfahren des Erzählens auf signifikante Art:
Effi schrak zusammen. [...] Ein Zittern überkam sie und sie schob die Finger ineinander, um sich einen Halt zu geben [...]. Sie fürchtete sich und war doch zugleich wie in einem Zauberbann und wollte auch nicht heraus.
»Effi«, klang es jetzt leis an ihr Ohr, und sie hörte, dass seine Stimme zitterte. Dann nahm er ihre Hand und löste die Finger, die sie noch immer geschlossen hielt, und überdeckte sie mit heißen Küssen. Es war ihr, als wandle sie eine Ohnmacht an.

―――――――――――

Als sie die Augen wieder öffnete, war man aus dem Walde heraus und in geringer Entfernung vor sich hörte sie das Geräusch der vorauseilenden Schlitten [...]. Effi blickte sich um, und im nächsten Augenblicke hielt der Schlitten vor dem landrätlichen Hause.
20. Kapitel
Innstetten, der Effi, als er sie aus dem Schlitten hob, scharf beobachtet hatte, aber doch ein Sprechen über die sonderbare Fahrt zu zweien vermieden hatte, war am anderen Morgen [...] (Kap. 19 u. 20)

Erzählerische Halbdistanz

Fontane erweist sich hier als besonders virtuoser Erzähler, aber als ein noch großartigerer Nicht-Erzähler. Zwischen Beinahe-Ohnmacht und dem Augen-wieder-Öffnen, zwischen »als ob« und »als« steht gerademal ein Punkt. Und ein neuer Absatz. Sonst nichts. Und doch, wir alle ahnen, dass es um mehr geht, als um einen stürmischen Handkuss. Wie auch immer: In der Figur Effi ist mehr passiert, die Außenwelt war für eine kurze Zeitspanne völlig verschwunden, reduziert auf Crampas, seine Stimme, seine bebende, zitternde Stimme. Erzählerischer Zoom: »»Effi««, klang es jetzt leis an ihr Ohr, und sie hörte, dass seine Stimme zitterte.« ― ― ― Seine Stimme »zitterte« wie Effi selbst in dem Augenblick, als man in den Wald einfuhr, ein »Zittern« überkommen hatte. Körpersprachliche Signale, wortlos, der Erzähler als intimer und diskreter Begleiter. Und als Organisator der Wahrnehmungsperspektiven.

Solch ein intimer Moment fällt deshalb so sehr auf, weil es in dieser Gesellschaft sonst kaum Momente des Privaten gibt. Genauer: erzählt, ›ver-öffentlicht‹ wird nur der öffentliche Teil des Lebens: Schlittenfahrten, Theaterspiele, Einkäufe, Festessen, Plaudereien. Wenig vorher zum Beispiel gibt es solch eine typisch ›behagliche‹ Fontane-Stelle, mit »Kaffeekuchenpyramiden«, Smalltalk, Toast und Tuscheleien; und der Erzähler ist immer dabei, aber doch kaum zu spüren.

Der Beginn des 19. Kapitels ist ein glänzendes Beispiel für diese diskret-intime Erzählkultur: Innstetten, Effi, Sidonie, Oberförster und andere tafeln miteinander, der Erzähler registriert alles, bewertet – fast – nichts. Gerade tönt Sidonie:
> »Geist der Zeit!« sagte Sidonie. »Kommen Sie mir nicht damit. Das kann ich nicht hören, das ist der Ausdruck höchster Schwäche, Bankrotterklärung. [...] Das Fleisch ist schwach, gewiß; aber ...«
>
> In diesem Augenblicke kam ein englisches Roastbeef, von dem Sidonie ziemlich ausgiebig nahm, ohne Lindequists Lächeln dabei zu bemerken. Und weil sie's nicht bemerkte, so durfte es auch nicht wundernehmen, dass sie mit vieler Unbefangenheit fortfuhr: »Es kann übrigens alles, was Sie hier sehen, nicht wohl anders sein; alles ist schief und verfahren von Anfang an.« [...]
>
> Sidonie, jedes Mal bereit, irgendwas Schreckliches zu prophezeien, wenn sie, vom Geist überkommen, die Schalen ihres Zornes ausschüttete, würde sich auch heute bis zum Kassandrablick in die Zukunft gesteigert haben, wenn nicht in eben diesem Augenblicke die dampfende Punschbowle – womit die Weihnachtsreunions bei Ring immer abschlossen – auf der Tafel erschienen wäre, dazu Krausgebackenes, das, geschickt übereinandergetürmt, noch weit über die vor einigen Stunden aufgetragene Kaffeekuchenpyramide hinauswuchs. Und nun trat auch Ring selbst, der sich bis dahin etwas zurückgehalten hatte, mit einer gewissen strahlenden Feierlichkeit in Aktion und begann die vor ihm stehenden Gläser, große geschliffene Römer, in virtuosem Bogensturz zu füllen, [...].
>
> »Unerhört«, raunte Sidonie dem Pastor zu. (Kap. 19)

Wo jeder jeden permanent beobachtet, kommentiert und bewertet, mischt sich der Erzähler anonym unter die Leute und macht sich seine Gedanken; Was seine Ansichten betrifft, so verhält er sich weder distanziert noch satirisch noch parteiisch. Ein unauffälliger Erzähler, der allenfalls ein bisschen mehr weiß als seine Figuren, aber, so hat man den Eindruck, nicht alles, und auch nicht alles wissen und noch weniger erzählen möchte. Natürlich steht Effi im Fokus seines Interesses. Aber was heißt das? Das heißt zum Beispiel, dass wir fast immer über ihr Befinden, ihre Gefühle, auch ihre inneren Gefühle unterrichtet sind. Wie etwa im vorangehenden 18. Kapitel:

> Effi war unzufrieden mit sich und freute sich, dass es nunmehr feststand [...].
>
> Nein, sie konnte sich nicht tadeln [...] und doch hatte sie ganz leise das Gefühl einer überstandenen Gefahr und beglückwünschte sich, dass alles nun mutmaßlich hinter ihr läge [...]. (Kap. 18)

Auch Ahnungen, Vermutungen werden prozessual, als innere Reflexion vermittelt. Bisweilen haben wir das Gefühl, die Welt durch Effis Kopf und mit ihren Nerven wahrzunehmen. Doch dann wieder verhält sich der Erzähler extrem distanziert und verweigert sich unseren voyeuristischen Bedürfnissen. Auffällig ist zum Beispiel seine Zurückhaltung in intimen Momenten, wenn Effi mit

Crampas zusammentrifft, etwa. Ein gemeinsamer Dünenritt, Gespräche über Literatur und ein wortfauler Erzähler, der nur ein paar Szenenanweisungen gibt. Düne, Meer, Schlick, Strandhafer, Picknickkorb. Die beiden sagen viel. Der Erzähler fast nichts. Zieht sich vielmehr indiskret zurück: Sie sah ihn einen Augenblick scharf an. Dann aber schlug sie verwirrt und fast verlegen die Augen nieder. »Effi war unzufrieden mit sich.«

So nah wie in der Kutsche sind wir – bei aller Vertraulichkeit – auch der ›lieben Effi‹ nur selten.

Figur mit »Knax«

Wie kommt ein Autor zu seiner Geschichte, zu seiner Figur? Wie kommt er zu Effi? Fontane konzipiert sie als Figur »mit Knax« (an Grünhagen, 10. Oktober 1895), das heißt Defekten. Spontan überschwänglich, nicht ganz uneigennützig, nicht ganz aufrichtig, nicht ›naiv‹ oder ›labil‹. Alles andere als das. Eine lebhafte auf Wirkung ausgelegte Kunstfigur. Als Konstrukt aus Text und zugleich als Individuum aus Fleisch und Blut. Komödiantin, Schauspielerin, Versteckspielerin. Aufrichtig. Gutherzig. Listig. Alles Mögliche. Die Art und Weise, wie Fontane zu ihr findet, ist aufschlussreich. Folgender Bericht wird immer wieder zitiert:

[E]s ist so wie von selbst gekommen, ohne rechte Überlegung und ohne alle Kritik. Meine Gönnerin L. erzählte mir auf meine Frage: »Was macht denn der?« (ein Offizier, der früher viel bei L.s verkehrte und den ich nachher in Instetten transponiert habe) die ganze ›Effi Briest‹-Geschichte, und als die Stelle kam, zweites Kapitel, wo die spielenden Mädchen durchs Weinlaub in den Saal hineinrufen »Effi, komm«, stand für mich fest: »Das musst du schreiben.« Auch die äußere Erscheinung Effis wurde mir durch einen glücklichen Zufall an die Hand gegeben. Ich saß [...] auf dem oft beschriebenen Balkon [...] und sah nach der Rosstrappe hinauf, als ein englisches Geschwisterpaar, er zwanzig, sie fünfzehn, auf den Balkon hinaustrat und drei Schritt vor mir sich an die Brüstung lehnte, heiter plaudernd und doch ernst. Es waren ganz ersichtlich Dissenterkinder, Methodisten. Das Mädchen war genau so gekleidet, wie ich Effi in den allerersten und dann auch wieder in den allerletzten Kapiteln geschildert habe: Hänger, blau und weiß gestreifter Kattun, Ledergürtel und Matrosenkragen. Ich glaube, dass ich für meine Heldin keine bessere Erscheinung und Einkleidung finden konnte, und wenn es nicht anmaßend wäre, das Schicksal als ein einem für jeden Kleinkram zu Diensten stehendes Etwas anzusehen, so möchte ich beinah sagen: das Schicksal schickte mir die kleine Methodistin. (an Hertz, 2. März 1895)

Fontane kommentiert in einem Brief an Clara Kühnast am 27. Oktober 1895:

Ja, Effi! Alle Leute sympathisieren mit ihr, und einige gehen so weit, im Gegensatz dazu, den Mann als einen »alten Ekel« zu bezeichnen. Das amüsiert mich natürlich, gibt mir aber auch zu denken, weil es wieder beweist, wie wenig dem Menschen an der sogenannten ›Moral‹ liegt und wie die liebenswürdigen Naturen dem Menschenherzen sympathischer sind. [...] Denn eigentlich ist er [Innstetten] doch in jedem Anbetracht ein ganz ausgezeichnetes Menschenexemplar, dem es an dem, was man lieben muß, durchaus nicht fehlt. Aber sonderbar, alle korrekten Leute werden schon bloß um ihrer Korrektheiten willen mit Misstrauen, oft mit Abneigung betrachtet. Vielleicht interessiert es Sie, dass die wirkliche Effi übrigens noch lebt, als ausgezeichnete Pflegerin in einer großen Heilanstalt. Innstetten, in natura, wird mit nächstem General werden [...].

Trotz all dieser persönlichen Nähe ist die Figur nicht nur Trägerin einer individuellen, sondern auch eines politischen Interesses. Der liebenswürdige »Knax« ist eines, der grausame Bruch mit der Gesellschaft als Knackpunkt der Tragödie das andere wesentliche Moment der Geschichte. Die Kündigung des Pakts, das heißt die Ächtung der Ehebrecherin erfolgt zum einen durch die Partei Innstettens, zum anderen – und mit gleicher Konsequenz – durch die Partei der eigenen Eltern, die sich dem sozialen Druck auf der »ehrlos gewordenen«, als ehrlos betrachteten Tochter nicht gewachsen fühlen. Der heftige Weinkrampf Effis während der Lektüre dieses entscheidenden Briefes ist nahezu der letzte Ausdruck von Gefühlen, der im Roman geschildert wird. Mit Ausnahme eines spontanen Wutanfalls beim Besuch ihrer entfremdeten und dressierten Tochter gleitet die ehedem emotional so sensible Figur in einen Zustand affektischer Lähmung; eine lethargisch-apathische Gefühlsleere begleitet ihr Weiterexistieren in den nachfolgenden Jahren. In dem Maße als ihr Leiden – als »Siechtum« diagnostizierbar wird – und sich ihre Persönlichkeit als reduziert zeigt, erweist sich die Gesellschaft zu Konzessionen bereit: der Besuch der Tochter, die Rückkehr ins Elternhaus sind in die Reihe dieser ›einfühlsamen‹ Zugeständnisse zu rechnen: Leid erzeugt Mitleid, Scham verdient Anerkennung, Krankheit erlaubt Verzeihung, Tod führt zur Versöhnung.

Éducation sentimentale

Effi wird im gleichen Maße wieder ›gesellschaftlich‹, das heißt als ›Wesen‹ sozial zur Kenntnis genommen, als sie körperlich schwindet, später transzendiert oder – noch produktiver und überzeugender – sich liquidiert. Ihr apart dezentes Hinscheiden koinzidiert mit spiritueller Aussöhnung nach außen und innen, sowie mit dem Maximum des Affektstillstandes:

[S]ie lag auf einer Chaiselongue, die neben dem Fenster stand. Frau von Briest schob einen kleinen schwarzen Stuhl mit drei goldenen Stäbchen in der Ebenholzlehne heran, nahm Effis Hand und sagte: »Wie geht es dir, Effi? [...] Bist du so ruhig über das Sterben, liebe Effi?« »Ganz ruhig, Mama.« (Kap. 36)

Effis quietistisch-ästhetisiertes Ableben – von dessen Darstellung der Leser im Übrigen ausgeklammert bleibt – wirkt als soziales Sedativum von hohem befindlichkeitsstabilisierendem Wert. Entscheidendes Signal hierfür ist das Intaktbleiben der Dingwelt des Interieurs: dass dem Dekorum und Material des Stuhls hier so eminentes Gewicht zukommen kann und die Aura der Kostbarkeit des Ambientes vom Sterbelager bis zur idyllischen Grabplatte intakt bleibt, kann nur in diesem Sinn zu verstehen sein. Die emotionale und geistige Dekomposition der Figur wird durch die Komposition, das Arrangement der Objekte überblendet. Außer von dem »Gefühl der Befreiung« ist in der gesamten Schlusssequenz dieser ›éducation sentimentale‹ im Sinne der Zerstörung der Gefühle von keinem anderen Gefühl, Gefühlsfragment mehr die Rede.

Fontane dekliniert hier eine Grammatik der Gefühle, deren Rigorismus nur ex negativo zu erschließen ist, deren Präzision und Unerbittlichkeit nur verdeckt zu erkennen ist. Die perfide Unauffälligkeit der mörderischen Strategie wird erst im Vergleich mit anderen Geschichten ersichtlich wie beispielsweise den Ehebruchsgeschichten um Madame Bovary und Anna Karenina. Im Verbund mit beiden Vergleichsgeschichten – der Roman von Flaubert datiert auf 1857, Tolstoi arbeitet zwischen 1870 und 1877 an seinem Werk – könnte man von einer allmählichen systematischen ›Entschärfung‹ des Falls sprechen. Hier das ›sanfte‹ Ende Effis. Bei Flaubert der drastische Schock: der Leser wird zum Zeugen eines grausamen und mit extremen Mitteln dargestellten Selbstzerstörungsprozesses:

Sogleich hob und senkte sich ihre Brust in raschen Stößen. Die ganze Zunge schoss ihr aus dem Mund; die hin und her rollenden Augen verblassten wie zwei Lampenkugeln [...]. Emma fuhr hoch wie eine Leiche, die man galvanisiert, mit wirrem Haar, die Augen starr, der Mund weit aufgerissen. [...] Und Emma begann zu lachen, ein schauriges, irres, verzweifeltes Lachen [...].

Ein Krampf warf sie auf die Matratze. [...] Sie lebte nicht mehr. [Madame Bovary, III, Kap. 8)

Verharrt Innstetten nach dem Scheitern seiner Ehe in einer intellektualistischen Pose resignativer Hilfskonstruktionen, so verlässt Charles Bovary nach dem Tod seiner Frau erstmals seine abgesicherte Position des Mittelmaßes und zeigt reinen, tiefen Schmerz bis hin zum eigenen Tod. Umgekehrt führt Tolstoi im umfangreichen Schlusskapitel des Romans nach Annas Selbstmord eine breite Palette gesellschaftlicher Reaktionsweisen – von Selbstgerechtigkeit bis hin zur Verzweiflung – vor. Lewin überprüft sein fragil-optimistisches Lebenskonzept; Wronski, Annas Liebhaber, sucht den Tod auf dem Feld: jedenfalls erfolgen in beiden Fällen wahrnehmbare Reaktionen, während sich im Fall des deutschen Romans buchstäblich nichts ereignet. Stellt Emma Bovarys Tod sich als verzweifelter Akt der Selbstzerstörung dar, so wird der Tod Effi Briests im Kontext eines fast beängstigenden Aussöhnungsrituals funktionalisiert werden. Anders wird

Anna Karenina zum Selbstmord unter dem Zug motiviert: nämlich als willentliche Tat der Rache und Strafe für den an ihr verübten Missbrauch:

Und der Tod als einziges Mittel, um [...] ihn zu bestrafen und den Sieg zu erringen in dem Kampf, den der böse Geist, der sich in ihrem Herzen eingenistet hatte, gegen ihn führte [...]. Nötig war nur eins – ihn zu bestrafen. (Anna Karenina, VII, Kap. 26)

Bereits aus diesen wenigen Beobachtungen wird die Verschiedenartigkeit der Affektparameter in den thematisch so ähnlichen Texten erkennbar. Obgleich die in den Romanen situierten moralischen Verhaltensnormen weitgehend analog sind, zeigt sich eine kulturspezifisch bedingte Differenz in den Reaktionen und im Verhalten der diesen Regeln ausgesetzten Figuren. Während etwa die Verurteilungsmechanismen der ›Gesellschaft‹ in Bezug auf das ›Fehlverhalten‹ der Frau analog sind – ihre Strafe besteht in konsequenter gesellschaftlicher Ächtung – zeigen sich signifikante Unterschiede, was die inneren Bedingungen, die das Verhalten der Individuen begründen, betrifft. So etwa sind Anna Kareninas ›Rache-‹ und ›Strafphantasien‹ nur zu verstehen vor dem Hintergrund eines theologisch gespeisten und konditionierten Empfindungssystems, dessen nach dem ›Schuld-und-Sühne‹-Raster strukturierte Kategorien für Russland noch in den 70er Jahren des 19. Jahrhunderts verbindlicher waren als im liberalen Bürgertum des von Fontane dargestellten bürgerlichen Szenariums oder des von Flaubert vermittelten bürgerlich-provinziellen Milieus in Frankreich. So wird das Bewusstsein der Tolstoischen Figuren – allen frühsozialistischen Ideen und Lektüren zum Trotz – von Parametern wie ›Schuld‹, ›Leid‹, ›Rache‹, ›Qual‹, ›Sünde‹, ›Strafe‹ dominiert. Atavistische Empfindungsmodelle in anachronistischem Abstand zu neuzeitlichen Diskursen über Besitz, Kapital, Spekulation. So werden selbst die Abgrenzungsmechanismen der ›Gesellschaft‹ mit Termini wie »Schuldigkeit«, »Folter«, »Höllenqual« beschrieben. Während Glücksmomente – bei Fontane eher pragmatisch abgetan, bei Flaubert skeptisch analysiert, sich bei Tolstoi von Schuldgefühlen begleitet finden: »unverzeihlich glücklich« zu sein, gesteht ›beschämt‹ eine der Figuren. Konsequent findet, empfindet sich der ehebrecherische Sexualkontakt mit den Metaphern einer verbrecherischen Mordtat beschrieben, woraus die Empfindung der Schuld, die für das weitere Verhalten der Figuren entscheidend sein wird, vorbereitet wird:

Sie empfand sich als derart frevlerisch und schuldig, dass die nichts anderes tun konnte, als sich demütigen und um Vergebung bitten [...]. Blickte sie ihn an, empfand sie körperlich ihre Demütigung und konnte nichts weiter sagen. Er hingegen empfand, was ein Mörder empfinden muss, wenn er den Leib sieht, dem er das Leben genommen. [...] Die Scham vor ihrer inneren Nacktheit drückte sie nieder und teilte sich ihm mit. Aber trotz allen Entsetzens des Mörders vor dem Leib des Ermordeten muss dieser Leib zerstückelt und versteckt werden [...]. (II, Kap. 10)

Und mit Ingrimm, gleichsam mit Leidenschaft, stürzt sich der Mörder auf diesen Leib und verschleppt und zerstückt ihn; so bedeckte auch er ihr Gesicht und ihre Schultern mit Küssen.

Gefühle des Schreckens, der Angst dominieren also auch hier das Bewusstsein. Anders als im Fall Effi Briests jedoch kommt es im Vorliegenden – nicht zuletzt aufgrund der semantischen Überschneidungen religiöser und sexueller Imaginationen und Kategorien – zu vielschichtig zusammengesetzten Gefühlskomplexen: Anna spricht von der »ganzen Kompliziertheit ihrer Gefühle« und – damit verbunden –, von der Unmöglichkeit, sich Rechenschaft abzulegen, über das, »was sich in ihrer Seele abspiele«. Dennoch wird genau dieses Bemühen, der permanente Versuch der Introspektion in die immer ambivalenter und paradoxer werdende Konfusion der Emotionen zum zentralen Ansatzpunkt ihres Identitätssuchenden Diskurses. Emma Bovary berauscht sich ästhetisch an ihrer Lust, Effi Briest hingegen kultiviert die Lust an der Diskretion bis zur Selbstverleugnung, während Anna Karenina in eine neue Dimension der Empfindung vorstößt.

In Konfrontation mit dem gesellschaftlichen Störfall des Ehebruchs kommt es – nicht nur bei der Protagonistin – zur Auseinandersetzung mit neuentdeckten, bislang an sich selbst nicht registrierten Schichten der Emotionalität. Anders als die unbestimmten »Angst«-Ahnungen Effis tun sich für die Protagonisten bei Tolstoi Einblicke in labyrinthische Systeme des Bewusstseins, in tabuisierte Bezirke der eigenen Existenz auf. Die meisten Figuren riskieren die Exploration der unbekannten Schichten (auch dies in Differenz zu Fontanes Figuren); selbst Alexej Alexandrowitsch Karenin, Pendant zu Innstetten, wird von der Intensität und Kompliziertheit seiner eigenen Gefühle überrascht und mitgerissen. Karenin zeichnet sich zwar durch eine nachgerade phobische Distanz zu Tränen jeder Art aus. Dies nicht so sehr aus mangelnder Sensibilität, sondern aus der Erfahrung heraus, dann die Kontrolle über das eigene Verhalten zu verlieren (vgl. Kap. 1). Andere Figuren, wie etwa Wronski, kommen auf der Basis von Affekten zu gesteigerter Selbsterfahrung. Dies trifft auch vor allem auf Anna zu, die sich den zum Teil fremd –, zum Teil selbststimulierten Affekt-Schocks auf der Suche nach den verlorenen Gefühlen hingibt, so beispielsweise bei der Begegnung mit Wronski:

Sie spürte, dass ihre Nerven sich wie Saiten immer straffer spannten, als würden sie mit Wirbeln angezogen. Sie spürte, dass ihre Augen sich immer mehr weiteten, dass Finger und Zehen sich nervös bewegten, dass in der Brust etwas den Atem abpresste und dass alle Gestalten und Geräusche in diesem schwankenden Halbdunkel mit ungewöhnlicher Deutlichkeit auf sie eindrangen. [...] Anna hatte ein Gefühl, als stürzte sie ab. [...] Schneegestöber und Wind stürmten ihr entgegen und wetteiferten mit ihr um die Tür. [...] Der Wind schien gerade auf sie gewartet zu haben, pfiff freudig und wollte sie umfangen und davontragen [...]. Mit Genuss und voller Brust atmete sie die schneeige Frostluft ein [...]. (I, Kap. 29)

Illustrationen zu Anna Karenina

Ein Text wie der eben zitierte dokumentiert einen deutlichen Zwiespalt zwischen Angst vor dem Abgrund des Affekts einerseits und einem süchtigen Verlangen nach diesem andererseits. Im unmittelbaren Nachbarbereich der Konvention findet sich die unmittelbare Bedrohung durch ein Gefühlsszenarium, das mit Destruktion und Todesvorstellungen verbunden ist.

Affekt-Schock-Erfahrungen dieser Art können selbst als gefühlskontrolliert erscheinende Figuren wie Alexej Alexandrowitsch Karenin in Grenzbereiche jenseits der genannten Abgrund-Schwelle treiben, dessen übliche Pose »kalter Selbstsicherheit« in dem Augenblick brüchig zu werden beginnt und zusammenbricht, als er den Verlust der Liebe Annas zu erkennen glaubt, genauer, affektisch wahrnimmt.

Jetzt empfand er ein Gefühl, ähnlich wie ein Mensch es empfände, der auf einer Brücke ruhig eine Schlucht überquert hat und plötzlich sieht, dass die Brücke abgetragten wurde und dort der Abgrund gähnt. Dieser Abgrund war das Leben selbst, die Brücke war jenes künstliche Leben, das Alexej Alexandrowitsch gelebt hatte. Zum allersten Mal kam ihm die Möglichkeit in den Sinn, dass seine Frau jemanden lieben könnte, und er stand entsetzt davor.

[Der] Gedanke, sie könnte und müsste ihr gesondertes Leben haben, erschien ihm so grauenhaft, dass er ihn hastig verscheuchte. Dies war der Abgrund, in den hinabzublicken ihn graute. (II, Kap. 8)

Erst das Gefühl des Grauens schafft jenen erkenntnishaften Ruck, um jene emotionale und existenzielle Gletscherspalte wahrzunehmen, die zwischen den gesellschaftlichen Gefühlsritualen und den individuellen Bedürfnissen klafft.

Werden extreme Affektzustände in Fontanes Romanen – und dies gilt für ein Gutteil der deutschen Produktion des Realismus – eher ausgespart, so suchen die Protagonisten Tolstois deren Nähe: freilich geschieht diese Konfrontation mit den eigenen Affekten zumeist erst im Moment vollständiger Isoliertheit, unter Ausschluss der Gesellschaft. Ob Karenin (während seines Zusammenbruchs), Wronski, Anna, aber auch Lewin und Kitty während der eigenen Trauung: stets gerät das Gefüge sozial geordneter Affekte aus dem Lot uund verändert die Wahrnehmungsmechanik des Einzelnen drastisch. Medium dieses permanent zu beobachtenden mentalen Des- oder Neuorientierungsprozesses sind dabei stets individuelle Gefühlseinbrüche von besonderer Intensität, die alle Figuren an den Rand ihres Daseins treiben. Ganz im Gegensatz dazu wird die Wahrnehmungswelt der Objekte bei Fontane in entscheidenden Momenten individueller Erfahrung vor die erahnten Affektmöglichkeiten – gleichsam als Blende – geschoben: als Beispiel sei an den Moment erinnert, wo Effi den Scheidungsbrief ihres Mannes erhält und der Erzähler das Palisanderholz des Pianos und den edelsteinbesetzten Griff des Brieföffners minutiös perspektiviert zur Geltung bringt – die Gefühle aber fast verschweigt.

Dem asozialen Bedürfnis steht freilich auch in *Anna Karenina* ein sozialer, das heißt die innere Ordnung der Gesellschaft dominierender Gefühlscode gegenüber: Wie im Fall Fontanes reagiert »die Gesellschaft« im Fall der Verletzung ihrer Regeln mit der Sanktion der Gefühlsverweigerung. Während Opernbesuchs von Wronski und Anna kommt es an diesem Zentralort bürgerlicher Gefühlskultur des 19. Jahrhunderts, – (Alexander Kluge hat zutreffend von »Kraftwerken der Gefühle« gesprochen) zu einer ritualisierten Darbietung dieses Verhaltensschemas. Am Pranger der Nicht-Achtung – gesellschaftlich wie emotional – präsentiert sich Anna unter Aufbietung »aller Kräfte«. Es ist ein Kampf um Sein oder Nichtsein in und vor den Augen der Öffentlichkeit. Vollkommene Beherrschung, »effektvolle Schönheit«, Ruhe und Gelassenheit »nach außen« sind die dabei gezielt eingesetzten Waffen: Schuldgefühle werden – gestisch – verweigert, die Pose ist ein Mittel gegen die von innen wirkenden Affekt-Kräfte. Der Effekt figuriert als nach außen abwehrende Maske. In gesellschaftlichen Extremsituationen obsiegt das Prinzip der Fassade gegen die substanziellen Bedürfnisse. Für die authentischen Gefühle ist hingegen nur im Rahmen der Intimität beziehungsweise der Isolation Raum. Gefühle aus zweiter Hand: kopierte, gespielte beziehungsweise verleugnete Gefühlsattrappen bestimmen das Verhalten im öffentlichen Raum, auch in Extremsituationen. Außerhalb des so definierten und mit moralischen Kategorien scheinbar abgesicherten Gefühlsrahmens geraten die Figuren, auch die Protagonisten, in eine Zone nahezu vollständiger Halt- und Hilflosigkeit.

Der von klein an anerzogene Reflex, seine wahren Gefühle zu tarnen oder mit sich selbst auszumachen führt in ein entsetzliches, wenngleich fast unsichtbares Dilemma. Nur im Moment der emotionalen Katastrophe kommt es zu Einbrüchen, entlastenden Eruptionen. Wenn Worte fehlen oder fehl am Platze scheinen, verrät sich der Körper, sei es durch Erröten, Zittern oder Tränen. Karenins Tränen entspringen einer glückhaften Entgleisung, das heißt dem Sieg reiner neu entdeckter Menschlichkeit, die sich vehement ihre Bahn bricht und die dialogische Balance empfindlich stört. Die emotionale Direktheit, die sich aus Karenin angesichts schwerwiegender Umstände herausgepresst, wirkt auf seinen Rivalen so beschämend irritierend, dass er seinerseits fast in die Nähe des Suizids gerät. Wronskis Reaktion stellt ein Paradebeispiel dar für die fatalen Folgen, die wahre Gefühle in auf Lüge basierenden Gesellschaften erregen können, denn ohne Erfahrung im Umgang mit Gefühlen haben zuletzt unter dem Druck sich herauskristallisierende Affekte eine stabilitätsgefährdende Durchschlagskraft. Die Gesellschaft wehrt diese Gefährdung reflexartig ab. Karenin wird zum Spott seiner Gruppe, Wronski wird vollständig isoliert. Anna wird in den Suizid getrieben: Kopf und Körper werden durch einen Schnitt voneinander getrennt. Höchststrafe für emotionalen und sozialen Regelverstoß. »[Ihr] Tod ist der Tod einer abscheulichen Frau ohne Religion.« Noch bestimmender als bei Fontane oder Tolstoi artikuliert sich das Prinzip des Agierens auf der Basis von kopierten oder reproduzierten Gefühlen im frühesten der hier untersuchten Texte, Flauberts *Madame Bovary* (1857). Dieser Roman lässt sich nachgerade als Studie über die Mechanismen der mittelbaren Affekt-Stimulation (-Simulation) lesen. So bedient sich Emma von Beginn an und gezielt eines Inventars fiktiver beziehungsweise ästhetisch stilisierter Gefühls-Modelle, um den Bereich ihrer eigenen Affekte zu konditionieren. Ihre Lektüre- (wie ihre Gebets-)Stunden sind Lehrstunden einer sehr persönlichen ›éducation sentimentale‹: Leitbilder münden in Leitgefühle, deren Kunst-Charakter unverkennbar ist; ein Selbstmanipulations- und Konditionsprozess, den ihr Erzähler genau und schonungslos analysiert:

[Ihr] trotz seiner Schwärmereien nüchterne[s] Wesen, das die Kirche wegen ihrer Blumen, die Musik wegen der Worte in den Romanzen und die Literatur wegen der prickelnden Leidenschaften geliebt hatte [...]. (M. B., I, Kap. 6)

Emmas dezidert pragmatisch-positivistisches Verfahren der autosuggestiven Kreation von abgehobenen Kunst-Gefühlen führt bezeichnenderweise dazu, dass die alltägliche Wirklichkeit als affektauslösendes Moment in ihrer Intensität hinter den fiktiven-fingierten Stimuli zurückbleibt. Selbst entscheidende Momente – wie erste erotische Begegnungen – zeichnen sich durch extreme Gefühlsabstinenz aus. Körperreaktionen wie Schweißabsonderung und Blutdruck stehen statt der Gefühle im Zentrum der Wahrnehmung:

> [Emma] trug kein Fichu, auf ihren bloßen Schultern sah man kleine Schweißperlen.
> [Sie] schlug ihm schließlich lachend vor, mit ihr ein Glas Likör zu trinken. [...] Da es fast leer war, lehnte sie sich zum Trinken zurück; den Kopf in den Nacken geworfen, die Lippen gerundet, den Hals angespannt [...], während ihre Zungenspitze zwischen den kleinen Zähnen hervorkam und hurtig das Glas leckte.
> [...] Sie redete nicht, auch Charles schwieg. [...] Er hörte nur das Pochen in seinem Kopf, verbunden mit dem Gegacker eines Huhns in der Ferne [...]. (I, Kap. 3)

Die narrative wie die dialogische Perspektive erscheinen hierbei vollständig auf das Erfassen physischer Phänomene verengt, sodass der Raum emotionaler Bestimmungen vollständig leer bleibt. Entsprechend seiner konsequent materialistischen Intention deutet Flaubert so das Geschehen auf der Ebene der Daten des neurologischen Befundes. Individuellen Gefühlsausdruck findet Emma Bovary bemerkenswerteweise ausschließlich im Bereich negativer Emotionen wie Angst, Hass oder Rache. Ihr – aus zweiter Hand – konstruiertes Gefühlsspektrum kann nicht auf den Bereich ihres unmittelbaren Erlebens rückübertragen werden. So sind Gewaltanwendungen – zumeist gegen die eigene Person gerichtet – möglicherweise als verzweifelte Versuche anzusehen, diesen Durchbruch herzustellen, einen Ausgleich zwischen dem perfektionierten Gefühlssystem ihrer Imagination und dem verödeten Bereich des Faktisch-Alltäglichen zu bewerkstelligen: Schockzustände, Ohnmachten, Anfälle, schließlich ihre Krankheit nach Beendigung der ersten Liaison mit Rodolphe, ihr Selbstmord nach der zweiten mit Léon, sind Ausdruck dieser permanenten Gefühlsarbeit. Arbeit an und gegen die an die Wirklichkeit gerichtete Passions-Vision. Emmas Abwehr zielt gegen die konkrete Erfahrung. Dies unterscheidet sie – bei mancher Ähnlichkeit im Detail – strukturell von einer Figur wie Anna Karenina, deren Bezugsfeld stets die außerliterarische Wirklichkeit, auch die Wirklichkeit ihrer Gefühle, ihrer Passion ist.

Ein Roman mit drei Gesichtern

Den drei divergierenden Figuren entsprechen drei divergierende Romanprofile: Tolstoi entgrenzt die Wucht der Gefühle über den Punkt ihrer Beherrschbarkeit hinaus. In wenigen aber entscheidenden Momenten gelingt es, eine neue Dimension emotionaler Aufrichtigkeit zu erproben. Flauberts Figuren führen den Diskurs über ›Gefühle‹ ausschließlich auf der Basis des Imitierens beziehungsweise Reproduzierens eingehender Affektmuster. Mit Walter Benjamin könnte man weiterfragen, was aus den Gefühlen im Zeitalter ihrer Reproduzierbarkeit wird.

Fontanes Figuren stehen jenseits beider Konzepte: vorsichtige Analyseversuche am Rande einer nicht bedrohlich, aber beschwerlich erscheinenden Gefühlswelt sind seltene Ausnahmen, um sich vor der dominierenden Verhaltensregel des diskursiven Abblendens in kritischen Momenten um des ideologischen Überlebens willen zu lösen.

Drei gescheiterte Konzepte, um mit einem repressiven System zurechtzukommen. Nicht zuletzt aufgrund fehlenden Bewusstseins dafür, dass für die Suche nach dem ›großen Gefühl‹ der falsche Raum gewählt wurde. Die Orte der wahren Empfindung, die eigentlichen Kraftwerke der Gefühle im Roman des 19. Jahrhunderts expressis verbis, sind aus dem Bereich der Ehe oder der Familie ausgelagert.

Den Zusammenhang zwischen Kunstimitation und Lebensimitation auf der einen, dem Bedürfnis nach Kunst- und Lebensoriginalen auf der anderen Seite, reflektieren alle der drei genannten Autoren, ziehen jedoch jeweils für ihre Kultur spezifische, ›nationale‹ Schlüsse. Flaubert wählt den Weg des anti-bourgeoisen, polemischen Protests, zieht alle Register der Provokation der heillos prätentiösen und korrupten Gesellschaft.

Fontane bevorzugt den Rekurs auf die Theorien des deutschen Idealismus mit Hinweis auf dessen Potential der »Verklärung« – nicht ohne gleichzeitig eine zweite, indirekte und gegen den Strich der öffentlichen Moral gerichtete Lesart anzubieten.

Tolstoi wiederum wird eine rückwärtsgewandte Utopie der »Volkskunst« kreieren. Einer Kunst, deren einziger Maßstab in einer erlösenden Befreiung aus der sterilen Hermetik der Welt kopierter Gefühle zu suchen ist. Auf der Basis der kollektiven Vermittlung »wahrer« (nicht »schöner« oder »guter«) Gefühle soll eine neue emotionale Kultur entwickelt werden. Die Befreiung jeder Persönlichkeit aus ihrer Isolation gehört ebenso zu den Zielen dieser revolutionierenden Poetik wie »das Verschmelzen der Persönlichkeit mit anderen«.

Auch im Inneren des Romanwerks selbst versucht der Moralist Tolstoi eine Alternative anzubieten. Ein breites Panorama von Vergleichspositionen relativiert das Dilemma des Einzelfalls. Als ein solches Kontrast- und Vergleichspaar ragen Lewin und Kitty heraus: zwei, die sich aus dem Society-Sog herausliebten. Auch sie oft am Rand des Selbstmords. Beinahe aufgerieben. Doch nur beinahe, – bevor sie ihre Existenz, ihre Rolle im Leben von Grund auf neu zu definieren beginnen: er als Bauer und Teil des ›Volkskörpers‹, sie als Mutter. Der Roman begibt sich hier in die Nähe des Gesinnungshaften: Glaube, Hoffnung, Liebe tauchen allmählich, wie etwas längst Vergessenes, kaum mehr Erinnertes im kollektiven Halbbewusstsein der Seelen wieder auf. Lewin und Kitty arbeiten, leben und lieben sich in ihre neuen Lebensentwürfe quälerisch, selbstquälerisch, nicht widerspruchsfrei und mit großer Ernsthaftigkeit hinein. Ebenso ernsthaft und radikal wie ihr Autor, der keine Idylle oder Liebe auf Sparflamme predigt. Oder etwas irgendwie vernünftelnd Kastriertes, Kleinbürgerlich-Religiöses als Alternativentwurf anbietet.

Tolstoi wusste, wovon er sprach. Seine persönliche *Kreuzersonate* füllt Tagebuchbände. Noch am 20. August 1910 notiert er wie eine verspätete Emma Bovary: *Als ich mich heute meiner Hochzeit erinnerte, dachte ich, es war eine Art Verhängnis. Ich bin auch nie verliebt gewesen. Musste aber unbedingt heiraten.*

Der Rest ist Leiden: Vierzig Jahre Kampf, Krampf, Hass, Schuldgefühl, Reueanfälle, Selbstmorddrohungen, Verfolgungen, Versöhnungen, Fluchten, Rückkehren; Betrug, Verfluchung, Verzeihung, Schwangerschaft in Folge. All das mutet gelegentlich wie eine Farce an. Freilich nur aus der Entfernung. Aus der Nähe erlebt ist es die Hölle. Tolstoi war sich sicher, innerhalb des Regelwerks der haltlosen Fassadengesellschaft, die er kannte, war keine Lösung zu erwarten: Wo die Oberfläche einer Sache vergöttert und als Substanz verkauft wird, ist nichts zu erhoffen. Die ›Internationale‹ der Bourgeoisie hatte die Menschen im Griff. Im Würgegriff: ob in Moskau oder Paris, Berlin oder Kessin oder Yonville. Ob Adliger oder Beamte, Ärzte oder Richter. Es ist nicht ganz uninteressant zu beobachten, dass Mitte des 19. Jahrhunderts für russische Fürsten (und in diesem Milieu schließlich spielt *Anna Karenina*) mehr oder weniger dieselben Spielregeln galten wie für einen preußischen Beamten. Die beiden Herren Karenin und Innstetten bringen es auf den Punkt. Dieselben Regeln und dieselben Probleme. Und zwar umso ernstere Probleme, je ernster die jeweiligen Figuren sich nehmen und genommen werden wollen. Lewin findet Abstand zu ›seiner‹ Clique – und seine Liebe überlebt. Charles Bovary ist lange Zeit mit seiner Liebe zur gesellschaftsfixierten Emma zufrieden. Niemand nimmt ihn sonderlich ernst. Im Werke Fontanes gibt es nur eine Ehegeschichte, die glücklich endet: in *L'Adultera* vergibt Kommerzienrat van der Straaten seiner ›Effi‹ und alle leben weiter. Aber der intelligente, großherzige van der Straaten kann sich das erlauben, denn – wie heißt es über ihn gleich im zweiten Satz der Geschichte? –:

An der Börse galt er bedingungslos, in der Gesellschaft nur bedingungsweise. (*L'Adultera*, Kap. 1)

Van der Straaten ist – Jude. Juden, Dienstmädchen, kleine Angestellte dürfen, was (für) die ›Elite‹ sich verbietet: eigenen Gefühlen nachzugehen. Sich auf ›Instinkte‹ zu verlassen. Ansonsten ist Akzeptanz des sich selbst auferlegten Gesetzes erstaunlich groß und sie geht über Leichen. Man könnte die These riskieren: Die Leichen sind sogar das notwendige Opfer, das dem ›Gott‹ des bürgerlichen Bundes dargebracht wird, um den Pakt nach innen zu stabilisieren. Mitwisser sind nur als Mittäter solidarisch.

Warum stets Frauen die Opfer sind? Ist dies der Blutzoll, den die patriarchal dominierte Gesellschaft forderte. Bleibt die Frage, weshalb die Frauen sich nicht dagegen verwehren. Wehren sie sich wirklich nicht? Ist der Ehebruch nicht sogar die markanteste Art und Weise, sich gegen die Zumutungen dieser Form der Ehe zu wehren? So dass es weh tut. Allen Beteiligten.

Ehebruch als veröffentlichte Ehekraft-Zersetzung ist in der Tat der schlimmste Tabubruch. Da verlässt jemand die Wertegemeinschaft. Lässt sich mit Schurken ein. Wird zur Schurkin. ›Verrät‹ die Kinder. Wird zur ›Hure‹. Weniger, da unbezahlt. Mehr: denn sie bezahlt. Emma überhäuft ihren Lover Rodolphe ebenso mit Geschenken wie den seichten Ladenschwengel nach diesem. Stürzt sich sogar in Schulden. Um sich dann vor dem Spiegel sagen zu können: »Ich habe einen Geliebten. Ich bin schön. Ich bin verworfen.« Emmas Versuch, sich aus der Hölle der ehelichen Bedeutungslosigkeit zu befreien, ist an Radikalität nicht zu überbieten. Auch an Dürftigkeit. Denn alles, was geschieht, geschieht nach einem ›romantisch-trivialen‹ Skript. Emmas Problem: Sie will mit Krücken aus Gefühls-Kitsch den aufrechten, echten Gang üben, Boden unter die Füße bekommen. Körperliche Erotik erscheint ihr als der letzte, erste, sicherste Weg, ein authentisches Gefühl zu spüren zu bekommen. Doch auch dies gelingt nur für Momente. Und nur, wenn sie allein ist. Und sich eine Geschichte, ihre Liebesgeschichte, ihre Lieblingsgeschichte erzählt:

Immer wieder sagte sie: »Ich hab einen Geliebten! einen Geliebten!« und sie berauschte sich an dieser Vorstellung, als wäre ihr eine zweite Mädchenblüte zuteil geworden. Sie würde nun endlich die Freuden der Liebe erfahren, jenes fiebrige Glück, das sie schon verloren geglaubt hatte. Sie stand vor etwas Wunderbarem, und alles verhieß Leidenschaft, Ekstase, Verzückung; blauschimmernde Unermesslichkeit war um sie herum, die Gipfel des Empfindens funkelten vor ihren Gedanken, und das gewöhnliche Leben zeigte sich nur ganz ferne [...]. (M. B., II, Kap. 9)

Beweisstück Nr. 4 der Anklage gegen Flaubert war dieses Zitat. Der Prozess des Jahres 1857 hatte im Wesentlichen zwei Anklagepunkte: Verletzung der öffentlichen Moral und Verklärung des Ehebruchs. Nur aufgrund eines ausgezeichneten Plädoyers seines Verteidigers Sénards gelingt Flaubert ein Freispruch zweiter Klasse. Der Vorwurf der unzüchtigen Darstellung blieb aufrecht erhalten, wurde aber durch den Nachweis einer moralischen Wirkungsabsicht relativiert. Besonders Emmas Selbstmord wird in diesem Sinne als entschuldigend für den Angeklagten interpretiert. Als weniger strafmildernd konnte demgegenüber sein bekanntermaßen unpersönlicher (impersonalité), unparteiischer (impartialité) Stil gewertet werden. Im Gegenteil. Man erfährt nie genau die Meinung und Haltung des Erzählers. Hätte er in der Schweiz oder in Deutschland gelebt, Flaubert hätte alles umschreiben müssen, – Gottfried Keller weiß ein Lied davon zu singen.

»Madame Bovary, c'est moi«, sagt Flaubert dann auch noch zu allem Überfluss. Aber er meint damit alles andere als Sympathie und Nähe mit der lieben Emma. Er liebt sie nicht, er verachtet sie nicht. Genauso wenig wie wir Leser sie ›lieben‹ oder ›verachten‹. Es ist viel schlimmer. Wenn wir und der Autor Madame

Bovary weniger bemitleiden als ihr Schicksal es verdient, wenn wir uns eher herablassend-distanziert verhalten, so tun wir dies, weil wir eine Haltung finden müssen, um die Angst beherrschen zu können, die der Fall dieser unglücklichen Figur hervorruft, wenn wir sie bei dem Versuch beobachten, die Hölle des Durchschnitts- und Gemein-Platzes »Yonville« (Inkarnation aller Gemeinplätze) zu verlassen. Und sie dabei in das Inferno der Kultur, der Fälschungen, der falschen Kunstgefühle aus zweiter Hand geraten sehen Wir spüren sehr konkret, dass Flaubert kein unsinniges Paradox aussprach mit seinem »Madame Bovary, c'est moi« – jeder von uns ist mit diesem fatalen Suchreflex nach dem ›Authentischen‹ in einer Welt der Virtualitäts-Überangebote ein Stück weit Madame Bovary. Das hat gerade nichts mit gefühliger Identifikation zu tun; Madame Bovary, ihr Autor, ihre Leser arbeiten sich an einem strukturellen Problem der Moderne ab.

Kaum ein Autor war je seiner Figur zugleich so nahe und so fern. Selten ist man auch als Leser einer Figur zugleich so nahe und so fern. Wenn einer in dieser mediokren Konfektionswelt nicht ein Stück weit die eigene erkennt, lügt er sich etwas vor. Wenn einer nicht den verzweifelten Versuch kennt, etwas anderes als diese anderen sein zu wollen und genau diese Andersheit nicht zu erreichen oder falls dies geschieht, dafür bestraft zu werden oder sich selbst zu bestrafen, wird ihm/ihr die Lektüre dieses Romans wenig geben können. Von wegen ›Unpersönlichkeit‹, ›Unparteilichkeit‹, ›Unberührbarkeit‹ – die Figur ist ein Dummy des Dichters und unser aller Dummy zugleich. Wenn sie sich umbringt und verreckt, sind wir ein Stück weit und für einen Moment unser Problem los.

Nicht so, wenn Effi ihr Leben aushaucht. Ohne Fremdeinwirkung, ohne Selbsteinwirkung. In Deutschland geschehen die Katastrophen vorsätzlich und kaltblütig. Weder die Lust am Tabubruch noch die sadomasochistische Qual der Selbstzerstörung à la Tolstoi, Auferstehungshoffnung inklusive, entschädigen das Opfer und die Täter. Der Fall ist einmalig: sieben Jahre später und ohne die Spur eines Affekts. Arme Effi. Armer Geert. Bloß gut, dass sie sich in Wirklichkeit überlebt haben – alle beide.

»Ich habe keine Wahl. Ich muss.«

»Ich weiß doch nicht, Innstetten ...«

Innstetten lächelte. »Sie sollen selbst entscheiden, Wüllersdorf. Es ist jetzt zehn Uhr. Vor sechs Stunden, diese Konzession will ich Ihnen vorweg machen, hatt' ich das Spiel noch in der Hand, konnt' ich noch das eine und noch das andere, da war noch ein Ausweg. Jetzt nicht mehr, jetzt stecke ich in einer Sackgasse. Wenn Sie wollen, so bin ich selber schuld daran; ich hätte mich besser beherrschen und bewachen, alles in mir verbergen, alles im eignen Herzen auskämpfen sollen. Aber es kam mir zu plötzlich, zu stark, und so kann ich mir kaum einen Vorwurf machen, meine Nerven nicht geschickter in Ordnung gehalten zu haben. Ich ging zu Ihnen und schrieb Ihnen einen Zettel, und damit war das Spiel aus meiner Hand. Von dem Augenblicke an hatte mein Unglück und, was schwerer wiegt, der Fleck auf meiner Ehre, einen halben Mitwisser, und nach den ersten Worten, die wir hier gewechselt, hat es einen ganzen. Und weil dieser Mitwisser da ist, kann ich nicht mehr zurück.« (E. B., Kap. 27)

Ein großer Dialog. der zeigt, wohin große Dialoge führen können: auf hochgelegene Holzwege. Eine Gesellschaft, deren Mitglieder sich darauf verständigt haben, dass es das Schlimmste ist, sich vor jemandem ein klein wenig lächerlich zu machen, und sei es nur ein einziger, ist lebensgefährdet und lebensgefährlich. Eine Gesellschaft, deren Mitglieder sich darauf verständigt haben, dass es angebracht ist, die ureigenen Gefühle zu ignorieren, ist auch ein wenig dumm. Fontane erzählt uns die Geschichte dieser gemeingefährlichen, aalglatten, gefühllosen, statuarischen Dummheit so, dass es uns kalt über den Rücken läuft. Ich glaube nicht, dass es Viele gibt, die das Buch lesen und verstehen und denen es dann nicht nachhängt. Jahrelang und immer wieder. Weil man nicht damit fertig wird. Mit diesem kalten, vorsätzlichen, unnötigen und sinnlosen, verspäteten Gesellschafts-Götzen-Tum. Wir sind, scheint es, alle Erben von privaten Selbstmord- Attentätern; Ehren-Fundamentalisten, die sich lieber selbst in die Luft sprengen als – – ja, als was eigentlich? Als mehr oder weniger glücklich weiterzuleben. Wie Effis Urbild.

Die Romane der zweiten Hälfte des 19. Jahrhunderts erzählen plötzlich wieder Geschichten mit tödlichem Ende. Es gibt wieder fünf Akte. Vorbei die verantwortungslosen, eleganten Zeiten der Selbst-Ironie einer Emma, eines Tristram Shandy. Auf der Suche nach der verlorenen Würde und den verlorenen Illusionen zeigt man nun wieder Flagge, siecht heroisch dahin und stirbt. Von wegen ›Open End‹.

Literaturverzeichnis

- Flaubert, Gustave: *Madame Bovary.* Michel Lévy frères. Paris. 1857.
- Flaubert, Gustave: *Madame Bovary.* Übers. v. Edl, Elisabeth. Hanser. München. 2012.
- Fontane, Theodor: *Effi Briest.* Fontane & Co. Berlin. 1896
- Tolstoi, Lev: *Anna Karenina.* Übers. v. Tietze, Rosemarie. Dtv. München. 2010
- Aust, Hugo: *Theodor Fontane: »Verklärung«. Eine Untersuchung zum Ideengehalt seiner Werke.* Bouvier. Bonn. 1974.
- Brückner, Christine: »Triffst du nur das Zauberwort«. In: *Wenn du geredet hättest, Desdemona: Ungehaltene Reden ungehaltener Frauen.* Ullstein. Frankfurt. 1989.
- Clarín, Leopoldo Alas: *La Regenta.* Biblioteca Arte y Letras. Barcelona. 1884-85.

- Fontane, Theodor: *L'Adultera*. Schottländer. Breslau. 1882.
- Fontane, Theodor: *Briefe. Vierter Band. 1890-98.* Wissenschaftliche Buchgesellschaft Darmstadt. Darmstadt. 1982.
- Roth, Wolfgang: *Kommentierte Filmographie.* In: *Rainer Werner Fassbinder. Reihe 2 Film.* Hanse. München. 1985.
- Tolstoi, Lev: *Was ist Kunst?* Übers. v. Feofanov, Michael. Leipzig. Diederichs. 1898.
- Tolstoi, Lev: *Tagebücher. 1847-1910.* Übers. von Dalitz, Günter. Winkler. München. 1979.
- Urbanek, Walter: *Deutsche Literatur. Das 19. Und 20. Jahrhundert.* Buchner. Bamberg. 1978.

Theodor Fontane

Vita
*30.12.1819   Neuruppin
†20.9.1898   Berlin

1836	Apothekerlehre, Berlin
1844	Militärdienst
1847	Aprobation als Apotheker
1848	Beteiligung an Märzrevolution
1849	Zeitungskorrespondent
1850	Heirat mit Emilie Rouanet-Kummer
1859	Erste märkische Wanderung, Berlin
1870	Theaterkritiker der „Vossischen Zeitung"
1876	Verzicht auf Sekretärsposten der Akademie der Künste
1892	Gehirnanämie

Werke

1882	Schach von Wuthenow
1885	Unterm Birnbaum
1887	Irrungen und Wirrungen
1892	Frau Jenny Treibel
1894	Effi Briest
1895	Die Poggenpuhls
1897	Der Stechlin

Gustave Flaubert

Vita
*12.12.1821   Rouen, Frankreich
†8.5.1880   Croisset bei Rouen

1840   Abschluss des Gymnasiums
1841   Studium der Rechtswissenschaften in Paris
1844   Nervenkrise; Abbruch des Studiums
1848   Teilnahme am Sturm auf die Tuilerien
1850   Zweijährige Reise mit Ducamp
1857   Prozess wegen Verstoßes gegen die öffentliche Moral in „Madame Bovary"; Freispruch
1858   Studienreise nach Tunesien und Ägypten
1866   Ernennung zum Ritter der Ehrenlegion
1870   Ernennung zum Leutnant der Nationalgarde
1879   Gewährung einer Pension durch die französische Regierung

       Werke
1838   Mémoires d'un fou
       Memoiren eines Narren
1856   Madame Bovary
       Madame Bovary. Sitten aus der Provinz
1862   Salammbô
       Salammbô
1863   Le chateau des oeurs
       Die geraubten Herzen
1869   L'éducation sentimentale
       Lehrjahre des Gefühls. Geschichte eines jungen Mannes.
1872   Bouvard et Pécuchet
       Bouvard und Pécuchet
1874   La tentation de Saint-Antoine
Die Versuchung des heiligen Antonius

Lew Nikolajewitsch Tolstoi

Vita
*9.9.1828 Jasnaja Poljana (Gouvernement Tula)
†20.11.1910 Astapowo (Gouvernement Tambow)

1830 Tod der Mutter
1837 Tod des Vaters
1844 Studium der Rechtswissenschaft und Orientalistik an der Universität Kasan
1847 Abbruch des Studiums
1851 Armeedienst, Kaukasus
1854 Offizier im Krimkrieg
1860 Gründung der Schule in Jasnaja Polijana
1862 Heirat mit Sophia Andrejewna Behrs, Jasnaja Polijana
1901 Ausschluss aus der russisch-orthodoxen Kirche
1901 Ablehnung des Nobelpreises für Literatur

Werke
1852 Detstvo
      Kindheit
1854 Otročestvo
      Knabenalter
1857 Junost'
      Jugend
1859 Tri smerti
      Drei Tode
1865 Vojna i mir
      Krieg und Frieden
1877 Anna Karenina
      Anna Karenina
1891 Krejcerova sonata
      Die Kreutzersonate

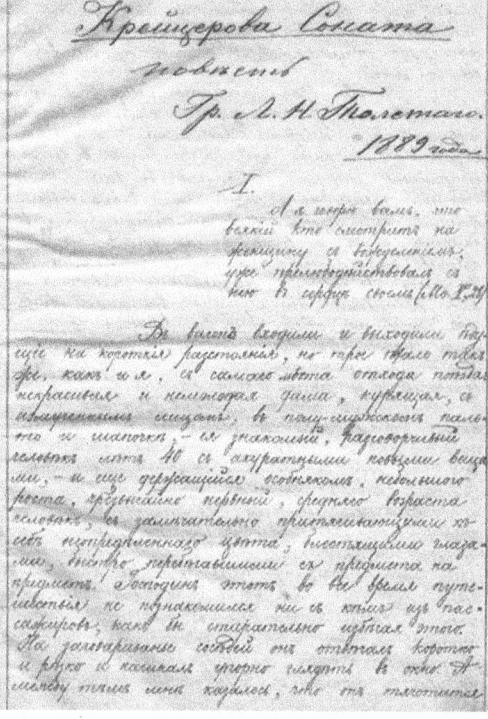

Zola:
Die Chemie der Gefühle

Die meisten deutschen Autoren riskierten es nicht einmal, ihn überhaupt zur Kenntnis zu nehmen. Fontane nimmt sich zumindest die Zeit, seiner Abscheu Ausdruck zu geben: Zola. Französischer Naturalismus, das sei bis zur Unerträglichkeit degoutant; was Spinozas Nihilismus den Idealisten und ›Theologisten‹ des 18. Jahrhunderts war, ist der Name »Zola« für die anständigen poetischen Realisten des späten 19. Jahrhunderts. Die Vehemenz der Ablehnung des Kollegen überrascht doch, was die Aggressivität und Absolutheit betrifft. Wie immer, wenn so starke Emotionen im Spiel sind, geht es um mehr als bloß ästhetische Kritik. Offenbar attackiert man zugleich mit seiner Person den Bruch eines Tabus oder den Verstoß gegen stillschweigende Übereinkünfte der Gesellschaft. Denn auf Anhieb liest sich das schriftstellerische Programm Zolas alles andere als a-sozial, wie auch seine Vita nicht gerade der eines ›poète maudit‹ entspricht.

Emile Zola, 1840 geboren, war vielmehr der Prototyp eines engagierten Dichters. 1898 trat er in der sogenannten Dreyfus-Affäre mit dem offenen Brief »J'accuse« für den verleumdeten Offizier jüdischer Herkunft ein und nahm dafür ein Jahr Gefängnis in Kauf. Er floh nach England und kehrte amnestiert und gefeiert 1899 zurück; als er 1902 starb, wurde er im Panthéon beigesetzt.

Auch sein Werk steht und entsteht zwingend innerhalb der Tradition des französischen Systemdenkens: als naturalistisches Pendant zur *Comédie humaine* Balzacs steht Zolas immerhin zwanzigbändiger Romanzyklus *Les Rougeon-Macquart*, der die Sozialgeschichte einer Familie über fünf Generationen verfolgt. Auch seine im Kern anti-idealistische und anti-romantische Konzeption steht in der Tradition und sieht sich in der Tradition: Flaubert war eines seiner Vorbilder. Auch Balzac taucht auf. Alle als Kronzeugen einer Ästhetik der kritischen Analyse und der systematischen Beobachtung. In seinem Essay *Du roman. Le sens du réel* hagelt es Begriffe wie »skrupulöse Untersuchung« (»scrupuleux«), »sources«, »documents«, »notes«, »observations« als Instrumente, um den literarischen »sens du réel« zu schulen. Material? Alles. Je banaler und allgemeiner, umso ›typischer‹. Formeln wie »sentir la nature et la rendre telle qu'elle est« lesen sich unkompliziert. Doch man sollte sich nicht von der scheinbaren Einfachheit der Formulierung täuschen und zu schlichten Lesarten verleiten lassen. Zola will alles andere als ein plattes 1:1-Verhältnis von Wirklichkeit und Literatur, Objekt und Text. Und schon gar keinen ›Foto-Realismus‹. Naturalistischer Roman, das heißt für ihn »sens du réel« UND »expression personelle«. Und tatsächlich verändert sich die Terminologie und das Wortfeld der Theorie:

von »Phantasmagorie« ist die Rede, von »obsession«, »création«, »évocation«, – von Be-Seelung der realistischen Szene durch die persönliche Wahrnehmung des Romanciers, der aus Figuren Kreaturen macht, lebendige Kreaturen, »pulsierende Fleischklumpen«, wie (überraschenderweise) Raabe dies nennen wird. Ein naturalistischer Romancier, der so schreibt, nicht mit Tinte, sondern mit »Blut« (»sang«) und »Galle« (»bile«), schreibt mit dem ganzen Körper, und der Text erzählt mehr als eine Geschichte, ist »cri humain«, menschlicher Aufschrei.

Engagierte Naturgeschichte

Allmählich beginnt man zu verstehen, was Fontane an Zola so sehr irritiert haben möchte: Zola beginnt, wo Fontane die Tür zumacht, beziehungsweise sie dezent und lautlos schließt. Er schaut hin, wo Fontane ausblendet, vergröbert, wo der Kollege den Weichzeichner einsetzt, geht ins Fleisch, wo der deutsche Realist das Kolorit der Gewänder beschreibt. Und dazu noch dieser klinisch-naturwissenschaftliche Blick/ Tick der Franzosen: Claude Bernard, Papst der Experimentalmedizin und experimentellen Psychologie, ist einer seiner Meister, Taine, positivistischer Sozialgeschichtler ein anderer, sind seine Lehrer; – eine »gropue d'êtres« zu erfassen, sein Ziel. Romanschreiben als Rasterfahndung nach Menschenwesen: »Histoire naturelle et sociale d'une famille sous le Second Empire.« lautet der bezeichnende Untertitel der *Rougon-Macquart*. Mit Logik und Passion verfolgt der Rechercheur/Romancier das Netzwerk einer »groupe d'êtres«, sucht mit mathematischer Systematik nach den Gesetzen und Fäden, mit denen sie untereinander verbunden ist. Bestimmt den genetischen Code, die Eigenarten der Disposition (»race«), der Lebensweise (»milieux«), die Konditionen durch das soziale Biotop, innerhalb dessen sie sich organisieren. In der »Préface« zum Band *L'assomoir* (1877) heißt es zum Beispiel:

Ich habe das schicksalhafte Verkommen einer Arbeiterfamilie in der verpesteten Umwelt unserer Vorstädte schildern wollen. Am Ende von Trunksucht und Müßiggang stehen die Lockerung der Familienbande, der Unrat des engen Beisammenwohnens der Geschlechter, das fortschreitende Vergessen anständiger Empfindungen, dann als Lösung Schande und Tod. Das ist einfach in Aktion befindliche Moral.

[...]

Verteidigen wird mich mein Werk. Es ist ein Werk der Wahrheit, der erste Roman über das Volk, der nicht lügt und der den Geruch des Volkes atmet. Und man darf keinesfalls folgern, das Volk in seiner Gesamtheit sei schlecht, denn meine Gestalten sind nicht schlecht, sie sind nur unwissend und durch die Umwelt von schwerer Arbeit und Elend, in der sie leben, verdorben. (Vorwort)

In seiner programmatischen Schrift *Le Roman expérimental* von 1880 thematisiert und problematisiert Zola den Konflikt, der seiner Konzeption inhärent ist, den zwischen der Funktion als Künstler und als Wissenschaftler. Demnach setzt sich der Romancier aus einem Beobachter (»observateur«) und einem Experimentator zusammen:

Der Beobachter vermittelt, übermittelt die Fakten, legt das Terrain für die Figuren. Dann erscheint der Experimentator und lässt die Erfahrung wirken, das heißt er, lässt die Personen sich in einer besonderen Geschichte bewegen, um daran zu zeigen, dass die Abfolge der Fakten derart beschaffen ist, dass der Determinismus der Phänomene daran ablesbar wird.

Als Beispiel für diese Vorgehensweise erwähnt Zola die Figur des Baron Hulot in *Cousine Bette* (Balzac). Das von Balzac allgemein beobachtete Faktum und Phänomen ist dessen »Erotomanie« als Thema. Danach setzt das Experiment ein. Der Autor unterwirft ihn einer Reihe von Prüfungen, indem er ihn durch verschiedene Milieus gehen lässt, um daran »das Funktionieren des Mechanismus seiner Leidenschaft« zu demonstrieren. Der Romanschriftsteller als Untersuchungsrichter der menschlichen Affekte, seiner biologischen, darwinistischen Determiniertheit. Hierbei ist das Verhalten der Figuren nicht als frei und willkürlich zu sehen, sondern als Folge von Konditionen:

Ich habe Personen gewählt, die unumschränkt von ihren Nerven und ihrem Blute beherrscht werden, die sich nicht im Besitz ihres freien Urteilsvermögens befinden [...]. (Vorwort)

So heißt es im Vorwort zur 2. Auflage der *Thérèse Raquin*. Konkret: Thérèse Raquin hasst ihren Mann nicht zufällig oder auf der Basis freier Entscheidung, sondern weil ihr Charakter neurotisch, unbefriedigt mit dem ihres Mannes – ruhig, passiv – nicht vereinbar war; sie begeht einen Mord, weil im Kontakt mit dem sanguinischen Naturell des Geliebten die aufgestaute Gewalt durchbricht; sie verübt Selbstmord, weil ihre Nerven der Belastung, die tabuisierte Tat des Gattenmordes zu vertuschen, nicht gewachsen waren.

Jede einzelne menschliche Verhaltensweise erwächst mehr oder weniger kausal entsprechend der Faktoren von »la race, le milieu, le moment«. Auch dass und weshalb Zola Romane und solche, die wissenschaftliche Kausalität in den Mittelpunkt stellen, schreibt, wäre auf der Basis einer »race-milieu-moment«-Konstellation zu erklären. Ein Faktor wäre zum Beispiel der ›Pangloß-Faktor‹. Denn eine Ursache dieses reflexartigen Denkens in Ursachen und Wirkungen geht zweifellos auf die Denkmodelle der Aufklärung zurück, und sie kann als kulturspezifisches Muster bis in die Moderne weiterverfolgt werden. Noch der Chemiker Jacques Monod wird in seinem Buch *Nécessité et hazard (Zufall und Notwendigkeit)* ähnlich argumentieren.

Vitriol und Zucker

Zola und der französische Naturalismus jedenfalls berauschen sich an deterministisch-positivistischen Glaubensbekenntnissen mit formelhaft (natur-)wissenschaftlichem Anspruch: »Laster und Tugend sind [chemische] Produkte wie Vitriol und Zucker.« Ein Satz wie aus dem Bilderbuch einer biowissenschaftlich grundierten Ästhetik. Es ist paradox und faszinierend: Die Künstler versuchen sich in ihrem Metier als Wissenschaftler, die Wissenschaftler (wie der erwähnte Psychologie-Papst) begreifen sich als Künstler der Wissenschaft. Während die Wissenschaftler kühnen Phantasien nachstreben, beginnen Künstler wie Zola als Experimentatoren, die Figuren in den Laboratorien ihrer Texte unter Versuchsbedingungen zu platzieren.

Eine der alles lenkenden Hypothesen seiner Arbeit hat mit der Präformation jedes Einzelnen durch die genetischen Vorgaben zu tun. Seine wissenschaftliche Quelle hierfür war u.a. ein Traktat des Dr. Prosper Lucas: *Traité philosophique et physiologique de l'hérédité* (1847/50).

In dieses System konnte ausnahmslos jeder Mensch eingeordnet werden. Lucas bot außerdem eine Fülle von praktischen Beispielen der Vererbung, auch aus der Zoologie und Botanik. Und er führte anhand ›echter Fälle‹ die Bedeutung des Erbguts für die Entwicklung vieler nervöser Krankheiten und von Psychosen vor. Er beschrieb zum Beispiel, wie aufgrund ihrer Abstammung Menschen zu Verbrechern werden konnten. Gerade die Existenz des Anormalen stützte die Gewissheit vom *richtigen* Funktionieren der Erbgesetze.

Der Umkreis für Zolas künftige Experimente war somit abgesteckt: er wollte darstellen, wie aufgrund einer bestimmten Ausgangsposition – der Ahnen – eine Reihe verschiedener Varianten – die Nachkommen – entstanden. Welche Möglichkeiten gab es für sie, sich in unterschiedlichen Ausschnitten aus der Realität zu entfalten? Was konnte zum Beispiel aus den Kindern und Enkelkindern einer Geisteskranken werden?

Unter solchen und ähnlichen Vorgaben nahm sich der Romancier jedes beliebigen Themas an. Und es ist zu untersuchen, ob sich der naturwissenschaftliche Wahnsinn der Methodik dann auch tatsächlich im erzählerischen Werk niederschlägt, oder ob die Praxis sich in ihrer literarischen Eigengesetzlichkeit der ausgeklügelten, in sich stimmigen, aber literaturfeindlichen Methodik entzieht. Es geht dabei nicht um eine ›Ethik‹ oder eine Ästhetik des Schreibens unter dem Vorbehalt von Menschenwürde oder dem Verlangen nach ›runden‹, ›reichen‹ Charakteren. Sondern einzig darum, zu zeigen, dass diese Erwartungen an die Literatur hinreichend, aber keinesfalls notwendig sind.

Das Experiment

1860. Am 24. Dezember dieses Jahres erschien im *Figaro* eine kurze Novelle von Zola mit dem Titel *Eine Liebesheirat (Un mariage d'amour)*. Thema: eine junge Frau und ihr Liebhaber ermorden den Ehemann. Die Tat schmiedet sie aneinander und mündet in Selbstmord. In nur einem Jahr baute der Erzähler diese Skizze zu einem stattlichen Roman aus. Er stellt ihm das oben genannte »Vitriol-und-Zucker«-Motto voran. Wie ein Naturwissenschaftler eine chemische Reaktion, so habe er eine Kettenreaktion menschlicher Gefühle untersucht.

Das Szenarium dazu ist idealtypisch ausgewählt, alle Ingredienzien sind sorgsam austariert: eine Witwe in passablen Verhältnissen, ihr kränklicher und verzärtelter Sohn und eine von ihr aufgezogene Nichte, die widerspruchslos ihren Vetter heiratet. Später ziehen Mme. Raquin, Camille und Thérèse aus der Provinz in eine düstere, ja unheimliche Gasse in Paris, um dort ein Geschäft zu eröffnen. Die beiden Frauen verbringen ihre Tage in dem von Madame Raquin eröffneten Kurzwarengeschäft. Eines Tages bringt Camille einen Freund mit ins Haus, einen kräftigen, gesunden, scheinbar weltläufigen Maler, in den sich die junge Frau verliebt; der Maler Laurent lässt sich die leichte Beute nicht entgehen, verliebt sich in Thérèse, wenig später planen die beiden sorgfältig den Tod Camilles, des Ehemanns. Sie führen diesen Plan schnörkellos – und skrupellos aus und ertränken den Unglücklichen bei einer Bootsfahrt so geschickt, dass nicht der Schatten eines Verdachts auf sie fällt. Danach warten sie – nicht weniger besonnen- wenn auch von Unruhe und Misstrauen geplagt – zwei Jahre, bevor sie heiraten. Von diesem Moment an beginnt ihr Martyrium. Jeden Tag und jede Nacht wird jeder der beiden durch den Partner an den Mord erinnert, jedes Wort, jede Geste beschwört den Toten. Thérèse und Laurent machen einander verantwortlich, schreien sich an, schlagen sich. Nur in Gegenwart der alten Frau sind sie gezwungenermaßen ruhig, vermeiden sie jede Andeutung und jede Empfindlichkeit. Als Mme. Raquin, in deren Haus sie wohnen, allmählich krank wird und schließlich völlig gelähmt ist (nur die Augen vermag sie noch zu bewegen, und ihr weißes und aufgedunsenes leeres Gesicht erinnert an den Ertrunkenen), pflegen sie sie nach außen hin zwar hingebungsvoll – gleichzeitig bauen sich wechselseitiger Hass und tödliches Misstrauen mehr und mehr auf. Als die Kranke schließlich vom tödlichen Geheimnis, das die beiden Eheleute in sinistrer Hassliebe aneinander bindet erfährt, spitzt sich die Situation dramatisch zu. Von nun an wird die Kranke zu einem gefährdeten und gefürchteten Faktor. Jederzeit könnte nun das Geheimnis des Mordes an ihrem Sohn an die Öffentlichkeit geraten. Fast folgerichtig ertappen sich Thérèse und Laurent wenig später gegenseitig beim Versuch, die alte Frau zu töten. Ein entsetzlicher Moment, der alle nach außen zur Schau getragene Pose zerbrechen, und die Lebenslüge manifest werden lässt. Die Verzweifelten trinken gemeinsam das der alten Frau zugedachte Gift.

Wer auf der Basis der zuvor skizzierten naturwissenschaftlichen Methode einen steril ausgenüchterten Text erwartet, wird verblüfft sein; statt Distanz Hautnähe. Statt eines Erzählers auf Abstand, ein Totaldiagnostiker, der alles von seiner Figur weiß, in jede ihrer Nervenfasern eindringt, – erzählerische Vivisektion, in Perfektion praktiziert. Der Erzähler weiß alles und gibt alles preis, seine Figuren liegen vor ihm wie ein offenes Buch, er kennt jede ihrer noch so verborgenen Zonen, so zum Beispiel Thérèse:

Die Tante hatte so oft gesagt: »Mach keinen Lärm, verhalte dich ruhig.«, dass sie alle natürlichen Aufwallungen sorgfältig in ihrem Innern verborgen hielt. Sie besaß eine außerordentliche Selbstbeherrschung, eine scheinbare Ruhe, hinter der sich leidenschaftliche Erregungen verbargen. Sie betrug sich immer, als sei sie in dem Zimmer ihres Vetters, eines todkranken Kindes [...].

Nun wurde das Leben für sie besser. Sie behielt ihre weichen Bewegungen, ihren ruhigen und gleichgültigen Gesichtsausdruck, sie blieb das im Bett eines Kranken aufgewachsene Kind; aber in ihrem Innern lebte eine brennendheiße Leidenschaft. Wenn sie allein auf dem Rasen am Flussufer war, legte sie sich wie ein Tier bäuchlings ins Gras, mit weitgeöffneten schwarzen Augen, zusammengeduckt und sprungbereit. So verharrte sie ganze Stunden, an nichts denkend, von der Sonne versengt und glücklich, mit den Händen im Erdreich wühlen zu können.

Dabei hing sie ihren unsinnigen Träumen nach; herausfordernd betrachtete sie den rauschenden Fluss vor sich, sie stellte sich vor, das Wasser stürze sich auf sie und wolle sie angreifen; dann straffte sie sich und machte sich zur Verteidigung bereit, und leidenschaftlich forschte sie in sich, wie es ihr wohl gelingen würde, die Wogen zu besiegen. (Kap. 2)

Im Laboratorium der Triebe und Affekte gibt es keine Tabus. Wo Fontane dezent ausblendet, beginnt Zola erst, erzählerisch Präsenz zu zeigen. Kein Wunder, dass das doppelmoralversierte Publikum sich schockiert gab. Und in der Tat ist es vielleicht gerade diese nicht unproblematische Mischung aus Eros und Rassismus, die sich bis heute als Quotenbringer bewährt.

Von wegen Herzpochen und Gefühlswallung – gespannte Nerven, ringsum heiße Dünste, herber Hauch, heißes Blut:

Schon beim ersten Kuss verriet sich ihr Liebeshunger. Ihr unbefriedigter Körper warf sich hemmungslos in die Arme der Sinnenlust. Wie aus einem Traumzustand erwachte sie zur Leidenschaft. Aus Camilles schwächlichen Armen glitt sie in die kraftvollen Laurents, und diese Begegnung mit einem kräftigen Manne versetzte ihr einen heftigen Stoß, der sie aus dem Schlummer ihrer Sinne riss. Alle Instinkte einer gefühlsstarken Frau brachen mit unerhörter Heftigkeit durch; das Blut ihrer Mutter, dieses afrikanische Blut, das in ihren Adern brannte, be-

gann zu rauschen und wild in ihrem mageren, fast noch jungfräulichen Körper zu pochen. Mit unbekümmerter Schamlosigkeit bot sie sich dar und gab sich hin. Und von Kopf bis Fuß erbebte sie unter tiefen Schauern.

Noch niemals hatte Laurent eine solche Frau kennengelernt. Er war überrascht und fühlte sich unbehaglich. Für gewöhnlich hatten ihn seine Geliebten nicht mit solchem Ungestüm empfangen; er war an kühle, gleichgültige Küsse gewöhnt, an matte, übersättigte Liebesbezeugungen. Thérèses Schluchzen und ihre leidenschaftlichen Ausbrüche erschreckten ihn fast, doch gleichzeitig reizten sie seine sinnliche Neugier. Wenn er die junge Frau wieder verließ, wankte er wie ein Betrunkener. Nachdem er am nächsten Tage seine vorsichtig abwägende Ruhe wiedererlangt hatte, fragte er sich, ob er zu dieser Geliebten, deren Küsse ihn beunruhigten, zurückkehren solle. (Kap. 7)

Als »Tochter eines afrikanischen Stammeshäuptlings« wähnt Thérèse sich – ihr Blut, ihre Instinkte, Nerven seien auf Anarchie getrimmt; wilde Tropen versus sterile Eurokokken – Selbst Flauberts behutsame Ambivalenz beim Rühren am Tabuthema »Ehebruch« gehört der Vergangenheit an. Thérèse wird als energiegeladenes Triebwesen diagnostiziert:

Dann schwieg Thérèse, bebend vor Stolz und in dem Gefühl einer Rache. Sie hielt Laurent trunken an ihrer Brust, und in dem kahlen, eiskalten Zimmer spielten sich Szenen glühender Leidenschaft und unheimlicher Zügellosigkeit ab. Jedes neue Zusammensein führte zu ungestümeren Ausbrüchen.

Die junge Frau schien sich in Wagemut und Schamlosigkeit zu gefallen. Keine Bedenken, keine Furcht wandelte sie an. Sie warf sich mit entschlossenem Freimut in den Ehebruch; sie forderte die Gefahr heraus und setzte sogar noch einen gewissen Ehrgeiz darein, sie herauszufordern.

Eros und Tod

Kompromisslos wie die Liebe betreibt das ungleiche gleichartige Paar auch das Töten. Während einer gemeinsamen Ruderfahrt wird der Ehemann schnörkellos und wie selbstverständlich ermordet. Primaten-Mechanik pur: Lust und Interesse gleich Mord könnte die etwas grobe Formel, die ihr Tun bestimmt, lauten. Thérèses wie Laurents gleichermaßen:

Jetzt erhob sich Laurent und legte seine Arme um Camilles Leib. Der Schreiber brach in Lachen aus.

»Ach, nicht doch, du kitzelst mich«, sagte er. »Mach doch nicht solche Späße... Geh, lass, ich falle sonst noch hinein.«

Laurent drückte stärker und gab ihm einen Stoß. Camille wandte sich um und sah in das schreckliche, ganz verzerrte Gesicht des Freundes. Er begriff

nicht; ein unbestimmter Schrecken erfasste ihn. Er wollte schreien, aber eine rohe Hand drückte ihm die Kehle zu. [...]
    Laurent schüttelte Camille immerzu, wobei er ihm mit der Hand die Kehle zudrückte. Schließlich gelang es ihm, ihn mit Hilfe der anderen Hand vom Boot loszureißen. Er hielt ihn mit seinen kräftigen Armen wie ein Kind in der Luft. Als er seinen Kopf zur Seite bog und den Hals freigab, schnellte das Opfer, toll vor Schrecken, vor, riss den Mund auf und schlug seine Zähne in diesen Hals. Und als der Mörder, einen Schmerzensschrei unterdrückend, den Schreiber mit jähem Ruck in den Fluss schleuderte, entriss ihm dieser ein Stück Fleisch mit seinen Zähnen.
    Camille stürzte mit Geheul ins Wasser. Zwei bis dreimal kam er wieder an die Oberfläche. Seine Schreie wurden allmählich schwächer. (Kap. 11)
    Wo der Kriminalfall endet, beginnt der psychologische Teil der Geschichte. Beginnt der eigentliche Zola. ›Naturalismus‹ ist eben doch keine krude Monokausalitätswalze, die alles plattmacht und Menschen auf Automatenreflexe reduziert. Die Geschichte Laurents beginnt nach der Tat. Tatort dieser zweiten Phase der Tat: die ›morgue‹, das Leichenschauhaus der städtischen Anatomie. Kein Anblick für zarte Gemüter. Keine beklommene Stille, nichts von gnädigem Dämmer. Laurent nimmt die Parade der toten Körper zunächst mit der gleichen furchtsamen Begehrlichkeit ab wie alle anderen, die hier auf Leichenschau gehen: Gaffer, Gucker, Müßiggänger, junge Arbeiterinnen, Halbwüchsige (die sich die Nasen vor nackten weiblichen Leichen plattdrücken und ihre anzüglichen Witzeleien machen), Spaßvögel, die frotzelnd vor zerfallenden Wasserleichen erschaudern, denen der Wasserstrahl das faulige Fleisch in Stücken vom Schädel spült, bis die Lippen sich ›öffnen‹, die Zähne blendend bloßlegen und den Kopf in infernalischem Gelächter zerplatzen zu lassen scheinen. Dann, nach einer Reihe von Tagen, der schockartige Augenblick, in dem er unvermutet dem Kadaver seines Opfers, Camilles, gegenübersteht:
    [I]hm gegenüber, auf einer Steinplatte, ausgestreckt auf dem Rücken liegend, sah ihn Camille an, den Kopf erhoben, die Augen halb geöffnet.
    Der Mörder näherte sich langsam, wie magnetisch angezogen, der Glaswand; er konnte seinen Blick nicht von dem Opfer wenden. Er fühlte keinen Schmerz, nur einen starken innerlichen Frost und ein leichtes Prickeln auf der äußersten Haut. Er hatte geglaubt, es würde ihn stärker erschüttern. Fünf lange Minuten verharrte er regungslos, unbewusst in den Anblick versunken, der unwillkürlich alle schrecklichen Formen, alle schmutzigen Farben vor seinen Augen tief in sein Gedächtnis eingrub.
    Camille sah entsetzlich aus. Er hatte vierzehn Tage im Wasser gelegen. Sein Gesicht schien noch fest und starr; die Züge hatten sich erhalten, nur die Haut hatte einen gelblichen, schmutzigen Ton angenommen. Der magere knochige

Kopf war leicht angeschwollen, das Gesicht zur Grimasse entstellt; er war leicht vornübergeneigt, die Haare klebten an den Schläfen, die offenen Lider ließen das Weiße des Augapfels sehen; die Lippen waren gegen einen Mundwinkel hin verzogen und zeigten einen Ausdruck grimmigen Hohns; zwischen den weißen Zähnen kam ein Stück der schwärzlichen Zunge zum Vorschein. Dieser Kopf, der wie gegerbt und ausgewalzt aussah, hatte seine Menschenähnlichkeit bewahrt und war in seinem Schmerz und Schrecken um so grausiger. Der Körper schien nur noch ein Haufen verwesenden Fleisches; er hatte entsetzlich gelitten. Mann hatte das Gefühl, dass die Arme nicht mehr festsaßen; die Schlüsselbeine drangen an den Schultern durch die Haut. Auf der grünlichen Brust zeichneten sich die Rippen als schwärzliche Bänder ab; die linke Seite war geborsten, sie lag frei zutage und bildete eine dunkelrote Öffnung zwischen zerfetztem Fleisch. Der ganze Leib war in Fäulnis übergegangen. (Kap. 13)

Vermutlich hat es in der Erzählliteratur vor Zola keine derartig drastische Darstellung des Hässlichen, Ekligen gegeben – Baudelaires berühmtes Gedicht »Une Charogne« ist mit seinem forcierten Gestus der Provokation einzige Ausnahme. Ebenso wie spätmittelalterliche Abschreckungs-Szenarien mit ihren Schilderungen eines Körpers im statu transitu, im Verfall, in der Auflösung: würmerzernagt und spinnenbekrochen. Doch dies sind drastische Bilder des Zerfalls auf dem Weg zur Wiederauferstehung der Seele, beziehungsweise sie figurieren als strafgerichtsartige Leiden für ein sündhaftes Leben. Der nackte tote Leib im Roman Zolas aber ist Körper ohne Transzendenz und ohne Theologie. Was sich hier dem Blick des Betrachters darbietet, sind Fleisch, Knochen, biologisches Material:

[D]die Leiche [...] zog sich vor Verwesung zusammen und war nur noch ein ganz kleines Häufchen. Man hätte erraten können, dass dies hier ein dümmlicher und kränklicher Angestellter mit zwölfhundert Francs im Jahr war, den seine Mutter mit Kräutertees aufgepäppelt hatte.

Der Körper als Abdruck des sozialen Da-Seins und So-Seins über den Tod hinaus, als biologische Masse und Milieu-Repräsentant. In der Welt der Materie ist der Körper nicht Abbild, Ikone oder sakraler Leib, sondern ausschließlich – er selbst. Für den Umgang mit menschlichem Bio-Müll gibt es weder erhabene Rituale noch humane Gebrauchsanweisungen. Für denjenigen, der sich sagen muss, er sei für den Zustand des Körpers, der da vor ihm liegt verantwortlich, ist die Situation besonders belastend. Selbst die zunächst demonstrativ zur Schau getragene Indifferenz Laurents kann nicht darüber hinwegtäuschen, dass im mental-neuronalen Gefüge des physiologischen Apparats (um den Begriff der ›Seele‹ und des ›Gemüts‹ zu vermeiden), etwas zu reagieren beginnt. Nicht von moralischem Schuldgefühl oder schlechtem Gewissen ist die Rede. Keiner dieser Begriffe wird vom Erzähler verwendet. Zola unternimmt es im Gegenteil, den menschlichen Verhaltensmustern und Emotionen mit einer neuen Sprache näherzukommen.

Dahinter steckt die Einsicht, dass wir mit den Begriffen und Terminologien, die wir auch und gerade im Bereich der Kunst auf Elemente der persönlichen Erfahrung anwenden, bereits einen Filter oder Schleier über die jeweils erörterten Phänomene breiten. Wenn Dickens davon sprach, sich auf die »romantische Seite gewöhnlicher Dinge« zu konzentrieren, benennt er damit ein Verfahren der optisch-psychologischen Ver-Schleierung der faktischen Wirklichkeit. Nicht anders stellt Fontanes Konzept der »Verklärung« ein solches Verblenden dar. Nun wäre es freilich verfehlt, anzunehmen, mit der Behauptung der »impassibilité« Flauberts oder des Protokolls eines ›sens du réel‹ Zolas wäre ungefilterte Wahrheit gegeben. Denn naturgemäß ist auch die sogenannte ungeschminkte Wirklichkeit bereits wieder eine Re-Präsentation von Wirklichkeit, gefiltert, selektiert, beleuchtet, geprägt aus einem sehr spezifischen Blickwinkel, gesehen durch eine sehr spezielle Optik. So also beuge sich nun der Literatur-Anatom Zola über seine Textfiguren und seziert und zergliedere diese, nach allen Regeln der Kunst.

Intro-Spektionen

Der unbestreitbare Vorteil dieser Technik im Fall solcher, nach außen hin verstockter und auf den ersten Blick undurchdringlicher Figuren ist die Möglichkeit, dennoch tief in ihr neuronales Gewebe eindringen zu können, um die Keime von noch nicht sichtbaren Krankheiten und beginnenden Vergiftungsprozessen frühzeitig zu diagnostizieren. Äußerlich, das heißt im Vollzug der grob-sinnlichen Liebesakte des Paars, scheint sich nichts verändert zu haben. Unter dem Mikroskop der analytischen Methode betrachtet, beginnt sich das Gewebe der Liebe bereits zu zersetzen. Jeder Geschlechtsakt wird zur Inquisition:

Sie beugten sich sozusagen über einen Abgrund, dessen gefährliche Tiefe sie anzog. In einer höheren Sphäre ihres Daseins neigten sie sich festgeklammert und stumm zueinander, während ein Schwindel heißer Begehrlichkeit ihre Glieder erschlaffte und ihnen das wahnsinnige Verlangen eingab, sich hinunterzustürzen. (Kap. 18)

Die radikale Introspektion führt zu einem erschreckenden Befund. Der Leser wird zum Zeugen eines vollständigen, emotionalen Leerlaufs von Akteuren, die sich kaum noch selbst spüren:

In ihrem Innern suchten sie verzweifelt nach einem Rest der Leidenschaft, die sie einst verzehrt hatte. Ihre Haut schien eine leere Hülle ohne Muskeln und Nerven. Ihre Verlegenheit und Unruhe vermehrte sich; sie empfanden eine falsche Scham, so stumm und düster einander gegenüber sitzen zu bleiben. Sie wünschten sich die Kraft, sich zu umarmen und zu erschöpfen, um in ihren eigenen Augen nicht als Tölpel zu gelten. (Kap. 21)

Unerklärliche und unerklärt bleibende Angstzustände, ein allmähliches Absterben der Sensorien der Haut, eine ›nervöse Empfindsamkeit‹ lässt die Liebenden zu lebenden Leichen ihrer eigenen, einstmaligen Leidenschaft werden. Kraftlose Erotik-Akrobaten, die kippelig vor dem Absturz ins Bodenlose stehen. Aus Versuchen, sich zu küssen, werden wie bei Kleists *Penthesilea* Bisse. Gewissens-Bisse werden hier körperlich konkrete Wirklichkeit, ganz ohne begrifflichen Apparat. Emotionen in Fleisch gearbeitet:

Ihre Küsse waren von grausamer Wildheit. Thérèse suchte mit ihren Lippen den Biss Camilles auf Laurents geschwollenem, steifen Hals und drückte ihren Mund leidenschaftlich darauf. Hier war die pulsende Wunde; wenn diese Verletzung geheilt war, würden die Mörder ruhig schlafen können. [...] Einen Augenblick hatte sie den Gedanken, ihren Mann dort zu beißen, ihm ein großes Stück Fleisch herauszureißen, eine noch tiefere Wunde zu schlagen, die die Male der alten beseitigte. Sie war überzeugt, dass sie nicht mehr erbleichen würde, wenn sie den Abdruck ihrer eigenen Zähne sähe. Aber Laurent verteidigte seinen Hals gegen ihre Küsse; das Brennen war zu heftig, und er stieß sie jedesmal zurück, wenn sie ihre Lippen nahte. So kämpften sie röchelnd und wehrten sich in Schrecken gegen ihre Zärtlichkeiten. (Kap. 23)

Mord-Hysterie als Paarlauf: ein unheilvolles Duo, in dem jeder die verborgenen Impulse des anderen errät und bereits darauf reagiert, bevor dieser sich noch ihrer bewusst wird. Sie ›lesen‹ einander, ohne ein Wort miteinander sprechen zu müssen: Eingeweideschau auf der Basis von Affekten. Körperkommunikation als Auflösungssyndrom, als Einfallstelle für Dekomposition:

[Sie] begriffen die Ahnung sehr wohl und wussten, wenn sie nicht schwiegen, mussten ihnen die Worte von selbst in den Mund kommen, den Namen des Ertrunkenen nennen und die Mordtat beschreiben.

[Ihre] Sinne täuschten sie, ihre Augen entwickelten ein seltsames, feinfühliges Gehör; so offen lasen sie ihre Gedanken auf ihren Gesichtern, dass diese Gedanken einen eigentümlich deutlichen Klang bekamen, der sie zutiefst erschütterte. Sie verstanden sich nicht weniger, als wenn sie mit verzweifelter Stimme geschrien hätten: »Wir haben Camille getötet, sein Leichnam liegt ausgestreckt zwischen uns und lässt unsere Glieder erstarren.« (Kap. 19)

Mit diesen bedrängenden Introspektionen hat Zola einen Teil seines Publikums überfordert. In der Vorbemerkung zur zweiten Auflage sieht sich der Verfasser deshalb gehalten zu reagieren. Gottlob wurde in Frankreich offenbar keiner gezwungen, unter vorgehaltener kritischer Romanfeder den eigenen Roman zu pasteurisieren. Im Gegenteil. Der Vorwurf, ›Unrat‹, ›Ekel‹, ›Obszönitäten‹ zu vertreiben, entartete Literatur gemacht zu haben, motiviert ihn, sein Konzept noch einmal zusammenzufassen und mit unreflektierten Irrtümern abzurechnen. Fehlannahme Nr. 1, er habe ›Individuen‹, ›Charaktere‹ darstellen wollen:

In ›Thérèse Raquin‹ wollte ich Temperamente studieren und nicht Charaktere. Da haben Sie das ganze Buch. Ich habe Personen gewählt, die unumschränkt von ihren Nerven und ihrem Blute beherrscht werden, die sich nicht im Besitz ihres freien Urteilsvermögens befinden und bei jeder Handlung in ihrem Leben dem verhängnisvollen Einfluss ihrer körperlichen Triebe unterliegen. Thérèse und Laurent sind Menschentiere und weiter nichts. Ich habe versucht, in diesen Tieren das dumpfe Werk der Leidenschaften Schritt für Schritt zu verfolgen, die Triebe des Instinkts, die geistigen Verwirrungen, die sie in der Folge einer nervösen Krise heimsuchen.

Die Liebe meiner beiden Helden ist die Befriedigung eines Bedürfnisses. Der Mord, den sie begehen, ist eine Folge ihres Ehebruchs, eine Folge, die sie auf sich nehmen, wie Wölfe das Niederreißen der Schafe; und was ich schließlich ihre Gewissensbisse zu nennen genötigt war, besteht in einer einfachen Unordnung der Organe, in einem Aufruhr eines bis zum Zerreißen gespannten Nervensystems. Die Seele fehlt darin vollkommen, ich gebe es gerne zu, denn ich habe es so gewollt. (Vorwort)

Der Versuch, die Wirklichkeit unserer Wahrnehmung gesellschaftlicher Phänomene unter weitgehender Aussparung des tradierten Inventars an Begriffen ethisch, philosophisch, theologisch oder sentimental aufgeladener Begriffe zu beschreiben, ist möglicherweise das eigentliche Skandalon dieser Poetik. Mehr als die drastische Darstellung körperlicher oder sexueller Details beziehungsweise hässlicher Häufungen von ›Unflat‹ aller Art ist gewiss dieser Verzicht auf das Angebot der kanonisierten Sprachregelung Ursache des tiefen Unbehagens der Zeitgenossen, als deren Stellvertreter die Kritiker sich sahen. Und noch immer sehen. Als Vergleichsfall aus unseren Tagen kann hier auf Michel Houellebecq verwiesen werden, der – im Grunde als Spätprodukt dieser französischen Tradition – dieselbe Technik wählt und ähnliche Reaktionen auslöst.

[Es] war auf jeden Fall der erste, und jahrelang der einzige, […] radikale Vorschlag […]: Die Menschheit müsse verschwinden; die Menschheit müsse einer neuen geschlechtslosen, unsterblichen Spezies das Leben schenken, die die Individualität, die Trennung und das Werden überwunden hat. Es braucht wohl kaum erwähnt zu werden, welche Feindseligkeit ein solches Vorhaben bei den Anhängern der Offenbarungsreligionen auslöste – die jüdische, die christliche und die islamische Religion verdammten diese Arbeiten mit seltener Einhelligkeit als eine »schwere Verletzung der Menschenwürde, die auf einer einzigartigen, persönlichen Beziehung zum Schöpfer beruht« […]. Die Tatsache, dass die traditionellen Anhänger des Humanismus mit radikaler Ablehnung reagierten, ist *dagegen erstaunlicher. Selbst wenn uns diese Begriffe heutzutage schwer verständlich erscheinen, darf man nicht vergessen, welch zentrale Bedeutung die Begriffe individuelle Freiheit, Menschenwürde und Fortschritt für die Menschen des materialistischen Zeitalters hatten [...]. Der verschwommene, willkürliche Charakter dieser Begriffe sollte natürlich dazu führen, dass sie nicht die geringste soziale Wirkung hatten – und daher lässt sich die Geschichte der Menschheit vom 15. bis zum 20. Jahrhundert unseres Zeitalters im Wesentlichen als die Geschichte einer Auflösung und eines allmählichen Zerfalls charakterisieren; aber dennoch klammerten sich die gebildeten oder halbgebildeten Schichten, die dazu beigetragen hatten, diese Begriffe, so gut es ging, durchzusetzen, besonders heftig an sie [...]. (Elementarteilchen, Nachrede)*

Vergleichbar und doch in wesentlichen Momenten ganz anders bei Zola. Seine Art der dichterischen ›Dokumentation‹ eines Kriminalfalles unterscheidet sich grundsätzlich von der ›Denkökonomie‹ des Spurenlesens. Seine Art, Psychologie zu treiben – einschließlich der des Verbrechens –, heißt, ›im Gehirn‹ der handelnden Menschen ›Experimente zu machen‹. Hierin sieht er den Schwerpunkt wissenschaftlicher Beobachtung und Analyse. Ihm kommt es nicht auf die Verrätselung des Falles an, sondern auf die genaue Bekanntschaft mit der Täterpersönlichkeit und den Umständen der Tat. Es geht also nicht um die allmähliche Rekonstruktion als einer Konstruktion des Autors – ganz im Gegenteil: Die Täter sind von Anfang an bekannt. Analyse und Genesis des Verbrechens bilden eine Einheit mit der ›Deskription‹ der Folgeerscheinungen. Das Interesse gilt allein den Trieben und Leidenschaften, dem ›Versuch am lebenden Objekt‹. So entwickelt sich mit der Analyse der Temperamente die Fabel des Romans, in dem die Akteure ihr Tun nicht wollen können, sondern durch ihre Konstitution wollen müssen. Unter diesen Voraussetzungen sieht für Zola das ›Rechenexempel mit den Fakten‹ ganz anders aus. Ihm geht es allein um die Wahrheit des Lebens, wie sie für einen Menschen in einer bestimmten Lebenslage und unter besonderen Umständen zutrifft.

Nicht die Tat an sich ist also das Entscheidende, sondern ihr Untergrund und ihre Konsequenzen. Nominell tritt Zola als Autor mit dem Programm an, die Spezies Mensch als biochemischen Organismus zu beschreiben – als erkaltete Materie, hormonell gesteuerten Trieb-Automaten. De facto wühlt er sich auf fast atavistische Art und Weise in die Innereien seiner Figuren. Durchwühlt sie in der Art einer Eingeweideschau.

Erst vor den Schaukästen des Leichenhauses in den Tagen nach dem Mord an Camille, wo der Mörder vor dem toten Körper seines Opfers in einer Mischung aus Faszination, Grauen, Hochmut, Schock und Lust verharrt– ›magnetisch angezogen‹, vermag er den Blick nicht von der grässlich verunstalteten und zerquollenen Wasserleiche zu lösen: ein Haufen verwester Materie. Die Knochen dringen durch die Haut nach außen. Und die Gefühle gehen tief unter die Haut. Zola untersucht die neuronalen Veränderungen, die sich in Psyche und Physis der Figuren einstehlen, die wie Vergiftungen oder Viren in den Organismus und die Sensorien eindringen und bis in den Kern zerstören. Es bedarf mehrerer Anläufe, um das Verfahren zu begreifen.

Suchlauf: Thérèse revisited

Thérèse ›alone in bed‹ fühlt sich zunächst sogar wohl – unschuldig, friedlich, wie ein kleines Mädchen in der Stille des Schlafzimmers. Das Emma-Bovary-Syndrom setzt auch bei ihr fragmentarisch ein. Man erinnert sich an Emma, für die eigentlich keine Wirklichkeit existierte, sondern allenfalls eine individuelle Inszenierung von Wirklichkeit – gespeist aus den obsoleten Quellen der Literatur: Witwe Raquin – bislang vital und aktionistisch wie ein Mann – lebt, fühlt, liebt sich in eine neue Rolle ein – sie ›wurde Frau‹. Sie beobachtet sich selbst, registriert liebevoll die eigenen Nerven, Empfindungen, Wahrnehmungen, Reaktionen – beginnt, besonderes Alarmzeichen, gar zu lesen, sich in einen bleich-vornehmen Studenten zu verlieben und vieles mehr. Thérèse wie eine schmachtende Pensionatsschülerin, das ›Tropentier‹ als schöne, empfindsame Leihbibliotheks-Seele, die sich nach edlen Fiktionen sehnt: nach Sittsamkeit, Ehrgefühl, Willenskraft, Güte, Sanftmut – man traut den Augen nicht, was sich da herausschält, unter der Haut. Es ist, als ob der Mord den besessenen Teil ihres Wesens kathartisch freigesetzt hätte. Ein Gedankenspiel Zolas, sicher, und doch eine überraschende Fiktion über die Gefühle im Inneren einer Figur nach einer verbrecherischen Tat.

Auch Laurent erlebt in dieser Phase verschiedene Stadien innerer Erregung und Beruhigung. Anfangs fühlt auch er sich wie von einer ungeheuren Last befreit. Doch bald macht diese positive Gestimmtheit einem beunruhigenden Erstaunen Platz. Erstaunen darüber, dass er diese Tat begangen haben soll. Es erscheint ihm, als wäre alles nur ein übler Traum gewesen. Sein eigener Körper scheint ihm fremd zu werden, sich in Einzelglieder aufzulösen. Schon beginnt die gemeinsam begonnene Mordtat ihre Wirkung als Bindemittel zu verlieren. Schon sieht sich der Täter als Opfer. Schon sieht er sich in einer ausweglosen Falle: denn mit der Heirat mit Thérèse würde er zwar reich und satt werden, doch zugleich in die unheimliche Rolle des Nachfolgers geraten. Dieses Gefühl lässt ihn im Innern erschaudern und zerbrechen.

Auf dem Hintergrund dieser tektonischen Verschiebung der Persönlichkeitsstruktur verwandeln sich die Figuren auf gespenstische Weise:

Die Erinnerungen hatten freie Bahn. Camilles Geist war heraufbeschworen, hatte sich zwischen die Neuvermählten geschoben und saß vor dem flammen-

den Kaminfeuer. Thérèse und Laurent erkannten den kalten, feuchten Hauch des Ertrunkenen in der warmen Luft des Zimmers wieder. Sie glaubten, ein Leichnam sei im Zimmer, in ihrer Nähe; sie beobachteten sich gegenseitig und wagten nicht, sich zu rühren. In ihrer Erinnerung rollte sich die ganze entsetzliche Geschichte ihres Verbrechens ab. Der Name ihres Opfers hatte genügt, um die ganze Vergangenheit wieder lebendig zu machen, und zwang sie, alle Ängste der Mordtat noch einmal zu durchleben. Ihre Lippen blieben geschlossen, sie sahen sich an, und beide spürten zugleich denselben Alpdruck, aus beider Augen sprach dasselbe entsetzliche Erlebnis. Dieser Austausch erschrockener Blicke, dieser stumme Bericht, den sie von der Ermordung ablegten, erregte ihnen heftigen, unerträglichen Widerwillen. Ihre bis zum äußersten gespannten Nerven bedrohten sie mit einer Krise; sie hätten schreien, vielleicht sich schlagen können. Um die Erinnerungen zu verscheuchen, brach Laurent gewaltsam den Schreckensbann, den Thérèses Blick ausübte; er machte einige Schritte im Zimmer, entledigte sich seiner Schuhe und zog Hausschuhe an; dann kam er zum Kamin zurück und versuchte von gleichgültigen Dingen zu sprechen. (Kap. 21)

Das Finale dieses Ablaufs mündet mit fast naturgesetzlicher Psycho-Logik in die Katastrophe des Doppelselbstmords. Die künstlerische Aufgabe bestand für Zola vor allem darin, diesen Prozess stringent zu dokumentieren. Er sieht sich nicht als Voyeur, Sensationsreporter oder Effekt- und Skandalautor, sondern als einer, dessen Aufgabe darin besteht, »die analytische Arbeit an zwei lebenden Körpern« vorzunehmen, »wie sie Chirurgen [bei der Autopsie] an Leichen vornehmen«. Noch einmal: eine solche Arbeit bedeutet bei ihm nicht einfach Distanz zum Gegenstand, sondern passionierte Versenkung, Systematik und Sogwirkung; Drehung um Drehung hat das mörderische Paar sich auf ein tödliches Duell eingelassen. Als es keinen Dritten mehr gibt, vor dem sie sich ausagieren könnten, richten sich die Energien gegen sich selbst – von außen betrachtet bietet sich ein anderes, gegensätzliches Bild.

Ein Ehepaar, Lorenz und Terese – nette, lebhafte Leute. »Man fühlt sich so wohl bei Ihnen«, sagt ein Besucher, noch bevor er sich verabschiedet. ›Es war ein netter Abend. Vielen Dank für alles. Gute Nacht‹. Am nächsten Tag wird er in der Zeitung lesen, dass sich die beiden freundlichen Gastgeber aus völlig unerklärlichen Gründen vergiftet haben. Rätselhaft und unheimlich ist das. Man ist ratlos. Unzufrieden. Irritiert. Dann lässt man es auf sich beruhen. Noch eine Trauerfeier. Nach ein paar Monaten ist auch das vergessen.

Literatur beginnt dort, wo die normale Wahrnehmung und Neugier endet. Zolas Gehirn beginnt nun zu arbeiten, zu fragen, sich zu drehen: Was könnte vorgefallen sein? Welche Motive könnten vorhanden gewesen sein? Wer waren die beiden in Wirklichkeit? Diagnose ›Mord‹, und dann die Suche nach Spuren – im Verhalten, in Symptomen. Aber da war nichts zu sehen. Ist oft nichts zu sehen. Eine Musterehe voll Sanftheit und Liebe. – Und dahinter eine veritable Hölle. Diese Szenarien interessierten die Naturalisten: das Ganze, die Zimmer hinter der Fassade und die Zimmer hinter den Zimmern. Und da liegt bei aller Oberflächenähnlichkeit das wesensmäßig Andere des naturalistischen Ansatzes: dies alles ganz auszuleuchten. Ein Tabubruch besonders in der auf Fassadenkult eingeschworenen Kultur des 19. Jahrhunderts. Der Realismus zeigt die Oberfläche und die Spannungen zwischen der Maske und dem Gesicht dahinter an. Risse und Sprünge werden sichtbar. Der Naturalismus zeichnet ein veristisches Wachsabbild der Wirklichkeit. Das technische Pendant hierzu ist der Photoapparat. Es ist kein Zufall, dass Zola alles immer wieder auf Platte brannte. Von allen Seiten. Unter allen Bedingungen und Blickwinkeln. Es ist auch kein Zufall, dass er die Schauplätze, Orte, Straßen, Räume akribisch recherchierte. Aber dies Protokollieren und Dokumentieren der ›Wirklichkeit‹ mit dem Bleistift, dem Photoapparat, dem Maßstab ist nur eine Seite der Zola-Ästhetik. Was dann dazukommt oder was er dagegen setzt, ist die radikale De-Maskierung des Gesellschafts-Codes. Das Durchleuchten aller Modelle, Fassaden und Masken.

Zolas Determinismus-Maschine kennt keinen Stillstand. Und sie sucht das Finale. Den Endpunkt. Der Tod kommt unerbittlich, logisch und mit einer gewissen Selbstverständlichkeit. Gerade hat der Besuch die Wohnung verlassen. Das Ehepaar bereitet sich zur Nachtruhe vor. Man gießt Zuckerwasser ein. Beobachtet sich, eher zufällig streifen sich die Blicke.

In diesem Augenblick ließ jenes seltsame Gefühl, das das Herannahen einer Gefahr verkündet, die Ehegatten mit einer instinktiven Bewegung den Kopf wenden. *Sie sahen sich an. Thérèse erblickte in Laurents Händen das Fläschchen, und Laurent gewahrte den hellen Glanz des Messers, das zwischen den Rockfalten hervorleuchtete. Einige Sekunden lang beobachteten sie sich stumm und kalt, der Mann am Tische stehend, die Frau vor dem Büfett kauernd. Sie begriffen. Beide standen wie erstarrt darüber, den eigenen Gedanken beim andern wiederzufinden. Sie lasen die geheime Absicht auf ihren verstörten Gesichtern, und Mitleid und Schrecken ergriff sie. (Kap. 32)*

Zwei Mordkomplotte begegnen sich auf halbem Wege. Die Entscheidung, aus der unheilbaren Situation die Konsequenz zu ziehen, fällt in Sekunden:

Sie weinten wortlos und dachten an das verworfene Leben, das sie geführt hatten und das sie weiterführen würden, wenn sie feige genug wären, weiterzuleben. Bei der Erinnerung an ihre Vergangenheit fühlten sie sich so matt und von sich selbst angeekelt, dass sie ein ungeheures Bedürfnis nach Ruhe empfanden, nach dem Nichts. Sie tauschten einen letzten Blick, einen Blick des Dankes angesichts des Messers und des Giftglases. Thérèse nahm das Glas, leerte es bis zur Hälfte und reichte es Laurent, der es mit einem Zuge austrank. Es traf sie wie ein Blitzschlag. Wie hingemäht fiel einer über den anderen; endlich fanden sie Trost im Tode. Der Mund der jungen Frau berührte die Wunde am Hals ihres Mannes, die Narbe, die Camilles Zähne hinterlassen hatten.

Wie die Körper hingestürzt waren, so blieben sie die ganze Nacht hindurch auf den Fliesen des Esszimmers liegen, sanft beleuchtet von dem gelblichen Licht, das der Lampenschirm über sie warf. Und fast zwölf Stunden lang, bis zum Mittag des folgenden Tages, blickte Frau Raquin auf sie nieder, die steif und stumm zu ihren Füßen lagen. Sie konnte sich nicht satt sehen und ließ ihre schweren Blicke vernichtend auf ihnen ruhen.

Zola zieht das Spiel bis zum Ende durch. Endet nicht wie seine Vorgänger auf halber Strecke, sondern erst, wenn alles aufgeklärt ist. In dieser Phase werden die Fassaden niedergerissen. Und solange nachgefragt, bis genaue, gnadenlos genaue und etwas grausame Antworten gegeben werden können.

Literaturverzeichnis

- Zola, Émile: *Thérèse Raquin*. Übers. v. Czapski, Ewald. Dtv. München. 1982
- Zola, Émile: *Thérèse Raquin*. Paris. A. Lacroix, Verboeckhoven et Cie. 1867.
- Houellebecq, Michel: *Elementarteilchen*. Übers. v. Wittmann, Uli. DuMont. Köln. 1999.

Émile Zola

Vita
*2.4.1840 Paris
†29.09.1902 Paris

1852	Freundschaft mit Paul Cézanne, Aix
1859	Abbruch des Schulbesuchs; Bohemeleben
1862	Angestellter im Verlag Hachette
1869	Ab 1869 (bis 1893) konzipiert er, nach dem Vorbild von Honoré de Balzac, die meisten seiner Romane als Teile eines Zyklus mit dem Titel Les Rougon-Macquart. Histoire naturelle et sociale d'une famille sous le Second Empire/Die R.-M. Die Natur- und Sozialgeschichte einer Familie im Zweiten Kaiserreich
1870	Heirat mit Gabrielle Meley
1888	Verbindung mit Jeanne Rozerot
1898	Offener Brief mit dem Titel J'accuse …! / Ich klage an …! an den Staatspräsidenten
1898	Verurteilung wegen „Diffamierung" zu einer Geld- und Gefängnisstrafe
1898	Flucht nach London
1902	Umstrittener Tod durch eine Kohlenmonoxidvergiftung in seinem Pariser Wohnhaus

Werke

1864	Contes à Ninon / Erzählungen an Ninon
1867	Thérèse Raquin / Thérèse Raquin
1877	L'Assommoir / Der Totschläger
1880	Nana / Nana
1880	Le Roman expérimental / Der Experimentalroman
1885	Germinal / Germinal
1898	J'accuse …! / Ich klage an

Dostojevskis »Verbrechen und Strafe«:
das Verhör als Existenz

Wer hätte sich nicht schon einmal ausgemalt, was wäre, wenn er jemanden ermorden würde? Wer hätte nicht schon einmal ganz tief in sich das Gefühl verspürt, die anderen als weniger wichtig, sich selbst als wichtiger zu sehen? Falls diese Behauptung sich als anmaßende Unterstellung erweisen sollte, wäre dies bedauerlich. Dann wäre die Geschichte Raskolnikovs, des jungen Mannes, der der Protagonist von *Schuld und Sühne/Verbrechen und Strafe* ist, die Geschichte eines beinahe unverständlichen Einzelfalls. Dann würde er uns nicht mehr angehen als dass jedes anderen Delinquenten. Wäre allenfalls Gegenstand mehr oder weniger mitleidigen Interesses. Im umgekehrten Fall sähe es ganz anders aus. Dann wäre der Mörder Raskolníkov unser Alter ego, unser verdeckter Doppelgänger.

Man wird einwenden, dass dies doch auf beinahe alle Figuren der Weltliteratur, ja der Literatur an sich zuträfe. Geradezu identifikatorisch die Nähe zu Werther, freundschaftlich-schwesterlich die zu Effi, zu der man am liebsten immer »Ach, Effi« sagen möchte. Selbst in einem extrem ambitionierten Typ wie Lucien de Rubempre in den *Illusions perdues* kann man sich hineindenken, erst recht in ambitionierte Pechvögel und Schlemihl wie Pip (*Great Expectations*) oder den »grünen Heinrich«. Und das ist auch ganz richtig. Aber gerade im Vergleich mit diesen Figuren tritt das ganz Andere des Protagonisten von *Schuld und Sühne* hervor. Der Leser hat es nun nicht mit gequälten Ehefrauen, dilettierenden Künstlern oder romantischen Liebhabern zu tun, sondern – mit einem zynischen Miststück. Mit einem eiskalten Doppelmörder. Mit einem jener Fälle, von denen wir voll Abscheu am Frühstückstisch lesen. »Ich hab einfach mal sehen wollen, wie einer stirbt« oder »das war doch kein Mensch, sondern ein Ungeziefer – da hab ich ihn halt ausgelöscht« – so oder so ähnlich pflegt dieser Typus sich vor Gericht zu rechtfertigen. Oder er schweigt. Oder er wird nie gefasst. Und sitzt neben uns.

Dostojevski konfrontiert uns mit dem A-Sozialen, Extremistischen, Terroristischen in uns. In fast jedem von uns. Der große Erfolg dieses Buches seit seinem Erscheinen im Jahr 1866 beweist, dass wir Leser begierig sind, auf diesem Umwege mehr über die tabuisierten Zonen in uns selbst zu erfahren. Gewiss hat Zola ähnliche Sondierung am Abgrund betrieben. Täterperspektive pur und der Blick in den Körper, den Kopf, die Sinne, die Nerven des Mörders. Und doch gibt es einen entscheidenden Unterschied zwischen Romanen wie *Schuld und Sühne* und *Thérèse Raquin*; während bei Zola ein Paar im Blickpunkt steht und damit

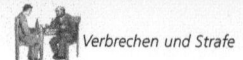

ein tödliches Spiel zwischen zwei Figuren entfaltet und wie in einem Laboratorium beobachtbar wird, ist der Roman von Dostojevski fast vollständig und ausschließlich entweder aus der Sicht des mörderischen Protagonisten geschrieben oder aus der Perspektive von Figuren, die ihrerseits vollständig auf diesen ausgerichtet und bezogen sind. 700, 800 Seiten Protokoll einer Paranoia: so dicht, detailversessen, atemlos, lückenlos wie erst wieder fünfzig, sechzig Jahre später bei Joyce, der den Weltalltag seines *Ulysses* dokumentiert.

Dostojevskis Roman besteht aus vierzig Szenen und in siebenunddreißig davon ist der Protagonist anwesend. Sieht man vom Epilog ab, so konzentriert sich das Geschehen auf vierzehn/fünfzehn Tage zwischen Entschluss zum Mord, Mord und Geständnis. Und bei aller Vielgestaltigkeit des Personals von mindestens dreißig eingeführten Figuren gibt es nur ein Thema, um das herum sich alles kristallisiert: Raskolnikovs grausige Tat. Ein Schlag von hinten mit dem Beilrücken auf den Kopf der Pfandleiherin Aljona Iwanowna und noch ein zweiter und dritter. Dostojevskis Wahl des Sujets ist strategisch klug: kein Tyrannenmord, kein Mord im Affekt, kein Lustmord – sondern kalt kalkulierter, vorsätzlicher Mord. Unerwartet erscheint jedoch die Schwester Lisaweta, und Raskolnikov schlägt noch einmal zu. Die Szene ist gespenstisch:

Die Tat

Mitten im Wohnzimmer stand Lisaweta [...] und starrte regungslos auf die ermordete Schwester [...]. Sie hob die eine Hand, öffnete schon den Mund, schrie aber immer noch nicht [...], als fehlte es ihr an Luft, um aufzuschreien. Er stürzte mit dem Beil auf sie zu: Ihre Lippen verzogen sich so kläglich, wie bei ganz kleinen Kindern, wenn sie erschrecken und den Gegenstand, der sie fürchten macht, unverwandt anstarren und sich gerade anschicken, den ersten Schrei auszustoßen[...] Sie hatte nur ihre freie linke Hand ein wenig erhoben, allerdings nicht einmal bis zum Gesicht, und streckte sie ihm langsam entgegen, als wollte sie ihn zurückhalten. Der Schlag traf sie mitten auf den Schädel, mit der Schneide, und spaltete sofort den oberen Teil der Stirn, fast bis zum Scheitel. Sie schlug augenblicklich zu Boden. Rasklonikow, gänzlich verwirrt, packte ihr Bündel, ließ es wieder fallen und lief in den Flur hinaus. (I, Kap. 7)

Dieser zweite, nicht vorsätzliche Mord, um eine Zeugin auszuschalten, löst im Täter Unruhe aus. Panik wäre zu viel gesagt. Grauen viel zu viel. Der Erzähler notiert eher eine eigenartige Irritation:

Aber eine Zerstreutheit, sogar eine Art Versunkenheit bemächtigte sich allmählich seiner, er schien geistesabwesend oder, besser gesagt, er vergaß die Hauptsache und klammerte sich an Kleinigkeiten. Als er einen Blick in die Küche warf und auf der Bank einen bis zur Hälfte gefüllten Wassereimer sah, kam ihm der Gedanke, seine Hände und das Beil abzuwaschen. Seine Hände waren blutverschmiert und klebrig. Er tauchte das Beil einfach ins Wasser, nahm das Stückchen Seife, das auf einer angeschlagenen Untertasse auf dem Fensterbrett lag, und begann sich, direkt im Eimer, die Hände zu waschen. Sobald sie sauber waren, zog er das Beil aus dem Wasser, reinigte zuerst das Eisen, rieb dann lange, drei Minuten, an dem Holz, dort, wo es blutig war, und versuchte sogar, das Blut mit der Seife zu entfernen. Darauf trocknete er alles mit der Wäsche ab, die hier in der Küche auf einer Leine hing, und untersuchte am Fenster lange und aufmerksam das Beil. Es waren keine Spuren zu erkennen, nur der Stiel war noch feucht. Sorgfältig hängte er das Beil unter dem Mantel in die Schlinge. Darauf untersuchte er, so gut es bei dem trüben Licht in der Küche möglich war, Mantel, Hose und Stiefel. Außen war auf den ersten Blick nichts zu erkennen; nur an den Stiefeln waren Flecken. Er tauchte einen Lappen ins Wasser und rieb damit die Stiefel ab. (I, Kap. 7)

Erst ganz allmählich sickert der Schrecken in sein Bewusstsein ein. Angst und Schrecken wie in der alten Tragödie: »›Mein Gott! Fort! Ich muss fort!‹, murmelte er und stürzte in den Flur hinaus«. Und auch jetzt gelten die Gefühle mit keiner Silbe den Opfern, sondern ausnahmslos sich selbst. Schock reiht sich an Schock: erst jetzt bemerkt er, dass während der Bluttat die Wohnungstüre aufgestanden war, dann nähern sich von unten Schritte und er erlebt einen Albtraum mit hellwachen Sinnen:

Diese Schritte kamen von weit unten, noch von ganz unten, aber er konnte sich später noch sehr klar und deutlich daran erinnern, dass er aus irgendeinem Grunde schon beim ersten Geräusch vermutet hatte, man wollte unbedingt hierher, in das vierte Stockwerk, zu der Alten. [...] Jetzt liegt der erste Stock hinter ihm, jetzt steigt er höher; immer lauter und lauter...Jetzt hört man ein schweres Keuchen...Jetzt der dritte...Hierher! Und plötzlich war es ihm, als erstarrte er zu Stein, als sei es ein Traum, in dem man verfolg, eingeholt, mit dem Todes bedroht wird, während man selbst wie angewurzelt steht und keinen Finger rühren kann.

Endlich, als der Besucher sich anschickte, zum vierten Stock hinaufzusteigen, da erst kam er zu sich [...], blieb er mit angehaltenem Atem dicht vor der Tür stehen. Der ungebetene Besucher hatte inzwischen die andere Seite erreicht und stand ebenfalls dicht davor. Sie standen einander gegenüber wie kurz zuvor er und die Alte, während er gehorcht hatte, nur durch die Tür getrennt. (I, Kap. 7)

Was ist das für ein Mensch, den wir da kennenlernen? Dostojevski zeichnet einen hochmütigen, gelegentlich zynischen Typus. Vor allem aber ein Nervenbündel. Ein vollständig auf sich konzentriertes Nervenbündel: Nerven, Nerven, Nerven, als Sensorien einer Wahrnehmung, die alles auf sich bezieht; neuronal eine virtuelle Welt im Kopf herstellt:

– Ein Sonnenstrahl im Zimmer auf der gelben Tapete; – schon vervollständigt das Gehirn der Hauptfigur die Impression zur Szene: »Auch dann wird also die Sonne so leuchten« denkt es in ihm.

– Die Möbel und Dielenböden glänzen blankgeputzt; – die Interpretationsmaschine der Gedanken hämmert auf den Kopf ein: »Das ist Lisawetas Werk.« Diese Reinlichkeit ist, kann nur das Werk einer bösartigen alten Witwe sein.

– Ein Schloss knirscht; – also eine alte Truhe. Die Zimmertür nur angelehnt. – Lauert dahinter ein Kommissar? Mir ist übel; – werde ich dasselbe Gefühl haben, wenn ich zugeschlagen haben werde? Dass ich zuschlagen werde, ist es sicher, dass ich zuschlagen werde?

Also wozu gehe ich jetzt dorthin? Kann ich das etwa tun? Ist es mir damit etwa ernst? Es ist mir damit keineswegs ernst. Einfach so, Phantasie, ich mach mir selbst etwas vor [...] (I, Kap. 1)

Eine Figur im Labyrinth ihrer Gedanken, Axiome, Reflexionen, Observationen, Emotionen. Entfernter literarischer Stiefbruder von Hamlet. Hamlet in der Dachkammer. Abgebrochenes Jurastudium. Kein Geld. Keine Freunde, keine Lust auf Freunde. Ekel beim Gedanken an andere. Angst vor der Einsamkeit; süchtig nach dem Alleinsein. Auf luzide Art geistesabwesend. Verdreckt, verlumpt, hungrig – gleichgültig was seine Erscheinung betrifft – flaniert er durch die Straßen des ärmlichsten Viertels von St. Petersburg. Nein, ›flaniert‹ ist nicht das richtige Wort – – Der Flaneur hat den Status des dandyartigen Beobachters – – Raskolnikov aber treibt, streift, streicht langsam, anscheinend ›unentschlossen‹ durch sein Kiez. Irgendwie ziellos, aber doch zugleich auf der Suche nach etwas. Exponiert wie kein zweiter vor ihm. Alle suchen ja, haben ja ein Stück Heimat, Gesellschaft um sich. Auch, gerade Hamlet. Raskolnikov ist von Beginn an ein zerlumpter Hamlet im Endstadium. Auf Dauer gestellt so a-sozial wie der ›grüne Heinrich‹ nicht in seinen schlimmsten Momenten. Dort oben, in seinem Zimmer, seiner Zelle.

So jedenfalls erlebten wir ihn, wenn wir ihn wie ein Erzähler beobachten würden. Doch eigentlich gewinnt man nicht den Eindruck, dieser Raskolnikov würde am Seil eines Erzählers hängen wie der »grüne Heinrich« oder der schöne Lucien. Es gibt einen Punkt des Erzählens aus der Sicht des Allwissenden, an dem der Erzähler sich in seiner Figur auflöst. Dringt er wie hier in jede Fiber der inneren Befindlichkeit seiner Figur ein, erklärt er selbst das Unerklärliche, so entwächst ihm sein Gegenstand. Aus erzählerischer Repräsentanz wird personale Präsenz, ohne dass ein Ich-Erzähler in Erscheinung treten müsste. Raskolnikovs Suada reißt alle mit, saugt alles in ihm und um ihn her in einen inneren Monolog von 800 Seiten ein.

Jetzt etwa wanken wir – nach einem ersten Sondierungsbesuch – angewidert aus der Wohnung der Pfandleiherin, wir spüren seinen Ekel, seine Wut, seinen Durst, torkeln mit ihm in die Schenke, stürzen das kalte Bier hinunter. Werden ruhiger. Schauen um uns. Unser Blick bleibt an einem Mann hängen, der auch uns anstarrt. Wir kommen mit ihm ins Gespräch, wenn man die nun folgenden zwanzig Seiten des 2. Kapitels des I. Teils so nennen will. Schwerbetrunken beichtet der ehemalige Staatsbeamte Marmeladow, Mitte Fünfzig, aufgedunsen, verwahrlost, ungefragt das Desaster seines Lebens. Seit den schönen Zeiten des Tristram Shandy hat es im Roman keine solche – eigentlich unmotivierte – »Abschweifung« gegeben. Und doch zugleich: welcher Unterschied! Waren bei Sterne die Abschweifungen Resultat eines kreativ-provokativen Spiels mit Lesemechanismen und Lesererwartungen, so handelt es sich bei Dostojevski um eine Überwältigung, einen Einbruch der unkontrollierbaren Wirklichkeit. Vorbei die schöne Zeit der Ordnung des Diskurses. Foucault avant la lettre. Das Irrenhaus beginnt in der Eckkneipe. Der Wahnsinn sitzt dir gegenüber. Und er ist nicht zu bändigen: Er erzählt die Geschichte seiner Entlassung, seiner zweiten Frau, seiner zur Prostituierten gewordenen Tochter, seiner Trunksucht. Weint, tönt, lacht schrill, fasst sich krampfhaft:

»Und alles ist aus!«

Marmeladow schlug sich mit der Faust gegen die Stirn, biss die Zähne zusammen [...]. Aber schon im nächsten Augenblick veränderte sich sein Gesicht, es nahm einen gespielt pfiffigen und gewollt dreisten Ausdruck an, er sah Raskolnikov an, lachte und sprach:

»Diese Flasche hier ist just von [Sonjas] Geld gekauft. [...] Dreißig Kopeken, jawohl. Dabei braucht sie das Geld jetzt selbst [...]. Meinen Sie nicht, mein lieber Herr? [...] Ich aber, ihre leiblicher Vater, habe ihr diese dreißig Kopeken aus der Tasche gezogen, um mir den Kater zu vertreiben! Und ich trinke! Und ich habe sie bereits vertrunken! Nun, wer soll schon mit einem Menschen wie mir Erbarmen haben? Wie? Haben Sie nun Erbarmen mit mir oder nicht? He-he-he-he!«

Er wollte sich einschenken, aber es war nichts mehr da. Die Flasche war leer. [...] »Weshalb soll man Erbarmen mit dir haben?« [...] »Weshalb man Erbarmen mit mir haben soll?«, brüllte Marmeladow plötzlich, indem er sich mit ausgestrecktem Arm erhob [...]. Kreuzigen sollte man mich, kreuzigen, statt sich meiner zu erbarmen!« (I, Kap. 2)

Wenn vorher gesagt wurde, solch ein unkontrollierbarer Einbruch des A-Sozialen sei bis dahin kaum bekannt, so bedarf dies einer genaueren Bestimmung. Denn es gibt natürlich auch bereits im 18. Jahrhundert Einbrüche der anderen Wirklichkeit. Diderot hat solch eine Szene in seinem Dialog *Rameaus Neffe* (übersetzt von Goethe) erzählt, als dem Aufklärer-Ich ein boshaftes Monster, bezeichnet als Er, entgegentritt, eine Art begabter Marmeladow: aggressiv, boshaft, tückisch. Und der Aufklärer zeigt letztendlich Wirkung, muss, um nicht unterzugehen, den Dialog abbrechen. Raskolnikov wird den Dialog mit dem Irrwitz nicht abbrechen. Er begleitet ihn sogar nach Hause und setzt sich dem vergiftenden Gefühl dieses Verfallsmilieus halb bewusst, halb ohnmächtig aus.

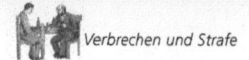

Der Außenseiter mittendrin. Raskolnikov ist wie ein Instrument, wie eine Sonde, die man in alle Milieus stecken kann. Ein Kollektor der Gesellschaft – ein Stück Antimaterie, Fremdkörper, Mann ohne Eigenschaften. Kein geniales Außenseiter-Genie. Eher ein eigenschaftsloser Mann aus dem Untergrund, ein verdeckter Ermittler in Sachen ›Sinn des Daseins‹.

Als Raskolnikov am nächsten Tag in einer »galligen, reizbaren und bösen Stimmung« erwacht, erreichen ihn neue Impulse der Außenwelt: ein zwei Lot schwerer Brief der Mutter steigert seinen Gefühlsaufruhr: Tränen, Schwermut, Galle, böses Lächeln, Beklommenheit treiben ihn nach draußen. Die Schwester soll mit einem gut situierten Kaufmann verheiratet, das heißt: an ihn verkauft werden – alles rebelliert in Raskolnikov. Plötzlich sieht er vor sich eine abgerissene Fünfzehnjährige, wahrscheinlich vergewaltigt, unter Drogen. Er wirft sich engagiert zwischen sie und einen zudringlichen Passanten, ruft die Polizei, kaum ist die Polizei da, ist Raskolnikov schlagartig wie verwandelt und lässt das Mädchen und den sie verfolgenden Kavalier desinteressiert mit dem Satz: »Lassen Sie ihn doch. Was geht Sie das an? mag er doch seinen Spaß haben.« ihrer Wege ziehen. Kaum hat er sich abgewendet, resümiert er tieftraurig den vermutlich unaufhaltsamen Abstieg, der dieses Mädchen in den vollkommenen Ruin führen wird.

Man wird vielleicht den Eindruck, das starke Gefühl nachvollziehen können, das sich bei der Arbeit an Dostojevski einstellt, den Texten, auch dem Fall Dostojevskis nicht gewachsen zu sein. Quantitativ wie qualitativ. Man kratzt mit einem Schaber für die Windschutzscheibe an einem Eisberg herum. Dieses dumpfe, demütigende Gefühl zu haben und es für sich zuzulassen, ist zweierlei. Ich glaube, meistens ist man nicht geneigt, es zuzulassen. Es ist etwas im wörtlichen Sinn zutiefst Un-Gutes an dem Fall Dostojevski und an seinem Werk. Ich warne davor, sich mit dieser Borderline-Existenz (Spieler, Epileptiker, Todeskandidat) unreflektiert zu identifizieren. Es ist ein Leben am Rand des Abgrunds und entzieht sich bis zu einem gewissen Grad allgemeinmenschlicher Beurteilung, sein Leben in Stichworten:

Fjodor Michailowitsch Dostojevski wird am 11.11. 1821 als Sohn eines Armenarztes in Moskau geboren. Ab 1844 arbeitet er als freier Schriftsteller

Am 5. Mai 1849 Verhaftung Dostojevskis und aller anderen Mitglieder der Petraschweskij-Gruppe. Im September Prozess mit Todesurteil, dessen Umwandlung zu vier Jahren Katorga (Zwangsarbeit in Ketten) und vier Jahren Militärdienst in Sibirien erst auf dem Richtplatz verkündet wird.

1850–54 Strafhaft in der Festung Omsk (Sibirien). Auftreten der ersten Epilepsieanfälle. 1859 Rückkehr nach St. Petersburg

1865 Europareise. Große Spielverluste. Idee zu *Schuld und Sühne* in Wiesbaden

1866 Der Roman *Schuld und Sühne* erscheint in der Zeitschrift »Russkij Westnik«

Dostojevski flieht vor Gläubigern nach Europa, ist spielsüchtig und wird von Schulden erdrückt. Nur die letzten zehn Jahre seines Lebens verbringt er in einigermaßen geregelten finanziellen Verhältnissen.

Dostojevski stirbt am 9. Februar an den Folgen eines Blutsturzes in St. Petersburg.

Mit üblichen Kategorien, einfältigen Schemata (wie ›gut und böse‹, ›sozial und asozial‹ und selbst ›Schuld und Sühne‹) kommt man ihm nicht bei. Nicht mit Ethik und erst recht nicht mit Theologie. Nicht mit psychologischer Annäherung und nicht mit philologischer Distanz. Kaum ein Autor fordert mehr zu weltanschaulichen Diskussionen heraus, und kaum einen entstellt man mehr durch allgemein weltanschauliche Überlegungen. Es ist kein metaphysischer Roman, dessen ideologische Bedeutung man knacken müsste. Es ist auch kein Roman, den man einfach auf die Krimiebene aus Täterperspektive reduzieren könnte. Im Labyrinth der Dialoge und der Echos von Dialogen geht die lineare Anordnung verloren, und wir treiben im Mahlstrom von Möglichkeiten: Argument – Gegenargument – Argument gegen das Gegenargument und auch dessen Überwindung. Für Dostojevski und seine Figuren gibt es keinen Schlusspunkt, und auch ein Geständnis am Ende eines quälenden Verhörs bringt letztlich keine Sicherheit. Ein Geständnis ist auch nur eine Möglichkeit. Wüssten wir nicht, dass die Morde tatsächlich geschehen sind, durch das Geständnis selbst jedenfalls wüssten wir es nicht mit größerer Sicherheit. Diese Romane sind die Vorwegnahme all dessen, was Italo Calvino in seinen Thesen für eine Literatur des XXI. Jahrhunderts vorausgedacht hat: Labyrinth, Kombinatorik, Netzwerk, Vielschichtigkeit, flottierender Treibsand statt gerader Weg, ent- oder weder, Zugseil, Eindeutigkeit und Betonplatte. Die ideologischen Plattenbaumeister des sozialistischen Realismus wussten schon, weshalb sie mit ihm nichts anfangen konnten. Dieser Autor bietet keine Orientierung, keinen positiven Horizont. Keine ›Bedeutung‹. Keine Schuld. Keine Sühne. Keinen letzten Sinn.

Ein Todesurteil heißt zum Beispiel ein kleiner Artikel aus dem Jahr 1876, in dem er eine Lebens- beziehungsweise Sterbens-Möglichkeit jenseits der untauglichen Kategorien von ›gut‹ und ›böse‹ skizziert beziehungsweise wiederum in Form eines Strafverfahrens aburteilen lässt:

»[...] Da ich von der Natur auf meine Fragen nach dem Glück durch meine eigene Erkenntnis nur die Antwort erhalte, dass ich nicht anders als einzig in der Harmonie des Ganzen glücklich sein könne, ich aber diese Harmonie nicht verstehe und offenbar niemals zu verstehen imstande sein werde, –

da die Natur mir nicht nur nicht das Recht abspricht, von ihr Rechenschaft zu fordern, sondern mir sogar überhaupt nicht antwortet, - und das nicht deshalb, weil sie etwa nicht antworten will, sondern deshalb, weil sie auch gar nicht antworten kann, –

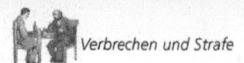

da ich mich überzeugt habe, dass die Natur mir zum Beantworten meiner Fragen mich selber bestimmt hat (mir unbewusst), und mir auf meine Fragen durch meine eigene Erkenntnis antwortet (denn ich sage mir das doch alles selbst), –

da ich schließlich bei einer solchen Einrichtung die Rolle sowohl des Klägers wie des Beklagten, des Richters wie des Angeklagten gleichzeitig auf mich nehme, diese Komödie aber von Seiten der Natur so dumm finde und diese Komödie zu ertragen meinerseits sogar für erniedrigend halte, –

so verurteile ich in meiner fraglosen Eigenschaft als Kläger und Beklagter, als Richter und Angeklagter diese Natur, die mich so rücksichtslos und unverschämt zum Leiden erschaffen hat, zugleich mit mir zur Vernichtung ... Da ich aber die Natur nicht vernichten kann, so vernichte ich mich allein, einzig weil es mich langweilt, eine Tyrannei zu ertragen, bei der es keinen Schuldigen gibt.«

Das ist eine Kühnheit des Denkens und eine existentielle Wucht der Sprache, die auf Camus *Fremden* oder Kafkas *Prozess* vorverweist. Ein vehementer Protest gegen die Denk- und Sprachmodelle des 19. Jahrhunderts, des »Zeitalters gusseiserner Begriffe«.

Mit all diesen Bildern im Kopf kratzen und schaben wir weiter am Eisberg Dostojevski herum. Vom Verschwimmen des Standpunkts war die Rede. Vom Entstehen und Sich-Verflüchtigen der Kausalitäten; von einem exzessiven Ineinanderfließen von Außen und Innen:

»Bring sie um und nimm ihr Geld, um dich mit seiner Hilfe dem Dienst der Menschheit und der Allgemeinheit zu widmen: Glaubst du nicht, dass ein einziges, allerwinzigstes Verbrechen durch Tausende von guten Taten wettgemacht wird? Ein Leben als Preis für Tausende von Leben, die vor Verfall und Fäulnis gerettet werden – ein Tod gegen hundert Leben – das ist doch Arithmetik! Und was bedeutet überhaupt auf der allgemeinen Waage des Lebens dieser schwindsüchtigen, beschränkten und bösen alten Frau? Kaum mehr, als das Leben einer Laus, einer Küchenschabe, ja, nicht einmal soviel, weil diese alte Frau Schaden anrichtet. Sie zehrt anderen am Leben: Neulich hat sie Lisaweta aus Wut in den Finger gebissen; um ein Haar hätte man ihn amputieren müssen!« [...]

Raskolnikov war in hellster Aufregung gewesen. Gewiss, das waren ganz alltägliche und ganz verbreitete Gespräche und Ideen, die er mehr als einmal, wenn auch in anderer Form und über andere Themen, mitangehört hatte. Aber warum hatte er dieses Gespräch und diese Idee ausgerechnet in einem Augenblick mithören müssen, da sich in seinem Kopfe gerade...genau dieselben Ideen regten? Und warum musste er ausgerechnet jetzt, nachdem er mit dem Keim seiner Idee die Alte verlassen hatte, die Unterhaltung über die alte Frau mitanhören? ...Dieses Zusammentreffen mutete ihn stets seltsam an. (I, Kap. 6)

Überwältigt von einer Nervenattacke, die seinen Kopf in ein pyrotechnisches Laboratorium verwandelt, verfällt er in einen grausamen Albtraum, wacht auf,

– und ist im Nu ›dressed to kill‹: längst hat er einen speziellen Überzieher mit einer eingenähten Schlinge so präpariert, dass er die Axt unauffällig transportieren kann. Dazu statt des Hutes eine unauffällige Kappe. Einerseits glasklar-vorsätzlich, zugleich halluzinatorisch passiv die Tat:

[...] *Ich gehe eben mal hin und probiere es, man kann doch nicht ewig träumen!« –, und hatte es vom ersten Augenblick an nicht ausgehalten, hatte sich auf dem Absatz umgedreht und war davongelaufen, wütend über sich selbst. Indessen hatte er, so sah es wenigstens aus, sämtliche Analysen, die die moralische Seite des Problems betrafen, bereits abgeschlossen: Seine Kasuistik war scharf wie ein Rasiermesser, und er stieß in seinem Inneren auf keine vernünftigen Einwände mehr. Aber in diesem Punkt traute er einfach sich selbst nicht und suchte hartnäckig, sklavisch nach weiteren Einwänden, in allen Richtungen, rastlos, wie unter Zwang – genötigt. Der gestrige Tag aber, der so unerwartet angebrochen war und alles auf einen Schlag entschieden hatte, übte eine fast mechanische Wirkung bei ihm aus: Als habe ihn jemand bei der Hand genommen und zöge ihn hinter sich her, unabwendbar, blindlings, mit übernatürlicher Kraft, keinen Widerspruch dulden. Als wäre er mit einem Zipfel seiner Kleidung in das Rad einer Maschine geraten und würde nun langsam in sie hineingezogen. (I, Kap. 6)*

»Seine Kasuistik war scharf wie ein Rasiermesser«, innerhalb dieser dreht sich nun alles um die Fragen: Kommen sie? Wann? Wie sind die Umstände? Wie werde, wie soll ich mich verhalten?

So etwas ist mir noch nie passiert! Ich habe noch nie etwas mit der Polizei zu tun gehabt, warum ausgerechnet heute?«, grübelte er in qualvoller Ungewissheit. »Mein Gott, wenn es nur bald vorbei wäre!« Schon war er niedergekniet, um zu beten, musste aber sogar laut lachen, nicht über das Beten, sondern über sich selbst. Dann begann er, sich hastig anzukleiden. »Und wenn ich ganz zugrundegehen soll, dann gehe ich eben zugrunde – ganz egal! Ich muss den Strumpf anziehen«, fiel ihm plötzlich ein, »er wird durch den Staub noch schmutziger, und die Spuren verschwinden. »Kaum aber hatte er den Strumpf angezogen, als er ihn voll Entsetzen und Ekel wieder vom Fuß riss. Er riss ihn vom Fuß, aber sobald ihm einfiel, dass er keinen Ersatz hatte, hob er ihn wieder auf, zog ihn wieder an – und musste wieder lachen. »Alles Konvention, alles relativ und alles bloß Formsache«, dachte er flüchtig, gleichsam am Rande des Gedankens, während er am ganzen Körper zitterte, »denn ich habe ihn ja doch angezogen! Am Ende habe ich ihn ja doch angezogen!« Das Lachen schlug übrigens sofort in Verzweiflung um. »Nein, das geht über meine Kraft«, ging es ihm durch den Kopf. Seine Beine zitterten. »Vor Angst«, murmelte er vor sich hin. Es schwindelte ihn, und er hatte Kopfschmerzen vor Fieber. »Das ist eine Falle! Sie wollen mich in die Falle locken und plötzlich überführen«, grübelte er weiter, als er ins Treppenhaus trat. »Schlimm, dass ich beinahe Wahnvorstellungen habe...Ich könnte mich blöd verplappern.« (II, Kap. 1)

Die Vielfalt selbstständiger und unvermischter Stimmen und Bewusstseine, die echte Polyphonie vollwertiger Stimmen ist die Haupteigenschaft der Romane Dostojevskis. Nicht eine Vielzahl von Stimmen im Licht eines Autorenbewusstseins, sondern eine Vielfalt gleichberechtigter Bewusstseine in der Einheit eines Ereignisses, das wie in einer Zeitlupeneinstellung der Wahrnehmungssensorien wieder und wieder durchlebt wird. Ein in sich selbst verstricktes Ich leuchtet sich in immer neuen Suchläufen aus, ohne letztlich auf den Grund seines Wesens zu gelangen. Viele Autoren haben es sich zur Aufgabe gemacht, eine ihrer Figuren aus dem Blickwinkel einer wie auch immer gearteten erzählerischen Instanz zu begreifen. Auch bei Dostojewsky gibt es diesen Erzähler. Bei ihm aber dominiert nicht der Erzählende die erzählte Figur. Man hat im Gegenteil mehr und mehr den Eindruck, dass die Figur sich des Erzählers bemächtigt und ihn in ihren Bann schlägt. Und jeder Versuch, die alten Machtverhältnisse wieder herzustellen in eine unendliche Spirale der ›Insubordination‹ führt. Einer wie Raskolnikov tötet nicht nur mit dem Beil, er erschlägt, infiltriert, ertränkt bis zu einem gewissen Grad alle um sich her. Jeder wird zu einem Mitakteur des Denk- und Empfindungssystems Raskolnikov, zum Irrläufer innerhalb des Labyrinths ›Raskolnikov‹.

Der Protagonist seinerseits aber gerät auf nicht weniger beklemmende Art und Weise in den Sog der auf ihn einwirkenden Kräfte, Stimmen, Meinungen um ihn her. Was mit der Fiktion eines abgehobenen, arrogant distanzierten Blicks auf die Welt begann, wird immer mehr zum Endspiel eines Traumatisierten der längst zum Objekt und Opfer seiner eigenen Wahrnehmung geworden ist. Bald spricht er mit sich selbst, versucht sich einen Sachverhalt zu erklären und sich zu entschuldigen, um sich im nächsten Moment aufs Vehementeste zu attackieren oder die Analyse in scheinbar nebensächlichen Bemerkungen aufzulösen. Rohheit des Denkens, hypersensible Empfindlichkeit, kalter Intellekt und Sentimentalität lösen sich ebenso unvorbereitet ab wie vollständige Nüchternheit im Umgang mit der Situation und autistischem Rückzug, Selbstdeutung, Selbstentblößung und Selbstverlust. Vorwürfe und Selbstvorwürfe werden bei ihm zu Synonymen. Im freien Fall die letzten Fäden der Orientierung:

In der Tiefe, unten, dem Auge kaum noch erkennbar, erschien seine Vergangenheit von einst, seine Gedanken von einst, die Ziele von einst, die Fragen von einst, die Eindrücke von einst, dieses ganze Panorama und er selbst und alles, alles…Es kam ihm vor, als fliege er auf, in die Höhe, und alles entschwinde seinen Augen…Als er eine unwillkürliche Bewegung mit dem Arm machte, fühlte er plötzlich in seiner Faust das Zwanzig-Kopeken-Stück. Er öffnete die Faust, betrachtete die Münze aufmerksam, holte aus und warf sie ins Wasser…Dann drehte er sich um und ging nach Hause. Er hatte das Gefühl, als hätte er sich eigenhändig, wie mit einer Schere, von allen und allem abgeschnitten. (II, Kap. 2)

Das Geständnis als Rettung

In dieser umgestürzten Welt und Weltordnung bleibt nur noch eine ultimo ratio, um sich zu retten: die Anklage, das Geständnis, die Strafe. Im Normalfall versucht der Delinquent der Verurteilung so lange wie irgend möglich auszuweichen. Selbst in Kafkas Urteil wird das Überlebensritual der Selbstverteidigung nach allen Regeln der Erzählkunst detailversessen entfaltet. Bei Dostojevski wird das Geständnis zum Beginn eines neuen Lebens. Jede beliebige Szene, wie die einer Episode um ein 20 Kopekenstück kann zum Einfallstor einer existenziellen Grenzerfahrung werden:

»Nimm, Väterchen, um Christi willen.« Er behielt das Geld, und die beiden gingen weiter. Es waren zwanzig Kopeken. Seinem Aufzug, seinem Aussehen nach mochten sie ihn ohne weiteres für einen Bettler gehalten haben, der auf der Straße um eine Kopeke bettelt, und dieses Zwanzig-Kopeken-Stück verdankte er wahrscheinlich dem Peitschenhieb, der ihr Mitleid erregt hatte.

Er schloss die Hand fest um die Münze, ging etwa zehn Schritte weiter und wandte dann sein Gesicht der Newa zu, in Richtung auf das Palais. Der Himmel war wolkenlos und das Wasser fast blau, was bei der Newa selten ist. (II, Kap. 2)

Wenig später verlagert sich der Blickwinkel mehr und mehr nach innen und das Panorama der Stadt mutiert sich zu Gehirnlandschaft – durchstreift von Erinnerungsfetzen und memorierten Stimmen:

Der Schmerz des Peitschenhiebes hatte nachgelassen, und Raskolnikov wusste nichts mehr von dem Schlag; jetzt beschäftigte ihn ausschließlich ein beunruhigender und nicht klarer Gedanke. Er stand da und schaute lange und unverwandt in die Ferne; diese Stelle war ihm besonders vertraut. Als er noch die Universität besucht hatte, war er gewöhnlich – meistens auf dem Heimweg – gerade an dieser Stelle stehengeblieben, hatte aufmerksam dieses wirklich prachtvolle Panorama betrachtet und sich jedesmal über einen gewissen undeutlichen und unerklärlichen Eindruck gewundert. Eine rätselhafte Kälte hatte ihn stets aus diesem prachtvollen Panorama angeweht: für ihn war dieses prachtvolle Bild von einem stummen und tauben Geist erfüllt gewesen. Jedesmal hatte er über diesen düsteren und geheimnisvollen Eindruck gestaunt und die Lösung des Rätsels, die er sich noch nicht zutraute, in die Zukunft hinausgeschoben. Jetzt erinnerte er sich plötzlich mit aller Deutlichkeit seiner früheren Fragen und Zweifel, und es schien ihm, als erinnere er sich ihrer nicht zufällig gerade in diesem Augenblick. Sonderbar und verwunderlich kam ihm schon der Umstand vor, dass er an derselben Stelle wie früher auch jetzt noch wie früher dasselbe denken und sich für die gleichen Themen und Bilder interessieren könnte, die ihn vor...vor gar nicht so langer Zeit bewegt hatten. Er fand das beinahe komisch, zugleich aber spürte er einen fast schmerzhaften Druck in der Brust. (II, Kap. 2)

Schließlich aber zerspringt auch der Zerrspiegel des Inversion, der Introversion und das ich zerreißt.

Raskolnikov schob mit der Hand das Wasser beseite und sagte leise, mit Pausen, aber deutlich:

»Ich habe damals die alte Beamtenwitwe und ihre Schwester Lisaweta mit dem Beil erschlagen und beraubt.«

Ilja Petrowitsch riss den Mund auf. Von allen Seiten lief man herbei.

Raskolnikov wiederholte seine Aussage...

...

...

(III, Kap. 8)

Natürlich geht diesem Geständnis ein Verhör voraus. Über viele Seiten hinweg erleben wir ein Verhör, in dem der ermittelnde Richter alle psychologischen Register zieht, um den widerständigen Verdächtigen in die Enge zu treiben. Das oben zitierte Gespräch aber erfolgt – völlig unerwartet und letztlich auch ohne zwingende äußere Notwendigkeit.

Dem Geständnis voran geht ein anrührendes Treffen mit der unschuldigen Sonja, die Raskolnikov mit aufopfernder Treue liebt. Sonja, die, ohne, dass Raskolnikov dies wusste oder wahrhaben wollte, längst zu seiner eigentlichen Bezugsfigur geworden war und deren warnende Stimme von ihm Besitz ergriffen hatte. So sehr, dass nun ein erster Moment wahrer Empfindung und damit verbunden sozialen Gefühls wahrnehmbar wird:

[...] aber als er die Mitte des Platzes erreicht hatte, wurde er plötzlich von einer einzigen inneren Bewegung erfasst, ein einziges Gefühl bemächtigte sich mit einem Mal seiner, füllte ihn aus – Leib und Seele.

Plötzlich erinnerte er sich an Sonjas Worte: »Geh, stell dich auf eine Kreuzung, verneige dich vor allen Menschen, küsse die Erde, weil du dich auch an ihr versündigt hast, und sage laut vor der ganzen Welt: ›ich bin ein Mörder!‹« Als er sich an diese Worte erinnerte, begann er am ganzen Körper zu zittern. Und so schwer hatten auf ihm die ausweglose Pein und Unruhe dieser ganzen Zeit, besonders der letzten Stunden gelastet, dass er sich der Möglichkeit ungebrochenen, neuen, vollen Gefühls rückhaltlos überließ. Es kam wie ein Anfall plötzlich über ihn: Als Funken war es in seiner Seele aufgeglommen, und plötzlich schlugen Flammen über ihm zusammen. Mit einem Mal löste sich alles in seinem Innern, und die Tränen strömten unaufhaltsam. Da, wo er stand, stürzte er zu Boden. (III; Kap. 8)

Mit einem Mal ist die Sprache der artifiziellen Philisopheme, der rabulistischen Finessen und Finten an ihr Ende gekommen: Dinge – ein kleines Kreuz, ein paar Kopeken für einen Bettler – und Gefühle sprechen, der Körper spricht und dringt in eine Zone der Wahrheit und Wirklichkeit vor, die bislang terra incognita des Protagonisten war.

Archipel und Gulag

Der Roman, den wir vor uns haben, die Geschichte, die uns erzählt wurde, endet mit einem Epilog. 8 Jahre Sibirien: Festung, Arbeitslager. Zuchthaus. Während der Sohn im Lager sitzt, stirbt seine Mutter. Die Schwester heiratet dem getreuen Freund Rasumichin. Eine Hochzeit unter traurigen Vorzeichen. Die Kritik neigt noch immer dazu, von einer großen Läuterung zu schwärmen. Von der Rückkehr in die Gemeinschaft der Menschen unter christlichen Vorzeichen, zu sprechen was eine beachtliche Verstellung der Textwirklichkeit darstellt. ›Verletzter Stolz‹ und eine ans Mark greifende Resistenz gegen das Phänomen der ›Schuld‹-Anerkenntnis bestimmen Raskolnikovs auch im Gulag:

»*So streng er auch mit sich ins Gericht ging, sein verstocktes Gemüt fand keine besondere Schuld in seiner Vergangenheit, höchstens einen gewöhnlichen Fehler, der jeden hätte unterlaufen können. [...]*«

»*Warum, warum*«, dachte er, »*war meine Idee dümmer als andere Ideen und Theorien, die durch die Welt schwärmen und aufeinanderprallen...Ihr Stecknadelkopfdenker...die alle auf halbem Weg stehenbleiben...was bedeutet das Wort ›Verbrechen‹? Mein Gewissen ist ruhig.*« (Epilog, Kap. 2)

Als Sonja, die ihn begleitet, erkrankt, denkt er an sie, bekennt er sich zur Liebe zu ihr. Ein neues Leben könnte beginnen. Dafür steht genau ein Satz zur Verfügung. Dann ist die Geschichte zu Ende. Es bedarf schon einer beachtlichen interpretatorischen Leistung, um daraus etwas wie eine Läuterung oder gar Erlösungsartiges abzuleiten. »Schuld und Sühne« klingt schon in der Wortwahl bedeutsam und bergend. Ein Hauch Pathos, Gesetz und Erlösung schwingt mit. Ungleich nüchterner lautet der Titel wörtlich übersetzt: »Verbrechen und Strafe« steht da ganz einfach und es bereitete der wunderbaren Übersetzerin Svetlana Geyer keine geringen Mühen, diesen ausgenüchterten Titel beim Verlag gegenüber dem schwelgerischen »Schuld und Sühne« durchzusetzen. Als ob es so schwer wäre Dostojevskis Roman als das zu akzeptieren, was er ist. Die Dokumentation eines extremen, extremistischen Selbstexperiments. Im Vakuum der Werte. Zugleich aber auch als der bannende und verzweifelte Versuch, die zerfallenen Bestandteile des Wesens Mensch: Kopf, Herz und Körper für Augenblicke wieder notdürftig zusammenzuflicken.

Literaturverzeichnis

- Dostojevski, Fjodor: *Verbrechen und Strafe*. Übers. Geier, Swetlana Ammann. Zürich. 1994.

- Diderot: *Rameaus Neffe. Ein Dialog von Diderot. Aus dem Manuskript übersetzt und mit Anmerkungen begleitet von Goethe.* G. J. Göschen. Leipzig. 1805.
- Dostojevski, Fjodor : *Tagebuch eines Schriftstellers.* Übers. v. Rashin, E. K. Piper. München. 1980.

Fjodor Michailowitsch Dostojevskij

Vita
*11.11.1821   Moskau
†9.02.1881   Sankt Petersburg

1834	St.Petersburger Schule für Pioniere
1838	Besuch der Ingenieurschule der Militärakademie
1839	Ermordung des Vaters
1843	Technischer Zeichner im Kriegsministerium
1849	Verhaftung mit Verurteilung zum Tode.
1854	Vierjährige Haft; erste epileptische Anfälle, Omsk Fünfjähriger Militärdienst, Semipalatinsk
1857	Heirat mit Maria Dmitijewna Issajewa
1859	Entlassung aus Sibirischen Straflager
1864	Tod der Ehefrau
1867	Zweite Ehe mit Anna Grigoriewna Snitkina

Werke
1846   Dvojnik
        Der Doppelgänger
1860   Zapiski iz mërtvogo doma
        Aufzeichnungen aus einem Totenhaus.
1864   Zapiski iz podpol'ja
        Aufzeichnungen aus einem Kellerloch(erschienen in der neunen Zeitschrift die Epoche)
1866   Prestuplenie i nakazanie
        Schuld und Sühne/Verbrechen und Strafe
1867   Igrok
        Der Spieler. Aus den Erinnerungen eines jungen Mannes.
1868   Idiot
        Der Idiot
1879   Brat'ja Karamazovy
        Die Brüder Karamasow

Im Archiv der Albträume:
Raabes »Die Akten des Vogelsangs«

Es gibt nichtssagende Romantitel. Es gibt solche, die das Verstehen eines Werks verrätseln. Und es gibt solche, die wie eine Nuss den Kern des Ganzen in sich bergen: *Die Akten des Vogelsangs* ist ein solcher Titel, der – in nuce – eine Programm-Formel enthält. Beim Begriff »Akten« denkt man an Verwaltung, Bürokratie, Ordnungsapparat. Eher an Pedanterie als an Poesie. Während der suggestive Name »Vogelsang« etwas eher fröhlich-Naturhaftes evoziert. »Akten des Vogelsangs« – genauso gut könnte man vom ›Finanzamt der Träume‹, der ›Verwaltungsbehörde für Poesie‹ sprechen. Es scheint nicht zusammenzupassen, scheint ein Widerspruch in sich selbst zu sein. Ein Gegensatz, ein Riss geht durch den Titel, ebenso wie durch den Roman.

Dieser gegenläufige Aufbau der Weltbilder lagert sich an zwei nicht minder gegenläufige Figuren an: Karl Krumhardt und Andreas Velten, Freunde seit der Kinderzeit im Braunschweiger Stadtviertel »Vogelsang«. Die Geschichte ist einfach konzipiert: die Lebensumstände haben die beiden auf extrem unterschiedliche Bahnen getrieben, aus Krumhardt ist eine Art von Innstetten geworden – man kennt den Typus ja aus der Klischeefabrik der Lesebücher des 19. Jahrhunderts: nüchtern, trocken, ordnungssteif. Den anderen, Velten, hat es aus der bürgerlichen Ordnung ver-rückt, ›kurioser‹ Kerl, Phantast und Taugenichts – ein Derivat des Crampas-Typus. Das 19. Jahrhundert scheint abonniert auf diesen Kampf der Kulturen. Unzählige Male findet dieses symbolische Duell zwischen bürgerlicher Welt und nicht-bürgerlicher Welt in den Romanen statt; ein elementares gesellschaftliches Problem des 19. und 20. Jahrhunderts, das ins Mark der sozialen Befindlichkeit trifft und sehr viel weiter führt als nur bis zur Konfrontation zweier Berufsbilder. Wie schon bei Gottfried Keller geht es um das systematische Durchsetzen eines dominanten Ordnungssystems. Dostojevskis Wort vom »Zeitalter gusseiserner Begriffe« trifft den Sachverhalt, um den es zu tun ist, im Kern. Wenn man solche scheinbaren Nebensächlichkeiten in Erwägung zieht, dass alle späteren ›Versager‹ als von alleinlebenden Müttern erzogene Söhne dargestellt werden (Heinrich, Velten, sogar Dostojevskis Raskolnikov), während die erfolgreich Angepassten wie Instetten und Krumhart als vaterorientiert markiert werden, wird der patriarchale Symbolcharakter sogar offenkundig.

Freilich liegt die besondere Note des Vogelsang-Romans nicht nur in diesem gesellschaftsspezifischen Gegeneinander. Noch wichtiger als die Positionen selbst ist die Konfiguration, die Konstruktion, die erzählerische Eklipse, unter der die Geschichte kommuniziert wird. Es gibt Bücher, die sich die Zeit nehmen, den Leser behutsam in den jeweiligen Erzählkosmos einzuführen. Andere setzen relativ abrupt ein. In Raabes Roman wird unvermutet die Tür aufgerissen beziehungsweise ein Aktenordner aufgeschlagen und man ist so schnell drin, dass sich die berühmte Frage erst gar nicht stellt; Information pur und im Detail, ohne Wenn und Aber und ohne jede Vorbereitung:

Ein Brief und seine Folgen

An einem Novemberabend bekam ich (der Leutnant der Reserve liegt als längst abgetan bei den Papieren des deutschen Heerbanns), Oberregierungsrat Dr. jur. K. Krumhardt, unter meinen übrigen Postsachen folgenden Brief in einer schönen, festen Handschrift, von der man es kaum für möglich halten sollte, dass sie einem Weibe zugehöre. (S. 731)

Name, Stand, Identität – wie wenn einer den Pass aufschlägt. Ein Blick und wir wissen, wen wir vor uns haben, was er war, ist und ein Stück weit auch, wer er ist, das heißt, wie er beschaffen ist. Wie ist man früher um die Frage nach der Identität herumgeschlichen, hat man sich an ihr entlang getastet, hat man mit ihr gespielt, sie spielerisch mystifiziert, wie Sternes *Tristram Shandy*, sie soziologisch typisiert (Balzac), sie psychologisch konturiert und emotional grundiert (Dickens). So plan, glatt, positivistisch wie hier war es noch nie.

Im Grunde stellen diese vier Zeilen bereits einen vollständigen sozialen Fingerabdruck der Figur dar. Wir kennen nicht nur seinen Rang als Beamter. Wir wissen vor allem, von welch selbstverständlicher und existentieller Bedeutung ihm diese Zuordnung ist und war. Wissen darüber hinaus, dass diesem Denken in Termini des Status und der Hierarchie bei ihm nichts Hochmütiges oder Präpotentes anhaftet, sondern zum vollständig Natürlichen, zur zweiten Haut geworden zu sein scheint, zum ebenso selbstverständlichen Reflex, wie übrigens auch jene unbewusst-selbstverständliche Minderachtung von Frauen, die soweit geht, dass bereits ein anständig geschriebener Brief von einer Frau ihn regelrecht überrascht.

Helene Trotzendorff, so heißt die Verfasserin des Briefes, verfügt über einen Stil, der geeignet ist, selbst einen Beamten durch Prägnanz und schnörkellose Sachlichkeit zu beeindrucken; auch hier wird auf behutsame Hinführung verzichtet:

Lieber Karl!

Velten lässt Dich noch einmal grüßen. Er ist nun tot.

»Ihr Mann ist tot und lässt Sie grüßen«, heißt es bei Goethe, und Mephisto will mit diesem forcierten Gestus sachlicher Information vor tragischem Hintergrunde durchaus frappieren und schockieren. Was Helene damit will, und ob sie mit dieser Anomalie der Kurzmitteilung überhaupt einen Effekt erregen oder einen Affekt ausdrücken will, bleibt dahingestellt. Trotz seines anrührenden Inhalts verzichtet das Schreiben auf jeden gefühlsbetonten Gestus; das einzige Zeichen von Vertrautheit, die Wendung an ein »Du«, bleibt nicht unkommentiert und ohne Sentimentalität. Am Anfang steht der Bericht über einen Tod, der nicht Trauer, sondern das Gefühl' einer durchdringenden »Leere« hinterlässt. Die Briefschreiberin berichtet:

Er ist allein geblieben bis zuletzt, mit sich selber allein [...] [E]r hat die Leere um sich gelassen [...].

Fast folgerichtig, dass auch in dem einseitigen Brief nicht eigentlich vom Toten und etwa den Umständen des Todes die Rede ist; statt dessen reflektiert Helen Trotzendorff alias »Widow Mungo«, wie sie sich zugleich nannte, über den »hohlen Ton« dieses Briefes aus der Vergangenheit oder eigentlich in die Vergangenheit. Über den »leeren Raum«, in dem sich das Leben und auch diese Mitteilungen bewegen. Sie versucht, klarzumachen, dass dieser Brief keine sentimentale Brücke in ein nicht mehr vorhandenes Kindheitsland schlagen möchte. Noch auch eine gewesene Vertraulichkeit herstellen möchte. Noch in den jetzigen »häuslichen Frieden« einbrechen will. Im Gegenteil. Dieser Brief bedeutet kein Wiederanknüpfen, sondern ist Abgesang:

Von jetzt an, lieber Karl, gedenke meiner als einer mit dem Freunde zu den Toten Gegangenen [...].

konstatiert die Schreiberin und fügt müde hinzu, dass sie zwar noch vieles sagen könnte, aber nichts mehr zu schreiben wisse.

Nach der Lektüre dieses Schriftstücks sitzt der Herr Ministerialrat verstört zwischen seinen Aktenbergen, die auch den Schreibtisch zu Hause füllen. Aufgewühlt, zumindest verwirrt, gibt er den Brief seiner Frau, die ihn liest, erschreckt zur Seite legt, und ihn erst bei Tageslicht wieder weiterlesen will. Verwirrt der Mann – erschrocken die Frau. Fragt man nach den Gründen für den Schock, den dieses als »entsetzlich« und »unheimlich« beschriebene Schriftstück in die Wohnung trägt, muss man sich noch einmal den nahezu sakralen Bedeutungsgehalt des bürgerlichen Wohn- und Lebensraumes und Innenraumes vergegenwärtigen. Fassade und Binnenbezirk – zwischen diesen beiden Polen bewegt sich die bürgerliche Familienexistenz, der (in den siebziger Jahren) alles Weltläufige, frei Flottierende, Migrante, Offene abhanden gekommen ist.

Abgeschottet von Stoffschabracken, Paravents, Tapeten und Behängen, nistet man sich in einer Kunstwelt aus Trockenblumen, Tropenpflanzen, pseudomittelalterlichen Stilmöbeln und Kunstkopien ein. Man hat das Gefühl, kein Lufthauch und Windstoß würde je durch diese hermetischen Wohngehäuse fahren. Und auch was die soziale Menschenwelt betrifft, so sehnt sich das bürgerliche Dasein der zweiten Hälfte des 19. Jahrhunderts nach in sich geschlossenen, hermetischen Konfigurationen: Freytags Ahnen-Epos ist ein Produkt dieser auf

Wiederholung angelegten Reihenstruktur: Repräsentative Verbundordnung, generationsweise geklont und mental auf Dauer gestellt, scheint das Leitbild dieser Kultur der Serienindividualität im ›Zeitalter ihrer technischen Reproduzierbarkeit‹ zu sein. Was für den kleinen Heinrich Lee der grüne Rock des Vaters war, ist für Karl Krumhardt das »Bild [s]eines seligen Vaters mit dem [...] Verdienstkreuz erster Klasse auf der Brust« als Reproduktion in Lebensgröße über dem Schreibtisch.

Wildwuchs, – das Effi-Syndrom –, unerwünscht. Alle Einbildungskraft – suspekt; der Weg nach draußen, ins Freie – eine Schreckensvision. Der Brief aus der Fremde notwendig ein beunruhigendes Symptom. Besonders in dieser unkonventionellen Stillage und Uneindeutigkeit, mit diesem unterkühlten Unterton. Dennoch, er ist nun einmal da, und er ist gelesen. Ist also wie ein Giftstoff in das ›gesunde‹ und geschlossene System eingedrungen und muss von den mentalen und psychischen Organen des familiären Körpers verarbeitet werden.

Raabe lässt folgerichtig seine Hauptfigur eine ganz besondere Technik der Auseinandersetzung mit Außenphänomenen entwickeln, die keinen wirklichen Bruch mit der persönlichen Grundstruktur beinhaltet. Wie wird ein Mensch der Aktenberge die beunruhigende, möglicherweise verdrängte Wirklichkeit zu bewältigen versuchen? Naturgemäß, indem er eine weitere Akte anlegt; eine Geheimakte unter dem Codewort »Vogelsang«; eine Privatakte, wobei jedoch »die Akte, die ich jetzt anlege [...], nicht eine Personalakte in der wirklichsten Bedeutung dieses Wortes ist«, so fügt dieser bürokratische Nachlassverwalter seines eigenen Lebens hinzu, nehme dies in seinen Augen den Aufzeichnungen nichts von ihrem Wert.

Dieser eigenartige Zugriff hat mit der speziellen Mentalität der Figur Karl Krumhardt zu tun und ist dennoch nur teilweise auf diesem Wege motiviert. Ein Stück weit nämlich hat Raabe diese Methode der verdeckten Ermittlung in eigener Sache zu dem von ihm bevorzugten Erzählmodell gewählt, verfeinert, ausgebaut. Eine »Erzählmaske« im Sinne Ecos, hinter der sich der Autor geborgen fühlen kann. Die ihn schützt und die der eindringenden Wirklichkeit einen Status der Unberührbarkeit, Eigengesetzlichkeit verleiht. Jede Akte ist ja letztlich ein Papierbündel ›Autonomie‹. Eine Datei, die den Sieg der Verwaltung über das Leben dokumentiert. Akten sind das exakte Gegenteil von Akteuren. »Akten« verwandeln Taten in »Geschehenes«; ad acta gelegt wird selbst ein Massenmord zu einer geordneten Anzahl von Daten. Auf professionelle Art wird durch den Akt der Aktenanlage Wirklichkeit formatiert und gestaltbar. Zugriff ohne Risiko. Und dennoch das Gefühl von Echtheit. Von Authentizität. Akten als eine Chiffre für textuelle Schizophrenie.

Somit ein ideales Instrument zur Herstellung realistischer Literatur. Denn die unternimmt es ihrerseits, genau dies zu tun: mittels des konventionellen Zeichensystems Sprache ›mimetisch‹ Realität zu verdichten, in Gestalt zu bringen, zu kopieren, zu imitieren, zu simulieren. Manchmal, wie bei Balzac, geraten diese Aktenstücke über die Gesellschaft so reichhaltig, dass sie später als Einstieg in eine Rekonstruktion der Wirklichkeit selbst dienen können. Kein Wunder also, dass Raabe von der Idee des aktenartigen Abarbeitens und Aufbereitens von Wirklichkeitspartikeln affiziert sein musste. Zumal in seinem Fall auch noch eine andere, spezifisch autobiographische Komponente nicht unterschlagen werden darf. Noch in seinem Lebensrückblick aus den neunziger Jahren erwähnt der 1831 geborene Wilhelm Raabe seinen Vater nachgerade als Inkarnation des Aktenwesens. Justizamtmann zu Stadtoldendorf, »Aktuar« am Amtsgericht.

Raabe hat seinen Vater gehasst. Er oder ich – mehrfach hat er sein Verhältnis zu ihm mit dieser ultimativen Formel umschrieben. Allein der frühe Tod seines Vaters habe verhindert, dass er als »mittelmäßiger Jurist, Schulmeister, Arzt oder gar Pastor« geendet hätte. Was er stattdessen tat, mag manche besorgt gestimmt haben. Abbruch einer Buchhändlerlehre, allmählicher Abbruch einer Reihe von Gasthöreraktivitäten an verschiedenen Universitäten mit dem Ziel, »noch etwas mehr Ordnung in der Welt der Dinge und Angelegenheiten« zu bringen. Dann, 1856, überrascht der Fünfundzwanzigjährige mit dem Erfolgsbuch *Chronik aus der Sperlingsgasse*.

Was er sonst noch geschrieben hat, spielt er später herunter, sieht sich ironisch als »Schriftsteller a. D.« und überlässt das Urteil der Nachwelt. Die hat zu seinen Ungunsten geurteilt. Bedauerlicherweise. Raabe ist vergleichsweise vergessen. Wenn, erinnert man sich seiner als eines harmlos-sentimental-humoristischen Trösters. Ein Fehlurteil, das demjenigen über Dickens in vielem ähnelt.

Diese Kanon-Verwerfung ist nicht zuletzt eine Konsequenz des Debakels der 48er-Revolution, die das Jahrhundert in zwei Teile schneidet. Alle Blütenträume gekappt und, wie Raabe eindrucksvoll formuliert, die ›Apathie zur Gottheit‹ gemacht. Ohne Respekt vor den siegreichen Wirklichkeiten, vor der triumphierenden Misere der Reaktion, hatte man doch gleichzeitig den Glauben an die einst gehegten Ideale eingebüßt. Wie durch einen scharf gezogenen Strich, so ein Zeitgenosse, sei die Empfindungs- und Ansichtswelt des vorigen Jahrzehnts von unserer gegenwärtigen getrennt. Eine Wirklichkeit, die der abgeschnittenen Erfahrung so sehr abhanden gekommen zu sein scheint, dass man sich ihr in der Tat nur mehr gleichsam rekonstruktiv, über die Auswertung von Aktendokumenten nähern kann.

Aktenberge und Fleischklumpen

In den Büchern, aus welchen wir unsere Moral schöpfen, steht noch viel von dem Herzen, welches auch Gemüt heißt, noch viel zu wenig von dem, welches ein zuckender, pulsierender Fleischklumpen unseres Körpers ist. (Ein Frühling, Kap. 2)

Einerseits also sterile Gartenlauben-Moral und eine Ästhetik, die sich wie ein Präservativ über den pulsierenden Fleischklumpen ›Leben‹ legt. Andererseits das Bewusstsein, dass alles Authentizitäts-Gehabe letztlich verlogen ist, weil es einen direkten Zugriff behauptet, der historisch nicht haltbar, gänzlich verschüttet ist. In dieser Situation erweist sich die Akten-Ästhetik mit einem Male als der ehrlichste Weg, der ›Sache Mensch‹ relativ unverstellt näherzukommen, ohne hautnahe Authentizität zu fingieren. Ein legitimer Weg, mittels einer Art von Archäologie des Erzählens sich der rekonstruierbaren Wirklichkeit der Menschen anzunähern. Recherche also nicht als Vorbereitung, sondern als Form des Erzählens: Archive, Bibliotheken, Mappen (die des Urgroßvaters bei Stifter), Chroniken, Kompilationen, Retrospektiven werden zum bevorzugten Medium des Realismus in seinem reflektierten Spätstadium. Die ›romantischste‹ Variante dieses Verfahrens kann man beim Blick in *Die Chronik der Sperlingsgasse* erlesen, wenn der Chronist schreibt:

Ich, der Greis – der zweiten Kindheit nahe, will von einem Kinde erzählen, dessen Leben durch das meinige ging wie ein Sonnenstrahl, den an einem Regentage Wind und Wolken über die Fluren jagen, die im Vorbeigleiten Blumen und Steine küsst und in derselben Minute das glückliche Gesicht der Mutter über der Wiege, die heiße Stirn des Denkers über seinem Buche und die bleichen Züge des Sterbenden streifen kann. Ich schreibe keinen Roman und kann mich wenig um den schriftstellerischen Kontrapunkt bekümmern; was mir die Vergangenheit gebracht hat, was mir die Gegenwart gibt, will ich hier, in hübsche Rahmen gefasst, zusammenheften, und bin ich müde – nun so schlage ich dieses Heft zu, wühle weiter in meiner schweinsledernen Gelehrsamkeit und kompiliere lustig fort an meinem wichtigen Werke *De vanitate hominum*, einem ausnehmend – dicken Gegenstande. (*Die Chronik der Sperlingsgasse,* Am 15. November)

Die Dachstube des Archivars als rückwärts gewandter Lebenskollektor: als »Traumbilderbuch«, »Schattenbild-Werfer«, »Verdopplungsmechanik« der eigenen Identität. Jedes vergilbte Blatt – eine vertrocknete oder auch getrocknete Lebensspur. Kondensiert, konserviert; verlebendigt:

Ich hab's mir wohl gedacht, als ich diese Bogen falzte, und ich hab's auch wohl mit aufgeschrieben, dass ihr Inhalt nicht viel Zusammenhang haben würde. Ich weile in der Minute und springe über Jahre fort; ich male Bilder und bringe keine Handlung; ich breche ab, ohne den alten Ton ausklingen zu lassen: ich will nicht lehren, sondern ich will vergessen, ich – schreibe keinen Roman!

[...] Ich segne doch die Stunde, wo ich den Entschluss fasste, diese Blätter zu bekritzeln, mit einem Fuß in der Gegenwart und Wirklichkeit, mit dem andern im Traum und in der Vergangenheit! – Wieviel trübe, einsame Stunden sind mir dadurch nicht vorübergeschlüpft sonnig und hell, ein Bild das andere nachzie-

hend, dieses festgehalten, jenes entgleitend: ein buntes, freundliches Wechselspiel! So schreibe ich weiter. (Am. 12. Januar)

Das Leben – ein Papierberg. Aber ein Berg Papier voller Leben. Jede Lektüre wird zum Wiederauferstehungs-, Wiedererlebens-Projekt. Der Chronist wird zum Animator. Das Medium Papier wird zur ›message‹ des (fast vergessenen) Lebens. Damit auch zum Gegenmittel gegen Frustration, Desillusion und Apathie dieser Phase der Zeit zwischen Realismus und Moderne. Das klingt so schön, dass es auch schon fast wieder zu klingeln beginnt: Bahnt sich da nicht eine neuromantische Wirklichkeitsflucht an? Raabe wäre nicht er selbst, wenn er diese Gefahr nicht bereits als junger Mann von 25 Jahren klar vor sich sehen würde: »›Stopp!‹«, ruft es mitten im Papierphantasierausch, »›Halt da! Entwickelt euch in euch selbst und – entschlaft an Euthanasie?‹ Bah!«

Im Vergleich mit dem Spätwerk der *Akten des Vogelsangs* sieht man, was aus dem schönen Konzept, aus der chronischen Aktensucht vierzig Jahre später geworden sein mag, wenn sich der über 65-jährige Raabe mittels dieses papierenen Mediums neuerlich der Wirklichkeit annähert: kein Poet – ein Oberregierungsrat, keine knisternde Chronik – nur mehr ein Ordner, kein Dachstübchen – ein Wohncontainer »Bürgerlichkeit«. Einer, der in seinen Jugenderinnerungen stochert wie in einem Aschehaufen. Aus der Asche steigen noch nicht ganz erkaltete, nachbarschaftliche Erinnerungen: Die Nachbarskinder, die Veltens, der Vogelsang unterm Osterberg, Zwetschgen, Birnen, Pflaumen, Würmer, Wildwuchs. Unser Haus, das Haus meines Vaters, des Oberregierungssekretärs Krumhardt, daneben Dr. med. Andres Veltens Witwe mit ihrem Velten; dazu, später, jenseits der grünen Gasse, Mrs. Trotzendorff from New York, mit ihrer Helene. Mein Gott, was waren das für wunderbare – Stopp! Halt! heißt es da wiederum, der Protokollant fällt dem Beinahe-Poeten (also sich selbst) ruppig in die Feder:

Wohin reißt mich dieses Rückgedenken? Bedenke dich, Oberregierungsrat, Dr. juris. K. Krumhardt und bleibe bei der Sache. (Die Akten des Vogelsangs, S. 735)

Und die Sache, die causa heißt nun einmal: Verfahren »in Sachen Trotzendorff gegen Andres, oder Velten Andres contra Witwe Mungo« – beziehungsweise ganz anders und eigentlich: das Ensemble all dieser Figuren gegen Karl Krumhardt. Denn von Beginn an wehte ein Hauch von Ominösem, Suspektem über diesen »anderen«, diesen, wie Vater und Mutter munkelten, »ins Wilde« wachsenden Anderen. »Da drüben« seien »Phantasterei und Lügen« an der Tagesordnung, Grundsätze seien ins Wanken gekommen – so dass dem wackeren Aktuar noch jetzt in der Rückschau ein Schwindelgefühl ankommt, das sich von Zeit zu Zeit Luft macht:

Welch eine Nachbarschaft! ... Bin ich nicht heute der einzige von uns dreien, der seine gesunden fünf Sinne exakt und werkmäßig beieinandergehalten und es nach bürgerlichen Begriffen (sehr wohlberechtigten!) zu einer soliden Existenz in der schwankenden Erdenwelt gebracht hat? (Akten des Vogelsangs, S. 740)

So und so ähnlich ermahnt sich Oberregierungsrat Doctor juris Karl Krumhardt immer wieder und verbietet es, sich den Gefühlen der abenteuerlichen, wundervoll lügenhaften, phantasievollen Kinder-Urwalds-Welt-Nostalgie zu öffnen. Er referiert stattdessen den geballten Schatz pädagogisch-pedantischer Handweisheiten gegen den Zauber poetischer Auf- und Ausbruchsphantasien à la Cooper, Lederstrumpf und Winnetou. Wie Velten sich damals Don Quijote-artig in den Sog der verbotenen Fiktionen hatte ziehen lassen – wie eine andere Madame Bovary willentlich den artistischen Einbildungen und Fiktionen nachzujagen – wollte ihm (insofern er sich zutreffend daran zu erinnern vermag) weder damals noch auch heute so recht in den Kopf. Wenn da nicht die abgedrängten Gefühle von damals – in den Akten wie gepresste Blumen gespeichert – noch immer in das Hier und Jetzt ihrer Rekonstruktion herüberduften würden. Und den Fluss der Aktenfeder auf unheimliche Weise irritierten:

Wie mir mein von Vorgesetzten und Untergebenen anerkannter guter Geschäftsstil abhanden kommt, je länger ich diese Blätter beschreibe, je klarer und deutlicher ich mir das zu Sinnen und Gedanken bringe, was ich hier dem Papier übergebe! Was bis jetzt das Nüchternste war, wird jetzt zum Gespenstischsten. Sie wackeln, die Aktenhaufen, sie werden unruhig und unruhiger um mich her in ihren Fächern an den Wänden und machen mehr und mehr Miene, auf mich einzustürzen. Ich kann nichts dagegen: zum erstenmal will an diesem Schreibtisch, jawohl an diesem Schreibtisch, die Feder in meiner Hand nicht so wie ich; und Velten Andres ist wieder schuld daran. (S. 772)

»Unaktenmäßig [wird es] in den Akten«, und immer wieder muss die rationale Handbremse des Kollationierens und »Paginierens« gezogen werden, um die Dinge unter Kontrolle zu halten. Schließlich war die Zeit der Gemeinsamkeit nicht mit der Gartenlaubenzeit im *Vogelsang* abgetan. Es folgten Begegnungen und Versuchungen während der Studienzeit in Berlin und eine Intensität des »Miterlebens«, die den Prozess gegen das ominöse ganz »Andere« zu einer unheimlichen Angelegenheit werden lässt:

Er ist doch mein Freund gewesen, und ich der seinige. Ich habe sein Leben miterlebt, und doch, grade hier, vor diesen Blättern, überkommt es mich von Seite zu Seite mehr, wie ich der Aufgabe, davon zu reden, so wenig gewachsen bin. Ich habe alles erreicht, was ich erreichen konnte; er nichts – wie die Welt sagt – und – wie ich mich zusammennehmen muss, um den Neid gegen ihn nicht in mir aufkommen zu lassen! Was kann ich heute an seinem Grabhügel andres sein als ein nüchterner Protokollführer in seinem siegreich gewonnenen Prozess gegen meine, gegen unsere Welt? Was aber würde erst sein, wenn ich auch nicht mein liebes Weib, meine lieben Kinder gegen diesen ›verlorengegangenen‹, diesen – besitzlosen Menschen mir zu Hülfe rufen könnte? – – –

Wie gesagt, ich musste nach Haus ins erste juristische Examen und ließ ihn in Berlin, in einer Gesellschaft, oder besser Genossenschaft, die damals schon nicht mehr bloß aus der Familie des Beaux bestand. (S. 790)

Veltens Geschichte mit Helene aus der Sicht Karls, Karls unbestimmte Rolle darin aus der – erinnerten – Sicht Veltens, Auswanderungspläne von damals, neugesichtet jetzt, schließlich der Abschied und die Rekonstruktion der Spur eines ›Verschollenen‹ aus dem Blickwinkel eines ›Zurückgebliebenen‹ mit allen Ambivalenzen zwischen Beneiden und Bedauern, die in solch einer Situation mitschwingen. Der späte Realismus ist kein Realismus der Dinge und der Details, sondern der Wahrnehmungen und Gefühle, die sich an sie anlagern. Auf dieser Ebene freilich ist der Wahrheitsanspruch absolut und fast gnadenlos. Das Fremde beginnt plötzlich zum verdeckten Eigenen zu werden. Potentielle Lebensläufe scheinen hinter faktischen und blicken gespenstisch durch sie durch:

Von Mysterien und Romantik habe ich nicht das Geringste zu notieren. Er ist stets mit uns in Korrespondenz geblieben; hat alle Verkehrswege via Southampton, Bremen und Hamburg, ja auch den unterseeischen Telegraphen benutzt, um in möglichster Verbindung mit dem Vogelsang zu bleiben. Ich bin eben in seinem Leben über nichts im Dunkeln geblieben als – über ihn selber. Das war aber ja nicht seine Schuld! Diese lag hier nur an mir, und solches ist öfters der Fall, als die Leute glauben.

Schreibe ich übrigens denn nicht auch jetzt nur deshalb diese Blätter voll, weil ich doch mein möglichstes tun möchte, um mir über diesen Menschen, einen der mir bekanntesten meiner Daseinsgenossen, klarzuwerden? Aber es ist immer, als ob man Fäden aus einem Gobelinteppich zupfe und sie unter das Vergrößerungsglas bringe, um die hohe Kunst, die der Meister an das ganze Gewebe gewendet hat, daraus kennenzulernen. (S. 806)

Dieser Roman erzählt keine Haupthandlung. Gerade die erzählt er nicht. Er stellt vielmehr genau dasjenige in den Fokus, was im Normalfall nicht zum Thema wird: übertragen auf Gottfried Kellers *Grünen Heinrich* etwa die Geschichte des Sohns aus dem Blickwinkel der Mutter, die sich über Briefe ein Bild von der Situation ihres Sohnes herzustellen versucht. Es ist, als ob man nicht nur verborgene Andeutungen zwischen den Zeilen lesen würde. Man liest de facto ganze Figuren ›zwischen den Zeilen‹, zwischen den Briefen, tastet sich ihren flüchtigsten Seelenstimmungen nach: das Erzählen des Erzählens des Erzählens – hier wird es konkret, wenn etwa Karl einen Brief protokolliert, den Velten ihm vor einem halben Menschenleben aus der Hand Mistress Mungos gezeigt hat: bis in den Tonfall hinein, ins »bäh« und »mäh« irgendeines Zitatsplitters treibt es dann alles wieder an die Oberfläche, bevor die Partikelwirklichkeit wieder in die Tiefe absinkt und die Zitatwelten sich im Nichts leerer Zeichen wie auf einer verwehten Sandfläche auflösen. Die Emotionen verwehen und das Schriftstück wird »abgeheftet«.

Das große Autodafé

Einmal war Velten noch zurückgekommen. Karl erinnert sich konkret an die schreckliche Situation, in der einer mit sich selbst ganz und gar abgerechnet hat. Nach dem Tod seiner Mutter hatte Velten in einem Autodafé seine gesamte Habe verfeuert. »Ich wünsche nüchtern zu sterben, oder wenn du lieber willst – vollkommen ernüchtert. So eigentumslos als möglich.« Aus den poetischen Spielereien ist ein Endspiel geworden. »Verlorene Illusionen« radikal. Über zubetonierte und planierte Wege stolpern zwei Freunde durch leergeräumtes Revier: »Exit homo sapiens« steht da auf dem Schild am Wegrand. Und »Asyl für Nervenkranke«, und die Verse des deutschen Idealismus klappern leer nach. Und dann ist das romantische Vexier- und Zitierspiel aus. Und die Bücher, aus denen das Leben bestand, werden nach dem Abrechnen weggelegt und – verbrannt.

»Grade nicht hier am Ort, doch habe ich grade am Ort hier die schönste Gelegenheit, sie noch sicherer zu stellen, ich erwarte nur noch das erste Ofenfeuer dazu.«

»Das erste Ofenfeuer?«

»Mir ist niemals ein Winter zu meinem Fortkommen im Leben mehr zupaß gekommen als wie der diesjährige. Jawohl, demnächst heizen wir, Krumhardt.«

[...] Er heizte mit seinem Hausrat.

Es war Riekchen Schellenbaum, die am Tage nach dem ersten Ofenfeuer nicht zu mir, sondern zu meiner Frau mit der Nachricht kam:

»Mit der seligen Frau Doktern ihrem Nähtisch hat er angefangen. Ich bin fast des Todes geworden, als er ihn im Hof entzweischlug und mich mit den Beinen Feuer anmachen ließ. Mit den Schubladen und allem, was drin war, hat er selbst weiter geheizt! [...] O Gott, wie kann ein Mensch, ich meine, Gott sei Dank, nicht dich, so ohne alles Gefühl sein?«

[...] Ich konnte ihm bei meinem Eintritt weiter nichts sagen als: »Es ist unheimlich warm bei dir, Velten!«

»Gemütlich? ... Deutsch-gemütlich, was? Ihr habt ja den Ausdruck, macht Anspruch drauf, ihn in der Welt allein zu haben, also bleib auch du ganz ruhig bei ihm, Krumhardt.«

»Laß uns nach Möglichkeit vernünftig sprechen, Andres –«

»[...] Bringst du das Entmündigungsdokument für mich schon mit, mein Karlos?«

»Wir wissen wenigstens in unserm Alltage schon Bescheid über das, was du hier begonnen hast und wirklich weiter zu treiben scheinst; aber du könntest in unserer Alltagswelt doch einen Unterschied zwischen mir und den übrigen machen. Velten, was soll dies sein?«

«Ein äußerliches Aufräumen zu dem innerlichen, liebster Freund!« (S. 843f.)

Und noch bitterer:

»*Ja, ich heize in diesem Winter mit meinem hiesigen Eigentum an der wohlgegründeten Erde, mit meinen Habseligkeiten aus dem Vogelsang.« Er sprach das Wort »Hab-Seligkeiten« in einer Weise aus, die man im Werkeltagsverkehr nicht zu hören bekommt. (S. 845)*

»Äußerst systematisch«, so wird notiert, ginge Velten bei seinem »seltsamen Zerstörungswerk« vor: alle Andenken, alle Bilder, selbst Fotografien werden vernichtet. Spielzeug, Stofftiere, Schaukelpferd – alles kommt ins Feuer in »Velten Andres' Krematorium«. Und Stück für Stück wird alles durch das Feuer in Asche verwandelt. Das Feuer verwandelt nicht nur die Dinge Veltens, sondern auch die Seele Karls. Er reflektiert:

»*Wohl selten ist je einem Menschen die Gelegenheit geboten worden, seine ›besten Jahre‹ in die unruhvolle Gegenwart so zurückzurufen wie mir in Velten Andres' Krematorium. [...] Es war ein Zurück- und Wiederdurchleben vergangener Tage sondergleichen. Die Woche, in der wir uns mit der Entleerung der Boden-Rumpelkammer des Hauses beschäftigten, vergesse ich in meinem ganzen Leben nicht, und ich schreibe nicht ohne Grund: wir!«*

Aus dem Einzeltäter wird ein Vernichtungsduo zweier Leben. Und das Phänomen Lebensvernichtung beginnt um sich zu greifen.

Ja – er hatte mich auch jetzt wieder unter sich, es war von meiner Besitzfreudigkeit aus keine Abwehr gegen seine Eigentumsmündigkeit: ich habe ihm geholfen, sein Haus zu leeren und sich frei zu machen von seinem Besitz auf Erden! – (S. 846)

Unsentimental, aber zutiefst affiziert, nimmt der Protokollführer an der Aktion Selbstauslöschung teil. Leere am Ende ist nicht alles. Zwar ist »Anfang März alles vernichtet«.

Alles, woran für ihn und so sehr oft auch für mich eine Erinnerung gehaftet hatte, und was er nicht in anderer Leute Händen oder Besitz, sei es zu Nutzen oder Vergnügen, wissen wollte. An den Wänden deuteten auf abgeblassten Tapeten dunklere Flecken an, wo Bilder gehangen hatten. (S. 847)

Doch dann folgt der Aussegnungstragödie des *Vogelsang* das grausig-karnevaleske Satyr-Spiel à la Bachtin. Plünderung ist angesagt; Plünderung und Gelächter. Velten veranstaltet einen Bazar, einen Flohmarkt der Nostalgie, der Kram wird verschrottet, und die Aktivitäten vermischen sich mit dem Kuriositäten-Kabinett vor der Stadt:

Es ging freilich nicht bloß gierig, sondern auch lustig zu. Aus dem benachbarten Tivoligarten hatte das Getümmel nicht nur die Kellner und Kellnerinnen, sondern auch fast das gesamte Personal des eben dort vorhandenen ›Théâtre-Variété‹ hergezogen, um sich »den Spaß anzusehen«. Miß Athleta, die stärkste Dame der Welt, und Signor Volcano, der Feuermensch, die »größte Sensati-

onsnummer der Gegenwart«, John Arden, der Weltmeisterschaft-Springer, und die drei Schwestern Larsen, die internationalen Exzentrik-Sängerinnen, Fräulein Miranda, die Piston-Virtuosin, und Herr German Fell, von der Anthropologie genannt »der trefflichste Affendarsteller beider Hemisphären.[...]« (S. 849)

Mit der Übereignung erfolgt die symbolische Preisgabe der heiligen Familiengüter und Ordnungszeichen an die Repräsentation der Gegenwelt: Gaukler, Artisten, monströse Schausteller drapieren sich mit den Accessoires der Honoratioren. Das Bürgertum stellt sich einer beispiellosen Plünderung. Wird komisch exponiert, ex-hibitioniert. Als ob damit die Demütigung der Ordnung noch nicht hinreichend gewährleistet wäre, kulminiert die Szene in der Konfrontation mit dem Zerrbild des »Affenmenschen«, ein verkleideter Anthropoide, als letzter Bewohner des *Vogelsang* – die Diskreditierung könnte nicht provokativer sein; die Kindheitsidylle unwiederbringlich vernichtet – aber jetzt auch vollständig entwertet.

Die Frau Karl Krumhardts bricht bei diesem Anblick zusammen. Es ist ein Kampf um Sein oder Nicht-Sein der bürgerlichen Welt entbrannt:

Sie hielt in der heißen Hand noch immer ihr armes Sträußchen erster Frühlingsblumen; jetzt aber entfiel es ihr und verstreute sich auf dem schmutzigen, zerstampften Fußboden unter Scherben von zerschlagenem Geschirr, Tapetenfetzen und wertlosesten Trümmern von Hausgerät.

»Komm du mit nach Hause!«, flüsterte sie. »Ich halte dieses nicht länger aus! Oh, mein armes kleines, liebes Kind zu Hause! Bitte, komm, ich muss zu meinem Kinde. – Das lass ich mir nicht nehmen, wenn er auch dich verwirrt. Ich halte mein Eigentum an der Welt fest! Bleib, wenn du willst, – ich will nach Hause und zu meinem Kinde! Ja, bleib, bleib und steige mit ihm und seinem andern Freunde, dem grässlichen Affenmann, so hoch du willst aus unserm armen Leben in die Höhe: ich will zu meinem Kinde und meinem Eigentum an der Welt!« (S. 854)

Die Revisitation der verlorenen Zeit endet nicht mit der karnevalistischen Umkehr der Ordnung. Auf dem Weg zur Beerdigung Veltens, der regrediert und besitzentleert in seiner ehemaligen Berliner Studentenbude gestorben ist, begegnet der Oberregierungsrat den Gespenstern der Jugend. Die alte Zimmerwirtin, eine Fechtmeisterin, berichtet vom letzten halben Jahr:

»[...] eigentlich so recht krank ist er gar nicht gewesen; sein Herz hat nicht mehr gewollt, haben dem Herrn Kommerzienrat seine Doktoren gesagt. [...] Sehen Sie, Herr Oberregierungsrat, an meinem armen Velten habe ich erst als Neunzigjährige gelernt, dass es eine Dummheit ist, wenn man sagt: der Mensch braucht nur zu wollen. Dieser wilde Mensch konnte nicht mehr wollen, und so hätte ihn auch Schwester Leonie mit dem besten Willen nicht wieder auf die Füße stellen und in den Tumult draußen in unserer Dorotheenstraße stoßen können, selbst – wenn sie gewollt hätte! [...] Sehen Sie, Herr Oberregierungsrat, nacherzählen kann ich es nicht, aber verstanden und mitgefühlt habe ich, was

da im letzten Monat zwischen diesen zwei Menschenkindern vorgegangen ist. Zusammen hätten die nie kommen können; aber sich darüber aussprechen, wie sie durchs Leben gekommen sind, das konnten sie und das haben sie getan und sind friedlich und ruhig voneinander geschieden – ganz ruhig, viel, viel ruhiger als damals im Vorderhause, wo sie das Leben noch vor sich hatten. Aber – großer Gott, das ist ja vollständig Nacht, und die arme Frau da drüben hat noch immer kein Licht!« (S. 863)

Schließlich, das letzte Gespräch mit Helene, der Totenwache Veltens. Ein Geistergespräch:

»Ja, Karl, ich habe hier gesessen und auf dich gewartet, um dir von uns zu sprechen – von ihm und mir, und wenn es auch nur wäre, um einen bessern Platz in deinem Gedächtnis zu bekommen, als ich ihn bis jetzt gehabt habe, seit er dir zuletzt bei euch – im Vogelsang von mir gesprochen hat.« (S. 158)

Und dann erzählt die alte Dame von den Gefühlen von damals, ihrer Liebe, ihren Hoffnungen und Irrtümern:

»Sprich nicht zu mir, Karl! Was könntest du mir sagen? Lass mich sprechen! Wen habe ich denn auf der ganzen weiten Erde, zu dem ich von mir reden könnte? Ich, die ich die ganze weite Erde zum Eigentum habe und nur die mit Gold gefüllte Hand hinzuhalten brauche, um meinen Willen zu haben, wie ich ihn auf dem Osterberge in mein Herz desto zorniger verschloss, weil ihr schon zuviel davon wusstet! Wäre ich doch wie andere, die sich damit trösten können und es auch tun, dass sie verkauft worden seien, dass es von Vater und Mutter her sei, wenn sie gleich wie andere auf dem Markte der Welt eine Ware gewesen sind! Aber das wäre eine Lüge, und gelogen habe ich nie, und feige bin ich auch nicht, und wenn er was von mir wusste, war es das. Was ich geworden bin, ist aus mir selber, nicht von meiner armen Mutter her und noch weniger von meinem Vater. In unserem Vogelsang unter unserm Osterberge war ich dieselbe, die ich jetzt war, wo ich hier lag vor diesem Bett und ihn mit meinen Armen umschlossen hielt und auf seine letzten Worte wartete.« (S. 867)

Das Resümee einer toten Liebe ohne romantischen Liebestod. Ein Abgesang. Eine Abgrenzung im Dialog. Hier »wir«. Dort »ihr«:

»[...]Deine liebe Frau zu Hause, in deinem lieben Hause, Karl, könnte da vielleicht noch mehr von uns wissen, denn die lebt nicht allein im Traum, sondern hat dich und ihre Kinder und nicht bloß die Geschichte ihrer Väter von vor Jahrhunderten und ihr Reich Gottes von heute. Was hatte diese Fromme, Milde, Sanfte sich zwischen mich und ihn zu drängen? Was wollte sie hier? Ich, ich, ich, die Witwe Mungo hatte allein das Recht, in diesem leeren Raum mit ihm den Kampf bis zum Ende zu ringen. [...] Das konnte die Witwe Mungo – nein, das konnte Helene Trotzendorff nicht, wie gern sie ihm auch oft den Fuß auf das Herz, das gefühllose Herz gesetzt haben würde! Sie hat ihm nur die Hand *darunterlegen dürfen – hier auf seinem Sterbebett, in seiner Todesstunde, darunterlegen müssen!«*

Ein Abgesang und ein Auftrag: leeres Leben in leerer Prosa zu beschreiben, »recht nüchterner Prosa«. Und kein Happy End. Keine Perspektive. Läuterung. Besserung. Keine Bescheidenheit, Reduktion, Kompromissbereitschaft. Keine Tröstung. Ein trostloser Schluss eines trostlosen Buches:

»Lass mich, bester Freund«, sagte sie. »Was sollte die Witwe Mungo bei deinen lieben Kindern und deiner guten Anna? Ich wollte dich ja auch nicht bei seinem Begräbnis haben, Karl. [...] Ich habe ihm viel zu erzählen gehabt, wie es mir ergangen ist im Leben, seit dem Abend, an welchem er in meines Vaters Hause das Blatt aus dem Buche riß, und da hat er mir vergeben; denn weißt du, wie er jetzt gelächelt hat in seinem befriedigten Willen, das hat aus meinem wilden, albernen, kranken Hirn das Lächeln verscheucht, mit dem er mir in New York das Blatt hinhielt: Sei gefühllos! Siehst du, das – sein Gesicht, sein gutes Lachen eine Stunde nach seinem Tode, das gehört nun mir für alle Zeit, mein einziges Eigentum für alle Zeit. So mein Eigentum, dass auch niemand mit mir nur darüber reden soll, und deshalb kann ich auch mit dir nicht nach Hause gehn: die Heimat würde mir und ihm nur zu verwirrend dreinreden [...]« (S. 869)

Das Geistergespräch ohne Dialog zwischen zwei Schatten endet im ›Off‹. Nichts mehr zu machen im Zeitalter der Machbarkeit. Am Anfang der Wiederbegegnung steht der Abschied für immer.

Miss Mungo geht: Zwischenbilanz

Dann der Morgen und die Heimfahrt. Der Osterberg. Die Frau. Die Kinder. Der Ofen. Das Gespräch mit der Frau: »Und mit ihren ganzen Millionen kann sie nichts anfangen?« – »Und du? Was würdest du damit tun?« – »Nun, – ich habe doch meine Kinder?!« – Dann, nach einem Schweigen, nach einem Gedanken-Strich noch vier Zeilen Epilog:

Es ist ein lichtgrüner, schöner Frühlingstag, an welchem ich dieses zu Papiere bringe. Ich könnte auf dem Blatte den spätesten Nachkommen noch einmal mit hinaufnehmen auf die Bank im Sonnenschein von heute auf dem Osterberge; aber ich schließe die Akten des Vogelsangs. (S. 872)

Schluss. Strich. Abbruch als Ende. Ein wenig grünes Gras, wie bei Keller. Und doch anders. Bei Keller war die Wunde verkleistert worden. Bei Raabe wird sie freigelegt. Zwar: Am Ende geht das Leben vermutlich so weiter wie nach Effi Briests Tod. Doch der Einbruch des Verdrängten, Tabuisierten ist von einer solchen Gewalt, dass das System im Kern getroffen erscheint. Kein flüchtiger Einbruch, keine Irritation: die ganze Architektur ist verschoben. Bisher hatte man die Außenseiter und Abweichler immer nur so weit an sich herangelassen, dass man sich von ihnen verurteilend abwenden konnte. Selbst dann, wenn sie ganz nahe waren. Jetzt bohrt sich ein Repräsentant der Ordnung in den flüchtigen Schatten des Anderen, obwohl dieser kaum mehr als Schatten, als Gespenst, als toter Körper auftaucht.

Sonst waren es immer Abwendungen oder Urteilssprüche, die diesen Prozess begleiteten – jetzt ist daraus nahezu freundschaftliche Annäherung geworden. Und mit einem Male ist der Schatten des Anderen das eigene Spiegelbild, von dem man gleichzeitig abgeschreckt und angezogen wird.

Plötzlich, nach fast vierhundert Jahren muss man unwillkürlich an *Don Quijote* zurückdenken. Als er am Ende, gebrochen und moribund ist, kommen die Vernünftigen, die Lebenstüchtigen nicht mehr von ihm los. Jetzt, am Ende, lassen auch sie sich auf sein Spiel ein. Zu einem Zeitpunkt, als der scheinbare Irrläufer nüchtern, ernüchtert seinen Träumen abgeschworen hat. Es macht staunen, dass die Problematik der Abweichung von der Norm der Pragmatik so lange Jahrhunderte später noch immer nicht gelöst zu sein scheint. Oder ist es so, dass diese Kampflinie überhaupt erst mit dem Eintreten einer bürgerlichen Weltordnung manifest wurde und von da an das Phänomen des Umgangs mit den Mächten der Phantasie zum erst dann gravierenden Problem erhoben wurde?

Im 18. Jahrhundert erleben wir einen großartigen Versuch, sich diesem Problem in ganzer Konsequenz zu stellen, es voll zu entfalten: Voltaire, Sterne, Goethe, Diderot entwerfen Roman-Szenarien, in denen radikale Exponenten der Ordnung und Vernunft und solche einer frei flottierenden Phantasie, ja der emotionalen Anarchie aneinandergeraten und die Defizite beider Systeme blitzartig erhellen. Und noch zu Beginn des 19. Jahrhunderts versucht man in einem enzyklopädischen Großversuch eine Typologie der Muster zu erstellen und die Kräfte aufeinander wirken zu lassen.

Die symbolischen Siege der Desillusion über die Illusionsträume allerdings verdüstern das Szenarium immer mehr. Die Kunst des Romans erhält einen neuen Auftrag: eine Illusion, eine käfigartige Utopie der Ordnung herzustellen, zu konstruieren. Ein Auftrag, der besonders in Deutschland bis an die Grenze der Selbstverleugnung und Unwahrhaftigkeit erfüllt wird. Die dialektische Kehrseite dieses Programms freilich wird in dem Maße manifest, als die Fassadenkonstruktion, innere Hinfälligkeit und Unwahrheit der ästhetischen Form im Dienste des Aufrechterhaltens der Form immer brüchiger zu werden beginnt.

Effi Briest hätte ja eigentlich ganz anders weitergehen können – und nach allem, was wir wissen, ist es ganz anders weitergegangen: Armand/Gert hat tüchtig weiter Karriere gemacht. Scheidung. Laufbahn. Ein Leben lang in der Rolle des Gekränkten. Else von Ardenne stand vor dem Trümmerhaufen ihres Lebens. Der Geliebte (sie wollte ihn heiraten) tot, die Kinder weggesperrt. Else entschließt sich, eine Krankenpflegerinnen-Ausbildung in Bad Boll abzulegen. Spezialgebiet: Pflege Nervenkranker. Viele Reisen führen sie nach Zürich, Lugano, Arosa, Davos, Wiesbaden, Jena, Italien, London. 1890 ist sie aktiv beim Kölner Karneval. Sie gerät noch in die Hitlerzeit und dokumentiert sich nicht gerade als Widerstandskämpferin. Ob sie die Bücher von Fontane und Spielhagen wirklich gelesen hat, bleibt unklar. Den Mythos ›Effi‹ hat diese Effi nicht gelebt. Ist auch gut so. Die Wirklichkeit hat den Vorteil, unter Umständen etwas überleben zu können, woran man literarisch stirbt. Schade vielleicht, dass nicht diese Überlebensgeschichte geschrieben wurde. Aber diese Geschichte hat letztlich eher Raabe geschrieben. Die öffentlichkeitsabgewandte Geschichte des Romans tritt bei ihm in den Vordergrund, jedenfalls soweit sie aus Sprache Zeichen und Dokumenten erschlossen werden kann.

Es ist an dieser Stelle doch noch einmal zu betonen: Der europäische Roman ist keine säkularisierte Heilsgeschichte. Er steht jenseits von Gut und Böse. Natürlich tauchen moralische Kategorien auf. Vor allem aber – und dies ist das Entscheidende – wird ihr Charakter als Konvention, als Konstrukt, als Grammatik transparent gemacht. Der entstehende moderne europäische Roman ist ein Laboratorium der Werte, auch ein Vakuum der Werte. Der einzige, alles andere überlagernde Wert des europäischen Romans ist das Individuum; das Individuum in seiner ganzen Komplexität und ohne alle Hierarchien. Im Roman gibt es nichts Schäbiges, Unwichtiges, Hässliches, Nebensächliches. Die Gräben zwischen Innen- und Außenwelt, Fiktion und Wirklichkeit, Nervenimpuls und Objekt werden umgepflügt. Ich wage zu behaupten: Der Roman ist die einzige Kommunikationsform, die nicht von anderen Intentionen als der einer vorurteilslosen, tendenzfreien, vollständigen personalen Bestandsaufnahme getragen ist. Das Entscheidende ist die dünnhäutige Membran der Erzählinstanz, der Stimme, die die Geschichte erzählt. Die zwischen den Empfindungen der Figuren und dem Ganzen des Stimmengeflechts vermittelt.

Verborgen oder offen, diskret oder explizit – welche Vielfalt an Möglichkeiten war nicht zu beobachten? Einer taktiert und paktiert mit einer Lieblingsfigur, ein anderer schließt über den Kopf einer Figur hinweg einen Pakt mit dem Leser. Der eine baut eine dicke Glaswand der Unpersönlichkeit zwischen sich und seinen Personen, ein anderer sitzt förmlich mit am Tisch.

Es fällt nicht leicht, eine eindeutige Tendenz zu beschreiben; Fakt ist, dass die ›spielerischen‹, ›experimentellen‹ Elemente und Erzählanordnungen, die im 17. und 18. Jahrhundert überreich entfaltet sind, im Verlauf des 19. Jahrhunderts allmählich und irresistibel zurückgedrängt werden. Die zweite Hälfte des 19. Jahrhunderts markiert einen Punkt der Rigidität, der den Autoren die Tinte gefrieren lässt: Keller muss Blutzoll zahlen. Stifter erstarrt zum Monolithen. Viele produzieren Moral. Eindeutigkeit. Erst Raabe und moderne Autoren wie Musil und Broch werden diese vorübergehende moralische Leichenstarre des alten Romans wieder lösen, insbesondere in Deutschland.

Im 19. Jahrhundert diversifizieren sich nationale Erzähltraditionen: Frankreichs methodisch-systematischer Zugriff gerät in deutlichen Kontrast zum spätidealistisch grundierten Deutschen Realismus. Jenseits von beiden, die russischen Riesenpanoramen mit ihrer Sucht, aufs Ganze zu gehen und den Radikalismus über die Schmerzgrenze hinweg zu transzendieren. Dort zu beginnen, wo Deutsche ausblenden. Auf dem Friedhof vergessener Romane liegen einige der besten, unbekannten Soldaten der Fiktion, Flauberts *Bouvard et Pécuchet*, Balzacs unbekanntes Meisterwerk, Melvilles *Barthleby* oder Raabes *Odfeld*. Sie haben den Sprung in den ›Kanon‹ nicht geschafft, denn sie haben alle Illusionen verbrannt.

Der akzeptierte Roman vermittelt ein europäisches Grundgefühl; es hat zu tun mit diesem Geflecht aus lauter Ich-Fäden, die fruchtbares Chaos anrichten. Der Roman ist das Gegenteil einer eindimensionalen plumpen Zugseil-Ästhetik von Punkt A zu B. Er ist das Gegenteil aller flachen Entweder-Oder-Diskurse. Das Gegenteil aller als Chor getarnter Monologizität. Widerspruchsfreie Zone ist er nie, wenn er gut ist.

Jetzt und in Zukunft wird es darauf ankommen, diese Vielstimmigkeit gegen die Standardisierungs-, Globalisierungs-, Simplifizierungstendenzen aggressiv zu verteidigen. Der permanente subversive Kampf, den die Einzelstimmen sich mit der sargdeckelartigen Instanz eines Erzählers liefern, ist mehr als eine Formalie – ist Lebensnerv-Zucken. Wir dürfen nicht versteinern. Beim Lesen, Schreiben, Denken, Leben. Und wenn eine Entscheidung gefallen zu sein scheint, gibt es, wenn man nur nachstochert, immer noch eine Möglichkeit, die Geschichte neu und anders zu schreiben oder anders zu lesen. Das meiste Übel geschieht nämlich aus Trägheit, nicht aus wirklicher Bösartigkeit. Wenn Ordnungsmenschen Akten verwalten, vom Leben eingeholt und für einen Moment aus der Bahn geworfen werden, den Kopf aus dem Container stecken ist dies ein köstlicher Moment, selbst wenn er fatal endet.

Literaturverzeichnis

- Raabe, Wilhelm: *Die Akten des Vogelsangs*. In: *Gesammelte Werke in drei Bänden*. Band II. Sigbert Mohn. Darmstadt. 1964.
- Raabe, Wilhelm: *Die Chronik aus der Sperlingsgasse*. In: *Gesammelte Werke in drei Bänden*. Band I. Sigbert Mohn. Darmstadt. 1964.
- Freytag, Gustav: *Die Ahnen*. Hirzel. Leipzig. 1872–1880.
- Raabe, Wilhelm: *Lebensrückblick*. In: *Gesammelte Werke in drei Bänden*. Band III. Sigbert Mohn. Darmstadt. 1964.

Wilhelm Raabe

Vita
*8.9.1831   Eschershausen
†15.11.1910   Braunschweig

1842-45 Stadtschule und Privatunterricht in Stadtoldendorf
1845   Tod des Vaters und Umsiedlung nach Wolfenbüttel
1849   Verlässt das Gymnasium „Große Schule" ohne Abitur
1849-53 Buchhändlerlehre in Magdeburg, die ihm Abbruch endet
1857   Erste Romanveröffentlichung unter dem Pseudonym Jakob Corvinus
1862   Heirat mit Bertha Leiste
1866   Beteiligung an der Gründung der liberalen Deutschen Partei
1886   Schiller-Stiftung gewährt Raabe eine Ehrenpension
1897   „Wilhelm Raabe. Eine Würdigung seiner Dichtung" – die erste Raabe-Biografie von Paul Gerber erscheint
1901   Raabe wird zu seinem 70. Geburtstag vielfältig geehrt, in Zerbst wird ein „Raabe-Verein" gegründet

Werke
1857   Die Chronik der Sperlingsgasse
1864   Der Hungerpastor
1870   Der Schüdderump
1876   Horacker
1880   Alte Nester
1891   Stopfkuchen. Eine See- und Mordgeschichte
1896   Die Akten des Vogelsangs

Zeichnung von Wilhelm Raabe

Hermann Broch – Die Schlafwandler
Epochenumbruch im Zeitraffer

Jeder hängt an seinen Neurosen. Jeder hat Angst, seine Neurosen zu verlieren. Und mit 55 Jahren hat man sich in seinen Neurosen bereits eingerichtet.

Herrmann Brochs selbstbiographische Bemerkung aus dem Jahre 1942 ist klug, zutreffend und übertragbar. Zumindest auf fast alle Autoren des 20. Jahrhunderts. Ein moderner Schriftsteller von der Art derer, die hier betrachtet werden sollen, ohne extreme Idiosynkrasien, ohne eine hybrid gesteigerte Autistik der Wahrnehmung ist mir unbekannt. Mit dem Klischee von Genie und Wahnsinn hat das nichts zu tun. Es gibt unendlich viel Wahn ohne Genie oder auch nur Sinn. Aber es bedarf in der Tat einer wahn-sinnigen, wahn-sinnlichen Energiebündelung, um auf Tausenden und Abertausenden von Seiten gegen Wirklichkeitsschwund und Wertverlust, Sprachauflösung und Identitätsverlust fast süchtig anzuschreiben, neuzuschreiben, unzählige Male zu revidieren, korrigieren, variieren. Jeder, der einmal auch nur zwei-, dreihundert Seiten in eine abgeschlossene Form zu bringen versucht hat, weiß, wovon die Rede ist. Doch nun bauen sich Textfluten, Satzlabyrinthe von einer fast beängstigenden Masse auf, die es zu vollenden gilt: Proust bis in die letzten Tage am Manuskript. Joyce nicht minder textsüchtig.

Der Roman als Rettungsinsel. Als Rettungsinsel im Wertevakuum ›Moderne‹? Vielleicht. Doch es geht hier nicht um große Gedankenschleifen und Thesen. Im Gegenteil. Wer eine solche Insel betritt, sollte vorsichtig sein. Wie ein Robinson Crusoe, stößt man unvermutet auf Spuren, die unheimlich, befremdend und nicht leicht zu lesen sind. Nicht, dass es solche Be-Fremdetheit im Roman des 18. und des 19. Jahrhunderts nicht gegeben hätte. Hölderlins unaufhaltsam ins Abseits driftende Kunst-Figur des Hyperion ist nur ein vielleicht besonders frühes und besonders radikales Beispiel für den Verlust einer intellektuellen und existenziellen Bodenhaftung eines Romanhelden. Aber auch im scheinbar so erdnahen ›Realismus‹ mit seinem realitätsscharfen Gesellschaftsblick kann so manch einer aus der Wertkurve getragen werden – der *Grüne Heinrich* kann kein Lied mehr davon singen, denn kaum hat er in den Augen der Welt versagt, muss er auch schon ohne viel Federlesens sterben und sein Grab deckt »besonders frisches, grünes Gras«. Da hat es Fontanes Effi ungleich besser: nachdem man sie aus der Gesellschaft und aus dem Leben hinauskomplementiert – erschreckend kalt, erschreckend glatt – wird ihr, immerhin, eine Marmordeckplatte auf ihrem Grab im elterlichen Garten zuteil.

Krisen, Scheitern, Niederlagen – die Alltage im bürgerlichen Roman des 19. Jahrhunderts sind voll von (zumeist diskret verdeckten) Katastrophen. Manche wissen, viele ahnen, dass der Boden, auf dem man sich bewegt, äußerst brüchig ist; und folgerichtig bewegt man sich behutsam im Museum der Werte, die wie Preziosen in Glasvitrinen ausgestellt sind: ›Ehre‹. ›Tugend‹. ›Pflicht‹. ›Ordnung‹. Gut sichtbar, aber – Vorsicht! – Berühren verboten. Doch diese museale und mausoleumsartige Kultur der kollektiven Selbst-Verleugnung, dieses anachronistische ›Gesellschafts-Etwas‹, dieser Pakt aus Pose, Poesie und Profit, aus Rückwärtsgewandtheit und Fortschrittsobsession, bildet ein erstaunlich konsistentes Gemenge. Die prophezeiten Untergänge finden nicht statt. Zunächst jedenfalls. Zweifel daran, ob es sich bei den Wert-Preziosen in den Vitrinen vielleicht doch nur um Fälschungen handeln könnte, werden unterdrückt. »Ach lass« –»wir müssen alle ...« – »das ist ein zu weites Feld ...«: die Beschwörungs- und Verdrängungs-Grammatik des 19. Jahrhunderts ist reich, differenziert und zynisch im Gebrauch ihrer Sprach- und Verhaltensrituale. Und überaus langlebig und erfolgreich, bedenkt man, dass auch in dieser postmodernsten aller Zeiten noch viele der Strukturen und Problemzonen von vor 150 Jahren nachwirken. Wie viel mehr musste für diejenigen, die im zeitlichen Umfeld des 19. Jahrhunderts, in der Zeit um und nach 1900 also, lebten, Strukturen und Gefühle des in Nietzsches Termini »dekadentesten« und verdorbensten aller Jahrhunderte nachwirken?

Weil dies so ist, weil der Atem des 19. im Leben des 20. Jahrhunderts so unmittelbar, so unverschämt zu spüren ist, nimmt es nicht Wunder, dass die Geschichte des Romans des 20. Jahrhunderts, zumindest zu Beginn auch eine Geschichte der Arbeit, des Sich-Abarbeitens an den Mythen des 19. Jahrhunderts ist. Proust und Joyce, Musil und Broch – alle sind hiervon betroffen. Bei keinem lässt dieser Vorgang sich so exemplarisch verfolgen wie in Hermann Brochs Roman *Die Schlafwandler*.

Die Romantrilogie, 1931/32 geschrieben, verfolgt die deutsche Befindlichkeit von den achtziger Jahren bis zum ersten Weltkrieg in drei Schritten:

1888 Pasenow oder die Romantik

1903 Esch oder die Anarchie

1918 Huguenau oder die Sachlichkeit.

»Im Jahre 1888 war Herr v. Pasenow siebzig Jahre alt ...« heißt es im ersten Satz. Er ist also Jahrgang 1818, ein Jahr jünger als Theodor Fontane, der, will man den Vergleich noch weiter führen, 1888 an *Frau Jenny Treibel* arbeitet. *Effi Briest* dürfte damals noch eine übermütig-agile Zehnjährige gewesen sein. Fontane-Zeit. Auch Fontane-Personal. Die Pasenows, zum Beispiel, der Alte v. Pasenow, Kaiser-Wilhelm-Bart, klein, drahtig, jeder Zoll ein knarzender Junker. Der Junge, Joachim v. Pasenow, Premierleutnant, alles andere als ein Draufgänger, eher zurückhaltend – und ›romantisch‹ – was immer man genauer darunter verstehen mag. Drumherum würdige Baroninnen und behutsam-treue Diener, Gouvernanten und Mamsellen, still besorgte Mütter und hitzköpfige Väter, Duelle, Amouren etc. etc.

Und zwei Frauen. Die eine sinnlich, sittlich die andere, eine schwarzhaarig, eine blond, die vom slavischen Rande, jene von deutschem Stande – ja, und am Ende stirbt ein Alter und zwei Junge heiraten. Und es ist natürlich die Blonde, die geheiratet wird. Und sie heißt auch noch Elisabeth.

Die Handlung eines Romans der Moderne, des 20. Jahrhunderts, geschrieben ein Jahr vor Hitlers Machtergreifung. Anachronistisches ragt zeitversetzt (und fremdartig) in den beginnenden Faschismus herüber. Draußen: SA und Braunhemden-Terror, die Wirklichkeit der Straße; – drinnen: Broch als Privat-Gelehrter, gänzlich zurückgezogen und an den Vorgängen draußen scheinbar gänzlich desinteressiert. *Schlafwandler* auch er, wie seine Figuren, seine Leser auch?

Der Fall Pasenow

Der Epilog des kleinen 180 Seiten-Romans, um die von Pasenows resümiert, die postnuptiale Phase des Ehelebens von Joachim und Elisabeth auffällig distanziert und trocken:

NICHTSDESTOWENIGER hatten sie nach etwa achtzehn Monaten ihr erstes Kind. Es geschah eben. Wie sich dies zugetragen hat, muss nicht mehr erzählt werden. Nach den gelieferten Materialien zum Charakteraufbau, kann sich der Leser dies auch allein ausdenken. (Pasenow oder die Romantik, IV)

Ein merkwürdiger Erzähler in der Tat, der sich da fast unhöflich verabschiedet und seine Figuren gelangweilt zurücklässt. Joachim v. Pasenow und Gemahlin sind auf der Hochzeitsreise, er verkrümmt und noch immer in voller Uniformmontur auf dem ehelichen Lager – eingeschlafen. Das »NICHTSDESTOWENIGER« des Epilogs kommt nicht von ungefähr in Großbuchstaben daher.

Romanautoren des 20. Jahrhunderts müssen risikobereiter und phantasievoller sein als ihre Kollegen des 17., 18. und 19. Jahrhunderts. Denn diese hatten zumeist interessante, exzentrische, zumindest wunderliche und extravagante Figuren zur Verfügung: von Don Quijote bis Werther, Moll Flanders bis Anna Karenina. Im 20. Jahrhundert arbeiten sich die Autoren nur mehr an Männern und Frauen ohne Eigenschaften, ohne besondere Eigenschaften ab. Und sie erzählen auch Geschichten ohne Eigenschaften, ohne besondere, abenteuerliche oder erregende Geschehnisse. Nicht das *Was?*, sondern mehr denn je das *Wie?* entscheidet über die Möglichkeit des Erzählens. Es geht nicht um Spannung, Handlung, Haltung, Gesinnung, Moral oder Nutzen. Nicht mehr um Sympathie, Empathie oder Abscheu: es geht – um *Stil*.

Am Anfang des Romans des 20. Jahrhunderts steht ein Romancier des 19.: Flaubert. Mit seiner Konzeption der Unpersönlichkeit, der Unparteilichkeit und der Unnahbarkeit fängt ein neues Zeitalter an. Er sagt »Madame Bovary, c'est moi« und meint: sie ist meine Konstruktion aus Tinte und Papier und nicht Fleisch und Blut. Mit Flaubert kommt jene Distanz und Kälte, jene Formobsession ins Spiel des Schreibens, die es vorher nicht gab und mit der von nun an zu rechnen ist. Fetischisten der ästhetischen Einstellung sind sie alle, über die hier zu sprechen ist. Privat mögen sie Humanisten, Kommunisten, Faschisten gewesen sein. Für ihre Arbeit ist das alles irrelevant.

Broch beginnt bei Fontane mitten im 19. Jahrhundert und endet ohne das Thema zu wechseln im 20.: »Der Diener Peter stand auf der Terrasse des Lestowschen Herrenhauses und schlug den Gong«, heißt es am Ende des zweiten Teils von *Pasenow*. Es geht noch eine ganze Weile weiter in dieser Suada aus gedämpfter Atmosphäre und diskretem Charme im Stil einer Fontane-Verfilmung der sechziger Jahre:

Die Mahlzeiten mittels dieser Töne anzukündigen, hatte die Baronin eingeführt und zur Gepflogenheit gemacht, seit sie mit ihrem Gatten in England gewesen war. Und obwohl der Diener Peter nun doch schon etliche Jahre das Instrument bediente, schämte er sich immer noch ein wenig, den kindischen Lärm zu verursachen, besonders da die Töne bis in die Dorfstraße drangen [...]. Daher schlug er den Gong diskreter, entlockte ihm nur wenige dunkle Töne, die rund in die Stille des Parks rollten, und der Rest war ein flaches unmusikalisches blechernes Etwas, das dünngewalzt verhallte.

Im langsamen Schritt durch die mittägliche Dorfstraße reitend, hörte Elisabeth, wie der Diener Peter auf der Terrasse leise den Gong schlug und zum Umkleiden mahnte. Trotzdem beschleunigte sie nicht den Schritt des Pferdes [...]

Langsam, ganz langsam kommen kleine Dissonanzen, subkutan und subversiv ins Spiel. »Eine Art Widerstreben« gegen die gewohnten Rituale, »Beklemmung« gegenüber dem Gewohnten, »Sehnsucht nach Ferne« keimt auf, und als Elisabeth wenig später doch zu Hause angekommen vom Pferd steigt und sich zum Essen umzieht, pardon, natürlich »umkleiden lässt«, ist ein neuer Ton wahrzunehmen. Eine Passage wie die folgende verdeutlicht das Aneinanderreiben von Ordnung und Irritation, sowohl was das Empfinden der Figuren wie auch den Ton des Erzählens betrifft.

Ein zarter Mut war über Sie gekommen, eine etwas traurige Freude, hinzugehen, wohin sie wollte, selber ihr Schicksal in die Hand zu nehmen und es zu bestimmen; aber all dies gelangte nicht sehr weit, blieb stecken in der Überlegung, was die Eltern sagen würden, wenn sie im Reitkleid bei Tische erschiene. [...] Elisabeth [...] trat vor den Spiegel, blickte lange hinein, ohne sich zu erkennen, sah bloß die schwarze, schmale Silhouette, und es war, als würde das Spiegelbild, als würde sie selbst sich enteilen in einer Unbewegtheit, die erst langsam sich löste, da die Zofe eintrat, um täglichem Brauche gemäß beim Aufhaken des Reitkleides behilflich zu sein. Aber als das Mädchen vor sie hinkniete, ihr die Reitstiefel abzustreifen, als der gestreckte Fuß mit einem leichten, kühlen Gefühl aus der Lackröhre schlüpfte und schmal im schwarzen Seidenstrumpf auf des Mädchens Knie lag, suchte sie aufs neue im Spiegel das enteilende Bild, das gleichsam ein Wegeilen war zu irgend jemand, der irgendwo lebte, und der irgendwann vielleicht vor ihr niederknien wird. Die Reitpeitsche lag noch immer dort auf dem Teppich. Elisabeth versuchte, sich Bertrand am Bahnhof vorzustellen in eckiglangem Uniformrock, einen Degen an der Seite, und dass der enteilende Zug ihn erfassen könnte. Irgendeine böse Freude war in dieser Vorstellung und doch eine würgende und noch nie empfundene Angst. Sie saß mit zurückgebeugtem Kopf, die Hände an den Schläfen, als könnte sie durch solche Stellung sich aus dem Befehl eines ungewohnten Zwanges befreien und lösen. »Es ist doch nichts geschehen«, sagte etwas in ihr und sie begriff nicht die vage Spannung, die trotzdem so seltsam deutlich schien, dass man sie beinahe in Worte fassen konnte: die Welt zerschneiden.

Plötzlich ist alles –ein wenig – anders: gewohnte Reflexe unterbleiben, gewohnte Anblicke, automatische Selbstvergewisserungen laufen ins Leere. Der Blick in den normalerweise identitätssichernden Spiegel findet kein Gegenüber, die schmale Silhouette, das Selbst-Bild »enteilt« und Elisabeth spürt nicht mehr sich selbst, sondern nur mehr das Reagieren ihrer Nerven, spürt ihre Seidenstrümpfe und die kühle Absenz der Lackstiefel, sucht Bilder für sich, sieht sich als Objekt: Oberflächen, Silhouetten, Umrisse, leichte, kühle und ungewohnte Gefühle durchströmen sie – äußerlich noch immer Elisabeth ist. Innerlich ein Wesen aus einer anderen Welt, halb Vampir, halb femme fatale. Ihr Emblem ist die Reitpeitsche, ihr Gefühl eine verstörend reizvolle Angstlust, Lustangst (bei dem Gedanken, der sie liebende Bertrand könnte unter den Zug geraten sein). Starr aufgerichtet, hochangespannt, Elisabeth beim Kampf Ich gegen Ich: »Die Welt zerschneiden« heißt die Formel für diesen Zustand – plötzlich ist sie ganz weit weg von Effi und Co.

Da bricht etwas auf, etwas zusammen, was hundert Jahre als Verschlusssache geheim gehalten worden war. Etwas A-Soziales, Unkontrollierbares, Ausschließendes. Mit einem Schlag scheinen alle mentalen Regeln außer Kraft gesetzt. Detailstudie einer unsichtbaren Revolution, die freilich nur nach innen stattfindet und die Gewohnheiten der Außenwelt nicht tangiert. Denn exakt »wenn der Uhrzeiger die fünfzehnte Minute erreicht haben wird«, wird der Diener Peter dem mattgelben Messingbronzegong am Fuße der großen Treppe »drei diskrete Schläge verabfolgen«, Elisabeth wird sich energisch die Haare zurechtstreichen und wie immer die Treppe zum Speisesaal der Familie hinabschreiten und alle Irritationen und Sehnsüchte werden wie nie gewesen sein.

Die Umstürze und Brüche geschehen in diesem Roman weitgehend unsichtbar. Aber sie geschehen fast unablässig und nicht nur Elisabeth, die dieser

Wahrnehmungsschock unmittelbar nach einem unerwarteten Liebesgeständnis Bertrands, des Freundes des damals mit ihr bereits verlobten Joachim trifft. Ein Liebesgeständnis ohne Nähe und ohne Glücksversprechen, ohne rücksichtsvollen Takt, ohne Respekt vor dem Szenarium Ehe. Bertrand zu Elisabeth:

»*Finden Sie es natürlicher, dass Sie einmal mit irgendeinem Herrn, der jetzt irgendwo lebt, irgendwo isst und trinkt und seinen Geschäften nachgeht und den Sie einmal durch einen dummen Zufall kennenlernen werden und der Ihnen bei passender Gelegenheit sagen wird wie schön Sie sind, und der sich hierzu auf ein Knie niederlassen wird, dass Sie sodann mit diesem Herrn nach Erledigung einiger Formalitäten Kinder bekommen werden: finden Sie dies etwa natürlich?'*

'Schweigen Sie doch, es ist ja furchtbar ... es ist entsetzlich.«

Zwar versucht Elisabeth den Gedanken an die Mechanik des Prinzips Ehe abzuwehren, aber im Inneren ihres Sensoriums ist die zerstörerische Botschaft der Dissoziation der Empfindungen und des Verhaltens bereits angekommen. Mit dem Problem ist sie allein. »So allein wie mit ihrem alleinigen Sterben«, wie eine andere Figur, Bertrand, nicht vergisst hinzuzufügen. Und doch ist sie beileibe nicht die einzige, die den allmählichen Zerfall der inneren Welt und ihrer Ordnung an sich, in sich wahrnimmt. Und auf dieser Ebene verlässt der Roman von Broch, bei aller scheinbaren thematischen Nähe im Sonstigen unwiederbringlich die Koordinaten und Muster des 19. Jahrhunderts. Gerade im Kontrast von traditionellem ›Set‹ und moderner ›Mechanik‹ – beide Zeitschichten liegen wie transparente Folien aufeinander – werden die Unterschiede greifbar. Der Roman ist von solchen Bruchstellen und Sprüngen durchzogen und es gibt kaum einen Moment, wo nicht eine Dissonanz, ein Sich-Überlagern von teils sich ergänzenden, teils sich blockierenden Simultaneindrücken plötzlich Sand ins Getriebe des Erzählens, mehr noch des Lebens und des Lesens brächte. Ein äußerst innovativer, kreativer Effekt ist die Folge, man liest behutsamer, genauer, sieht plötzlich Stolpersteine, Irritierendes, Un-Gewöhnliches auch und gerade im Gewöhnlichen, wie zum Beispiel im Gang, im Gang des alten Pasenow, gleich auf den ersten Seiten:

[...] bis man den Spazierstock neben den Beinen entdeckt. Der Stock geht taktmäßig, hebt sich fast bis zur Kniehöhe, verweilt mit einem kleinen harten Aufschlag am Boden und hebt sich wieder, und die Füße gehen daneben. Und auch diese heben sich mehr als sonst üblich, die Fußspitze geht etwas zu weit nach aufwärts, als wollte sie in Verachtung der Entgegenkommenden ihnen die Schuhsohle zeigen. [...] So gehen Beine und Stock nebeneinander und nun taucht die Vorstellung auf, dass der Mann, wäre er als Pferd zur Welt gekommen, ein Passgänger geworden wäre; aber das Abscheulichste daran ist, dass es ein dreibeiniger Passgang ist, ein Dreifuß, der sich Bewegung gesetzt hat. Und furchtbar der Gedanke, dass diese dreibeinige Zielgerichtetheit so falsch sein

muss wie diese Gradlinigkeit und dieses Vorwärtsstreben: auf das Nichts gerichtet! Denn so geht keiner, der Ernsthaftigkeit beabsichtigt[...] (l)

Ein präzises, wertungsscharfes Hologramm von fast unüberbietbarer Genauigkeit. (Nur Proust wird noch akribischer sein.) – Zugleich Psychogramm einer Figur und Soziogramm einer Kultur, die im Begriff ist, »gradlinig im Zickzack, halb dreibeiniger Hund, halb hinkender Teufel« ins Verderben zu streben.

Der fremde Gang des Pasenow bleibt als Bild und Zeichen haften. Die semiotischen Antennen werden ausgefahren, der Leser nimmt Witterung auf, weil er spürt, »da stimmt etwas nicht«. Und es stimmt tatsächlich Vieles nicht mit diesem forsch-junkerlichen Herrenreiter, der im Casino gerne mal dem etwas linkisch-vornehmen Sohn Joachim ein »niedliches Mädchen«, etwas »holde Weiblichkeit«, »durchaus ansprechende schwarzhaarige Dinger« zukommen lassen möchte und schon mal generös der schönen Ruzena fünfzig Märker für den Sohnemann zusteckt und als die in Tränen ausbricht, hämisch hinterhermeckert: »Na, die fünfzig hat sie doch genommen. Dann ist leicht weglaufen.« ––

Es ist dies derselbe Vater, der, als Joachim in eine ernsthafte Liebesgeschichte mit eben dieser Ruzena gerät und die Verlobung mit der standesgemäßen Elisabeth für einen Moment gefährdet zu sein scheint, cholerisch kollabieren und von da an als apathisches Bündel verdämmern wird. Menschen, Individuen kommen bei diesem Stück besten deutschen Offiziertums nicht vor. Stechschritt, Zickzack, Dreifuß – ein Marschiermonster im Blindflug. Anstelle der Haut die Uniform, mehr als ein Symbol; die Uniform als Kostüm des Absoluten, als Weltordnungsfutteral, in die alles verpackt, mit der alles verhüllt wird. In dieser merkwürdigen Romantik der Form gibt es auch uniformierte Gefühle und eine Uniform-Sprache: »Er fiel für die Ehre. Er fiel für die Ehre.« repetiert Vater Pasenow in der Art eines Gesinnungs-Automaten, nachdem sein anderer Sohn Helmut in einem jener als Ausdruck von Kultur betrachteten Irrsinnsrituale namens »Duell« erschossen worden war. »›Er starb für die Ehre‹«, als wolle er es auswendig lernen und als wünsche er, dass auch Joachim es täte.« Der Bruder wie ein neues Möbelstück in seinem Sarge blumendekoriert drapiert, der Vater in sein ›Sie-haben-ihm-die-letzte-Ehre-erwiesen‹-Geräusch vertieft, eher ein Stück brüchiges, behandschuhtes Leder als ein Lebewesen aus Fleisch und Haut. –

Es ist eine entsetzliche Welt aus Gesinnungsgespenstern und Gewohnheitsmumien, in der man sich da eingemottet hat. Einziges Lebewesen in diesem Szenarium, die dunkeläugige Ruzena, die in dieser Konventionsmaschinerie von Beginn an zum Untergang verurteilt ist. Lichtblick in dieser sterilen Gewohnheits-Reproduktionswelt, in der die Ehebetten wie Liebessärge frivol und lähmend herumstehen.

Joachim wird von der Liebesszene, in die er hineingezogen, hineingesogen wird, regelrecht überrascht. Zunächst ist da noch etwas Konkretes, Messbares.

Ein Kuss in der Droschke (wir kennen solche Kutschenküsse aus dem kollektiven Dämmerbewusstsein der Romane des neunzehnten Jahrhunderts, bei *Effi Briest, Emma Bovary* ...), ein Kuss, der genau »eine Stunde und vierzehn Minuten währte« Erst durch das, was dann, im Zimmer von Ruzena geschieht, geht das bürgerlich-ordnende Zeitmaß flöten:

[...] Ruzena machte sich frei, führte seine Hand zu den Haken, die ihre Taille am Rücken verschlossen und ihre singende Stimme war dunkel: »Mach auf das« flüsterte Ruzena, riss zugleich an seiner Krawatte und den Knöpfen seiner Weste.

»Mach auf das«, »gib weg das« sind die erlösenden Kommandos einer ersten und einzigen Ent-Hüllung des panzerkrebsartig in seinen Kulturfutteralen eingeschlossenen und eingesargten Körpers von Joachim und plötzlich ist da, Brochs Sprache wird hier fast ekstatisch, ein Mysterium des Sich-Verströmens – »Gelöstheit und Fühlen, Weichheit des Körpers, Atmen, Ersticken in Verströmtheit des Gefühls, Entzücken, das an der Bangigkeit aufsteigt [...] süßer Geruch, feuchter Duft, etwas Tristan-und-Isolde-Artiges (natürlich nach Wagner) mit zehrendem Sehnen und wellendem Wogen und Schrei und ›Ertrinken‹« etc. etc.

Ja, Joachims Liebe zu Ruzena stellt eine gefahrvolle Grenzüberschreitung dar, eine Prise *Tod in Venedig* – Gefühl vor preußischem Hintergrund. Man weiß, wie so etwas ausgeht, ausgehen muss. In der Regel mit Tod oder Ehe. Der Tod trägt in Deutschland meistens slawische Namen. Die Ehe solche von Heiligen, also z. B. den Elisabeths.

Dennoch: es gäbe natürlich einen dritten Weg. Freund Bertrand weist ihn. Bertrand, Ex-Militär-Kamerad, der die Uniform an den Nagel hängt, der Gesinnungsdeserteur, Vertrauter von Ruzena und Elisabeth, von Pasenow und Joachim, Grenzgänger, Verwandlungsartist, mit Instinkt für Doppel(be-)deutungen und Doppeldeutigkeiten, für Gefühlsambivalenzen und Vermischung des Verschieden-Artigen. Bertrand, der das in diesem Gesellschaftsgefüge, dieser Hochkultur der Lebenslüge als Prinzip Unmögliches fordert, nämlich: »nichts [zu tun], was nicht bis in die letzte Faser des Erlebens von sich selbst bejaht werden kann«.

Eine utopische, absurde Prämisse in einer Welt, in der alles bis ins Letzte von der exakt gegenteiligen Regel ausgeht, nämlich das eigene Erleben stets an den gesellschaftlich vermittelten Wahrnehmungsmustern zu orientieren – außengestützt gewissermaßen.

Nein, einen solchen »dritten Weg« sich auch nur bewusst als Wunsch einzugestehen, sind weder Joachim noch Elisabeth willens und fähig. Lieber bleibt man ein Leben lang auf unglückliche Art fremd im Vertrauten, als zum eigenen Da-Sein durch Kontakt mit dem Fremden, Unbekannten vorzudringen. Am Ende dieser tristen Hoch-Zeit heißt es resignativ: »Wir sind nicht fremd genug und wir sind nicht vertraut genug«.

Erzählerisch vergegenwärtigt Broch diesen Zwischenzustand durch ein ebenso faszinierendes wie irritierendes Ineinanderfließen unterschiedlicher Phänomene und vor allem verschiedener Personen: simultan. Synchron. Ineinander gleitend. Übereinander gelagert; Kinderbild und Greisenwirklichkeit, Männergesichter mit Frauenzügen, aber auch Gegenläufiges. Ruzena taucht als sinnliche Erinnerung auf, wenn Elisabeth geküsst wird, – fast jede Wahrnehmung wird von ihrem Double, ihrer Kopie, von einem leicht verrutschten Teilschatten begleitet – bisweilen auratisch fließend, dann wieder gestochen scharf. Bilder von Schlafwandlern am helllichten Tag, im – »apathischen Halbschlaf«, wie es mehrfach heißt. An einer Stelle gleiten die Gesichter der Gottesmutter, Ruzenas und Elisabeths oszillierend ineinander, ein anderes Mal löst sich das Bild vom topographischen Kontext, wird zur Landschaft, zur Vision, die sich über die Figur legt:

Joachim folgte der Linie des Halses; hügelartig sprang das Kinn vor und dahinter lag die Landschaft des Gesichtes. Weich lagen die Ränder des Mundkraters, dunkel die Höhle der Nase, geteilt durch eine weiße Säule. Wie ein kleiner Bart spross der Hain der Augenbrauen und hinter der Lichtung der Stirne, die durch dünne Ackerfurchen geteilt war, war Waldesrand. Joachim musste wieder an die Frage denken, warum eine Frau begehrenswert sein könne, aber nichts gab Antwort; es blieb ungelöst und verwirrt. Er schloss ein wenig die Augen und schaute durch den Spalt über die Landschaft selber, [...]. Es war erschreckend und beruhigend zugleich und wenn der Blick das Getrennte in so seltsam Einheitliches und nicht mehr Unterscheidbares verschmolz, fühlte man sich sonderbar an irgend etwas gemahnt, in irgend etwas versetzt, das außerhalb aller Konvention fernab im Kindlichen lag, und die ungelöste Frage war etwas, das aus der Erinnerung emporgetaucht war wie eine Mahnung.

[...]

Er versuchte, die gewohnte Form wiederzufinden, und als sie jählings im Gesicht wiedererschien, Nase wieder Nase ward, Mund wieder Mund, Auge wieder Auge, da war der Wechsel neuerlich erschreckend und es beruhigte ihn bloß, dass ihr Haar glatt gestrichen war und nicht allzu sehr gewellt.

Und nach kurzem Verharren geht die Wahrnehmungsreise durch Raum und Zeit auf der Folie des transparenten Gesichtes weiter; Vergangenheit, Gegenwart und Zukunft gleiten ineinander:

Elisabeth sagte: »Aber jetzt sind wir fast gleichaltrig geworden, ... wann haben Sie eigentlich Geburtstag?« und ohne die Antwort abzuwarten, setzte sie hinzu: »Wissen Sie noch, wie ich als Kind ausgeschaut habe?« Joachim musste nachdenken; im Salon der Baronin hing ein Kinderporträt Elisabeths und das schob sich hartnäckig vor die lebende Erinnerung. »Es ist merkwürdig«, sagte er, »ich weiß sehr wohl, wie Sie ausgesehen haben, indes ...«, er wollte sagen, dass er das Kinderantlitz in ihrem Gesicht nicht auffinden konnte, obwohl es si-

cherlich darin sein musste, aber wie er jetzt zu ihr hinüberblickt, war das Gesicht in ihrem Gesicht überhaupt wieder verschwunden und es war nur mehr Hügel und Tal, überzogen mit etwas, das man Haut nennt. Als ob sie seinen Gedanken aufnehmen wollte, sagte sie: »Wenn ich mich anstrenge, kann ich Ihr Knabengesicht trotz des Schnurrbarts erkennen«, sie lachte, »eigentlich ist es lustig; ich muss das einmal auch bei meinem Vater versuchen.« – »Können Sie mich auch als alten Mann sehen?« Elisabeth forschte scharf: »Komisch, das kann ich nicht ... oder halt, ich kann es: Sie werden Ihrer Mutter noch mehr ähneln, ein gutes rundes Gesicht haben und der Schnurrbart wird buschig und weiß sein ... und ich als alte Frau? Werde ich einen sehr würdigen Eindruck machen?«

Im Grunde gibt es keine sogenannte Wirklichkeit mehr. Es gibt allenfalls viele Bilder von Wirklichkeit, die sich im Kopf des Betrachters, der ein Stück weit Erzähler ist, sich zu virtuellen Wirklichkeiten verdichten, sich auflösen.

Draußen freilich gibt es diese krude, handfeste Wirklichkeit der Straße. Doch dieser Teil der Realität bleibt zunächst noch außen vor: die rußgeschwärzten Gebäude der Borsigwerke. Fabrikhof, Schornsteine, Rauch, übernächtigte Arbeiter tauchen wie Versatzstücke einer unbekannten Welt, obwohl höchst präsent, immer nur am Rande auf, als Dinge, die zwar da sind, an denen man jedoch vorbeisieht, vorbeigeht:

Er fuhr wieder bei Borsigs Maschinenfabrik vorbei. Wieder standen Arbeiter dort. Eigentlich wollte er [Bertrand] all dies nicht mehr sehen.

Die Möglichkeit Eschs

Aber, ob man es nun wahrhaben will oder nicht: diese Welt lässt sich nicht ausschließen: *1903. Esch oder die Anarchie* ist der zweite Roman der *Schlafwandler*-Trilogie überschrieben, und im Mittelpunkt steht nun genau jene Welt der Fabriken und Kontore, die Tempel des Billigamusements und des Kommerz, die im ersten noch vornehm ausgeblendet wurden.

Der 2. März 1903 war ein schlechter Tag für den 30jährigen Handlungsgehilfen August Esch. Er ist unzufrieden in seinem Büro, zettelt Streit an und wird hinausgeworfen. So beginnt seine Geschichte. Ursache aller Unordnung, die ihn irritiert, ist ihm zufolge ein gewisser Nentwig, ein Buchhalter. Der tschechisch-französische Romancier Milan Kundera kommentiert in seinem Essay »Die Möglichkeit Esch«:

Weiß Gott warum gerade der. Was nicht hindert, dass Esch entschlossen ist, ihn bei der Polizei zu denunzieren. Ist es nicht seine Pflicht? Muss er nicht all denen, die wie er Recht und Ordnung fordern, diesen Dienst erweisen?
[...]

Die Welt ist für Esch in ein Reich des Guten und ein Reich des Bösen unterteilt, aber ach, sowohl das Gute wie das Böse sind gleicher Weise nicht zu identifizieren (es genügt schon, Nentwig zu begegnen, und man weiß nicht mehr, wer gut und wer böse ist). Auf diesem Maskenball, der die Welt ist, trägt allein Bertrand bis zum Schluss das Stigma des Bösen auf seinem Antlitz, denn sein Vergehen steht außer Zweifel: Er ist homosexuell, er stört die göttliche Ordnung. Zu Beginn des Romans ist Esch bereit, Nentwig zu denunzieren, am Schluss wirft er eine schriftliche Denunziation Bertrands in den Briefkasten.

»Die Möglichkeit Esch« unterscheidet sich von der Möglichkeit Pasenow grundsätzlich. Zwar waren die überkommenen Werte aus der Zeit, in der die Kirche den Menschen vollkommen beherrschte, schon lange erschüttert, aber für Pasenow war ihr Inhalt noch klar. Er zweifelte nicht daran, was sein Vaterland war, er wusste, wem er treu zu sein hatte und wer sein Gott war. Vor Esch verhüllen die Werte ihr Gesicht. Ordnung, Treue, Opfer, diese Worte sind ihm teuer, aber was besagen sie eigentlich? Welcher Sache soll man sich opfern? Welche Ordnung soll man verlangen? Das weiß er nicht. Was bleibt von einem Wert übrig, der seinen konkreten Inhalt verloren hat? Nichts als eine leere Form; ein Imperativ ohne Antwort, der aber um so leidenschaftlicher um Gehör nachsucht und Gehorsam verlangt. Je weniger Esch weiß, was er will, desto leidenschaftlicher will er es.

Esch: der Fanatismus der Epoche ohne Gott. Da alle Werte verhüllt sind, kann alles als Wert betrachtet werden. Einmal sucht er Recht und Ordnung im Gewerkschaftskampf, dann in der Religion, darauf bei der Polizei, schließlich in einem verklärten Bild Amerikas, dem seine Auswanderungsträume gelten. Er könnte radikaler Terrorist sein, aber auch einer, der bereut und seine Gefährten denunziert, aktives Parteimitglied, Mitglied einer Sekte, aber auch ein Kamikaze, der bereit ist, sein Leben zu opfern. Alle Leidenschaften, die in der blutigen Geschichte unseres Jahrhunderts wüten, sind in seinem bescheidenen Abenteuer enthalten und werden entlarvt, diagnostiziert und schrecklich ins Licht gerückt.

Esch besitzt und hat im Gegensatz zu Pasenows so gut wie nichts. Im Moment nicht mal den Job. Nur eine Wut im Bauch. Und eine Kneipe, in der er verkehrt, bei Mutter Hentjen, Witwe, Ende dreißig. Bei Pasenows war alles von einem gediegenen Thomas-Mann-Gefühl unterfüttert. Esch schmeckt nach Döblin. *Alexanderplatz*. Man feilscht, streikt, wuchert, hört und liest linke und rechte Pamphlete. Alles ist irgendwie billig. Ruzena war eine Göttin im Vergleich zu den verbogenen Fräulein Erna und Co. Und Mutter Hentjes ist wahrlich keine »Elisabeth«.

Esch hat eine zündende Idee. Damenringkämpfe. Eine Attraktion mit Zukunft, vielleicht sogar in Amerika. Damenringkampf-Impresario, auch eine Laufbahn. Durch und durch pragmatisch, prosaisch.

Doch urplötzlich, kleine Erkenntnisblitzschläge. Sehnsüchte. Schocks. Zum Beispiel der: Mit nassen kalten Füßen im Schnee. Eine sektiererische Heilsarmee-Veranstaltung, an der Esch eher zufällig und mit nicht sonderlich frommen Gedanken teilgenommen hat, geht eben zu Ende, und »da – plötzlich war es ihm erschreckend klargeworden, dass er mutterseelenallein werde sterben müssen«. – Aber selbst die brave Heilssoldatin erweist sich rasch »von einer gewissen sozusagen mechanischen Sachlichkeit«. Immer wieder blitzt das Thema auf, das Thema, das 1933 seine zerstörerische und definitive Antwort finden sollte: ERLÖSUNG.

Plötzlich sagte er unvermittelt, sinnlos, unbegreiflich für jeden, der es hörte, ein einziges Wort; er sagte laut und deutlich das Wort »Erlösung«, und dann setzte er sich wieder hin. Korn sah Esch an und Esch sah Korn an. Wie nun aber Korn einen Finger zur Stirn führte, um mit einer kreisenden Bewegung den Zustand in Lohbergs Kopf darzutun, da veränderte sich das Bild in höchst merkwürdiger und schreckhafter Weise, und es war, als schwebte das Wort der Erlösung befreit über dem Tische, gehalten und doch losgelöst von einer unsichtbar kreisenden Mechanik, losgelöst auch von dem Munde, der es ausgesprochen hat. Und obwohl die Verachtung für den Idioten um keinen Deut geringer wurde, schien das Reich der Erlösung zu bestehen, konnte bestehen, musste bestehen, und sei es bloß, weil der Korn, dieses tote Stück Vieh mit breitem Hintern im Thomasbräu saß und nicht bis zur nächsten Straßenecke, geschweige denn bis zur erlösten Freiheit der Ferne zu denken vermochte. (Esch oder die Anarchie, I)

Erlösung. Entgiftung. Vergiftung – Sitz des Giftes und das immerwährende Leben des Bösen. Dieses Modell ist voll von apokalyptisch-biologischen Prophezeiungen und Vernichtungsmythen – aller ›Sachlichkeit‹ zum Trotz. Der Stoff, aus dem die Führer wenig später ihre Albträume kneten sollten.

Zunächst bleibt alles Episode. Noch sind schmuddelige Horvath-Liebeleien wichtiger. Und Zirkusluft. Geschäfte mit Sternberg & Oppenheimer ... Erna futsch. Ilona unsicher. Esch beginnt seine erotischen Potentiale in Richtung Mutter Hentjen auszurichten. Man unternimmt eine gemeinsame Halbgeschäftsreise, von der natürlich keiner etwas wissen darf. Enge. Schwitzen. Atemnot. Die spröde Schöne gibt sich abweisend und kokett zugleich. Wo er hindenke. Was man alles so von ihm wisse. Erotisches Fluidum ist mit Händen zu greifen:

Esch fragte sich, ob er ihr einen Kuss geben müsse [!], doch er hatte keine Begierde, und er hielt es auch nicht für fein. (II)

Drückende Hitze. Schwüle. Schläfrigkeit:

Abwärtssteigend stützte sie sich schwer auf seinen Arm ... Ihr das Gehen zu erleichtern, öffnete er zwei Haften an ihrer hochgeschlossenen Taille und Mutter Hentjen ließ es geschehen [...]

Und während ihr breiter Körper im starren Fischbeingehäuse schlingert und ihr Kopf an seiner Schulter träge hin und her rollt, kommt es – man denkt fast wehmütig an den braven Joachim zurück, auch zwischen diesem Paar zu einer Art von Kuss:

[...] schließlich nahm er den runden schweren Kopf in die Hand und drehte ihn zu sich. Sie erwiderte den Kuss mit trockenen, dicken Lippen, etwa wie ein Tier, das seine Rüsselschnauze gegen eine Glasscheibe drückt.

Ein Bild, das in seiner biologistischen Plastizität für sich spricht und alle metaphysisch-mystischen Gedanken kommentarlos erledigt. Aber die Menschen-Mechanik-Mühle ist damit nun mal in Gang gesetzt und, wie der Erzähler sachkundig und sachlich konstatiert, folgt »alles übrige unabweislich und unabänderlich«: Der Liebesakt erfolgt materialschonend (Mutter Hentjens reflexartige Sorge gilt in jedem Moment Mobiliar und Wäsche) und sachgerecht; mit einem »Mich werden Sie nicht rumkriegen wie Ihre Weiber« beginnt die würdige Dame ihm zu »helfen«, »nachzuhelfen«, »wie ein Delinquent, der selber dem Henker behilflich ist«:

Es erfüllte ihn fast mit Grauen, wie glatt nun alles vonstatten ging und wie Mutter Hentjen, da sie auf das Bett kippten, sich sachlich auf den Rücken legte, ihn zu empfangen. Und es erfüllte ihn mit noch tieferem Grauen, dass sie unbeweglich und erstarrt, als käme sie einer alten [...gewohnten] Pflicht nach, tonlos und lustlos es geschehen ließ [...].

Das Mysterium aber (falls es eines gibt) wurzelt im Banalen, soviel kann man von Esch lernen. Der dröge Liebesakt wird zum Initiationsritual der besonderen metaphysischen Dimension. Während des ›Vollzugs‹ spult die Reflexionsmaschine Esch seine Philosophie ab, eine Phänomenologie der »wahren Empfindung«, in der der Erzähler Broch die Wahrnehmungsmuster seiner Figur reproduzierend analysiert:

[...] ihr runder Kopf rollte wie in einem steten Verneinen auf der Decke hin und her. Die Wärme ihres geöffneten Körpers fühlend, übersteigerte er seine Lust, um die ihre erweckend zu besiegen. Er hielt ihren Kopf zwischen den Händen, umklammerte ihn, als wollte er die Gedanken, die darin erstarrt waren und die ihm nicht gehörten, herauspressen und sein Mund folgte den unschönen schweren Flächen der feisten Wangen und der niederen Stirn, die stumpf und unbeweglich blieben, so unbeweglich und stumpf wie die Masse, für die Martin sich opferte und die unerlöst doch blieb. Vielleicht mochte Ilona die feiste Massigkeit Korns so empfinden, und für einen Augenblick war es beglückend, dass er ihr es gleich tat und dass es gerecht war und dass es für sie und für die Erlösung zur Gerechtigkeit geschehe. Oh, sich auszulöschen, stets verwaister zu werden, selber sich zu vernichten mit all der Ungerechtigkeit, die man trägt und die man angesammelt hat, dennoch auch die auszulöschen, deren Mund man

sucht, auszulöschen die Zeit, die auch die ihre war, die Zeit, die in den ältlichen Wangen sich niedergelegt hatte, Wunsch, die Frau zu vernichten, die in der Zeit gelebt hatte, zeitlos sie neu erstehen zu lassen, erstarrt und bezwungen in der Vereinigung mit ihm! Nun hat sich ihr Mund an seinen suchenden gepresst wie die Schnauze eines Tieres an eine Glasscheibe, und Esch war voll Wut, dass sie ihre Seele, damit er ihrer nicht habhaft werde, hinter den zusammengebissenen Zähnen gefangen hielt. Und als sie mit rauhem Grunzen endlich die Lippen öffnete, da empfand er Seligkeit, wie er sie noch nie bei einem Weibe erfahren hatte, verströmte grenzenlos in ihr, sehnend sie zu besitzen, die nicht mehr sie war, sondern ein wiedergeschenktes, dem Unbekannten abgerungenes mütterliches Leben, auslöschend das Ich, das seine Grenzen durchbrochen hat, verschwunden und untergetaucht in seiner Freiheit.

Aus Esch wird ein anderer. Esch wird bedeutsamer. Gefährlicher. Glaubt zumindest, bedeutsamer, gefährlicher zu werden. Jede seiner Handlungen wird philosophisch unterfüttert, theoriebezogen legitimiert. ›Ziele und Wünsche‹ beginnen sich zu verdichten; während der Bahnfahrt zu Bertrand dringt eine neue abstrakte Sprache in den Raum des Romans ein: seltsame, völlig unpersönlich anmutende Passagen essayistisch-analytischer Art beginnen den Text zu durchziehen, eine Tendenz, die sich bis zum Ende der Gesamttrilogie auf beunruhigende Art steigern wird.

Die Skala der Textarten öffnet sich, Vielstimmigkeit im Sinne Bachtins kommt ins Spiel. Der Erzähler gibt, zumindest zeitweise, sein Mandat ab, eine Stimme fast überirdisch distanziert, löst sich aus der Erzählung und steht kontrapunktisch und zugleich getreulich kommentierend – daneben. Dazu kommt ein Gespräch. Ein Dialog, wie man ihn immer wieder postplatonisch versucht hat. Totengespräche möglich. Scheintotengespräche erwünscht. Und wieder steht die Opfer- und Erlösungsthematik im Mittelpunkt: Bertrand, arrivierter Unternehmer, tritt auf den Plan, Motto seiner Doktrin:

Viele müssen sterben, viele müssen geopfert werden, damit Platz für den Erlöser geschaffen werde [...] Vorher aber muss der Antichrist kommen, – der Wahnsinnige, der Traumlose. Erst muss die Welt luftleer werden, ausgeleert wie unter einem Vakuumrezipienten, [...] das Nichts (III)

Das war einleuchtend wie alles, was Bertrand sagte, meint Esch und ist – gefangen. Broch charakterisiert hier mit wenigen Sätzen einen der zerstörerischsten Herrschafts-, Macht- und Masse-Mechanismen der Moderne: Kaum ein Leitsatz hat solches Verhängnis in Gang gesetzt wie dieser: »Es kann so nicht weitergehen.« Einmal auf den Weg gebracht, schafft er Todessehnsucht für Hunderttausende. Elf Jahre nach diesen diffusen, erwartungsvollen Gärungen – wir sind noch immer im Jahr 1903 –: der Erste Weltkrieg. Den totalen Krieg wollen, heißt ihn zu benennen. Die Tendenz zur magischen Selbst-Erhöhung findet sich besonders eindringlich im Abschnitt *Der Schlaflose*. Ein Stück gesteigerter Selbst-Wahrnehmungsprosa, aus der Zeit zwischen dem Einschlafen und Wachliegen. Intensiv hinaushörend und auf sich in Innenschau bezogen. Ein Stück Sein-oder-Nicht-Sein-Reflexion über die ›banalen‹ Erfahrungen des Ex-Buchhalters und Damenringkampforganisators Esch, der sich selbst zum Mysterium wird:

Dieser ohn-mächtige, in sich selbst eingesperrte und sich zugleich von außen – als Phänomen – wahrnehmende schlaflose Schlafwandler träumt den Albtraum der Liebe erbarmungslos zu Ende. Fühlt ihn zu Ende:

Oh, es war gerecht, dass er hier schlaflos und überwach lag, in einer kalten und fremdartigen Erregung, die nicht Lust mehr war, ein Scheintoter in seiner Gruft, da jener traumlos und starr in der seinen ruhte. [...] Esch, ein Mensch impetuoser Haltungen, lag regungslos in seinem Bette, sein Herz hämmerte die Zeit zu einem dünnen Nichts zusammen, und kein Grund war einzusehen, warum man den Tod in eine Zukunft verlegen sollte, die ohnehin schon Gegenwart ist. Dem Wachenden mag solches unlogisch erscheinen, aber er vergisst, dass er selber zumeist in einer Art Dämmerzustand sich befindet und dass bloß der Schlaflose in seiner Überwachheit wahrhaft logisch denkt. Der Schlaflose hält die Augen geschlossen, als wolle er die kühle Grabesfinsternis, in der er liegt, nicht sehen, dennoch fürchtend, dass die Schlaflosigkeit in ganz gewöhnliches Wachsein umschlagen könnte angesichts der Gardinen, die wie Weiberröcke vor dem Fenster hängen, und all der Gegenstände, die aus der Finsternis sich lösen würden, wenn er den Blick öffnete.

Der Schlaflose, denkend, brodelnd, analysierend, schwillt an zu einem »Faß des Hasses, zu einer tödlichen Ladung an Aggression und Mordlust«:

[...] der Schlaflose, Überwache, hört ihrer aller Sterben, und wenn er die Lider auch noch so stark zusammenpresst, um es nicht zu sehen, er weiß, dass der Tod immer Mord ist.

Nun war das Wort wieder da, doch nicht einhergehuscht wie ein Schmetterling, sondern rasselnd wie ein Trambahnwagen in der nächtlichen Straße war das Wort Mörder da und schrie. Der Tote gibt den Tod weiter. Keiner darf überleben.

Todeslust, Mordfantasien und Erlösungssüchtigkeit laufen in diesem »Mörder Hoffnung der Frauen«-Wahnsinnsstück auf verquere und bedrohliche Art ineinander und am Ende entsteht im Kopf des Schlaflosen eine Kulissenwirklichkeit erhabener Privatmythologien und – erbärmlicher – Sinn-Konstruktionen:

Denn nun war kein Zweifel mehr, dass er, der Lebende, von dem die Frauen das Kind empfangen durften, dass er, sich hingebend an Mutter Hentjen und an ihren Tod, dass er durch diese außergewöhnliche Maßnahme nicht nur die Erlösung Ilonas vollendet, nicht nur auf ewig sie den Messern entrückt, nicht nur ihre Schönheit ihr wiedergewinnt und alles Sterben rückgängig macht, rückgän-

gig bis zu neuer Jungfrauschaft, sondern dass er notwendig damit auch Mutter Hentjen vom Tode errettet, lebend wieder ihr Schoß, jenen zu gebären, der die Zeit aufrichten wird.

Da ist es ihm nun, als käme er mit seinem Bett aus weitester Ferne angefahren, und als stünde es nun wieder an einer bestimmten Stelle in einem bestimmten Alkoven, und der Schlaflose, wiedergeboren in neuerwachtem Verlangen, weiß, dass er am Ziele ist, zwar noch nicht an jenem letzten, in dem Sinnbild und Urbild wieder zur Einheit werden, aber doch an jenem vorläufigen Ziel, mit dem der Irdische sich begnügen muss, Ziel, das er Liebe nennt und das wie ein letzterreichbarer fester Punkt der Küste vor dem Unerreichbaren steht. Und gleichsam im Widerspiel zu Sinnbild und Urbild sind die Frauen seltsam vereint und dennoch getrennt [...].

Der Schlaflose als Sinntrunkener, kleinbürgerlicher Religionsstifter und Ordnungsfanatiker auf der erfolgreichen Suche nach sich selbst, seiner Rolle, seiner Funktion.

Der Schlaflose öffnet die Augen, erkennt sein Zimmer, und dann schläft er zufrieden ein.

Die Entscheidung für Mutter Hentjen ist eine Entscheidung für ›Law and Order‹ in der Liebe und im Leben und so vollzieht er, während er das eine tut, das andere mit und denunziert anonym in einer als Bürgerpflicht getarnten Neidaktion Eduard von Bertrand, Vorsitzender des Aufsichtsrats der Mittelrheinischen Reederei AG wegen »unzüchtiger Beziehungen zu Personen männlichen Geschlechts«. Aus einem armen ist ein mieser Hund geworden. Man(n) versieht sein persönliches Unglück mit allgemeinem Strafauftrag.

De facto führt dieser Weg in die saturierte Misere: Mit den Auswanderungsplänen nach Amerika ist's endgültig Essig, Esch geht fluchend in den neu übertünchten Ehekäfig der Hentjen, sinnlos jeder weitere Fluchtversuch; es bleibt eine diffuse Sehnsucht nach einem Etwas ... Der Epilog IV meldet trocken:

[...] Sie gingen Hand in Hand und liebten einander. Manchmal schlug er sie noch, aber immer weniger und schließlich gar nicht mehr. (IV)

Die neue Sachlichkeit

Weiter in der Zeitraffer-Zeitreise in die Moderne. Letzte Station: *1918. Huguenau oder die Sachlichkeit*. Broch erzählt den Weg des kollektiven deutschen Bewusstseins in Zeitsprüngen von jeweils fünfzehn Jahren. Momentaufnahmen, hintereinandergeschaltet. Weitgehend unabhängig voneinander. Zwar treten Pasenow und Esch auch auf dem Schauplatz des dritten Romans in Erscheinung (wie der Bertrand des ersten Romans im zweiten aufgetaucht war). Doch die Geschichte, die Bertrand im ersten Roman erlebt hat, kommt im zweiten überhaupt nicht zur Sprache und der Pasenow des dritten Romans hat nicht die geringste Erinnerung an seine eigene Jugend. Oder tragen die Figuren nur gleiche Namen, hinter denen sich verschiedene Biographien verbergen? Broch lässt dies unklar.

Es besteht also ein grundsätzlicher Unterschied zwischen den *Schlafwandlern* und den anderen großen Fresken des 20. Jahrhunderts (von Proust, Musil, Thomas Mann). Die Einheit des Ganzen beruht bei Broch weder auf der Kontinuität der Handlung noch auf der Kontinuität der Biographien (einer Figur, einer Familie), sondern auf etwas anderem, weniger gut Sichtbarem, weniger Greifbarem. Kundera spricht von einer »Kontinuität des gleichen Themas«, nämlich des mit einem umfassenden Prozess des Zerfalls der Werte konfrontierten Menschen. Und die Frage ist: Welche Möglichkeiten hat der Mensch in der Falle, zu der unsere moderne Welt geworden ist? Broch entdeckt deren drei: die Möglichkeit Pasenow. Die Möglichkeit Esch. Die Möglichkeit Huguenau. Pasenow klammert am Alten. Esch bastelt sein neues Weltbild zusammen. Huguenau braucht keines mehr. Pasenow würde aus Grundsatz nicht denunzieren. Und wenn, dann höchst unwillig. Esch hat Bertrand denunziert und macht sich glauben, damit die Welt zu retten. Huguenau wird Esch denunzieren, um damit seine Karriere zu retten. Er fühlt sich wohl in einer Welt ohne verbindliche Werte, in dieser postmodernen Zwischenkriegszeit ... Deserteur aus schlichtem Selbsterhaltungsbedürfnis (Trieb wäre zuviel gesagt). Huguenau funktioniert ohne Vorgaben. Auf seiner Flucht gerät er eher zufällig in das Städtchen im Moseltal, wo er sich einnisten wird. Eschs Zeitung kapern. Esch wie gesagt vernichten, töten, den jungen Partner, der nun, weitergedacht in die neue Zeit zum alten Pasenow geworden ist, und in der neuen Zeit auf Grund läuft, manipuliert und funktionalisiert er nach Belieben. Frau Esch beschläft und beerbt er, nachdem er ihren Mann erledigt, um die Ecke gebracht hat.

So nacherzählt wirkt das Sujet abenteuerlich, klingt fast interessant. Ein Bösewicht, ein Schurke nach dem Vorbild Richard III., zumindest Jagos scheint da zu entstehen. Aber dem ist nicht so. Huguenau ist kein großer Schurke, sondern ein kleiner Schuft. Er ist nicht Dämon des Bösen. Er ist jenseits von Gut und Böse. Er ist nicht kalt, sondern gefühllos, ein wuselnder Intrigenautomat. Er tritt in Eschs Wohnung und ›liest‹ in ihren Zeichen wie in einem offenen Buch. Jede Nippesfigur verrät einen (begrabenen) Lebenstraum, auf den Huguenau seine Strategie einstellt. Huguenaus Ausdrucksform ist die Zahl, seine Strategie die Kosten-Nutzen-Kalkulation, das Investment, der Gewinn. Im Bedarfsfall vermag man sogar ideelle Werte zu einem relativ günstigen Preis anzubieten. Und er findet Dumme, Gutgläubige, Bedürftige, Kunden und Käufer zuhauf. Huguenau passt idealtypisch in seine Zeit, in die Gesamtlogik der Epoche, denn:

Huguenau ist ein Mensch, der zweckmäßig handelt. Zweckmäßig hat er seinen Tag eingeteilt, zweckmäßig führt er seine Geschäfte, zweckmäßig konzipiert er seine Verträge und schließt sie ab. Alldem liegt eine Logik zugrunde, die durchaus ornamentfrei ist, und dass solche Logik allenthalben nach Ornamentfreiheit verlangt, scheint kein allzu gewagter Schluss zu sein, ja, es scheint sogar so gut und so richtig wie alles Notwendige gut und richtig ist. (Huguenau oder die Sachlichkeit, Kap. 31, Zerfall der Werte [4],)

In diesem dritten, mit Abstand längsten Roman der Trilogie öffnet sich das figurale, gedankliche und erzählerische Panorama weit über die Person Huguenaus hinaus, fächert sich auf in eine Reihe anderer Geschichten, die nicht ganz gleichwertig, bisweilen konträr, bisweilen kontrapunktisch nebeneinander stehen: zeitgleich, simultan – als einziges Ordnungsfaktum bleibt die Tatsache, dass etwas anderes gleichzeitig stattfindet. Zum Beispiel die Geschichte des Maurers und Landwehrmanns Ludwig Gödicke, den man klinisch tot aus dem Schützengraben herausbuddelte, und der nur aufgrund einer zynischen Ärztewette soweit gerettet wird, dass er von nun an die versprengten Stücke »seine[r] Seele qualvoll um sein Ich« zusammensuchen, zusammensammeln kann. »Neuaufbau seines Ichs« nennt sich dieser Prozess, fast fachsprachlich genau. Zu Recht spricht Hannah Arendt von der besonderen Eindringlichkeit dieser, was die Bild- und Sprachkraft betrifft, auf den *Tod des Vergil* verweisenden Stellen.

Mit dem Augenblick, in dem der Landwehrmann Ludwig Gödicke, die notwendigsten Stücke seiner Seele um sein Ich versammelt hatte, stellte er dieses schmerzliche Verfahren ein. Man könnte nun hierzu einwenden, dass der Mann Gödicke sein Leben lang ein primitiver Mensch gewesen war und dass ihm auch ein weiteres Suchen zu keiner größeren seelischen Reichhaltigkeit hätte verhelfen können, weil ihm eben niemals, auch nicht in den Höhepunkten seines Lebens, eine größere Anzahl von Bestandteilen für sein Ich zur Verfügung gestanden wäre. (Kap. 15)

Später, als es ihm körperlich etwas besser geht, wird er ständiger Stör- und Irritationsfaktor bei den Weltanschauungsdiskursen der Anderen sein.

Oder »Die Geschichte des Heilsarmeemädchens in Berlin«, die sich über nicht weniger als sechzehn Folgen teils in Prosa, teilweise auch in Form eines Versepos über den Roman erstrecken wird, die an allen menschlichen und politischen Erscheinungen konkret Anteil nimmt, Teil hat am Elend, an der Auseinandersetzung mit den ›Fremden‹, den Juden ... Und dann die ›Geschichte der Geschichte‹. Zeiterfahrungsgesättigter Großessay in zehn Folgen, der die gedankliche Leitebene des dritten Romans bildet. Erfahrungstrunkene, wirklichkeits-schwund-süchtige Analyse einer Bestandsaufnahme der Konditionen in einer Welt der sich auflösenden Werte, ihrer Gesetze, Prozesse:

Hat dieses verzerrte Leben noch Wirklichkeit? hat diese hypertrophische Wirklichkeit noch Leben? die pathetische Geste einer gigantischen Todesbereit-

schaft endet in einem Achselzucken. [...] Eine Zeit, feige und wehleidiger denn jede vorhergegangene, ersauft in Blut und Giftgasen, Völker von Bankbeamten und Profiteuren werfen sich Stacheldrähte, eine wohlorganisierte Humanität verhindert nichts, sondern organisiert sich als Rotes Kreuz und zur Herstellung von Prothesen; Städte verhungern und schlagen Geld aus ihrem eigenen Hunger, bebrillte Schullehrer führen Sturmtrupps, Großstadtmenschen hausen in Kavernen, Fabrikarbeiter und andere Zivilisten kriechen als Schleichpatrouillen [...] (Kap. 12, Zerfall der Werte [1])

Fragen nach der Wirklichkeit von Wirklichkeit, lange vor Paul Virilio und den Theoretikern der Postmoderne, werden mit politischem Scharfblick auf das, was in wenigen Jahren kommen wird, gestellt. Aber es bleiben eben keine akademischen Fragen. Dieselben Probleme in anderen Worten treiben auch alle anderen Figuren um. Alle außer Huguenau, der nichts von »Zerspaltung des Gesamtlebens«, von »Substanzentleerung«, Signifikationsverlust merkt, nicht den »Kampf der Moleküle« zur Kenntnis nimmt, und die Frage nach der Wirklichkeit, Wertwirklichkeit nicht an sich heranlässt oder sie in seinem Sinne manipuliert.

Seine These: Die Welt, ihre Wirklichkeit ist Setzung. »Setzung des intelligiblen Ichs«:

[...] es können nur immer wieder Wertsubjekte gesetzt werden, Wertsubjekte, die ihrerseits die Struktur des intelligiblen Ichs widerspiegeln und die ihrerseits ihre eigenen Wertsetzungen, ihre eigenen Weltformungen vornehmen: die Welt ist nicht unmittelbare Setzung des Ichs, sondern dessen mittelbare Setzung, sie ist »Setzung von Setzungen«, »Setzung von Setzungen von Setzungen« usf. in unendlicher Iteration. In dieser »Setzung von Setzungen« erhält die Welt ihre methodologische Organisierung und Hierarchie, sicherlich eine relativistische Organisierung, trotzdem – der Form nach – eine absolute, denn die ethische Forderung, die an die effektiven oder fiktiven Wertsubjekte gestellt wird, bleibt ungemindert bestehen, mit ihr aber auch die immanente Geltung des Logos innerhalb des getanen Werkes: es bleibt die Logik der Dinge bestehen. (Kap. 73, Zerfall der Werte [9])

So im »erkenntnistheoretischen Diskurs« des »Abschnittszerfall[s] der Werte«. Erkenntnispraktisch gesehen ziehen nur zwei Figuren die richtige, produktive Konsequenz aus dieser Einsicht. Huguenau und sein Autor. Huguenau, denn er setzt Sprache so, dass seine Wirklichkeit daraus entsteht. Broch, in der Annahme, dass die erzählende Versprachlichung die vielleicht letzte Möglichkeit darstellt, dem Schwund etwas entgegenzusetzen. Denn Erzählen ist immer auch Schaffen von Ordnung. Und ein großer Zeitgeschichtsroman *ist* Schichtung von Zeit (nicht bloß deren Beschreibung). Schichtung und Durchdringung; das Schaffen von Transparenz. Die Geschichte mag Mitteleuropa zerstört haben. Der große Roman der Moderne aber hat die Geschichte entthront, indem er ihre Absurdität zur Kenntlichkeit brachte. Und aufzeigte, wie sehr wir alle in Wäldern von Symbolen herumirren. Noch einmal aus Kunderas Sicht:

Man muss Die Schlafwandler aufmerksam und langsam lesen, bei den so unlogischen wie verständlichen Handlungen verweilen, damit man eine versteckte, unterirdische Ordnung wahrnimmt, auf der die Entscheidungen eines Pasenow, einer Ruzena und eines Esch beruhen. All diese Figuren sind nicht in der Lage, der Wirklichkeit als einer konkreten Sachlage gegenüberzutreten. Vor ihren Augen verwandelt sich alles in Symbole (Elisabeth in ein Symbol familiärer Geborgenheit, Bertrand in ein Symbol der Hölle), und wenn sie glauben, auf die Wirklichkeit zu reagieren, reagieren sie auf Symbole.

Broch zeigt, dass allem individuellen oder kollektiven Verhalten das System der Verschmelzung, das System eines symbolischen Denkens zugrunde liegt. Man braucht nur sein eigenes Leben zu prüfen, um einzusehen, in welchem Maße dieses irrationale System unsere Haltung beeinflusst, nämlich weit mehr als eine vernünftige Überlegung: Das politische Leben wird gleichfalls von diesem irrationalen System beherrscht: Das kommunistische Russland hat mit dem letzten Weltkrieg gleichzeitig den Krieg der Symbole gewonnen: Es ist ihm gelungen, der ungeheuren Armee von Eschs, die nach Werten begierig sind und unfähig, sie zu erkennen, wenigstens für ein halbes Jahrhundert die Symbole von Gut und Böse zu präsentieren.

Die Ästhetik des polyhistorischen Romans zeigt: Menschen stehen unter der Himmelswölbung der Jahrhunderte. Man braucht mehr als eine Zeitebene, um Gegenwart zu beschreiben. Zwischen dem Nicht-Mehr und Noch-Nicht, dem Noch-Nicht und Doch-Schon bewegt sich der Strom der Erzählung, und die Wahrnehmung des Lesers öffnet sich und wird in diesen dynamischen Vorgang der bewegten, offenen Erkenntnis, des Transparent-Werdens von Wirklichkeiten hineingezogen. Willentlich und kontrolliert hineingezogen.

Von wegen ›Krise des Romans‹, als ob das komplexe Reagieren auf komplexe Wirklichkeits-Wahrnehmungen Schwäche wäre. Im Gegenteil: Starres Beharren wäre Defizit, wäre nicht nur Krise, sondern Alarmsignal. Der sogenannte »polyhistorische Roman« ist ein in dieser Form revolutionärer Versuch, die historische, politische, im weitesten Sinne ideengeschichtliche Reichweite des Romans extrem auszudehnen. Diese gleichermaßen bei Broch, Musil, Proust und Joyce zu beobachtende Tendenz beschrieb Broch in einem Vortrag, den er am 6. Februar 1931 als Einleitung zu einer Lesung aus dem ›Esch‹-Teil der *Schlafwandler* hielt. In diesem Text definiert Broch die Aufgabe des modernen Romans in Reaktion auf den »Zusammenbruch der großen rationalen Wertsysteme« neu. Seiner Meinung nach muss der Roman (und er allein vermag es) die, durch den Ausfall der Theologie, die Mathematisierung der Philosophie und das sprachlich-kommunikative Verstummen der Natur-Wissenschaften entstandene Vakuum ausfüllen. So gesehen hat er nicht nur Daseinsberechtigung, sondern erkenntnispraktische Bedeutung.

Im Zeit- und Erkenntnisloch zwischen »nicht mehr« und »noch nicht« und »doch schon«, kommt ihm die Verpflichtung zu, die bisher von anderen Wissenschaften erbrachten Leistungen (kommissarisch) mit zu übernehmen, denn:

Dichten war stets eine Ungeduld der Erkenntnis, ein Vorauseilen vor dem Rationalen, ein Wegbereiten.

Oder, wenn Sie wollen, die Vielfalt des Geschehens ist rational nicht auszuschöpfen. Das Rationale geht millimeterweise vor, es muss die Welt sozusagen mit Atomen pflastern, der Mensch aber ist ungeduldig. Er hat bloß ein kurzes Leben und schreit nach Totalität.

Von hier aus kann man die Aufgabe des Dichterischen in der heutigen Welt zu verstehen suchen. Was die Philosophie anstrebte: die Welt darzustellen und aus dieser Darstellung selber heraus den Weg zur Ethik und zu den Wertsetzungen zu finden, diese Aufgabe der Philosophie scheint nunmehr der Dichtung und besonders der epischen Dichtung zuzufallen, oder, um sehr unbescheiden zu sprechen, genauso wie aus den antiken dichterischen Kosmogonien sich die rationale Philosophie und die Wissenschaften entwickelt haben, genauso werden jetzt infolge einer Selbstbescheidung des Wissenschaftlichen und eines Versagens des Theologischen die irrationalen Bestandteile des Lebens wieder an den irrationalen Ausdruck des Dichterischen zurückgewiesen. (Über die Grundlagen des Romans)

So wird Literatur zum utopischen Platzhalter des zersprengten ethischen Systems, der geborstenen egozentrischen Sprache. Ersatzreligion ohne Offenbarung. Kosmogonie ohne Weltenmodell. Geschichtswerkstatt ohne Fortschritts-Curriculum. Affektlaboratorium ohne Disziplinierungsreflex. Vor allem Wahrnehmungs-Schule ohne Regulierungszwang: Zwischenzustände und Ambivalenzen als seelische Wartesäle.

Literaturverzeichnis

- Broch, Hermann: *Die Schlafwandler.* Suhrkamp. Frankfurt. 1930–32.
- Arendt, Hannah: »Nicht mehr und noch nicht: Hermann Broch *Der Tod des Vergil (1946)*«. In: Arendt, Hannah/Broch, Hermann: *Briefwechsel 1946 – 1951.* Suhrkamp. Frankfurt. 1996.
- Broch, Hermann: *Über die Grundlagen des Romans.* In: *Die Schlafwandler.* Hrsg. Lützeler, Paul Michael) Suhrkamp. Frankfurt. 1978.
- Broch, Hermann: *Psychische Selbstbiographie (1942).* In: *Psychische Selbstbiographie.* (Hrsg. Lützeler, Paul Michael) Suhrkamp. Frankfurt. 1999.

- Broch, Hermann: *Der Tod des Vergil*. Pantheon. New York. 1936.
- Kundera, Milan: »Notizen anlässlich der ›Schlafwandler‹«. In: *Die Kunst des Romans. Essay.* Übers. v. Weidmann, Brigitte. Fischer. Frankfurt. 1989.

Hermann Broch

Vita

*1.11.1886   Wien
†30.05.1951   New Haven, Connecticut

1904   Matura in Wien
1904-07 Ingenieurstudium, danach Eintritt in die väterliche Textilfabrik als Assistenzdirektor
1908-27 Leitung des väterlichen Betriebes
1909   Konversion vom Judentum zum Katholizismus
1923   Lässt sich von Franziska von Rothermann scheiden
1925-29 Zweites Universitätsstudium mit den Fächern Mathematik, Philosophie und Physik
1927   Verkauf der Fabrik, lebt seitdem als freier Schriftsteller
1938   Flucht aus Österreich, Emigration in die USA über Großbritannien
1939-41 Engagement in der Flüchtlingsarbeit
1944   Erwerb der amerikanischen Staatsbürgerschaft

Werke

1930-32 Die Schlafwandler
1933   Die Unbekannte Größe
1934   Die Entsühnung
1935   James Joyce und die Gegenwart
1945   Der Tod des Vergil
1950   Die Schuldlosen
1953   Die Verzauberung

Marcel Proust
Auf der Suche nach der verlorenen Zeit

Schlafwandel, Schlaflosigkeit, Halbschlaf. Diese qualvollen, hellsichtigen Phasen zwischen Eindämmern und Erwachen, die Augenblicke vor und nach dem Traum, sie sind eine günstige Erzählzeit für die Autoren der Moderne. Thomas Mann und Musil, Broch und – Proust haben sie nicht zufällig besonders geschätzt. In der Dämmerzone der Schlaflosigkeit erlebt Esch seine visionären Momente, im Dunkel seines Kinderzimmers, umgeben von Schatten, verblassten Bildern und halbvergessenen Erinnerungen, zwischen Tagtraum und Schlafwandel sucht ein erzählendes Bewusstsein sich auch bei Proust seine Welt zusammen. Fühldenkend in sich selbst förmlich eingewickelt, ertastet sich eine kleine, scheue, ängstliche Erzählstimme den Weg durch ihre Welt, im Elternhaus in Combray. Der berühmt-einfache erste Satz lautet: »Longtemps je me suis couché de bonne heure.«

Lange Zeit bin ich früh schlafen gegangen. Manchmal, die Kerze war kaum gelöscht, fielen mir die Augen so rasch zu, dass keine Zeit blieb, mir zu sagen: Ich schlafe ein. (Combray, II)

Ein paar tausend Seiten später, ganz am Ende der *Suche nach der verlorenen Zeit*, am Schluss der »wiedergefundenen Zeit«, wird es, nun schon von Todesangst überschattet, heißen:

Immerhin würde ich zuallererst nicht unterlassen, wenn die Kraft mir lange genug erhalten bliebe, um mein Werk zu vollenden, darin die Menschen [...] als Figuren darstellen, die neben dem so beschränkten Platz, der ihnen im Raum reserviert ist, einen anderen, so beträchtlichen, im Gegensatz zum ersten maßlos in die Länge gezogenen Platz einnehmen [...] in der Zeit. (S. 527/28)

Dies ist zugleich der letzte Satz, das letzte Wort des Buches, des Projekts. Eingespannt zwischen der Sekunde vor dem Einschlafen und der ablaufenden Zeit vor dem Tod spannt sich ein Zeitgeflecht, dessen überwältigende Vielgestaltigkeit, Kontinuität und innere Zusammengehörigkeit für viele der Leser Prousts interessanterweise eine unendlich beruhigende, bergende Wirkung zu haben scheint. Eine Art sublimer Liebesbeziehung scheint es nicht nur von Swann zu seinem Autor, sondern auch von diesem zu seinen Lesern zu geben.

Zwei Beispiele hierzu aus jüngerer Zeit, Beispiele, die nichts mit nostalgisch angemoderter Proust-Adoration zu tun haben und dennoch, eben deshalb überzeugen. So schreibt der dreißigjährige Alain DeBotton nach seinem erfolgreichen Debüt (*Versuch über die Liebe*, 1994) eine nicht minder erfolgreiche Anleitung unter dem Titel *Wie Proust Ihr Leben verändern kann*. Fast zeitgleich erscheint 1995 Olof Lagercrantz' *Marcel Proust oder Vom Glück des Lesens*. In beiden Büchern geht es ausdrücklich nicht um ein bildungsbürgerlich touristisches Pilgern nach Illiers-Combray, einen der mythischen Orte Prousts.

Es geht nicht um harmlose Nostalgie oder auch Idolatrie, noch auch darum, den Autor zum Weltorakel zu erheben und ihn in allen möglichen Lebenslagen zu konsultieren, ausgerechnet ihn, der nicht einmal einen Toaster zu bedienen wusste und Phänomene wie Arbeit zum Zweck des Gelderwerbs nur vom Hörensagen kannte. Auch war sein persönlicher Lebensstil, frühes Dandytum und jahrzehntelange Nachtarbeit, zumeist im Bett, chronische Hypochondrie und grobe Fahrlässigkeit (aus anfänglicher Erkältung wurde durch strikte Vernachlässigung schwere Bronchitis, aus dieser Lungenentzündung, die sich zum todbringenden Lungenabszess auswuchs), doch nicht unmittelbar als nachahmenswert zu betrachten.

Fast wie im ›richtigen‹ Leben

Wie kann also Proust, ausgerechnet er, ein Leben verändern? DeBotton gibt ein ebenso praktisches wie konkretes Beispiel, das sich mit dem Programm, das Proust in den Schlusssätzen skizziert, in völliger Übereinstimmung befindet. Dort war die Rede vom ständigen Ineinandergleiten unterschiedlicher Figuren, die – wir kennen diese Erfahrung von Broch – einander ähneln, sich überlagern, sich vor- und zurückverwandeln und ein Geflecht aus Identitäten bilden. Der lateinamerikanische Romancier Carlos Fuentes wird das Phänomen auf die Formel bringen: »Man braucht mehrere Leben, um eine Figur zu schaffen.« Proust selbst verfügte über die Gabe und hatte die Neigung, unablässig Figuren miteinander in imaginative Verbindung zu bringen: der Kopf eines Mannes aus einem alten Renaissancegemälde landet auf den Schultern eines Marquis der Pariser Gesellschaft; durch das Gesicht eines 83jährigen schimmert die Physiognomie des 13jährigen ...

Doch das visuelle, physiognomische und psychologische Vernetzungs-Werk macht nicht an der Schwelle zum Leser halt. Es ist schwer, bei der Lektüre der Beschreibung bestimmter fiktiver Personen nicht an Bekannte aus dem ›richtigen‹ Leben zu denken.

Diese enge Beziehung zwischen unserem Leben und den Romanen, die wir lesen, veranlasste Proust selbst zu der Feststellung:

In Wirklichkeit ist jeder Leser, wenn er liest, eigentlich der Leser seiner selbst. Das Werk des Schriftstellers ist lediglich eine Art von optischem Instrument, das der Autor dem Leser reicht, damit er erkennen möge, was er in sich selbst vielleicht sonst nicht hätte sehen können. Dass der Leser das, was das Buch aussagt, in sich selbst erkennt, ist der Beweis für die Wahrheit ebendieses Buches [...].
(S. 323/24)

Das Besondere an dieser leserfreundlichen Annäherungsphilosophie ist, dass sie mit einer auf den ersten Blick eher leserfeindlich anmutenden Textüberflutung (bis in den einzelnen Satz) verbunden ist. Aber das ist ein anderer Punkt. Hier ist zunächst wichtig, dass und wie dieses Nähephänomen wirkt, ein Pakt, der die Differenz zwischen Kunst und Wirklichkeit ebenso überwindet wie die zwischen Fremdem und Eigenem, Vergangenheit und Gegenwart. Proust löst durch sein sensitives, physiognomisches Erzählverfahren ein Paradox, an dem noch Christa Wolf sich abarbeiten wird, wenn sie fünf Vorlesungen schreiben muss, um sich etwa ihrer Berufskollegin Kassandra wieder anzunähern. Aber jeder kennt Albertine, die Madeleine, und Swann, die Großmutter, Guermantes ... Es gibt Briefmarkenserien und illustre Freundesgesellschaften, Proust-Institute und Proust-Preise in Hülle und Fülle, Filme von Visconti und Pinter, Brook und Adlon ... und es gibt weit über 10.000 Publikationen und eine Schar von Adoranten, die sich auf ein Leben mit, für und in Proust eingelassen haben. Insofern hat es mit der besonderen Nähe, dem Zauber der Absorptionsfähigkeit seines Werks doch seine Richtigkeit.

Ein Satz von 4 Metern Länge

Schwammartig – nicht schwammig, Intimität herstellend – ohne plumpe Vertraulichkeit, Anteilnahme – ohne biedere Betroffenheit, Popularität – mit Sätzen wie/trotz Sätzen wie:

Das aus Träumen entstiegene Kanapee zwischen neuen, sehr wirklichen Sesseln, die kleinen, mit rosa Seide bezogenen Stühle, der gewirkte Spielteppich, der zur Würde einer Person erhoben schien, seit er wie eine Person eine Vergangenheit, ein Gedächtnis besaß, behielt er doch im kalten Dunkel des Salons am Quai Conti jene Bräunung bei, die ihm die Sonnenstrahlen verliehen hatten (deren Stunde er ebenso gut kannte wie Madame Verdurin selbst), die durch die Fenster der Rue Montalivet einfielen und durch die Glastüren von Douville, wohin man ihn mitgenommen hatte und wo er den ganzen Tag über den Blumenliebhabergarten hinweg das tiefe Tal der...(S. 407)

Ich unterbreche hier für mehr als eine Druckseite und zitiere nur noch das Satzende, wo von den Beleuchtungseigentümlichkeiten des Salons die Rede ist und von Sonnenstrahlen, die erscheinen, als wären sie:

In dem ganz und gar der Gegenwart zugehörigen Salon eingelegt [...], die Möbel und die Teppiche in Abschnitte teilt, etwas bezeichneten, umgrenzten – von einem Kissen zu einer Blumenvase, von einem Hocker zu einem noch leise webenden Duft, von einer Beleuchtungsart zu einem Vorherrschen von Farben –, etwas modulierten, evozierten, vergeistigten und zum Leben brachten, eine

Form, die gleichsam das ideale, allen aufeinanderfolgenden Behausungen immanente Modell des Verdurinschen Salons war. (S. 408)

Ich habe diesen berühmten Satz aus *Die Gefangene* (Band 5) verkürzt wiedergegeben, denke aber dennoch, dem Eindruck, Proust würde sich stilistisch anbiedern, ist damit hinreichend vorgebeugt. Oder um es mit Prousts robustem Bruder Robert zu sagen: »Das Dumme ist, dass man entweder todkrank sein oder ein Bein gebrochen haben muss, um Zeit für die Lektüre der *Recherche* zu finden«. Und dazu eben noch ein anstrengender Satzhürdenlauf über Bandwürmer von aneinandergelegt vier Metern Länge, siebzehnmal um den Bauch einer Weinflasche zu wickeln.

Und so, um beim Thema des exzessiven Textbesessenen zu bleiben und dem ›lieben Onkel Proust in uns allen‹-Eindruck gegenzusteuern, sieht ein Manuskript von ihm aus: menschenfeindliche Papierwüste, Labyrinth aus Tintenmeandern, man wundert sich, dass da überhaupt ein Mensch lebendig wieder herauskommen kann. Man fragt sich: Sind diese Netze aus Sätzen nicht auch Schutzräume, um sich Menschen zu entziehen, indem man ein Spinngewebe aus Zwischensätzen und Einschüben, Parenthesen, Unterbrechungen und Ausdehnungen, doppelten Satzböden und bodenlosen, endlosen Umschreibungen um die Figuren und Dinge solange herumspult, bis diese im Sprachkokon verschwinden? Vorsicht, Proust!, möchte man allzu unbedachten Lesern zurufen und sie auf den Rat des Kritikers Vandérem verweisen:

Fangen Sie in der ersten Woche mit ungefähr zwanzig Seiten pro Tag an [...] beachten Sie im Übrigen die allgemeine Regel: sich niemals zum Lesen zwingen fahren Sie eine Woche lang in diesem Rhythmus fort und vermehren Sie anschließend Ihr tägliches Lesepensum um fünf Seiten [...] So erreichen Sie das Ende in einem relativ kurzen Zeitraum [...] und Sie werden ein immer lebhafteres und intensiveres Vergnügen empfinden.

Proust also in kleinen, hochkonzentrierten Dosen, sicher ein aufrichtig gemeinter Vorschlag, um nicht überwältigt zu werden und um sensibel zu bleiben für eine neuartige Ästhetik des Schreibens, die sich nicht damit begnügen wollte, die Dinge und Menschen aus einer mehr oder weniger normativen, vertretbaren Außensicht in normalen Sätzen darzustellen, sondern mit jedem Satz *alles* wollte, oder um mit einem der eminentesten Kritiker Prousts, Ernst Robert Curtius zu sprechen, jeden Satz so zu gestalten, dass er »zugleich Bild und Spiegelbild und die Spiegelung des Spiegelbildes gibt«

Natürlich gibt es auch problematische, umstrittene Sätze. Wie zum Beispiel jenen, der unter anderem zu einer Ablehnung durch den Verlag, auf den Proust hoffte, führte. Er steht im Kapitel ›Combray‹ in *Unterwegs zu Swann*:

Sie bot meinen Lippen ihr trauriges, bleiches und schales Haupt, auf dem sie zu dieser Morgenstunde ihr falsches Haar [trug] – mit dem Stützreifen, der durchschimmerte wie die die Spitzen einer Dornenkrone oder die Kügelchen eines Rosenkranzes [...]. (Combray, II)

Das Unglück wollte es, dass André Gide als Lektor genau auf diesen Satz stieß und über ihn stolperte und hinter ihm stolperten weitere Generationen von Lesern und Herausgebern über diese »énigmatique métaphore de Proust«, über diese so überaus rätselhafte Metapher ...

Soviel zu den Sätzen. Nun aber endlich – zum Inhalt. Falls so etwas wie Inhalt im engeren Sinn vorhanden sein sollte. Im Frühjahr 1913 schrieb Alfred Humblot, Leiter des renommierten Verlagshauses Ollendorff, einem Proust-Fan etwas ratlos:

Mein lieber Freund, ich bin vielleicht komplett vernagelt, aber ich kann beim besten Willen nicht verstehen, dass ein Mensch dreißig Seiten braucht, um zu beschreiben, wie er sich vor dem Einschlafen hin- und herwälzt.

Da alle anderen Verlage die negative Einschätzung (die Urteile reichen von »Was soll das alles?« bis »unergründliche Verquickungen«, vom Vorwurf der »Geschwätzigkeit« bis zum rüden Anwurf »Erklären Sie mir in zwei Zeilen, was Sie eigentlich sagen wollten«), da also alle Verlage diese Grundeinschätzung teilten, war Proust gezwungen, die Veröffentlichung seines Buches zunächst selbst zu finanzieren.

Die Enttäuschung, das Grundmissverständnis der Zeitgenossen, das aus diesen Ablehnungen spricht, lässt sich dahingehend zusammenfassen, dass der Autor schlicht gegen das Gesetz der ›Angemessenheit‹ verstoßen hatte, welches besagt, dass sich die Länge eines Buches aus der dem Geschilderten irgendwie entsprechenden Zahl von Wörtern zu ergeben habe. Er hatte nicht per se zu viel geschrieben, vielmehr hatte er sich angesichts der scheinbaren Irrelevanz der dargestellten Ereignisse dazu hinreißen lassen, wesentlich mehr als ›notwendig‹ zu sagen. Einschlafen? Da sollte ein Satz reichen. Vier Zeilen vielleicht. Aber so sehr, so unproportional abschweifen ...

Der Reflex dieser Irritationen schlägt sich vermutlich noch nieder in der Anregung für den »All-England-Proust-Zusammenfassungs-Wettbewerb«, den Monty Python seinerzeit in einem südenglischen Seebad durchführte, wobei die Teilnehmer ein fünfzehnsekündiges Resümee von Prousts siebenbändigem Roman vortragen mussten ... Absurd. Vielleicht. Aber sind unsere alltäglichen Wahrnehmungs- und Verdichtungsbemühungen nicht genauso absurd? Ist nicht letztlich die Proustsche ›Zeitdehnung‹ hyperrealistisch, während die üblichen Verfahren eine Verzerrung und Verfälschung darstellen? Zu Recht sieht Proust das Zeitungslesen als besonders »scheußliche und wollüstige« Aktion. Je knapper ein Bericht, desto stärker der Anschein, er würde nicht mehr Platz benötigen, als ihm zugewiesen wurde. Allenfalls Kurzmeldungen für Geschichten wie diese:

Tragisches Ende einer Romanze in Verona. Da er seine Geliebte irrtümlich für tot hielt, nahm sich ein Jugendlicher das Leben. Nachdem sie vom Schicksal ihres Freundes erfuhr, tötete sich auch die 15jährige.

So, oder so ähnlich würde *Romeo und Julia* als Zeitungsmeldung aussehen. Bis zur Unkenntlichkeit verknappt. Shakespeare hat erst eine Geschichte daraus gemacht.

1907 stieß Proust im *Figaro* auf eine Kurzmeldung mit der Überschrift »Tragischer Wahnsinn«. Ein junger Bürgersohn hatte seine Mutter »in einem Anfall von Wahnsinn« mit einem Küchenmesser erstochen. »Daraufhin versuchte Henri, so sein Name, sich erst zu erdolchen, dann zu erschießen. Er verstarb noch während des Verhörs.« – Proust verfasste einen fünfzehnseitigen Artikel, in dem er einen Vorfall, der auf den ersten Blick nicht mehr als ein paar Zeilen unter der Rubrik ›Vermischtes‹ zu verdienen schien, in ein anderes Licht setzte und in die Geschichten tragischer Mutter-Sohn-Beziehungen einreihte. Er erzählt sie als Manifestation eines tragischen Aspekts der menschlichen Natur, der schon seit der griechischen Antike im Mittelpunkt vieler großer Werke der abendländischen Kunst gestanden habe. Proust verglich Henris blinde Wut bei der Ermordung seiner Mutter mit der verwirrten Raserei des Ajax. Henri sei Ödipus, sein Revolver die Goldspange am Gewand der toten Iokaste, mit welcher der verzweifelte Thebaner sich die Augen aussticht. Henris Fassungslosigkeit beim Anblick seiner toten Mutter gemahnte Proust an König Lear, der den Leichnam Cordelias in den Armen hält und ruft: »Hin auf immer! Tot wie die Erde! Nein! Kein Leben!« Und als der Polizeibeamte Proust zur Vernehmung des sterbenden Henri eintrifft, antwortete der Autor Proust ihm mit den Worten Kents, der Edgar befiehlt, den schlafenden Lear ruhen zu lassen: »Quält seinen Geist nicht: Lasst ihn zieh'n!«

Mit diesen Literaturzitaten wollte Proust beileibe nicht nur kennerschaftlichen Eindruck schinden (obgleich er der Ansicht war, »dass man nie eine Gelegenheit vorübergehen lassen sollte, etwas von anderen zu zitieren, was immer interessanter ist als das, was man selbst findet«). Sie waren vielmehr ein Verweis auf die universellen Folgen des Muttermordes. Für Proust hatte das beschriebene Verbrechen uns allen etwas mitzuteilen, wir sollten es keinesfalls als völlig losgelöst von seiner Dynamik betrachten. Selbst wenn wir nur vergessen hätten, unserer Mutter einen Geburtstagsgruß zu schicken, müssten wir in Mme. van Blarenberghes Todesschreien (»*Was hast du mir angetan?*«) eine Spur unserer Gewissensbisse wiederfinden.

Was für dramatische Szenen gilt, und hier beginnt nun das für Proust wirklich Spezifische, behält in gleicher Weise Gültigkeit für die scheinbar belanglosesten Gegebenheiten des Alltags: Das Einschlafen, das Teetrinken, das Heiratenwollen, das Lesen.

Was man also von Proust lernen kann? Zum Beispiel auch dies, so Zeitung zu lesen, so fernzusehen, als seien diese Mitteilungen und Bilder lediglich die Spitze eines tragischen oder komischen Romaneisbergs, weshalb also nicht tatsächlich dreißig Seiten auf die Schilderung der Stadien des Einschlafens zu verwenden.

Abgesehen davon, ganz abgesehen davon, dass unter der Decke des Einschlafens hier spürbar so sehr viel mehr geschieht, dass man schon die Dickfelligkeit eines Großverlegers haben musste, um das Potential dieses Textes nicht wahrhaben zu wollen. Man braucht nur zwei Sätze weitergehen und liest nun, das Buch, über dem der junge Mann wohl doch kurz eingeschlafen war, liegt noch auf der Decke:

[M]ir war, als sei ich selbst es, wovon das Buch sprach. (Combray, I)

Und erst ein paar Sekunden nach dem Erwachen, nachdem der Gegenstand der Lektüre sich vom Gehirn des Lesenden abgelöst hat, kehrt die Außenwirklichkeit, kehrt das nach außen gerichtete Vermögen der Wahrnehmung zurück, jetzt erst beginnen die Sensorien des Fühldenkens zu arbeiten, freilich nur für Momente. Noch während die Stimmen der Nacht – das ferne Pfeifen der Eisenbahnzüge, jedes Bodenknarzen im Haus – registriert werden, gerät der Erzählende wiederum in den Sog des Schlafes und der damit verbundenen Bilder, Erinnerungen und Gefühle. Und so, genau an der Kippstelle zwischen erwachendem und verdämmerndem Bewusstsein, zwischen morgendlichem Orientierungsbemühen und nächtlichem Orientierungsverlust, zwischen konkretisierten Traumgestalten und träumerisch verzauberter Wirklichkeit, balanciert das schlaflos schlafende, ruhelos ruhende Ich virtuos und lustvoll simultan auf den Bühnen unterschiedlicher Realitäten:

[I]n einer Sekunde überflog ich Jahrtausende der Menschheitsgeschichte, und die verschwommenen und flüchtig geschauten Bilder [...] fügten nach und nach die originären Züge meines Ich wieder zusammen.

Als Akrobat körpergesteuerter Erinnerungsproduktion experimentiert der Erzähler mit unterschiedlichen Positionen, Varianten und Techniken der Erinnerungsdurchflutung bzw. der Realitätsmodellierung bei gleichzeitig messerscharfer Observanz der Außen-Vorgänge im Hause; denn während da einer – oberflächlich gelesen – nur in Träumereien zu schwelgen scheint, schimmern im Hintergrund der erzählenden Wahrnehmung die Konturen seiner gesamten Lebenswelt auf: die sehnsüchtig erwartete Mutter; der Gast, Monsieur Swann, Großmutter und Großvater – sie alle werden in z. T. gestochen scharfen Medaillons in die Welt der Traumbilder eingeflochten, wobei selbst verborgenste Gesten in den Blick gerückt und begreifbar gemacht werden. Etwa, wenn beobachtet wird, dass die Großmutter, wenn sie einen Vorwand fand, durch den Garten zu gehen, »die Gelegenheit nutzte, beim Vorbeigehen verstohlen ein paar Stützen von den Rosen wegzunehmen, um sie etwas natürlicher aussehen zu lassen.«

Und nicht genug damit, Proust entwickelt vergleichend das Bild noch ein Stück weiter, und fügt an:

[...] wie eine Mutter, die, um sie zu lockern, ihrem Sohn mit der Hand durch die Haare fährt, wenn der Friseur sie allzu glatt gebürstet hat.

In gleicher hinter- und vordergründiger Überdeutlichkeit, treten alle Figuren, jede von ihnen umhüllt von der Aura aller von ihnen ausgehenden und mit ihnen verbundenen – das ist es, was Curtius mit Spiegelung der Spiegel meinte – Gedanken, Assoziationen, Motivationen und Erinnerungen in den Raum der Erzählung. Da ist etwa Françoise. Hellsichtige Familienbegleiterin und exzellente Köchin von »bœuf à la gelée«. Und natürlich Swann, Charles Swann, Sohn eines jüdischen Börsenmaklers, Nachbar und Freund der Familie des Erzählers, die er in Combray besucht. Protagonist und innerer Anlass – wenn man so will – der *Recherche*, jenes monumentalen siebenteiligen Zyklus', der sieben Werke oder Unterabteilungen enthält, die, hierin nicht ganz unvergleichbar den *Schlafwandlern*, durch eine Reihe figuraler und thematischer Klammern miteinander in Beziehung stehen.

Die sieben Werke aus denen das Ganze komponiert ist, sind im Einzelnen:

1. *Du côté de chez Swann* (In Swanns Welt). 1913.
2. *A l'ombre des jeunes filles en fleurs* (Im Schatten junger Mädchenblüte). 1919.
3. *Le côté de Guermantes* (Guermantes). 1920/21.
4. *Sodom e Gomorrhe* (Sodom und Gomorra). 1921/22.
5. *La Prisonière* (Die Gefangene). 1923.
6. *Albertine disparue* (respectivement) *La fugitive* (Albertine ›bzw.‹ Die Flüchtige). 1925.

7. Le temps retrouvé (Die wiedergefundene Zeit). 1927.

Die Titel signalisieren das eigentliche Generalthema der Romane, die Begegnungen und Bewegungen, die Antinomien und dialektischen Bezüge zwischen der *verlorenen* und der *wiedergefundenen* Zeit. Entsprechend dem Vorhaben, eine an Balzacs *Comédie humaine* und Wagners *Ring* orientierte Gesamtschau, eine Typologie der Beziehungsmuster der in die Zeitschichten eingeschriebenen Figuren herzustellen. Es wäre verfehlt, sich dem Text mit den Erwartungen einer linearen Abfolge nähern zu wollen, einfach auf Inhalt und Entwicklung hin lesen zu wollen. Man käme nur zu den üblichen ›Fin de siècle‹-Themen. Der Erzähler nähert sich seinem Gegenstand eher in kreisförmiger Bewegung, spielt mit Antithesen, Symmetrien, komplementären Gegensätzen. »Meine Bücher«, so schreibt Proust,

> stellen eine Konstruktion dar, die allerdings einen so großen Radius, eine so große Zirkelweite besitzt, dass die Strenge der Konstruktion, der ich alles unterstellt habe, erst recht spät zu erkennen ist.

Was die Erzählperspektive betrifft, so gründet der Aufbau auf einer zentralen Gestalt, die zugleich der Erzähler und der Romanheld ist und die Proust in der ersten Person als ›Ich‹ einführt oder in der dritten Person als »Marcel«. Diese Gestalt verleiht dem Ganzen der Erzählung eine zeitliche und räumliche Einheit. Dieser Erzähler wird Schriftsteller, um von einem Erzähler berichten zu können, der Schriftsteller wird. Der schöpferische Akt des Schreibens erscheint als der einzige Weg, um der »Wirklichkeit« der Phänomene ansatzweise näher zu kommen.

Trotz allem. Die Inhaltsfalle schnappt zu. Die Frage nach dem Stoff, dem »Um was es geht« greift. Wenn man in sie tappen würde, man würde über kurz oder lang so oder so ähnlich berichten: Nach einem leichten Anfall der Großmutter in einer Bedürfnisanstalt auf den Champs-Elysées kommt es zu einer drastischen Verschlechterung, schließlich zu ihrem Tod. Es folgt der Besuch Albertines. Aussicht auf eine reiche Heirat für einige Freunde Saint Loups. – Der Geist der Guermantes in Anwesenheit der Prinzessin von Parma. – Seltsamer Besuch bei Monsieur de Charlus. Die roten Schuhe der Herzogin. In diesem Kapitel erfährt man vom Bruch der Beziehung zwischen Saint Loup und Rahel und dem Wiedersehen Marcels mit Albertine. Obwohl er die Herzogin nicht mehr liebt, wird der Erzähler bei ihr zu Tisch geladen. Er kann sich dort in aller Ruhe die Gemälde von Elstir ansehen. Bei einem Besuch bei Baron de Charlus bekommt dieser einen unverständlichen Wutanfall. Und am Ende von *Guermantes* erfährt Marcel, dass er von der Prinzessin von Guermantes empfangen werden soll, deren Salon noch geschlossener ist als der ihrer Cousine. Swann, der Oriane sein unmittelbar bevorstehendes Ende ankündigen wird, wird von einer alten Freundin, die ein Diener nicht verpassen möchte und deren Bruder wegen des Bankrotts eines Bekannten dessen Schwester unglücklich ... – –

Soweit der II. Teil der *Guermantes*. Doch so ist kein Weiterkommen. Im Fall Prousts, wo keine Götter, kein Mythos, keine Klimax, Peripethien und Katastrophen vorkommen, wäre diese Art der Annäherung sogar die gesteigerte Version eines Holzweges.

Zurück also zur sicheren Anfangswelt des ersten Bandes. Der Erzähler liegt noch immer im Bett, wir sind auf S. 59 der dezenten, mausgrauen Suhrkampausgabe, und endlich, endlich sitzt Mama an seinem Bett, das inzwischen fast zum Bett des Lesers geworden ist. Sie liest aus einem Buch (ein gewisser Le Chiampi spielt dabei eine Rolle) mit rotem Einband. Das magische Fluidum der Stimme dieser Vorleserin überträgt sich auf ihren Zuhörer ebenso wie auf den Leser:

[I]ch stellte mir ständig vor, der Grund dafür liege in dem fremden und wohllautenden Namen »Champi«, der auf das Kind, das ihn trug, ohne dass ich es hätte sagen können, wieso, etwas von seiner leuchtenden, purpurroten, bezaubernden Tönung übertrug. War meine Mutter auch eine etwas ungetreue Vorleserin, so war sie doch andererseits für Werke, in denen sie der Klang des wahren Gefühls finden konnte, durch die Ehrfurcht und Schlichtheit ihrer Wiedergabe des Textes und durch die Schönheit und Sanftheit ihres Tons eine bewundernswerte Interpretin. Selbst im Leben, wo es sich nicht um Kunstwerke, sondern um menschliche Wesen handelte, die in ihr Mitgefühl oder Bewunderung weckten, war es rührend zu sehen, mit welcher Rücksichtnahme sie in ihrer Stimme, ihren Gebärden und Äußerungen etwa einen Ausdruck von Heiterkeit vermied, der einer Mutter wehtun konnte, die irgendwann einmal ein Kind verloren hatte, oder eine Anspielung auf ein Fest, einen Jahrestag, die einen Greis an sein hohes Alter hätte erinnern können, jede Erörterung häuslicher Fragen einem jungen Gelehrten gegenüber, den das langweilen würde.

Mit feinen Sonden aus Wörtern stochern Erzähler, Figuren und Leser nach dem, was man vergröbernd ›Wirklichkeit‹ nennen könnte und es sind die vermeintlich kleinen Dinge, die zu Transmittern der verborgenen Seite des Daseins werden. Selbst eine kleine »Madeleine« kann zum Medium der Suche werden:

Viele Jahre lang hatte von Combray außer dem, was der Schauplatz und das Drama meines Zubettgehens war, nichts mehr für mich existiert, als meine Mutter an einem Wintertag, an dem ich durchgefroren nach Hause kam, mir vorschlug, ich solle entgegen meiner Gewohnheit eine Tasse Tee zu mir nehmen. Ich lehnte erst ab, besann mich dann aber, ich weiß nicht warum, eines anderen. Sie ließ daraufhin eines jener dicklichen, ovalen Sandtörtchen holen, die man »Petites Madeleines« nennt und die aussehen, als habe man als Form dafür die gefächerte Schale einer Jakobs-Muschel benutzt. Gleich darauf führte ich, ohne mir etwas dabei zu denken, doch bedrückt über den trüben Tag und die Aussicht auf ein trauriges Morgen, einen Löffel Tee mit einem aufgeweichten Stück Madeleine an die Lippen. In der Sekunde nun, da dieser mit den Gebäckkrümeln gemischte Schluck Tee meinen Gaumen berührte, zuckte ich zusammen und war wie gebannt durch etwas Ungewöhnliches, das sich in mir vollzog. Ein unerhörtes Glücksgefühl, das ganz für sich allein bestand und dessen Grund mir unbekannt blieb, hatte mich durchströmt. Es hatte mir mit einem Schlag, wie die Liebe, die Wechselfälle des Lebens gleichgültig werden lassen, seine Katastrophen ungefährlich, seine Kürze imaginär, und es erfüllte mich mit einer köstlichen Essenz; oder vielmehr: diese Existenz war nicht in mir, ich war sie selbst. Ich hatte aufgehört, mich mittelmäßig, zufallsbedingt, sterblich zu fühlen. Woher strömte diese mächtige Freude mir zu? Ich fühlte, dass sie mit dem Geschmack des Tees und des Kuchens in Verbindung stand, dass sie aber weit darüber hinausging und von ganz anderer Wesensart sein musste. Woher kam sie mir? Was bedeutete sie? Wo konnte ich sie fassen? Ich trinke einen zweiten Schluck und finde nichts anderes darin als im ersten, dann einen dritten, der mir etwas weniger davon schenkt als der vorige. Ich muss aufhören, denn die geheime Kraft des Trankes scheint nachzulassen. Es ist ganz offenbar, dass die Wahrheit, die ich suche, nicht in ihm ist, sondern in mir. (Combray, II)

Die Suche beginnt in ihre entscheidende Phase zu treten, unvorbereitet fast. Die Suche, die weniger der Zeit als dem Ich gilt, das in dieser Zeit steckt. Die Suche nach den Ursachen dieser Drehung im Inneren, die sich da plötzlich vollzogen hatte; erste Thesen werden riskiert, Indizien zusammengetragen. Der Geschmack dieser Madeleine, war er nicht identisch mit dem Geschmack jener Madeleine, die Tante Léonie ihm am Sonntagmorgen in Combray (weil er an diesem Tage vor dem Hochamt nicht aus dem Hause ging), nachdem sie sie in ihren Lindenblütentee getaucht, angeboten hatte? Vielleicht, aber wir würden nicht Proust lesen, wenn wir uns nun auf einen kurzen Weg der Erklärung gefasst machen würden. Erst verweilen wir im weitgehend monologischen Reich der Tante, die im Gegensatz zu ihrem Neffen, Wert darauf legt, niemals zu schlafen, lernen die Dienerin Françoise kennen und küssen mit dem Erzähler Léonies Stirne zum Abschied. Küssen sie eben in Form jenes umstrittenen Satzes, der die Stirnknochen »wie Spitzen einer Dornenkrone oder die Kügelchen eines Rosenkranzes« herausmodelliert und verstehen nun ohne weiteres, dass diese Knochen für diese Existenz wie kein zweites Bild passen, weil sie ihre stillvorwurfsvolle Halbtrauer nicht nur behaupten, sondern unmittelbar abbilden.

Wir werden anschließend in die steinalte Dorfkirche mit ihrem »Vorbau [...], schwarz und durchlöchert« geführt und erleben hautnah, so hautnah, wie sonst bei keinem Autor, ein zweites Mysterium der Wahrnehmung, – die Verwandlung eines Provinzkirchleins in ein virtuelles Mausoleum der Zeit, in einen Katalysator der »vierte[n] Dimension«.

Verlorene und wiedergefundene Zeit

Wenn an der These Prousts von der zirkulären Konstruktion etwas sein sollte, müsste die Probe aufs Exempel möglich sein. Deshalb ein kleiner Sprung in den 7. Band, *Die wiedergefundene Zeit*, in der Hoffnung, auf eine Art Auflösung des Madeleine-Rätsels zu stoßen. Das Erzähler-Ich befindet sich in einer desaströsen Verfassung. Von Krankheit gezeichnet, todesgedankenschwer. Und eben in diesem Moment, als er trist über den Hof des Guermanteschen Palais' stolpert, passiert es:

Versunken noch in die trübseligen Gedanken, von denen ich eben sprach, war ich in den Hof des Guermantesschen Palais eingetreten und hatte in meiner Zerstreuung nicht bemerkt, dass ein Wagen sich näherte; beim Ruf des Chauffeurs hatte ich gerade noch Zeit, rasch zur Seite zu springen. Ich wich so weit zurück, dass ich unwillkürlich auf die ziemlich schlecht behauenen Pflastersteine trat, hinter denen eine Remise lag. In dem Augenblick aber, als ich wieder Halt fand und meinen Fuß auf einen Stein setzte, der etwas weniger hoch war als der vorige, schwand meine ganze Mutlosigkeit vor dem gleichen Glücksgefühl, das mir zu verschiedenen Epochen meines Lebens einmal der Anblick von Bäumen geschenkt hatte, die ich auf einer Wagenfahrt in der Nähe von Balbec wiederzuerkennen gemeint hatte, ein andermal der Anblick der Kirchtürme von Martinville oder der Geschmack einer Madeleine, die in Tee getaucht war, sowie noch viele andere Empfindungen, von denen ich gesprochen habe [...] zu einer Synthese miteinander verschmolzen schienen. Wie in dem Augenblick, in dem ich die Madeleine gekostet hatte, waren alle Sorgen um meine Zukunft, alle Zweifel meines Verstandes zerstreut. (Guermantes, I)

Einer der klügsten und sensibelsten Proust-Exegeten, Samuel Beckett, wird in seinem Essay von dieser Stelle ausgehend kommentieren:

Auf dem Kopfsteinpflaster. Seine Umgebung verschwindet, Bediente, Ställe, Wagen, Gäste, die ganze Realität des Ortes zu dieser Stunde, seine Ängste und Zweifel hinsichtlich der Realität des Lebens und der Kunst verschwinden, er wird überwältigt von Wogen der Verzückung, durchtränkt von eben jener Glückseligkeit, die die Verzweiflung seines Lebens so spärlich benetzt hatte. Die Farblosigkeit weicht einer unerträglichen Helle. Und plötzlich taucht Venedig aus der Reihe vergessener Tage auf, Venedig, dessen strahlendes Wesen er nie hatte ausdrücken können, weil es von der gebieterischen Vulgarität eines Werktagsgedächtnisses zurückgewiesen worden war, aber das diese zufällige Wiederholung eines unsicheren Gleichgewichts im Baptisterium von San Marco von seiner adriatischen Küste weghob und als hellen und ungestümen Eindringling in den Hof der Princesse de Guermantes niedersetzte. Aber schon ist die Vision verblasst, und er ist frei, seine gesellschaftlichen Pflichten wiederaufzunehmen. Er wird in die Bibliothek geleitet, weil die ehemalige Mme. Verdurin, zugleich Norne und Opfer von Harmonie-Migränen, inmitten ihrer Gäste thront, im Interesse ihrer Schleimhäute leidenschaftlich Rino-Gomenol einnimmt und die schrecklichsten Ekstasen einer Strawinskischen Neuralgie erleidet. Während er allein wartet, bis die Musik zu Ende ist, wiederholt sich das Wunder des Hofes auf [...] verschiedene Arten. [...] Ein Diener schlägt mit einem Löffel an einen Teller, er wischt sich den Mund mit einer steif gestärkten Serviette, das Wasser heult wie eine Sirene in den Rohren, er nimmt François le Champi vom Bücherbord.

Und genau wie damals in Combray wird wieder die herbe vornehme Stimme seiner Mutter, die damals die Schlaflosigkeit des Kindes bewachte, evoziert. Besser: real präsent. Und doch stellt auch das erfolgreichste evokatorische Experiment nur das Echo einer vergangenen Entwicklung dar. Wenn wir genau verstehen wollen, weshalb damit solch ein Sog der Glücksempfindung verbunden ist, müssen wir mit dem Erzähler und mit Proust weiterforschen. Wenig später kommt es zu folgender Klärung:

Hier nun hatte sich plötzlich die Wirkung dieses harten Gesetzes als neutralisiert und aufgehoben erwiesen durch einen wundervollen Kunstgriff der Natur, die reine Empfindung – Geräusch des Löffels und des Hammers, gleicher Buchtitel usw. – einmal in der Vergangenheit hatte aufschillern lassen, was meiner Imagination sie wahrzunehmen gestattete, zugleich aber auch in der Gegenwart, in der nun die wirkliche Aktivierung meiner Sinne durch das Geräusch, die Berührung mit dem Wäschestück zu den Träumen der Imagination das hinzugegeben hatte, was ihnen gewöhnlich fehlte, das heißt die Idee der Existenz; dank diesem Trick aber hatte sie meinem Wesen für die Dauer eines Blitzes erlaubt, etwas zu erlangen, zu sondern und festzuhalten, was es niemals erahnt hatte: ein kleines Quantum reiner Zeit. Das Wesen, das in mit wiedergeboren war [...], dieses Wesen nährt sich einzig von der Essenz der Dinge; in ihr allein findet es seinen Bestand und seine Beseligung. (S.266/67)

Vom Bild über den Schein hin zur Einbildungskraft, die Ideen konkretisiert, und damit zur Existenz führt, geht der Weg: hin zur Essenz, zur Essenz der Dinge, die mehr als real, hyperreal und abstrakt zugleich erlebt, belebt werden. Im Kopf, im Sensorium ihres einzig-artigen Betrachters. Für ihn, zugegeben nur für ihn, (aber weshalb soll dies eine Minderung darstellen), stellt sich ein einzigartiges Aroma der Ganzheits-Erfahrung her:

Sobald aber ein bereits gehörtes Geräusch. Ein schon vormals eingeatmeter Duft von Neuem wahrgenommen wird, und zwar als ein gleichzeitig Gegenwärtiges und Vergangenes, ein Wirkliches, das gleichwohl nicht dem Augenblick angehört, ein Ideelles, das deswegen dennoch nichts Abstraktes bleibt, wird auf der Stelle die ständig vorhandene, aber gewöhnlich verborgene Wesenssubstanz der Dinge frei, und unser wahres Ich, das manchmal seit langem tot

*schien, aber es doch nicht völlig war, erwacht und gewinnt neues Leben [...].
Eine aus der Ordnung der Zeit herausgehobene Minute hat in uns, damit er sie
erlebe, den von der Ordnung der Zeit befreiten Menschen erschaffen. Und dieser Mensch – wie gut kann man verstehen, dass er Vertrauen zu seiner Freude
fasst, selbst wenn der einfache Geschmack einer Madeleine nicht logischerweise die Gründe für diese Freude zu enthalten scheint, verstehen auch, dass das
Wort Tod keinen Sinn für ihn hat; was könnte er, der Zeit enthoben, von der
Zukunft fürchten? (S. 267)*

Nicht schale Kopie also, sondern gesteigerte Neuempfindung, ›Wiederauferstehung‹ verlorener Wirklichkeiten, »Essenz der Dinge«, Erkenntnis pur, »Hieroglyphen der Seele« – kaum ein Begriff, der Proust zu übersteigert erschiene, um das neue Erfahrungsmodell, fast parareligiös, zu umschreiben. Und sein Wiedergänger Beckett nimmt den Faden auf und spinnt ihn – nicht minder beseligt – weiter:

*Der Ausgangspunkt der Proustschen Exposition ist nicht kristallinische Agglomeration, sondern ihr Kern – das Kristallisierte. Die trivialste Erfahrung – sagt
er in Wirklichkeit – ist mit einer Kruste von Elementen überzogen, die nicht
logisch mit ihr verbunden und infolgedessen von unserem Verstand zurückgewiesen worden sind: Sie ist in einem Gefäß eingeschlossen, das mit einem
bestimmten Duft und einer bestimmten Farbe gefüllt und auf eine bestimmte
Temperatur erwärmt ist. Diese Gefäße schweben entlang der Höhe unserer Jahre und sind, da sie sich unserer verstandesmäßigen Erinnerung entziehen, in
gewissem Sinne immun. Die Reinheit ihres klimatischen Inhalts wird durch die
Vergesslichkeit garantiert, und jedes Gefäß ist an seine Entfernung, an seinen
Zeitpunkt gebunden. So dass, wenn der eingeschlossene Mikrokosmos in der
beschriebenen Weise belagert wird, wir von einer neuen Luft und einem neuen
Duft überflutet werden (neu, gerade weil schon erfahren), und wir atmen die
wahre Luft des Paradieses, des einzigen Paradieses, das nicht der Traum eines
Irren ist, des Paradieses, das verloren ist. [...] Die Zeit ist nicht wiedergefunden,
sie ist ausgelöscht. Die Zeit ist wiedergefunden, und der Tod mit ihr.*

Ins Poetologische zurückübersetzt, bedeutet dies die Überwindung des dröge gewordenen Realismus Balzacscher Prägung, des Realismus der »monde extérieur«, von nun an, so Proust in seiner ›préface‹, gelte es, als Objekt des Romans »l'univers réflechi et déformé par l'esprit«, das durch den individuellen Wahrnehmungsblickwinkel gespiegelte und ge- oder de-formierte Universum zu beschreiben.

Kein Grund abzuheben. Jenen beseligt-elitären Gesichtsausdruck spirituell Wissender anzunehmen. Die Folgerungen, die sich aus diesem Schreibprogramm ergeben, sind weder mystisch noch esoterisch, sondern auf überraschende Art auch bodennah, menschlich und sogar humorvoll. DeBotton hat schon Recht,

Proust kann Ihr Leben in der Tat ein wenig verändern, weil Sie vollständiger, genauer hinsehen, verstehen *und* empfinden werden. Nicht unbedingt sanftmütiger, aber verständiger. Nicht ohne Biss, aber auch nicht kläfferartig bissig. Zum Beispiel so, wie Madame de Forcheville in der *Wiedergefundenen Zeit*, jener Odette, die Swann in die Katastrophe seines Lebens hatte gleiten lassen, ehemalige femme fatale und Kurtisane in einem.

Die mumifizierte Zeit

Zuerst stellt der Beobachter einen Effekt fest, der im Zeitalter der operationellen Gesichtsstraffung häufig, vor allem bei Vernissagen- oder Premieren-Publikumsbetrachtung immer häufiger auffällt: Man nimmt jemanden als auf eine unbestimmte Art ähnlich wahr. Ähnlich mit einer Person, die man kennt, zu kennen glaubt, um dann überrascht festzustellen, dass die ähnliche in der Tat identisch mit der gemeinten Person ist. Nur eben bis zur Fast-Unkenntlichkeit verändert; so Mme. de Forcheville, die

> *gleichsam wie nach Einspritzung einer Flüssigkeit, einer Art von Paraffin, das die Haut straffer wölbt und zugleich daran hindert, sich irgendwie zu verändern, den Anblick einer für alle Zeit »präparierten« Kokotte von einst [bot]. (S. 377)*

Viele, die meisten, Autoren würden sich mit einer amüsanten Bemerkung dieser Art begnügen. Bei Proust beginnt nun erst ein virtuoses Spiel der Zeitebenenverschiebung, der Oberflächenbetrachtungen, der De-Konstruktion und Rekonstruktion von Eindrücken und Eindrucksbedingungen. Im Blickpunkt immer noch Odette de Forcheville, rechnerisch – wir sind in den zwanzigern des 20. Jahrhunderts – zu dem Zeitpunkt eine starke Siebzigerin:

> *Wenn man ihr Alter wusste und sich auf eine alte Frau gefasst machte, kam einem ihr Aussehen vor wie eine Herausforderung der Gesetze der Chronologie, erstaunlicherweise als die Herausforderung der Naturgesetze durch den Nichtzerfall des Radiums. In ihrem Fall erkannte ich sie nicht deshalb sogleich wieder, weil sie sich, sondern weil sie sich nicht verändert hatte. [Ich] stellte [...] jetzt rasch meine Rechnung an, und nachdem ich zu der alten Odette die Zahl der Jahre addiert hatte, die über sie hinweggegangen waren, ergab das Resultat, das ich erhielt, tatsächlich eine Person, die mir die nicht sein zu können schien, die ich sah, und zwar gerade deshalb, weil sie noch so sehr der von früher glich. [...] mit ihrem platten goldenen Haar – wie der wirre Schopf einer großen mechanischen Puppe über einem erstaunten, unbeweglichen Gesicht, ebenfalls dem einer Puppe –, auf dem ein ebenfalls platter Strohhut ruhte, sah sie aus wie die Figur des Weltausstellung von 1878 (deren phantastischstes Wunder sie damals gewiss gewesen wäre, zumal wenn sie damals ihr heutiges Alter gehabt*

hätte), die in einer Silvesterrevue ihr Couplet vorträgt, dargestellt jedoch damals jene Figur der Weltausstellung 1878, von einer noch jungen Frau.
    Ein Minister aus der Zeit vor der Boulanger-Krise, der jetzt wieder Minister war, ging ebenfalls an uns vorüber, während er den Damen ein unsicheres, verlorenes Lächeln zusandte: gleichsam gefangen in tausend Bahnen der Vergangenheit, einem Männlein gleich, das durch eine unsichtbare Hand auf seiner Substanz verändert wie eine in Bimsstein ausgeführte verkleinerte Wiedergabe seiner selbst. (S. 378)

    Und auch nach diesem Exkurs gleitet Proust als Flaneur in einen Salon, der immer mehr einem Mausoleum mit perfekt gestalteten Mumien zu gleichen scheint, nicht dezent weiter, um zum nächsten Sujet zu gleiten, sondern forciert die Binnen-Beschau, die Konversations-Autopsie von Odette; es zeigt sich, dass die Identifikationsschwierigkeiten durchaus reziproker Natur sind:

    Was hingegen Madame Forcheville betraf, so war das Wunder geschehen, dass man nicht einmal sagen konnte, sie sei verjüngt, sondern vielmehr, dass sie mit all ihrem künstlichen Wangenrot und ihrem gefärbten Haar eine zweite Blüte erlebte. Mehr nochmals die Verkörperung der Weltausstellung 1878 wäre sie auf einer Botanikausstellung von heute die allermerkwürdigste der Sensationen gewesen. [...] (S. 381)

Und:

    Es war, als könne sie noch immer dort sein. Allerdings schien sie, gerade weil sie sich nicht verändert hatte, nicht wirklich zu leben. Sie hatte das Aussehen einer sterilisierten Rose. Ich sagte ihr guten Tag, sie suchte eine Zeitlang in meinem Gesicht zu lesen, wer ich sei, wie ein Schüler in dem seines Examinators die Antwort, die er leichter in seinem Kopf fände. Ich nannte ihr meinen Namen, und sofort, als hätte ich dank diesem Zauberwort das Aussehen eines Erdbeerbaums oder eines Känguruhs abgelegt, das das Alter mir offenbar verliehen hatte, erkannte sie mich und begann mit ihrer so einzigartigen Stimme auf mich einzureden: Alle, die ihr früher in den kleinen Theatern Beifall geklatscht hatten [...].

    Und ganz allmählich zeigt sich, dass unter der Paraffin-Haut Reste eines lieben und Trümmer eines armen Menschen liegen: eines Menschen, dem sich der Erzähler im gleichen Maße annähert als die Maske dieses Menschen sich ihm entzieht, aber eben doch rissig wird.

    Ach, sie sollte nicht immer so bleiben! Weniger als drei Jahre später sollte ich ihr, die nicht gerade kindisch, aber etwas schwach im Kopf geworden war, auf einer von Gilberte veranstalteten Soiree begegnen, wo sie außerstande war, unter einer unbeweglichen Maske zu verbergen, was sie dachte, oder besser (denken ist vielleicht ein zu starkes Wort), was sie bei sich empfand; sie schüttelte den Kopf, presste den Mund zusammen, zuckte die Achseln bei jeder Empfindung, die sie berührte, wie ein Trunkener oder ein Kind oder auch

Auf der Suche nach der verlorenen Zeit

wie manche Dichter, die ihre Umgebung völlig vergessen, wenn die Inspiration sie packt, in Gesellschaft an ihrem Werk weiterschaffen und, während sie am Arm einer etwas erstaunt blickenden Dame zu Tisch schreiten, die Brauen runzeln und Grimassen schneiden. Die Empfindungen von Madame de Forcheville waren – außer einer einzigen, derjenigen, aufgrund deren sie an dieser Soirée teilnahm, nämlich der Zärtlichkeit für ihre inniggeliebte Tochter, das heißt dem Stolz, dass diese eine so glanzvolle Abendveranstaltung gab, einem Stolz, der bei einer Mutter nicht einmal von Melancholie darüber getrübt schien, dass sie selbst nichts mehr war –, diese Empfindungen waren nicht fröhlicher Natur und reichten nur zu einer unaufhörlichen Abwehr der Kränkungen aus, die man ihr bereitete, einer Abwehr, die ängstlich wie die eines Kindes war. (S. 383)

Freilich, und an dieser Stelle ist auch das Abwehrsystem Prousts machtlos, endet die Macht der ausgeklügelsten ›Wiederauferstehungsästhetik‹ im Angesicht des Todes. Zwar trägt es bis in die äußersten Randzonen, aber die ›Federn der Abweisungsmaschinerie‹ werden schwächer und brechen. Wird nicht auch selbst die Kunst, die sich ihres permanenten Wiederholungscharakters im Zeitalter der Massenmedien in gesteigerter Weise bewusst wird, selbst zum Medium eines absurden Zerfallschauspiels, ähnlich wie jene Schauspielerin, die, während sie auf einer Soirée klassische Gedichte zitiert, nur mehr Verlegenheit, Öde und Unbehagen im Publikum hervorruft. Die öffentliche Lesung der berühmten Tragödien wird zum Fanal eines Auslöschungsprozesses, zum Sterberitual. Requiem für eine Kultur, die insgesamt – wie in Paraffin gegossen, als ›mumifizierte‹ Rose überlebt hat, deren Ende nun, da jeder ihrer Klänge ins Leere geht, besiegelt scheint:

[M]an saß rings um den Tisch wie bei einem Totenmahl. Nichts in den Zügen der Berma erinnerte noch an das Gesicht, dessen Photographie mich an einem Mitfastenabend so sehr beunruhigt hatte. Der Berma stand, wie das Volk sagt, der Tod ins Antlitz geschrieben. Diesmal sah sie allerdings wie eine Marmorstatue vom Erechtheion aus. Ihre verhärteten Arterien waren schon halb versteinert, man sah wie mit dem Meißel gehauene lange Bänder in mineralischer Strenge über ihre Wangen laufen. Die sterbenden Augen standen noch verhältnismäßig lebendig in der damit kontrastierenden furchtbaren Knochenmaske und glänzten schwach wie eine Schlange, die zwischen Felsen schläft. Indessen schaute der junge Mann, der sich aus Höflichkeit mit zu Tisch gesetzt hatte, unaufhörlich auf die Uhr, da er sich zu der brillanten Festlichkeit der Guermantes hingezogen fühlte. (S. 522/23)

Die Jungen sind taub. Die Alten tot. Der Erzähler im Zustand hellsichtiger Agonie. Auch jetzt noch einer, der nicht einschlafen kann. Und sich die übermenschlichen Strapazen des Lebens und des Schreibens regelrecht zumutet. Er kommentiert:

Der Verlust des Gedächtnisses half mir ein wenig, indem es in meinen Verpflichtungen Lücken schuf; mein Werk füllte sie wieder aus.

Diese Idee des Todes ließ sich endgültig in mir nieder, wie eine Liebe es tut. Nicht dass ich den Tod etwa liebte, ich hasste ihn vielmehr. Nachdem ich zweifellos von Zeit zu Zeit an ihn gedacht hatte wie an eine Frau, die man noch nicht liebt, haftete aber der Gedanke an ihn jetzt so vollständig in der tiefsten Schicht meines Gehirns, dass ich mich mit keiner Sache beschäftigen konnte, ohne dass diese erst durch die Idee des Todes hindurchgegangen wäre, und selbst wenn ich mich mit nichts beschäftigte und mich völliger Ruhe hingab, leistete mir die Idee des Todes so unaufhörlich Gesellschaft wie die Vorstellung von meinem Ich. (S. 519)

Ein Halbtoter im Wartestand, der dennoch absurd gegen den eigenen Tod und den Tod der anderen, der Sprachlosen anschreibt, ihre sonst ungesagten Worte spricht, ihre sonst ungezeigten Affekte lebt. Jede seiner Figuren von innen heraus, das ist das wohl Entscheidende, erzählt.

Im Vorfeld des Exitus das Schreiben als langer Brief zum Abschied. Zum Abschied auch vom Anfang, der mit unveränderter Präsenz da ist. Jener Abend, den sogar wir oberflächlichen Proust-Leser inzwischen ganz gut kennen:

[Der] Abend [...], den ich dort beim Anblick von Francois le Champi wieder herausbeschworen hatte! Von jenem Abend her, an dem meine Mutter kapituliert hatte, datierte zugleich mit dem langsamen Sterben meiner Großmutter das Nachlassen meiner Gesundheit und meiner Willenskraft. Alles hatte sich in dem Moment entschieden, in dem ich – unfähig, noch bis zum Morgen zu warten –, nur um meine Lippen auf das Antlitz meiner Mutter zu drücken, einen Entschluss gefasst, mich aus dem Bett und im Nachthemd ans Fenster begeben hatte, durch das der Mondstrahl fiel, und dort sitzen blieb, bis ich Monsieur Swann hatte aufbrechen hören. Meine Eltern hatten ihn begleitet, ich hatte gehört, wie das Gartentor ging, die Schelle in Schwingung versetzte und sich wieder schloss ...

Da kam mir plötzlich der Gedanken, dass in meinem Werk, sofern ich noch die Kraft hätte, es zu vollenden, diese Matinee – wie früher in Combray gewisse Tage, die mich beeinflusst hatten –, die mir am heutigen Tag die Idee meines Werkes eingegeben hatt und zugleich die Furcht, es nicht verwirklichen zu können, ganz gewiss in erster Linie ein Bild dafür abgeben würde, was ich früher in der Kirche von Combray erahnt hatte und uns gewöhnlich unsichtbar bleibt: die Zeit. (S. 522)

Ein »Gefühl der Ermüdung und des Grauens« vor der gelebten, gedachten, wie ein körperliches Sekret abgelagerter Zeit, befällt ihren größten Philosophen und Artisten in der Rückschau. Und doch will und kann er selbst in diesem Augenblick nicht resignativ widerrufen. Die allerletzte Seite des Buches gilt dem Schreiben und damit dem Prinzip des verwandelten Lebens; und der neuen Erkenntnis:

Ich hatte nun begriffen, weshalb der Herzog von Guermantes – als ich ihn auf seinem Stuhl sitzen sah, hatte ich mich gewundert, wie wenig er gealtert war, obwohl er doch so viel mehr Jahre unter sich hatte –, sobald er sich er-

Auf der Suche nach der verlorenen Zeit

hoben und versucht hatte, gerade zu stehen, ins Schwanken geraten war auf seinen Beinen, die schlotterig waren wie die jener alten Erzbischöfe, an denen nichts Festes ist außer ihrem metallenen Kreuz, um die sich aber muntere Seminaristen drängen, und er sich nur zitternd wie ein Blatt vorwärtsbewegte auf dem unwegsamen Gipfel seiner dreiundachtzig Jahre, als ob die Menschen alle auf lebendigen, unaufhörlich wachsenden, manchmal mehr als kirchturmhohen Stelzen hockten, die das Gehen für die am Ende beschwerlich und gefahrvoll machte, bis sie plötzlich von ihnen herunterfielen. (Kam es wohl daher, dass das Gesicht der Menschen, die ein gewisses Alter erreicht haben, selbst in den Augen des Ahnungslosesten so unmöglich mit dem eines jungen Mannes zu verwechseln war und nur durch den Ernst von einer Art Wolke hindurch sichtbar wurde?) Da wurde mir bange, weil die meinen schon so hoch waren unter meinen Schritten; es kam mir nicht vor, als hätte ich noch die Kraft, diese Vergangenheit, die schon so weit hinunterreichte, noch lange bei mir festzuhalten. Immerhin würde ich es zuallererst nicht unterlassen, wenn die Kraft mir lange genug erhalten bliebe, um mein Werk zu vollenden, darin die Menschen, auf die Gefahr hin, dass sie dann monströsen Wesen glichen, als Figuren darzustellen, die neben dem so beschränkten Platz, der ihnen im Raum reserviert ist, einen anderen, beträchtlichen, im Gegensatz zum ersten maßlos in die Länge gezogenen Platz einnehmen, da sie ja, wie in die Tiefe der Jahre getauchte Riesen, gleichzeitig so weit voneinander entfernte Epochen berühren, die sie durchlebt haben und zwischen die sich so viele Tage geschoben haben – einen Platz in der Zeit. (S. 527)

Bei Proust altern Menschen wie Epochen und Epochen wie Menschen. Aber wie Walter Benjamin in seinem Essay *Zum Bilde Prousts* 1929 festgestellt hat, ist diesem Alterungsprozess zugleich einer der Verjüngung eingeschrieben:

A la Recherche du Temps Perdu ist der unausgesetzte Versuch, ein ganzes Leben mit der höchsten Geistesgegenwart zu laden. Nicht Reflexion – Vergegenwärtigung ist Prousts Verfahren. Er ist ja von der Wahrheit durchdrungen, dass wir alle keine Zeit haben, die wahren Dramen des Daseins zu leben, das uns bestimmt ist. Das macht uns altern. Nichts andres. Die Runzeln und Falten im Gesicht, sie sind die Eintragungen der großen Leidenschaften, der Laster, der Erkenntnisse, die bei uns vorsprachen – doch wir, die Herrschaft, waren nicht zu Hause.

Ein unschuldiger und zugleich zynischer Alchimist der Gefühle, dieser Marcel Proust, Halbtoter auf Widerruf, krank auf Dauer: seine Ärzte standen seinen Leiden, Allergien, seinem nervösem Asthma und anderen Krankheiten machtlos gegenüber. Benjamin kommentiert:

Nicht so der Dichter, der es sehr planvoll in seinen Dienst gestellt hat. Er war [...] ein vollendeter Regisseur seiner Krankheit. [...] mit den Tempi der Gezeiten seines Leidens alarmiert er Freunde, die den Augenblick fürchteten und ersehnten, da der Dichter plötzlich, lange nach Mitternacht, im Salon erschien – brisé de fatigue und nur auf fünf Minuten, wie er verkündete –, um dann bis in den grauenden Morgen zu bleiben, zu müde, um sich zu erheben, zu müde, um auch nur seine Rede zu unterbrechen. Selbst der Briefschreiber findet kein Ende, diesem Leiden die entlegensten Effekte abzugewinnen. »Das Rasseln meiner Atemzüge übertönt das meiner Feder und eines Bades, das man im Stockwerk unter mir einlässt.« Aber es ist nicht das allein. Auch nicht, dass ihn die Krankheit dem mondänen Dasein entriss. Dieses Asthma ist in seine Kunst eingegangen, wenn nicht seine Kunst es geschaffen hat. Seine Syntax bildet rhythmisch auf Schritt und Tritt diese seine Erstickungsangst nach. Und seine ironisch, philosophische, didaktische Reflexion ist allemal das Aufatmen, mit welchem der Alpdruck der Erinnerungen ihm vom Herzen fällt. In größerem Maßstab ist aber der Tod, den er unablässig, und am meisten wenn er schrieb, gegenwärtig hatte, die drohende, erstickende Krise. So stand er Proust gegenüber und lange, bevor sein Leiden kritische Formen annahm. Dennoch nicht als hypochondrische Grille, sondern als ›réalité nouvelle‹, jene neue Wirklichkeit, von der der Reflex auf Dingen und auf Menschen die Züge des Alterns sind. Physiologische Stilkunde würde ins Innerste dieses Schaffens führen.

Mit diesem jederzeit sicheren Gefühl für das Zerbrechen, das Zerbröckeln der Konsistenz der Nerven, mit diesem Wissen um die Tatsache, dass unser Nervensystem dem Altern ausgesetzt ist, betreibt Proust literarische Autopsie und Vivisektion. Das trifft nicht nur auf unser jeweiliges Dauer-Ich zu, das für den ganzen Verlauf unseres Lebens vorhält, sondern auch für alle aufeinanderfolgenden Ichs, aus denen es sich zusammensetzt. In Prousts Oeuvre werden die Dinge lebendig und die Lebenden mortifiziert. Von Proust zu Joyce ist es ein ganz großer, und ein ganz kleiner Schritt. Doch die kreatürliche Obsession mit den Todesschatten verbindet sie beide.

Literaturverzeichnis

- Proust, Marcel: *Auf der Suche nach der verlorenen Zeit.* Übers. v. Rechel Mertens, Eva. (Hrsg. Keller, Luzius) Suhrkamp. Frankfurt. 2012.
- DeBotton, Alain: *Wie Proust Ihr Leben verändern kann. Eine Anleitung.* Übers. v. Mohr, Thomas. Fischer. Frankfurt. 1998.
- Lagercrantz, Olof: *Marcel Proust oder Vom Glück des Lesens.* Übers. v. Gundlach, Angelika. Suhrkamp. Frankfurt. 1995.
- Benjamin, Walter: »Zum Bilde Prousts«. In: *Gesammelte Schriften.* Suhrkamp. Frankfurt. 1989. Band 2.
- Beckett, Samuel: *Proust. Essay.* Übers. v. Pörtner, Marlis/Pörtner, Paul. Arche. Zürich. 1960.

- Proust, Marcel: *Briefe zum Werk.* Übers. v. Peters, Wolfgang A. Suhrkamp. Frankfurt. 1964.
- Curtius, Ernst Robert: »Marcel Proust«. In: *Französischer Geist im neuen Europa.* DVA. Stuttgart. 1925.

Marcel Proust

Vita
*10.7.1871   Auteuil, Paris
†18.11.1922   Paris

1887   Erste schriftstellerische Versuche für Schulzeitschriften wie La Revue Verte oder La Revue Lilas
1889   Abschluss des Gymnasiums
1889   Militärdienst
1890   Jurastudium
1893   Dreyfus-Skandal: Dieser wird in seinem Werk Basis der Rahmenbedingungen für gesellschaftlichen Erfolg oder Misserfolg, je nach politischer Strömung
1894-96 Liebesbeziehung mit dem Komponisten Reynaldo Hahn
1895   Anstellung im Unterrichtsministerium
1900   Beginn der Auseinandersetzung mit den Schriften John Ruskins
1905   Als nach dem Tod des Vaters auch die Mutter stirbt, fällt er in eine tiefe Depression und begibt sich für sechs Wochen in das Sanatorium von Boulogne-Billancourt
1919   Für den zweiten Band seiner Recherche erhält er den Prix Goncourt, die höchste französische Auszeichnung für Literatur

Werke
1896   Les Plaisirs et les Jours
       Freuden und Tage
1895-99 Jean Santeuil
       Jean Santeuil
1908   Pastiches et Mélanges
       Nachgeahmtes und Vermischtes
1910   Contre Sainte-Beuve
       Gegen Sainte-Beuve
1913-27 À la recherche du temps perdu
       Auf der Suche nach der verlorenen Zeit

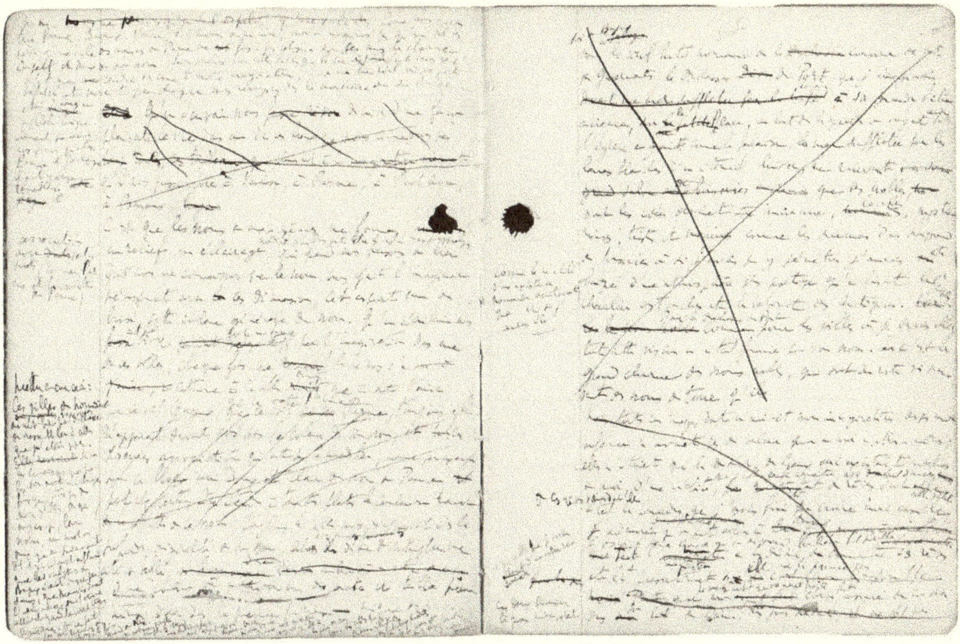

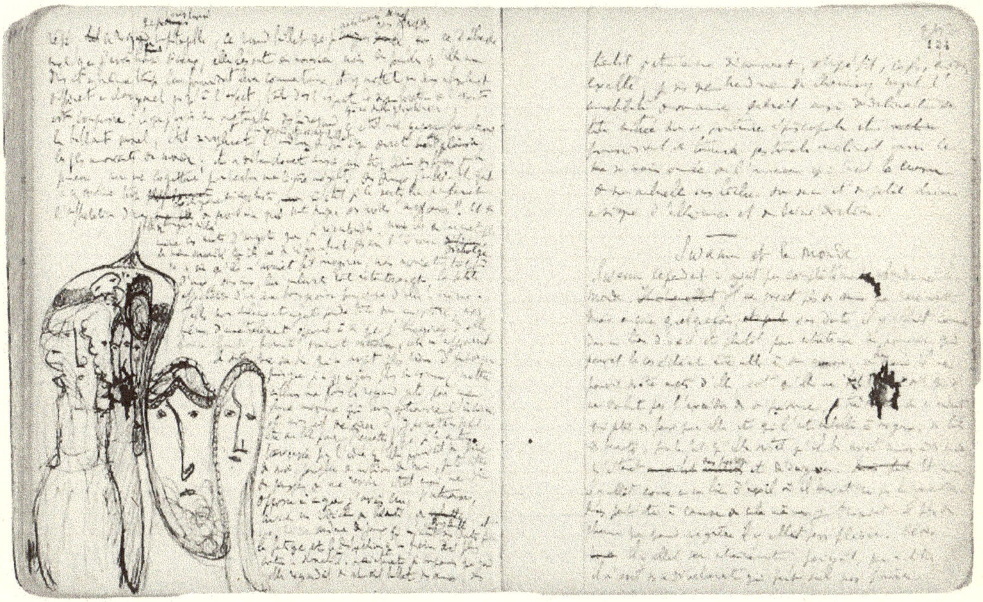
Swann et le monde

James Joyce
Ulysses. Ein »Welt-Alltag« im Leben des Leopold Bloom

Warum gerade ein Jude: Mr. Leopold Bloom, wohnhaft Nr. 7 Eccles Street in Dublin, von Beruf ›advertisement-canvasser‹, was man zu jener Zeit, nämlich am 16. Juni 1904, einen Annoncen-Akquisiteur zu nennen pflegte, im Roman von James Joyce als Wanderer Odysseus auftritt, ist oft erörtert worden. Die allgemein gehaltenen Hinweise auf Ahasver, ewige Wanderschaft, Unruhe, Sehnsucht nach Heimkehr führen nicht weit. In zwölf Episoden, die jenen Tag des jüdisch-irischen Ulysses aufteilen, vom Morgentee für die ungetreue Penelope bis zur nächtlichen Heimkehr nach dem Aufenthalt bei einer Circe mit Namen Mrs. Bella Cohen, sind die berühmten Fährnisse des homerischen Helden sehr exakt, wenngleich zur Kleinbürgerlichkeit entartet, auf den Tag des Leopold Bloom verteilt. Man wird folglich davon ausgehen müssen, dass Joyce die odysseischen Abenteuer, sowohl bei Homer wie hier in der irischen Hauptstadt, und zu Beginn des 20. Jahrhunderts, als jüdische Erleidnisse versteht. (Leopold Bloom als Odysseus)

Hans Mayers Bemerkung zu Ulysses in seinem Werk über die *Außenseiter* ist gegen den main stream gerichtet. Es ist ein sehr besonderer Blickwinkel, der noch eine zusätzliche Besonderheit erhält durch den Hinweis eines Altphilologen, des Sorbonne-Professors Victor Bérard, der in seinem Buch *Les Phéniciens et l'Odyssée* nachzuweisen versucht, dass »die ›Odyssee‹ in der Tat als ein ursprünglich phönizisches, also semitisches, Logbuch« zu sehen ist. Der griechische Rhapsode, als Homer bekannt, habe dem Werk dann, in ionischer Sprache, die künstlerische Gestalt gegeben. Hans Mayer nimmt diesen Befund leidenschaftlich interessiert auf und schlussfolgert:

Die Struktur des ›Ulysses‹ in seiner Duplizität als Tagesablauf sowohl des Dädalus wie des Bloom, die einander so oft verfehlen, bis sie schließlich spät am Abend im Hospital zusammentreffen, wäre demnach zu verstehen als getrennte, dann gemeinsame Tagesreise des semitischen Odysseus und seines griechisch-irischen Homer. Wobei in ironischer Brechung dieser jüdische und sinnlich-melancholische Odysseus, der Umhergetriebene, fast als Schöpfung seines irischen Epikers erscheint. Stephen Dädalus kehrt im Roman wieder: in Fortsetzung von Joyces früherem ›Selbstbildnis‹, dem ›Portrait of the Artist as a Young Man‹. Die Kunstfigur Bloom trifft mit ihrem Erfinder zusammen, denn Stephen trägt den Namen des ersten und archetypischen aller Erfinder: des griechischen Dädalus. Freilich erweist sich Bloom, der jüdische Fremdling in Dublin, als Protektor seines jungen, künftigen Homer.

606

↑, neglecting her duties,
↑ and was on for a little
flutter in polite debauchery
↑ in a loving position

party to it owing to some anonymous letter from the usual boy Jones, who happened to come across them at the crucial moment locked in one another's arms drawing attention to their illicit proceedings and leading up to a domestic rumpus and the erring fair one begging forgiveness of her lord and master upon her knees and promising to sever the connection with tears in her eyes though possibly with her tongue in her cheek at the same time as quite ↑ fair possibly there were others. He personally, being of a sceptical bias, believed, and didn't make the least bones about saying so either, that man, or men in the plural, were always hanging around on the waiting list about a lady, even supposing she was the best wife in the world for the sake of argument, when she chose to be tired of wedded life to press their attentions on her with improper intent, the upshot being that her affections centred on another, the cause of many liaisons between still attractive married women getting on, for fair and forty and younger men, no doubt as several famous cases of feminine infatuation proved up to the hilt.

It was a thousand pities a young fellow blessed with an allowance of brains, as his neighbour obviously was, should waste his valuable time with profligate women who might present him with a nice dose to last him his lifetime. In the nature of single blessedness he would one day take unto himself a wife when Miss Right came on the scene but in the interim ladies' society was a *conditio sine qua non* though he had the gravest possible doubts, not that he wanted in the smallest to pump Stephen about Miss Ferguson as to whether he would find much satisfaction basking in the boy and girl courtship idea and the company of smirking misses without a penny to their games bi- or tri-weekly with the orthodox preliminary canter of complimentpaying and walking out leading up to fond lovers' ways and flowers and chocs. To think of him house and homeless, rooked by some landlady worse than any stepmother, was really too bad at his age. The queer suddenly things he popped out with attracted the elder man who was several years the other's senior or like his father. But something substantial he certainly ought to eat, were it only an eggflip made on unadulterated maternal nutriment or, failing that, the homely Humpty Dumpty boiled.

— At what o'clock did you dine? he questioned of the slim form and tired though unwrinkled face.

— Some time yesterday, Stephen said.

— Yesterday, exclaimed Bloom till he remembered it was already tomorrow, Friday. Ah, you mean it's after twelve!

↑ several
H smallest

↑ and they got on well together fairly

↑ and not receive his visits any more if only the aggrieved husband would overlook the matter and let bygones be bygones

↑ (who was very possibly the particular lodestar who brought him down to Irishtown so early in the morning)

Ulysses

Beide sind Außenseiter: Stephen ist Ire und Katholik, doch bricht er aus der Gemeinschaft aus, seine Bücher und poetischen Visionen entfremden ihn der Umwelt. In Trunk und Blasphemie versucht er die Gemeinschaft abzuschütteln.
Leopold Bloom ist ein jüdischer Jedermann mit einem Namen »aus dem Reich der Habsburger« (man gab den Juden »schematische« Namen). Jüdische Wendungen und Flüche tauchen auf. In der Walpurgisnachtvision im Bordell flucht er über einen »dog of a Christian« und einer der Beamten weiß genau: »He is a perverted jew from a place in Hungary ...«. Er heiße übrigens Virag. Die Behörde weiß alles. Der Sohn des Rudolf Virag, später Rudolf Bloom, nahm seinen Weg vom ungarischen Szombathely über Wien, Budapest, Mailand und London nach Dublin. Zu Beginn des Romans ist er also schon längst »mitten in der Odyssee«, rastlos, uneingesessen. Noch einmal Hans Mayer:

Bloom kommt aus dem Unglück und sucht die Geborgenheit, die nicht zu erreichen ist: trotz Weihwasser und sprachlich-verhaltensmäßiger Anpassung an die Dubliner Umwelt. Bloom und Stephen bleiben draußen. Sie verkörpern die Gleichzeitigkeit der Ausfahrt mit der Heimkehr. Aber die Ausfahrt des Stephen Dädalus führt, im ›Ulysses‹, nicht weg von Dublin. Und die Heimkehr Blooms zu seiner träumenden Penelope ist auch keine.

Es ist vermutlich kein Zufall, dass die Erfindung des Romans der Moderne auf Menschen mit gebrochener religiöser bzw. kultureller Identität zurückgeht, wobei das Judentum stets als Komponente beteiligt ist: Joyce taucht seine Figur tief in jüdisch-europäische Kulturerfahrung, Proust ist Sohn einer vergötterten jüdischen Mutter, Broch wurde von seinem durch Assimilation vergessen geglaubten Judentum 1938 eingeholt. Sein Exil war, im Gegensatz zu demjenigen von Joyce, kein freiwilliges. Über Kafkas jüdische Herkunft hier ein Wort zu verlieren, erübrigt sich fast.

In einer Zeit, in der das Denken in Kategorien des Genetischen dominiert, sollte man besonders behutsam sein und keinesfalls von einem wie immer gearteten genetischen Erbe ausgehen, das »den jüdischen Menschen« kennzeichnet. Ich halte vielmehr die Grunderfahrung der ungesicherten Herkunft in Verbindung mit dem Bewusstsein, zu einer Minorität zu gehören, für so einschneidend, dass sie sehr wohl zu außergewöhnlichen, zum Teil kompensatorischen Reaktionen führen kann. Mayers Kategorie der »Uneingesessenheit«, der Nichtzugehörigkeit, ist hier noch einmal zu nennen.

Was zunächst interessiert, ist das indirekte Familienleben der Autoren. Nicht ihr persönliches Familienleben, sondern ihre Familienbande untereinander. Etwa Brochs Verbindung zum fast gleich alten ästhetischen Ziehvater Joyce, dessen Fähigkeit, »vorauseilende Realität« zu erfassen, er grenzenlos bewundert und dafür die geniale Formel vom »Welt-All-Tag der Epoche« prägt.

Nicht ganz so beseelt das Verhältnis der literarischen Gebrüder Proust und Joyce. Im Mai 1922 trafen sich Marcel Proust und James Joyce im Pariser Hotel

Ritz. Eine zufällige Begegnung anlässlich eines Festbanketts für Strawinsky. Was für eine Situation, der Autor der *Recherche* und des *Ulysses* nebeneinander, der eine im Pelzmantel, den er den ganzen Abend anbehalten wird, der andere im hellgrauen Straßenanzug. Und was für ein Gespräch! Joyce berichtet später darüber:

Unser Gespräch [...] bestand einzig aus dem Wort ›nein‹. Proust fragte mich, ob ich den Duc de Soundso kenne. Ich sagte: »Nein«. Unsere Gastgeberin fragte Proust, ob er dieses und jenes Stück aus dem Ulysses gelesen habe. Proust sagte: »Non«. (James Joyce und die Entstehung des Ulysses)

Erst bei der Rückfahrt bricht das Eis. Joyce zwängt sich mit brennender Zigarette in die Droschke (was bei Prousts Asthma fast einem Anschlag auf sein Leben gleichkam) und starrt den Franzosen wortlos an. Proust seinerseits redet unaufhörlich, allerdings ohne den Iren auch nur mit einem Wort zu bedenken.

Mehr als nur eine ganz witzige Episode zum Thema des Themas der Effizienz von Vernetzung. Unikate lassen sich nicht bündeln und potenzieren. Zwei Originale bedeuten nicht zwingend eine Verdopplung oder gar Potenzierung von Originalität. Die Anekdote sagt auch etwas aus über die Grenzen des Prinzips Dialog/Gespräch und damit etwas über das Spezifische von Literatur: man kann ›fluktuierende Erfahrung fluktuierender Realität‹ nicht beplaudern.

So sehr die Namen Broch, Proust und Joyce für die Moderne stehen – man darf nicht übersehen, dass ihre Biographien aus dem 19. Jahrhundert erwachsen und in das 20. sozusagen herüberreichen: Broch, Jahrgang 1886, Proust gar 1871, Joyce zwischen beiden, 1882, als Sohn einer bürgerlichen, katholischen Familie in Dublin geboren. Lebensdaten und Umstände, so wichtig sie für die Entwicklung des jeweiligen Autors auch sein mögen, stehen hier nicht im Zentrum. Ganz allgemein stellt sich die Frage nach Sinn und Unsinn, Notwendigkeit und Überflüssigkeit lebensgeschichtlicher Daten für das Verständnis des Texts. Natürlich wäre es interessant und amüsant, sich mit den Hintergründen von Joyces Biographie auseinander zu setzen, um mehr über Besonderheiten seiner politischen, religiösen, ökonomischen, sexuellen Sozialisation zu erfahren. Vielleicht wäre es sogar unverzichtbar. Andererseits gibt es eine Zone der Vermittlung, der Darstellung, des Ausdrucks, die ausschließlich vom Text und zwar vom literarischen Text selbst getragen werden kann. Proust mag ja tatsächlich in seiner gesamten *Recherche* nichts anderes be- und geschrieben haben, als das, was er in Paris und an verschiedenen Orten der französischen Provinz erlebte. Aber alles Wissen um familiäre und biographische Details oder Umstände ist nur Material. Kulturgeschichtlich oder auch psychologisch interessant – fast ohne Belang für das Werk. Denn der Text bildet nicht Wirklichkeit ab, und er ist nicht deren ›Abfallprodukt‹, sondern er stellt Wirklichkeit – verdichtet – her.

Welt-All-Tag in Dublin

Joyce hat den Anspruch, ein Dublin, sein Dublin so umfassend und vollständig, so detailgenau und hyperrealistisch zu beschreiben, dass es, falls das ›wirkliche‹ Dublin aus irgend einem Grunde vom Erdboden verschluckt würde, »nach [s] einem Buch wieder aufgebaut werden könnte«. Gesetzt, Dublin würde verschluckt, und angenommen, es entstünde wieder auf der Grundlage der Textbilder Joyces und wir würden durch Straßen gehen und auf Häuser blicken, die die bekannten Namen und Hausnummern trügen, die »unentrinnbare Modalität des Sichtbaren«, uns also überzeugte; – weit mehr aber wären wir gefangen von derjenigen Stadt, die wir, »thought through my eyes«, wie Joyce sagt, sähen: Natürlich sind da, wie im richtigen Dublin, Rogerson's Quai und Windmill Lane, Leasle's Ölmühle und Brady's Cottages. Aber daneben, dazwischen, das kleine Mädchen mit den Ausschlagnarben auf der Stirn, einen alten Fassreifen in der Hand und Nichols, der Leichenbestatter; aber vor allem ist da Bloom, mit dem wir durch den Kiez ziehen, mit dessen Augen uns der Erzähler alles wahrnehmen, auflesen, auflösen lässt: Aus den Augenwinkeln, blitzschnell, im Vorbeigehen; das kleine Mädel nämlich hat ein Auge auf den schmutzigen Jungen geworfen, der zwischen den Abfalleimern rumlungert und an einem angekauten Zigarettenstummel pafft: »Sollte ihm sagen, dass er nicht wächst, wenn er raucht«, kommentiert Bloom fast unhörbar, nach innen fürsorglich und winkt innerlich auch gleich wieder ab: »Ach lass doch. Ist sicher nicht auf Rosen gebettet. Wartet vorm Wirtshaus bis der Vater rauskommt. Komm nachhause. Komm zu Ma, Da ...« Und Bloom und wir mit ihm, in ihm, weiter: Teegeschäft. Oriental Tea Company, choice blend, finest quality, family tea ... Ceylon, Ferner Osten ... muss ein herrliches Land sein, ach ist das warm heute ... große träge Blätter, auf denen man schwimmt wie in einem Boot ..., Singhalesen, die den ganzen Tag in der Sonne rumlungern, dolce far niente ... wuchernde Faulheit, Lethargie. Treibhaus. Stickstoff. Sensitive Pflanzen. Schlafkrankheit in der Luft. Essen Eingeweide und Kuhfuß in Gelee ... Wo war doch der Kerl, den ich irgendwo auf dem Bild gesehen habe? Buch auf dem Bauch. Richtig: Totes Meer. Volumen gleich Gewicht. Highschool Vance, der Lehrer. Cracking Curriculum, »cracking fingerjoints ...«

»Man müsste mal mitschreiben, was die Leute so reden«, hat Tucholsky in den zwanziger Jahren angeregt. Joyce hat das mitgeschrieben, was die Leute so denken, mehr noch, was sich unbewusst, halbbewusst an assoziativen Operationen im Sensorium Kopf-Hirn-Nerven so vollzieht. Nicht nur hautnah,. synapsennah. Der Hormonspiegel der Figur entspricht der Konsistenz der Tinte. Jeder Denkschlenker eine syntaktische Ausbuchtung. Und dabei ist die eben ausschnittsweise anzitierte Stelle noch ganz vom Anfang des Buches, in der vielgeschmähten Goyert-Übersetzung, ein ausgesprochen ruhiger, fast meditativer, jedenfalls vergleichsweise banaler Ausschnitt. Bloom hat sich eben auf den Weg gemacht. Der Tag ist noch fast leer und doch schon so prall gefüllt mit Mini-Explosionen im Kopf wie früher in einem Balzac- oder Dickens- oder Fontane-Roman nach zwei Ehebrüchen und einem Totalbankrott.

Etwas ganz Grundlegendes hat sich zu Beginn des 20. Jahrhunderts bei der inneren Gewichtung der erzählerischen Abläufe verschoben. Bei Proust wie auch bei Joyce liegt der inhaltliche Akzent des Erzählten in keiner normativ üblichen Relation zu der darauf verwendeten Sprachmasse. Im Fall von Joyce kommt erschwerend hinzu, dass dies an einen einerseits gesteigerten, andererseits reduzierten Vollständigkeitsanspruch gekoppelt ist. Nur einen einzigen Tag und auch den fast nur aus der Sicht einer einzigen Person erzählen zu wollen, ist sicherlich bereits ein eher ungewöhnliches, minimalistisch erscheinendes Ziel. Dies, verbunden mit dem Anspruch, diesen einen gewöhnlichen Tag einer gewöhnlichen Person VOLLSTÄNDIG, ohne Selektion nach wichtigen oder unwichtigen Elementen, erzählen zu wollen, ist einzigartig. Aus wie viel Info-›bites‹ besteht ein solcher Durchschnittsweltalltag zu Beginn des 20. Jahrhunderts, alle Gegenwartsbezüge, Haupt- und Nebengedanken, Gefühlsschwingungen und – Schwankungen, Erinnerungsfetzen und Memoire-Schichtungen? Broch rechnet nach: sechzehn Lebensstunden auf 1200 Seiten macht 75 pro Stunde, mehr als eine pro Minute, das heißt eine Zeile pro Sekunde. Ein hyper-naturalistisches Erzählkonzept, fürwahr.

Es handelt sich um den 16. Juni 1904, einen Tag, den keinerlei wichtiges Ereignis kennzeichnete; es war für die Dubliner, die im *Ulysses* auftauchten, weder ein Unglücks- noch ein Freudentag. Eine lange Trockenheit erreicht an diesem Tag ihren Höhepunkt und die vielen Pubs beanspruchten den größten Teil der freien Zeit und des Geldes. Am Morgen wurde ein Mitbürger beerdigt. Kurz vor Mitternacht ein Kind geboren; um dieselbe Zeit schlug das Wetter um, starker Regen bricht herein. In den Pubs geht's um Politik, Liebe, Irland und Rennwetten. Ja, und gegen 4 Uhr nachmittags wurde in der Wohnung des Annoncen-Aquisiteurs Leopold Bloom ein Ehebruch vollzogen. Wirklich, ein ganz gewöhnlicher Tag. In der Broch-Variante liest sich der Inhalt so:

Der Welt-Alltag der Epoche, welcher den Inhalt der Joyceschen Ulysses-Epopöe bildet, ist ein Alltag aus dem Leben des Mr. Leopold Bloom, ein Alltag aus einem durchschnittlichen Vorkriegsleben, dessen Zusammenhang mit der Weltgeschichte sich in Zeitungslektüre erschöpft; Herr Bloom, ein banaler und etwas komischer Herr, jüdischer Abstammung, christlichen Glaubens, geht einem halbwegs gesicherten Erwerb als Annoncenacquisiteur in der sehr provinziellen Stadt Dublin nach, und der 16. Juni 1904, an welchem wir ihn von 8 h morgens bis 3 h nachts begleiten, ist ein banaler Tag in solch banalem Leben. Banal sind

Blooms Gedanken, banal sind seine Beziehungen zu den Nebenmenschen und Gegenspielern, banal sind diese selber. Die Gattin Molly, die den braven Bloom unter sehr banalen Skrupeln betrügt und ihn betrügen muss, weil sie so gewachsen ist, banal die Bürger der Stadt, auch wenn der eine oder der andere ein schrulliges Original sein mag, banal selbst der Widerpart Blooms, der verbummelte, zerfahrene, intellektuelle Student, Stephan Dädalus. Und es geschieht nichts weiter, als dass der Mann Bloom sich des Morgens erhebt, seiner Gattin Molly das Frühstück bereitet, sich auf Geschäftswege begibt, einem Begräbnis beiwohnt, das öffentliche Bad aufsucht, einen Lunch zu sich nimmt, wieder seinen Geschäften nachgeht, in einem Restaurant zu Abend isst, Stephan Dädalus trifft, sodann allein am Strande bummelt, an irgend ein gleichgültiges Mädchen erotische Wünsche hängt; spät abends wieder mit Dädalus zusammentrifft, ins Bordell gerät und schließlich mit Dädalus, nachdem sie in einer Kutscherkneipe schlechten Kaffee getrunken haben, in seinem Hause einlangt, wo sie noch eine Weile philosophieren, ehe Dädalus sich entfernt und er selber im Ehebett landet. Sechzehn Lebensstunden auf 1200 Seiten, sechzehn Lebensstunden, während welcher, weil die Natur es so befiehlt, die Helden manchmal den Abtritt aufsuchen. (James Joyce und die Gegenwart)

Nicht nur der Inhalt, auch die Struktur des Romans ist auf den ersten Blick nicht völlig ungewöhnlich. Es gibt drei Hauptteile, die wieder in Kapitel bzw. Episoden eingeteilt sind. Die ersten drei Episoden handeln von Stephen Dädalus (dem Helden von Joyces frühem Roman *Portrait of the Artist as a Young Man*) und von dessen Treiben von 8 Uhr bis Mittag. Er haust zusammen mit Buck Mulligan, einem zynischen, lästerlichen Mediziner, und dem etwas albernen Oxforder Studenten Haines in seiner Wohnung, einem unbenutzten Turm, der die Dubliner Bay inklusive ihres »rotzgrünen«, »skrotumzusammenziehenden« Meeres. Um 10 Uhr unterrichtet Stephen Dädalus an einer Schule Römische Geschichte, wir gehen dann mit ihm über den Dubliner Strand und folgen dem rastlosen Strom seiner assoziativen Gedanken ...

Die Stephen-Episode ist Vorspiel zur Bloom-Handlung. Auch dessen Tag beginnt gegen acht. Er kocht den Tee für seine Frau, eine spanisch-jüdisch-irischstämmige Sängerin von mäßig strengen Lebens-Liebes-Grundsätzen. Ab 10 Uhr geistert Bloom als ›netter Kerl‹ durch Dublin, auf der Requisitionssuche, freundlich, neugierig und immer bereit für kleine Ab- und Ausschweifungen – zumindest in Gedanken. Wohnt, en passant, dem Schluss einer Abendmahlsfeier bei, bestellt beim Drogisten Gesichtswasser für seine Frau, besucht eine Badeanstalt, nimmt an der Beerdigung des mit ihm befreundeten Dignan teil.

Wieder stelle ich die leidige Inhalts-Frage. Und damit die Wiederholung der Platitüde, im Roman des 20. Jahrhunderts gäbe es keine Inhalte oder Handlungen. Es gibt vielleicht keine großen Handlungen mehr, keine Selbstmördereien oder Kontinentdurchquerungen, keine interkontinentalen Kriegs- und Friedens-Aufrisse oder göttlich-menschliche Gesamtpanoramen, in die immer die große Geschichte von außen wie Wetterleuchten hereinzuckt. Aber es gibt, dichter denn je, genauer denn je, witziger weil moralfreier denn je, Pubgespräche und Bordellbesuche, Büroatmosphäre und Religionsausübung, Entbindungen und Verführungen, zwischen Katechismus und Koitus – alles ist jederzeit und überall möglich. Und doch auch wieder nicht. Vom März 1918 bis August 1920 veröffentlichte die mutige New Yorker *Little Review* den größten Teil des *Ulysses*. Vor mir liegt die US-Ausgabe des Random House Verlags, der noch 1961 das Gerichtsurteil des United States District Court vom 6. Dezember 1933 abdruckt, der den Zensur-Bann über das Buch aus dem Jahr 1930 aufhob. Damals wurde *Ulysses* rechtskräftig als ›obszön‹ eingestuft. Der neue Richter unterzog sich also notgedrungen, stöhnend der Aufgabe, die zwangsläufig mit Lektüre verbunden ist:

Ulysses is not an easy book to read or to understand. [...] The study of Ulysses is [..] a heavy task.

Und dann wagt der redliche Richter John M. Woolsey den sicherlich 1933 mutigen Schritt, ein 1914 bereits mögliches Buch wieder freizugeben. Seine Begründung im einzelnen ist der Mühe wert, eine Minute darauf zu verwenden. Auch um unseren lächerlich-empörten Entrüstungs-Hochmut einzubremsen. Seiner, Woolseys Meinung nach hätte Joyce in etwa folgendes versucht: Nämlich:

IV. In writing Ulysses, Joyce sought to make a serious experiment in a new, if not wholly novel, literary genre. He takes persons of the lower middle class living in Dublin 1904 and seeks not only to describe what they did on a certain day early in June of that year as they went about the City bent on their usual occupations, but also to tell what many of them thought about the while.

Joyce has attempted – it seems to me, with astonishing success – to show how the screen of consciousness with its ever-shifting kaleidoscopic impressions carries, [...] not only what is in the focus of each man's observation of the actual things about him, but also in a penumbral zone residua of past impressions, some recent and some drawn up by association from the domain of the subconscious. He shows how each of these impressions affects the life and behavior of the character which he is describing.

Im Weiteren umschreibt der kluge Richter Joyces Vorgehensweise als einem visuell-graphischen, ja photographischen Verfahren angelagert und spricht von der mehrfachen Belichtung eines Filmes und den dadurch entstehenden »Unschärfen«, »Verdopplungen« und auch ›Doppeldeutigkeiten‹. Joyces Entwicklungs-Technik lägen keine Manipulationsabsichten, keine Retouchierungstricks zugrunde, sondern ehrliche Abbildungsabsicht, ›honesty‹, ›honesty‹ pur wird dem Umstrittenen gerichtlich bestätigt. Um nun die Frage der Fragen juristisch

korrekt zu beantworten, ob es einem amerikanischen Leser erlaubt sein solle, ein hässliches, aber ehrliches europäisches Bild anzuschauen, muss freilich noch tiefer in die Poetik des exzentrischen Iren eingedrungen werden. Schließlich geht es um nichts Geringeres als den Verdacht, *Ulysses* sei obszön und pornographisch, das heißt seine Lektüre errege »sex impulses« oder sonstige »sexual impure« oder gar »lustful thoughts«.

An dieser Stelle erreicht das ernsthafte Dokument juristischer ›seriousness‹ seinerseits fast joycesches Format, was seine intertextuelle Vielfalt und seinen absurd-trockenen Humor betrifft. Nachdem eine halbe Seite Gesetzesquellen, Aktennummern und Ablagechiffren zitiert werden, stellt sich beim Leser der unbedingte Eindruck von Authentizität ein, so als habe man es mit etwas ›Wirklichem‹ – auch im Sinn einer Verordnung, einer Realitätszusatzverordnung, zu tun und nicht nur mit einem (Gesetzes-) Text. Der verbindliche Charakter dieser meisterlichen Passage wird nun virtuos ins Skurril-Fiktive gewendet, wenn nun die groteske Test-Figur eines Mannes ohne Eigenschaften eingeführt wird, die sogenannte:

[...] person with average sex instincts – what the French would call l'homme moyen sensual – who plays, in this branch of legal inquiry, the same role of hypothetical reagent as does the ›reasonable man‹ in the law of torts.

Zwei Freunde des Richters werden mit dieser hochbrisanten ›mission impossible‹ eines experimentellen Leseakts betraut – und nach dem Verlassen des Textes in ordnungsgemäß voneinander getrennten Kabinen befragt. Übereinstimmender Befund:

[...] that reading Ulysses [...] did not tend to excite sexual impulses or lustful thoughts but that the effect on them was only that of a somewhat tragic and very powerful commentary on the inner lives of men and women.

Da aber machtvolle tragische Gedanken über die inneren Befindlichkeiten von sowohl Männern wie auch Frauen als durchaus im Rahmen des Gesetzes stehend zu betrachten seien, sei *Ulysses* für Nordamerika freizugeben. Punkt. Nein, keine Satire, auch kein vorweggenommener Kafka, sondern ein Beispiel für jene absurden, bizarren Denk- und Argumentationsprozeduren und Rituale, an die wir uns als besonders geeignete offizielle Instrumente der Ordnungsherstellung und Wahrheitssicherung gewöhnt haben, grosso modo seit Einführung der römischen Zwölftafelgesetze. Wenn es der Juristerei erlaubt ist, Phantasiewelten aus Sprache zu errichten, um damit über konkrete Erfahrungen auf schwindelerregende Weise zu berichten, wird vielleicht begreifbar, weshalb so viele Juristen oft auch brillante Autoren oder hingebungsvolle Leser sind. Im Falle der vorliegenden Textanalyse ist die Sensibilität des juristischen close reading besonders eindrucksvoll. Dem Richter Woolsey stößt auf der Suche nach dem verlorenen Text-Zugang zielsicher auch auf die Frage nach dem titelgebenden Mythos der *Odyssee*. Wie nicht zu übersehen, wird durch die bisweilen indirekte, bisweilen sehr direkte Verwendung des Homerischen Epos als mythisch-poetischer Folie, als Bezugs- und Deutungssystem, die trivial-moderne Szenerie ständig – ja, was eigentlich – relativiert? parodiert? konterkariert?

Der Schatten Odysseus'

Was aber bedeutet es, wenn im Rücken von Leopold Bloom indirekt der listige Odysseus auftaucht und wenn Penelope Molly Bloom über die Schulter guckt? Oder: wenn der Held gegen zehn zu seiner täglichen, alltäglichen Dublin-Odyssee aufbricht, wobei er hofft, seine Penelope am Abend als getreue Gattin wiederzufinden – was aufgrund von Mollys dezenter, andererseits jedoch latenter Promiskuität nur bedingt wahrscheinlich ist. Was steckt dahinter, wenn er im Laufe des Tages sich narzisstisch im Wasser der Badeanstalt spiegelt? Regressiv, gedankenlos und a-sozial wie die Gefährten des Odysseus, nachdem sie von den Lotos-Pflanzen gegessen hatten. Dann Blooms höchstpersönliche Hades-Fahrt, auf dem Friedhof Glasnevin, wo um 11 Uhr sein Freund Paddy Dignan begraben wird. Lunch-time, als die gierigen Dubliner sich so wild auf Nahrung stürzen wie das menschenfressende Riesenvolk der Lästrygonen aus Homers Epos. Ganz zu schweigen von den Sirenen, die hinter dem Riff der Theke des Restaurants Ormond lauern und weiter durch die ganze Odyssee, bis hin zur Rückkehr zu Penelope-Molly, neben die sich der endlich heimgekehrte Gatte schlafen legt ...

Wenn antike Mythen und alltägliche Gegenwartserfahrung aneinander geraten, gibt es zwei Möglichkeiten des schmerzlichen Zusammenstoßes: Dabei kommt entweder der Mythos unter die Räder der ›Realität‹ und wird wie auch immer verhackstückt oder eine sehr konkrete Banalität wird vom Mythos breitgewalzt und aufgeblasen. Bei Joyce öffnet sich nicht nur der sprichwörtliche dritte Weg, sondern ein ganzer Fächer möglicher Lesewege. Vor allem aber stoßen die beiden Welten nicht an- oder gegeneinander, sondern fließen fast träumerisch ineinander, kaum spürbar. Und wenn man ein Strukturschema darauf hält, bemerkt man die Doppelcodierung, lokalisiert man Schnittstellen, Analogien, Berührungspunkte, Parallelismen etc.

Kein Zweifel, all das passt zueinander, doch die Berührungen sind so unaufdringlich, erscheinen fast zufällig, beiläufig – bar jedes Schematismus', jeder pathetischen Erhöhung und jeglicher Bildungstürmerei, so dass der Text, liest man diese Schichten mit, reicher wird. Ich sage nicht gleich ›tiefer‹. Denn von der Tiefe geht's hierzulande immer gleich schnell zur Tiefsinnigkeit und genau die versucht Joyce mit allen ihm zur Verfügung stehenden Mitteln (und das sind unendlich viele) konsequent zu unterlaufen. Von wegen Heroengeschichten. Circe oder Puffmutter, Kalypso oder Molly, Odysseus oder Bloom – die Gleichsetzungen stimmen allesamt irgendwie nicht und irgendwie doch. Ja, es ist richtig, Odysseus ist der erklärte Lieblingsheld schon des zwölfjährigen James. Als einer, der mit Strategien und klugen Konzepten listig gegen die Gewalt antritt. Ist, wie Joyce auch, alles andere denn militant: »Soll mein Vaterland doch für mich sterben«, oder passiv: »silence, exile and ruse«, lautet die provokative Position. Es folgen Versuche, sich der Figur ›Odysseus‹ erst in kleinerer Form anzunähern: eine Episode der *Dubliner* soll ihm gewidmet sein, Joyce gibt den Plan auf, und bricht auf zur Odyssee seines eigenen Lebens. Ausgerechnet *der* Dichter Dublins verlässt seine Stadt und Irland in der Art eines freiwilligen Exils. Joyce geht, als die Nationalisten der katholischen Seite an die Macht kommen.

1904, also das Jahr, in dem auch *Ulysses* spielt, bedeutet eine entscheidende Lebenswende. Joyce bricht nach Italien und später nach Zürich auf. Irland wird er bis zu seinem Lebensende nur noch in zwei, drei Kurzreisen sehen. Sprachlehrer in Triest, Stipendiat in Zürich, dort werden wesentliche Partien des *Ulysses* geschrieben. Proust schreibt sein Buch über die Pariser Gesellschaft aus dem abgedunkelten Schlafzimmer. Joyce seine Dublin-Epopöe aus dem freiwilligen Exil. Ästhetische Distanz und obsessive Intimität bilden von nun an eine Grundfigur der Moderne, wie es sie in dieser Form bisher nicht gab. Der Ort wird im wahrsten Sinne zur ›idée fixe‹, nämlich zu einer Fixierung von Ideen; Ideen aller Zeiten und Orte, aller Kulturen und Herkünfte. Odysseus, Sindbad, Dante, Parzival, Simplicissimus, Don Quijote, Wilhelm Meister, Der Grüne Heinrich und selbst Proust in der *Recherche* und Broch in den *Schlafwandlern*, sie alle wandern und durchmessen Räume und Zeiten. Bloom aber geht während eines Tages und taumelt während einer Nacht einzig und allein durch Dublin und erlebt dabei eine *Welt*: eine Welt, die – mittels der Schichtungen der Literaturen – einen phantastischen Stundentanz der Gleichzeitigkeit des extrem Ungleichzeitigen (und Ungleichräumlichen) eröffnet: eine irrwitzig-konkrete Synchroniesymphonie, amalgamiert durch eine brodelnde Assoziationsmaschinerie, die, so möchte ich den enormen Welterfolg dieses Buches der Bücher der Moderne erklären, nicht die Abberationen eines extremen künstlerischen Gemüts darstellen, noch auch die Delirien rauschhaft gesteigerter Wahrnehmung, sondern – leicht erhöht –, die Imaginationssprünge und Phantasmagorien, Reflexe und Wunschbildphantasien fast jedes x-beliebigen Zeitgenossen. Nur eben – erstmals – scheinbar ohne Zensur und manchmal auch ohne Zäsur. Da muss man nicht gleich wieder volltönend davon sprechen, dass sich ›Welt und Universum‹ über dem Dubliner Raum wölbten; es genügt vollauf, den Mr. Jedermann als Wahrnehmungskollektor ganz großen Stils zu entdecken.

Ein gewisser Mr. Budgen in Zürich war, soviel scheint gesichert, der erste Leser des *Ulysses*. Frank Budgen, Ex-Matrose und Autodidakt, verdiente sich ein wenig Geld durch Modellstehen und gab es für Malkurse wieder aus; und daneben die Gespräche mit Joyce über *Ulysses*, die ihren Niederschlag in einem Buch des Titels *Ulysses, Joyce and the Making of Ulysses* finden sollten. Es enthält u. a. kleine Anekdoten, die mehr als bloß Anekdotisches über die Arbeit an dem Roman aussagen. Wie man weiß, erkundigte sich Budgen über den Verlauf der Arbeit am *Ulysses*. Joyce: »Ich habe den ganzen Tag daran gearbeitet.« Budgen fragte, wie viele Seiten er denn geschrieben hätte. Joyces Antwort: »Zwei Sätze.« – »Haben Sie nach dem ›mot juste‹ gesucht?«, fragt Budgen und Joyce antwortet: »Nein, die Wörter hab ich schon. Ich suche nur nach der vollkommenen Anordnung der Wörter im Satz.«

Joyce war ein pedantisch-genauer Arbeiter, Budgen kritischer Zuhörer und Leser. Immer wieder betonte Joyce, wie sehr es ihm darauf ankäme, den Protagonisten, nein, nicht vollendet, auch nicht vollkommen, sondern »vollständig« darzustellen; eine zündende neue Idee: Nicht einmal Faust oder Hamlet seien »Menschen«, geschweige denn vollständige Menschen. Wie steht es mit ihnen? fragt James Joyce. Faust zum Beispiel »ist überhaupt kein Mensch. Ist er ein alter oder junger Mann? Wo ist seine Wohnung? Wo seine Familie? Wir wissen es nicht.« Joyce dringt weiter vor: »Hamlet ist zwar ein Mensch, aber doch nur ein Sohn.« Ihm aber käme es darauf an, das Ganze eines Lebensabschnitts darzustellen. Odysseus ist der Sohn des Telemachos, der Gatte der Penelope, der Geliebte Kalypsos, der Waffengefährte der griechischen Helden und der König von Ithaka. Er war, wie gesagt, Stratege *und* Drückeberger, Pazifist *und* Kriegstreiber, er war aber auch eine jener Kunstfiguren, über deren »Frühstück« wir rein gar nichts wissen. Was sich denn auch im Falle von Leopold Bloom grundsätzlich ändern wird – »Nierchen«, kross angebratene Hammelnierchen und alle möglichen anderen Organe von Vieh und Geflügel sind seine bevorzugten Gerichte. Aber nicht nur dies erfahren wir als Leser von ihm. Wir wissen, was er isst und trinkt, aber auch, wann und wie und was er isst und trinkt, was er denkt und fühlt, und welche sonstigen mentalen und hormonalen, biochemischen oder psychologischen Prozesse in ihm ablaufen. Büchners/Dantons literarischer Wunschtraum: »Man müsste sich die Schädel aufbrechen und in das Gehirn hineinsehen« – bei Joyce wird er Wirklichkeit und Praxis: Schreiben als Eingeweideschau, als Gedanken-Autopsie. Nicht nur von Mal zu Mal, an entscheidender Stelle als erzählend protokollierter Hintergedanke, sondern als Gesamtschau. Herzschlagfinale Leseprozesse. Schrift wird Körper, Körper Schrift; Joyce baut einen tausendseitigen Schriftkörper aus Text auf: mit Organen, Gliedern und einer Geschichte. Eine Art Literaturgolem, der als Medium der kollektiven Erinnerung in vielen Zungen spricht. Polyphonie, eingebunden; einer der Kritiker spricht nicht ganz unzutreffend von Joyces Technik des ›auf einen Punkt-Teleskopierens‹ heterogener Elemente, von einem »Teleskopieren der Menschheitsgeschichte auf ihre entscheidenden, sich ewig wiederholenden Ereignisse […]«.

 *Ulysses*

Mythos ohne Musik

In dem trivialen Stadtgeklatsche zweier irischer Waschfrauen am Liffy-Fluss klingt als Begleitstimme, schwingt als Oberton ein Resonanzraum mit, der aus ›story-telling‹ History/Herstory werden lässt, in diskrete Geschichtchen in überzeitliche Erkenntnisse verwandelt: Baum und Stein, Klang und Echo, dort, wo gerade noch, nein, immer noch zwei Frauen an der Straßenecke standen. Die Unterblendung der modernen Odyssee mit dem Mythos Homers lässt Filzhüte und chaplineske Spazierstöcke für Momente wieder zu Helmen und Schwertern werden. – Aber Vorsicht, unter jedem Helm bleibt der Filzhut sichtbar und in jedem Schwert steckt eben auch der Spazierstock. Die befreiende Ambivalenz der synchronen Doppelwahrnehmung ist Signatur der Moderne, dieser Moderne.

Dinge, Tiere, Menschen – alle sind sie doppelkodiert, jedes trägt eine zweite, ja eine dritte Identität in sich. Auch die Stadt, diese Stadt aus Text, dieser Text aus Stadtbausteinen wird zu einer Behausung der Weltgeschichte, ein Erinnerungslabyrinth aus Zahlen, Namen, Hinweisschildern, Wegen, Irrwegen; bevölkert, durchgeistert von Kompositionswesen, angesiedelt im Zwischenraum von Leben und Legenden: Mythosnähe ohne Mystizismus-Gefahr und garantiert ohne Pathos, ohne religiöse Stelzen und ohne Weltanschauungskothurne, eben nicht Schema für die großen Momente, die Lostage, sondern für jedermann, jederzeit. Und selbst wenn sich nur die ein wenig laszive Lolita Gerty Mac Dowell Bloom am Strand heimlich unter den Rock gucken lässt und sich daraus eine Art Cybersex-Erlebnis entwickelt – Bloom als relativ autoerotischer Voyeur – wibbelt und kippelt die etwas schlüpfrige Szenerie und schon mausert sich Klein-Gerty zur Phäakenkönigstochter Nausikaa und Bloom, ganz der alte Odysseus, den es bei Homer splitterfasernackt, schiffbrüchig an den Sandymount-Strand, pardon, natürlich an den Strand der Zauberinsel Scheria spült, stößt hier wie dort auf ein Grüppchen ballspielender Mädel:

So warf denn die Prinzessin einer der Mägde den Ball zu;
Sie verfehlte die Magd [...]
Die aber schrien laut, und der edle Odysseus erwachte,
setzte sich auf und bedachte in seinem Verstand und im Herzen: [...]. (Odyssee, 6. Gesang, Die Ankunft des Odysseus bei den Phaiaken)

So heißt es in der Odyssee und auch als am Sandymount-Strand der Ball fliegt und Gerty unter den erwähnten Rock rollt, gibt es etwas odysseischen Herzens-, Empfindungs- und sonstigen Aufruhr:

[...] und so
[...] und so hob sie einfach ein wenig ihren Rock, nicht zu sehr, nur gerade genug, und zielte gut und versetzte dem Ball einen ganz famosen Tritt [...] weil der Herr gegenüber doch zusah. Sie spürte, wie das warme Erröten [...] ihr

hochwogend und flammend in die Wangen stieg. [J]etzt wagte sie unter dem Rand ihres neuen Huts einen vollen Blick zu ihm hinüber [...] (Nausikaa)
So übersetzt Hans Wollschläger.
Und während Weihrauchduft und das »Santa Maria. ora. pro. nobis. ad. filium« aus den offen Fenstern der danebenliegenden katholischen Kirche – auch auf Korfu, der Insel Nausikaas, erhebt sich heute statt des Poseidons eine allerdings orthodoxe Kapelle – herausquillt und über den Strand weht, zwischen ora pro nobis und phäakischem Weiss-Wäsche-Kult, zischenden Feuerwerksraketen und immer drängenderen exhibitionistischen Posen Gertys und Reaktionen Blooms kommt der »Roman ohne Worte« an seinen imaginativen Höhepunkt.

Und beiden ist geholfen. Den Dublinern, weil auch auf ihrem albernst-infantilen Strand Geschichten ein Stück »Überzeitlichkeit«, ein Stück ›Helena-Mythos‹ (um im Troja-Jargon zu sprechen) steckt. Aber auch den Helden und Heldinnen Homers, weil sie ein Stück weit in die »Zeitlichkeit« zurückgeholt wurden: Odysseus – auch – ein verdruckster Voyeur. Nausikaa eine laszive Göre. Viel interessanter als Marmor- und Gipsköpfigkeit! Joyce so gesehen ein Schliemann-Nachfahre, der unverantwortlich kreativ die Mythen-Mausoleen durchpflügt. Und die Fundstücke seinen (literarischen) Figuren um den Hals hängt oder in die Hand gibt.

Aber Vorsicht,.– alles nur Literatur. Alles nur Text. Der Trojanische Krieg war allenfalls ein verbissener Kampf um die Dardanellen und damit um profitable Handelswege. Erst von Homer & Co. verdichtet, wurde daraus etwas Besonderes. Ein Etwas mit Bedeutung und großem Atem.

Stilfragen

Immer wieder hat Joyce betont, und sich damit nicht nur Sympathisanten geschaffen, dass ihn letztlich nur Fragen des *Stils* interessierten. Falls wir dies enttäuschend finden sollten, liegt der Fehler bei uns, bzw. in einem flachen, falschen Stilbegriff unsererseits: Stil, das ist nicht die Zutat zum ›Gehalt‹. Stil ist der Gehalt. Freilich, es gibt, Peter Rühmkorf hat es einmal so genannt, einen »Priapismus« des Formalen, narzisstisch, steril. Das ist nicht gemeint. Gemeint ist all das, was mit Ton, Beleuchtung, Blick, Perspektive, Standpunkt, Sequenzierung, Vermittlung, Reaktion, Gefühlserregung zu tun hat. All dies, nur aus Wörtern ge-macht. Ihre Frau schläft neben Ihnen. Sie können das so beschreiben:
Sie schlief fest.
Gabriel, auf den Ellbogen gestützt, schaute für eine kurze Weile ohne Groll auf ihr wirres Haar und ihren halboffenen Mund und lauschte ihren tiefen Atemzügen. Diese Romanze also hatte es in ihrem Leben gegeben: ein Mann

war um ihretwillen gestorben. Es verursachte ihm jetzt kaum noch Schmerz, daran zu denken, eine wie armselige Rolle er, ihr Mann, in ihrem Leben gespielt hatte. Er betrachtete sie im Schlaf, als hätten er und sie niemals als Mann und Frau zusammengelebt. Seine wissbegierigen Augen ruhten lange auf ihrem Gesicht und auf ihrem Haar: und als er sich vorstellte, wie sie damals gewesen sein musste, in jener Zeit ihrer ersten mädchenhaften Schönheit, zog ein sonderbares freundliches Mitleid mit ihr in seine Seele ein. Er gestand nicht einmal sich selbst gerne ein, dass ihr Gesicht nicht mehr schön war, doch er wusste, dass dies nicht mehr das Gesicht war, für das Michael Furey dem Tode getrotzt hatte.
(The Dead)

Wie gesagt, man kann es so oder so ähnlich machen und ist damit in guter, in bester Gesellschaft: Die im besten Sinne konventionell geschriebene Szene stammt von Joyce selbst und findet sich in der Episode »The Dead« aus den *Dubliners* (publiziert 1914, geschrieben einige Jahre früher). Sie können die mehr oder weniger entsprechende Szene freilich auch wie folgt gestalten. Die Situation ist im Wesentlichen dieselbe, freilich mit dem Unterschied, dass die Frau zunächst noch wach zu liegen scheint:

Was bewegte sich sichtbar über den unsichtbaren Gedanken der Zuhörerin und des Erzählers?

Der nach oben geworfene Schein einer Lampe und der Schatten eines Lampenschirmes, eine inkonstante Reihe von konzentrischen Kreisen wechselnder Licht- und Schattenstärke.

In welcher Richtung lagen Zuhörerin und Erzähler?

Zuhörerin: Ost-Südost: Erzähler: West-Nordwest: auf dem 53. Grad nördlicher Breite und dem 6. Grad westlicher Länge: in einem Winkel von 45° zum Äquator der Erde.

[...]

In welcher Stellung? Zuhörerin: halb auf der linken Seite liegend, die linke Hand unter dem Kopf, das rechte Bein geradeaus gestreckt, es ruhte auf dem linken gebogenen in der Haltung der Gea-Tellus, voll, liegend, mit Samen gefüllt. Erzähler: lag auf der linken Seite, linkes und rechtes Bein gebeugt, Zeigefinger und Daumen der rechten Hand auf dem Nasenrücken, in der Stellung, wie man sie auf einer Momentaufnahme sehen kann, die Percy Apjohn gemacht hatte, der müde Kindmensch, das Menschkind im Leibe.

[...]

Wann?

Auf das dunkle Bett zu kam ein viereckiges rundes Sindbad des Seefahrers Rocks Alks Ei ins Dunkel des Bettes aller Alken der Rocks des Dunkelindbad des Hellichtfahrers.

Wohin? (Ithaka)

So hat Joyce es in *Ulysses* gemacht. Und kaum ist Bloom eingeschlafen, rattert es in Mollys Kopf:

Ja weil er so was noch nie gemacht hat bis jetzt dass er sein Frühstück ans Bett haben will mit zwei Eiern seit dem City Arms Hotel wo er immer so tat wie wenn er wegen seiner kranken Stimme das Bett hüten müsste und den feien Lackaffen spielte alles bloß um sich bei der alten Ziege interessant zu machen Mrs Riordan von der er dachte er hätte einen dicken Stein im Brett bei ihr und dabei hat sie uns keinen roten Heller hinterlassen alles für Messen weg für sie selber und ihre blöde Seele also sowas von Geizkragen das gibt's nicht nochmal wieder wie die sich gesträubt hat die lumpigen 4d für ihren Brennspiritus rauszurücken und dann all ihre Wehwechen, die sie hatte und das ganze Gequatsche über Politik und Erdbeben und das Ende der Welt, also erstmal wolln wir uns doch noch ein bisschen amüsieren guter Gott wenn alle Frauen derart rot sähen bei Badeanzügen und ausgeschnittenen Kleidern von ihr hat ja schließlich keiner verlangt, dass sie sowas trägt ich nehme an sie war fromm weil die garantiert kein Mann ein zweitesmal anguckt hoffentlich werde ich nie so wie die glatt ein Wunder dass sie von uns nicht auch noch verlangt hat dass wr uns die Gesichter bedecken aber dafür war sie ja bestimmt gebildet [...] (Penelope)

Die Fachleute pflegen in diesem Fall von Joyces Virtuosität in der Handhabung des inneren Monologs zu sprechen, darauf zu verweisen, dass Edouard Dujardin in *Les Lauriers sont coupés* (1888) diese Technik schon vor und Proust sowie Döblin nach Joyce sie verwendet hätten. Mir scheint anderes wichtiger. Zum Beispiel die Tatsache, dass das Paar hier ohne jede Nähe zueinander beschrieben wird, die Einzelrede sich dafür minutiös in einem Satz aus 25.000 Wörtern entfaltet: Stichworte, Koordinatenangaben, Geometrie, schematisches Strichmännchen, kurz entfernteste Außensicht für den Du-Bezug – ein Kosmos aus Wörtern, eine wasserfallartige Kaskade, Erkenntnisstaubwolke von konkreten Details für die Innenschau. Ein Paar, bestehend aus zwei ›Einzellern‹, jeder für sich eingesponnen in seinen Kokon aus Sprache, das ›Du‹ des ›Anderen‹ inklusive.

Oxen of the Sun

Denkt man das Argument der Stil- und Sprachwelt-Verhaftetheit wirklich weiter, so stößt man auf viel tiefer greifende Befunde. Zum einen plante und schrieb Joyce mit dem *Ulysses* ein Buch, in dem jedes Kapitel nicht nur einfach in einer anderen Manier geschrieben sein sollte, sondern in dem diese jeweilige Eigen-Art sich erzählerisch manifestieren sollte. Der Sprachgestus mithin als Movens, nicht als Zutat. Das in dieser Hinsicht vielleicht aufschlussreichste, auch philologisch aufregendste Kapitel trägt den Titel »Oxen of the Sun«. Die Handlung, die

Oberflächenhandlung: Frau Purefroy sieht in der Entbindungsanstalt der Geburt ihres Sohnes entgegen. Bloom kommt auf den Gedanken, sich nach der Dame zu erkundigen. Im Tagesraum der Anstalt trifft er auf eine Gruppe von Studenten, die mit Stephen Daedalus einen trinken. Man diskutiert, unter anderem über naheliegende Themen wie Geburtenkontrolle, und währenddessen findet zu mitternächtlicher Stunde die schwere Geburt eines Buben statt. Danach schwärmt man noch in die Pubs aus, bevor die Sperrstunde kommt. Das ist die ganze Handlung. Unter dieser ersten Handlungsebene freilich wird eine zweite – nicht erzählte, sondern sprachgestisch dargestellte – nicht weniger wichtige erkennbar; analog zu den neun Monaten des embryonalen Werdens, um dessen Resultat es oben im Kreißsaal geht, werden nämlich in neun Episoden, Stadien und Geburt der englischen Sprache dargestellt und zwar von den Anfängen bis ins Jahr 1904, in dem der Roman spielt. Es beginnt mit einer dreisprachigen mythischen Anrufung, dreisprachig um auf den Dreiquellencharakter der englischen Sprache hinzuweisen: »Deshil Holles Eamus.« *Eamus*, (lat.) »wir wollen gehen«, *Holles* ist der Straßenname, wo das Entbindungsheim liegt, *Deshil* (gäl.) heißt »südwärts«, der Sonne entgegen. »Sunwards« also, und wenn man wie Joyce-Übersetzer Hans Wollschläger vorschlägt, dies Wort ein wenig phonetisch changierend aufnimmt und auf sich wirken lässt, so fließt es allmählich in ein anderes »sonwards«, dem Sohn entgegen. Ein Verfahren der phonetisch-semantischen Verschiebung, das Joyce in *Ulysses* häufig, in seinem letzten Roman *Finnegans Wake* durchgängig praktiziert.

Es folgt eine zweite Anrufung. Sie gilt Helios, repersonalisiert durch Andrew Horn, Leiter der Anstalt. Schließlich der Freudenruf der Hebamme, die das Neugeborene zu seinem Geschlecht beglückwünscht. Wollschläger übersetzt taktgenau und mit viel Sprachgefühl:

DESHIL Holles Eamus. Deshil Holles Eamus. Deshil Holles Eamus.

Schick uns, du Heller, du Lichter, Horhorn, Leben und Leibesfrucht. Schick uns, du Heller, du Lichter, Horhorn, Leben und Leibesfrucht. Schick uns, du Heller, du Lichter, Horhorn, Leben und Leibesfrucht.

Hopsa, ein Jungeinjung, hopsa! Hopsa, ein Jungeinjung, hopsa! Hopsa, ein Jungeinjung, hopsa! (Die Rinder des Helios)

Ernsthafter geht es weiter in Gelehrtheitsprosa erstarrter, in trägen diplodoktisch verschraubten Satzperioden, die Allgemeinmenschheitsgeschichtliches atemberaubend unverstehbar paraphrasieren:

Auf der ganzen welt wird desjenigen menschen scharfsinn bezüglich aller von mit weisheit begabten sterblichen für höchst nützlich zu studieren gehaltenen gegenstände als sehr wenig durchdringend erachtet welcher dessen unwissend ist was die in der wissenschaft gelehrtesten und gewiss um dieser hohen geisteszierde willen der verehrung würdigen Männer beständig versichern wenn sie unter allgemeiner zustimmung behaupten dass bei gleichheit aller anderen umstände in keinem äußeren glanz die wohlfahrt einer nation sich wirksamer ausspreche als in dem maß in welchem sie sich die sorge um jene fruchtbare vermehrung habe angelegen sein lassen welcher fehlen der anfang aller übel wäre welche jedoch wenn glücklich vorhanden das sichere zeichen für der allvermögenden natur unverderbt wohltätiges wirken bildet. denn wo wäre der mensch [...].

Rekurs auf Taciteisches Periodengemisch und zugleich parodistische Inszenierung gymnasiallateinischer Sprachfolterungen. Dem wiederum folgen englische Chroniken (Everyman, Hiob), einer mittelalterlichen Sprachschicht zuzuordnen, die Übersetzer Wollschläger nicht zögert, mit mittelhochdeutschem Sprachmaterial zu veranschaulichen, wobei er Joyces Stilbrüche noch stärker als dieser selbst zu veranschaulichen versucht:

O tat einer klugen nation, nicht nur als anblick würdig hohen lobs, sondern auch selbst dem späteren bericht ein gegenstand des preises, dass sie voraus in ihr sahen die mutter, dass sie von ihnen alsbald begonnen zu haben bereit zu sein gehegt und gepflegt zu werden sich fühlte!

Bevor geborn daz kint vrevde erfvr. In muoter schoze wart ez wol verert. Swaz mahte lobzam sin vor diese dinc getan ez wart. Ein ligestat von maneger wevrowen hande sorgen vn heilzam ezzen geruochliche vn windelen rinecliche alz wan die gebvrt iez wǣr beschehen vnde von vorsiht wisliche volendet: darzv von arzatie niht minner alze genotec waz vnde vvntarzatlich werczuig als mahte vorderlich sin vor ir stunt vergaez niht diu ansihte von vil schowebiltnissen zv ovgelweide gedaht von manege angeren vn gevilden vf vnsere ert bal swaz alz wart dar getan ir mit sament biltnissen gotlich vnde menschlich daez betraht wǣrt vorderlich vor dere lip swellunc bi vrowen so gesonderet sin von der werlde ader vor daz senftec wirt ir niderkvmft in dis sunneberde wolgebowete schœne muoter heime wan sie iz offenbare vergerwet vnde der nahvolgunge vol vn iz an ir dareine zv ligen alz nu iz ir zit.

Und schon, Elisabethaner und Metaphysical Poetry kurz anzitiert, frühneuhochdeutsches und barock-gelehrtes Redepathos vielsprachig vermischt, wird die Sprachentwicklungsstaffel weitergereicht:

Doch lasset vns dis rechte betrachten. Entweder erkannt sie yhn, jene zweyte meyn ich, vnnd war ein geschöpff nur yhres geschöpffes, vergine madre figlia di tuo figlio, oder sie erkannt yhn nit vnnd stet drumb in der nemlichen vorleugnung oder vnweisssheyt wie Petrus Piscator, der da lebt in dem hauss welches Jackob gebauwet vnd wie Joseph der zimerman, der pattron der glücklichen lœsung aller vngl cklichen ehen, parce que M. Léo Taxil nous a dit que qui l'avait mise dans cette fichue position c'était le sacré pigeon, ventre de Dieu! EntenTranssubstantialität eller Consubstantialität doch keines falles Subsubstantialität. Vnnd alle schrieen laut bey disem worte vnnd sprachen es sey ein gar

schentlich wort. Ein kinttracht ohn frewde, sprach er, ein kintbett ohn pein, ein leyp ohne fehl, ein bauch ohne bewlung. Lasset die lüderlichen anbeten voll glawbens vnnd eifferglut. Willentlich wolln aber wir widersten, widersprechen.

Um es kurz zu machen: Swift, Addison, Sterne, Goldsmith, Chesterfield, Gibbon, Gothics, Schwarze Romantik, düstere Décadence – alles wird anzitiert, parodiert, darunter Literaturschauererregendes:

Doch Malachias' Erzählung begann sie mit kaltem Grausen zu erfüllen. Er beschwor die Szene vor ihnen herauf. Die geheime Tür in der Täfelung neben dem Kamin glitt zurück, und in der Mauerhöhlung erschien ... Haines! Wem von uns lief es da nicht eiskalt über den Rücken? Er hatte in der einen Hand ein Portfolio mit keltischer Literatur, in der anderen aber eine Phiole, auf welcher das Wort Gift zu lesen stand. Überraschung, Grausen, Ekel malten sich auf allen Gesichtern, indessen er sie mit einem grässlichen Grinsen betrachtete. Ich sah einen solchen Empfang voraus, begann er mit schauerlichem Lachen, für welches, so scheint es, der Geschichte die Schuld zu geben ist. Ja, es ist wahr. Ich bin der Mörder von Samuel Childs. Und welche Strafe ist mir geworden! Das Inferno hat keine Schrecken mehr für mich.

Die romantischen Schauermienen zerfallen und die klare Diktion einer nicht minder ängstigenden Wissenschaftssprache zeigen sich gegen Ende des siebzigseitigen Kapitels, wenn die Rede ist von:

[...] dass nämlich sowohl Natalität als auch Mortalität, ebenso wie alle anderen Phänomene der Evolution, Gezeitenbewegungen, Mondphasen, Bluttemperaturen, Krankheiten ganz allgemein, kurz, alles in der gewaltigen Werkstatt der Natur vom Erlöschen irgendeiner fernen Sonne bis hin zum Erblühen einer der zahllosen Blumen, welche unsere öffentlichen Parks verschönen, einer Zahlengesetzmäßigkeit unterworfen sei, welche bislang noch nicht erkannt worden ist. Gleichwohl zwingt die einfache und klare Frage, warum ein Kind normal gesunder Eltern und augenscheinlich ein gesundes und angemessen umsorgtes und gewartetes Kind unerklärlicher Weise in früher Kindheit dem Tode erliegt (obschon andere Kinder derselben Ehe verschont bleiben), uns gewisslich, um es mit den Worten des Dichters zu sagen, still zu stehen.

Würde Joyce heute, in unserer schönen neuen Welt der postmodernen Gentechnik-Schwadroneure schreiben, er würde, vielleicht, Sloterdijks aufgeblähte, präfötale Sprechblasen bis zur Kenntlichkeit zerparodieren. So endet das Kapitel mit Selbstparodie und Straßenslang von 1904. Erst Joyce, dann Straße:

Ach hör mir schon auf mit den Klageliedern und Dreißig Seelenmessen und Jeremiaden und der ganzen kongenitalen Totenmusik. Zwanzig Jahre davon, weine ihnen nicht nach. Bei dir war es nicht so wie bei vielen, die wollen und wohl auch würden und warten und tun's doch nie. Du sahest dein Amerika, deine Lebensaufgabe, und legtest dich ins Zeug als Bespringer wie der trans-

pontinische Bison. Wie spricht Zarathustra? Deine Kuh Trübsal melkest Du. Nun trinkst Du die süße Milch des Euters. Sieh! Sie bricht hervor für dich im Überfluss. Trink, Mann, einen Euter voll! Muttermilch, Purefoy, die Milch des Menschenstammes, Milch auch der sprießenden Sterne droben, rotglühend in dünnem Regendunst, Punschmilch, wie sie die Aufrührer saufen bei ihren Zechgelagen, Milch des Wahnsinns, die Honigmilch vom Lande Kanaan. Deiner Kuh Zitze war zähe, was? Ja, aber ihre Milch ist heiß und süß und fettmachend. Kein bloßes Geklump, sondern dicke reiche Buttermilch. Auf Ihr Wohl denn, alter Patriarch! Pepp! Per deam Partulam et Pertundam nunc est bibendum!

Alle los zu 'ner Saufpartie, Arm in Arm, hollernd die Straße runter. Bonafides. Wo haste jepennt jestern nacht? Timothy mit dem zerdroschenen Nischel. Wie der Deibel persönlich. Irjendwelche Musspritzen oder Jummistiebel inner Fammilje? Wo ist denn der verteufelte Knochensäger und unser oller Klottenkrämer hin? Tut mir leid, keenen blassen Schimmer. Hurra da, Dix! Vorwärts, der Herr Bänderzähler. Wo is Punch? Alles klar. He, kiekt doch mal, der besoffene Pastor, der da aus dem Mütterjenesungsheim rauskommt! Benedicat vos omnipotens Deus, Pater et Filius. Kleeene milde Gabe, Mister. Die Bengels von der Denzille Lane. Hölle noch eens, verdammtes Gesocks! Haut ab, Kerls! Bravo, Isaacs, man immer wech mit ihnen aus dem Scheißrampenlicht. Komm' Se mit, Verehrtester? Aber woher denn aufdringlich, im Leben nich. Bloom is sich serr gute Mann. Sitzen alle im gleichen Boot [...].

Nachgeburt aus Slang und Schmutz. Mag ja sein, dass dies alles für unser zitatenstrotzendes Säkulum, wo das Phänomen der Intertextualität, der Autoreferenzialität zum philologischen Mensagericht gesunken ist, zur Selbstverständlichkeit geworden ist. Jetzt versucht ja bereits fast jeder, aus dem Textnetz wieder mal rauszukommen und ein Stück Echt-Zeit zu erleben. Für den Beginn von Joyces Jahrhundert, es klingt abgedroschen, war es eine Revolution. Die Welt als historisches Sprachmuseum zu betrachten und die Exponate an Wörtern, Chiffren, Symbolen, Bildern, Mythen immer wieder zu umrunden, zu erkunden – die Bibel, Homer, Shakespeare – nicht als Gelehrter, als Historist, sondern als einer, der an den Wörtern riecht, schmeckt, sie kostet.

In einer Welt, in der alles aus Zitaten und Zitaten von Zitaten besteht, gilt, was Schnitzler vom Lügen gesagt hat: »Wir lügen alle, wer es weiß, ist klug.« So auch hier: Wir zitieren alle, wer es weiß, ist zumindest gut beraten. Der Verfasser zum Beispiel weiß, dass er sich eines Megaklischeezitats der Proust-Kritik bediene, wenn er das Wort vom »Panarom«, vom »Panaroma of all flores of speech« aufgreift. Er tut es trotzdem, weil die merkwürdige Vereinigung von Sehen und Riechen, Bild und Duft, das Ineinander von Bild und Begriff, Klang und Bedeutung sich im Wortspiel von »Panarama« und »Panaroma« unmittelbar vollzieht. Sprache immer unterwegs. Dreißigtausend Wörter, mehr als das

Ulysses

Zehnfache eines ›normalen‹ Romans, wenn man es in Zahlen ausdrücken will. Der Autor sprachsüchtig. Ständig lernend, lauschend, untersuchend, sprachwitzelnd. Einer, der in einem dünnwandigen billigen Londoner Hotel tagelang dem in den Nebenzimmern Gesprochenen zuhörte, um aus sozialen und kolonialen Sprachfärbungen immer neue Nuancen des Englischen in sein Laboratorium aufzunehmen und in seine Dichtung eingehen zu lassen. In *Ulysses* nimmt die Sprache nicht nur im Kapitel »Oxen of the Sun« unaufhörlich am Geschehen teil. An den Wanderungen der Figuren, Leopold Bloom und St. Daedalus. Vor allem aber an deren gedanklich-gefühligen Reaktionen: ohne Tabuzonen, ohne Scheu vor Peinlichkeiten, ohne – Bruder im Geist Marcel Proust – den mindesten Respekt für sorgsame Trennung des gedanklichen Inventars in Wichtiges von weniger Wichtiges. Ohne sonderliche Lust, den Sprach- und Sachmüll vor der schriftstellerischen Besorgung penibel voneinander zu sondern (im Gegenteil): von Eccles Street Nr. 7 bis zur Kalypso-Höhle: one world.

Joyces Kollege und Freund Ezra Pound resümiert und charakterisiert ebenso empathisch wie zutreffend:

Ulysses, wirr, sogar wüst, wüst, wie es das Leben selbst zuweilen ist, eine empathische Meditation über das Leben.

Er hat durchgeführt, was sich Flaubert [...] vorgenommen hatte, hat es besser getan, prägnanter. Ein Fazit.

[...] Joyce hat [...] den Schritt von der Autobiographie zur Schaffung des Komplementärcharakters getan. Bloom zum Thema Leben, Tod, Auferstehung, Unsterblichkeit. Bloom und die Venus von Milo. (Vorwort zur Erstausgabe)

Und Helena. Odysseus und die Jungfrau Maria. Amen. Und so soll es, und das soll es erst einmal sein: Joyce hat die Mythen von ihren Brandopferaltären erlöst. Und die Wörter von der Last ihrer Bedeutungs-Ballast-Sandsäcke befreit. Durch ihn haben sie wieder das Fliegen gelernt. Erst durch den ganzen attisch-äolisch-ionisch-zyprisch-anatolisch-phönizischen Mittelmeer-Sprach- und Kulturraum, dann, im letzten Buch, *Finnegan's Wake*, 1923-39, verlassen Sie den Luftraum, die geregelten Verkehrswege der Kommunikation innerhalb einzelner Sprachen. Aber wer hat schon Angst vor *Finnegan's Wake*? Und wenn, dann ist diese Angst völlig unbegründet: Das Buch, dessen Schlusssatz in die Anfangsworte zurückmündet, ist ein gigantischer Sprach-, Sach- und Welt-Witz im besten, kreativsten Sinne.

Nehmen Sie das harmlos bodenständige, grundanständig folkloristisch getönte »Zürcher Sechseläuten«, ein ursprünglich ständisches Volksfest, jeden dritten Sonntag und Montag des Aprils begangen. In *Finnegan's Wake* kommt den Glocken, die im Zusammenklang mit dem Sechseläuten auftauchen, eine wichtige Rolle zu. Es ist nun kaum anzunehmen, dass Joyce der schönen Tradition als feierliche Demonstration des Selbstbewusstseins der bürgerlichen Zürcher

Oberschicht Bewunderung zollte. Ihn interessierte der phonetisch-semantische Zusammenhang zwischen SECHS und SEX und BELL und BELLE. Der schlichte Satz »There's a Belle for Sexaloitez!« bekommt nun, mal Deutsch, mal Englisch, mal Französisch (»loi«), mal Finnisch (»sakssalaiset« heißt »deutsch«) eine Unzahl überraschender Be- und Nebenbedeutungs-Bezüge, die den bodenständigen Begriff seiner ruralen Unschuld und Ernsthaftigkeit berauben, befreien: Sexualität, Krieg, archaischer Mythos, Räubereien und Überfälle plündernder Saxen, deutsche Waffen-SS und Gesetzesbruch: lassen – ping! pong! bang! dang! die Sprachhülsen mit lautem Knall platzen und Ordnungssysteme abbrennen wie Zunder! Der subversiv getarnte Ruf »Sexaloitez!« ist Aufruf zur Revolution.

Literaturverzeichnis

- Joyce, James: *Ulysses*. Sylvia Beach. Paris. 1922.
- Joyce, James: *Ulysses*. Übers. V. Wollschläger, Hans. Suhrkamp. Frankfurt. 2004.
- Bérard, Victor: *Les Phéniciens et l'Odysée*. Armand Colin. Paris. 1902.
- Broch, Hermann: »James Joyce und die Gegenwart«. In: *Schriften zur Literatur. Kritik.* (Hrsg. Lützeler, Michael) Suhrkamp. Frankfurt. 1975.
- Budgen, Frank: *James Joyce und die Entstehung des »Ulysses«.* Suhrkamp. Frankfurt. 1977.
- Homer: *Odyssee*. Übers. v. Steinmann, Kurt. Manesse. Zürich. 2007.
- Joyce, James: *Dubliner*. Übers. v. Zimmer, Dieter E. Surhkamp. Frankfurt. 1989.Joyce, James: *Finnegan's Wake*. Faber and Faber. London. 1939.
- Joyce, James: *Portrait of the Artist as a Young Man*. Grand Richards. London. 1916.
- »The Monumental Decision of the United Staetes District Court rendered December 6, 1933, bei Hon. Johan M. Woolsey lifting the Ban on *Ulysses*«. In: Joyce, James: *Ulysses*. (Hrsg. Ernst, Morris L.) The Modern Library. New York. 1961.
- Mayer, Hans: »Leopold Bloom als Odysseus (James Joyce, Ulysses)«. In: *Außenseiter.* Suhrkamp. Frankfurt. 1981.
- Pound, Ezra: »Vorwort zur ersten Ausgabe«. In: *Ezra Pound, James Joyce. Dokumente und Briefe.* Übers. v. Marschall, Hiltrud. (Hrsg. Read, Forrest) Perte Schifferli. Zürich. 1972.

Ulysses

James Augustine Joyce

Vita
*2.2.1882   Rathgar, Dublin
†13.01.1941   Zürich

1988   Besuch des Jesuiteninternats, Clongowes Wood
1898   Literaturstudium am jesuitischen University College, Dublin
1902   Medizinstudium in Paris
1904   Bekanntschaft mit seiner späteren Lebensgefährtin Nora Barnacle (16. Juni); später lässt er die Handlung seines Romans Ulysses an diesem Datum spielen
1904   Mehrere Gedichte in verschiedenen Zeitschriften, Dublin
1904-05 In Pula (Istrien), einem österreichisch-ungarischen Flottenstützpunkt, unterrichtet Joyce von Marineoffiziere
1905   Umzug nach Triest, Arbeit als Englischlehrer
1906   Bekanntschaft mit Italo Calvino in Rom
1915   Flucht nach Zürich, da ihm als britischem Staatsbürger in Österreich-Ungarn während des Ersten Weltkrieges die Inhaftierung als feindlicher Ausländer drohte
1921   Druckverbot des Ulysses in England, Irland, USA
1940   Flucht nach Zürich aufgrund des Einmarsches der Wehrmacht in Frankreich

Werke
1905   Dubliners
          Dubliner
1907   Chamber Music
1914   A Portrait of the Artist as a Young Man
          Ein Portrait des Künstlers als junger Mann
1914   Exiles
          Verbannte
1922   Ulysses
          Ulysses
1936   Collected Poems
          Gesammelte Gedichte
1939   Finnegans Wake
          Finnegans Wake

Franz Kafka
Der Prozess. Das Leben als Strafverfahren

Das Phänomen ist bekannt: Man wacht auf und der Albtraum beginnt. Bei Proust begann der Albdruck mit dem Versuch einzuschlafen; auch bei Broch und Joyce konzentriert sich das Interesse auf die mentalen und emotionalen Vorgänge, die Einschlafen und Schlafen begleiten. Im Unterschied hierzu ist es Kafka nicht um solche Übergänge zu tun (obwohl auch sein Interesse der Schwellenzone, dem Grenzbereich gilt). Er schafft keine Dämmerzonen, er trennt: hier Nacht, jetzt Tag. Dort Träumen, hier wach sein; doch während sonst häufig der Moment des Erwachens die Nachtmahre und Albträume zurückdrängt, wird bei Kafka der Tagesanbruch zum *Beginn* des Traumas, die Morgenstunden zum Horrortrip:

Als Gregor Samsa eines Morgens aus unruhigen Träumen erwachte, fand er sich in seinem Bett zu einem ungeheuren Ungeziefer verwandelt.

So lautet der berühmte erste Satz der Erzählung *Die Verwandlung*: das Unfassbare, das Unerklärliche ist geschehen, vermutlich während der Nacht, als das betroffene Individuum sich in unruhigen Träumen gewälzt hatte. Doch die Entdeckung, das konkrete Be-Greifen der eingetretenen Situation und der mit ihr verbundenen Konsequenzen findet jetzt, im Wachzustand statt. Anders als sonst, findet der Horror des Traumes eben nicht mit dem Erwachen sein Ende. Oft stellt man sich erlöste, noch zitternde, aufatmende, nachtschweißgebadete Figuren in Serie, die gleichsam am Bettrand des Irrsinns erkennen, dass alles gottlob ›nur‹ ein Traum war, wie existenziell vernichtend, wie kafkaesk das Imaginierte auch gewesen sein mag.

Die Schreckensbilder reichen von der Vorstellung eines Individuums, das sich als identische Kopie seiner selbst immer wieder neu begegnet, Doppelgängertum in Potenz, über die Verwandlungen harmloser Tiere in Bestien bis hin zu absurden Verfolgungsjagden und unmotivierten Zerstückelungen des eigenen Körpers. Seit Goya wissen wir, dass der Traum Monstren gebiert. Die Spitze des Eisbergs ›Freud‹ zeigt uns, dass neun Zehntel unserer Wirklichkeit unter Wasser liegen und bei Tage nur die Spitze sichtbar bleibt. Kafka belehrt uns hingegen über die Haltlosigkeit all dieser Zuordnungen: Schlafmonster im Wachzustand sind nicht zu zähmen, indem man die Augen aufmacht. Im Gegenteil. Sie werden mächtiger, unausweichlicher, todbringend und zwar nicht nur symbolisch: Du wachst auf, und der Albtraum beginnt, wie in *Der Prozess*, dessen erster Satz fast schon das Todesurteil ausspricht:

Jemand musste Josef K. verleumdet haben, denn ohne dass er etwas Böses getan hätte, wurde er eines Morgens verhaftet. (Kap. 1, Verhaftung)

Fast der ganze Kafka steckt bereits in diesem ersten, einen Satz. Eine Figur im Zentrum, präzise erfasst und anonym zugleich. K., genauer Josef K. K wie Kafka. Es wäre absurd, anzunehmen, der Buchstabe hätte absolut nichts mit dem Autor selbst zu tun. K. aber eben auch als Abbreviatur, Kürzel, Anonymisierung, Tilgung eines Namens, ein Verfahren, das man eher aus Kriminalberichten kennt. Oder aus Datenschutzgründen bei entpersönlichten medizinischen Fallstudien. Freuds Anna O. oder Frau K. sind bekannte Beispiele hierfür.

Anonymer Fall und Alter Ego in einem, wieder jenes Ineinander von Distanz und Nähe der Figur, das auch bereits bei Proust zu beobachten war, – nur noch viel radikaler zugespitzt: das sich selbst tilgende, auslöschende Ich: bei Kafka darf man das nicht als kokettes Spiel, als Teil einer Inszenierung abtun: Denn zum einen ist die Kürzelfigur K. nicht nur Protagonist dieses Romans, sondern auch die zentrale Figur anderer großer Texte, wie zum Beispiel von *Das Schloss*. Zum anderen steht sie durch die ja bewusst gewählte Initiale, aller Modellhaftigkeit zum Trotz, dem Autor in einem ungewöhnlichen Maße nahe, so dass ihre Ausblendung nicht mit dem entsprechenden Schicksal einer beliebigen Erzählfigur gleichzusetzen ist. K. ist Kafkas Dummy. Daran führt kein Weg vorbei. Es führt aber auch kein Weg an der Tatsache vorbei, dass diese Abbreviatur-Figur, eben weil sie als ein Dummy zu erkennen ist, und ersatzweise vom Leser besetzt werden kann. Kafkas häufig etwas marginal behandelte ›Strichmännchen‹-Skizzen stellen lauter solcher K's oder F's oder X dar.

Es versteht sich, dass hier nicht vorgeschlagen wird, in den Figuren K's ein Porträt des Autors finden. Im Gegenteil; ich will Kafkas Verfahren eher so beschreiben: Da unternimmt es ein Autor, sich in eine literarische Figur zu verwandeln. Punkt, Punkt, Komma, Strich – Männchen zu werden. Inklusive der letzten Gebrauchsanweisung (an die man sich nicht gehalten hat) – das Ganze und damit auch den Text gewordenen Autor zu verbrennen. Gottlob. Und so liegen die Texte vor und wir haben die Chance, mit ihnen angemessen umzugehen:

Kein Psychogramm zu suchen, keine chiffrierten Botschaften herauslesen zu wollen, nicht über Figuren zu richten, zu rechten, sie zu be- oder verurteilen, sondern aufmerksam das Verhalten, ihre Aussagen, ihre Denkprozesse zu verfolgen, sich sie und die Situationen, in die sie geraten, plastisch vorzustellen. Wenn man den *Prozess* von Anfang an so liest, wird man zunächst, ob der seltsamen Reaktion K.s anlässlich seiner Verhaftung stutzig: ohne etwas Böses getan zu haben – so die Annahme – oder ohne zu wissen, dass er etwas Böses getan hätte, beginnt K. sich alsbald so zu verhalten, als sei er schuldig. Er fühlt sich schuldig. Man hat ihn schuldig gemacht. Man hat ihm Schuldgefühle eingejagt.

Das Leben, ein Strafverfahren

Der Umschlag und Überschlag erfolgt unerwartet rasch und wird von K. reflexartig und gegen eigenen inneren Widerstand vollzogen:

»Ich will doch sehen, was für Leute im Nebenzimmer sind und wie Frau Grubach diese Störung mir gegenüber verantworten wird.« Es fiel ihm zwar gleich ein, dass er das nicht hätte laut sagen müssen und dass er dadurch gewissermaßen ein Beaufsichtigungsrecht des Fremden anerkannte, aber es schien ihm jetzt nicht so wichtig.

Ein – vermutlich – zu Unrecht Angeklagter, der (noch) nicht an seiner Unschuld zweifelt, nimmt peinlich berührt wahr, dass er bereits beginnt, sich wie ein Schuldiger zu benehmen. In dieser Phase schwankt sein Verhalten zwischen ratlos verunsichertem Zurückweisen der Zumutungen durch die Außenwelt und empörtem Aufbegehren. Fragen kreisen im Kopf:

Was waren denn das für Menschen? Wovon sprachen sie? Welcher Behörde gehörten sie an? K. lebte doch in einem Rechtsstaat [...] Gesetze bestanden [...] wer wagte, ihn [...] zu überfallen?

Oder ist das Ganze nur ein Spaß, – ein Spaß von Kollegen, die ihm heute, an seinem 30. Geburtstag, einen groben Streich spielen wollen. Versteckte Kamera, möglicherweise ... So die inneren Monologreflexe, mittels derer K. versucht, sich die ungeheuerlich, absurd, anmutende Situation zurechtzurücken, sie zu rationalisieren. Doch noch während er so – freilich nur mit sich selbst – argumentiert, hat er sich auf der Handlungsebene bereits ein zweites Mal unterworfen. Während die Funktionäre fraglos und unhinterfragt im Verfahren fortschreiten, beginnt K. hektisch nach seinen »Legitimationspapieren« zu kramen, findet nur die alberne »Radfahrlegitimation«.

Und wie sollte K., der bereits hier ein Stück weit die Rolle eines Jedermann spielt und damit zu ›everybody's dummy‹ wird (also eben nicht nur zu Kafkas), wie sollte er anders reagieren, wo doch die kleinen Signale der Außenwelt bereits einschüchternd anzuzeigen scheinen, dass es schon seine Richtigkeit hätte, dass es mit dem unrechtmäßigen Übergriff schon seine Richtigkeit haben müsse. Schließlich zuckt doch schon seine Zimmerwirtin, Frau Grubach, zurück und werden seine Einspruchsversuche im Vorfeld einer Rechtfertigung kategorisch zurückgewiesen.

Wie könnte er, wie könnten wir anders reagieren, in einer solchen Situation? Angesichts der Manifestation von Figuren, Instanzen, Strukturen, die sich nicht in Frage stellen und nicht zur Rechtfertigung ihrer selbst zwingen lassen. Anscheinend ist man in unserer bürgerlichen Weltordnung und rechtsstaatlichen Ordnungswelt darauf fixiert, die Rechtmäßigkeit und innere Stimmigkeit von Ordnungs-, Verordnungs- und Verurteilungsmaßnahmen zu akzeptieren, sie stillschweigend vorauszusetzen. Eine Konditionierung, die hier zur Annahme führt, alles werde sich als vermeintlicher Irrtum auflösen, und dieser Annahme bis zur Verblendetheit weiter zu folgen. Diese Idolatrie der Vernünftigkeit macht blind für Realitäten, die sich einem solchen System verschließen. Schöne, alte Dialogwelt, seit Plato, Lessing und Habermas. 2000 Jahre die Annahme, man könnte sich mittels des Austauschens von Wörtern verständigen und verstehen, man wolle vermitteln und aufklären. So auch K., der nun, aktiver geworden, den Oberaufseher insistierend beschwört:

»[...] die Hauptfrage ist, von wem bin ich angeklagt? Welche Behörde führt das Verfahren? Sind Sie Beamte? Keiner hat eine Uniform, wenn man nicht Ihre

Kleid' – hier wandte er sich an Franz – »eine Uniform nennen will, aber es ist doch eher ein Reiseanzug. In diesen Fragen verlange ich Klarheit, und ich bin überzeugt, dass wir nach dieser Klarstellung voneinander den herzlichsten Abschied werden nehmen können.« Der Aufseher schlug die Zündhölzchenschachtel auf den Tisch nieder. »Sie befinden sich in einem großen Irrtum«, sagte er. »Diese Herren hier und ich sind für Ihre Angelegenheit vollständig nebensächlich, ja wir wissen sogar von ihr fast nichts. Wir könnten die regelrechtesten Uniformen tragen, und Ihre Sache würde um nichts schlechter stehen. Ich kann Ihnen auch durchaus nicht sagen, dass Sie angeklagt sind oder vielmehr, ich weiß nicht, ob Sie es sind. Sie sind verhaftet, das ist richtig, mehr weiß ich nicht.«

Im Grunde macht K. alles richtig, aber er hat keine Chance. Er versucht es in allen Tonarten, von forsch bis fügsam, drohend (»Dort sind auch Zuschauer« meint also Zeugen) bis dreist (»nun, meine Herren, geben wir uns die Hand und lassen Sie uns die ganze Geschichte vergessen«) sein Spiel zu spielen. Das Prinzip der gelenkigen Selbsttäuschung funktioniert in einem ersten Stadium des Romans einigermaßen reibungslos und verlängert die Dauer der Illusion. Verdrängungsrituale, wie sie sicherlich den meisten von Kafkas Lesern aus dem Alltag nur zu vertraut sind. Die Strategie ist nicht zuletzt deshalb so lange durchzuhalten, weil das gesamte Prozedere sich in äußerst geregelten, ruhigen, zivilen und von der Umwelt (ob in der Wohnung, ob in der Bank) in dezenten Formen mitgetragen wird. Diese Phase kulminiert in einer grotesken Situation, die der Romancier Milan Kundera folgendermaßen zuspitzt:

Eine unbekannte Stimme sagt am Telefon zu K.: er solle am nächsten Sonntag in einem Haus in der Vorstadt verhört werden. Ohne zu zögern, beschließt er hinzugehen; aus Gehorsam? aus Angst? Nein, die Selbsttäuschung funktioniert automatisch: er will hingehen, um schnell mit diesen Nervensägen, die ihn mit ihrem albernen Prozess belästigen, zu einem Ende zu kommen. (»Der Prozess kam in Gang, und er musste sich dem entgegenstellen, diese erste Untersuchung sollte auch die letzte sein.«) *Eine Stunde später lädt sein Direktor ihn für denselben Sonntag zu sich ein. Die Einladung ist wichtig für K.s Karriere. Wird er also dieser grotesken Vorladung nicht Folge leisten? Nein; er lehnt die Einladung des Direktors ab, da er, ohne es sich einzugestehen, bereits vom Prozess beherrscht wird.*

Also geht er am Sonntag hin. Ihm wird bewusst, dass die Stimme, die ihm am Telefon die Adresse nannte, vergessen hat, ihm die Uhrzeit mitzuteilen. Nichtsdestoweniger fühlt er sich zur Eile getrieben und läuft (ja, so steht es da, er lief) durch die ganze Stadt. Er läuft, um rechtzeitig anzukommen, obwohl ihm keine Uhrzeit bekannt ist. Nehmen wir an, dass er seine Gründe hat, so früh wie möglich dort zu sein; doch weshalb nimmt er dann nicht die Straßenbahn, die übrigens durch dieselbe Straße fährt, statt zu laufen? Der Grund: er weigert sich, die Straßenbahn zu nehmen, denn ›schließlich hatte er aber auch nicht die geringste Lust, sich durch allzu große Pünktlichkeit vor der Untersuchungskommission zu erniedrigen‹. Er läuft zur Gerichtsverhandlung, läuft jedoch als ein stolzer Mensch, der sich niemals selbst erniedrigt.

– – – Und der dennoch immer stärker in den Sog des Sich-schuldig-Fühlens bzw. des Sich-so-Verhaltens gerät. Kundera weist in seiner Studie *Les testaments trahis (Verratene Vermächtnisse)* 1993 darauf hin, dass das französische »culpabiliser« als psychoanalytischer Nebenbegriff erstmals 1966 verwendet wurde. Die bis dahin unerforschte Situation, wie man jemandem Schuldgefühle einjagt, war von Kafka am lebenden Textobjekt K. bereits viel früher beschrieben worden.

<u>Erstes Stadium:</u> Ausweichbewegungen. Kampf um ›Souveränität‹. Peinlich davon berührt, sich als Verdächtiger verdächtig, als Beschuldigter schuldig zu verhalten, versucht K. vergeblich, den eigenen Reflexen buchstäblich davonzulaufen. Ordnung, ›business as usual‹-Verhalten dominieren. Hauptziel Selbstsorge. Therapie: Viel Reden, Lachen. Nachspielen. Ausagieren. Nach dem Motto ›Alles ganz harmlos‹ ...

<u>Das zweite Stadium</u> des *Prozesses* führt zur eigentlichen, öffentlichen Kraftprobe. Nach langer Suche folgt der Auftritt im Saal. Vor Untersuchungsrichter und großem Auditorium. Und auch nun kann nicht die Rede davon sein, dass K. sich passiv, fatalistisch, unklug oder ungeschickt verhielte. Im Gegenteil. Virtuos und reaktionsschnell pariert er den Lapsus des Richters, der ihn offensichtlich verwechselt, um dann, die vermeintliche Gunst der Stunde nutzend, nach längerer Rede insgesamt die Kompetenz des Gerichtes umfassend in Frage zu stellen. Der Angeklagte scheint zum Ankläger zu werden:

Als K. jetzt zu reden begann, war er überzeugt, in [seinem] Sinne zu sprechen. »Ihre Frage, Herr Untersuchungsrichter, ob ich Zimmermaler bin – vielmehr, Sie haben gar nicht gefragt, sondern es mir auf den Kopf zugesagt –, ist bezeichnend für die ganze Art des Verfahrens, das gegen mich geführt wird. Sie können einwenden, dass es ja überhaupt kein Verfahren ist, Sie haben sehr recht, denn es ist ja nur ein Verfahren, wenn ich es als solches anerkenne. Aber ich erkenne es also für den Augenblick jetzt an, aus Mitleid gewissermaßen. Man kann sich nicht anders als mitleidig dazu stellen, wenn man es überhaupt beachten will. Ich sage nicht, dass es ein liederliches Verfahren ist, aber ich möchte Ihnen diese Bezeichnung zur Selbsterkenntnis angeboten haben.« (Kap. 2, Erste Untersuchung)

Doch noch während K., getragen vom Fluss seiner eigenen Rede, ein weiteres Mal hofft, sich argumentativ aus dem Verdächtigungs-, Anklage und Beschuldigungsnetz, in dem er steckt, zu befreien, nimmt er im Publikum kleine Gesten, Regungen und ›Signale‹ wahr, die ihn am Erfolg seines Vorhabens zweifeln lassen: der anfangs gewährte Applaus versandet, der Redner glaubt Zeichen internen Einverständnisses zwischen Vorsitz und Publikum zu erkennen (»es sind also Leute unter Ihnen, die von hier oben dirigiert werden«), – mit einem Schlag scheinen alle Bemühungen vergeblich. K. zappelt im Geflecht eines verräterischen Komplotts. Oder, was gleichbedeutend ist, glaubt sich das Opfer eines solchen Komplotts; das Resultat: er verliert die Kompetenz, Souveränität, Sicherheit, brüllt, protestiert; – – die Kraftprobe endet zu seinen Ungunsten:

»So«, rief K. und warf die Arme in die Höhe, die plötzliche Erkenntnis wollte Raum, »ihr seid ja alle Beamte, wie ich sehe, ihr seid ja die korrupte Bande, gegen die ich sprach, ihr habt euch hier gedrängt, als Zuhörer und Schnüffler, habt scheinbare Parteien gebildet, und eine hat applaudiert, um mich zu prüfen, ihr wolltet lernen, wie man Unschuldige verführen soll!«

Kalt und hoffnungs-los die einzige Reaktion des Untersuchungsrichters, der, falls er dies beabsichtigt haben sollte, K. nun genau da hat, wo er ihn haben wollte:

»Ich wollte Sie nur darauf aufmerksam machen«, sagte der Untersuchungsrichter, »dass Sie sich heute – es dürfte Ihnen noch nicht zu Bewusstsein gekommen sein – des Vorteils beraubt haben, den ein Verhör für den Verhafteten in jedem Falle bedeutet.«

<u>Drittes Stadium:</u> Die Sozialisation des Prozesses. Obwohl geheim, beginnt die Causa Kreise zu ziehen. Die verdeckte Ermittlung wird zur öffentlichen Tatsache. Zur Normalität. Erst der Onkel K.s, dann auch Leni beginnen sich des Angeklagten anzunehmen.

Ein bemerkenswerter Umstand ist dabei, dass der Prozess zwar in aller Heimlichkeit, sozusagen versteckt stattfindet, dennoch aber jedermann auf dem Laufenden ist. Ein anderer bemerkenswerter Umstand: niemand zweifelt an K.s Schuld. Die Gesellschaft hat sich die Anklage bereits zu Eigen gemacht, indem sie das Gewicht ihrer schweigenden Billigung (oder ihrer Nicht-Missbilligung) hinzufügte. Man hätte empörtes Erstaunen erwartet: Wie konnte man dich anklagen? Für welches Verbrechen eigentlich? Doch der Onkel wundert sich nicht. Angst macht ihm nur der Gedanke an die Folgen, die der Prozess für die ganze Verwandtschaft haben könnte. Kafka malt die Spannung zwischen Gleichgültigkeit und Ressentiment packend aus. Etwa die ganze umständliche Besorgtheit des Onkels, die in merkwürdigem Gegensatz zur demonstrativ zur Schau getragenen Ruhe des ›Angeklagten‹ steht Lippenbeißen, erregtes Auf- und Abgehen, Schreierei hier, blasierte Indifferenz dort – nämlich auf Seiten des letztlich Betroffenen. Und auch sonst vieles an Rat- und Einflussnahme von verschiedenen Gruppen. Advokaten und Kanzleidirektoren, Kompetenz in geballter Form wird konsultiert – was denken Sie? Besteht die Möglichkeit? Wird man? etc. etc. K. aber verlässt gleichgültig den Raum und flirtet zum Verdruss des empörten Onkels mit Leni:

[...] der Onkel, fasste ihn bei den Armen und stieß ihn gegen das Haustor, als wolle er ihn dort festnageln. »Junge«, rief er, »wie konntest du nur das tun! Du hast deiner Sache, die auf gutem Wege war, schrecklich geschadet. Ver-

kriechst dich mit einem kleinen, schmutzigen Ding, das überdies offensichtlich die Geliebte des Advokaten ist, und bleibst stundenlang weg. Suchst nicht einmal einen Vorwand, verheimlichst nichts, nein, bist ganz offen, läufst zu ihr und bleibst bei ihr.« (Kap. 6, der Onkel – Leni)

Der Onkel konsterniert, die Fachleute verärgert. K. achtlos. Vielleicht der entscheidende Moment. Vielleicht, dass sich nun alles unwiederbringlich zum Üblen dreht: Denn die Gesellschaft glaubt, Anrecht auf Ernsthaftigkeit zu haben, wenn sie ernsthaft zu sein beabsichtigt, so wie sie ein Anrecht auf allgemeine Heiterkeit hat, wenn das kollektive Bewusste wünscht, sich zu amüsieren, oder wie das Recht auf Tränen, wenn Trauer angebracht erscheint. Zuwiderhandlung wird mit schweren Strafen bedacht, gelegentlich sogar mit der Todesstrafe.

Mit dem Tod. So wie in Camus' *Der Fremde*. Dort wird der Protagonist zum Tod verurteilt, weil er nachweislich gemordet hat. Mehr noch als diese Tat irritiert das Gericht jedoch die Tatsache, dass der Angeklagte nicht so reagiert, wie die gesellschaftliche Norm, die ›average middle class man‹, wie der Richter sagen würde, es erfordert. Keine Tränen beim Tod der Mutter, Kinobesuch statt Trauer. Die Indizien der Andersartigkeit sind die wahren Gründe der Verurteilung. Gedankliche, gefühlsmäßige Insubordination kann in der Moderne (mehr als eine verbrecherische Tat selbst) mit dem Tod bestraft werden. In der normierten, normalen, formierten Gesellschaft ist die Andersartigkeit offenbar das schwerste Delikt.

In Analogie hierzu hat es nicht wenige Interpretationen gegeben, die auch K. tatsächlich eines Verbrechens des Außenseitertums bezichtigen wollten. Interpretationen, deren Verursacher gar nicht zu merken scheinen, dass sie in die Falle des Textes tappen, indem sie einen Teil seiner Struktur reproduzieren, statt sie transparent zu machen. Ganz abgesehen davon, dass der Fall Mersault und der Fall K. sich insofern unterscheiden, als dieser ein Verbrechen begangen hat, jener – vermutlich – nicht. Doch nicht die Krimi-Frage ›War sie es oder nicht?‹ steht im Zentrum, sondern die Franz-Kafka-Frage: Wie macht man Täter? Wie stellt man Gerechtigkeit her? Die Antwort: in Zusammenarbeit mit dem Angeklagten. Ganz gleich, ob dieser zu kooperieren gedenkt oder nicht. Das Frappierende des Kafka-Textes ist die vollständige Ablösung des Strafverfahrens von seiner Ursache. Nun werden erfahrene Juristen vielleicht sagen, dies sei nichts Besonderes. Dies sei, im Gegenteil, der Usus. So wie ein Urteil in der Regel nichts über die sogenannte ›Wirklichkeit‹ aussage, bzw. die Wirklichkeit vielmehr ein Produkt juristischer Kategorienbildung sei. Es existiert nur dasjenige, was in ihren Kategorien beschreibbar ist. Das so Beschriebene aber ist Tatsache. Unter dieser strengen Logik wird jeder einsichtig. Auch K. beginnt sich dem höheren Gesetz der hergestellten Wirklichkeit zu beugen. Immer häufiger stellt er die Frage nach seiner Schuld, immer intensiver übt er ›Selbstkritik‹.

Man kann es auch anders formulieren: Im vierten Stadium ist der Angeklagte Teil des Systems geworden. Denn, um sich vor dem Prozess zu schützen, dessen Akteure sich weigern, die Anklage zu formulieren, sucht K. schließlich selbst nach der Schuld. Wo liegt sie verborgen? Bestimmt irgendwo in seinem Curriculum vitae. Es musste »das ganze Leben in den kleinsten Handlungen und Ereignissen in die Erinnerung zurückgebracht, dargestellt und von allen Seiten überprüft werden ...«

Strafe sucht Schuld

Die Situation ist weit davon entfernt, irreal zu sein: so mag sich tatsächlich ein vom Pech verfolgter Mensch fragen: was habe ich Schlechtes getan? Und wird anfangen, die Vergangenheit zu durchforschen, wobei man nicht nur die Handlungen, sondern auch die Worte und heimlichen Gedanken prüft, um den Zorn Gottes zu verstehen.

Es geht nicht darum, sich selbst zu kritisieren (die guten Seiten von den schlechten zu unterscheiden, um Fehler zu korrigieren), es geht darum seine Schuld zu finden, um dem Ankläger zu helfen, um die Anklage anzunehmen und gutzuheißen.

Oder wie Kundera an anderer Stelle sagt: »Die Strafe sucht sich die Schuld.« Wiederum jedoch umgehend die Warnung davor, sich dabei in spekulative, zumeist religiös untermauerte Denklabyrinthe zu begeben, die diese Suche in ein mystisches, zumindest metaphysisches Licht rücken. Nein, bei Kafka geht es – gottlob – nicht um Religion, sondern um Verfahrensweisen von Menschen und Menschen-Institutionen. Um Institutionen wie ›Gerichte‹. Um ihr Regelwerk, ihr Spielregelwerk. Zwei Beispiele hierzu; – aus den Erörterungen zwischen Onkel und ›Fachleuten‹, die zeigen, wie sehr Verfahrensregeln Wirklichkeit herstellen:

Faustregel 1: Korruption

»Wirklichen Wert aber haben nur ehrliche persönliche Beziehungen, und zwar mit höheren Beamten, womit natürlich nur höhere Beamten der unteren Grade gemeint sind. Nur dadurch kann der Fortgang des Prozesses, wenn auch zunächst nur unmerklich, später aber immer deutlicher beeinflusst werden.« (Kap. 7, Advokat – Fabrikant – Maler)

Faustregel 2: Quietismus

[...] Das einzig Richtige sei es, sich mit den vorhandenen Verhältnissen abzufinden. Selbst wenn es möglich wäre, Einzelheiten zu verbessern – es ist aber ein unsinniger Aberglaube -, hätte man bestenfalls für künftige Fälle etwas erreicht, sich selbst aber unermesslich dadurch geschadet, dass man die besondere Aufmerksamkeit der immer rachsüchtigen Beamtenschaft erregt hat.

Nur keine Aufmerksamkeit erregen! Sich ruhig verhalten, selbst wenn es einem noch so sehr gegen den Sinn geht! Einzusehen versuchen, dass dieser große Gerichtsorganismus gewissermaßen ewig in der Schwebe bleibt und dass man zwar, wenn man auf seinem Platz selbständig etwas ändert, den Boden unter den Füßen sich wegnimmt [...].

Und wieder stehen wir an dem entscheidenden Punkt: dem der Angleichung. Nur wer sich angleicht, kann verurteilt werden. Folgerichtig beinhaltet das *fünfte Stadium* die Identifikation des Opfers mit seinem Henker.

Im letzten Kapitel erreicht Kafkas Ironie ihren entsetzlichen Höhepunkt: zwei Herren in Gehröcken kommen, um K. abzuholen, und führen ihn auf die Straße. Er begehrt zunächst auf, sagt sich aber schon bald: »*Das einzige, was ich jetzt tun kann [...] ist, bis zum Ende den ruhig einteilenden Verstand behalten. [...] Soll ich nun zeigen, dass nicht einmal der einjährige Prozess mich belehren konnte? Soll ich als ein begriffsstutziger Mensch abgehen?*«

Dann sieht er von weitem Polizisten auf und ab gehen. Ein Polizeimann nähert sich dem Grüppchen, das ihm verdächtig vorkommt. In diesem Moment zieht K. aus eigenem Antrieb die beiden Herren mit sich fort, er fängt sogar mit ihnen zu laufen an, um den Polizisten zu entkommen, die stören und vielleicht, wer weiß?, die Hinrichtung, die ihn erwartet, verhindern könnten.

Endlich sind sie am Ziel angelangt; die Herren schicken sich an, ihn niederzumetzeln, und in diesem Augenblick geht ein Gedanke (die äußerste Selbstkritik) durch K.s Kopf: »*K. wusste jetzt genau, dass es seine Pflicht gewesen wäre, das Messer, als es von Hand zu Hand über ihm schwebte, selbst zu fassen und sich einzubohren.*« Und er bedauert seine Schwäche: »*Vollständig konnte er sich nicht bewähren, alle Arbeit den Behörden nicht abnehmen, die Verantwortung für diesen letzten Fehler trug der, der ihm den Rest der dazu nötigen Kraft versagt hatte.*«

Doch K.s Befürchtungen sind an diesem Punkt unberechtigt. Die Arbeit wird erledigt, von den beiden Herren: während sich die Hände des einen Herren »*an K.s Gurgel legen*«, stößt ihm der andere das Messer ins Herz und »*dreht*« es dort »*zwei Mal*«.

Man wird widersprechen. Man wird einwenden, Wesentliches wäre vergessen worden. Und man hat Recht. Man wird darauf verweisen, dass, nur um einen Kafka ohne ›Gesetz‹ durchzusetzen, selbst auf das wichtige Kapitel 9, *Im Dom*, verzichtet wurde. Und hat damit Unrecht. Nicht nur, weil zunächst diese Lücke sogleich geschlossen werden soll, sondern weil rasch klar werden wird, dass auch hier ist nur von Institution die Rede ist. Nicht von Gesetz. Magisch die düstere Aura, bedrohlich die Größe – umso pragmatischer, banaler die Situation. Auch im Gotteshaus herrscht ausschließlich Menschen-Gesetz.

»*Du bist Joseph K.*«, sagt der Geistliche, und der da spricht, ist keine Stimme von oben, sondern schlicht – der verbeamtete Gefängniskaplan. Systemrad mit Heiligenschein. Sonst nichts. Entsprechend unbeeindruckt K.s Reaktion: »Du bist der, den ich suche«, sagte der Geistliche. »Ich bin der Gefängniskaplan.« – »Ach so«, sagte K. Der Kaplan erläutert dann in kurzen Zügen den »üblen« Stand des Verfahrens und die in seinen Augen üblen Mittel, die K. zu seiner Verteidigung wählte: Frauen. Dann das Resümee, welches in einem Satz von besonderer Wichtigkeit endet:

»Hast auch du ein Vorurteil gegen mich?« fragte K. »Ich habe kein Vorurteil gegen dich«, sagte der Geistliche. »Ich danke dir«, sagte K., »alle anderen aber, die an dem Verfahren beteiligt sind, haben ein Vorurteil gegen mich. Sie flößen es auch den Unbeteiligten ein. Meine Stellung wird immer schwieriger.« »Du missverstehst die Tatsachen«, sagte der Geistliche, »das Urteil kommt nicht mit einemmal, das Verfahren geht allmählich ins Urteil über.« »So ist es also«, sagte K. und senkte den Kopf. (Kap. 9, Im Dom)

Und schließlich folgt jene Geschichte, die bei Hamlet ›Sein oder Nicht-Sein‹, bei Lessing ›Ringparabel‹ heißt und in einer Szene das Denkmodell Kafka zu umreißen scheint: die Türhüter-Parabel. Jeder kennt sie. Kennt jeder sie?

Vor dem Gesetz steht ein Türhüter. Zu diesem Türhüter kommt ein Mann vom Lande und bittet um Eintritt in das Gesetz. Aber der Türhüter sagt, dass er ihm jetzt den Eintritt nicht gewähren könne. Der Mann überlegt und fragt dann, ob er also später werde eintreten dürfen. »Es ist möglich«, sagt der Türhüter, »jetzt aber nicht«. Da das Tor zum Gesetz offen steht wie immer und der Türhüter beiseite tritt, bückt sich der Mann, um durch das Tor in das Innere zu sehen. Als der Türhüter das merkt, lacht er und sagt: »Wenn es dich so lockt, versuche es doch, trotz meinem Verbot hineinzugehen. Merke aber: Ich bin mächtig. Und ich bin nur der unterste Türhüter. Von Saal zu Saal stehen aber Türhüter, einer mächtiger als der andere. Schon den Anblick des dritten kann nicht einmal ich mehr vertragen.« Solche Schwierigkeiten hat der Mann vom Lande nicht erwartet, das Gesetz soll doch jedem und immer zugänglich sein, denkt er, aber als er jetzt den Türhüter in seinem Pelzmantel genauer ansieht, seine große Spitznase, den langen, dünnen, schwarzen, tartarischen Bart, entschließt er sich doch, lieber zu warten, bis er die Erlaubnis zum Eintritt bekommt.

Er wird also warten. Bis an sein Lebensende. Wie man weiß. Und bekommt kurz vor dem Ende eine jener Antworten, bei denen Heine zu Recht gefragt hätte: Ist das eine Antwort?

»Hier ist nie einer reingekommen, denn hier konnte niemand sonst Einlass erhalten, denn dieser Eingang war nur für dich bestimmt. Ich gehe jetzt und schließe ihn.«

K. fragt empört nach:

»Der Türhüter hat also den Mann getäuscht«, sagte K. sofort, von der Geschichte sehr stark angezogen. »Sei nicht übereilt«, sagte der Geistliche, »übernimm nicht die fremde Meinung ungeprüft. Ich habe dir die Geschichte im Wortlaut der Schrift erzählt. Von Täuschung steht darin nichts.« »Es ist aber klar«, sagte K. [...]. »Der Türhüter hat die erlösende Mitteilung erst dann gemacht, als sie dem Manne nicht mehr helfen konnte.«

Jetzt, gegen Ende des Romans, sind wir freilich nicht mehr so gutgläubig, zu erwarten, ein von Herzen kommendes, logisch klingendes Argument hätte in dieser besten aller möglichen Welten Aussicht, gehört zu werden. K. hat auch jetzt keine Chance; Insubordination. Mangel an Respekt wird ihm vorgeworfen:

»Du hast nicht genug Achtung vor der Schrift und veränderst die Geschichte«, sagte der Geistliche. »Die Geschichte enthält über den Einlass ins Gesetz zwei wichtige Erklärungen des Türhüters, eine am Anfang, eine am Ende. Die eine Stelle lautet: dass er ihm jetzt den Eintritt nicht gewähren könne, und die andere: dieser Eingang war nur für dich bestimmt. Bestände zwischen diesen beiden Erklärungen ein Widerspruch, dann hättest du recht, und der Türhüter hätte den Mann getäuscht. Nun besteht aber kein Widerspruch. Im Gegenteil, die erste Erklärung deutet sogar auf die zweite hin. Man könnte fast sagen, der Türhüter ging über seine Pflicht hinaus, indem er dem Mann eine zukünftige Möglichkeit des Einlasses in Aussicht stellte. Zu jener Zeit scheint es nur seine Pflicht gewesen zu sein, den Mann abzuweisen, und tatsächlich wundern sich viele Erklärer der Schrift darüber, dass der Türhüter jene Andeutung überhaupt gemacht hat, denn er scheint die Genauigkeit zu lieben und wacht streng über sein Amt.«

K. ist – eine Autorität hat gesprochen – beeindruckt:

»Du kennst die Geschichte genauer als ich und längere Zeit«, sagte K. Sie schwiegen ein Weilchen. Dann sagte K.: »Du glaubst also, der Mann wurde nicht getäuscht?« »Missverstehe mich nicht«, sagte der Geistliche, »ich zeige dir nur die Meinungen, die darüber bestehen. Du musst nicht zuviel auf Meinungen achten. Die Schrift ist unveränderlich, und die Meinungen sind oft nur ein Ausdruck der Verzweiflung darüber. In diesem Falle gibt es sogar eine Meinung, nach welcher gerade der Türhüter der Getäuschte ist.« »Das ist eine weitgehende Meinung«, sagte K. »Wie wird sie begründet?«

Weitreichende, tiefgreifende, rabulistisch-kabbalistische Erklärungen folgen, Bibliotheken jüdischer Mystik könnten nun von den Gelehrten gewälzt und zitiert werden. Und sie pflegen auch zitiert zu werden. Ich verzichte hier darauf. Ich verzichte darauf, mit Blick auf Gelehrte wie Sokel, Benjamin, Politzer, Schoeps, Goldstücker, Canetti, die vieles und Gutes hierüber gesagt haben. Vor allem aber, weil die Theologie hier nicht der richtige Ansprechpartner ist. Literatur ist weder verschlüsselte Philosophie noch angewandte Theologie. Sie ist – Literatur. Sie lehrt nicht. Sie verheißt nicht. Sie ist Be-Schreibung von Situationen. Stationen. Zum Beispiel dieser:

»Geh links zur Wand«, sagte der Geistliche, *»dann weiter die Wand entlang, ohne sie zu verlassen, und du wirst einen Ausgang finden.«* Der Geistliche hatte sich erst ein paar Schritte entfernt, aber K. rief schon sehr laut: *»Bitte, warte noch!«* *»Ich warte«*, sagte der Geistliche. *»Willst du nicht noch etwas von mir?«* fragte K. *»Nein«*, sagte der Geistliche. *»Du warst früher so freundlich zu mir«*, sagte K., *»und hast mir alles erklärt, jetzt aber entlässt du mich, als läge dir nichts an mir.«* *»Du musst doch fortgehen«*, sagte der Geistliche. *»Nun ja«*, sagte K., *»sieh das doch ein.«* *»Sieh du zuerst ein, wer ich bin«*, sagte der Geistliche. *»Du bist der Gefängniskaplan«*, sagte K. und ging näher zum Geistlichen hin, seine sofortige Rückkehr in die Bank war nicht so notwendig, wie er sie dargestellt hatte, er konnte recht gut noch hierbleiben. *»Ich gehöre also zum Gericht«*, sagte der Geistliche. *»Warum sollte ich also etwas von dir wollen. Das Gericht will nichts von dir. Es nimmt dich auf, wenn du kommst, und es entlässt dich, wenn du gehst.«*

»Die Lüge wird zur Weltordnung gemacht«, sagt K. trübselig. Abschließend. Dann leitet ihn der Kaplan aus dem Tempel. Dann kommen die Mörder. Pardon – die Vollzugsbeamten im Außendienst. Der Rest ist bekannt. K. wurde beseitigt. Man nahm ihm die Arbeit ab.

Vernichtungsphantasien

Kafka aber hatte einen Verräter zum Freund. Max Brod. An einem Teil seines Vermächtnisses ist Kafka selbst zum Exekutor geworden. Drei Romane, *Der Heizer, Das Schloss, Der Prozess,* konnten nicht mehr wie beabsichtigt exekutiert werden. Brod hat sie 1920 und 1923 zu sich genommen und ediert. 1925 führte er hierzu aus:

Das Manuskript des Romans Der Proceß habe ich im Juni 1920 an mich genommen und gleich damals geordnet. Das Manuskript trägt keinen Titel. Doch hat Kafka dem Roman im Gespräch stets den Titel Der Proceß gegeben. Die Einteilung in Kapitel sowie die Kapitelüberschriften rühren von Kafka her. Bezüglich der Anordnung der Kapitel war ich auf mein Gefühl angewiesen. Doch da mir mein Freund einen großen Teil des Romans vorgelesen hatte, konnte sich mein Gefühl bei der Ordnung der Papiere auf Erinnerungen stützen. – Franz Kafka hat den Roman als unvollendet betrachtet. Vor dem Schlusskapitel, das vorliegt, sollten noch einige Stadien des geheimnisvollen Prozesses geschildert werden. Da aber der Prozess nach der vom Dichter mündlich geäußerten Ansicht niemals bis zur höchsten Instanz vordringen sollte, war in einem gewissen Sinne der Roman überhaupt unvollendbar, das heißt in infinitum fortsetzbar. Die vollendeten Kapitel, mit dem abrundenden Schlusskapitel zusammengenommen, lassen *jedenfalls sowohl den Sinn wie die Gestalt des Werkes mit einleuchtendster Klarheit hervortreten, und wer nicht darauf aufmerksam gemacht wird, dass der Dichter selbst an dem Werke noch weiterzuarbeiten gedachte (er unterließ es, weil er sich einer andern Lebensatmosphäre zuwandte) – wird kaum seine Lücke fühlen. – Meine Arbeit an dem großen Papierbündel, das seinerzeit dieser Roman darstellte, beschränkte sich darauf, die vollendeten von den unvollendeten Kapiteln zu sondern. Die unvollendeten lasse ich für den Schlussband der Nachlassausgabe zurück, sie enthalten nichts für den Gang der Handlung Wesentliches. (Nachwort zur Erstausgabe)*

Es ist nicht gut, im Nachhinein mit unserem literarischen Normalverstand über Kafkas und Brods Intentionen zu urteilen. Kafkas Vermächtnis war kein Testament im präzisen juristischen Sinn; eigentlich zwei Privatbriefe; und nicht einmal richtige Briefe, da sie nie abgesandt wurden. Brod, Kafkas Testamentsvollstrecker, fand sie nach dem Tod seines Freundes 1924 in einer Schublade, unter vielen anderen Papieren: der eine, mit Tinte geschrieben, zusammengefaltet und mit Brods Adresse versehen, der andere, detaillierter, mit Bleistift geschrieben. Im »Nachwort zur ersten Ausgabe« von *Der Prozess* erklärt Brod:

[...] als ich 1921 meinen Beruf wechselte, sagte ich meinem Freunde, dass ich mein Testament gemacht hätte, in dem ich ihn bäte, dieses und jenes zu vernichten, andres durchzusehen und so fort. Darauf sagte Kafka und zeigte mir den mit Tinte geschriebenen Zettel, den man dann in seinem Schreibtisch vorgefunden hat, von außen: »Mein Testament wird ganz einfach sein – die Bitte an dich, alles zu verbrennen.« Ich entsinne mich auch noch ganz genau der Antwort, die ich damals gab: »[...] ich sage dir schon jetzt, dass ich deine Bitte nicht erfüllen werde.«

Mit der Erwähnung dieser Erinnerung rechtfertigt Brod seinen Ungehorsam gegenüber dem testamentarischen Wunsch seines Freundes; Kafka, fährt er fort, »kannte die fanatische Verehrung, die ich jedem seiner Worte entgegenbrachte«; Kafka habe also wohl gewusst, dass seinem Wunsch nicht Folge geleistet würde, und er »hätte einen andern Testamentsexekutor bestimmen müssen, wenn ihm seine eigne Verfügung unbedingter und letzter Ernst gewesen wäre«. Aber ist das so sicher? In seinem eigenen Testament bat Brod Kafka, »dieses und jenes zu vernichten«; warum hätte Kafka es nicht völlig normal finden sollen, Brod um den gleichen Gefallen zu bitten? Und wenn Kafka wirklich wusste, dass man ihm nicht gehorchen würde, weshalb hätte er, nach dem Gespräch zwischen den beiden 1921, dann noch diesen zweiten Brief mit Bleistift geschrieben, in dem er seine Anordnungen ausführlicher und präziser darlegte? Man wird nie wissen, was die beiden jungen Freunde über dieses Thema zueinander gesagt haben, ein Thema, das für sie übrigens nicht vordringlich war, da sich damals keiner der beiden, vor allem Kafka nicht, von der Unsterblichkeit besonders bedroht fühlen konnte. Niemand wollte, konnte sonderlich viel mit seinen Texten anfangen. Das Hölderlin-Syndrom. Das Kleist-Phänomen.

Milan Kundera, selbst Autor, hat mehr Verständnis für das Denken von Schriftstellern als wir. Er versucht, die Situation zu rekonstruieren und nennt eine Reihe möglicher Gründe, die Kafka dazu veranlasst haben könnten, sein Werk auslöschen zu wollen:

- kritische Distanz zum Werk
- kritische Distanz zur Welt
- Angst vor Missbrauch/vor Missverstehen.

Keine guten Gründe für Kafka: er war sich des Werts dessen, was er schrieb, bewusst, hatte keine misogyne Abneigung gegen die Welt. Keine schlechten Erfahrungen mit dem Publikum, da fast kein Publikum.

Was also waren Kafkas Gründe? Könnten seine Gründe gewesen sein? Man sagt oft: Wenn Kafka wirklich hätte vernichten wollen, was er geschrieben hatte, so hätte er es selbst vernichtet. Wie aber? Seine Briefe waren im Besitz der Empfänger. (Er selbst hat keinen Brief aufbewahrt, den er erhalten hat.) Die Tagebücher waren Arbeitstagebücher (eher Notizhefte als Tagebücher), sie waren ihm nützlich, solange er schrieb, und er schrieb bis zu seinen letzten Tagen. Dasselbe gilt für seine unvollendeten Prosawerke. Unwiederbringlich unvollendet waren sie erst im Falle seines Todes; zu Lebzeiten konnte er jederzeit auf sie zurückgreifen. Für einen Schriftsteller ist selbst eine Erzählung, die er für misslungen hält, nicht nutzlos, sie kann als Material für eine andere Erzählung dienen. Der Schriftsteller hat keinen Grund, zu vernichten, was er geschrieben hat, solange er nicht im Sterben liegt. Als Kafka jedoch im Sterben liegt, ist er nicht mehr zu Hause, sondern im Sanatorium, und er kann nichts vernichten, er kann nur auf die Hilfe eines Freundes zählen. Und da er nicht viele Freunde hat, letztlich nur einen, zählt er auf ihn.

Man sagt auch: sein eigenes Werk vernichten zu wollen, ist eine pathologische Tat. In diesem Fall wird der Ungehorsam gegen Kafkas zerstörerischen Willen zur Treue zu einem anderen Kafka, dem schöpferischen Künstler. Hier stößt man auf die größte Lüge der Legende, die sein Vermächtnis umgibt: Kafka habe sein Werk nicht vernichten wollen. In seinem zweiten Brief drückt er sich absolut präzis aus:

Von allem, was ich geschrieben habe, gelten nur die Bücher: Urteil, Heizer, Verwandlung, Strafkolonie, Landarzt und die Erzählung: Hungerkünstler. (Die paar Exemplare der ›Betrachtung‹ mögen bleiben, ich will niemandem die Mühe des Einstampfens machen, aber neu gedruckt darf nichts daraus werden.)

Es ist also nicht nur so, dass Kafka sein Werk nicht verleugnet, er zieht Bilanz und versucht, das, was bleiben soll (was gedruckt werden darf), von dem zu trennen, was seinen Ansprüchen nicht genügt; Traurigkeit, Strenge sprechen aus seinem Urteil, aber keine Verrücktheit, keine Verblendung aus Verzweiflung: Kafka hält alle seine gedruckten Bücher für gültig, mit Ausnahme seines ersten, *Betrachtung*, das ihm vermutlich unreif erschien (man kann ihm kaum widersprechen). Seine Ablehnung bezieht sich nicht automatisch auf alles nicht Veröffentlichte, zählt er doch zu den ›gültigen‹ Büchern auch die Erzählung *Ein Hungerkünstler*, die zum Zeitpunkt der Niederschrift des Briefes erst als Manuskript existiert. Später wird er drei weitere Erzählungen hinzufügen (*Erstes Leid, Eine kleine Frau, Josefine, die Sängerin*), um daraus ein Buch zu machen; die Druckfahnen dieses Buches korrigiert er auf seinem Sterbebett: ein fast pathetischer Beweis dafür, dass Kafka nichts gemein hat mit der Legende vom Autor, der sein Werk vernichten will.

Vernichtet sehen möchte er folglich nur zwei klar begrenzte Kategorien von Schriften:

- die persönlichen.
- die, die er zu keinem Abschluss brachte.

Wollen wir so anmaßend sein, zu sagen, Kafka hätte sich über Kafka im Irrtum befunden? Müßig zu fragen. Brod hat eine Sachlage geschaffen. Machen wir das Beste daraus. Was aber ist das Beste? Vielleicht, aus diesen großartig genauen System-Analysen zu lernen. Zu lernen, wie in modernen Gesellschaften Menschen, Meinungen, Tatsachen gemacht werden. Wie Erfahrungswege umgeleitet, ausgeblendet werden. Wie Ursache-Wirkungs-Mechanismen neu konstruiert werden.

Im 19. Jahrhundert zerbrach man an der Last seiner Schuld und bejahte die Bestrafung, Raskolnikov in *Schuld und Sühne* ist ein Beispiel hierfür. Es ist die wohlbekannte Situation, in der die Schuld die Strafe sucht. Bei Kafka ist diese Logik umgedreht. Derjenige, der bestraft wird, kennt den Grund der Bestrafung nicht. Die Absurdität der Strafe ist so unerträglich, dass der Angeklagte, um Frieden zu finden, nach einer Rechtfertigung für die Züchtigung sucht: die Strafe sucht die Schuld.

Einen Herrn X hat sich eine Behörde vorgenommen. Man bezichtigt ihn der politischen Agitation. Dann wird er tatsächlich (um der Verdächtigung nachzugehen) politisch agierend, agitierend: Die Strafe hat endlich den Schuldigen gefunden.

Da Herr K. nicht weiß, wessen er angeklagt ist, entschließt er sich, im 7. Kapitel des *Prozesses*, sein ganzes Leben, seine ganze Vergangenheit »in kleinsten Handlungen und Ereignissen« zu überprüfen. Die Maschinerie der ›Selbstbeschuldigung‹ läuft an. Der Angeklagte sucht nach seiner Schuld. Empfindet sogar Scham, wenn er versagt und sie nicht findet. So in *Das Schloss*, wo der Vater geradezu darum bittet, man möge die Schuld feststellen. Man untertreibt, wenn man sagt, die Strafe suche die Schuld. In dieser pseudotheologischen Welt fleht der Bestrafte darum, man möge ihn für schuldig erkennen!

Philipp Roth träumt von einem nach *Das Schloss* gedrehten Film. Er stellt sich Groucho Marx in der Rolle des Landvermessers K. und Chico und Harpo in der Rolle der Gehilfen vor. Die Besetzung bringt das Absurd-Komische der Situation auf den Punkt. Für die Betroffenen dürfte es dabei kaum eine Erleichterung sein, dass ihre Geschichte komisch ist. Er ist im Argumentationskäfig des eigenen Lebens gefangen wie ein Fisch im Aquarium. Ihm selbst kommt das gar nicht komisch vor. In der Tat ist es ja nur für diejenigen komisch, die sich außerhalb des Szenariums befinden; das Kafkaeske führt in die Eingeweide des Witzes, ins Schreckliche.

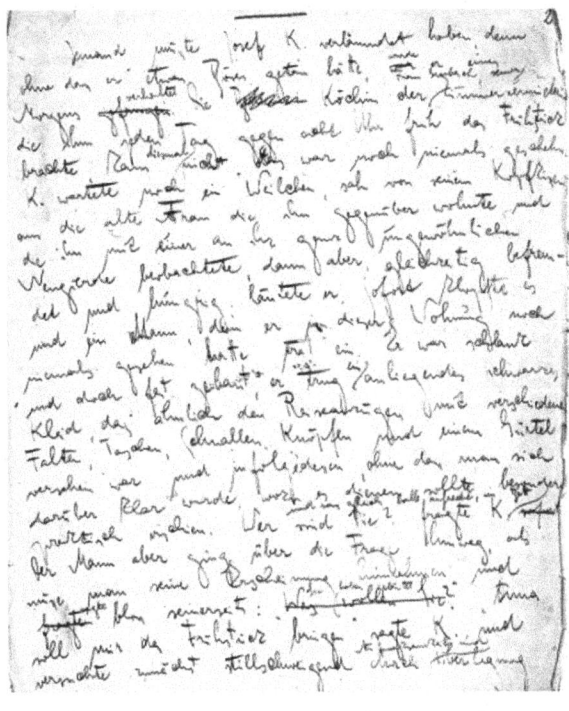

Für die Welt des Kafkaesken bildet das Komische keinen Kontrapunkt zum Tragischen: es ist nicht da, um das Tragische durch eine Leichtigkeit des Tons erträglicher zu machen; es begleitet das Tragische nicht, sondern erstickt es im Keime. Und beraubt damit die Opfer selbst noch des Trostes der vermeintlichen Größe ihres Leidens: Das Leben geht in die Brüche – die Zuschauer lachen.

Das große Leben

Weshalb eigentlich? Was ist das Motiv für dies Gelächter aus den Eingeweiden des Witzes? K. hat nicht nur literarische Systemstudien, sondern auch literarische Affektanalysen betrieben. Ein Blick in das Kapitel »Lachen« mag weiterhelfen. In einem Brief an Felice vom 8. und 9. Januar 1913 findet sich die Darstellung, Reflexion und Kommentierung eines Lachanfalls, durch Kafka selbst akribisch protokolliert. Im Großen und Ganzen lassen sich dabei drei Phasen des Lachaktes rekonstruieren: In Phase 1 erscheint das Gelächter unter der Mimikri des Hustens noch einigermaßen kontrolliert - Kontext Feierstunde:

> *Der würdigste von uns dreien ... hielt die Dankrede ... Der Präsident hörte in seiner ... ein wenig an die Audienzhaltung unseres Kaisers erinnernden, tatsächlich ... urkomischen Stellung zu. Die Beine leicht gekreuzt, die linke Hand zur Faust geballt auf die äußerste Tischecke gelegt, den Kopf gesenkt, so dass sich der weiße Vollbart auf der Brust einbiegt, und zu alledem den nicht allzu großen aber immerhin vortretenden Bauch ein wenig schaukelnd. Ich muss damals in einer sehr unbeherrschbaren Laune gewesen sein, denn diese Stellung kannte ich schon zur Genüge und es war gar nicht nötig, dass ich, allerdings mit Unterbrechungen, kleine Lachanfälle bekam, die sich aber noch leicht als Hustenreiz erklären ließen, zumal der Präsident nicht aufsah[...]. (8.-9. Januar, 1913)*

An diese erste Phase des Lachens, eines Lachens, das ohne jede soziale Konsequenz bleibt, schließt sich in einer zweiten Phase ein gesteigerter Affekt des Gelächters an, wobei der Anlass nicht so sehr ein allgemeiner Eindruck, sondern ein prinzipieller ist. Nun steht das ›Prinzip Präsident‹ im Zentrum, und es kommt zu einem offenen Überschreiten der Norm. Auge in Auge mit seinem Anlass enttarnt sich das Lachen und irritiert so das soziale Gefüge der Gruppe:

> *Da hob aber der Präsident nach Beendigung der Rede meines Kollegen das Gesicht, und nun packte mich für einen Augenblick ein Schrecken ohne Lachen, denn nun konnte er ja auch meine Miene sehn und leicht feststellen, dass das Lachen, das mir zu meinem Leidwesen aus dem Munde kam, durchaus kein Husten war. Als er aber seine Rede anfing, wieder diese übliche, längst vorher bekannte, kaiserlich schematische, von schweren Brusttönen begleitete, ganz und gar sinnlose und unbegründete Rede, als mein Kollege durch Seitenblicke mich, der ich mich ja gerade zu beherrschen suchte, warnen wollte und mich gerade dadurch lebhaft an den Genuss des früheren Lachens erinnerte, konnte ich mich nicht mehr halten und alle Hoffnung schwand mir, dass ich mich jemals würde halten können. Zuerst lachte ich nur zu den kleinen hie und da eingestreuten zarten Späßchen des Präsidenten; während es aber Gesetz ist, dass man zu solchen Späßchen nur gerade in Respekt das Gesicht verzieht, lachte ich schon aus vollem Halse, ich sah, wie meine Kollegen aus Furcht vor Ansteckung erschraken, ich hatte mit ihnen mehr Mitleid als mit mir, aber ich konnte mir nicht helfen [...]. Wenn wir in diesem Zeitpunkt hinausgeschlüpft wären ..., wäre noch alles ziemlich gut abgelaufen[...].*

Die eigentliche Katastrophe des Lachanfalls in gesteigerter Form ereignet sich erst in einer dritten Phase, die den Schlussteil der Episode bildet:

> *Nun fing aber zum Unglück der bisher nicht erwähnte Kollege ... eine kleine, ganz unerwartete Rede an ... Als er also jetzt mit schwingenden Handbewegungen etwas ... Läppisches daherredete, wurde es mir zu viel, die Welt ... verging mir völlig und ich stimmte ein so lautes, rücksichtsloses Lachen an, wie es vielleicht in dieser Herzlichkeit nur Volksschülern in ihren Schulbänken gege-*

ben ist. Alles verstummte, und war ich endlich mit meinem Lachen anerkannter Mittelpunkt. Dabei schlotterten mir natürlich vor Angst die Knie, während ich lachte, und meine Kollegen konnten nun ihrerseits nach Belieben mitlachen, die Grässlichkeit meines so lange vorbereiteten und geübten Lachens erreichten sie ja doch nicht und blieben vergleichsweise unbemerkt. Mit der rechten Hand meine Brust schlagend, zum Teil im Bewusstsein meiner Sünde ..., zum Teil, um das viele verhaltene Lachen aus der Brust herauszutreiben, brachte ich vielerlei Entschuldigungen für mein Lachen vor, die vielleicht alle sehr überzeugend waren, aber infolge neuen, immer dazwischenfahrenden Lachens gänzlich unverstanden blieben. Nun war natürlich selbst der Präsident beirrt, und nur in dem ... Gefühl alles möglichst abzurunden, fand er irgendeine Phrase, die meinem Heulen irgendeine menschliche Erklärung gab ... Dann entließ er uns eilig. Unbesiegt, mit großem Lachen, aber todunglücklich, stolperte ich als erster aus dem Saal.

Kafkas aggressives, sein soziales Umfeld und die eigene Position gleichermaßen destabilisierendes Lachen ist nun nicht mehr mit Momenten des Genusses, sondern sehr viel mehr mit solchen des Grauens, Schreckens, der Angst und des Sündhaften in Verbindung gebracht. Das Lachen wird zur Einfallsstelle der mentalen Dekomposition. In der Tat markiert der Augenblick des Lachens eine entscheidende Sprungstelle, an der sich die Akzeptanz der wirklichen Welt durch das Ich entscheidet und dokumentiert. Durch den Akt des Lachens erfolgt eine Art von sozialer Steuerung und Gestaltung des Bezugs zwischen Individuum und Gesellschaft. Versöhnliches Mitlachen dokumentiert Solidarisierung, zynisches Gelächter kann umgekehrt Abwehr und Destruktion aktivieren. Wieder einen anderen Weg belegt der Text Kafkas. Hier führt das Lachen sowohl zur Vernichtung des Bezugs zwischen Individuum und sozialem Umfeld wie auch, im gleichen Zusammenhang, zur Selbstvernichtung. Zwar ist richtig, dass wer lacht, die Gruppe steuert; im Falle Kafkas dreht sich dieses Modell jedoch in sein Gegenteil um: der Lachende katapultiert sich aus dem Sozialgefüge, der Akt des Lachens wirkt nicht stabilisierend, sondern destabilisierend, die Situation wird nicht beherrscht, sondern traumatisiert, wird eigendynamisch und selbstzerstörend für den Lachenden.

Andererseits, und ich bin geneigt, für dieses ›Andererseits‹ zu plädieren, Schuld, Angst, Sünde hin oder her, Kafkas Zwerchfell hat schon nicht ganz falsch reagiert. Mag auch sein, dass das Selbstbewusstseins-Mausoleum der Direktorenmacht doch bereits einen noch unsichtbaren Sprung bekommen hat. Der Kampf ›System Goliath‹ versus K. darf nicht als hoffnungslos abgeschrieben werden. Kafka schließlich hat ihn letztlich gewonnen. Umstellt von Vater-Riesen, System-Labyrinthen, Institutions-Karzern, sicherte er sich seinen Schreib-Raum, sein Text-Gefängnis, seine Text-Burg. An der Seite seines Vater-Popanz-Kolosses mit ohnmächtig geballten Prügler-Fäusten triumphiert das kleine, elegante, ein

wenig blasierte Bürschlein, das intellektuelle, kluge Strichmännchen mit der gefurchten Stirn. Es macht nicht den Eindruck der Hilflosigkeit.

Höchste Zeit, Kafka auch mal anders zu lesen: als Experimentalanordnung, die lehrt, wie Systeme funktionieren. Und wie man ihnen entkommen könnte. Wir sind genauso wenig K., wie Kafka es war. K. war nur eine Ersatz-Figur. Keine Tränen, also. Keine Mythen. Und: bloß kein Kafka-Geraune. Hannah Arendt hat schon Recht: K. ist ganz nah bei Charly. Charly Chaplin: Tramp, Clown, Paria, Außenseiter. Suspekt. Clever. – Unabschaffbar, un-sterblich: wie Kafkas Texte.

Literaturverzeichnis

- Kafka, Franz: *Der Prozess*. Die Schmiede. Berlin. 1925.
- Arendt, Hannah: *Die verborgene Tradition. Essays*. Jüdischer Verlag im Suhrkampverlag. Frankfurt. 1976.
- Kafka, Franz: *Die Verwandlung*.
- Kafka, Franz: *Der andere Prozess: Kafkas Briefe an Felice*. (Hrsg. Canetti, Elias). Hanser. München. 1969.
- Kundera, Milan: *Verratene Vermächtnisse*. Übers. v. Roth, Susanna. Hanser. München. 1994.

Franz Kafka

Vita
*3.7.1883   Prag
†3.6.1924   Kierling bei Wien

1901   Studium der Chemie, hernach der Jura an der »Deutschen k. k. Carl-Ferdinand-Universität« in Prag
1902   Bekanntschaft mit Max Brod
1906   Promotion zum Dr. jur.
1907   Arbeit als Versicherungsangestellter
1911-12 Besuche von Vorstellungen der ostjüdischen Theatertruppe Jichzak Löwys
1912   Bekanntschaft mir Felice Bauer
1914   Erste Verlobung mit Felice Bauer (die zweite findet 1917 statt)
1917   Lungentuberkulose wird als Diagnose gestellt, endgültiger Bruch mit Felice
1922   Pensionierung wegen fortschreitender Krankheit
1923   Übersiedlung zu Dora Diamant nach Berlin

Werke
1913   Betrachtung
        Das Urteil
1915   Die Verwandlung
1919   In der Strafkolonie
1920   Ein Landarzt
1924   Ein Hungerkünstler
1925   Der Process
1926   Das Schloss

A. Bartnick, Illustration zu Der Process

Thomas Mann
Der Zauberberg. Im Museum der abendländischen Kultur

Zeit, einen Augenblick innezuhalten und die Reihe der merkwürdigen Figuren, die bisher aufgetaucht sind, noch einmal Revue passieren zu lassen: Herr K., Leopold Bloom, Marcel, Pasenow, Esch, Huguenau. Allesamt diskret zurückhaltende Normalexistenzen, keine Extremcharaktere, in einem Leben fast ohne besondere Vorkommnisse. Abenteuer allenfalls im Kopf. Sonst ›business as usual‹. Und dazu eine konventionelle, unauffällige Standardmiene. Keine Extrovertiertheit. Keine Skandale. Keine besonderen Merkmale. Kein Kult der Originalität. Und nun Hans. Hans Castorp, er passt gut in diese Galerie der blassen Strichmännchen des frühen 20. Jahrhunderts, »einfach, wenn auch ansprechend«, »freundliches Mittelmaß«, wie Thomas Mann sagt (›Mittelmäßigkeit und Mehrals-Mittelmäßigkeit‹). Einer, der sich nicht in Positur wirft, ohne den bekannten eingebauten ›hier-stehe-ich-und-kann-nicht-anders‹-Gestus, sondern dezidiert eine zurückhaltende Figur, die sich im Hintergrund hält. Kein Duckmäuser, eher ein Guckmäuser, einer, der sich durchaus auch allmählich mausert beim Zugukken und beim Beobachten der anderen, sehr viel auffälligeren Personen und Persönlichkeiten um ihn her.

Es gibt einen grunddemokratischen Zug der Moderne, der das Durchschnitts-Subjekt in das Darstellungszentrum rücken lässt. Ich will nicht missverstanden werden. Natürlich sind extreme Charaktere in der Regel eher die Ausnahme. Trotzdem hat man sich daran gewöhnt, daran gewöhnen lassen, Literatur und Kunst als ein Monstrositäten-Kabinett zu betrachten: das 19. Jahrhundert, der sogenannte Realismus, macht da keine Ausnahme. Im Panoptikum der Besonderheiten finden sich jede Menge emotionaler, moralischer, erotischer Extremisten im Guten wie im weniger Guten: krankhaft Geld- und Geltungssüchtige hier, poetische Weltentrückte dort, neurotisch Liebende, triebhaft Ehrgeizige oder auch nur unglaublich liebenswürdige Effis oder grundgütig weltweise Dubslavs, um nur an Fontane zu denken. Anders gesagt, jede von diesen Figuren ist auf ihre Art eine Persönlichkeit, ein Subjekt, ein Original oder auch nur ein faszinierender Typus. Die Moderne wechselt das Personal, was diese Eigen-Artigkeit, Einzig-Artigkeit betrifft. Die Nebenfiguren treten nach vorn. Es ist die historische Stunde der Blassen, Eigenschaftslosen, der Uninteressanten; der Mittelprächtigen, Halbentschlossenen, der Angepassten, Halbangepassten, ein wenig lauernd, ein wenig verhockt, nicht unsympathisch und doch wieder auch nicht zu irgendeiner Form von Identifikation, Nähe einladend. Nicht ganz leicht, sie zu beschreiben, ohne in (ab-)wertende Klischees zu verfallen.

Nicht leicht auch zu beschreiben sind sie, weil über ihnen auch noch die ironische, besser bis alles wissende Stimme des Erzählers tuschelt und wispert, und man, jedenfalls bei Thomas Mann, nie so genau, mit letzter Sicherheit weiß, ob sich hellsichtige Augenblicke im Kopf des Antihelden oder des Hypernarrators ereignen.

»Freundliches Mittelmaß«

Da sitzt er nun also allein in seinem graugepolsterten Abteil, im modisch weiten, »auf Seide gearbeiteten Sommerüberzieher«, krokodillederne Handtasche neben sich, Wintermantel trotz Hochsommer griffbereit am Haken, den Kragen fröstelnd hochgeschlagen auf der Fahrt Hamburg – Davos, erster, einfach. »Familiensöhnchen und Zärtling«, wie ihn sein Erzähler apostrophiert, frisch examiniert, Aspirant einer gehobenen Stelle bei der Schiffswerft Tunder & Wilms. Den Besuch im Davoser Sanatorium, in dem sein Vetter, Joachim, weilt. Alles saturiert, gemächlich, unaufgeregt. Selbst das Besondere, Aufregende wird gediegen zelebriert. Da wacht keiner als Insekt auf und niemand wird verhaftet, keine Angstschübe und kein Sprachrausch. Thomas Mann kultiviert den Kult der Normalität in Perfektion, dort, wo bei Kafka der Überfall, bei Proust die Verlustpanik, bei Joyce der Wortrausch lauert, ist hier ›business as usual‹ angesagt: Und selbst wenn vom Sterben die Rede ist, genügt zunächst ein Hauch Spray und ein wenig Formaldehyd CH_2O-Spray, um etwaige bakterielle Gefahren – vorerst – zu bannen: denn »selbst-ver-ständlich« ist strengste Sauberkeit eine Grundbedingung – auf dem »Berghof«.

Der *Zauberberg* ist ein sehr »deutsches«, fast schweizerisches Buch: Sauberkeit und Ordnung stehen (wie schon im *Grünen Heinrich*) am Anfang. Coldcream und Zigarren der Marke »Maria Mancini«, sorgfältig gebündelt, begleiten den kultivierten jungen Reisenden. Man plaudert heiter, plaudert weiter, als plötzlich – die jungen Herren vertreten sich gerade im Sanatoriumsflur die Beine – die andere Seite des Jedermann-Spiels, der Tod, andeutungsweise auf den Plan tritt:

Aber im ersten Stockwerk blieb Hans Castorp plötzlich stehen, festgebannt von einem vollkommen grässlichen Geräusch, das in geringer Entfernung hinter einer Biegung des Korridors vernehmlich wurde, einem Geräusch, nicht laut, aber so ausgemacht abscheulicher Art, dass Hans Castorp eine Grimasse schnitt und seinen Vetter mit erweiterten Augen ansah. Es war Husten, offenbar, – eines Mannes Husten; aber ein Husten, der keinem anderen ähnelte, den Hans Castorp jemals gehört hatte, ja, mit dem verglichen jeder andere ihm bekannte Husten eine prächtige und gesunde Lebensäußerung gewesen war, – ein Husten

ganz ohne Lust und Liebe, der nicht in richtigen Stößen geschah, sondern nur wie ein schauerlich kraftloses Wühlen im Brei organischer Auflösung klang. (I, Nr. 34)

Alles ein »Matsch und Schlamm«, eine akustische Nach-außen-Stülpung innerster organischer Verwesungsbefindlichkeit, der Mensch als hörbare Kloake. Das ist es, was Hans Harmlos als erstes hier oben so beeindruckt, dass von da an sein Leben, seine Wahrnehmung zumindest eine zusätzliche Komponente erhält. Bei Kafka, man erinnert sich, suchte die Strafe ihre Schuld. Bei Mann sucht der Hustenbrei den ihm zugehörigen Menschenleib. Und auf diese Suche, die Recherche nach dem verloren gegangenen Zusammenhang aufbrechender und ausbrechender ›Elementarteilchen‹ begibt sich von nun an unser junger Reisender auf seiner siebenjährigen Haltestation »Zauberberg«. Die nächste Station, Endstation, wird dann der Tod auf irgendeinem flandrischen Schlachtfeld des Ersten Weltkriegs sein.

Jeder Dichter, auch jeder unserer Autoren, hat seine Leitbilder oder, falls man es so nicht nennen will, fixen Ideen, fest implantierten Idiosynkrasien. Bei Thomas Mann scheint nur bei flüchtigster Betrachtung alles halbwegs ausgewogen und es bedurfte schon der groben, idealistisch-marxistischen Blendwirkung, um einen an sich sensiblen Literaturkenner wie Georg Lukács dazu zu bringen, Thomas Mann als Ikone des ›gesunden‹, realistischen, demokratischen Romans entdecken zu wollen. Manns Wirklichkeits-Schwindsüchtigkeit ist besser getarnt als bei den meisten seiner Zeit-Kollegen, aber nicht minder gravierend. Alle Katastrophen sind vergleichsweise angenehm ausstaffiert. Thomas Mann, 1875 in handelspatriarchalem Umfeld geboren, repräsentiert die Ambivalenz der spätbürgerlichen Stöckchen- und Hut-Kultur-Stufe dieser Moderne wie kein zweiter. Und auch Broch, Proust, Joyce und ihr Personal gehören ihr noch an. Nein, wir sprechen noch nicht von Beinahe-Zeitgenossen, sondern stecken noch immer an der Schwelle zur Moderne. Stecken fest. Und der Rücksog ist nicht zu unterschätzen. Zeitstillstand. Es ist, als ob das Phänomen sich vom Autor über die Figuren auf die Leser übertrüge und nur die Form, der Modus seiner Manifestation sich änderte, nicht die Erfahrung dieses Festgeschraubtseins in der Zeit selbst. Das System zieht sich – ein letztes Mal – in sich selbst zurück.

Bei Thomas Mann ist es immer wieder die Situation des sich auf Reisen Begebens, die ihn umtreibt. Des Reisens mit Ziel und Ankunft, aber ohne die Rückkehr; und immer sind es – an *Tod in Venedig* führt hier kein Weg vorbei – Menschen von grundsolider Beschaffenheit, die zu solchen Reisen aufbrechen, Reisen, die nicht als Fluchtreisen oder Ausreisen ins Exil gedacht sind; und dass die Rückreise nicht mehr stattfindet, hat auch nichts mit Entschlüssen auf Seiten des Reisenden zu tun, sondern eher mit einer komplizierten Mischung aus vorsätzlichen Unterlassungen und zufälligen Umständen: wenn Aschenbachs Gepäck rechtzeitig am Bahnhof angekommen wäre, wäre er nach München zurückgefahren. Vermutlich. Wenn Hans Castorp nicht mehr vom Berg wegkommt, sondern sich auf ihm versiebenschläfert, so hängt das damit zusammen, dass er ... – Ja, womit eigentlich? Das ist eine noch kompliziertere Geschichte. Die ihre Zeit braucht. Wie in allen Romanen dieser Zeit, in denen die herkömmlichen psychophysiologischen Zeitmessungs- und Wahrnehmungssensorien nicht mehr zu funktionieren scheinen: in denen Zeitstillstandsphänomene, mehr noch als Zeitraffungsphänomene überhand nehmen.

Womit also hat es zu tun, dass sich hier einer nicht um ein paar Stunden oder Tage, sondern um ein paar Jahre ›verliget‹? Vielleicht mit der Zeit selbst, die plötzlich aufhört, als Zeit zu funktionieren: »Es ist Zeit zu Bett zu gehen«, sagt

Joachim zu später Stunde am ersten Abend; »Es ist überhaupt keine Zeit«, sagte Hans Castorp steifbeinig, auf den Tod müde und zugleich auf ungewohnte Art erregt. Dann übermannt ihn der Tod, pardon, der Schlaf, im gerade freigewordenen Totenbett, dem Bett, in dem einer gestorben ist, ein »ganz gewöhnliches Totenbett« eben. Hans Castorp schläft ein – und sein Erwachen beginnt. Hans Castorp stirbt symbolisch – und eine ›vita nuova‹ höchst konkreter Art nimmt ihren Anfang.

Raus aus dem Buddenbrock-Sumpf, aus dem gedankenlos-träumerisch, andächtig-schläfrigen, modrig-dumpfen ur-ur-ur-ur-großväterlichen Zeitstillstands-Morast. Bilder aus Hans Castorps Kinderzeit tauchen auf: der tote Großvater, aufgebahrt als wächserne Puppe; das Ganze nicht aus ferner Erinnerung, sondern zeitgleich, hautnah:

Eben ließ eine Fliege sich auf die unbewegliche Stirne nieder, und begann ihren Rüssel auf und ab zu bewegen. [...] Während aber dies geschah, glaubte Hans Castorp deutlicher als bisher jene [...] so ganz eigentümlich zähe Ausdünstung zu verspüren (Von der Taufschale und dem Großvater in zwiefacher Gestalt),

die den beginnenden Verwesungsprozess begleitet.

Im normalen Leben kann man die Zeit in der Regel nur für ein paar Stunden anhalten. Dann geht die Verwesung des Körpers oder des Geistes weiter. Das Gleichmaß des Uhr-Tickens. Auf dem Zauberberg gibt es großdimensionierte Aus-Zeiten von Monaten oder Jahren. Warum nimmt man sie? Warum nimmt Hans sie? Wegen der interessanten Figuren am Frühstücks- und Abendtisch des Sanatoriums? Wegen Signior Lodovico Settembrini etwa, des italienischen Aufklärungsvirtuosen und Humanismusrepräsentanten, des Mannes mit der plastischen Sprache und der nicht enden könnenden, kategorientürmenden, Namen und Daten reproduzierenden Menschheits-Fortschritts-Beglückungs-Suada? Oder – aber da laboriert Hans bereits seinerseits an abreiseverhindernden katarrhischen Erscheinungen, und ein Jahr ist bereits dahingegangen, und Hans ist bereits Mitglied im »Verein Halbe Lunge«, – wegen des faszinierenden Neuzugangs Naphta, »princeps scolasticorum«, wie Settembrini ihn nennt, klerikalfaschistoider Jesuitenzögling, mit dogmatisch hämmernder apodiktischer Klappmesserstimme, die alles in »falsch« (»bei dem ›sch‹-Laut die Lippen vorgeschoben und den Mund verkniffen«) und »richtig« zerstückelt und vom totalitären Gottesstaat träumt.

Wenig wahrscheinlich, dass der junge Hans wegen dieses philosophischen Duetts, in deren Argumentations-Lawinen-Abgänge er gelegentlich gerät, auf dem Berg blieb und die Jahre verstreichen ließ, trotz eines gewissen intellektuellen Unterhaltungswerts, der dieses Duo zweifellos auszeichnet. Im Gegenteil. Das dogmatische Duo könnte dem Kränksten zu zügiger Gesundung verhelfen. Kann also nicht Grund für die ungebührliche Aufenthaltsverlängerung sein.

Nein, »humanistischer Drehorgelmann« hin, katholisch-kabbalistischer Terrorist her – zusammengenommen ein dialektisches Doppel, dessen Endlosdiskussionsschleifen allenfalls Drehschwindel beim Dritten auslösen und Hans Castorp meist nur verstört danebenstehen lassen: oft verblüfft, dann sagt er »Donnerwetter«, manchmal versucht er sich auch einzuschalten nach dem Motto »also, da möchte ich mich jetzt auch mal persönlich einbringen dürfen ...«. Aber man versuche doch mal, sich in Kompetenzdialoge dieser und ähnlicher Art einzubringen; es geht gerade, wir sind im sechsten Kapitel, zum Beispiel ums Soldatentum, und Settembrini fackelt den diskussionseifrigen Hans kurz ab:

»Es ist zwecklos, dass Sie fortfahren, Ingenieur«, unterbrach ihn Settembrini.»Die soldatische Existenz – ich sage das, ohne unserm Leutnant zu nahe treten zu wollen – ist geistig indiskutabel, denn sie ist rein formal, an und für sich ohne Inhalt [...] Lassen Sie mich über den Soldaten reden, wenn ich weiß, wofür er sich schlägt!«

»Dass er sich schlägt«, versetzte Naphta, »bleibt immerhin eine greifbare Eigentümlichkeit seines Standes, lassen wir das gut sein. Es ist möglich, dass sie nicht hinreicht, diesen Stand in Ihrem Sinne ›geistig diskutabel‹ zu machen, aber sie rückt ihn in eine Sphäre, worein bürgerliche Lebensbejahung jeder Einblick verwehrt ist.«

»Was Sie bürgerliche Lebensbejahung zu nennen beliebe«, entgegnete Herr Settembrini mit dem vorderen Teil der Lippen, während seine Mundwinkel unter dem geschwungenen Schnurrbart sich straff in die Breite zogen und sein Hals sich auf ganz eigentümliche Art schräg und ruckweise aus dem Kragen herausschraubte, »wird immer bereit gefunden werden, für die Ideen der Vernunft und der Sittlichkeit und für ihren rechtmäßigen Einfluss auf junge schwankende Seelen in jeder beliebigen Form einzutreten.«

Ein Schweigen folgte. Die jungen Leute blickten betroffen vor sich hin. Nach einigen Schritten sagte Settembrini, der Kopf und Hals wieder in natürliche Stellung gebracht hatte:

»Sie dürfen sich nicht wundern, dieser Herr und ich, wir zanken uns oft, aber es geschieht in aller Freundschaft und auf Grund manchen Einverständnisses.« (Noch jemand)

Man versuche, in solch ein Dialogritual aus der Position des – zudem naiven – Dritten einzudringen. ›Mission impossible‹. Diese beiden Endmoränen europäischen Denkens sind zum Fegefeuer einer resultatfreien und infiniten Diskussion verurteilt, in der sich absolut nichts bewegt, sich bewegen kann, denn beide Systeme sind ebenso hochreflektiert wie notorisch betriebsblind wie unabstellbar. Weltordnungs- und Weltanschauungs-Schlachten mit messerscharfen Papiertigerzähnen und mit –Ismen gespickt. Die Zeit um und nach 1900 scheint ein Haifischbecken der Ideologien gewesen zu sein. Brochs *Schlafwandler*- Roman wird im dritten Teil von den Ideen und Thesenmonstern fast überwältigt und erstickt. Und auch auf dem *Zauberberg* geht's nur zu Beginn so kontrolliert und akademisch zu. Hans steht dem Wortgestocher immer skeptischer gegenüber und manchmal hat man den Eindruck, er würde am liebsten so reagieren wie *Merlin* in Tankred Dorsts Stück, worin dieser mit den Ideologen aller Couleur so abrechnet:

»*Ach ich bin es leid! Ich bin die verstockten Grübler leid! Ich will keinen mehr sehen! Keinen Moralisten! Keinen Nihilisten! Keinen Sozialisten! Keinen Kapitalisten! Keinen Strukturalisten! Keinen Royalisten! Keinen Polizisten! Keine Kabarettisten! Keine Idealisten! ... Listen, Listen, überhaupt keine Listen [...]. Keine Wählerlisten, keine Preislisten ...*

[...] Ich will nicht mehr! Ich will mit der verdammten Weltgeschichte nichts mehr zu tun haben!«

Zwar: Hans ist kein Merlin. Aber man sollte ihn auch nicht unterschätzen. Sehr viel höflicher, aber doch einigermaßen urteilssicher streckt er seine Gegenposition gegen beide System-Eiferer ab, durchschaut bis auf den Grund ihrer fanatischen Seelen. Der eine, Naphta, »Tugendnarr«, der andere, Settembrini, »Wüstling vor lauter Freigeisterei«. Beide eifernd, geifernd, Konfusionserzeuger, uferlos streit-süchtig. Diskussions-Fetischisten beide, – »Schwätzer«.

Merlins Traum von der Abschaffung der »Ismen« wird im *Zauberberg* beinahe wahr: am Ende fordern sich die Ideologen zum Duell: Settembrini schießt absichtlich daneben, Naphta erschießt sich selbst. Wünschenswert, aber unwahrscheinlich. Wir schreiben das Jahr 1914. Geschrieben ist der Text des *Zauberbergs* in den frühen Zwanzigern. Noch zehn Jahre und eine Mischung aus Naphta und Huguenau, aus Fanatismus und Sachlichkeit, wird Deutschland und halb Europa befehligen. Die Settembrinis gehen ins Lager oder ins Exil. Der Zwischenkriegsroman zum Beispiel lotet das Ideologiengemisch aus – noch – sicherer Entfernung aus.

Zwischenkriegszeit Roman

Der ganz und gar nicht unpolitische Autor spürt, aus seinem Schreibort München, während er Augen- und Ohrenzeuge der Räterepublik um Toller wird, und natürlich auch ihrer blutigen Niederschlagung durch die Weißen, dass sich eine brisante, labile Gemengelage aufbaut. Irgendwo zwischen Defätismus, Demütigungs-Legenden-Sucht und Omnipotenzwahn: ›Bruder Hitler‹, Naphtas areligiöser Wiedergänger, ist näher, als man denkt. Die Settembrinis werden symbolischen Selbstmord begehen. Der gesamte europäische Humanismus, Dynastien kritischer Gelehrsamkeit, witzige Causeure und brillante Analytiker, hellsichtig-behutsame Warner, geschliffene Rhetoriker und vornehme Idealisten

– sie alle, unser Autor inklusive, werden vor einem Mittelschüler aus Braunau kapitulieren. Thomas Mann mag diese Gefahr instinktiv gespürt haben. Zeitlich vor Naphtas Selbstmord im Roman beginnt Hitlers Aufstieg in der Wirklichkeit.

Und Thomas Mann, einer, der vom Schriftsteller sagt, »sie redeten nicht, sie ließen reden«, wo steht er in diesem Supermarkt der Gesinnungen und der Weltanschauungs-Restware, die ›raus‹ muss? (Nebenbemerkung: Es ist nicht wahr, dass die Zeit zwischen 1900 und 1930 durch ein ›Wertevakuum‹ gekennzeichnet gewesen sei, eher durch ein überbordendes, inflationäres Massenangebot an Sektierer-Ramsch aller erdenklichen philo-theo-polit-logischen und -unlogischen Couleur.) Nun, um im Bild zu bleiben, Thomas Mann streift mit halb fachmännischem, halb amüsiertem Kennerblick etwas lustlos an den Regalen entlang, beäugt die Produkte, weiß oder glaubt zu wissen, was in den weißen, roten oder braunen Verpackungen steckt, nimmt die Ware auch mal kurz zur Hand, studiert die ›Zutaten-Angabe‹ und stellt sie gelangweilt ins Regal zurück. Ein Sterne-Koch-Künstler, der sich beim Einkauf versehentlich im Aldi-Markt verläuft oder – studienhalber – dorthin geht.

Was er dabei empfindet? Abscheu, Widerwillen, aber auch ein wenig Neid auf die Massenkultur der prallen Grillbratwürstchen. Jedenfalls mit gemischten Gefühlen und dem strikten Bedürfnis, doch einiges ins Körbchen zu legen, und sei es nur, um an der Kasse ordnungsgemäß abzurechnen. Zum Vergleich, auf unsere anderen Autoren umgedacht: James Joyce. Nun, würde wohl erst mal die kuriosest klingenden Produktnamen in sein Büchlein notieren und dann unter seinem leichten Staubmantel mit einem knarzigen ›Sorry‹ eine Flasche ›Fendant‹ elegant klauen. Proust hätte Albertine um eine Packung ›Madeleines‹ geschickt, aber bitte die und nur die der Firma ›Abbeloiye & Frères‹ in Assey-le-Ferron-sur-Seine, dieselbe, die auch seine Tante anzubieten pflegte. Und Broch hätte sich den Geschäftsführer rufen lassen und sich mit ihm über die Angliederung einer Reform- und Alternativkostecke auf Biobasis zu verständigen versucht. Doch Schluss mit Abschweifung, die ins Abseits, schlimmstenfalls in die Wüste, die »Schneewüste« führen.

Schnee

Fünf, sechs Jahre sind nun bereits vergangen, wir wissen noch immer nicht ganz genau, weshalb er nicht mehr von diesem vermaledeiten Berg weggekommen ist. Ahnen jedoch bereits, dass er es wohl auch nicht mehr so recht will. »Schnee« heißt das Kapitel, auf das ich anspiele, und tatsächlich scheint das Sanatorium, das Dorf, die Welt in unendlichen Schneemassen zu versinken: »wattierte Lautlosigkeit«, »bodenloses Schweigen«. Hans, mutig geworden, auch kritisch geworden, – »Ach ja, du pädagogischer Satana mit deiner ragione und ribellione«, du »Windbeutel« und »Drehorgelmann«, so denkt er, während er irgendwohin durch die bleiche Bergwelt stöckelt, fast schon ein wenig mitleidig über Settembrini, jetzt. Horcht, während er weiterstolpert und orientierungslos, Stunde für Stunde sich höher schraubt, auch genau in sich, in den eigenen Körper hinein, wird müde. Widersteht der Müdigkeit, versucht standhaft, bei Bewusstsein zu bleiben, wird müde, nur ein Moment, angelehnt, an einen Pfosten gelehnt, – ein Traum, ein Traum vom »lebendigen Klima der Lebendigen«: Idyllische mediterrane Landschaft, Anakreontik, Antike, Heiterkeit; dann, unvermutet Tempeltor, Tunika, Terror; Hexensabbat:

Über einem Becken zerrissen sie ein kleines Kind, zerrissen es in wilder Stille mit den Händen – Hans Castorp sah zartes blondes Haar mit Blut verschmiert – und verschlangen die Stücke, dass die spröden Knöchlein ihnen im Maule knackten und das Blut von ihren wüsten Lippen troff. Grausende Eiseskälte hielt Hans Castorp in Bann. Er wollte fliehen und konnte nicht. Da hatten sie ihn schon gesehen bei ihrem greulichen Geschäft, sie schüttelten die blutigen Fäuste nach ihm und schimpften stimmlos, aber mit letzter Gemeinheit, unflätig, und zwar im Volksdialekt von Hans Castorps Heimat. Es wurde ihm so übel, so übel wie noch nie. Verzweifelt wollte er sich von der Stelle reißen – und so, wie er dabei an der Säule in seinem Rücken seitlich hingestürzt, so fand er sich, das scheußliche Flüsterkeifen noch im Ohr, von kaltem Grausen noch ganz umklammert, an seinem Schuppen im Schnee, auf einem Arme liegend, mit angelehntem Kopf, die Beine mit den Ski-Hölzern von sich gestreckt. (VI, Schnee)

Im anschließenden Wachtraum skizziert Hans nun hellsichtig, halbbewusst den Bezug zwischen exotischem Traum und seiner Lebenswirklichkeit. Der Bann der sanften Verführer scheint gebrochen, die Klammer ihrer falschen Antithesen gesprengt. Hans wacht auf und entdeckt – sein Leben, seine Wahrnehmung, seine Zeit, sein Regiment über die Zeit:

»Die Liebe steht dem Tod entgegen, nur sie, nicht die Vernunft ist stärker als er. [...] Der Mensch soll um der Güte und Liebe willen dem Tode keine Herrschaft einräumen über seine Gedanken. Und damit wach' ich auf ... Denn damit hab' ich zu Ende geträumt und recht zum Ziele. [...] Auf, auf! Die Augen auf! Es sind deine Glieder, die Beine da im Schnee! Zusammenziehen und auf! Sieh da, – gut Wetter!«

Und prall gefüllt mit Selbst-Gefühl und guter Laune geht's auf schnellstem Wege zurück in »die hochzivilisierte Atmosphäre« des »Berghofs«. Der Erzähler berichtet ohne Mitleid und Schrecken, ohne Hohn oder Hilfe:

Beim Diner griff er gewaltig zu. Was er geträumt, war im Verbleichen begriffen. Was er gedacht, verstand er schon an diesem Abend nicht mehr so recht.

Questor Hero oder Taugenichts

Trotz der Flüchtigkeit der Bewusstseins-Erhellung, der Verständnis- und Gefühlssteigerung bleibt Hans von da an Protagonist eines Entwicklungsprozesses, der nicht nur ihn selbst, sondern den Roman *Zauberberg* als Ganzes betrifft. 1939 zeigt sich Thomas Mann in seiner »Einführung in den *Zauberberg* für Studenten der Universität Princeton« von der Idee, den Roman als Initiationsroman (initiation story) zu lesen und den Questor Hero, den gralsuchenden Helden als Prototypus Hans Castorps zu sehen, sehr angetan: keine allzu große Überraschung bei einem Autor, der sich als einen der nächsten Brocken den *Doktor Faustus* schultern wird, dass ihn solche Ahnenreihe entzückt, die, was die deutsche Seite betrifft, natürlich gradlinigst zu Goethes *Faust* hinführt, um dann im überregionalen Teil alles Gawain-, Galahad-, Perceval-Artige im gekonnten Philologenschwung einzureihen. Alles »Suchende und Fragende, die Himmel und Hölle durchstreifen«, es mit Himmel und Hölle auch aufnehmen und auf der Suche nach dem Gral, »will sagen nach dem Höchsten, nach Wissen, Erkenntnis, Einweihung«. Und hier beginnt der Princetoner Poetik-Dozent fast ein wenig ergriffen zu raunen, fast »so als ob ein dunkles Überlieferungsgefühl mich gezwungen hätte, auf dieser Eigenschaft zu bestehen« und, so fährt er fort, eine Figur zu schaffen, die diese Traditionsreihe, die über die den Abenteuerroman sublimierende deutsche Sonderform des »Bildungsromans« bis in die Moderne wirkt, wieder aufzunehmen, und zwar identisch mit seinem Autor und zugleich als ›Objekt seiner Ironie‹. Mit einem Wort, Hans Castorp als direkter Abkömmling der alten Initiations–Mysterien, als ›Bildungsreisender‹ auf großer mystisch-ritterlicher Fahrt mit chevaleskem Gefolge, Tod und Teufel inklusive ... – »ein sehr hübscher und gescheiter Kommentar, den ich da zu Hilfe genommen habe«, lobt Thomas Mann und verweist abschließend auf das *Schnee*-Kapitel, wo man all dies bestätigt fände, nämlich wenn der in tödlichen »Höhen verirrte Hans Castorp sein Traumgedicht vom Menschen träumt«. Der Gral, den er, wenn nicht findet, so doch im todesnahen Traum erahnt,

bevor er von seiner Höhe herab in die europäische Katastrophe gerissen wird, das ist die Idee des Menschen, die Konzeption einer zukünftigen, durch tiefstes Wissen um Krankheit und Tod hindurchgegangenen Humanität. Der Gral ist ein Geheimnis, aber auch die Humanität ist das. Denn der Mensch selber ist ein Geheimnis, und alle Humanität beruht auf Ehrfurcht vor dem Geheimnis des Menschen.

Das ist sehr schön gesagt. Vielleicht zu schön, wenn man bedenkt, was sich gleichzeitig nicht nur zusammenbraute, sondern stattfand. Vielleicht auch zu schön und deutsch-tiefsinnig, wenn man bedenkt, wie fast zeitgleich James Joyce mit den griechischen und keltischen Mythen umging: wie respektfrei und ohne jedes auch nur angedeutete Pathos: Bloom und Odysseus, da kann man allenfalls homerisch lachen, Molly und Penelope, da gibt's kein »dunkles Überlieferungsgefühl«, kein Gralsgeheimnis mit oder ohne Ironie, Doppeldeutigkeit jede Menge, aber nicht jenes halbierte, unbestimmbare Sowohl-als-Auch, das die Diskurse Thomas Manns manchmal in ihrem Ertrag so undeutlich werden lässt. Das mag auch ästhetisches Vergnügen bereiten. Es bereitet aber, je länger je lieber, auch ernste Schwierigkeiten.

Sympathie mit dem Abgrund und Bruder Hitler

Dieses »Sympathie mit dem Abgrund«-Gerede etwa, auf das im *Tod in Venedig* und anderswo immer wieder angespielt wird. Nun, man kennt die Phrase seit der Romantik – der Künstler als Abgrundsakrobat nach dem Hugo-Motto »je te montre la gouffre, tu l'habites« ... Aber was soll das? Hundert Jahre später und bereits längst im freien Fall in den Abgrund eigentlich noch immer? Und auch jetzt zumeist noch als kokettierender Ausnahmezustand – als Träumerei, Halluzination, Experiment, nur versuchsweise, Irrtum, verpasste Abreise ... und wie die Motivationen sonst noch lauten.

Nun hat also dieser Thomas Aschenbach sein halbes Leben als mustermachender Haupt- und Staatsautor verbracht, um dann mit fünfzig mehr zufällig zu entdecken, dass das nicht alles gewesen sein konnte. Dass die Position Pose und das Machen Mache war. Nun gut, und angenommen, das sei so, weshalb dann auch noch die Zumutung der Maskerade der Maskerade in Venedig, und dazu noch der geliebte Tazio. Tadzio, appollinisch-phäakisch mit einem Lendenschurz aus Homerzitaten ausstaffiert, und jeder Blick humanistisch-mythologisch legitimiert; nein, man muss nicht unfair sein und auch nicht indiskret. Auch Manns Homoerotik, Bisexualität und sein Voyeurismus interessieren nur bedingt. Weit wichtiger sind die stilistischen Konsequenzen, die aus diesen permanenten Verkleidungsspielen erwachsen. H. E. Nossack formuliert es anlässlich des 100. Geburtstags so:

Von Anfang an, das heißt, als ich noch sehr jung und kaum ein Anfänger war, ist mir der Stil von Thomas Mann ein warnendes Beispiel dafür gewesen, wie man auf keinen Fall schreiben darf. Sein Stil ist nämlich, und der Meinung bin ich auch jetzt noch, nicht der Ausdruck einer Persönlichkeit, sondern eine großartig gekonnte Pose, durch die der völlige Mangel an Originalität verbogen wird. Selbst seine vielgerühmte Ironie ist keine echte Ironie, die auf Distanz zu sich selbst beruht, sondern auch nur ein Kostüm, in dem sich ein Sentimentalist verkleidet.

So ist der Stil von Thomas Mann, leider muss es gesagt werden, für mich der Inbegriff der Unehrlichkeit und der Feigheit, sich zu sich selbst zu bekennen. Von einem Stil verlange ich, dass sich der Autor als Mensch durch ihn zu erkennen gibt, nur dann sind er und sein Buch glaubhaft für mich, auch wenn er einen mir konträren Standpunkt einnimmt.

Man muss es nicht so krass sagen. Man kann auch mit Peter Rühmkorf nur von »gestelzten Manierlichkeiten« sprechen und über das »genüssliche Nachkosten oblatendünner Ironie« lästern. Wobei die »ironischen Travestien« in seinen Augen den reichlich primanerhaften Versuch darstellen, »Wissensstoffe zu präsentieren und den subjektiven Abstand dazu mitzuinszenieren«.

Das alles ist vielleicht richtig, aber trifft mein Problem mit der Thomas Mann-Lektüre nicht genau. Deshalb ein ganz anderes Beispiel für dieses enervierenden Sowohl-als-Auch-und-wiederum-doch-nicht, was die Lektüre ab einem gewissen Moment immer lähmender werden lässt. Sein – ich betone es – außerordentlich gescheiter Aufsatz »Bruder Hitler« aus demselben Jahr 1939. Natürlich ist da – gottlob – irgendwo auch ein wohltuend klares, schlichtes Bekenntnis: »Der Bursche ist eine Katastrophe.« Strichpunkt. Und der Satz ist noch nicht zu Ende, da kommt das dicke Ende: »[D]as ist kein Grund, ihn als Charakter und Schicksal nicht interessant zu finden.«

Möglicherweise ist auch hier noch zuzustimmen. Nur freilich öffnet sich bei Mann durch eine relativierende Bemerkung dieser Art das Schleusentor des Überwältigtwerdens durch die eigene plastische Beredsamkeit. Der kritische Essayist wird – unfreiwillig – zum suggestiven Sachwalter genau der Sache, die er vermutlich attackieren will, und baut die Energie des Phänomens in diesem Sinne eigentlich erst auf; etwa indem er von einem spricht, der nichts und alles kann, dessen Psychogramm zum Faszinosum ausufert; noch einmal im Wortlaut:

Einer wie er, der nichts gelernt hat, aus vagem und störrischen Hochmut nie etwas hat lernen wollen, der auch rein technisch und physisch nichts kann, was Männer können, kein Pferd reiten, kein Automobil oder Flugzeug lenken, nicht einmal ein Kind zeugen, das eine ausbildet, was Not tut, um jene Verbindung herzustellen: eine unsäglich inferiore, aber massenwirksame Beredsamkeit, dies platt hysterisch und komödiantisch geartete Werkzeug, womit er in der Wunde des Volkes wühlt, es durch die Verkündigung seiner beleidigten Größe rührt, es mit Verheißungen betäubt und aus dem nationalen Gemütsleiden das Vehikel seiner Größe, seines Aufstiegs zu traumhaften Höhen, zu unumschränkter Macht, zu ungeheuren Genugtuungen und Über-Genugtuungen macht, – zu solcher Glorie und schrecklichen Heiligkeit, dass jeder, der sich früher einmal an dem Geringen, dem Unscheinbaren, dem Unerkannten versündigt, ein Kind des Todes, und zwar eines möglichst scheußlichen, erniedrigenden Todes, ein Kind der Hölle ist ... Wie er aus dem nationalen Maß ins europäische wächst, dieselben Fiktionen, hysterischen Lügen und lähmenden Seelengriffe, die ihm zur internen Größe verhalfen, im weiteren Rahmen zu üben lernt; wie er im Ausbeuten der Mattigkeiten und kritischen Ängste des Erdteils, im Erpressen seiner

Kriegsfurcht sich als Meister erweist, über die Köpfe der Regierungen hinweg die Völker zu agacieren und große Teile davon zu gewinnen, zu sich hinüberzuziehen weiß; wie das Glück sich ihm fügt, Mauern lautlos vor ihm niedersinken und der trübselige Nichtsnutz von einst, weil er – aus Vaterlandsliebe, so viel er weiß – die Politik erlernte, nun im Begriffe scheint, sich Europa, Gott weiß es, vielleicht die Welt zu unterwerfen: das alles ist durchaus einmalig, dem Maßstabe nach neu und eindrucksvoll; man kann unmöglich umhin, der Erscheinung eine gewisse angewiderte Bewunderung entgegenzubringen.

›Märchenzüge‹ werden gar diagnostiziert, – Träumer-Hans, Dornröschen, Sigfried-Held, hässliches junges Entlein und Brünhilden-Lohe –; Künstlertums-Phantasien rekonstruiert – das Leid des Nicht-Unter-zu-bringen-Seins, das Kompensations-Dilemma, die Leere, der schlaflose Drang zum ›immer-wieder-sich-neu-Beweisen-Müssen‹; und schon passiert's, intellektueller Betriebsunfall eines zu klugen Künstlers, ein fataler, völlig unnötiger und tendenziell verhängnisvoller Handschlag:

Ein Bruder ... Ein etwas unangenehmer und beschämender Bruder; er geht einem auf die Nerven, es ist eine reichlich peinliche Verwandtschaft. Ich will trotzdem die Augen nicht davor schließen, denn nochmals: besser, aufrichtiger, heiterer und produktiver als der Hass ist das Sich-wieder-Erkennen, die Bereitschaft zur Selbstvereinigung mit dem Hassenswerten, möge sie auch die moralische Gefahr mit sich bringen, das Neinsagen zu verlernen.

Bei aller Sympathie für das Bemühen, aufrichtig zu sein und sich selbst nicht vorschnell freizusprechen, – doch hier geht einer der klügsten, kultiviertesten und auch korrektesten Europäer der ersten Hälfte des 20. Jahrhunderts zu weit. Und er irrt. Und zwar gewaltig. Hitler war kein Bruder. Und seiner schon gleich gar nicht ...

Thomas Mann wirft Adolf Hitler aber allen Ernstes vor, das Prinzip der ›Genialität‹ ›verhunzt‹ zu haben: »Wir müssen uns mit dem historischen Los abfinden, ein Genie auf der Stufe seiner Offenbarungsmöglichkeiten zu sehen.« Natürlich ist sich ein im Grunde doch sehr politischer Kopf wie Thomas Mann zugleich auch der unguten Ambivalenz seiner Position der Offenheit bewusst und so schließt er den problematischen Gedankengang mit einer allgemeinen, sehr allgemeinen, in eine Zukunft gerichteten Erwartung ab.

Madame Chauchat

Naphta, tot. Settembrini damit erledigt. Madam Chauchat wieder mal weg. Kein Wort noch bisher über sie, kirgisenäugig, tatarengesichtig, schleichgängig und wie sonst noch der Erzähler sie beschreibt: Clawdia Chauchat, halb Rasse-Chat, halb ›femme fatale‹, die Frau, die Hans vom ersten Augenblick an in ihren Bann schlägt, weil sie ihn an etwas erinnert, an das er sich nicht mehr erinnert ..., trotz oder gerade aufgrund der »Zweifelhaftigkeit ihrer Gesamtexistenz« oder, wie es an anderer Stelle heißt, ihrer »innerlichen Wurmstichigkeit«.

Thomas Mann hat, wie er selbst mehrfach bekundet, z.B. in seiner Rede in Princeton, seine Figuren abgesteckt und abgezirkelt, um sie in ideengeschichtliche Positionen zu bringen, sie sind lauter Exponenten, Repräsentanten und Sendboten geistiger Bezirke, Prinzipien und Welten. Damit gehört er zu jenen seltenen Autoren, die mit der kruden Frage, »Was meinen Sie damit?« gut umgehen können. Im Fall der Chauchat geht man wohl nicht fehl, wenn man sie als textgewordene Inkarnation der slavo-frankophilen ›Fin de Siècle‹-Kultur mit anrüchigem kosmopolitischem Charme sieht, als eine Art Davoser Mata Hari-Verschnitt. Alles, was von der Welt der hans-von-castorpartigen, deutsch-gesunden Semmelblondhaftigkeit so grundsätzlich abstieht, dass man hinter dem Vergessenhaben weit eher ein Verdrängt-haben-Wollen vermuten könnte oder, vermutlich vulgär-feministisch argumentierend, Manns Reflex, das Weibliche als das Sexuell-Weibliche auf die Ebene des Fremden, Exotischen und zwar Suspekt-Exotischen (das Klischee des Ostens) zu verlagern; auszugrenzen. Man müsste einmal zählen, wie oft Clawdias schiefstehende asiatische Augen, ihre asiatischen Backenknochen, ihr schleichender Gang erwähnt werden und nur die bekannte ›Ironie‹ als merkwürdig unbestimmtes Zeichen des ›Etwas nicht so oder nicht nur so‹-Meinens schützt uns und den Autor davor, diese Attribute als potentiell rassistisch zu problematisieren:

»Asien verschlingt uns. Wohin man blickt: tatarische Gesichter [...]. »Dschingis Khan« [...], Steppenwolfslichter, Schnee, Schnaps, Knute, Christentum [...].« (V, Enzyklopädie)

Natürlich ist es Settembrini, der so lästert – und es ernst meint – und Hans, der lacht, weil er das Gesagte nicht ernst nimmt. Aber als zeittypischer Diskurs fließt die ressentimentbildende Suada des hier ziemlich unaufgeklärten Aufklärers nicht nur unterschwellig sehr intensiv mit ein: Motto: »Viel Asien in der Luft« – und – »hier wimmelts von Typen aus der moskowitischen Mongolei«

Interessant wäre es, der Frage nachzugehen, wie und unter welchen Konditionen Stereotypen eigentlich literarisch bedenklich sind, und wann, ab wann nicht?

Was die Affäre mit der Chauchat betrifft, so erfährt sie auf halber Strecke des Roman-Ganzen, das heißt nach siebenmonatigem Bergaufenthalt von Hans ihren ersten Höhepunkt. Im Gefolge einer karnevalesken Walpurgisnacht-Episode, literarisch wie stets stilgerecht, nähert sich der Eleve – trotz der warnenden Entsetzensschreie Settembrinis: »›Eh! Aspetti! Che cosa fa! ... Ma è matto questo ragazzo!‹« der kirgisischen Verführerin über den zuträglichen Sicherheitsab-

stand hinaus – und der Erzähler registriert akribisch den medizinischen Befund:
Die Gefäßleitungen seines Gesichtes spielten, mit dem Erfolg, dass die entblutete Haut dieses jungen Gesichts blasskalt einfiel, die Nase spitz erschien und die Partie unter den Augen ganz so bleifarben wie bei einer Leiche aussah. Aber Hans Castorps Herz ließ den Sympathikus in einer Gangart trommeln, dass von geregelter Atmung überhaupt keine Rede mehr sein konnte und Schauer überliefen den jungen Menschen als Verunstaltung der Hautsalbendrüsen seines Körpers, die sich mitsamt ihren Haarbälgen aufrichteten.

Hier wird die Distanz-Nähe, die in anderem Zusammenhang die Lektüre von Mann gelegentlich problematisch macht, zum Vorzug: naturalistische Genauigkeit, die trotzdem unter die Haut geht, buchstäblich; das Paradoxon einer klinischen Empathie: Resultat: Herzschmerz ohne Sentimentalität. Liebe ohne Klischee; Andeutungen-Volltreffer:

[Im Hinausgehen], über die Schulter sagte sie leise: »N'oubliez pas de me rendre mon crayon.« Und trat hinaus.

Eine perfekte Synthese von Gefühl, Affekt, Körper, Seele, Spiel, Substanz – komplex und leicht wie moderne Literatur aller Zeiten sie herzustellen vermag.

Siebenschläfer-Zeit

Sieben Monate für eine Hälfte des Buches. Sechs Jahre und fünf Monate für die andere: die Zeitkurve im Roman wird flacher, Außenzeit und Innenzeit haben immer weniger miteinander zu tun. Hans: liebt, denkt, fühlt, meditiert, philosophiert, biologisiert sich frei, aus dem Greenhorn wird der Routinier, der Connaisseur der Zauberbergs-Welt. Er blieb, musste sieben Jahre bleiben, um im Mikrokosmos der elitär-elegant-hermetischen (und dennoch ungleich zeittypischen) Gegenwelt des Sanatoriums so viel zu lernen, wie sonst in einem ganzen Leben »drunten« im Normalleben, in Normalzeit unter Normalmenschen nicht in siebzig zu lernen gewesen wäre; er *konnte* so viel lernen, weil er gleichsam welthaltigste Kondensate, Realitätskonzepte von Liebe, Terror, Vernunft, Bürokratie, Religion und ähnliches – verdickt, verdichtet bis zur Kenntlichkeit kennenlernte, weil er nicht nur mit Individuen, sondern mit komplexen Mustern von Typenreihen konfrontiert wurde. Jede von ihnen System und Gegensystem, These und Widerspruch in einem. So gesehen war der Aufenthalt nicht nur oder nicht so sehr eine Zeitverschleppung, sondern im Gegenteil extreme Zeitraffung, weit über ein Menschenleben hinausweisend. Dieser Perceval hat alles, die gesamte Archäologie europäischer Geschichte, Geistesgeschichte und Fleischesgeschichte intus. Ist Zeitroman, Überzeitroman in einem. Vergangenkunft-Roman, wie Grass das einmal nennen wird.

Aber. Und ohne dieses ›Aber‹ kommen wir hier nicht zu Ende: Wohin geht diese historische Geis(ter)bahnfahrt eigentlich? Landet oder strandet dieser Sinnsucher? Steht am Ende eine Art Gralsenthüllung oder Bruchlandung?

Mit dem Kapitel »Fülle des Wohllauts« biegt der Roman in die Schlussrunde ein: ein Grammophon, ein Musikapparat, Marke ›Polyhymnia‹, neuestes Modell, hält Einzug auf dem Berghof. Damit Kunst im Zeitalter ihrer Reproduzierbarkeit, um mit Benjamin zu reden. Hans ist gebannt. Verzaubert. Der magische Musikkasten inklusive der zwölf Schellackalben wird zu seinem Gralstempel, in der er sich tagelang, nächtelang zurückzieht: der Welt förmlich abhanden gekommen. Aber keine Angst, nichts von Wagner, Mystik, parareligiöser Verzückung. Hans Castorp hört alles, von großer zu komischer Oper, von Kammermusiken zu Couplets, von Arie bis Volkslied; auch hier fasziniert ihn die Tatsache, dass er es nicht mit Individuen, jedenfalls nicht mit ganzen zu tun hat, sondern wie er selbst es ausdrückt, mit der Konserve, dem »Besten«dieser Menschen, »gereinigt«, »abstrakt«.

Eine Handvoll Lieblingsnummern aber verbleiben als Kondensat des Kondensats; Hans verleibt sie sich regelrecht ein, und der Erzähler macht sich die Mühe, die Titel ganz genau vorzustellen: es handelt sich um Verdis *Aida*, Debussys *L'après-midi d'un faune*, *Carmen* von Bizet, Gounands *Faust* – und ein kleines Lied, das noch ganz am Ende beschäftigen wird. All das kommt gelegentlich auch kratzend, schrill und auch intonativ unsauber herüber, aber der junge, mittlerweile mit seinen dreißig, einunddreißig Jahren nicht mehr ganz junge Enthusiast lässt sich davon nicht stören, zu wichtig sind die Botschaften, die er den Stücken entnimmt. *Aida*, das ist ihm Liebesekstase pur, Liebestod in Perfektion. Aber eben auch Todesgrauen: die beiden Lungen voll Grubengas, Verwesung, zwei gepaarte Skelette. Und drittens, für Hans, erstens: der Triumph der Musik, der Kunst:

Ihre Stimmen schwangen sich unisono zum seligen Oktavenvorhalt auf, versichernd, nun öffne sich der Himmel und ihrem Sehnen erstrahle das Licht der Ewigkeit. Die tröstliche Kraft dieser Beschönigung tat dem Zuhörer außerordentlich wohl [...]. (VII, Fülle des Wohllauts)

Gleichfalls wohltuend, entspannend wohltuend die leichte παν-Symphonie, der junge Hans sieht sich mit fröhlichen unbeschwerten satyrischen Bocksbeinen über die ideologischen Sperren und Gräben hüpfen. Jenseits aller »Rechtfertigungsappelle« und »Aktivitätskommandos«.

Jener Appelle, die in *Carmen* alles zerstören. Und die José/Hans in die Katastrophe führen, bis hin zu den »abgeschmacktesten«, »allerzärtlichsten«, »allertörichtsten« Liebesbeteuerungen, die in diesem Fall mit Fahnenflucht gleichbedeutend sind.

»Ja, ja!«, sagte Hans Castorp schwergemut und dankbar [...].

»Ja, ja!«, sagte er abermals und ging zu etwas Viertem über, etwas sehr Liebem und Gutem.

Das ›Liebe und Gute‹ – und hier spricht doch wohl der zuverlässig unzuverlässige Erzähler, sind überraschenderweise die etwas martialisch-dumpfsinnigen, chevalresk militärischen Gesänge des ›erz-sympathischen‹ Gretchen-Bruders Valentin, der später »als Soldat und brav«; keck, forsch, fromm, patriotisch und hier, ich finde nach wie vor erstaunlicherweise, erreicht Hans' Ergriffenheit ihren in die »tiefste Seele« greifenden, bis zum Schluss anhaltenden Höhepunkt.

Steigerung: Wahre emotionale und intellektuelle Klimax der nicht nur musikalischen Privatséance aber ist das unscheinbar, harmlos erscheinende Lied der Reihe, Schuberts *Lindenbaum*. Man kennt das alte Lied. Es ist Teil des kollektiven deutschen Halbbewusstseins geworden. Sehnsuchtsvoll. Melancholisch. Romantisch. Aber das Lied beinhaltet nun eine doppelte Botschaft, zumindest für jenen neuen Hans, der nach »so vielen Jährchen hermetisch-pädagogischer Steigerung« ein anderer, sensibilisierter Wahrnehmender geworden ist.

Man kann es vielleicht so sagen. Hans ist nach dem *Zauberberg*, was Musils *Törless* (1906) nach der Schule des Internats geworden war. Dort heißt es, dass Törless später zu jenen ästhetisch-intellektuellen Naturen zählte, welche stets, und trotz oberflächlicher ziviler Angepasstheit, immer

jene kleine Menge Giftes [in sich trügen], die nötig ist, um der Seele die allzu sichere beruhigte Gesundheit zu nehmen und ihr dafür eine [zweite], feinere, zugeschärftere, verstehende zu geben.

Welches ist nun die bei Hans Castorp dahinter stehende Welt, die zweite, giftige, böse, gefährliche, gefährdende Wirklichkeit?

Es war der Tod.

Ja, das wunderhübsche, romantische Lied

unterhielt Beziehungen zu ihm [...]. Es mochte seinem eigenen ursprünglichen Wesen nach nicht Sympathie mit dem Tode, sondern etwas sehr Volkstümlich-Lebensvolles sein, aber die geistige Sympathie [...]

– erklärt der allesverstehende, der gewaltig kluge, unwiderstehlich raunende, erklärende Vermittler – »war Sympathie mit dem Tode«.

Und nicht genug damit; der Erzähler als Manipulator, als Castorp-Flüsterer, wispert zu nächtlicher Stunde seinem zum Tod gereiften Helden die Vernichtung regelrecht ein. Er nutzt die Gunst der Einsamkeit, in der dieser vor seinem ›Musiksarge‹ saß. Aber, so flüstert, lockt, raunt er, aber

[S]ein bester Sohn mochte doch derjenige sein, der [...] sein Leben verzehrte und starb, auf den Lippen das neue Wort der Liebe [...] es war so wert dafür zu sterben ... das Zauberlied ... Aber wer dafür starb, starb schon eigentlich nicht mehr dafür, und war ein Held [...], weil er im Grunde schon für das Neue starb, das neue Wort der Liebe und der Zukunft in seinem Herzen – –

Zum »Weltfest des Todes«

Ende des Kapitels. Kein weiterer Kommentar. Nicht mal die übliche Prise Ironie. Denn jetzt beginnt der Krieg. Und jetzt geht Hans vom Berg. Ausgerechnet jetzt. Und geht, von seinem Autor humanistisch manipuliert, direkt ins Feuer. Ein pädagogisches Lehrstück. Wenn es so gedacht war. Wenn es überhaupt gedacht war. Er geht mit dem Todes-Lied auf den Lippen – als Soldat und brav – zu-grunde. Das heißt er krepiert bei irgendeinem blödsinnigen Sturmangriff in irgendeiner blödsinnigen Schlacht. Thomas Mann weicht dieser dreckigen Wirklichkeit nicht verklärend aus. Er weiß, wohin er Hans entlässt: in eine Hölle aus Kot und Phrasen:

Man könnte sich humanistisch-schönseliger Weise auch andere Bilder erträumen in seiner Betrachtung. [...] Statt dessen liegt es, die Nase im Feuerdreck. Dass es das freudig tut, wenn auch in grenzenlosen Ängsten und unaussprechlichem Mutterheimweh, ist eine erhabene und beschämende Sache für sich, sollte jedoch kein Grund sein, es in die Lage zu bringen. [...] Sie werden getroffen, sie fallen, mit den Armen fechtend, in die Stirn, in das Herz, ins Gedärm geschossen. Sie liegen, die Gesichter im Kot, und rühren sich nicht mehr. Sie liegen, den Rücken vom Tornister gehoben, den Hinterkopf in den Grund gebohrt, und greifen krallend mit ihren Händen in die Luft. Aber der Wald sendet neue, die sich hinwerfen und springen und schreiend oder stumm zwischen den Ausgefallenen vorwärts stolpern. (VII, Der Donnerschlag)

Und da taucht er, ein letztes Mal, auf: rennt, mit den anderen, mit aufgepflanztem Bajonett. Rennt und singt; es singt aus ihm, das doppelzüngige Todeslied: singt atemlos,

halblaut für sich:
»Ich schnitt in seine Rinde
So manches liebe Wort–«

Er stürzt. [...] Er liegt, das Gesicht im kühlen Kot, die Beine gespreizt, die Füße gedreht, die Absätze erdwärts. Das Produkt einer verwilderten Wissenschaft, geladen mit dem Schlimmsten, fährt dreißig Schritte schräg vor ihm [...] tief in den Grund, zerplatzt dort unten mit grässlicher Übergewalt und reißt einen haushohen Springbrunnen von Erdreich, Feuer, Eisen, Blei und zerstückeltem Menschentum in die Lüfte empor: [...] Er macht sich auf, er taumelt hinkend weiter mit erdschweren Füßen, bewusstlos singend:

»Und sei-ne Zweige rau-uschten,
Als rie-fen sie mir zu–«

Und so, im Getümmel, in dem Regen, der Dämmerung, kommt er uns aus den Augen.

Und bekommt einen Nachruf. Für den bekannten unbekannten Soldaten:

Fahr wohl – du lebest nun oder bleibest! Deine Aussichten sind schlecht; das arge Tanzvergnügen, worein du gerissen bist, dauert noch manches Sündenjährchen, und wir möchten nicht hoch wetten, dass du davonkommst. Ehrlich gestanden, lassen wir ziemlich unbekümmert die Frage offen. Abenteuer im Fleische und Geist, die deine Einfachheit steigerten, ließen dich im Geist überleben, was du im Fleische wohl kaum überleben sollst. Augenblicke kamen, wo dir aus Tod und Körperunzucht ahnungsvoll und regierungsweise ein Traum von Liebe erwuchs. Wird auch aus diesem Weltfest des Todes, auch aus der schlimmen Fieberbrunst, die rings den regnerischen Abendhimmel entzündet, einmal die Liebe steigen?

Gottlob. Der Autor hat wieder seine selbstironiefreie Ironie-Maske übergestülpt. Oder ist es gar nicht ironisch gemeint, wenn in den letzten Zeilen vom »Weltfest des Todes« die Rede ist? Wenn der Traum von der Liebe, die ausgerechnet aus den Bombentrichtern steigen solle, hier einmal noch unverbindlich, halbverbindlich hingeschrieben wird? Ist das nur ein leises Röcheln eben jener schönfärbenden humanistischen Melancholie, die eben noch verworfen worden war? Schickt der Humanist seine Figur in ein Spiel, das er ablehnt, oder an dem er teil hat? Nicht durch Parteinahme, nicht wie bei Benn, der den Faschisten laut trölend hinterher lief. Sondern durch artistische Offenheit durch zu viel ironische Distanz: Sympathie mit dem Abgrund in spielerischer Form. Aber: mit »Bruder Hitler« spielt keiner ungestraft. Und trifft's ihn selber nicht, trifft's – »Hans« oder wie er auch heißen möge.

Ich bin nach wie vor fest davon überzeugt, dass ein Autor von der Klugheit, der Reputation und der massenhaften Wirkung Thomas Manns mit diesem offenen, eben doch romantisierenden Ende nicht gut beraten war und nicht gut gewirkt hat. Ach, hätte er ihn doch desertieren lassen. Oder mit der Chauchat nach Argentinien abhauen. Oder in Davos versiffen. Alles besser denn als ›Soldat und brav‹, deutsche Romantik auf den Lippen, von einer Granate zerfetzt zu werden! Aber dann wäre es vielleicht kein großer *deutscher* Roman geworden.

Literaturverzeichnis

- Mann, Thomas: *Der Zauberberg.* In: *Gesammelte Werke in Einzelbänden. Frankfurter Ausgabe.* Fischer. Frankfurt. 1981.
- Dorst, Tankred: *Merlin oder das wüste Land.* Suhrkamp. Frankfurt. 1981.
- Hugo, Victor: *Les Contemplations.* Librairie Hachette. Paris. 1882.
- Mann, Thomas: »Bruder Hitler«. In: *Politische Schriften und Reden. 3.* Fischer. Frankfurt. 1968.
- Mann, Thomas: *Der Tod in Venedig.* Hyperionverlag. München. 1912.

- Mann, Thomas: »Einführung in den *Zauberberg* für Studenten der Universität Princeton«. In: *Der Zauberberg. Lizenzausgabe für den Deutschen Bücherbund*. Fischer. Frankfurt. 1952.
- Musil, Robert: *Die Verwirrungen des Zöglings Törleß*. Wiener. Wien. 1906.
- *Was halten Sie von Thomas Mann? 10 Autoren antworten*. (Hg. Reich-Ranicki, Marcel) Fischer. Frankfurt. 1994.

Thomas Mann

Vita
*6.6.1875   Lübeck
†12.8.1955   Kilchberg bei Zürich

1891   Tod des Vaters
1894   Volontär in einer Versicherungsgesellschaft
1905   Heirat mit Katja Pringsheim
1905-19 Geburt von Erika, Klaus, Golo, Monika
            Elisabeth und Michael
1929   Literaturnobelpreis für Buddenbrooks
1933   Beginn des Exils
1936   Verleihung der tschechoslowakischen Staatsbürgerschaft,
            Ausbürgerung durch die NS-Regierung
1944   Erlangung der amerikanischen Staatsbürgerschaft
1946   Beginn der gesundheitlichen Krise
1955   Ehrenbürger Lübecks

Werke
1901   Buddenbrooks. Verfall einer Familie
1912   Der Tod in Venedig
1918   Betrachtungen eines Unpolitischen
1924   Der Zauberberg
1933-43 Joseph und seine Brüder
1947   Doktor Faustus. Das Leben des deutschen Tonsetzers Adrian
            Leverkühn erzählt von einem Freunde
1954   Bekenntnisse des Hochstaplers Felix Krull

Günter Grass
Die Blechtrommel. Der magische Blick des Außenseiters

Das ist schon ein ziemlicher Zeitsprung. Zwischen *Zauberberg* und *Blechtrommel* liegen annähernd dreißig Jahre und der Holocaust. Nach der Blüte der zwanziger Jahre beginnt die Produktivität in den Dreißigern bereits spürbar auszudünnen, schließlich zu versiegen. 1932, so als wollte man die letzte Gelegenheit freien Kommunizierens noch nutzen, ein Kulminationspunkt großer Romanpublikation: Musils *Mann ohne Eigenschaften* endet als Fragment; Brochs *Schlafwandler* erscheinen; schließlich: Joseph Roths *Radetzkymarsch*, um nur die allerwichtigsten zu nennen. Dann taucht die Literatur ab, setzt über, wird verbrannt oder verbannt: Thomas Mann arbeitet im Exil an der Josephs-Tetralogie, die 1948 erscheint, sein Bruder Heinrich vollendet im Exil *Henri Quatre* (Amsterdam 1938), Elias Canetti gelingt es verblüffenderweise 1935 (vordatiert) auf 1936 *Die Blendung* in Wien noch zu publizieren. Gleichfalls exiliert Alfred Döblin, der an seinem fast vergessenen, nie richtig wahrgenommenen zeithistorischen Roman *1918*, der erst 1978 vollständig erscheint, arbeitet.

Gar nicht zu reden hier von der immens reichen deutschen Exil-Internationale von USA bis Mexiko. Exilliteratur ist nur ein Wort. Ein Wort wie eine Schublade. Sie soll hier nicht – alibihaft – abgetan werden. Dann, nach ,45, auf der anderen Seite des Grabens, zögerlicher ›Neuanfang‹. Stunde-Null-Gefühle. Dennoch: Hermann Broch, *Tod des Vergil* (1945), Theodor Plivier, *Stalingrad* (1945), Ernst Krender, *Die Gesellschaft vom Dachboden* (1946), Franz Werfel, *Der Stern der Ungeborenen* (1946), Thomas Mann, *Doktor Faustus* (1947), Heinrich Böll, *Wanderer, kommst du nach Spa ...* (1950), Heimito von Doderer, *Strudelhofstiege* (1951), Wolfgang Koeppen, *Tauben im Gras* (1951), *Das Treibhaus* (1953), Max Frisch, *Stiller* (1954), *Homo Faber* (1957), Günter Grass, *Die Blechtrommel* (1959).

Die Blechtrommel ist kein guter Roman, [denn] seine große stilistische Begabung wird dem Grass zum Verhängnis. Denn er kann die Worte nicht halten [...] wäre der Roman um mindestens 200 Seiten kürzer, er wäre – wenn auch sicher kein bedeutendes Werk – doch weit besser. (1. Januar 1980)

– Die elegante, feine Argumentationsform, der eingebaute Sicherheits-Gestus des souveränen Fehlurteils verrät: Hier ist ein König seines Fachs am Werk, die Pranke des Kritiker-Löwen schlägt – einmal mehr – voll daneben: Marcel Reich-Ranicki in Aktion. Wer über ein solches instinktsicheres Gefühl für literarische Qualität verfügt, ist prädestiniert für höhere Aufgaben auf dem Felde der Kritik. Und so geschah es dann ja auch.

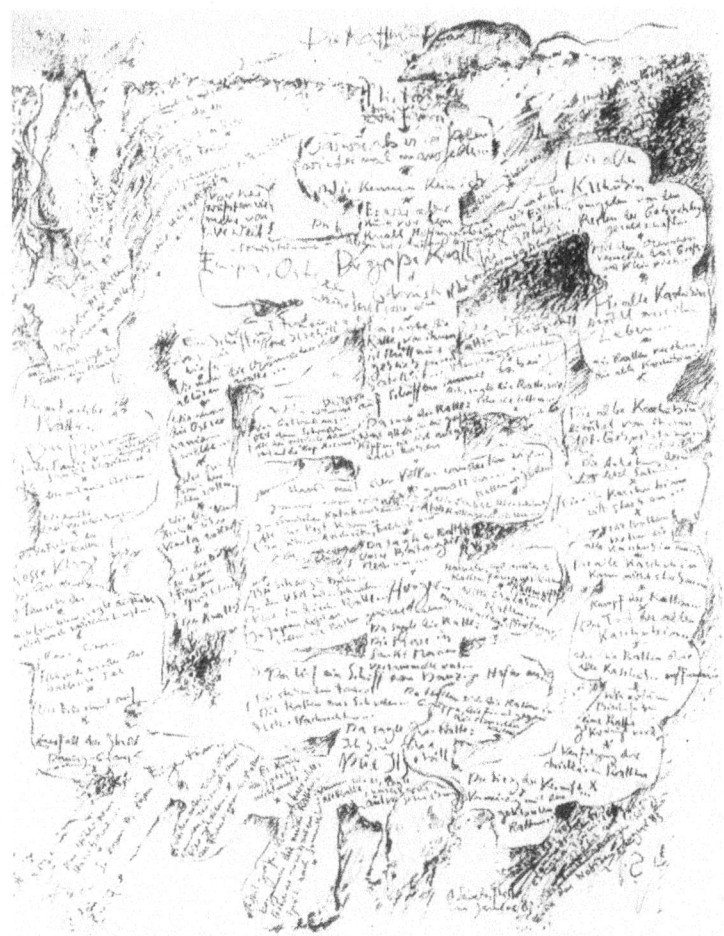

Die Rättin, Plan 2, aus „In Kupfer auf Stein", c Steidl

Der ›kaschubische Giftzwerg‹ – ich spreche vom Protagonisten des Romans, nicht von seinem Kritikaster – Oskar Matzerath freilich wird von aller sonstigen zeitgenössischen Kritik als geniale Eingebung begriffen: Zwerg, Gnom, Winzling, wie auch immer – mit dem absonderlichen Helden der *Blechtrommel* (bekanntlich beschließt er im Alter von drei Jahren, nicht mehr zu wachsen, das heißt genau 94 Zentimeter groß zu bleiben), mit ihm also ist die Zeit der anonymen ›Strichmännchen‹ ohne besondere Eigenschaften vorbei: ein für Reich-Ranicki »monströser«, für Vargas Llosa »unschuldiger« Zwergen-Held tritt auf den Plan.

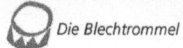 *Die Blechtrommel*

Das Bett als Festung

Doch zurück zum Beginn, also zum Ende: Und, siehe da, wieder eine Bettgeschichte. Man könnte glauben, dass der literarische Hauptschauplatz des 20. Jahrhunderts das Bett ist, so wie es der Tisch, die große Tafel (unzähliger Diners, Bankette, Tischkonversationen, Tischreden strukturieren die Romane des Realismus) für die Texte des 19. Jahrhundert gewesen war. Allerdings, Art und Beschaffenheit der jeweiligen Betten lassen zu wünschen übrig, sind eher dubioser Natur. Bei Thomas Mann landet Hans im Totenbett des Sanatoriums. Günter Grass' Oskar im »weißlackierten Anstaltsbett« der Psychiatrie, schonender genannt »Heil- und Pflegeanstalt«: »Zugegeben, ich bin Insasse einer Heil- und Pflegeanstalt«.

Übrigens: Die Sache scheint epidemisch zu werden. Man schlägt einen der letzten Romane von Patrick Roth *Die Nacht der Zeitlosen* auf und liest:

Als die Sonne unterging [...], wurde T., der sich morgens gleich nach dem Frühstück wieder ins Bett gelegt hatte und eingeschlafen war, noch einmal wach.

Hat nicht auch schon Oblomow das halbe Leben im Schlaf, tagesumgreifenden Mittagsschlaf verbracht? In einer Reprise dieses Stoffes von 1985 lässt Martin Walser den Protagonisten völlig zu Recht davon sprechen, dass alles Unglück damit beginne, dass einer das Bett verlässt, um irgendeiner Tätigkeit der »vita activa« nachzugehen. Bett oder Tafel, das ist hier die Frage. Das Bett wird zur Chiffre für ein Dasein ohne »Gesellschaft«, Tafel bedeutet immer: Talk, Manieren, soziales Umfeld. Bett aber steht für Burg, Festung gegen Leben, Welt, Menschen. Hochsicherheitstrakt.

Mein weißlackiertes metallenes Anstaltsbett ist also ein Maßstab. Mir ist es sogar mehr: Mein Bett ist das endlich erreichte Ziel, mein Trost ist es und könnte mein Glaube werden, wenn mir die Anstaltsleitung erlaubte, einige Änderungen vorzunehmen: Das Bettgitter möchte ich erhöhen lassen, damit mir niemand mehr zu nahe tritt. (I, Der weite Rock)

Albtraum allein schon der wöchentliche Besuchstag, bei dem die unwillkommene, endlich abgestreifte Umwelt sich schmerzlich bemerkbar macht und den Käfig des Bettgitters von außen durchlöchert:

Einmal in der Woche unterbricht ein Besuchstag meine zwischen weißen Metallstäben geflochtene Stille. Dann kommen sie, die mich retten wollen, denen es Spaß macht, mich zu lieben, die sich in mir schätzen, achten und kennenlernen möchten. Wie blind, nervös, wie unerzogen sie sind. Kratzen mit ihren Fingernagelscheren an meinem weißlackierten Bettgitter, kritzeln mit ihren Kugelschreibern und Blaustiften dem Lack langgezogene unanständige Strichmännchen. Mein Anwalt stülpt jedes Mal, sobald er mit seinem Hallo das Zim-

mer sprengt, den Nylonhut über den linken Pfosten am Fußende meines Bettes. Solange sein Besuch währt – und Anwälte wissen viel zu erzählen –, raubt er mir durch diesen Gewaltakt das Gleichgewicht und die Heiterkeit.

Doch es gibt, seit Proust weiß man dies, einen noch konsequenteren Weg, um den unmittelbaren Zugriff von lebenden Menschen abzuwehren: das Schreiben. Der Schreibraum Bett ist sozusagen die gesteigerte Form der selbstgesuchten Isolationshaft. Proust schrieb im Bett. Oskar lässt sich von seinem Pfleger Bruno 500 Blatt ›unschuldiges‹, also glattes, weißes Schreibpapier besorgen. Man tendiert gelegentlich zur gegensätzlichen Annahme, aber das systematische, vorsätzliche Schreiben ist nur in Ausnahmefällen ein menschenfreundlicher, in der überwiegenden Mehrzahl jedoch ein weitgehend a-sozialer Akt. Nicht nur, dass der Schreibende sich gelegentlich von jeder Kommunikation ausklinken muss. Er betrachtet menschlichen Verkehr letztlich als unvermeidliche, jedoch unwillkommene Störung seiner eigentlichen Tätigkeit. Wie Hans Mayer in seinem Thomas-Mann-Buch zutreffend und gewiss über den Fall Mann hinausweisend bemerkte, hatte jede Person in seinem Umfeld damit zu rechnen, nicht *auch* (das wäre ja ganz schmeichelhaft), sondern *ausschließlich* als Schreibanlass wahrgenommen zu werden.

Oskar Matzerath hat, als er sich mit gleicher Vehemenz, ab jetzt zu schreiben, wie früher nicht mehr zu wachsen, entscheidet, ein Leben von mehr als 27 Jahren hinter sich; er ist nun auch etwa im 30. Jahr, so alt wie Hans Castorp, als dieser den Zauberberg verlässt, um für etwas ›Neues‹ zu sterben ... Oskar aber, klügeres Nachkriegskind, fängt zu schreiben an.

Bei Grass geht es nach dem Leben ans Schreiben, und weil Oskar in der Tat ein recht ereignispralles Leben hinter sich gebracht hat, kann er auf Milieustudien an lebenden Objekten recht gut verzichten. Leben gelebt. Anstaltstür zu. Füllfederhalter gezückt. Schreiben. Aber wie? Oskar bleibt keine Antwort schuldig, obwohl er zu wissen scheint, dass die Moderne seit ein paar Jahrzehnten sich massiv am Problem gerade des Erzählens abarbeitet:

Man kann [...] ganz zu Anfang behaupten, es sei heutzutage unmöglich einen Roman zu schreiben, dann aber, sozusagen hinter dem eigenen Rücken, einen kräftigen Knüller hinlegen, um schließlich als letztmöglicher Romanschreiber dazustehn.

Oskar kennt die Tricks und Strategien des zeittypischen Schreibgeschäfts – Krise des Erzählens, Krise des Individuums – – – Er weiß, womit er es zu tun hat, wie man sein Produkt positioniert und abhebt. Und er hält ziemlich selbstbewusst dagegen. Der Held nennt sich, darauf musste man einige Zeit warten, der Held nennt sich – ›Held‹; mögen andere lamentieren:

Es gibt keine Romanhelden mehr, weil es keine Individualisten mehr gibt, weil die Individualität verlorengegangen, weil der Mensch einsam, jeder Mensch

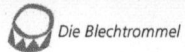

gleich einsam, ohne Recht auf individuelle Einsamkeit ist und eine namen- und heldenlose einsame Masse bildet. Das mag alles so sein und seine Richtigkeit haben. Für mich, Oskar, und meinen Pfleger Bruno möchte ich jedoch feststellen: Wir beide sind Helden, ganz verschiedene Helden, er hinter dem Guckloch, ich vor dem Guckloch; und wenn er die Tür aufmacht, sind wir beide, bei aller Freundschaft und Einsamkeit, noch immer keine namen- und heldenlose Masse.

Bleibt mithin nur noch die Frage zu klären, wo mit dem Erzählen zu beginnen sei: Auch hier vermeidet der Anfänger Anfängerfehler:

Ich beginne weit vor mir; denn niemand sollte sein Leben beschreiben, der nicht die Geduld aufbringt, vor dem Datieren der eigenen Existenz wenigstens der Hälfte seiner Großeltern zu gedenken. Ihnen allen, die Sie außerhalb meiner Heil- und Pflegeanstalt ein verworrenes Leben führen müssen, Euch Freunden und allwöchentlichen Besuchern, die Ihr von meinem Papiervorrat nichts ahnt, stelle ich Oskars Großmutter mütterlicherseits vor.

Nun, also sind, auch mit Blick auf die Zielgruppe, die Grundgesetze des Marketing berücksichtigt. Und so beginnt der Erzähler ohne weiteren Vorspann, Vorrede mit dem – Erzählen; wir schreiben das Jahr 1899:

Meine Großmutter Anna Bronski saß an einem späten Oktobernachmittag in ihren Röcken am Rande eines Kartoffelackers. Am Vormittag hätte man sehen können, wie es die Großmutter verstand, das schlaffe Kraut zu ordentlichen Haufen zu rechen, mittags aß sie ein mit Sirup versüßtes Schmalzbrot, hackte dann letztmals den Acker nach, saß endlich in ihren Röcken zwischen zwei fast vollen Körben. Vor senkrecht gestellten, mit den Spitzen zusammenstrebenden Stiefelsohlen schwelte ein manchmal asthmatisch auflebendes, den Rauch flach und umständlich über die kaum geneigte Erdkruste hinschickendes Kartoffelkrautfeuer. Man schrieb das Jahr neunundneunzig [...].

»Der weite Rock« heißt das Kapitel und Jungautor Oskar darf sich weiß Gott zugute halten, dass er fähig ist, eine Geschichte ab ovo, ab Eisprung zu erzählen. Unter Großmutters Röcken und was für welchen: vierfach glockenförmig übereinandergewölbte Ur-Röcke, Zelte, Biwaks, Unterschlupf-Höhlen – z. B. für Deserteure wie der Joseph Koljaiczek auf der Flucht vor den Polizisten. Seit Lawrence Sterne, dem genial-subversiven englischen Romancier des 18. Jahrhunderts, hat es wohl keinen zweiten gegeben, der das Gebot des Vom-Anfang-an-Erzählens auf so grandios-naiv-raffinierte Art wörtlich genommen hätte. Sterne hat ja in seinem *Tristram Shandy* dessen Lebensgeschichte von dem Moment an erzählt, als die Mutter des gerade im Entstehen begriffenen Homunkulus' Tristram, der sich just in diesem Moment noch im Ein-, höchstens Zweizellerstadium befindet, den sehr beschäftigten Vater mit dem Satz

»Mein Lieber, hast du übrigens drangedacht, die Uhr aufzuziehen?« in seinem Tun so zu irritieren, dass die nervöse Beschaffenheit des aus dieser liebenden Vereinigung resultierenden Erdenbürgers empfangsbedingt, empfängnisbedingt zu erahnen ist. Im Vergleich hierzu ist Oskar ein Erzähler von noch gründlicherer, geradezu alttestamentarischer Vor-Vor-Vorgeschichtsgenauigkeit: denn derjenige, der sich da unter den scharfen Blicken der polizeilichen Obrigkeit, unter den dichten vierfachen Röcken fruchtbar tummelt, ist nicht der Erzähler, sondern sein werdender Großvater. Seit diesem Ereignis sind mehr als fünfzig Jahre vergangen:

Es ist gar nicht so einfach, hier, im abgeseiften Metallbett einer Heil- und Pflegeanstalt [...], die Rauchschwaden kaschubischer Kartoffelkrautfeuer und die Schraffur eines Oktoberregens nachzuzeichnen. Hätte ich nicht meine Trommel, der bei geschicktem und geduldigem Gebrauch alles einfällt, was an Nebensächlichkeiten nötig ist, um die Hauptsache aufs Papier bringen zu können, und hätte ich nicht die Erlaubnis der Anstalt, drei bis vier Stunden täglich mein Blech sprechen zu lassen, wäre ich ein armer Mensch ohne nachweisliche Großeltern. (Unterm Floß)

Gottlob hat Grass seinen Oskar und dieser seine *Trommel*: Erzählautomat und Gedächtnisspeicher, Alarmrassel und Giftmülltonne in einem. Oskarchens Trommelfell ist das Fell seiner Trommel: durch sie und mit ihr nimmt er die Welt wahr, reagiert er auf die Welt. Sie ist ein Ding, sein Ding. Wenn man will, ein magisches Objekt, ein Idol, ein literarisches Beschwörungsinstrument. Sie ist alles, bloß kein Symbol. Kein körperloses Zeichen, das ›für‹ etwas eigentlich ›Gemeintes‹ steht und an der Wand hängt, oder vor sich her getragen wird. Diese Trommel ist Körperteil, wird berührt, gerührt, kein Zauberberg, aber immerhin eine Zaubertrommel, keine Gebetsmühle, aber eine Erzählmaschine:

Jedenfalls sagt meine Trommel: An jenem Oktobernachmittag des Jahres neunundneunzig, während in Südafrika Ohm Krüger seine buschig englandfeindlichen Augenbrauen bürstete, wurde zwischen Dirschau und Karthaus, nahe der Ziegelei Bissau, unter vier gleichfarbigen Röcken, unter Qualm, Ängsten, Seufzern, unter schrägem Regen und leidvoll betonten Vornamen der Heiligen, unter den einfallslosen Fragen und rauchgetrübten Blicken zweier Landgendarmen vom kleinen aber breiten Joseph Koljaiczek meine Mutter Agnes gezeugt.

Erzähltechnisch nach dem Muster »Regu war dreißig und zeugte Serug. Serug war dreißig und zeugte Nahor ...«, geht es nun zügig voran: »Ende Juli des Jahres nullnull erblickt die Mama Oskars das Licht der Welt« und muss nun bis ins gebärfähige Alter vorangezählt werden, denn innerlich strampelt der zukünftige Ich-Erzähler bereits ungeduldig mit den Trommelschlegeln, weil er »darauf brennt, den Beginn eigener Existenz anzeigen zu dürfen« . Dabei ist – Qual selbstgeschaffener Übergründlichkeit – noch nicht einmal der alte Opa Koljaiczek mitsamt seinen Schiebereien, Gaunereien, deutsch-polnischen Messerstechereien und sonstigen politischen Händeln ›wegerzählt‹. Doch das lässt

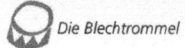 *Die Blechtrommel*

sich bewerkstelligen. Mit einer solchen Aktenlage, solch einer Liste von Vorstrafen und Anzeigen im Nacken, Schmuggel, anarchistische Umtriebe nicht nur im Zustand der strafmildernden Volltrunkenheit, Brandstiftung, lebt es sich nicht ungestraft und nicht sonderlich lang. Von Häschern verfolgt, taucht Koljaiczek im wahrsten Wortsinn ab und – keiner hat ihn mehr gesehen. Was nicht heißen muss, dass er zu Tode gekommen ist. Oskar zeigt sich bereits hier, also noch lange, bevor er in den Genuss kommt, von sich selbst erzählen zu können, als versierter Narrator und nutzt die Gunst der Situation eines Tatorts ohne Leiche zur Demonstration seiner Kompetenz:

Ich, der ich fest daran glaube, dass er unter dem Floss seinen Tod schaffte, muss mich, um glaubwürdig zu bleiben, hier dennoch bequemen, all die Versionen [potentiell möglicher] wunderbarer Rettungen wiederzugeben.

Und Oskar gibt sich nicht mit ein paar nebulösen Andeutungen – guter Schwimmer, drunter abgetaucht etc. – zufrieden, sondern lässt die Erzähltrommelschlegel tanzen und liefert ein paar Thema-und-Variations-Stückchen vom Feinsten; z. B. dieses: der alte Gauner durchtaucht die Mottlau, mischt sich unter die Arbeiter irgendeiner Werft, wird zum blinden Passagier auf einem der berühmt-berüchtigten griechischen Tanker oder schlägt sich als Heizer nach Amerika durch. Sind wir im falschen Buch? Andererseits: Er könnte sich tatsächlich in die Staaten durchgeschlagen haben. Und wenn es ihn wie Treibholz aufs offene Meer trieb und er außerhalb der Dreimeilenzone von einem schwedischen Hochseekutter aufgelesen, rasch zu Kräften kommend, sich nach Malmö absetzte? Und von dort aus ... vielleicht ... Jedenfalls gibt es – unglaubwürdige – Augenzeugen, die ihn kurz nach dem Ersten Weltkrieg in Buffalo gesehen haben wollen. Joe Colchic soll er sich genannt haben. Holzhandel im großen Stil. Begründer von Feuerversicherungen. Aktien bei Zündholzfirmen, zugleich. Schwerreich. In einem Wolkenkratzer. An jedem Finger goldene Ringe. Kann, könnte aber auch sein, dass er auf seiner Majestät Prachtschiff »Columbus« landete, welches

selbstverständlich Kurs auf Amerika nahm und später versenkt wurde oder sich selbst versenkte, vielleicht auch gehoben und umgebaut, umgetauft oder verschrottet wurde. Womöglich tauchte sie nur, die ›Columbus‹, machte es meinem Großvater nach und treibt sich heute noch mit ihren vierzigtausend Tonnen, mit Rauchsalon, Turnhalle in Marmor, Schwimmbassin und Massagekabinen in, sagen wir, sechstausend Meter Tiefe des Philippinengrabens oder Emdentiefs herum; man kann das nachlesen in Flottenkalendern – ich glaube, die erste oder zweite ›Columbus‹ versenkte sich selbst, weil der Kapitän irgendeine mit dem Krieg zusammenhängende Schande nicht überleben wollte. (Falter und Glühbirne)

Ja, genau so könnte es gewesen sein – Calvino avant la lettre. Held oder Hund, tot oder lebendig, ›wahr‹ oder ›gefälscht‹ – als der Krieg zu Ende war, der II., machte das Erzählen wieder Spaß. Aus gutem Grund; denn und allererstens gilt: *wer erzählt, lebt,* wer noch erzählt, hat überlebt. Und zweitens trifft, besonders im Dschungel der gefälschten Nachkriegsbiographien, zu, dass alle ›Lüge‹ in einem höheren Sinne ›Wahrheit‹ ist. Im Leben. Aber auch, und warum nicht, in der Literatur; gilt doch, was Vargas Llosa in seiner schönen Studie über den Roman unter dem Titel »Die Kunst der Lüge« 1984 schreibt:

In der Tat lügen die Romane – sie können nicht anders, aber dies ist nur ein Teil der Geschichte. Der andere Teil besteht darin, dass sie mit ihrer Lüge eine eigentümliche Wahrheit ausdrücken, die nur verborgen und verdeckt ausgedrückt werden kann, verkleidet als etwas, das sie nicht ist.

Der Potentialis der fiktiven Biographien des Großvaters, die Summe der Möglichkeiten, sein Leben zu dokumentieren und zu erzählen, der Fächer der Varianten erst ergibt ein annäherndes Gesamtporträt, das in seiner Absurdität zutreffender, also ›wahrer‹ ist, als schlichter Positivismus oder unscharfes poetisches Andeuten.

Dies auch als Nachtrag zur Deutung des Schlusskapitels des *Zauberberg*. Es ist meines Erachtens nicht nur legitim, sondern notwendig, gerade einen Zeitroman nicht nur unter den Vorzeichen seiner Entstehungszeit zu lesen und zu erklären, sondern auch unter denen der Nachgeschichte. Schließlich wächst ein Text in zukünftige Ereignisse hinein, wirkt in ihnen weiter, auch auf sie ein. Mit dem Blick desjenigen, der weiß, wie es weiterging, und was danach noch geschah, sieht man die Dinge neu und anders. Thomas Mann wusste von der Sinnlosigkeit des ersten Kriegs, von den Vernichtungsmöglichkeiten des zweiten noch nichts. Wir lesen als Vorspiel, was ihm Schlusspunkt scheinen konnte. Er konnte Träume andeuten, von deren Irrwitz wir überzeugt sind. Durch Erfahrung, nicht durch Besserwissen oder Besserwisserei. Erst jetzt, mit diesem desillusionierten, endgültig ausgenüchterten Nachwissen, sind wir vielleicht sogar imstande, die Texte in ihrem Potential ganz auszuloten, sie vom Fliegenpapier des Zeithorizonts, an dem sie festkleben, zu lösen und sie neu zu studieren. Es ist auch eine Respektsbezeigung für den Autor, wenn man ihn auf diese Weise ernst nimmt und nicht mit eingeknickten Einfühlungen be-rücksichtigt. Auch der Roman braucht das, was das Drama, wenn es neu inszeniert wird, naturgemäß hat: die Reibung an der Gegenwart. Man muss ihn auch gegen den Strich seiner Zeit lesen und darf nicht nur im Museum seiner Erinnerung nostalgisch-sentimental schwelgen. Lektüre aus doppeltem Blickwinkel tut not.

Sechzig Watt Erzählstrom

Wie auch immer: die paar Seiten ›vielseitiger Großvater‹ überbrücken die Wartezeit, bis Oskars Erzählei endlich durchgepiekt wird und (wir schreiben mittlerweile neunzehnzwodrei, 1923) endlich, »Hurrah a boy a boy« (Joyce), der Held der Er-

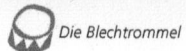 *Die Blechtrommel*

zählung aus dem Ei kriecht und der Erzähler zum Helden werden kann: Sohn von Agnes und Alfred Matzerath, wir sind auf S. 43 von 705 Seiten: lang hat er's nicht im Dunkel der erzählerischen Embryonalität ausgehalten. Vollbluterzähler, wie ein Hai, der zubeißt, noch während er schlüpft, fängt dieser Narrativhai kraftvoll und detailgenau zu beschreiben an, noch während der eigenen Geburt:

Glauben Sie mir bitte, dass der Betthimmel der breiten Eheburg hellblau war [...]. Ich erblickte das Licht dieser Welt in Gestalt zweier Sechzig-Watt-Glühbirnen. Noch heute kommt mir deshalb der Bibeltext »Es werde Licht und es ward Licht« wie der gelungenste Werbeslogan der Firma Osram vor. Bis auf den obligaten Dammriss verlief meine Geburt glatt. Mühelos befreite ich mich aus der von Müttern, Embryonen und Hebammen gleichviel geschätzten Kopflage.

Ein Fertigprodukt vom ersten Moment an. »Hellhörig«, »hellwach«, die »geistige Entwicklung bei der Geburt abgeschlossen«. Während Matzeraths ohne zu wissen, was sie da sagen, davon plappern, dem Jungen, wenn er drei sein wird, eine Blechtrommel zu kaufen, beobachtet dieser erstens die letzte Begegnung eines Nachtfalters mit einer Glühlampe und entwickelt zweitens eine eigene Sprechperspektive:

Der Falter schnatterte, als hätte er es eilig, sein Wissen loszuwerden [...], als wäre das Zwiegespräch zwischen Falter und Glühbirne in jedem Fall des Falters letzte Beichte und nach jener Art von Absolution, die Glühbirnen austeilen, keine Gelegenheit mehr für Sünde und Schwärmerei.

Heute sagt Oskar schlicht: Der Falter trommelte. [...] Er spricht von Trommelrevolvern, vom Trommelfeuer, man trommelt jemanden heraus, man trommelt zusammen, man trommelt ins Grab. Das tun Trommelknaben, Trommelbuben. Es gibt Komponisten, die schreiben Konzerte für Streicher und Schlagzeug. Ich darf an den Großen und Kleinen Zapfenstreich erinnern, auch auf Oskars bisherige Versuche hinweisen; all das ist nichts gegen die Trommelorgie, die der Nachtfalter anlässlich meiner Geburt auf zwei simplen Sechzig-Watt-Glühbirnen veranstaltete. [...] ich halte [...] mich also an jenen mittelgroßen, bräunlich gepuderten Nachtfalter meiner Geburtsstunde, nenne ihn Oskars Meister.

Es ist, als ob ein naives, selbst-affiziertes, säuglingssatt mit sich identisches »Ich« seine andere, zweite, selbst-entfremdete Hälfte entdeckte. Nicht ein vertrauliches »Du« etwa. Vielmehr eine dritte Figur, ein Alter Ego auf Distanz. In der Moderne beginnt die Entfremdung wirklich früh: ein paar Atemzüge kleinbürgerliche Wirklichkeit und schon fängt das an, was Sloterdijk heutigentags verquält »postfötalen Rückzugssog« nennt. Zu spät, wie der Kleine sofort messerscharf erkennt: Nabelschnur gekappt: »es war nichts mehr zu machen.«

Aber nicht nur Oskar M., auch Günter G. hat seine Perspektive gefunden, seine »Erzählmaske«, wie Eco das nennt, wenn er vom Wichtigsten spricht, was seines Erachtens nach zum Roman der Moderne gehört. Oskars Perspektive:

Zu sich selbst in Distanz. Das Umfeld: indiskutabel aber wahrnehmungswürdig, immerhin. Grass' Perspektive: Oskar als Dummy, als Sonde, die man behutsam in den Gesellschaftskörper einführt, um zu testen, wie er darauf reagiert. Ein relativ unauffälliger Replikant, Alien, nicht so exotisch wie E. T., aber auch nicht so rührend. Überhaupt nicht rührend. Unberührbar – wenn man ihn tätscheln würde, das spürt der Leser, wäre dies riskant, vielleicht sogar tödlich.

Eine Erzählperspektive, die nur aus Gittern und Gräben besteht und die dennoch ›funktioniert‹; Motto: »Die Erwachsenen werden dich nicht begreifen.« Fazit. Punkt. Schlusspunkt. Es wird Ernst: Oskar steigt aus, bleibt klein kraft eigenen Willens:

Da habe ich sie, die Trommel. Da hängt sie mir gerade, neu und weißrot gezackt vor dem Bauch. Da kreuze ich selbstbewusst und unter ernst entschlossenem Gesicht hölzerne Trommelstöcke auf dem Blech. Da habe ich einen gestreiften Pullover an. Da stecke ich in glänzenden Lackschuhen. Da stehen mir die Haare wie eine putzsüchtige Bürste auf dem Kopf, da spiegelt sich in jedem meiner blauen Augen der Wille zu einer Macht, die ohne Gefolgschaft auskommen sollte. Da gelang mir damals eine Position, die aufzugeben ich keine Veranlassung hatte. Da sagte, da entschloss ich mich,[...] einen Punkt zu machen, so zu verbleiben – und ich blieb so, hielt mich in dieser Größe, in dieser Ausstattung viele Jahre lang. (Das Fotoalbum)

Um das Projekt, in und gegen die fortschrittssüchtige Wohlstands-Welt der fünfziger Jahre das Prinzip der (Proustschen) Entwicklungsverweigerung effizient durchsetzen zu können, bedarf es einiger Vorsorge. Bloß nicht auffällig werden. Subtext: Aus uns muss doch noch was werden, auch wenn jeder weiß und nicht nur ahnt, dass daraus nichts wird. Schließlich, wir sind das Land des Bildungs- und Entwicklungsromans. Hans Castorp kann ein Lied davon singen. Und am Schluss zerrt ihn sein Autor höchstpersönlich an die Front ... Oskar geht auf Nummer sicher. Also lässt er sich die Kellertreppe runterfallen. Diagnose: Wachstumsstillstand. Alle sind's zufrieden. Und der Familien-Alien lebt, observierend, registrierend, verachtend, ungestört und nach Belieben. Voyeur-Knirps, Tarnkappen-Zwerg, Dauer-Trommler. Nach gelungenem Teilausstieg aus dem, was man das bürgerliche Leben zu nennen pflegt, wird die Poetik des Trommelns erst recht entwickelt: Trommel und Schrei – Oskars Artikulationsmittel sind nur dem Schein nach restringiert. Für ihn selbst ist es ausgeklügelte, raffinierte Antikommunikation. Nicht um Verbindung herzustellen, sondern um Distanz zu schaffen, setzt er seine Wort-, Musik-, Klang- und Stimmwaffen ein; ein ganzes Arsenal derartiger Waffen:

Die Fähigkeit, mittels einer Kinderblechtrommel zwischen mir und den Erwachsenen eine notwendige Distanz ertrommeln zu können, zeitigte sich kurz nach dem Sturz von der Kellertreppe fast gleichzeitig mit dem Lautwerden einer

Stimme, die es mir ermöglichte, in derart hoher Lage anhaltend und vibrierend zu singen, zu schreien oder schreiend zu singen, dass niemand es wagte, mir meine Trommel [...] wegzunehmen; denn wenn mir die Trommel genommen wurde, schrie ich, und wenn ich schrie, zersprang Kostbarstes: Ich war in der Lage, Glas zu zersingen; mein Schrei tötete Blumenvasen; mein Gesang ließ Fensterscheiben ins Knie brechen und Zugluft regieren; meine Stimme schnitt gleich einem keuschen und deshalb unerbittlichen Diamanten Vitrinen auf und verging sich im Inneren der Vitrinen, ohne dabei die Unschuld zu verlieren, an harmonischen, edel gewachsenen, von lieber Hand geschenkten, leicht verstaubten Likörgläsern. (Glas, Glas, Gläschen)

Der Blechtrommler

Urschrei ohne Orpheusklang; ohne jede heilende, lindernde Wirkung. Auch ohne Funktion im Sinne irgendwelcher Nützlichkeit. Oskar – ich und Oskar – er sind sich Individuum genug. Autisten brauchen und wollen kein Du. Brauchen und wollen keinen dialogischen Austausch. Ihre Sprache ist ›l'art pour l'art‹ gewordene Kunst-Blockade. Eine merkwürdige, ganz unerwartete Verwandtschaft zu a-sozialen Ästhetizisten wie St. George, Baudelaire u. a. tut sich auf: Gläser, Uhren, Lampen, Läden, ganze Arztpraxen zersingt und zertrommelt der junge Virtuose: in Spiritus eingeweckte Embryonen flutschen aus den zerspringenden Einweggläsern, der Mutter wird übel, der Doktor tobt. Décadent Oskar denkt noch Jahre später gerne an die amüsante Episode zurück:

[...] heute denkt Oskar gerne an die archaische Frühzeit seiner Stimme zurück. Wenn er in jener ersten Periode nur notfalls, dann allerdings gründlich Quarzsandprodukte besang, machte er später, während der Blüte- und Verfallszeit seiner Kunst, Gebrauch von seinen Fähigkeiten, ohne äußeren Zwang zu verspüren. Aus bloßem Spieltrieb, dem Manierismus einer Spätepoche verfallend, dem l'art pour l'art ergeben, sang Oskar sich dem Glas ins Gefüge und wurde älter dabei.

Oskars Kunst-Attacken scheinen anarchistisch, haben jedoch System, insoweit sie sich gegen jedes sich ihm offerierte System richten: Ärzte, Schule, Therapie, später Staats- und Ordnungsstreben – stets interveniert der Trommler, Schreier, stets zieht das System den kürzeren und/ oder spuckt den unverdaulichen kleinen Kotzbrocken zu dessen wilder Freude als unkommensurabel wieder aus. So ist seine scheinbar anti-ideologische, sinnverweigernde Kunst in einem höheren Sinne dann doch politisch: Rechnen, Beten, Religion – Trommelwirbel; Schönschrift, Spielen, Gruppensport – Trommelwirbel. Lieber Oskar, böser Oskar, gib die Trommel her, Oskar! – Kurzer, scharfer Doppelschrei:

Ich formte mit anderen Worten einen Doppelschrei, der beide Brillenglä-

ser der Spollenhauer wahrhaft zu Staub werden ließ. Mit leicht blutenden Augenbrauen und aus nunmehr leeren Brillenfassungen blinzelnd, tastete sie sich rückwärts, begann schließlich hässlich und für eine Volksschullehrerin viel zu unbeherrscht zu greinen, während die Bande hinter mir ängstlich verstummte, teils unter den Bänken verschwand, teils die Zähnchen klappern ließ. Einige rutschten von Bank zu Bank den Müttern entgegen. (Der Stundenplan)
Erster Schultag – ein voller Erfolg.

Schon der kleine Oskar kann unangenehm werden. Ein giftiger Spitzel, der nicht nur aktiv wird, wenn es um seine Freiheit beziehungsweise deren Verteidigung zu tun ist. Den Ehebruch beziehungsweise das langjährige Verhältnis seiner Mutter mit deren Jugendfreund Jan Bronski, die sich fast jeden Donnerstag heimlich in einer Pension treffen, während Oskar derweil in einer Konditorei abgestellt wird, etwa begleitet eine der virtuosesten Glas-Zersing-Orgien von fast schon kosmischem Ausmaß: ohne genau zu bestimmendes Motiv – Frustration? Das Bedürfnis, wahrgenommen zu werden? –, sendet er seine zerstörerischen hochfrequenten Schallwellen vom Turm herab über die Dächer der Stadt in Richtung Theater. Oskar produziert und fühlt sich in dieser Szene wie ein Künstler, zersingt Foyer und Hallen-Fensterscheiben und schickt sich an, zielgerichtet den über den Zuschauern pendelnden Kronleuchter anzugehen. Ein erster noch unscharfer Kontakt zur Bühnenwelt, die für den »armen, armen Däumling«, wie er zu dieser Zeit noch immer genannt wird, von vorverweisender Bedeutung sein wird.

Längst ist das Bild von Oskar Matzerath und seiner Funktion im Romanganzen zu komplex geworden, als dass man es mit ein paar Schlagworten (Moralist, verkehrte Welt, Rächer, Anarchist usf.) umreißen könnte. Nein, Oskar ist keine ›moralische‹, moralisierende Instanz; und dennoch sind seine Aktivitäten oft zugleich Hinweis auf Ungereimtheiten. Ebenso wenig ist er politischer Aktivist weder der Linken noch der Rechten und dennoch sind einige seiner Kampagnen politische Volltreffer. Gnom und Artist, Dämon oder Däumling – Oskar ist ein Phänomen der Mehrdeutigkeit: naiv und durchtrieben, unschuldig und gemein, a-sozial und verträglich. Zwei Beispiele im Abstand weniger Seiten. Gerade noch im Theater, mit verächtlichem Blick auf Kinder, Mütter, überhaupt Menschen:

Es gab damals schon viel zu viele Kinder. Mehr Kinder als Mütter gab es auf den Rängen, während sich das Verhältnis von Kind zu Mutter im Parkett, wo die Begüterten und im Zeugen Vorsichtigeren saßen, ungefähr die Waage hielt. Dass Kinder nicht ruhig sitzen können! Marga Bronski, die zwischen mir und dem verhältnismäßig sittsamen Stephan saß, rutschte vom Klappolster, wollte wieder hinauf, fand es sogleich schöner, vor der Rangbrüstung zu turnen, klemmte sich fast im Klappmechanismus, schrie aber im Vergleich zu den anderen Schreihälsen um uns herum noch erträglich und kurzfristig, weil ihr Mama den törichten Kindermund mit Bonbons stopfte. Lutschend und durch die Rutscherei auf dem Polster vorzeitig ermüdet, schlief Stephans kleine Schwester kurz nach Vorstellungsbeginn ein. (Die Tribüne)

Wenig später, artig, nett und selbst noch ein wenig Kind im Gespräch mit dem liliputanischen Kollegen Bebra:

»Bebra, mein Name, stamme in direkter Linie vom Prinzen Eugen ab, dessen Vater der vierzehnte Ludwig war und nicht irgendein Savoyarde, wie man behauptet.« Da ich immer noch schwieg, nahm er neuen Anlauf: »Unterbrach an meinem zehnten Geburtstag das Wachstum. Etwas spät, aber immerhin.«

Da er so offen sprach, stellte ich mich meinerseits vor, flunkerte aber keinen Stammbaum zusammen, nannte mich schlicht Oskar. »Sagen Sie, bester Oskar, Sie dürften jetzt vierzehn, fünfzehn oder gar schon sechzehn Jährchen zählen. Nicht möglich, was Sie sagen, erst neuneinhalb?«

Jetzt sollte ich ihn schätzen und tippte vorsätzlich zu niedrig.

»Sie sind ein Schmeichler, junger Freund. Fünfunddreißig, das war einmal. Im August feiere ich mein Dreiundfünfzigstes, ich könnte Ihr Großvater sein!«

Oskar sagte ihm einige nette Dinge über seine akrobatischen Leistungen als Clown, nannte ihn hochmusikalisch und führte, leicht vom Ehrgeiz gepackt, eine Kunststückchen vor. Drei Glühbirnen der Zirkusplatzbeleuchtung mussten dran glauben, und Herr Bebra rief bravo, bravissimo und wollte Oskar sofort engagieren.

Oskars Vieldeutigkeit, seine Unbestimmbarkeit macht es schwer, ihn zu fixieren, schwer, ihn zu treffen. Im beginnenden Faschismus, für eine Minderheit seiner Beschaffenheit, bedeutet diese amöbenhafte Nichtgreifbarkeit Schutz, ist pure Überlebensnotwendigkeit. Doch man sollte nicht denken, Oskar ginge in finsteren Zeiten wie sein Großvater (selig oder auch nicht) auf Tauchstation. Dies trifft eben gerade nicht oder nicht so zu. Im Gegenteil, der Trommler hat sogar seine größten Auftritte, setzt seine stärksten Coups in Szene.

Die Welt aus dem Takt trommeln

Unübertrefflich sein »Einsatz« während eines großen Nazi-Aufmarsches im Sommer ,35 auf der Maiwiese. Oskar weiß, wo sein Platz ist: Nicht im Glied irgendeiner HJ oder sonstigen Formation, nicht an der Seite des zackigen, frisch gewichsten Nazivaters, nicht bei Mutter und Onkel Jan, nicht im Gebietsfanfarenzug mit klingendem Spiel und Trommlerzug – was ja immerhin eine Verführung hätte sein können.

Mag sein, er erinnert sich noch an den Rat des zwergischen Kollegen Bebra – »bester Oskar ... unsereins muss auf die Bühne, in die Arena« und, einen Satz später, »Junger Freund, versuchen Sie immer auf der Tribüne zu sitzen und niemals vor der Tribüne zu stehen« –; doch er wäre nicht Oskar, wenn er nicht noch einen anderen, dritten, x-ten Weg fände, weniger offensichtlich und doch versteckt: Nicht vor oder auf, sondern *unter* der Tribüne:

Unter dem Rednerpult hockte ich. Links und rechts von mir und über mir standen breitbeinig, und wie ich wusste, mit verkniffenen, vom Sonnenlicht geblendeten Augen die jüngeren Trommler des Jungvolkes und die älteren der Hitlerjugend. Und dann die Menge. Ich roch sie durch die Ritzen der Tribünenverschalung. Das stand und berührte sich mit Ellenbogen und Sonntagskleidung, das war zu Fuß gekommen oder mit der Straßenbahn, das hatte zum Teil die Frühmesse besucht und war dort nicht zufriedengestellt worden [...].

Nein, sprach sich Oskar zu, sie sollen den Weg nicht umsonst gemacht haben.

Das Auge am Astloch, das Ohr am Puls der Bonzenmacht, beginnt er sacht aber passgenau schräg dazwischenzutrommeln. Unsichtbarer Störsender gegen Marschmusik und Pathoskitsch: Walzer, Charleston, Zirkusrhythmus. »Jimmy the Tiger« gegen »Horst-Wessel-Lied«, »Schöne, blaue Donau« gegen »Heil dir im Siegerkranz«. Die Stimmung kippt, der Rhythmus wechselt, »Jimmy the Tiger« siegt, die Maiwiese tanzt, die Nazis türmen:

Es ist Jimmy the Tiger, der das Volk zum Charleston aufruft!

Und wer auf der Maiwiese noch nicht tanzte, der griff sich, bevor es zu spät war, die letzten noch zu habenden Damen. [...] Das Volk tanzte sich von der Maiwiese, bis die zwar arg zerteten, aber immerhin grün und leer war. Es verlor sich das Volk mit >Jimmy the Tiger< in den weiten Anlagen des angrenzenden Steffensparkes. Dort bot sich Dschungel, den Jimmy versprochen hatte, Tiger gingen auf Sammetpfötchen, ersatzweise Urwald fürs Volk, das eben noch auf der Wiese drängte. Gesetz ging flöten und Ordnungssinn.

Ästhetische Subversion ohne Widerstands-Mythos, ohne tödliche Heroenpose. Als Oskar nach ein paar Sicherheitsstunden, die ganz und gar nicht »biblische Trommel« unterm Pullover, nach Hause schleicht, gibt's falschen Hasen und einen echten Familienkrach. Nicht wegen Politik. Nur wegen Eifersucht.

Die Episode ist keine Eintagsfliege; Oskar berichtet, mit berechtigtem Stolz, mehr darüber: Bis zum November 1938 hätte er auf diese Weise »Kundgebungen gesprengt, Redner zum Stottern gebracht, Märsche und Choräle in Walzer und Foxtrott umgebogen«. Und er resümiert rückblickend, diese seine »Ästhetik des Widerstands«:

Heute, als Privatpatient einer Heil- und Pflegeanstalt, da das alles schon historisch geworden ist, zwar immer noch eifrig, aber als kaltes Eisen geschmiedet wird, habe ich den rechten Abstand zu meiner Trommelei unter Tribünen. Nichts liegt ferner, als in mir, wegen der sechs oder sieben zum Platzen gebrachten Kundgebungen, drei oder vier aus dem Schritt getrommelten Aufmärsche und Vorbeimärsche, nun einen Widerstandskämpfer zu sehen. Das Wort ist reichlich

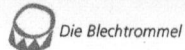

in Mode gekommen. Vom Geist des Widerstandes spricht man, von Widerstandskreisen. Man soll den Widerstand sogar verinnerlichen können, das nennt man dann: Innere Emigration. Ganz zu schweigen von jenen bibelfesten Ehrenmännern, die während des Krieges wegen nachlässiger Verdunklung der Schlafzimmerfenster vom Luftschutzwart eine Geldstrafe aufgebrummt bekamen und sich jetzt Widerstandskämpfer nennen, Männer des Widerstandes. (Schaufenster)

Und weiter führt er aus (mir scheint diese Stelle von besonderer Wichtigkeit; deshalb im Detail):

Das habe ich alles getan [...]. Bin ich, der Insasse einer Heil- und Pflegeanstalt, deshalb ein Widerstandskämpfer? Ich muss diese Frage verneinen und bitte auch Sie [...] in mir nichts anderes als einen etwas eigenbrötlerischen Menschen zu sehen, der aus privaten, dazu ästhetischen Gründen, auch seines Lehrers Bebra Ermahnungen beherzigend, Farbe und Schnitt der Uniformen, Takt und Lautstärke der auf Tribünen üblichen Musik ablehnte und deshalb auf einem bloßen Kinderspielzeug einigen Protest zusammentrommelte.

Damals konnte man noch den Leuten auf und vor Tribünen mit einer armseligen Blechtrommel beikommen, und ich muss zugeben, dass ich meinen Bühnentrick ähnlich wie das fernwirkende Glaszersingen bis zur Perfektion trieb. Ich trommelte nicht nur gegen braune Versammlungen. Oskar saß den Roten und den Schwarzen, den Pfadfindern und Spinathemden von der PX, den Zeugen Jehovas und dem Kyffhäuserbund, den Vegetariern und den Jungpolen von der Ozonbewegung unter der Tribüne. Was sie auch zu singen, zu blasen, zu beten und zu verkünden hatten: Meine Trommel wusste es besser.

Mein Werk war also ein zerstörerisches. Und was ich mit der Trommel nicht klein bekam, das tötete ich mit meiner Stimme. So begann ich neben den taghellen Unternehmungen gegen die Tribünensymmetrie mit nächtlicher Tätigkeit: Während des Winters sechsunddreißig-siebenunddreißig spielte ich den Versucher.

Symmetrieauflösender Oskar, Ordnungs- und Formationszerstörer aus Prinzip. Trommler gegen rechts und links, gegen Künder und Verkünder aller Art. Anti-ideologisch, will sagen artistisch, un-verantwortlich bis ins Mark. Nein, Oskar ist kein Vorbild. Kein stiller Held. Eben noch unverführbar, unberührbar, gerät er ‚37, im Alter von 14, in ernsthafte erotische und politische Bedrängnis – Sympathie mit dem Abgrund deutet sich an. Bebra und Roswitha, eine mediterran-neapolitanische Zwergin von somnambuler, sind seine Verführer. Ihrem Wispern ist schwer zu widerstehen; Bebra, inzwischen parteinah, lockt und spricht von Oskar als einem »Genie«, einem »göttlichen« und auch »teuflischen« Genie.

So endet das I. Buch des Romans mit lauter Märchen, die an ihr schlechtes Ende gekommen sind oder im Begriff sind, es zu tun: unter die zehn Mal wiederholte Formel »es war einmal« wird auch Oskar in die Geschichte »eingeschrieben«. Ende der Märchengeschichte ‚38. Die Weihnachtsmänner lassen die Bärte fallen, »Glaube, Liebe, Hoffnung« perdu – Gas strömt aus den Öfen.

Kriegseinsatz

Frühjahr '39. Die SS tritt auf den Plan. Ende der kleinen Subversionen, der Versuche, Systeme trommelnd aus dem Takt zu bringen. Onkel Jan wird in seiner polnischen Post erschlagen. Das Kartenhaus stürzt ein. Das Leben geht weiter. Die Trommel hat zu tun. Erobert neue Territorien: Maria – Vanille – Brausepulver. Säfte fließen. Betterfolge. Aus dem Volksempfänger: Fronterfolge. Sex-Maschine – Kriegsmaschine: beides nicht mehr leicht auseinander zu halten. Beides sind für den 17jährigen (das Kapitel heißt »Fünfunsiebenzig Kilo«) bis in die Sprache ein- und dasselbe: Trommelfeuer – Geländegewinn. – Die Kirchen heulten auf, als das Buch in den Sechzigern gelesen und gefeiert wurde.

Die Unschuld hat Oskar nicht nur verloren, was die Sexualität betrifft. Zeitgeisthechelnd ist aus dem lustigen Widerständler nun auch ein Mit- und Überläufer geworden – er träumt hybride Rasseträume »zeugungsfähiger Trommlerdynastien«, Front-Theater-Atlantikwall, – schließlich die Vision veritabler Christus-Nachfolge. Das Ende des Spuks ‚45. Den Vater Matzerath schickt der nicht mehr so liebe Oskar in den Tod, gibt ihm das Parteiabzeichen zum Fressen. Und beschließt, doch noch – ein Stück – zu wachsen. Wird mit 1 Meter 23 Zentimeter ein fast normaler, etwas kleiner Erwachsener. Eine Art Bundesrepublik in Menschengestalt. Halbgroß und im Bemühen, sich als ›normal‹ zu präsentieren.

Um eine Orientierung zu geben: wir befinden uns auf S. 567 von 779, im letzten Drittel des Buches. Und es machen sich ›Längen‹ bemerkbar. Es gibt ein Gesetz des Systemzwangs der Form: Zeitroman auf drei Stufen – Vorkriegszeit – Krieg – Nachkriegszeit kann schlicht nicht einfach abbrechen. Und ein Historienpanorama unter dem Horizont der Jahrzehnte will *Die Blechtrommel* allemal sein. Nein, nicht der Autor, die Wirklichkeit ist im dritten Buch etwas blass geworden: Währungsreform – Volkshochschule – Wachstum – D-Mark, das ist Krankenhauskost für Literaten. Nur Gründgens spielt noch immer den *Faust*, anno ‚47. Als wäre nichts geschehen. Und nach wie vor erzählt Grass spannend, ungewohnt, zieht überraschende Bögen, woraus bemerkenswerter Weise nichts hervorgeht.

Über dem Atlantik befand sich ein barometrisches Minimum; es wanderte ostwärts, einem über Russland lagernden Maximum zu, und verriet noch nicht die Neigung, diesem nördlich auszuweichen. Die Isothermen und Isotheren taten ihre Schuldigkeit. Die Lufttemperatur stand in einem ordnungsgemäßen Verhältnis zur mittleren Jahrestemperatur, zur Temperatur des kältesten wie des

wärmsten Monats und zur aperiodischen monatlichen Temperaturschwankung. [...] Mit einem Wort, das das Tatsächliche recht gut bezeichnet, wenn es auch etwas altmodisch ist: Es war ein schöner Augusttag des Jahres 1913. (I, Kap. 1, Woraus bemerkenswerter Weise nichts hervorgeht)

Richtig, der so erzählt, ist Musil und zwar 1932, nicht ‚59. ‚59 erzählt man Historie so: – Kriegshistorie:

Da tanzten Amerikaner und Japaner einen Fackeltanz auf der Insel Luzon. Da verloren Schlitzaugen und Rundäugige Knöpfe an ihren Monturen. Da gab es aber in Stockholm einen Schneider, der nähte zum selben Zeitpunkt Knöpfe an einen dezent gestreiften Abendanzug. Da fütterte Mountbatten die Elefanten Birmas mit Geschossen aller Kaliber. Da lehrte gleichzeitig eine Witwe in Lima ihren Papagei das Wörtchen ›Caramba‹ nachsprechen. Da schwammen mitten im Pazifik zwei mächtige, wie gotische Kathedralen verzierte Flugzeugträger aufeinander zu, ließen ihre Flugzeuge starten und versenkten sich gegenseitig. Die Flugzeuge aber konnten nicht mehr landen, hingen hilflos und rein allegorisch gleich Engeln in der Luft und verbrauchten brummend ihren Brennstoff. Das jedoch störte einen Straßenbahnschaffner in Haparanda [...] überhaupt nicht. Eier schlug er sich in die Pfanne, zwei für sich, zwei für seine Verlobte, auf deren Ankunft er lächelnd und alles vorausbedenkend wartete. Natürlich hätte man auch voraussehen können, dass sich die Armeen Konjews und Schukows abermals in Bewegung setzen würden; während es in Irland regnete, durchbrachen sie die Weichselfront, nahmen Warschau zu spät und Königsberg zu früh und konnten dennoch nicht verhindern, dass einer Frau in Panama, die fünf Kinder hatte und einen einzigen Mann, die Milch auf dem Gasherd anbrannte. (Die Ameisenstraße)

Die Oskar-Maschine

Oskars Ausflug in die Weltgeschichte wirkt zunächst alogisch: geschichtliche Ereignisse und alltägliche Geschehnisse, Komisches und Grauenhaftes bruchlos, hierarchielos nebeneinander. Geschichte ist nicht mehr ›auf den Nenner‹ zu bringen, Hegelscher Weltgeist längst in verdienter Pension. Erzählmodell im Trudeln.

Ende auch der mythischen Ordnungen, der Kohärenz, der Systematiken von Wichtigkeit, und auch Oskar ›eiert‹ ortlos durch ›Identitäten‹: Steinmetz, Hamlet, Perceval, Madonna, Aktmodell und Transvestit – everything goes, nichts ist verbindlich. Oskar hat sich selbst aus dem Blick verloren. Ein Identitätsverlust, der nur – notdürftig – durch die Erinnerung an die Trommel, an das Leben, das ›Überleben‹, die kaschubischen Kartoffeläcker, Oktoberregen, die vier Röcke, fast schon nostalgisch, für einen Moment überbrückt werden kann.

Da taucht Bebra wieder auf. Wieder Verführer: jetzt freilich in Gestalt eines Medienmanagers. Ein Remake steht an: Vertrag. Profit. »Oskar der Trommler«. Oskar wird zum Star, zum harmlosen Kommerztrommler, dem man die Giftzähne gezogen hat. Die Comedy findet ihre Zielgruppe. Man jauchzt. Die Blechtrommel wird zur Goldgrube: Ich kann hier abkürzen. Sie kennen die Phänomene. Mediale Satt- und Sauber-Pflege. Oskar ist cool. Oskar ist Kult. Grass hat Mitte der fünfziger Jahre gespürt, was jetzt eskaliert:

Die Säle, in denen ich auftrat, fassten tausendfünfhundert bis über zweitausend Personen. Vor einer schwarzen Sammetwand hockte ich ganz alleine auf der Bühne. Ein Scheinwerfer deutete auf mich. Ein Smoking kleidete mich. Wenn ich auch trommelte, waren dennoch keine jugendlichen Jazzfans meine Anhänger. Erwachsene Personen vom fünfundvierzigsten Lebensjahr aufwärts hörten mir zu, hingen mir an. Um genau zu sein, muss ich sagen, Fünfundvierzigjährige bis Fünfundfünfzigjährige machten etwa ein Viertel meines Publikums aus. Sie waren die jüngere Anhängerschaft. Ein weiteres Viertel bestand aus Fünfundfünfzigjährigen bis Sechzigjährigen. Greise und Greisinnen stellten die reichliche und dankbarste Hälfte meiner Zuhörer. Hochbetagte Leute sprach ich an, und die antworteten mir, blieben nicht stumm, wenn ich die dreijährige Trommel sprechen ließ, erfreuten sich, allerdings nicht in der Sprache der Greise, sondern mit kindlich dreijährigem Lallen und Babbeln, mit ›Raschu, Raschu, Raschu!‹ an meiner Trommel, sobald Oskar ihnen etwas aus dem wunderbaren Leben des wunderbaren Rasputin vortrommelte. Doch weit mehr Erfolg als mit dem Rasputin, der den meisten Zuhörern schon zu anspruchsvoll war, hatte ich mit Themen, die ohne jede besondere Handlung nur Zustände beschrieben, denen ich Titel gab wie: Die ersten Milchzähne – Der schlimme Keuchhusten – Lange wollene Strümpfe kratzen – Wer Feuer träumt, das Bettchen nässt. (III, Der Ringfinger)

Oh, your prophetic mind, Mr. Grass! Zeitromane sind offenbar auch Apparaturen, um damit in die Zukunft zu schauen. Für solche Erfolge ist ein Preis zu zahlen. Leise entgleitet Oskar – die Vergangenheit, damit: die Gegenwart. Damit: das Dasein. Alle jene Originalität, Widersprüchlichkeit, die ihn einst auszeichnete. Aus der er bestand. Die Flucht kommt zu spät. Abgesehen davon, dass man dem verlorenen Ich nicht nachlaufen kann.

Er ist dreißig. Sitzt im Spitalbett. Schreibt. Schreibt eine Geschichte auf, die seine Geschichte ist. Die Geschichte, die sich vom Ende her ganz knapp so resümieren lässt:

Was soll ich noch sagen: Unter Glühbirnen geboren, im Alter von drei Jahren vorsätzlich das Wachstum unterbrochen, Trommel bekommen, Glas zersungen, Vanille gerochen, in Kirchen gehustet, Luzie gefüttert, Ameisen beobachtet, zum Wachstum entschlossen, Trommel begraben, nach Westen gefahren, den

Osten verloren, Steinmetz gelernt und Modell gestanden, zur Trommel zurück und Beton besichtigt, Geld verdient und den Finger gehütet, den Finger verschenkt und lachend geflüchtet, aufgefahren, verhaftet, verurteilt, eingeliefert, demnächst freigesprochen, feiere ich heute meinen dreißigsten Geburtstag und fürchte mich immer noch vor der Schwarzen Köchin – Amen. (Dreißig)

Und keiner hat, jetzt, da die Entlassung aus dem Pflegeheim droht, den geringsten Schimmer, wie es mit diesem Leben weitergehen soll oder wenigstens: könnte.

Am Nullpunkt

Thomas Manns *Zauberberg* war ein Roman, geschrieben auf dem Höhepunkt einer expansiven, explosiven, vor Vitalität und Originalität fast berstenden internationalen Glücksphase der Literatur. Die *Blechtrommel* entstand dreißig Jahre später: Am »degré zero«, am Nullpunkt der Literatur, wie Roland Barthes 1953 sagen wird. Zur selben Zeit als Adorno in provokanter Zuspitzung bezweifelte, ob es nach Auschwitz »Poesie« geben könnte, dürfte, Celan, Borchert, Böll, Lenz das Deutsche neu erfanden, stellt Barthes ganz nüchterne, scheinbar fast teilnahmslose Überlegungen zu »Schreibweisen« an. Etwa zur selben Zeit sitzt Grass in Paris, Avenue Italie 111, und arbeitet an der *Blechtrommel*. Im Spätsommer 1952, so Grass, »bei banaler Gelegenheit«, nachmittags, zwischen kaffeetrinkenden Erwachsenen, beobachtete er einen dreijährigen Jungen, dem eine Trommel anhing. Ihm fiel auf und blieb bewusst: die selbstvergessene Verlorenheit des Dreijährigen an sein Instrument, auch, wie er gleichzeitig die Erwachsenenwelt ignorierte. Danach ein halbes Dutzend Ansätze. Ansätze, die in den »epischen Reißwolf« wandern. Pläne, Graphiken, Stichwort-Listen. Eine erste, zweite, dritte Fassung, die im Ofen des Arbeitsraums landet. Bei aller sonstigen Verstiegenheit, so der Autor, sei es nie seine Absicht gewesen, »Germanisten und deren Geilheit nach Sekundärem mit Textvarianten zu füttern«, was übrigens schon viele Autoren behaupten, bevor sie ihre Manuskripte sorgfältig deponierten.

Doch dann der erste Satz: »Zugegeben, ich bin Insasse einer Heil- und Pflegeanstalt [...]« – die Blockadesperre fällt, die Sprachflut drängt, spielerische Lust, Detailobsession an langer Leine und – Totengespräche. Hauptsächlich mit Kollegen: dem Phantasiewortungetümerfinder-Rabelais, daneben mit dickglasiger Brille sein literarischer Lehrer Alfred Döblin, und mit Joyce, Dos Passos und all jenen, die nach Jahren, in denen die Sprache stets »ängstlich zurückgepfiffen« worden war, sie nun wild und bunt und schwelgerisch und vor allem vielstimmig ins Kraut schießen ließen. Sogar von seinem schrulligen Deutschlehrer ist als Gesprächspartner die Rede, artistischer Geburtshelfer in der ›Stunde Null‹.

Am Nullpunkt der Literatur. Was heißt das? Im »atemberaubenden Mief« der falschen Fuffziger. Zwei Deutschlands ohne rechte Identität. Gespalten wie Oskar, mal ich, mal er, mal Gegenwart und Vorvergangenheit. Ein Loch in das Leben gerissen; ein Loch von dreißig Jahren, in denen nicht nur im Deutschland, sondern irritierenderweise auch in den anderen Ländern nichts derart Unübersehbares wie Joyce, Broch, Musil, Proust auftauchte, so als hätte man überall die Luft angehalten. Wie Literatur machen am Nullpunkt der Literatur? Zum Beispiel mit neuem Personal. Hans Castorp, die Hans Castorps waren lang tot: Marcel, selbst Stephan Daedalus – auch sie wie aus einer anderen Welt, noch so rührend sozial, am anderen ernsthaft interessiert. Oskar, der Gnom, aber schielt giftig-gelangweilt nach ›oben‹, glaubt an nichts und niemand mehr, erzieht sich durch Erziehungsverweigerung, passt sich dennoch allmählich an das System an: anfangs degradiert er alle zu Statisten, zuletzt ist er selbst einer.

Am Nullpunkt der Literatur hat man keine festen Maßstäbe, weder zeitlich noch figural: Hierarchien der Geschehnisse, gesicherte Zeitfolgen, Wertordnungen haben sich aufgelöst. Das Sicherheitssystem der Literatur ist durchgebrannt. Jetzt liegen Einzelteile der Erzählmaschinerie frei, müssen neu zusammengesetzt werden. Lücken bleiben, Leerstellen, Sprünge, man sieht die Brüche, die Gelenke; Barthes sieht das Dilemma der Moderne so:

Entweder wird das Thema den Konventionen der Form ausgeliefert, und die Literatur bleibt unempfänglich für die gegenwärtige Geschichte, oder der Schriftsteller erkennt diese Neuartigkeit der gegenwärtigen Welt an, verfügt aber nur über eine glänzende, tote Sprache.

Einen dritten Weg konnte Barthes nicht wissen – offensichtlich gefangen im Muster einer glänzenden Totensprache, die den Weltkrieg so unzerstört überdauert zu haben scheint wie die französischen Städte die Bombardements. Den deutschen Nachkriegsautoren stand weder eine glänzende tote Kultur noch eine geschlossene glänzende tote Sprache zur Verfügung: nur Bruchstücke, Trümmer, Fragmente, Zitate: Literatur-Schutt, »ausgebälgte Geier«, Heine, vom Barock über die Klassik, die Romantik, todessüchtig ins Feuer gehend, expressionistisch stammelnd, stampfend, schreiend, kollektiv, in Formation, wieder ins Feuer, mythenfuchtelnd durch die halbe ganze Welt. Und nun zerschossen, weggefegt, zubetoniert. Vorsicht Wohlstand! Geschichte wird planiert.

Am Nullpunkt der Literatur fällt dem Autor die Rolle des Spracharchäologen zu, der in Notgrabung zu retten versucht, was nicht mehr zu retten ist. Vor allem das Gedächtnis, die Erinnerungsspuren, die verbrannten Wörter, die umgestürzten, geschändeten Grabsteine der Gedanken, die Wege, die Namen; noch einmal Grass, auf seiner Suche nach einer verlorenen, ein für alle Mal verlorenen Zeit:

In Gdańsk schritt ich die Danziger Schulwege ab, sprach ich auf Friedhöfen mit Grabsteinen. War ich fremd und fand – in Bruchstücken – alles wieder.

Am Nullpunkt der Literatur muss Geschichte als absurder Prozess beschrieben werden: ohne Ziel, Fluchtpunkt, und ähnliches. Döblin, so Grass, hat es geahnt, schon 1917 Bemerkungen gemacht zum Roman nach den Kriegen:

> [...] im Roman heißt es schichten, häufen, wälzen, schieben. Vorwärts ist niemals die Parole des Romans.

Auch Grass verliert sich zuweilen lustvoll im Geschlinge und den Schichtungen des Romans, scheint bisweilen fast zu ertrinken im Erzählmeer, wo

> die grausigsten Missformen sichtbar werden, [...] Häufen toten Materials, eine wandernde, sprießende, dampfende Masse, [...] eine gefräßig aufwallende, hochquellende, zappelnde, rollende, verheerende Lavamasse.

Sprachkräftig gefasste Bildfluten im Stil Döblins, des Vorbilds und Außenseiters. Grass nennt ihn »Weltbaumeister mit festem Wohnsitz«, Angehöriger weder einer deutschen noch einer jüdischen Nation. Seine Nation, sagt Döblin, sei die »der Kinder und der Irren«. Eine überzeugende poetologische Wahlverwandtschaft, die zwischen Grass und seinem Lehrer Döblin. Eine kreative zudem, denn mit der Zuschreibung zu der Nation der Kinder und der Narren könnte auch Oskar durchaus einverstanden sein. Und auch sein wild-disziplinierter, schreibender, zeichnender, malender, kleksender, spritzender, spitz analysierender Autor, der hundert Sprach- und Sachwelten in *einen* Roman zusammenknetete und des Knetens nicht müde wird, ist mit solcher Zuordnung einverstanden, selbst wenn sie von Germanisten vorgenommen wird. Wie sagte Grass in einem Gespräch:

> [D]er Roman ist die Hure unter den Gattungen. Man kann sie wirklich von allen Seiten anpissen, und es läuft dennoch, [...] man kann einen Essay reinpakken, man kann .... Kucken Sie sich einen Balzac-Roman an, was es da alles an erfundenen, enzyklopädischen Texte, über die Herstellung von Papier drinnen, aber dennoch hält das Ganze. Das ist das Wunderbare daran. Und in der Literaturkritik meinen wir immer, die Romane säubern zu müssen vom Ballast, das ist falsch, der Roman, der episch konzipierte Roman muss diese Dinge mitschleppen, sie gehören dazu, sie müssen auch erzählend überwunden werden, man muss merken, wie der Erzähler, nachdem er in einer Stoffmasse zu ertrinken droht, sich wieder freischwimmt, wieder den Faden findet und weitererzählt, das gehört mit zu den Spannungselementen. Wenn man das wegstreichen wollte – dann kommt ein Reader's Digest heraus ... Wenn man diese Kriterien anwenden wollten, dann könnte man den ganzen Don Quichotte auf eine Kurzgeschichte [reduzieren] – dann bliebe die Windmühlengeschichte übrig und noch so ein paar Stücke, die immer wieder zitiert werden, aber der Roman ist voller Ausschweifungen und Nebenwege, und die gehören alle dazu. (Wort und Bild)

Am Nullpunkt der Literatur muss man die Augen aufmachen und nach *draußen* schauen, wenn man weiterkommen will. Deshalb gehe ich das Risiko ein, mit einem Roman zu konfrontieren, der von weiter herkommt; außereuropäisch der Geographie nach – ganz nah, was den Bezug zu Europa anbelangt. Es ist kein Zufall, dass es eine ganz starke literarische Bindung zwischen Grass – Márquez – Rushdie gibt.

Literaturverzeichnis

- Grass, Günter: *Die Blechtrommel*. Hermann Luchterhand. Darmstadt. 1959.
- Barthes, Roland: *Am Nullpunkt der Literatur. Literatur oder Geschichte. Kritik und Wahrheit*. Übers. v. Scheffel, Helmut. Suhrkamp. Frankfurt. 2006.
- Döblin, Alfred: »Bemerkungen zum Roman«. In: *Ausgewählte Werke in Einzelbänden. Aufsätze zur Literatur*. Walter. Olten. 1963.
- Grass, Günter: »Rückblick auf die *Blechtrommel*«. In: *Die »Danziger Trilogie« von Günter Grass. Texte, Daten, Bilder*. (Hg. Neuhaus, Volker/Hermes, Daniela. Luchterhand. Frankfurt. 1991.
- Grass, Günter: *Wort und Bild. Materialien zu den Ausstellungen in Tübingen und Künzelsau*. (Hg. Wertheimer, Jürgen) Konkursbuchverlag. Tübingen. 1999.
- Musil, Robert: *Der Mann ohne Eigenschaften*. Rowohlt. Berlin. 1939-43.
- Reich-Ranicki, Marcel: »Auf gut Glück getrommelt«. In: *DIE ZEIT*. Ausgabe vom: 1.1.1980.
- Patrick Roth: *Die Nacht der Zeitlosen*. Suhrkamp. Frankfurt. 2001.
- Vargas, Llosa: »Die Kunst der Lüge«. In: *Gegen Wind und Wetter*. Übers. v. Wehr, Elke. Suhrkamp. Frankfurt. 1988.
- Walser, Martin: *Meßmers Gedanken*. Suhrkamp. Frankfurt. 1985.

Günter Grass

Vita
*16.10.1927 Danzig-Lanfuhr
1944   Einberufung
1945-46   Amerikanische Kriegsgefangenschaft
1948-52   Studium der Bildhauerei und Grafik an der Kunstakademie Düsseldorf und hernach der Bildhauerei an der Hochschule für Bildende Künste in Berlin
1954   Heirat mit Anna Schwarz
1961-72   Unterstützung des SPD-Spitzenkandidaten Willy Brandt
1965   Georg-Büchner-Preis
1975   Reise nach Indien

1983   Präsident der Berliner Akademie der Künste
1999   Nobelpreis für Literatur
2012   Löst mit dem Gedicht *Was gesagt werden muss* eine breite Diskussion aus

Werke
1959   Die Blechtrommel
1961   Katz und Maus
1966   Die Plebejer proben den Aufstand
1977   Der Butt
1979   Das Treffen in Telgte
2002   Im Krebsgang
2006   Beim Häuten der Zwiebel

Gabriel García Márquez oder
Der Geruch der Guayave

1967, acht Jahre nach der Blechtrommel, erscheint in Kolumbien ein Buch, das die internationale Romankultur auf grandiose Art stimulieren und anregen wird: auf so unwiderstehliche Art, dass es sinnvoll, notwendig erscheint, es hier nicht als Fremdkörper, sondern als Fremderfahrung zu besprechen.

Fremdes sehen, um die eigene Position präziser zu fassen – wer würde daran zweifeln, dass dieses scheinbare Gegeneinander, dass sogar nur dieses scheinbare Gegeneinander Sinn macht? Das Welt-Kultur-Erbe Europäischer Roman expandierte im Gefolge der Kolonisation – Amerika, Südamerika – und wirkte auf den europäischen Roman zurück. Das internationale Literaturnetz ist ohne Namen wie Flaubert, Kafka, Joyce nicht denkbar: Ebenso wenig wie ohne Faulkner, Hemingway, Borges oder Márquez.

›Latein plus Amerika‹ – bereits der Name spricht für sich – ist eine Chiffre für kulturelle Überlagerungen christlicher europäisch-spanischer Eroberer und indianisch-indigener Einwohner. In seiner Rede zur Verleihung des Nobel-Preises 1982 (auf dem Höhepunkt des internationalen ›Lateinamerika-Literatur-Booms‹) skizziert Gabriel García Márquez ein Bild, das den Reichtum dieser plurikulturellen Mischung, aber auch deren Asymmetrien, Verwerfungen und Brüche zeigt: Dies beginnt mit abstrusen Fremdbildern und grotesken Verzeichnungen aus den Federn der europäischen Entdecker, deren Reiseberichte sich häufig wie Inventarlisten eines gigantischen Monstrositäten- oder Abnormitäten-Kabinetts lesen. Es ist, als ob die Auswüchse und Exzentritäten, der gesamte imaginative Extremismus Alteuropas sich überseeisch in sein mythisches Eldorado gesucht hätte: all unsere Schreckensvisionen, Tabuzonen, Träume und Traumatisierungen sind sozusagen ins Exil gegangen und dort aufs Tropischte gediehen. Nicht, dass es hierzukontinente keine ›Schule der Diktatoren‹ gäbe und aus ihr herausragende Exemplare dieser Spezies hervorgegangen wären. Nirgends aber ist literarisch die Pro-Kopf-Dichte dieser Irrsinnspotentaten so dicht und ihre Beschaffenheit so irrwitzig wie in Lateinamerikas Literaturen: gesteigerte Paraphrase und Farce des europäischen Totalitarismus:

General Antonio López de Santana, der dreimal Diktator von Mexiko war, ließ für sein rechtes Bein, das er im sogenannten Pastetenkrieg verloren hatte, eine prächtige Beerdigung veranstalten. General Gabriel García Morena regierte Ecuador sechzehn Jahre lang als absoluter Alleinherrscher; bei der Totenwache saß sein Leichnam in Galauniform und einem Küraß aus Orden auf dem Präsidentensessel. General Maximiliano Hernández Martínez, der theosophische

Despot von El Salvador, der in einem barbarischen Gemetzel dreißigtausend Bauern ausrotten ließ, hatte ein Pendel zum Entdecken vergifteter Nahrungsmittel erfunden und ließ die Straßenlampen mit rotem Papier überziehen, um eine Scharlachepidemie zu bekämpfen. Das auf dem Hauptplatz von Tegucigalpa errichtete Denkmal für General Francisco Morazán ist in Wirklichkeit ein in Paris auf einem Lagerraum für gebrauchte Skulpturen entstandenes Standbild eines französischen Marschalls. (8. Dezember 1982, Nobelpreis-Rede)

Die von Márquez angeführten Beispiele ließen sich mühelos ergänzen, erweitern – übertragen, selbstverständlich auch auf Europa. Lateinamerika waren unsere literarischen ›killing fields‹ gewesen. Jedenfalls in den Siebzigern/ Achtzigern, als Europa noch blockweise geordnet schien und sogenannte ›Kulturkriege‹ kaum Beachtung fanden. Márquez warnt:

Die Deutung unserer Wirklichkeit mithilfe fremder Schemata trägt nur dazu bei, uns immer unbekannter, immer unfreier, immer einsamer zu machen. Vielleicht wäre das ehrwürdige Europa verständnisvoller, wenn es uns in seiner eigenen Vergangenheit zu sehen versuchte. Wenn es sich daran erinnerte, dass London 300 Jahre benötigte, um seine erste Mauer zu bauen und weitere 300 bis es einen Bischof bekam, dass Rom sich zwanzig Jahrhunderte in der Finsternis der Ungewissheit herumschlug, bevor ein etruskischer König es in die Geschichte einführte. Dass noch im 16. Jahrhundert die friedfertigen Schweizer von heute, die uns mit ihrem milden Käse und ihren unbestechlichen Uhren ergötzen, als Glücksritter Europa mit Blut überzogen. Noch in der Hochrenaissance plünderten und verwüsteten zwölftausend Landsknechte im Sold der kaiserlichen Heere Rom und metzelten achttausend seiner Einwohner nieder.

Márquez' Mahnung, die Deutung der lateinamerikanischen Wirklichkeit nicht mit fremden Schemata durchzuführen, ist also mit zweifacher Blickrichtung zu lesen. Zum einen dergestalt, dass dem Spezifischen der dortigen Lebenssituation natürlich Rechnung getragen werden sollte, zum anderen aber auch in der Weise, dass die hauchdünne Zivilisationskruste des europäischen Selbstverständnisses (die schlimmsten Genozide erwähnt Márquez taktvollerweise noch gar nicht) in diesen interkulturellen Leseprozess miteinbezogen werden sollten. Erst auf der Basis dieser Doppeloptik wird der Atem der Diktatur konkret spürbar, nicht nur als Exotikum. Narkotikum, sondern latente Gefahr.

Der Nobelpreisträger des Jahres 1982 zitiert William Faulkner, Thomas Mann und Pablo Neruda, um einen angemessenen Blickwinkel zu bestimmen und die Funktion seiner Arbeit zu umreißen:

An einem Tag wie heute sagte mein Meister William Faulkner an diesem Ort: »Ich weigere mich, das Ende des Menschen hinzunehmen.« Ich hielt mich nicht für würdig, an diesem Platz zu stehen, den er innehatte, wäre mir nicht voll bewusst, dass zum ersten Mal seit dem Ursprung der Menschheit das gewaltige

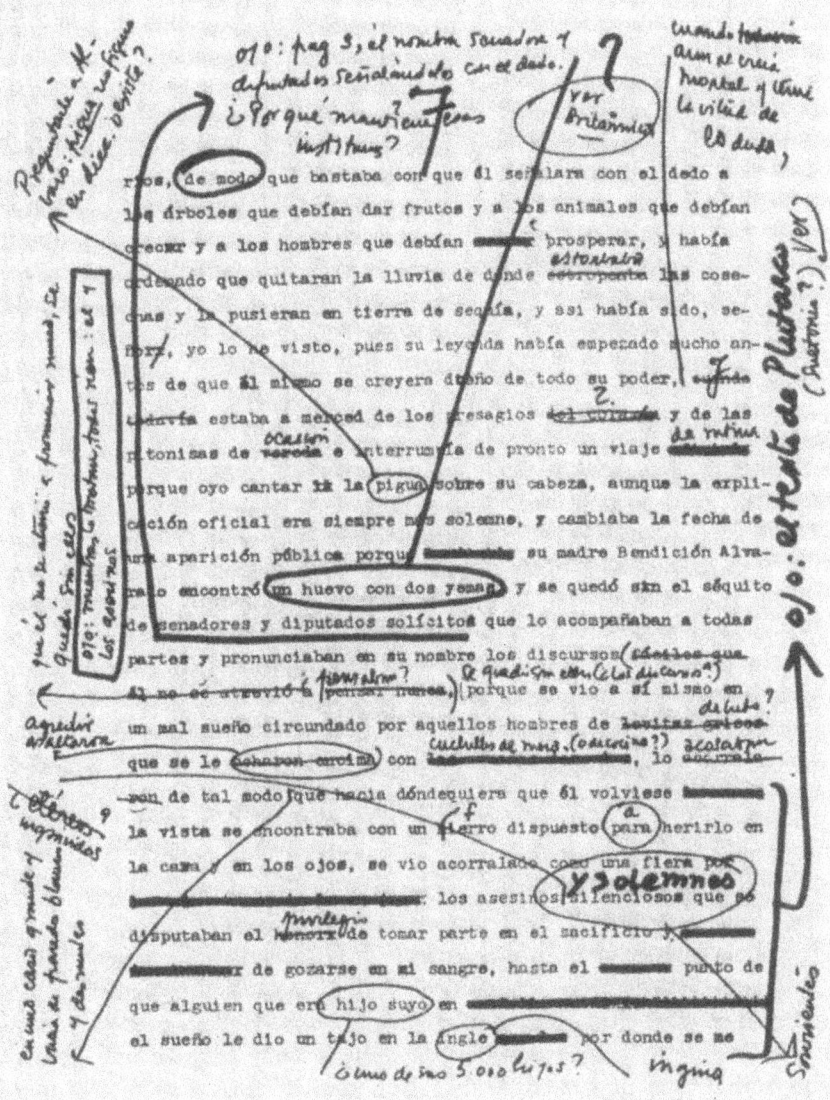

Verhängnis, das hinzunehmen Faulkner sich vor zweiunddreißig Jahren weigerte, nunmehr nicht weiter ist als eine schlichte wissenschaftliche Möglichkeit. Angesichts dieser überwältigenden Wirklichkeit, die die ganze Menschheitsgeschichte hindurch wie eine Utopie erscheinen musste, glauben wir Erfinder von Erzählungen – und wir glauben alle, dass wir das Recht haben, dies zu glauben

–, dass es noch nicht zu spät ist, eine Gegenutopie in Angriff zu nehmen. Die neue mitreißende Utopie eines Lebens, bei dem niemand – bis zur Art des Todes – über einen anderen entscheiden darf, eines Lebens, in dem Liebe wirklich wahr und Glück möglich ist und in dem die zu hundert Jahren Einsamkeit verurteilten Sippen endlich und für immer eine zweite Chance auf Erden bekommen.

Plädoyer für eine zweite Chance

Mit dem Einklagen einer »zweiten Chance« schließt Gabriel García Márquez unmittelbar an das Ende seines – im wahrsten Wortsinn – Jahrhundertromans um hundert Jahre Einsamkeit in der karibisch-kolumbianischen Provinzstadt Macondo an: Dort wird im Schlusssatz definitiv festgestellt, »dass alles [...] Geschriebene seit immer und für immer unwiederholbar war, weil die zu hundert Jahren Einsamkeit verurteilten Sippen keine zweite Chance auf Erden bekamen.« Diese niederschlagende Erkenntnis bildet, wie gesagt, die Schlusskadenz des Romans und der dies feststellt, tut dies nicht einfach aus einer tristen Gemütsverstimmung heraus. Es ist ein paar Sekunden vor zwölf und der letzte Buendia liest dieses unabänderliche Urteil im Buch der Familien-, Sippengeschichte. Eine zweite Chance wird es nicht geben.

Was für den einzelnen das Ende bedeutet, ist für das Kollektiv ein Appell zur Weiterarbeit. Zu Recht spricht Márquez deshalb von der »zweiten Chance«, die es geben könne und müsse: der Chance einer eigenen Sehweise auf sich selbst, der Chance auf Selbstverständnis und eigene Geschichte, auf eine eigene Ästhetik, Poetik, Lebensform. Selbst-Bewusstsein ohne Hochmut, aber auch ohne Minderwertigkeitskomplex; das ›Mestizentum‹ als komplexe Lebensform ohne Paria- und Abwertungsreflex – all dies sind Elemente einer poetisch-politischen Agenda, an der die lateinamerikanische Literatur nicht erst seit Márquez Anteil hat. Sie liefert die Prosaepopöe, den Selbstverständigungs- und Selbstrepräsentations-Text, der aus dem Nebeneinander von Einzelfiguren ein Ganzes werden lässt, den banalen Vorkommnissen Sinngebungen zuordnet; die Muster und Farben, Klänge und Geschmacksstrukturen wiedererkennbar ausformt, ausformuliert, wiederholt und dadurch in kommunikativen Umlauf setzt. Der Roman kann auch in diesem Sinne politisch sein, in dem er kollektives kulturelles Gedächtnis schafft, kolportiert, speichert: ohne nationales Geklimpere, ohne große Symbolhaftigkeit und direktes politisches Engagement im Text.

Die eigene Art authentisch zur Kenntlichkeit zu bringen – damit ist bereits viel geleistet. Zur eigenen Art gehört in der Literatur vor allem die eigene Stimme, ohne allzu viel konventionellen Nebenklang. Dieser eigene Klang darf nicht aufgesetzt sein und – auf der anderen Seite – nicht naiv. Zwischen dem

›Konstruierten‹ und dem ›Authentischen‹ sich literarisch unfallfrei zu bewegen gehört zum Schwierigsten. Márquez hat sich die Position nicht (nur) naturtalentartig erspürt, sondern reflektierend erarbeitet. Ein Eindruck, den selbst seine kleine biographische Skizze, sein *Selbst* 1966 auf witzige Art vermittelt:

Dichtung und Wahrheit

Autobiographische Notiz (1966)
Ich, mein Herr, heiße Gabriel Garcia Márquez. Tut mir leid: Mir gefällt der Name auch nicht, denn er ist eine Aneinanderreihung von Gemeinplätzen, die ich nie so recht mit mir in Verbindung bringen konnte. Ich bin vor fast 40 Jahren in Aracataca, Kolumbien, geboren und habe es noch nicht bereut. [...]
Ich bin Schriftsteller aus Schüchternheit. Mein eigentlicher Beruf ist Taschenspieler, aber der Versuch, einen Trick hinzukriegen, bringt mich jedes Mal so durcheinander, dass mir nichts anderes übriggeblieben ist, als mich in die Einsamkeit der Literatur zu flüchten. Mit beiden Tätigkeiten erreiche ich jedoch das, was ich für mich seit meiner Kindheit allein wichtig ist: dass meine Freunde mich lieber mögen.
Schriftsteller zu sein, ist für mich ein außerordentliches Verdienst, da mich das Schreiben wahnsinnig schafft. Ich habe mich einer unmenschlichen Disziplin unterwerfen müssen, um in acht Arbeitsstunden eine halbe Seite zu Papier zu bringen. Ich prügele mich mit jedem einzelnen Wort, und doch verliere ich meistens. Aber ich bin so halsstarrig, dass ich in zwanzig Jahren immerhin vier Bücher veröffentlicht habe. Mit dem fünften, an dem ich zur Zeit schreibe, geht es langsamer voran, als mit den anderen, da mir zwischen Gläubigern und Nervenanfällen nur wenig Zeit zum Schreiben bleibt.
Über Literatur spreche ich nie, da ich gar nicht weiß, was das ist, und außerdem sicher bin, dass die Welt ohne sie nicht anders wäre, als sie ist. Ich bin dagegen sicher, dass sie vollkommen anders wäre, wenn es keine Polizei gäbe. Darum glaube ich auch, dass ich der Menschheit einen größeren Dienst erwiesen hätte, wenn ich anstatt Schriftsteller Terrorist geworden wäre.
Immerhin erwuchsen aus dieser Grundhaltung Bücher wie:
Der Oberst hat niemand, der ihm schreibt. Roman. 1961.
Das Leichenbegängnis der Großen Mama. Erzählungen. 1962.
Unter dem Stern des Bösen. Roman. 1961.
Hundert Jahre Einsamkeit. Roman. 1967.
Chronik eines angekündigten Todes. Roman. 1981.
Es mag überraschend sein, dass ein Autor wie Márquez bei all seiner narrativen Opulenz und Produktivität davon spricht, dass das Schreiben »ihn schaffe«.

Mir ist die Aussage ein Beleg für die Formel ›Einfall‹ und ›Arbeit‹, die hier um die Kategorie ›Erfahrung‹ erweitert werden muss. Wie übrigens auch bei den meisten anderen unserer Autoren, wie bei Proust, Joyce, Grass, um nur diese zu nennen, die einige Grunderfahrungen, man könnte auch sagen, höchstpersönliche Empfindlichkeiten, Idiosynkrasien ins Zentrum ihrer Arbeit rücken. Und Arbeit ist es in der Tat, wenn in das zunächst amorphe Material persönlicher Erfahrungen literarische Gerüste, Böden (zumeist doppelte), Brechungen eingebaut werden. Wenn also das Eigene verfremdet, verdichtet wird.

Viele leben bei ihren Großeltern, wachsen dort auf. Wer aber kommt wie Gabriel García Márquez darauf, die Eigenart der Großmutter, Doña Tranquilina, keine Grenze zwischen Lebenden und Toten zu ziehen und phantastischte Dinge wie alltägliche Vorgänge zu erzählen, poetologisch umzusetzen? Sie als Erzähltechniken zu verwenden und zum Beispiel den längst verstorbenen Ahnen ohne viel Gespenstergehabe ganz selbstverständlich in seinem Arbeitszimmer auftreten und Dialog führen zu lassen. Wer käme darauf, die patriarchale Erscheinung des Großvaters, der wieder und immer wieder von den Bürgerkriegen zwischen den Liberalen und Konservativen um 1900 erzählte, zum imaginativen bildhaften Eckpfeiler des ganzen Romans werden zu lassen? Aus einem Gespräch zwischen Gabriel García Márquez und einem Kollegen heißt es:

P. A. M.: Und welches Bild hat dir als Ausgangspunkt für Hundert Jahre Einsamkeit vor Augen gestanden?

G. G. M.: Ein alter Mann, der ein Kind mitnimmt, um das Eis kennen zu lernen, das als Sehenswürdigkeit im Zirkus ausgestellt ist.

P. A. M.: Das war dein Großvater, Oberst Márquez?

G. G. M.: Ja.

P. A. M.: Das ist also der Wirklichkeit entnommen?

G. G. M.: Nicht direkt, aber sicher davon inspiriert. Ich weiß noch, wie mich mein Großvater in Aracataca, wo wir damals wohnten, als kleines Kind in den Zirkus mitgenommen hat, um mir zu zeigen, wie ein Dromedar aussieht. Als ich ihm an einem anderen Tag sagte, ich hätte noch nie Eis gesehen, nahm er mich zur Niederlassung einer Bananengesellschaft mit, ließ eine Kiste mit gefrorenen Seebrassen öffnen und mich die Hand darauf legen. Von diesem Bild geht das ganze Buch Hundert Jahre Einsamkeit aus.

P. A. M.: Also hast du im ersten Satz zwei Erinnerungen zusammengebracht. Wie heißt er noch genau?

G. G. M.: Viele Jahre später sollte der Oberst Aureliano Buendía sich vor dem Erschießungskommando an jenen fernen Nachmittag erinnern, an dem sein Vater ihn mitnahm, um das Eis kennen zu lernen.

Eis und prähistorische Eier

Was für ein einfacher Satz. Dennoch ist er bestimmend für den gesamten folgenden Erzählduktus: dramatischer historisch-politischer Fluchtpunkt, Zielpunkt und konkreteste Kindheitserinnerung in einem: ein Zeitbogen, der die Zeitdistanz einfach aufhebt und Tragisches und Banales so selbstverständlich miteinander in Verbindung bringt, dass man die überprüfende Neugier hierüber beiseitesetzt, fast vergisst, darüber erstaunt zu sein und schon Bestandteil der fremden Denkwelt geworden ist. Und noch zwei Sätze; wir sind in den Tropen, fühlen uns verwandt mit der Empfindungswelt von dort und von damals:

Macondo war damals ein Dorf von zwanzig Häusern aus Lehm und Bambus am Ufer eines Flusses mit kristallklarem Wasser, das dahineilte wie durch ein Bett aus geschliffenen Steinen, weiß und riesig wie prähistorische Eier.

Und wieder taucht solch eine Authentizitätsmarkierung auf: Steine wie prähistorische Eier, eines der frühen Bilder aus den Erkundungen mit dem Vor-Erzähler, dem Vater in den Kindertagen des Autors, aber eben auch, und hier verlässt der Roman die Bahn des bloß Persönlichen, den Kindertagen Macondas, des imaginär-konkreten Ortes in den Steppen der Erinnerung. Damals, so heißt es, damals »war die Welt noch so jung, dass viele Dinge noch des Namens entbehrten«. Oder, »die Dinge ihr Eigenleben hatten«, wie einer der jährlich vorbeiziehenden Zigeuner es ausdrückt: Melchíades, eine Figur, die im Weiteren noch eine sehr wichtige Rolle spielen wird. Keine zwei Seiten und schon alle Figuren gesetzt, Raum- und Zeitkoordinaten gespannt. Aureliano Buendía, der Junge, José Arcadio Buendía, sein experimentierfreudiger Vater, Ursula Iguaran, seine Frau; Melchíades, der rätselhafte Zigeuner. Das Dorf als Mikrokosmos, Universum, Nabel der Welt. In der Tiefe der stillstehenden, kreisförmigen Zeit.

Das Verlagshaus Editorial Sudamericana (Buenos Aires), das das Buch 1967 herausbrachte, war trotz positiver Vorkritiken vom stupenden Erfolg einigermaßen überrascht, dass das Buch nach zwei Wochen ausverkauft war und zwar ohne vorbereitende Werbe- und Presseaktion. Der spontane Erfolg hängt sicher auch mit der angedeuteten Direktheit, Unmittelbarkeit, Offenheit zusammen. Das Buch verlangt nicht nach dem sogenannten ›gebildeten Leser‹, auch naive Neugier nach Geschichten wird befriedigt. Márquez erzählt Hunderte zum Teil bizarrer, witziger Geschichten und lässt daraus Geschichte entstehen. Zunächst und auf der ersten Ebene Familiengeschichte, eben die von sieben Generationen der Familie Buendía. Deren Geschichte wiederum fällt zusammen mit der Geschichte Macondos von der Gründung bis zum Untergang. Diese Stadtgeschichte wiederum steht als ein Paradigma für den ganzen lateinamerikanischen Raum, ja für die ganze Welt; wie jeder gute Roman enthält auch dieser, so Márquez, ein ›Welträtsel‹.

Die Gründer Macondos, José Arcadio Buendía und Ursula Iguaran, entstammen Familien, die schon seit Generationen untereinander geheiratet haben, eine Art privatisierter Erbsünde mit ständiger Angst vor der Geburt schweineschwänziger Monstren, vital und traumatisiert, ›normal‹ und exzentrisch zugleich. José Arcadio, manisch forschender, in allen Elixieren dilettierender Privatgelehrter, ständig auf der Suche, Geheimnisse des Universums zu entschlüsseln (Philosophie, Eis, Magneten, Planeten, die Erde, die Sterne ...); zusammen mit seinem Mephisto Melchíades stellt er eine philosophisch-teleologische Zeitbombe dar, ein düster zerfressenes, von poetischem Grünspan überzogenes irrealreales Doppel zwischen Magie, Wahn, Verrücktheit, Komik und Banalität. Die bodenständig-pragmatische Ursula, die den Raum der beiden verrückten Professoren in dem Moment betritt, in dem Melchíades in seiner Zerstreutheit gerade eine Flasche Quecksilberbichlorid fallen lässt, wird den Experimenten dieser ›Alter forscht‹-Aktivisten suspekt gegenüberstehen, während die Kinder, darunter eben auch jener kleine, damals kaum fünfjährige Aureliano, den wir bereits im ersten Satz als reifen Oberst Sekunden vor seiner vermeintlichen Erschießung kennenlernen konnten, während dieser von den Gesprächen und phantastischen Erzählungen José Arcadios und Melchíades' für immer geprägt sein wird. Auch von jener unverwechselbaren Vermischung von Erhabenheit und Lächerlichkeit, die jeden Auftritt des Magiers umweht: und als ›Erinnerungserbe‹ Generationen von Buendías tradiert werden wird:

sein ganzes Leben nicht mehr vergessen, wie Melchíades an jenem Nachmittag vor der metallisch schillernden Helligkeit des Fensters saß und mit seinem tiefen Orgelbass die dunkelsten Gebiete der Einbildungskraft erhellte, während die in der Hitze geschmolzene Pomade von seinen Schläfen troff.

Gerade am Beispiel der Melchíades Figur lässt sich das ›Verfahren Márquez‹ gut beschreiben. Denn

als die Zigeuner wiederkehren, ist ihr Anführer, der alte Melchíades, auf mysteriöse Weise verjüngt. Das hat eine banale Erklärung, er hat ein künstliches Gebiß, das er vor den schaudernden Betrachtern aus dem Mund nimmt, wobei er jäh altert, um dann wieder in jugendlicher Frische zu erstrahlen. Da der Autor zur Beschreibung dieses Vorgangs zwar nicht die Perspektive, aber doch die Bewusstseinslage der Zuschauer in Macondo wählt, ersteht auch vor dem Leser der personifizierte Mythos der ewigen Jugend.

So dilettantisch, rührend und skurril das Welt-Laboratorium (in) Macondo auch immer wirken mag – es enthält alle Ingredienzien einer realen Utopie: Macondo wird geographisch, topographisch positioniert, seine Vorgeschichte wird erforscht (Francis Drake 16. Jahrhundert), Neuerungen werden eingeführt – langsam tritt Macondo in die Geschichte ein; Macondo-Brasilia: gigantische Projekte der juvenilen Monopole werden entworfen – den Ort durch die Massenfabrikation von Eisblöcken in eine fast europäisch anmutende Stadt zu verwandeln, in der alles möglich scheint, besonders nachdem Ursula auf der Suche nach einem verschwundenen Sohn zwei Tagreisen von Macondo die Zivilisation entdeckte und ganze Wagenladungen von ›Maschinen des Wohlstands‹ einfach mitbrachte: unter der Losung ›ordem e progresso‹ entfaltet sich ein erster Wirtschaftswunderschub. An dessen Ende steht, was auch in weniger tropischen Regionen wie der unseren nach Phasen ungebremster Entwicklung einzutreten pflegt: eine Art von »vergangenheitslosem Stumpfsinn«. Anfangs lacht sich Gründervater José Arcadio Buendía noch halbtot, weil er findet, es handle sich hier um eine der zahllosen vom eingeborenen Aberglauben erfundenen Gebrechen. Erst als die Symptome der »Schlaflosigkeitskrankheit«, in deren Gefolge der Gedächtnisverlust eintritt, sich steigern, beginnt man das Phänomen ernst zu nehmen und zu versuchen, der kollektiven Veralzheimerung durch Beschriftung der Dinge zu entgehen. Aureliano, nun schon etwas erwachsener, tut sich aufgrund seines Organisationstalents in einer Art Einsatztruppe gegen den Gedächtnisschwund hervor. Da er als einer der ersten von dem Leiden heimgesucht worden war, hatte er

als erfahrener Schlafloser die Silberschmiedekunst bis zur Vollkommenheit erlernt. Eines Tages suchte er das kleine Eisending, das er zum Auswalzen des Metalls verwendete, und besann sich nicht mehr auf dessen Namen. Sein Vater nannte ihn ihm: >Amboß<. Aureliano schrieb den Namen auf einen Zettel und klebte ihn an den Fuß des kleinen Eisendings: Amboß. So war er gewiss, ihn zukünftig nicht wieder zu vergessen. Dabei fiel ihm nicht auf, dass dies der erste Ausdruck des Vergessens war, weil der Gegenstand einen schwer zu behaltenden Namen besaß. Doch wenige Tage darauf entdeckte er, dass es ihm schwerfiel, sich an nahezu alle Dinge des Laboratoriums zu erinnern. Dann bezeichnete er sie mit dem entsprechenden Namen, so dass er nur die Beschriftung lesen zu brauchte, um sie benennen zu können. Als sein Vater ihm seine Bestürzung darüber mitteilte, er habe sogar die eindrucksvollsten Begebenheiten seiner Kindheit vergessen, erklärte Aureliano ihm seine Methode, und José Arcadio Buendía wandte sie im ganzen Haus an und machte sie später für das ganze Dorf zur Pflicht. Mit einem tintenfeuchten Dorn beschriftete er jedes Ding mit seinem Namen: Tisch, Stuhl, Uhr, Tür, Wand, Bett, Topf. Er ging in den Pferch und zeichnete alle Tiere und Pflanzen: Kuh, Ziegenbock, Schwein, Huhn, Jukka, Malanga, Bananenbaum. Nach und nach wurde ihm beim Studium der unendlichen Möglichkeiten des Vergessens bewusst, dass man die Dinge eines Tages zwar an ihren Inschriften erkannte, sich jedoch vielleicht nicht mehr an ihre Nützlichkeit erinnerte. Nun wurde er genauer. Das Schild, das er der Kuh um den Hals hing, wurde ein Vorbild für die Art und Weise, nach der Macondos Bewohner gegen das Vergessen anzukämpfen gewillt waren: Das ist die Kuh, die man jeden Morgen melken muss, damit sie Milch gibt, und die Milch muss man aufkochen, um sie mit Kaffee zu mischen und damit Milchkaffee zu machen. So lebten sie in einer schlüpfrigen Wirklichkeit dahin, die sie vorübergehend mit dem Wort festhielten, die ihnen jedoch unrettbar entglitt, sobald sie den Wert des geschriebenen Buchstabens vergaßen.

Nicht genug damit. Aureliano konzipiert die Entwicklung einer ›Gedächtnismaschine‹, deren Prinzip darin bestehen sollte, jeden Morgen die Gesamtheit der im Leben erworbenen Kenntnisse als eine Art drehbares Wörterbuch Revue passieren zu lassen, um so den ›Zitterboden des Vergessens‹ allmählich unbeschadet wieder verlassen zu können.

Gottesbeweise und Schlaflosigkeit

Da trifft es sich gut, dass ein Elixier der Erinnerung verabreicht werden kann, um die Drohung des »Vergessens des Todes« noch einmal zu therapieren. Doch schon machen sich andere Vorboten der Zivilisation störend bemerkbar: Regierungsbeamte, Landrichter, Friedhofsverwaltungen, automatische Pianolas klimpern durch leere Palazzi, im Laboratorium tanzt eine aufziehbare Tänzerin drei Tage und Nächte, das Daguerrographie-Kabinett zerfällt zu Staub, und die Zeitmaschine fällt auseinander, José Arcadio läuft aus dem Ruder, Aureliano heiratet Remedios, Pater Nicanor beweist die Existenz Gottes, indem er seine Visitationen genau zwölf Zentimeter über dem Boden schwebend durchführt, und die Politik dringt in das friedliche Gefüge des Stadtstaates Macondo ein. Wahlen werden abgehalten. Wahlen werden gefälscht, Grausamkeiten ereignen sich. Aureliano wird zu Oberst Aureliano B. Als er die Einschüchterung des Dorfs durch Polizei und Soldaten miterlebt und Zeuge wird, wie sein Schwiegervater, der Amtsrichter, die Wahlzettel der Liberalen verschwinden lässt, stellt der bisher Unpolitische sich an die Spitze der Liberalen. Als deren Führer wird er zur legendären Gestalt, wie einst der historische General Uribe Uribe, von dem der Großvater dem kleinen Gabo erzählt hatte.

Oberst Aureliano Buendía zettelte zweiunddreißig bewaffnete Aufstände an und verlor sie allesamt. Er hatte von siebzehn verschiedenen Frauen siebzehn Söhne, die einer nach dem anderen in einer einzigen Nacht ausgerottet wurden ... Er entkam vierzehn Attentaten, dreiundsiebzig Hinterhalten und einem Erschießungskommando ... Er lehnte den Verdienstorden ab, den der Präsident der Republik ihm verleihen wollte ... Das einzige, was von dem Ganzen zurückblieb, war eine nach ihm benannte Straße in Macondo.

Bis er zu dem »von der Regierung meistgefürchteten Mann« wird, macht der verschlossene Jüngling, der schon vor seiner Geburt im Bauch der Mutter geweint hat, eine Wandlung durch, deren Motor die Empörung ist. Die Macht, die ihm schließlich zuteilwird, führt jedoch zu einer Entfremdung von den Zielen, für die er zu kämpfen glaubte, und damit zur Selbstentfremdung. Die Einsamkeit wird zum Stigma, als dessen Ursache seine Mutter Ursula die Unfähigkeit zur Liebe erkennt. Später sollte García Márquez auf die Frage, was denn geschehen wäre, wenn Aureliano seine Kriege gewonnen hätte, antworten, es wäre die Geschichte eines Patriarchen geworden: eines lateinamerikanischen Diktators auf dem Gipfel der Macht und damit der Einsamkeit – der Protagonist seines nächsten Romans. Aureliano Buendía aber kehrt nach der Kapitulation von Neerlandia und einem missglückten Selbstmordversuch nach Macondo und in seine Werkstatt zurück, um fortan unbeirrt Goldfischchen zu schmieden.

Wieder eine dieser dürrleibigen Inhaltsberichte, die nichts Wesentliches besagen und doch nötig sind, um die Orientierung im Geflecht der dauernd hereinprasselnden unterschiedlichsten Geschehnisse nicht zu verlieren. Und die Orientierung fällt in Anbetracht der Namensfülle und Ähnlichkeit nicht immer leicht und soll wohl auch nicht immer leicht fallen, um den Eindruck des linearen Fortschreitens zu unterlaufen und jenes eigentümliche Kreisen in die Erzählstruktur einzuschreiben. Ein anderes Hilfsmittel hierzu sind auch regelmäßig auftauchende Situationen. Momente, Bilder, die sich in das Leserbewusstsein eingraben und klammerartig die Zeitschichten aneinander binden. So etwa jener Augenblick vor dem Erschießungskommando, der den Eingangssatz bildete und der, obwohl noch viele Jahre weit entfernt, sich immer wieder erzählerisch aufbaut in der Art einer »Chronik eines angekündigten Todes«, eines Todes nach Ansage, auf den alles unabweislich hinzuleben scheint; ob bei der Hochzeit, zu der

Aureliano ganz in Schwarz und in denselben mit Metallhaken versehenen Lackstiefeln erscheint, die er wenige Jahre später vor dem Erschießungskommando tragen sollte.

Oder ob im Zusammenhang irgendeines Gefühls, einer Warnung, die er jetzt, »wenige Monate vor dem Erschießungskommando« wieder durchleben sollte. Gleich einer Warnung; einer Warnung vor ›schicksalhaften Gefühlen‹ oder Determinismus-Sog. Wer dann wirklich vor ein Kriegsgericht kommt und an der Friedhofsmauer erschossen wird, ist dann nicht Aurelio, sondern Bruder Arcadio:

Der Hauptmann gab Befehl zum Feuern. Arcadio fand kaum Zeit, die Brust zu blähen und den Kopf zu heben, ohne zu begreifen, woher die glühende Flüssigkeit floss, die ihm die Oberschenkel verbrannte. Cornudos, Hahnreie! schrie er. »Viva el partido liberal.«

Zu spät. Zu spät auch für die anderen. Im Mai endete der Krieg. Oberst Aurelio Buendía fällt in Gefangenschaft. Mit ihm sein Schatten, Oberst Gerineldo

Márquez. Der Name dürfte wohl nicht ganz zufällig so lauten. Die Situation, die lange geprobte Situation ist da.

Er stand mit dem Rücken zur Mauer und stemmte die Hände in den Gürtel, weil die blühenden Knoten in den Achselhöhlen ihn daran hinderten, die Arme fallen zu lassen. »Sich so ficken lassen!« brummte Oberst Aureliano Buendía. »Sich so ficken lassen, dass man von sechs Hinterladern umgelegt wird, ohne einen Finger rühren zu können!« Er wiederholte es mit einer Wut, die fast wie Inbrunst klang, und Hauptmann Roque Fleischer befiel Rührung, weil er glaubte, er bete. Als das Kommando auf ihn anlegte, hatte sich seine Wut zu einer zähen, bitteren Masse verdichtet, die seine Zunge lähmte und ihn zwang, die Augen zu schließen. Dann verschwand der Aluminiumglanz des Morgens, und er sah sich selbst als Kind in kurzen Hosen mit einem Band um den Hals, sah seinen Vater an einem wunderschönen Nachmittag, der ihn in ein Zelt führte. Er sah das Eis. Als er den Schrei hörte, glaubte er, es sei der Feuerbefehl. Er öffnete die Augen, mit eisdurchzuckter Neugierde darauf gefasst, die weißglühende Bahn der Geschosse zu sehen, doch er sah Hauptmann Roque Fleischer mit hocherhobenen Armen und José Arcadio, der die Straße mit seiner schrecklichen schussbereiten Muskete überquerte.

Von wegen Schicksal. Befreiung in letzter Sekunde. Aureliano wird noch gebraucht. Ein neuer Krieg steht ins Haus. Ein großer Krieg und die mythische Karriere des Oberst beginnt erst jetzt so recht. Er eilt von Niederlage zu Niederlage, seine Fehlschläge nehmen heroische Dimensionen an und werden immer imponierender. Schon geht die Kunde, er könne auf mehreren Schlachtfeldern zugleich verlieren. Nach sechzehn verlorenen Schlachten verkündet er die ›Mutter der Schlachten‹, den »Totalen Krieg gegen das Regime« – und hat Erfolg. Drei Monate später hält er in Macondo Einzug und kann den alten Kumpel Márquez in die Arme schließen. Triumph. Und Tod. Aber wieder erwischt es einen anderen, diesmal José Arcadio, und nie wird man ganz genau erfahren, was sich eigentlich abgespielt hat (Selbstmord oder Mord?), umso virtuoser dafür das WIE, die Spur des Verbrechens. Zweifellos, eine der schönsten Blutspuren der Weltliteratur:

Eine Blutspur drang unter der Türe hervor, durchquerte das Wohnzimmer, rann auf die Straße hinaus, wählte den kürzesten Weg zwischen den ungleichen Gehsteigen, floss kleine Treppen hinab und erklomm Steindämme, fuhr die ganze Türkenstraße entlang, bog rechts um eine erste, dann links um eine zweite Ecke, machte vor dem Haus der Buendías rechtsum, rieselte unter der verschlossenen Tür hindurch, durchglitt den Besuchssalon längs der Wände, um den Teppich nicht zu beflecken, lief durch das anliegende Wohnzimmer, beschrieb einen großen Bogen um den Esstisch, rückte in der Begonienveranda vor und gelangte ungesehen unter den Stuhl Amarantas, die gerade Aureliano José

Rechenunterricht gab, dann drängte sie sich in die Speisekammer und erschien in der Küche, wo Ursula gerade sechsunddreißig Eier für das Brot aufschlug.
»Ave Maria Purissima!« schrie Ursula.
Sie verfolgte den Blutfaden in entgegengesetzter Richtung, ging auf der Suche nach seinem Ursprung durch die Kornkammer, eilte durch die Begonienveranda, wo Aureliano José sang, dass drei und drei sechs seien und sechs und drei neune, durchschritt Esszimmer und beide Wohnzimmer, trat geradewegs auf die Straße hinaus, bog sofort nach rechts, dann nach links bis zur Türkenstraße, ohne daran zu denken, dass sie noch ihre Backschürze und ihre Hausschuhe anhatte, kam auf dem Platz heraus und betrat durch die Tür ein Haus, in dem sie nie gewesen war, machte die Tür zum Schlafzimmer auf, erstickte fast vom Gestank verbrannten Pulvers und fand José Arcadio mit dem Gesicht auf den Stiefeln liegen, die er gerade ausgezogen hatte, und hier sah sie die beginnende Spur des Blutes, das nicht mehr aus seinem rechten Ohr rann. Weder fand man eine Wunde an seinem Körper, noch war die Waffe aufzutreiben.

Surrealismus, ›magischer Realismus‹ – Hyperrealismus – wie immer die literarischen Etiketten heißen mögen: sie sagen eigentlich nichts aus. Unsere Kategorien sind ohnmächtig, greifen nicht, be-greifen genauso wenig wie wir selbst: dieses Blut fließt nicht aus Wunden und ist dennoch kein Wunder, es stinkt nicht zum Himmel und es schreit nicht zum Himmel, es ruft nicht nach Rache und befleckt keinen Mörder; es umrinnt Stuhlbeine und Gefühle, mäandert um Motive und Korridorecken herum und unter Türschwellen und sickert Gewissensschwellen durch. Es ist Materie pur, so rein, radikal und absolut, dass Kunstblut entsteht, keine Wandlung, ›nur‹ eine artistische Transformation des Zeichenkörpers, der sich aus dem europäischen Mimesis- oder Symbolgrab löst und als freier Kunststoff ästhetisch wiederaufersteht.

Magischer Realismus?

Mehrfach und nicht nur zu Beginn seiner Laufbahn hat Gabriel García Márquez sich zu den Grenzen und Möglichkeiten seines Verfahrens geäußert. Und immer wieder kreisen seine Überlegungen um den Punkt der Phantasie und ihrer Anbindung an die sogenannte ›Wirklichkeit‹:

Eines der Basiserlebnisse geht dabei interessanterweise auf Kafka zurück. Die Initialzündung zur Schriftstellerlaufbahn – wie gesagt, in Rückbindung an die eigene Großmutter. Kafka, so Márquez, habe

auf deutsch in derselben Art erzählt [...] wie meine Großmutter. Als ich mit siebzehn Jahren Die Verwandlung las, kam ich darauf, Schriftsteller zu werden. Ich sah, dass Gregor Samsa eines Morgens in einen riesigen Käfer verwandelt er-

wachen konnte, und sagte mir: »Ich wusste nicht, dass man das machen kann, aber wenn so etwas möglich ist, dann interessiert mich das Schreiben.«
[...]
Ich begriff plötzlich, dass es in der Literatur noch andere als nur die rationalistischen und sehr akademischen Möglichkeiten gab, die ich bis dahin in den Schulbüchern kennengelernt hatte. Es war, als hätte ich mich von einem Keuschheitsgürtel befreit. Mit der Zeit habe ich jedoch entdeckt, dass man doch nicht alles erfinden oder sich einbilden kann, wozu man gerade Lust hat, sonst läuft man Gefahr zu lügen, und Lügen wiegen in der Literatur schwerer als im wirklichen Leben. Trotz scheinbar größter Willkür gibt es dennoch Gesetze. Man kann das Feigenblatt des Rationalismus zwar ablegen, aber nur, wenn man nicht ins Chaos verfällt, in den vollkommenen Irrationalismus, [die Phantasie].
[...]
Weil ich glaube, dass die Einbildungskraft allein ein Werkzeug ist, um die Wirklichkeit herauszuarbeiten. Die Quelle der Kunst ist schließlich und endlich doch immer die Wirklichkeit, und die Phantasie, das heißt, die glatte Erfindung à la Walt Disney, ohne jede Anlehnung an die Wirklichkeit, ist das Abscheulichste, was es gibt.

Márquez weiter, offener, völlig unkartesianisch-antiaristotelischer Wirklichkeitsbegriff macht es ihm leicht, auf ›Phantasie‹ zu verzichten; Márquez auf den Einwurf, die europäischen Leser läsen den Roman nur auf der Seite der Magie der Dinge, nicht auf der Ebene dieser spezifischen angereicherten Wirklichkeit der Tropen:

Bestimmt, ihr Rationalismus hindert sie nämlich daran zu sehen, dass die Wirklichkeit sich nicht im Preis von Tomaten und Eiern erschöpft. Der Alltag in Lateinamerika beweist und, dass die Wirklichkeit voller außergewöhnlicher Dinge steckt. [...]
Ich kenne Leute aus dem einfachen Volk, die Hundert Jahre Einsamkeit sehr sorgfältig und mit Genuss gelesen haben, ohne sich dabei aber auch nur zu wundern, denn schließlich und endlich erzähle ich ihnen nichts, was nicht dem Leben gleicht, das sie führen.
P. A. M.: Dann hat also alles, was du in deinen Büchern schreibst, einen realen Ausgangspunkt?
[...]
G. G. M.: Es gibt in meinen Romanen keine Zeile, die nicht auf der Wirklichkeit beruht.
P. A. M.: Bist du sicher? In Hundert Jahre Einsamkeit passieren ziemlich außergewöhnliche Dinge. Remedios die Schöne steigt zum Himmel auf.
[...]
Anfangs hatte ich vor, sie im Flur des Hauses verschwinden zu lassen, aber diese fast filmische Lösung kam mir dann unangebracht vor. Jedenfalls blieb

Remedios einfach da, bis mir einfiel, sie mit Leib und Seele zum Himmel auffahren zu lassen. Das wirkliche Ereignis? Eine Frau, deren Enkelin im Morgengrauen entflohen war, hatte, um diese Flucht zu verheimlichen, beschlossen, das Gerücht in Umlauf zu setzen, sie wäre zum Himmel aufgefahren.

P. A. M.: Du hast irgendwo einmal erzählt, dass es dir nicht leichtgefallen sei, sie fliegen zu lassen.

G. G. M.: Nein, sie kam nicht hoch. Ich war verzweifelt, denn es gab keine Möglichkeit, sie aufsteigen zu lassen. Eines Tages kam ich, in Gedanken mit diesem Problem beschäftigt, in den Hof meines Hauses. Es ging ein starker Wind. Eine große und schöne schwarze Frau, die bei uns Wäsche wusch, versuchte, die Laken auf eine Leine zu hängen. Es gelang ihr aber nicht, der Wind trug die Wäsche fort. Da hatte ich eine Erleuchtung. >Das ist es<, dachte ich. Remedios die Schöne brauchte Laken, um in den Himmel aufzufahren. In diesem Fall waren die Laken das von der Wirklichkeit beigesteuerte Element. Als ich an die Schreibmaschine zurückkehrte, stieg Remedios die Schöne auf, stieg und stieg ohne Schwierigkeiten. Und nicht einmal Gott hätte sie aufhalten können.

Um den Beweis für das Funktionieren dieser narrativen Flugfähigkeit nicht schuldig zu bleiben, hier die entsprechende Stelle im Roman. Remedios, genannt »die Schöne«, neben den vitalen Frauen der Buendías und Macondos immer ein etwas steriles, melancholisches Schattenwesen, kühles Objekt diverser Begierden, geht der Gesellschaft verloren, kommt ihr abhanden, löst sich auf. Zuerst mental, dann körperlich, freilich auf besonders körperlose Art – eine Levitation, die Be-, Verwunderung auslöst, Neid, Verehrung, Misstrauen –, aber einfach ›stimmt‹:

»Fühlst du dich schlecht?« fragte sie.

Remedios die Schöne, die das Laken am anderen Ende hielt, lächelte mitleidig. »Im Gegenteil«, sagte sie. »Ich habe mich nie wohler gefühlt.«

Kaum hatte sie gesprochen, als Fernanda spürte, wie ein lichter Lufthauch ihr die Laken entriss und diese vollständig ausbreitete. Amaranta fühlte ein geheimnisvolles Zittern im Spitzensaum ihrer Röcke und wollte sich am Laken festklammern, um nicht zu fallen, genau in dem Augenblick, als Remedios die Schöne aufzufahren begann. Die fast völlig erblindete Ursula war die einzige, die genug Ruhe bewahrte, um die Natur dieses unvermeidlichen Windzugs zu erkennen; sie überließ die Laken der Laune des Lichts und blickte zu Remedios der Schönen auf, die ihr ein Lebewohl zuwinkte inmitten des Flatterns der Laken, die mit ihr aufstiegen, die mit ihr die Luft der Käfer und Dahlien verließen und mit ihr durch die Luft flogen, wo es kein Vier-Uhr-Nachmittags mehr gab und wo sie sich mit ihr für immer in den höchsten Sphären verloren, wo nicht einmal die höchsten Vögel der Erinnerung sie einholen konnten.

Aber soweit, dass Macondo sich Richtung himmelwärts auflösen würde, sind wir noch nicht. Es geht noch weitgehend diesseitig zu. Kopulationssüchtig, zeugungswütig sind sie fast alle, die Männer des Dorfes, und ziemlich empfänglichkeitsbereit die meisten der Frauen. Der alte Oberst nicht weniger als die jüngeren Enkel und Söhne, Kinder und Kegel, die sich allmählich, sämtlich mit einem Namensbündel irgendwo zwischen Aurelio-José-Aureliano behaftet und ähnlichen körperlichen Merkmalen (bei geringen Variationen im einzelnen), ausgestattet als clowneske Klongruppe um ihren Erzeuger scharen, selbst schon eine kleine Armee ...

Und die Kriege gehen weiter und weiter. Alles wird noch grausamer, noch sinnloser. Oberst Gerineldo Márquez sieht als erster, dass der Oberst Buendía, früher Freiheitskämpfer, seinerseits auf der Bahn ist, Diktator zu werden. »Nun sieht er aus, wie ein Mensch, der zu allem fähig ist«, Drillichuniform, Lehm und geronnenes Blut an den Schaftstiefeln, die Hand unablässig am Griff des automatischen Revolvers. Ein ›caudillo‹.

Keiner außer gelegentlich seine Huren kommt je näher als drei Meter an ihn heran. »Pass auf dein Herz auf«, warnt ihn Oberst Gerineldo Márquez, »Du verfaulst bei lebendigem Leibe«. Vergeblich. Der Sog der Machttrunkenheit, dazu der starke Panzer der Isolation, der Einsamkeit legt sich um den werdenden Patriarchen; und wieder, ganz von ferne taucht jetzt das alte Bild auf:

[Seine] einzigen glücklichen Augenblicke, seit dem fernen Nachmittag, an dem sein Vater ihn mitnahm, um das Eis kennen zu lernen, hatte er in der Werkstatt verbracht [...]. (S. 200)

Jetzt, Mitte des Romans in etwa, ist weniger Zeit denn je für glückliche Augenblicke. Nie war der Krieg größer als damals. Nie die Frustration stärker als es zur Kapitulation kommt. Aureliano erschießt sich. Das Geschoss findet jedoch einen so irrwitzigen Weg durch den Körper, dass nicht ein lebenswichtiges Zentrum verletzt wird. Kultfigur Aureliano wird auch noch zum Märtyrer, später zum patriotischen Vorzeigestück.

Ordem e Progresso

»Es ist, als machte die Zeit kehrt, als seien wir zum Anfang zurückgekehrt«, schreit Ursula aufgebracht, als sie merkt, dass nach dem Krieg – ihr militärischer Sohn ist in seine Goldschmiedewerkstatt zurückgekehrt – etwas Neues, ihr von den Anfängen her Vertrautes beginnt: der Aufbau, der Fortschritt, der Progress. Macondo tritt in die dritte Phase seiner Geschichte ein, die der neokolonialen Abhängigkeit unter dem Vorzeichen des US-Kapitals: Mit den amerikanischen ›fruit companies‹ und Bananengesellschaften kommen Eisenbahn, Fremdarbeiter, kommt (jener Laubsturm) das schnelle Geld, das die Sozialstruktur Macondos tiefgreifend verändert. Es ist die Stunde Aurelianos Segundos, der auch wieder – Macht der Gene – mit dem vor einer Ewigkeit verschiedenen Melchíades Kontakt aufnimmt. Wie Melchíades nun aussieht? Wir, auch wir, wissen es, können es ahnen:

Aureliano Segundo [machte] sich an die Aufgabe, die Manuskripte zu entziffern. Es misslang. Die Buchstaben sahen aus wie zum Trocknen aufgehängte Wäsche und glichen eher Noten als Schrift. Eines glühendheißen Mittags, als er die Manuskripte prüfte, fühlte er, dass er nicht allein im Zimmer war. Im Widerglanz des Fensters, die Hände auf den Knien, saß Melchíades. Er war nicht älter als vierzig Jahre. Er trug dieselbe anachronistische Weste und den Schlapphut mit rabenschwingengleicher Krempe, und an seinen bleichen Schläfen troff die in der Hitze zergangene Pomade herunter, wie Aureliano und José Arcadio es noch als Kinder gesehen hatten. Aureliano Segundo erkannte ihn sofort, weil diese Erberinnerung sich von einer Generation auf die andere übertragen hatte und vom Gedächtnis des Großvaters auf ihn gekommen war.

»*Gott zum Gruß!*« *sagte Aureliano Segundo.*

»*Gott zum Gruß, junger Mann*«, *sagte Melchíades.*

Seither sahen sie sich mehrere Jahre hindurch fast jeden Nachmittag. Melchíades sprach ihm von der Welt, suchte ihm seine alte Weisheit einzuimpfen, weigerte sich aber, seine Manuskripte zu übersetzen. »*Niemand darf ihren Sinn kennenlernen, solange nicht hundert Jahre vorbei sind*«, *sagte er.*

Eisenbahn, Eisfabrik, Speiseeis – die Geister gehen auf Tauchstation – – Filme, Kinos, Zylindergrammophone – – die steinalte Rebecca entdeckt man als verstaubte Vision aus dem Jenseits eher zufällig – – – Hydrologen, Topographen, Landmesser – – – Remedio die Schöne entschwindet himmelwärts ... – – – fette Amischlitten, Tennisplätze, elektrische Hühnerzäune – – Aurelianos Söhne werden gejagt wie Hasen, Oberst Márquez stirbt. Oberst Aureliano Buendía verendet pissend an einen Baum gelehnt, bleibt stehen, bis die Aasgeier herabstürzen.

Eigentlich ist Ursula Iguarán die einzige Figur, die weit über hundert in die neue Zeit hinüberreicht und damit nicht nur den Fortbestand der Sippe dokumentiert, sondern auch den des Romans garantiert. Gabriel García Márquez kommentiert:

Ja, sie hätte vor dem Bürgerkrieg, als sie fast hundert Jahre alt war, sterben müssen. Aber mir war klar, wenn sie stirbt, bricht der Roman zusammen. Nachher, bei ihrem Tode, hatte das Buch noch soviel Dampf, dass es nicht mehr darauf ankam, was passierte.

Márquez hat gute Gründe, das narrative Urgestein Ursula so lange wie irgend möglich im Spiel zu halten: sie bindet die sonst immer chaotischer und verwirrender, kurzatmiger und vielfiguriger werdende Handlung im Verfallsstadium zusammen. Was geschieht nicht alles auf den letzten knapp hundert Seiten der

Hundert Jahre: Der große Streik – seine blutige Niederschlagung – der große Regen – Macondos allmählicher Zerfall – schließlich der Tod der zur winzigen, irren Totenmumie geschrumpften Ursula; ein Tod ohne jede Plötzlichkeit, Rückkehr ins Weidenkörbchen der Geburt, Wiedergängertum ohne Mystik, personalisierte Zeitaufhebung:

»Feuer!« schrie sie einmal entsetzt und säte einen Augenblick lang Panik im Haus, doch was sie verkündete, war nur der Brand eines Pferdestalls, den sie im Alter von vier Jahren erlebt hatte. Sie vermengte die Vergangenheit dergestalt mit der Gegenwart, dass niemand in den zwei oder drei Blitzen der Erleuchtung, die sie vor dem Sterben erlebte, mit Sicherheit behaupten konnte, ob sie von dem sprach, was sie fühlte, oder von dem, was sie erinnerte. Nach und nach schrumpfte sie und wurde so sehr Embryo und Mumie zu Lebzeiten, dass sie in ihren letzten Monaten einer getrockneten Zwetschge in einem Nachthemd, dass ihr stets erhobener Arm zuletzt einer Affenpfote glich. Mehrere Tage verharrte sie reglos, und Santa Sofía von der Frömmigkeit musste sie schütteln, um sich zu überzeugen, dass sie noch lebte, und setzte sie sich sogleich auf den Schoß, um sie löffelweise mit Zuckerwasser zu ernähren. Sie sah aus wie eine neugeborene Greisin. Amaranta Ursula und Aureliano hoben sie auf und trugen sie im Schlafzimmer herum und stellten sie auf den Altar, um zu beweisen, dass sie tatsächlich kaum größer war als das Jesuskind, und eines Nachmittags versteckten sie sie in einem Schrank der Speicherkammer, wo die Ratten sie hätten zernagen können. Am Palmsonntag gingen sie in ihr Schlafzimmer, während Fernanda in der Messe war, und packten Ursula am Hals und an den Fußgelenken.

»Armes Ururgrossmütterchen!« sagte Amaranta Ursula. »Sie ist an Altersschwäche gestorben.«

Ursula fuhr zusammen.

»Ich bin noch am Leben!« sagte sie.

»Siehst du«, sagte Amaranta Ursula, ihr Lachen unterdrückend, »sie atmet nicht mal mehr.«

»Ich spreche doch!« schrie Ursula.

»Sie spricht nicht mal mehr«, sagte Aureliano. »Sie ist wie ein Grillchen gestorben.«

Nun ergab sich Ursula dem Anschein. »Mein Gott«, rief sie leise aus. »Das also ist der Tod.« Und sie begann ein endloses Gebet, ein überstürztes, tiefes, das über zwei Tage andauerte und am Dienstag in ein Gewirr von Bitten zu Gott und praktischen Ratschlägen ausartete, damit die bunten Ameisen nicht das Haus zum Einstürzen brachten, damit die Lämpchen vor Remedios' Daguerreotyp nicht ausgingen, damit Sorge getragen werde, dass kein Buendía einen gleichblütigen Ehepartner heirate, weil sonst die Kinder mit einem Schweineschwanz geboren würden.

Mit dem Tode Ursulas ist das Schicksal des Projekts Macondo besiegelt. Ein halb europäisches Nachspiel bildet die dekadent angehauchte Schlussepisode, der Verfall – unaufhaltsam – geht an die Substanz von Mensch und Material. Ein letzter Aureliano ist dazu ausersehen, den unsichtbaren Faden zu finden, der das Lebens- und Erzählgeflecht des Romanganzen auf verdeckte Art und Weise verknüpft. Immer schon war nämlich, bald mehr, bald weniger auffällig, im Subtext der *Hundert Jahre* von Schrift, Text, Chiffren, Versen, Archiven und Bibliotheken die Rede und fast immer war es Melchíades, der mit der Welt der Texte in vielfacher Art in Berührung stand: Chemielaboratorium und Textlaboratorium in einer Hand. Zwischen den Destillierkolben die Rezepte, Skripturen, Aufzeichnungen, Dokumente, später u. a. auch die Vers-Fluten von Areliano, die Chronik seines eigenen Lebens. Und dieser Textfaden im Tropenlabyrinth des Romans, der hier nicht zuletzt aus poetologischen Gründen gezogen werden muss, zieht sich weiter, wird von Generation zu Generation aufgenommen, weitergehen, weitergesponnen. Aureliano Segundo etwa ist solch eine Leserarchivar, oder eben auch der letzte Aureliano, dem es nun endlich zu gelingen scheint, die geheimnisvollen Dokumente zu dechiffrieren. Den Schrecken der Wirklichkeit folgen die der Lektüre. Es beginnt, eine Seite vor dem Ende, eine Lektüre auf Leben und Tod; der Text wird welthaltig, das heißt todeshaltig:

> Es war eine geblähte, dürre Haut, die alle Ameisen der Welt auf dem Steinpfad des Gartens mühsam zu ihrem Bau schleppten. Aureliano konnte sich nicht rühren. Nicht, weil Verblüffung ihn gelähmt hätte, sondern weil sich ihm in diesem wundersamen Augenblick Melchíades' endgültige Schlüssel offenbarten, und nun sah er das Epigraph der Pergamente vor sich, folgerichtig eingeordnet in Zeit und Raum der Menschen: Der erste der Sippe wird an einen Baum gebunden, und den letzten werden die Ameisen fressen.
>
> Nie in seinem Leben hatte Aureliano so hellsichtig gehandelt wie jetzt, da er seiene Toten und den Schmerz seiner Toten vergaß und die Türen und Fenster wieder mit Fernandas Querbalken verschloss, um sich von keiner Versuchung der Welt stören zu lassen, denn jetzt wusste er, dass in Melchíades' Pergamenten sein Schicksal geschrieben stand. [...] Es war die von Melchíades hundert Jahre vorausgesehene, bis in die belanglosesten Einzelheiten abgefasste Familiengeschichte. In Sanskrit, seiner Muttersprache, hatte er sie niedergeschrieben und die gleichen Verse mit dem Privatschlüssel des Kaisers Augustus, die ungleichen mit lazedämonischen Militärschlüsseln chiffriert. Die letzte Schutzschicht, die Aureliano zu durchschauen begann, als er sich von Amaranta Ursulas Liebe verwirren ließ, fußte darauf, dass Melchíades die Fakten nicht in der althergebrachten Zeit der Menschen anordnet, sondern dass er ein Jahrhundert alltäglicher Episoden vereinigt hatte, so dass sie alle gleichzeitig existierten. Gefesselt von dem Fund, las Aureliano mit lauter Stimme, ohne eine Zeile zu übersprin-

gen, die gesungenen Enzykliken, die Melchíades persönlich Arcadio vorgetragen hatte und die in Wirklichkeit die Voraussagen ihrer Ausführung waren, und so fand er auch die Geburt der schönsten Frau der Welt, die mit Leib und Seele zum Himmel auffuhr, angekündigt und lernte den Ursprung der nachgeborenen Zwillinge kennen, die darauf verzichteten, die Pergamente zu enträtseln, und zwar nicht nur aus Unfähigkeit und Unbeständigkeit, sondern weil ihre Versuche verfrüht gewesen wären. Hier machte Aureliano in seiner Ungeduld, seinen eigenen Ursprung kennen zu lernen, einen Sprung.

Es ist tatsächlich so, als sei hier das Wort Fleisch geworden im Sinne einer Offenbarung, als hätte sich der Unheilsplan, die Unheilsgeschichte Buchstabe für Buchstabe erfüllt, nicht nur was den Inhalt betrifft, sondern auch die Art und Weise der Prophezeiung – so als hätte alles gleichzeitig existiert.

Todbringende Lektüre

Die Lektüresituation, in der sich Aureliano auf der letzten Seite befindet, ist ziemlich einzigartig. Es ist, als ob er in diesem Buch die Lösung des eigenen Lebens und Welträtsels, des eigenen Ursprungs fände. Oskar hat sich selber erzählt, Aureliano liest sich selber, gebannt:

Er nahm [nichts] wahr, weil er in diesem Augenblick die ersten Anzeichen seines Seins in einem lüsternen Großvater entdeckte, der sich von der Leichtfertigkeit [...] mitreißen ließ, auf der Suche nach einer schönen Frau, die er nicht glücklich machen würde. Aureliano erkannte ihn, verfolgte die dunklen Pfade seiner Herkunft und stieß auf den Augenblick seiner eigenen Zeugung zwischen den Rohrdommeln und den gelben Faltern eines Dämmerbades, wo ein Arbeiter seine Geilheit mit einer Frau befriedigte, die sich ihm aus Auflehnung ergab. Er war so versunken, dass er auch den zweiten Ansturm des Windes nicht merkte, dessen Zyklonengewalt Türen und Fenster aus den Angeln riss, das Dach der Westgalerie abdeckte und die Grundmauern entwurzelte.

Die aufschlussreiche Lektüre beginnt hier zu kippen – aus Aufklärung wird Apokalypse, der Leseakt wird zum Sterbefall – und zwar auch zum eigenen. Untergangs-Vision und Untergangsvollzug greifen lückenlos ineinander:

Macondo war bereits von der Wut des biblischen Taifuns aufgewirbelter wüster Strudel aus Schutt und Asche, als Aureliano elf Seiten übersprang, um keine Zeit mit allzu bekannten Tatsachen zu verlieren und begann den Augenblick zu entziffern, den er gerade durchlebte, und enträtselte ihn, während er ihn erlebte, und sagte sich im Akt des Entzifferns selber die letzte Seite der Pergamente voraus, als sähe er sich in einem sprechenden Spiegel. Nun blätterte er von neuem, um die Voraussagen zu überspringen und Tag und Umstände seines Todes festzustellen. Doch bevor er zum letzten Vers kam, hatte er schon begriffen, dass er nie aus diesem Zimmer gelangen würde, da es bereits feststand, dass die Stadt der Spiegel (oder der Spiegelungen) vom Wind vernichtet und aus dem Gedächtnis der Menschen in dem Augenblick getilgt sein würde, in dem Aureliano Babilonia die Pergamente endgültig entziffert hätte, und dass alles in ihnen Geschriebene seit immer und für immer unwiederholbar war, weil die zu hundert Jahren Einsamkeit verurteilten Sippen keine zweite Chance auf Erden bekamen.

Mit dem genialen Einfall der Textentzifferung eben desselben Augenblicks, den der Leser (im Buch) gerade im Begriff ist zu erleben, mit dieser einzigartigen Engführung, in der Erlesenes zu Erlebtem wird und dies Erlebte zugleich Erlesenes ist, erreicht Márquez ein konzeptionelles Niveau, das ihn, völlig unangestrengt, zu einem Vorläufer postmoderner Theorie werden lässt, – ohne sich im geringsten darum zu scheren. Auch seine geliebten Vorbilder, Thomas Mann, Faulkner, Hemingway, Green erscheinen auf diesem Hintergrund eher als Vorläufer. Strukturell muss man bereits weiterdenken: an Eco, Calvino, Pynchon ...

Ich betone oder *überbetone* diese postmodernen, autoreferentiellen, intertextuellen Qualitäten der Texte Gabos, wie ihn seine Freunde und Möchtegern-Freunde nennen, um ihn vor dieser zu großen Nähe zu schützen: mir ist das einverständige Tropen- und Authentizitätsgequassel im Stil des Kennerschaftlichen fremd. Wer von uns Gringos kann etwas über »die Wirklichkeit der tropischen Mythen« zum Besten geben? Das ist, als ob man etwas über die Götter-Menschen-und-Mythenschlachten vor Troja erzählen wollte, nach dem Motto ›Glaubten die Griechen an ihre Mythen?‹. Seien wir ehrlich, unsere Annäherungen sind zumeist als Reiserouten getarnte Holzwege ..., unser Engagement, unsere Selbstsicherheit häufig Autotherapie. Nicht nur Macondo hat eine zweite Chance verdient, auch die Literatur als solche. Sie hat das Recht, als Literatur, nicht als Lebenshilfe wahrgenommen zu werden. Auch nicht als Geographiebuch, autobiographische Materialdeponie, Dokument politischer Haltung oder religiöser Tiefe. Literatur hat ihre eigenen, nur ihr eigenen Gesetze des Spiels, des imaginierten Schreckens, der Konstruktion und De-Konstruktion von Wirklichkeiten. Dies nicht zuletzt mit Blick auf das nächste Kapitel und einen der klügsten und renommiertesten Autoren, Italo Calvino, sondern auch mit Blick auf Autoren, die sich bereits in den sechziger, siebziger Jahren als ›Community‹ der besonderen Art verstanden: Grass – Márquez – Rushdie sind Repräsentanten einer literarischen Globalität, das heißt einer globalen Gesellschaft ohne Globalisierungs-Wahn: in diesem Fall (und nicht nur) könnte einmal die derzeit als Lehrmeisterin ja so rundum vergötterte Wirtschaft von der Literatur lernen: Man fusioniert nicht, man arbeitet ein Profil heraus. Man ›übernimmt‹ nicht plumpfreundlich, sondern klaut intelligent: sucht Muster, Modelle, anverwandelt gefundenes literarisches Fressen kreativ, kreiert ein neuartig gebrautes Text-Palimpsest-Fest: Rushdie plünderte Grass und Márquez kollegial, erfreute beide und verstörte dafür ein paar erstarrte Dummköpfe. Freilich machtvolle Dummköpfe, die genau dies nicht verstehen wollen, – dass Literatur Literatur ist und eben dadurch das Spiel mit Texten mehr ist als ein unverbindliches Geplänkel, elitäres Insider-Getue: subversive Potentiale werden übertragen, blasphemische Viren weitergereicht, ›insubordinatione‹ in Umlauf gesetzt.

Wenn also der letzte Buendía sein Sterbensende liest und das Buch *Hundert Jahre Einsamkeit* sich schließt, beginnt wirklich ein zweites Leben. Und, erinnern wir uns: So gesehen wurde vielleicht auch Hans Castorp vom Text in den Tod geschrieben. Und Proust schrieb (trieb) seinen Marcel tatsächlich ans Lebensende ... Die moderne Romanliteratur steht zum ersten Mal an dem Punkt, wo sie auf den Dienst an der Wirklichkeit pfeift und sich eigene Realitäten aus Tinte, Sätzen, Wörtern, Seiten herstellt ... Und indem sie auf sich verweisend, den Leser neu erschafft.

Literaturverzeichnis

- García Márquez, Gabriel: *Hundert Jahre Einsamkeit.* Übers. v. Meyer-Clason, Curt. Kiepenheuer & Witsch. Köln. 1970.
- García Márquez, Gabriel: »Autobiographische Notiz«. In: *Materialien zum Werk von Gabriel García Márquez.* Kiepenheuer & Witsch. Köln. 1985.
- García Márquez, Gabriel: *Der Geruch der Guayave. Gespräche mit Plinio Apuleyo Mendoza.* Übers. v. Koenigs, Tom. Kiepenheuer & Witsch. Köln. 1983.
- »Die Einsamkeit Lateinamerikas. Stockholm, Schweden, 8. Dezember 1982«. Übers. v. Meyer-Clason, Curt. In: *Ich bin nicht hier, um eine Rede zu halten.* Kiepenheuer & Witsch. 2012.

Gabriel García Márquez

Vita
*6.3.1927 Aracataca, Kolumbien

1939   Stipendium am Jesuitenkolleg Zipaquirá
1946   Jurastudium
1954   Arbeit für die Zeitung „El Espectador"
1954-58 Reise nach Rom, Genf, Polen, Ungarn, Mexiko
1959   Geburt seines ersten Sohnes

1982	Nobelpreis für Literatur
1998	Besitzer der kolumbianischen Zeitschrift „Cambio"
1999	Erkrankung an Krebs

Werke
1958	El coronel no tiene quien ie escriba
	Der Oberst hat niemand, der ihm schreibt
1962	Los funerales de la mamá grande
	Das Leichenbegräbnis der großen Mama
1981	Crónica de una muerte anunciada
	Chronik eines angekündigten Todes
1985	El amor en los tiemps del cólera
	Die Liebe in Zeiten der Cholera
1989	El general en su laberinto
	Der General in seinem Labyrinth
1992	Doce cuentos peregrinos
	Zwölf Geschichten aus der Fremde
1996	Noticia de un secuestro
	Nachricht von einer Entführung

Italo Calvino *Wenn ein Reisender in einer Winternacht*
Vom Erzählen des Erzählens des Erzählens

Und plötzlich ist das ›Lesen‹ keine Nebentätigkeit mehr, sondern eine Haupt- und Tatsache, im Fall von Márquez eine Sache auf Leben und Tod: der Text sagt seinem Leser sein Ende voraus und so fallen Lese- und Lebensende buchstäblich zusammen.

So weit wird es bei der gefährlichen Annäherung zwischen Text und Welt, Lektüre und Leben nun nicht kommen. Am Ende von Calvinos *Reisendem* steht nicht der Tod, sondern, wie es ausdrücklich heißt, die Ehe. Auch dies ein überaus bewährtes Muster – und nicht erst seit Fontane –, Geschichten enden zu lassen. Einer von Calvinos Lesern fasst das Phänomen so traditionalistisch zusammen, dass man kaum glauben mag, mitten in der Postmoderne zu sein:

Nachdem Held und Heldin alle Prüfungen überstanden hatten, heirateten sie oder starben. Der letzte Sinn, auf den alle Erzählungen verweisen, hat zwei Gesichter: Fortgang des Lebens, Unausweichlichkeit des Todes. (XI)

Selbst das ultrakurze Schlusskapitel des *Reisenden* formuliert das Happy End der Geschichte als glückliches Ende einer Lektüre, Bett-Lektüre im doppelten Sinn:

Leser und Leserin, nun seid ihr Mann und Frau. Ein großes Ehebett empfängt eure parallelen Lektüren.

Ludmilla klappt ihr Buch zu, macht ihr Licht aus, legt ihren Kopf auf das Kissen, sagt: »*Mach du auch aus. Bist du nicht lesemüde?*«

Und du: »*Einen Moment noch. Ich beende grad Wenn ein Reisender in einer Winternacht von Italo Calvino.*« (XII)

Wir wissen nicht, ob der Leser sein Ziel an diesem Abend noch erreicht hat. Außer man setzt voraus, der als Leser-Du benannte Leser *im* Buch ist mit dem Leser *des* Buches identisch – wofür einiges spricht, denn wir kennen ihn von der ersten Zeile, vom ersten Wort an: omnipräsent, allwissend, vertrauenswürdig und sympathisch wie sonst der Erzähler, nun – der Leser:

Du schickst dich an, den neuen Roman Wenn ein Reisender in einer Winternacht von Italo Calvino zu lesen. Entspanne dich. Sammle dich ... Lass deine Umwelt im Ungewissen verschwimmen [...] Sag es den andren gleich: ›*Ich lese! Ich will nicht gestört werden!* (I)

Es ist wahr, man könnte einwenden, Autoren hätten sich doch seit je ihrer Kunden, der Leser angenommen. Seit Goethes Coup im *Werther* mit seiner ›Lass-dieses-Büchlein-deinen-Freund-sein‹-Strategie, einer genialen Marketing-Idee, die ihm die Leser scharenweise zu- und diese dann in den Tod trieb. Und es gab selbstredend devotionale Kniefälle von Autoren vor Lesern und/ als Sponsoren seit dem Barock, dem Mittelalter, der Antike: »[...] so wage ich denn auf den Knien meines Herzens, meine dürftigen Zeilen Eurer Majestät erhabenen und huldreichen Blicken [...] etc. etc. darzubieten [...]«.

Von dieser auktorialen Selbstverkleinerungsmechanik soll hier nicht die Rede sein: das ist alles nur Rhetorik. Strategie. Auch nicht davon, dass selbstredend immer wieder Leser, Leserinnen und Leseprozesse als Thema und Teilthema in Romanen vorkommen. Emma Bovary zum Beispiel liest sich förmlich in ihr Verderben, indem sie alle romantischen Klischees der trivialen und auch der nicht so trivialen Literatur gierig inhaliert und auf ihr banales Provinzleben im Verhältnis 1:1 zu übertragen versucht.

Der Leser im Leser im Leser

Der kreative Kurzschluss, über den hier zu sprechen ist, ist anderer Beschaffenheit. Es geht um den Vorgang, den Leser, den empirischen, genauer, den eingebildeten empirischen Leser, nicht nur anzusprechen oder zu erfinden, sondern als gestaltenden Faktor in das Schreiben selbst mit einzubeziehen. Der Leser als Fluchtpunkt ist eine Geschichte. Der Fluch des Lesens eine andere. Hier aber wird der Leser in den Text regelrecht eingeschrieben, ist Subjekt und Objekt zugleich, befindet sich zugleich im Buchinneren und außerhalb desselben. Falls man denn überhaupt so ganz genau zu sagen imstande ist, wo das Außen endet und das Innen beginnt.

Bei der Gestaltung des Lesers, des phänotypischen Lesers, des Lesers des Lesers, bleibt nichts dem Zufall überlassen: Körperhaltung, Sitzposition, Lichtfall, alles wird bedacht und dialogisch offeriert. Der Leser wird nachgerade verhätschelt. Wie heroisch-asketisch klang's früher. Der Autor eine Monade; das Schreiben: eisig. Der Leser: ein notwendiges Übel, allenfalls. Und nun – die gehätschelte, verhätschelte Conditio sine qua non:

Also worauf wartest du noch? Streck die Beine aus, leg ruhig die Füße auf ein Kissen, auf zwei Kissen, auf die Sofalehne, auf die Ohrenstützen des Sessels, aufs Teetischchen, auf den Schreibtisch, aufs Klavier, auf den Globus, Zieh aber erst die Schuhe aus, wenn du die Füße hochlegen willst. Wenn nicht, zieh sie wieder an. Bleib jedenfalls nicht so sitzen, mit den Schuhen in der Hand und dem Buch in der anderen.

Stell dir das Licht so ein, dass deine Augen nicht müde werden. Mach's gleich, denn wenn du erst einmal in die Lektüre vertieft bist, kannst du dich nicht mehr regen. Sieh zu, dass die Buchseite nicht im Schatten liegt, sonst drängen sich schwarze Lettern auf grauem Grund, gleichförmig wie ein Haufen Mäuse; lass das Licht aber auch nicht zu grell auf die Seite fallen, sonst reflek-

tiert es auf dem harten Weiß des Papiers und frisst die Konturen der Buchstaben weg wie eine südliche Mittagssonne. Tu möglichst alles, um die Lektüre nicht später unterbrechen zu müssen. Leg dir Zigaretten in Reichweite, falls du Raucher bist, einen Aschenbecher. Was fehlt noch? Musst du vielleicht aufs Klo? Bitte, das weißt du selber am besten.

So eingestimmt, vorbereitet, handverlesen, sozusagen beginnt der – kongeniale – Leseakt. Ein absolut rätselhafter, nahezu magischer Vorgang. Mittels der Aneinanderfügung von konventionellen Buchstaben (deren jeder für sich nichts bedeutet) zu Wörtern (die nur kraft Vereinbarungen auf ein Etwas hinweisen), Sätze herzustellen, die Realität so perfekt herstellen, dass das gesamte biophysiologische System des Lesers sich soweit täuschen lässt, dass dieser so reagiert, als würde sich tatsächlich jemand vor einen heranbrausenden Zug werfen; man hat sich über Zuschauer lustig gemacht, die im 18. Jahrhundert aufgesprungen sind, um Desdemona zu Hilfe zu kommen, als Othello sie bekanntlich auf offener Bühne erwürgt. Und dass Kinozuschauer spasmisch lachen, als ob sie auf ausgeklügelte Art gekitzelt würden oder schockartig erstarrten, als ob der weiße Hai oder Bestien anderer Art ihnen unmittelbar an die Haut wollten, ist erstaunlich genug, aber aufgrund der realistischen Perfektion der Visibilität halbwegs erklärbar.

Viel verblüffender ist es, dass der größte Verfremdungseffekt aller Zeiten, der gedruckte Text, das gebundene Buch genau dieselbe Nachhaltigkeit der Wirkung zu erzielen imstande sind. Das ist noch gravierender als wenn man (um im Bild zu bleiben) von einer elektrischen Modelleisenbahn ›in echt‹ überfahren würde. Es ist so, als ob man von einem Kursbuch gefressen, vom Fisch auf einer Speisekarte geschluckt, von der Lektüre einer Gebrauchsanweisung verrückt würde.

Die meisten der Romane, auch derer, die wir gelesen haben, arbeiten höchst erfolgreich mit diesem Prinzip: wir glauben, Prousts Madeleines (aus Text) zu schmecken, Grass' Kartoffelfeuer (aus Papier) oder die parfümiert-literarischen Dünste des *Zauberbergs* zu riechen. Es ist im Übrigen ein Qualitätskriterium guter Literatur, es nicht beim routinemäßigen Ausspielen dieses Effekts zu belassen, sondern ihm nachzuspüren (wie bei Proust), ihn zu ironisieren (wie bei Mann), jedenfalls einen zweiten Boden der Reflexion einzuziehen. Was jedoch nun im Kontext unserer Moderne nach der Moderne zu beobachten ist, geht weit über solch ein Transparent-Machen der Illusions- und Konstruktionsmechanik hinaus: Es handelt sich vielmehr um die spielerisch-kreative Demontage der vertrauten Muster, die Rückführung der Illusion in die Materialität der Sprache. Der Füller wird zur Schere und die schneidet die Dinge und die Menschen aus Papier aus und klebt sie mit Tinte aneinander.

Dass diese Literatur dennoch nicht papieren werden muss, zeigt Calvino, zeigt Eco und zeigen die anderen Virtuosen des neuen Romans von Perec bis Roubaud, von Robbe-Grillet bis Arno Schmidt. Bei keiner der dort auftretenden

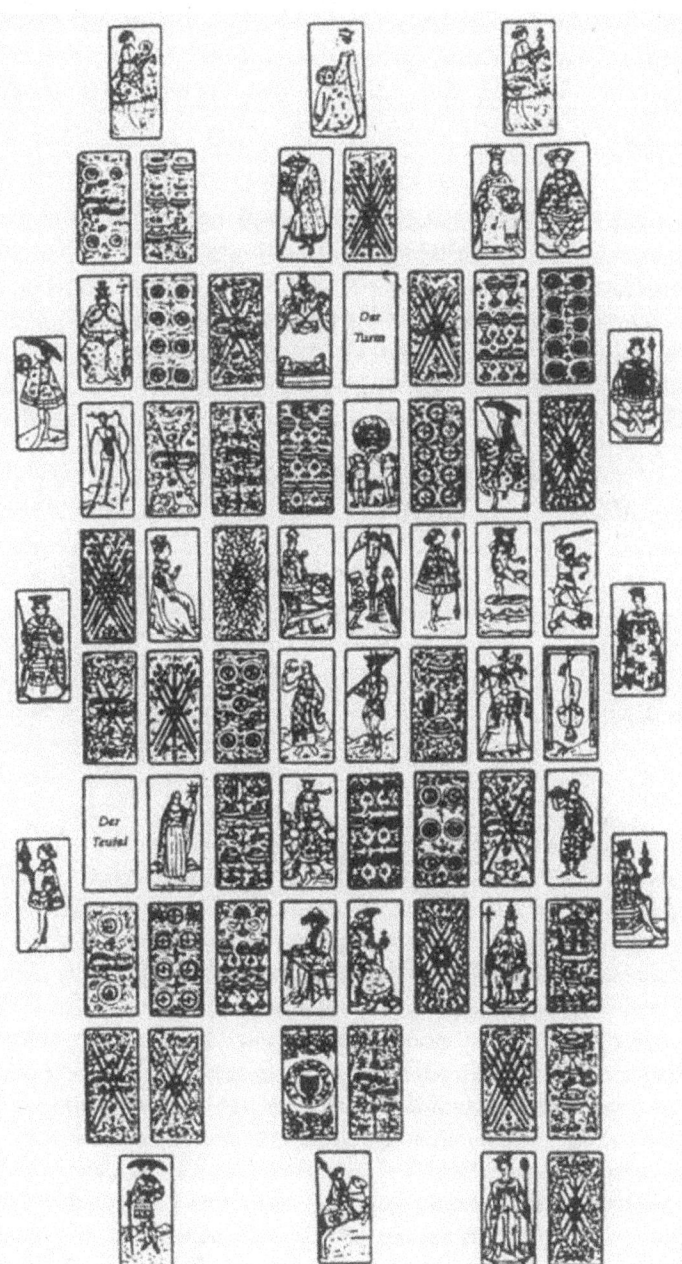

Figuren kann, freilich darf es mehr passieren, dass einer seufzt »Arme Effi«, oder einen Satz des Typus »Ich finde x *ist* so oder so«. Nein, hier schreibt sich nicht jemand etwas von der Seele, sondern bringt etwas zu Papier. Zum Beispiel Menschen. Zum Beispiel den:

Ich bin der Mann, der da zwischen Café und Telefonzelle hin- und herläuft. Oder besser gesagt, dieser Mann heißt hier ›ich‹, und sonst weißt du nichts von ihm, wie auch dieser Bahnhof nur einfach ›Bahnhof‹ heißt, und außer ihm gibt es nichts als das unbeantwortete Läuten eines Telefons in einem dunklen Zimmer in einer fernen Stadt. Ich hänge den Hörer ein, warte auf das Scheppern der Münzen durch den metallenen Schlund, drehe mich um, drücke die Glastür auf und strebe wieder den Tassen zu, die sich zum Trocknen in einer Dampfwolke türmen. (Wenn ein Reisender in einer Winternacht)

Kein Held zur Identifikation, weder als Täter noch als Opfer. Noch nicht einmal, ob er ein Mann ohne oder mit Eigenschaften ist, steht fest, denn das sogenannte »Ich« ist ein Ich ›under construction‹, es besteht aus ein paar flüchtigen Satzfetzen, mehr ist da nicht und kann da noch gar nicht sein, denn noch bewegen sich die Sätze »im Ungewissen« und der Autor, so sagt der Autor, sei womöglich selbst noch »ganz unentschlossen«, was er mit diesem »Ich«, das er da auf den Bahnhof hingeschrieben hat, eigentlich anstellen will.

Auf der einen Seite also der Autor – auf der anderen »Wir«: die Mehrheit. Der Souverän? Der Kunde? Oder nur: der Gimpel? Prädestiniert, immer auf die gleichen Tricks reinzufallen: irgendeine banale Figur auf irgendeinem Provinzbahnhof und schon springen wir an, gehen wir auf den Leim, lassen wir uns verführen. Höre ich da nicht ein bisschen Spott heraus, wenn dieses Micker-Ich, mit Blick auf seine eigene Unbedeutendheit, besserwisserisch tönt:

[...] wenn du, Leser, trotzdem nicht anders konntest, als mich zu bemerken unter den Leuten, die hier den Zug verließen, und mir auch weiter gefolgt bist bei meinem Hin und Her zwischen Café und Telefon, so nur, weil ich hier ›ich‹ genannt werde und dies das einzige ist, was du von mir weißt. Aber das genügt dir schon, um dich genötigt zu fühlen, einen Teil deiner selbst in dieses unbekannte Ich zu investieren. [...] Bisher ist mein Verhalten das eines Reisenden, der einen Anschluss verpasst hat, eine Lage, in die jeder schon einmal geraten ist.

Touché. Er hat ja Recht. Wir investieren Zeit und Geld, gedankliche und gefühlsmäßige Zuwendung in ein dahergeschriebenes Ich von völlig beliebiger Gestalt, von dem wir nicht das Mindeste wissen. Jetzt zum Beispiel lungert er am Tresen der Bahnhofsbar herum und macht sich an die zufällig neben ihm stehende Frau heran, Ex-Frau des Dorf-Doktors und Inhaberin eines Lederwarengeschäfts. Und noch während er auf seine unbestimmte Art anzubandeln versucht, versucht er Dir, Leser, Avancen zu machen, Dir seine Interessen unterzuschieben. Ganz schön perfide für einen, der weder weiß, woher er kommt noch weshalb er hier ist:

Deine Aufmerksamkeit als Leser ist jetzt ganz auf die Frau konzentriert, seit einigen Seiten streichst du schon um sie herum, streiche ich, nein, streicht der Autor um diese Frauenfigur herum, seit einigen Seiten erwartest du, dass diese Frauenerscheinung Gestalt annimmt, so wie Frauenerscheinungen auf den Seiten von Büchern Gestalt annehmen, und es ist deine Lesererwartung, die den Autor zu ihr hindrängt. Auch ich, der ich eigentlich anderes zu bedenken hätte, lasse mich gehen und rede mit ihr, beginne mit ihr ein Gespräch, das ich schleunigst abbrechen sollte, um mich zurückzuziehen und zu verschwinden. Sicher willst du jetzt mehr über sie erfahren, aber nur wenig wird auf der Seite von ihr erkennbar, ihr Gesicht bleibt verdeckt von Rauch und Haaren, man müsste herausfinden, was sich hinter dem bitteren Zug ihres Mundes verbirgt und nicht Bitterkeit ist.

»Was für Geschichten erzählt man sich denn hier?« frage ich.

Flirtet da einer mit ihr und uns zugleich und versucht geschickt einen höchst fragwürdigen Pakt unterzuschieben, Leser – Ich – Autor eine Einheit, auf dem Papier zumindest. Wobei wir eine Art literarisches Voyeurs-Trio bilden und nur um die Figuren, besonders die weiblichen, wie es heißt »herumstreichen«. Da das Buch präfeministischem Umfeld (Italien 1983) entstammt überrascht mich der etwas schmierige machistische Gestus des sogenannten Protagonisten nicht, ganz abgesehen, dass er übrigens mit fast allen weiteren Frauen-Figuren des Romans erotische Beziehungen unterhält oder herzustellen versucht. Verärgert bemerke ich beim Lesen, dass ich mich über ihn ›ärgere‹ – und damit weit hinter meine postmoderne Distanztheorie zurückfalle. Gottlob tritt in diesem Moment ein Kommissar ein und nimmt sich seiner an:

Ich gehe zum Automaten hinüber, als wollte ich auch Zigaretten holen.
Er sagt: »Sie haben Jan umgelegt. Hau ab!«
»Und der Koffer?«
»Bring ihn zurück. Den können wir jetzt nicht mehr brauchen. Nimm den Schnellzug um elf.«
»Aber der hält doch hier gar nicht ...«
»Er wird halten. Geh rüber auf Bahnsteig sechs, auf die Höhe des Güterbahnhofs. Du hast nur noch drei Minuten.«
»Aber ...«
»Verschwinde! Sonst muss ich dich festnehmen!«
Die Organisation ist mächtig. Sie kann der Polizei und der Bahn Befehle erteilen. Ich schiebe den Koffer über die Bretter zwischen den Gleisen hinüber auf Bahnsteig sechs. Ich laufe den Bahnsteig entlang. Dort hinten liegt der Güterbahnhof mit seinem Schrankenübergang im nebligen Dunkel. Der Kommissar steht in der Tür des Bahnhofscafés und behält mich im Auge. Der Schnellzug donnert in vollem Tempo heran. Er bremst, hält, löscht mich aus dem Gesichtsfeld des Kommissars und fährt wieder ab.

Und weg ist er. Nur sein ›Ich‹ ist noch da. Das hat aber nichts zu bedeuten. Es gibt nur ein Wort für einen Ich-Erzähler. Und wenn ein Dutzend Figuren gemeint sind, sie heißen alle ›Ich‹. Zum Beispiel der von Kapitel II. Der betont Leserfreundliche. Die Erste Hilfe bei Lektürepannen wie dieser. Kaum entsteht etwas wie Spannung, da tauchen plötzlich bekannte Sätze wieder auf. Und wieder funktioniert der Pavlowsche Leser aufs Stichwort; Sachverstand als Geistesschwäche: Wiederholung, Reprise, ›Leitmotiv‹? Raffinierter Kunstgriff! Mutig! Ganze Passagen, ganze Seiten identisch. – Irrtum. Was Du, Leser, für eine stilistische Maniertheit des Autors gehalten hast, ist nichts als ein technischer Herstellungsfehler: derselbe Bogen zwei Mal im Buch. Empörte Beschwerde beim Buchhändler, kulante Entschuldigung, Hinweis auf andere leidende Kunden, Kundinnen, zum Beispiel die junge Dame, ja gleich hier drüben:

Die junge Dame. Er hat dir eine junge Dame gezeigt. Dort steht sie zwischen zwei Bücherregalen, sucht etwas zwischen den Penguin Modern Classics, fährt prüfend mit einem zierlichen resoluten Finger über die blass-auberginefarbenen Buchrücken. Große, lebhafte Augen, guter, wohlpigmentierter Teint, reichgewelltes, duftiges Haar.

So tritt nun, Leser, glücklich die Leserin in dein Gesichtsfeld, oder vielmehr in dein Wahrnehmungsfeld, oder vielmehr, du bist unversehens in ein magnetisches Feld geraten, dessen Anziehungskraft du dich nicht erwehren kannst. Also los, keine Zeit verlieren, ein gutes Thema hast du bereits, um ein Gespräch anzuknüpfen, ein gemeinsamer Boden ist da, überleg mal, du kannst deine umfangreichen Literaturkenntnisse vorzeigen, geh schon, worauf wartest du noch?

»Also auch Sie, ja ja, der Pole«, sprudelst du in einem einzigen Zuge hervor, »aber das andere Buch, das anfängt und einfach abbricht, was für ein Reinfall! Also auch Sie, wie ich grad höre, ich nämlich auch, wissen Sie? Probieren geht über studieren, ich hab auf das andere verzichtet, um dieses zu nehmen, genau wie Sie, aber was für ein schönes Zusammentreffen, wir beide!« (II)

Verwirrspiele

›Les jeux sont faits‹, möchte man rufen. Aber das Spiel läuft andersrum. Der Leser und die Leserin spielen es. Früher erfand sich der Autor seine Figuren. Dann suchten sich die Figuren ihren Autor, Pirandello lässt grüßen. Jetzt machen die Leser alles: den Autor, die Figuren, sie kümmern sich sogar um den Vertrieb, machen die Kritik, die Korrekturen. Bilden Lesergemeinschaften, tauschen halbe Bücher und liefern den Stoff, den dieses quallenartige ›Ich‹ einmal mehr selbstgefällig kommentiert; verkehrte Welt:

Etwas hat sich verändert seit gestern: Du bist mit deiner Lektüre nicht mehr allein, du denkst an die Leserin, die jetzt im selben Moment auch gerade ihr Buch aufschlägt – und schon legt sich über den Roman, den du lesen möchtest, ein Roman, den du möglicherweise leben könntest, die Fortsetzung deiner Geschichte mit ihr, oder besser: der Anfang einer möglichen neuen Geschichte. Merkst du, wie du dich seit gestern verändert hast? Du, der du meintest, lieber ein Buch, eine handfeste, greifbare Sache, klar umgrenzt und risikolos zu genießen, als die gelebte Erfahrung, die immer flüchtig, unbeständig und anfechtbar ist [...] Was soll das nun heißen, ist dir das Buch zum bloßen Mittel geworden, zu einem Kommunikationsmedium, einem Ort der Begegnung? Jedenfalls wird die Lektüre dadurch nicht minder fesselnd, im Gegenteil, etwas ist hinzugekommen, um ihren Reiz noch zu steigern.

Italo Calvino ist gewiss ein großer Autor. Umberto Eco ist sicher der noch größere Kommunikator und Mediator. Er hat bereits in den frühen sechziger Jahren im Gefolge der amerikanischen und französischen Theorie der Semiotik die Poetik des Lesers als des eigentlich aktiven Parts im literarischen Prozess entwickelt. Kennzeichnend sind Aussagen wie:

»Ich überlasse es dem Leser, seine Schlüsse zu ziehen.«

Oder:

Ein Erzähler darf das eigene Werk nicht interpretieren, [...] denn ein Roman ist eine Maschine zur Erzeugung von Interpretationen.

So heißt es in der *Nachschrift zum Namen der Rose*: »Der Text ist da und produziert seine eigenen Sinnverbindungen.«

Freilich, ganz so offen wie das offene Kunstwerk behauptet zu sein, stellt es sich de facto nicht dar. Man könnte sogar die These riskieren, das offene Kunstwerk ginge das geringste Risiko ein, weil es den Leser nicht nur anpeilt, sondern, wie sagt Eco, regelrecht ›schafft‹. Im Abschnitt »Den Leser schaffen« heißt es:

Rhythmus, Atem, Initiation ... Für wen, für mich? Nein, für den Leser. Wer schreibt, denkt an einen Leser. So wie der Maler, wenn er malt, an einen Betrachter denkt: Kaum hat er einen Pinselstrich angebracht, tritt er ein paar Schritte zurück und prüft die Wirkung; das heißt, er betrachtet das Bild mit den Augen dessen, der es künftig betrachten soll. [...] Während der Arbeit laufen zwei Dialoge: einer zwischen dem entstehenden Text und allen zuvor geschriebenen Texten (jedes Buch wird aus anderen und über andere Bücher gemacht) und einer zwischen dem Autor und seinem gedachten Wunsch-, Modell- oder Musterleser. Ich habe das in theoretischen Schriften dargelegt, insbesondere in meinen Studien über die ›Rolle des Lesers‹, aber auch schon in denen über das ›Offene Kunstwerk‹, und es ist keine Erfindung von mir.

Die Frage nach dem Leserbezug stellt sich so gesehen nicht in der Sache selbst, sondern nur mit Blick auf den gewünschten Typus. Man kann den Leser bedienen und ihm die vertraute Kost reichen: Marketing macht's möglich. Man kann aber auch versuchen, den empirischen Leser in einen Idealleser zu verwandeln, seinen Idealleser. Das ist nicht einfach ein Buhlen um Publikumsgunst, sondern ein komplexes, ausbalanciertes Spiel mit doppeltem Code. Eco schildert den Vorgang retrospektiv für den *Namen der Rose* so:

Was für einen Idealleser wünschte ich mir, als ich schrieb? Einen Komplizen, gewiss, der mein Spiel mitmachte. [...] Aber gleichzeitig wollte ich auch mit allen Kräften, dass ein Leser Gestalt annähme, der nach überstandener Initiation meine Beute würde, beziehungsweise die Beute des Textes, und dann nichts anderes mehr zu verlangen glaubte als das, was der Text ihm bot. Ein Text will für seinen Leser zu einem Erlebnis der Selbstveränderung werden. [...] Und wenn du dann gut bist, erkennst du sogar, wie ich dich in die Falle gelockt habe, schließlich hatte ich's dir bei jedem Schritt deutlich gesagt, ich hatte dich unüberhörbar gewarnt, dass ich dabei war, dich ins Verderben zu ziehen! Aber das Schöne an Teufelspakten ist ja gerade, dass man sie klarsichtig unterschreibt, wissend, mit wem man sich einlässt. Wofür käme man sonst zum Lohn in die Hölle?

Und da ich bei alledem wollte, dass als vergnüglich genommen werde, was uns als einziges wirklich zittern macht, nämlich der metaphysische Schauder, blieb mir nichts anderes übrig, als unter den Handlungsmustern das metaphysischste und philosophischste auszuwählen, nämlich den Kriminalroman.

Falle, Trick, Teufelspakt: die Poetologie des Verschwörer-Autors lässt nichts Gutes (im Sinne von planer Gesinnung) und viel Gutes (was die Raffinesse des ästhetischen Verfahrens angeht) erwarten. Nichts ist naiv. Alles mehrfach durchdacht. Figuren werden in Stellung gebracht, erzählerische Relais geschaltet. Neben der Mathematik und Logik sind Semiotik und Kybernetik die Schlüsselwissenschaften im Hintergrund der postmodernen Poetiken. Aber freilich: Semiotik mit Phantasie, Kybernetik mit einem Plus an Chaostheorie und Spiellust angereichert.

Lassen wir uns nicht von irgendwelchen inflationär gewordenen Worthülsen einschüchtern oder sogar auf die falsche Spur bringen: ›Postmoderne‹, ›Dekonstruktion‹, ›Tod des Autors‹ sagt sich leicht und sagt wenig. Tatsache ist, dass es bereits Ende der fünfziger, Anfang der sechziger Jahre einen, vielleicht den entscheidenden Wendepunkt in der Geschichte zumindest des europäischen und nordamerikanischen Romans gab. Gruppen wie ›Tel quel‹, ›Oulipo‹ oder die ›Gruppe '63‹ (die in Anlehnung an die Gruppe '47 entstand) waren allesamt Laboratorien des neuen, experimentellen Romans. Man diskutierte Robbe-Grillet, Grass, Pynchon (einer der späteren Begründer des Postmodernismus), John Barth und andere, und immer ging es im Kern darum, einerseits die formalistische Abkehr von Handlung und Intrige überwinden zu wollen und andererseits eine »neue Phase der erzählenden Kunst« mit einer Wiederauferweckung der Handlung, wenn auch einer strukturell anderen (einer »action autre«) zu beginnen (Barilli, Eco 1972). Zwischen etabliertem Realismus, dem Alltag des Erzählens und elitärer Avantgarde, zwischen Betroffenheit und Sterilität, so die Diskutanten damals und ein wenig auch noch heute, müsse es doch noch ein anderes, einen dritten Weg geben. Dass es ihn gibt, haben Autoren wie Grass und Márquez ohne viel Theorie, Perec, Eco und Calvino mit Theorie bewiesen.

Der ›tote Autor‹ als quicklebendiger Erzähler

Grundelemente dieses Weges:
1) Die Inakzeptabilität der Botschaft darf nicht mehr Hauptkriterium für experimentelles Erzählen sein. Anders ausgedrückt: Verständnisloses Kopfschütteln oder ein Skandal sind kein Beweis für die Hochwertigkeit eines Kunstprodukts.
2) Authentizität und Originalität, der Stempel des Selbsterlebten ist gleichfalls kein Kriterium mehr für überzeugende Handlung. Man kann die Handlung auch in Gestalt von Zitaten anderer Handlungen inszenieren.
3) Ironie, Selbstironie und sogar Amüsement sind nicht länger Tabu, auch nicht nur erlaubt nach dem merkwürdigen Motto ›Ein bisschen Spaß muss sein‹, sondern Kunst- und lebensnotwendig.
4) Die Vergangenheit in textförmiger Gestalt ist immer vorhanden. Mit dem Wissen um die Unübergehbarkeit des Vergangenheit wächst das Bedürfnis sich ihr nicht einfach passiv zu überlassen. Umberto Eco:

die postmoderne Antwort auf die Moderne besteht in der Einsicht und Anerkennung, dass die Vergangenheit, nachdem sie nun einmal nicht zerstört werden kann, da ihre Zerstörung zum Schweigen führt, auf neue Weise ins Auge gefasst werden muss: mit Ironie, ohne Unschuld. Die postmoderne Haltung erscheint mir wie die eines Mannes, der eine kluge und sehr belesene Frau liebt und daher weiß, dass er ihr nicht sagen kann: ›Ich liebe dich inniglich‹, weil er weiß, dass sie weiß (und dass sie weiß, dass er weiß), dass genau diese Worte schon, sagen wir, von Liala geschrieben worden sind. Es gibt jedoch eine Lösung. Er kann ihr sagen: ›Wie jetzt Liala sagen würde: Ich liebe dich inniglich.‹ In diesem Moment, nachdem er die falsche Unschuld vermieden hat, nachdem er klar zum Ausdruck gebracht hat, dass man nicht mehr unschuldig reden kann, hat er gleichwohl der Frau gesagt, was er ihr sagen wollte, nämlich dass er sie liebe, aber dass er sie in einer Zeit der verlorenen Unschuld liebe. Wenn sie das Spiel mitmacht, hat sie in gleicher Weise eine Liebeserklärung entgegengenommen. Keiner der beiden Gesprächspartner braucht sich naiv zu fühlen, beide akzeptieren die Herausforderung der Vergangenheit, des längst schon Gesagten, das man nicht einfach wegwischen kann, beide spielen bewusst und mit Vergnügen das Spiel der Ironie ... Aber beiden ist es gelungen, noch einmal von Liebe zu reden.

Klugheit, Spiel, Witz, Ironie, Vergnügen – waren dies nicht auch genau die Elemente, die den bisherige Leseprozess des Buches von Calvino begleitet hatten? Alles mit ironischem Blick auf den ›Leser‹, der weiß, dass der Autor weiß ... – man könnte das Ecosche Liebesspiel ja mal umdenken auf einen postmodernen Roman und das dort praktizierte Verhältnis zwischen Autor und Leser. Dann wüsste der Autor, der seinen belesenen Leser zwar nicht liebt, aber gewinnen will, dass er ihm nicht einfach irgendeine spannende oder rührende oder gesellschaftskritische oder neusubjektivistische oder authentische oder neusachliche oder feministische Geschichte erzählen kann, weil er weiß, dass der Leser weiß (und auch der Leser weiß, dass der Autor weiß), dass genau diese Geschichten bereits längst erzählt worden sind. Wenn es ihm, dem Autor, aber gelänge, dem geschätzten Leser die Geschichte so zu erzählen, dass er ihm während des Erzählens signalisierte, er wisse um den latenten Plagiatscharakter seines Tuns, so wäre alles gewonnen. Um es noch einmal mit Eco zu sagen, – denn ich weiß ja, dass Sie wissen, dass ich weiß, dass Sie es bereits kennen:

Keiner der beiden Gesprächspartner braucht sich naiv zu fühlen, beide akzeptieren die Herausforderung der Vergangenheit, beide spielen bewusst und mit Vergnügen das Spiel der Ironie[...] Aber beiden ist es gelungen, noch einmal das Erzählen von etwas zu ermöglichen. Und genau mit dieser Einstellung machen wir nun weiter, zersäbeln das Blätterdickicht und bahnen uns den Weg durch die Lektüre wie durch ein dichtes Gehölz.

Wir haben uns mittlerweile bis zum dritten Kapitel, genauer zu S. 51 durchgearbeitet und der Autor verspricht: »Der Roman, den du liest, will dir eine korpulente, pralle, detailreiche Welt vorführen.«

Versteht sich, dass diese Welt nahezu ausschließlich aus Literatur besteht. Den Anfang des Bücherlabyrinths, die Bahnhofsgeschichte haben wir ja bereits hinter uns gebracht und auch die schicksalhafte Seite, nach der es unvermutet mit dem nun wirklich ganz und gar anders gearteten polnischen Neuling des schwergewichtigen Titels *Vor dem Weichbild* von Malbork von Tazio Bazakbal übergangslos weiterging: eine bäuerlich-erdige Welt mit Geruch von Gebratenem schlägt dem Leser beim Öffnen der Seite entgegen, eben typisch polnisch denkt der unverzagte Leser, ruft seine elaborierte Leserin an, immerhin hat er inzwischen in Erfahrung gebracht, dass es sich um eine gewisse Ludmilla handelt, und muss erfahren, dass es sich mitnichten um einen polnischen, sondern »um einen kimmerischen Roman handelt, jawohl, einen kim-me-ri-schen«: Kimmerien, 340.000 Einwohner, Hauptstadt Örkko. Unbekannt? Also: Treffen mit Ludmilla im Institut für polnisch-ugrische Sprachen, Sprechstunde bei Prof. Uzzi-Tuzii, einer melancholischen Kapazität. Kein Wunder, denn »dies ist ein totes Institut für eine tote Literatur in einer toten Sprache«.

Dennoch: weniger gutwillig als um vermutlich Ludmilla zu imponieren, bohrt sich der Leser den Weg durch das Dickicht der Fehllektüren und mit des Professors berufstypisch gutmütiger Hilfsbereitschaft geht man der Sache auf den Grund. Sie haben es längst erraten: bei dem Autor des in Wirklichkeit gemeinten Romans handelt es sich natürlich um Ukko Akti und der Titel des leider noch nie in eine andere Sprache übersetzten Werks lautet: *Über den Steilhang gebeugt*. Der Professor übersetzt paraphrasierend – eindunkelnd. Der Leser lauscht dem äußerst elaborierten Œuvre. Natürlich wieder ein ›Ich‹-Erzähler, diesmal einer, der der Überzeugung ist, die ganze Welt sende ihm permanent Botschaften, Zeichen, Warnungen, eine zerfallende Welt, die versucht, das ›Ich‹ in den Sog seines Zerfalls zu ziehen.

Man kennt diese Art tiefgründiger Roman; sie pflegen in der Regel ungefähr 480 Seiten tief zu schürfen. Calvinos intertextuelles Zap-Verfahren lässt die Lektüre auf 15 gut verträgliche Seiten schrumpfen, denn, gottlob, auch *Über den Steilhang gebeugt* bricht nach diesen ersten Seiten ab, weil sein Autor in tiefe Depression verfiel, die in vier Selbstmordversuche mündete. Da trifft es sich gut, dass Kollege Galligani, Spezialist der kimbrischen Nationalliteratur auf den Plan tritt und den ganzen Spuk um *Über den Steilhang gebeugt* als politisch gesteuerte Plagiats- und Schwindelaffäre entlarvt: *Ohne Furcht vor Schwindel und Wind* sei der gesuchte Titel und sein Autor sei kein Geringerer als *der* Autor der kimbrischen Volksrepublik, Vorts Viliandi. Ein knallharter Politroman, der eine große Diskussion in den diversen AGs der Seminare auslöst ...

Es ist für Ludmilla und den Leser Zeit, zusammenzufassen:

»Also [...]. *Ohne Furcht vor Schwindel und Wind* ist nicht *Über den Steilhang gebeugt*, und *Über den Steilhang gebeugt* ist nicht *Vor dem Weichbild von Malbork*, und *Vor dem Weichbild von Malbork* ist alles andere als *Wenn ein Reisender in einer Winternacht*. Bleibt uns nur noch, zum Ursprung der ganzen Verwirrung zurückzugehen.«

»Richtig. Der Verlag hat uns all diese Frustrationen beschert, also muss der Verlag uns jetzt weiterhelfen. Gehen wir hin und erkundigen uns.«

»Ob Ahti und Viljandi identisch sind?«

»Erstmal, ob sie uns nicht ein vollständiges Exemplar von *Wenn ein Reisender in einer Winternacht* geben können, und dazu auch gleich eins von *Vor dem Weichbild von Malbork*. Ich meine von den Romanen, die wir angefangen haben im Glauben, dass sie so heißen. Wenn sie in Wirklichkeit anders heißen und von anderen Autoren sind, sollen sie's uns sagen und erklären, welches Geheimnis in diesen Seiten steckt, die ständig von einem Band in den nächsten wandern.«

»Ja, und auf diese Weise«, fügst du hinzu, »gelangen wir dann vielleicht auch zu *Über den Steilhang gebeugt*, ob vollständig oder Fragment ...«

»Ich kann nicht leugnen«, sagt Ludmilla, »dass ich, als es hieß, die Fortsetzung sei gefunden, mich einen Moment lang zu falschen Hoffnungen hinreißen ließ.«

»... und von da weiter zu Ohne Furcht vor Schwindel und Wind, auf dessen Fortsetzung ich jetzt am meisten gespannt bin ...«

»Ja, ich auch, obwohl ich sagen muss, das war nicht gerade mein Idealroman ...« (V)

Aber es kommt noch weitaus schlimmer. Wie immer, wenn man mit oder von Lektoren spricht:

»Geduld, lieber Herr, es kommt noch viel schlimmer. Was ich Ihnen bisher erzählt habe, ist noch gar nichts. Denn inzwischen hatten wir natürlich kein Vertrauen mehr zu diesem Burschen und wollten Klarheit haben, also die Übersetzung mit dem Original vergleichen [...].«

»Hier sind die ersten Seiten des französischen Originals. Lesen Sie selbst und sagen Sie, ist das nicht ein unerhörter Schwindel? Ermes Marana hat Wort für Wort diesen billigen Groschenroman übersetzt und dann uns gegenüber behauptet, er sei aus dem Kimmerischen, aus dem Kimbrischen, aus dem Polnischen ...«

Blitzlektüre der Fotokopien im Lektorat, flottgeschriebene, trockene Pariser Machart. Hat was. Bricht natürlich ab. Fragment. Ja, und dann die Sache mit dem irischen Erfolgsautor Silas Flannerty, der dem Geschehen endlich die lang erwartete und bislang sträflich vernachlässigte 007-Agenten-Komponente hinzufügt: Chalets in der Schweiz – Rollfelder im afrikanischen Busch – Milizen – Apokryphen – Geiselnahmen – Manuskriptverluste in Serie ...

Im Café, auf Ludmilla wartend, widmet sich der Leser der Lektüre des falschen oder doch echten Flannerty: In einem Netz von Linien, die sich verknoten, ein mysteriöser Campus-Roman, wie man erkennt. Aber das ist im Moment, Mitte des *Reisenden*, nicht so wichtig. Dass die Bücher die wahren Helden, Agenten und Agierenden dieses Romans sind, hat sich inzwischen hinreichend klar dargestellt. Es könnten Ermüdungserscheinungen eintreten. Schließlich sind Leser bis zu einem gewissen Grade doch auch menschliche Wesen, und diese interessieren sich – auch – für menschliche Wesen. Gelegentlich sogar für andere. Höchste Zeit, wirklich höchste Zeit, der LeserIN näherzutreten, der Leserin Ludmilla:

Ludmilla

Wie bist du, Leserin? Es ist an der Zeit, dass sich dieses Buch in der zweiten Person nicht mehr nur an ein unbestimmtes männliches Du wendet, ein Du als Bruder und Doppelgänger womöglich eines scheinheiligen Ich, sondern nun auch direkt an dich, die du seit dem zweiten Kapitel als notwendige Dritte Person auftrittst, damit der Roman ein Roman werden kann, damit zwischen jener männlichen Zweiten Person und der weiblichen Dritten etwas geschehen, in Gang kommen, sich entwickeln oder auch scheitern kann entsprechend den

Wechselfällen des menschlichen Lebens. Genauer: entsprechend den Denkmustern, nach denen wir die Wechselfälle des menschlichen Lebens erleben. Noch genauer: entsprechend den Denkmustern, nach denen wir den Wechselfällen des menschlichen Lebens die Bedeutungen geben, die sie für uns erlebbar machen.

Bisher war dieses Buch sorgsam darauf bedacht, dem Leser, der es liest, die Möglichkeit offenzuhalten, sich mit dem Leser, der darin gelesen wird, zu identifizieren. Darum hat er keinen Namen bekommen, der ihn automatisch mit einer Dritten Person, einer Romanperson gleichgesetzt hätte (während du als Dritte Person einen Namen bekommen musstest, eben Ludmilla), sondern er wurde bewusst im abstrakten Zustand eines Pronomens belassen, verfügbar für jedes Attribut und jede Aktion. Sehen wir nun, ob es dem Buch gelingen wird, von dir, Leserin, ein wahres Porträt zu zeichnen, beginnend mit dem Rahmen, um dich von allen Seiten her einzufassen und die Umrisse deiner Gestalt zu bestimmen. (VII)

Wir erfahren: man(n) neigt dazu, sich mit dem Namenlosen zu identifizieren, mit dem Pronomen in der zweiten Person. Die dritte Person steht sozusagen auf dem undankbaren vierten Platz, was die Rezeption betrifft. Damit muss nun, um Gleichgewicht herzustellen, Schluss sein. Die Leserin muss lesbar gemacht werden, muss gelesen werden.

Dies geschieht auf zweierlei Weise. Die unverfänglichere, A: Der Leser durchforscht, durchstöbert, durchliest die Wohnung der Leserin. B: die verfänglichere: man redet sich, »ihr redet euch« in der zweiten Phase Plural an. Anders gesagt, »Ihr seid miteinander im Bett, Leser und Leserin« und dekliniert, konjugiert und lest miteinander, dass es eine Lust ist. Wenn es je eine Grammatik des Erotischen gegeben hat, wenn je Lesen Lust und Lust Lesen bedeutete, dann hier in dieser postmodernen Bettszene, die was ihre Literarizität anbelangt, es durchaus mit der Liebesszene zwischen Adson und dem Mädchen in Ecos *Der Name der Rose* aufnehmen kann:

Ihr seid miteinander im Bett, Leser und Leserin. Folglich ist nun der Moment gekommen, euch in der zweiten Person Plural anzureden, eine sehr folgenreiche Operation, da sie darauf hinausläuft, euch als einheitliches Subjekt zu betrachten. Euch meine ich, das undefinierbare Knäuel da unter dem zerwühlten Laken. [...] Wohin führt diese eure Verschmelzung? Welches zentrale Thema kehrt wieder in euren Variationen und Modulationen? [...] soviel ist klar, [Ihr] existiert [..] jeweils nur in Funktion des anderen, doch um sie möglich zu machen, müssen eure beiderseitigen Ich, anstatt sich auszulöschen, restlos die ganze Weite des geistigen Raums füllen, sich selbst mit maximalem Gewinn investieren, beziehungsweise sich bis zum letzten Heller verausgaben. Kurzum, was ihr da treibt, ist wunderschön, doch grammatikalisch ändert sich nicht. Im Augenblick, da ihr am allermeisten als ein vereintes Ihr erscheint, seid ihr zwei mehr als zuvor getrennte und wohlabgegrenzte Du.

Ein Dokument von übergroßer erzählerischer Distanz? Zynismus gar? – Viel eher der im besten Sinn witzige Versuch, den Realitäten gerecht zu werden. Denn auch dieser Liebesakt ist – da er sich im Roman abspielt, doch primär (nur) ein Schreib-Akt beziehungsweise (fast ein Synonym) ein Leseakt:

Leserin, nun wirst du gelesen. Dein Körper wird einer systematischen Lektüre unterzogen, vermittelt durch die Informationskanäle der Tast-, Gesichts- und Geruchssinne [...] Aber nicht nur dein Körper ist Leseobjekt. Der Körper zählt nur als Teil eines Ganzen aus komplizierten Elementen, die nicht alle sichtbar und nicht alle zugegen sind, aber in sichtbaren und spontanen Begebenheiten zutage treten: im Mattwerden deiner Augen, in deinem Lachen, in deinen Worten, in der Art, wie du dein Haar zusammenbündelst und ausbreitest, wie du Initiative ergreifst und dich zurückziehst, in allen Zeichen auf der Grenzlinie zwischen dir und den Gepflogenheiten und den Gebräuchen und dem Gedächtnis und der Vorgeschichte und der Mode, in allen Kodes und Zeichensystemen, in all den armseligen Alphabeten, durch welche ein menschliches Wesen in gewissen Momenten ein anderes menschliches Wesen zu lesen glaubt.

Calvinos Grammatik der Liebe überträgt und erweitert den Spielraum der Literatur auf den des Lebens – ein faszinierender Prozess, nicht zuletzt, weil er die gewohnte Wahrnehmung umkippt. Nicht die Schrift bildet das Leben ab, – vielmehr bringt die Schrift erst das Leben zur Kenntlichkeit. Und zwar absolut geschlechtssymmetrisch:

[Denn] auch du, Leser, bist unterdessen ein Leseobjekt für die Leserin: Bald überfliegt sie deinen Körper wie ein Inhaltsverzeichnis [...] Bald verweilt sie auf unbedeutenden Einzelheiten, womöglich auf kleinen Stilfehlern wie zum Beispiel deinem vorspringenden Adamsapfel oder der Art, wie du deinen Kopf in ihre Halsbeuge schmiegst, und bedient sich ihrer, um einen gewissen Abstand zu gewinnen, sei's für einen kritischen Vorbehalt oder für eine scherzhafte Vertraulichkeit. Bald wird eine plötzlich entdeckte Einzelheit unmäßig aufgewertet, etwa die Form deines Kinns oder deine spezielle Art, ihr in die Schulter zu beißen, und durch diesen Anlauf gerät sie in Fahrt, und dann liest sie (lest ihr gemeinsam) Seite um Seite von oben bis unten, ohne ein Komma zu überspringen ... Doch in deine Befriedigung über die Art, wie sie dich liest, über ihre wortwörtlichen Zitate deiner physischen Gegenständlichkeit, schleicht sich ein Zweifel ein: dass sie dich womöglich nicht ganz und ungeteilt liest, wie du bist, sondern dich nur benutzt, ja nur aus dem Kontext gelöste Teile von dir benutzt, um sich im Halbdunkel ihres getrübten Bewusstseins einen Phantompartner aufzubauen, den nur sie kennt, und dass sie jetzt diesen apokryphen Besucher ihrer Träume entziffert, nicht dich.

Sie werden mir Recht geben, dass diese zweite – zugegeben verfremdende – Überlagerungsebene den vertrauten Vorgang (auch literarisch) aufs Wünschenswerteste interessant macht: genauer, jenseits von Kitsch, Schwulst, Porno und dennoch spannend (ohne – wie Rühmkorf gesagt haben würde – peinliches Spannertum). Auch kommt es zu keiner unangebrachten Vermischung von substanziellen Unterschieden, denn:

Im Unterschied zur Lektüre beschriebener Seiten erfolgt bei Liebenden die Lektüre der Körper (das heißt jenes Konzentrates aus Geist und Körper, dessen Liebende sich bedienen, um miteinander ins Bett zu gehen) nicht linear. Sie beginnt an einem beliebigen Punkt, springt vor und zurück, wiederholt sich, verweilt, verzweigt sich in simultanen und divergierenden Strängen, findet wieder zusammen, stutzt irritiert, geht weiter, findet den Faden wieder, verliert sich. Gewiss lässt sich eine Richtung erkennen, ein Streben zu einem Ziel als Streben zu einer Klimax, und im Hinblick auf dieses Ziel gibt es rhythmische Phasen, Skandierungen metrischer Art und Motivwiederholungen. Aber ist das Ziel wirklich die Klimax? Oder steht der Verfolgung dieses Ziels ein anderes Streben entgegen, ein Schwimmen gegen den Strom der Momente, um die verflossene Zeit zurückzugewinnen?

So wird denn, erzählerisch brillant, zum einen das Liebesspiel durch das Textspiel ent-erotisiert, zum anderen aber der Umgang mit dem Text zu einem gleichsam para-erotischen Vergnügen erweitert.

Aus Gründen der Materialökonomie müssen wir an dieser Stelle viele andere wunderbare Lektürearten ausgespart bleiben: Variationslektüren, Dostojevski-Lektüren, Ghostwriterlektüren, elektronisch wortfrequenzorientierte Lektüren, die allein aufgrund der Häufigkeit des Vorkommens spezifischer Wortfelder eine rasante Steigerung der Lesegeschwindigkeit erlauben, Fälscher und Reproduktionslektüren japanischer Kopisten, die einen Flannerty unter dem Titel *Auf dem mondbeschienenen Blätterteppich* (Takakumi Ikoka) täuschend echt nachahmen und weltweit in Umlauf setzen.

Ich muss dem Leser auch das SF-Torso, in dem die alienartige Kunstfigur Corinna-Gertrude-Alfonsina eine nicht unwesentliche Rolle spielt, vorenthalten. Damit bleibe ich den Beweis einer gewissen, wenn auch nicht linearen, so doch wohlorganisierten Gerichtetheit der zehn verschachtelten Leseepisoden schuldig. In Kürzestfassung das Wichtigste, 10 Romane im Mikro-Format:

1. Roman des Nebels
2. Roman der körperlichen Erfahrung
3. symbolisch-interpretativer Roman
4. politisch-existentieller Roman
5. zynisch-brutaler Roman
6. Roman der Angst
7. logisch-geometrischer Roman
8. Roman der Perversion
9. tellurisch-ursprünglicher Roman
10. apokalyptischer Roman

Showdown der Möglichkeiten

Wir nähern uns über Kapitel XI und XII dem Ende der Leseodyssee durch fast alle Genres und Kontinente der Narrativik. In der Bibliothek kommt es zum veritablen Showdown der Leserschaft und in einer Art von finalem Brainstorming-Feuerwerk schießen die Leserraketen förmlich zum Himmel:

Leser 1: »*Ich brauche die Anregung durch die Lektüre, auch wenn ich von keinem Buch mehr als nur wenige Seiten zu lesen vermag. Aber schon diese wenigen Seiten enthalten für mich ganze Welten, die ich nicht auszuloten vermag.*«

Leser 2: »*›Ich verstehe Sie gut‹, mischt ein anderer Leser sich ein, der sein wächsernes Gesicht und seine geröteten Augen von den Seiten seines Buches hebt. ›Lesen ist eine diskontinuierliche und fragmentarische Operation. Oder besser ausgedrückt: Gegenstand der Lektüre ist eine punkt- und staubförmige Materie. Im fließenden Fortgang der Schrift unterscheidet die Aufmerksamkeit des Lesers minimale Segmente, Wortverbindungen, Metaphern ... Sie sind wie die Elementarteilchen, die den Kern eines Werks bilden, um den alles kreist.*«

Leser 3: »*Ich bin zu dem Schluss gekommen, dass die Lektüre – die Aktivität des Lesens – eine Operation ohne Gegenstand ist. Oder anders ausgedrückt, ihr wahrer Gegenstand ist sie selbst. Das Buch ist nur ein äußeres Hilfsmittel oder gar nur ein Vorwand.*«

Leser 4: »*Ein vierter Leser schaltet sich ein: ›Wenn Sie die Subjektivität des Lesens hervorheben wollen, kann ich Ihnen nur zustimmen, allerdings nicht in dem zentrifugalen Sinn, den Sie ihr geben wollen. Jedes neue Buch, das ich lese, wird Teil jenes einheitlichen und allumfassenden Buches, das aus der Summe aller meiner Lektüren hervorgeht.‹*«

Leser 5: »*›Auch für mich führen alle Bücher, die ich lese, zu einem einzigen Buch‹, sagt ein fünfter Leser, der hinter einem Stapel dicker Folianten auftaucht [...] In allem, was ich lese, suche ich immer nur jenes Buch, das ich einst in meiner Kindheit las, aber ich habe zu wenig davon behalten, um es je wiederzufinden.‹*«

Leser 6: »*Für mich zählt am meisten der Augenblick, der dem Lesen vorangeht. Manchmal genügt schon der Titel, um in mir das Verlangen nach einem Buch zu wecken, das vielleicht gar nicht existiert. Manchmal der Anfang des Buches, das Incipit, die ersten Sätze. Die bloße Verheißung der Lektüre.*«

Leser 7: »*›Für mich zählt am meisten das Ende‹, sagt ein siebenter Leser, ›aber das wahre Ende, das letzte, das im Dunkel verborgen liegt, der Schlusspunkt, zu dem das Buch uns hinführen will.‹*«

Und schließlich ›unser‹ Leser: ihm, so gesteht er, läuft in letzter Zeit alles schief, was die Organisation des Lesens betrifft. Kein Wunder, liest man den im Verlauf der Lektürebemühungen aufgelaufenen Gesamttitel, der Bibliothek, die sich da als ein Roman präsentiert:

Wenn ein Reisender in einer Winternacht vor dem Weichbild von Malbork, über den Steilhang gebeugt ohne Furcht vor Schwindel und Wind, schaut in die Tiefe, wo sich das Dunkel verdichtet in einem Netz von Linien, die sich verknoten, in einem Netz von Linien, die sich überschneiden auf dem mondbeschienenen Blätterteppich rings um eine leere Grub[...]e

Was für ein Titel – was für ein Roman:
– zeitübergreifend universal und fragmentarisch zugleich
– von großer Konkretheit und Flüchtigkeit in einem
– unpersönlich und intim zugleich: denn nehmen wir nicht, aller Literarizität zum Trotz, gleichsam im konzentrierten Schnelldurchlauf an all diesen Figurensplittern Anteil? Kurz treten sie in unser Blickfeld, wir ›lesen‹ sie nach allen Regeln der Kunst, lagern unsere Gefühle, Gedanken an sie an, und schon lösen sie sich wieder – als Verschollene, denen wir nicht wieder begegnen werden – ›sternstaubförmig‹ vor unseren Augen im Fluss der Lektüre auf ... Calvino selbst gibt eine Erklärung:

Die zeitliche Dimension ist zerbrochen, wir leben und denken nur noch in Fragmenten von Zeit, die jeweils auf einer eigenen Bahn davonfliegen und im Nu entschwinden. Zeitliche Dauer finden wir nur noch in Romanen aus jener Epoche, als die Zeit nicht mehr stillzustehen und noch nicht explodiert zu sein schien, eine Epoche, die alles in allem rund hundert Jahre währte, nicht länger. (I)

Und schiebt eine andere nach, die mit dem Verlust an Kontinuität zu tun hat, der die Moderne durchdringt:

[...] auch dieses Gefühl der Konkretheit, das du schon beim Lesen der ersten Zeilen verspürtest, ein Gefühl von Verlust, das Schwindelgefühl der Auflösung, und nun wird dir auch bewusst, als aufmerksamer Leser, der du bist, dass dir dies von der ersten Seite an irgendwie deutlich war, als du bei allem Vergnügen an der Präzision dieser Schreibweise spürtest, dass dir, um die Wahrheit zu sagen, alles zwischen den Fingern zerrann [...]. (Vor dem Weichbild von Marbork)

Sechs Vorschläge

In seinen kritischen Schriften hat der 1923 als Sohn eines Naturwissenschaftlerpaars auf Cuba geborene (1985 verstorbene) Italo Calvino all dies systematischer dargestellt: In den *Sechs Vorschlägen für das nächste Jahrtausend*, im Sammelband *Kybernetik und Gespenster*. Nimmt man alles zusammen, so treten ein paar Dinge zentral in Erscheinung: Da ist ein nahezu körperliches Bedürfnis, sich mit jedem Satz, den man neu schreibt, aus dem Grab der bereits vorfixierten, so-und-so-geschriebenen herauszutreten, hervorzuspringen. Fast schwerelos, jedenfalls ›leichtgewichtig‹, nicht pompös, bombastisch, steinern, bedeutsamkeitsschwer. Diese neue »Leichtigkeit«, die Lösung vom Gravitationsgesetz, ist ihm das vielleicht wichtigste Element seiner Poetik. Gleich daneben, die »Genauigkeit«, die fast naturwissenschaftliche Exaktheit, mit der seit Musil Literatur vorgeht.

Ein weiterer Punkt: Die »Sichtbarkeit«, nicht das mediale Bildbombardement; Sichtbarkeit als Oberflächlichkeit, als Lust an der Materialität der Zeichen:

[...] Groß- und Kleinbuchstaben, Punkte, Kommata, Einschübe; Seiten aneinandergereihter Zeichen wie Sandkörner, die das vielfältige Schauspiel der Welt wiedergeben (abbilden) mit einer immergleichen und immer wechselnden OBERFLÄCHE, wie die Dünen, welche vom Wind der Wüste getrieben werden.

Eng damit verwandt, freilich auf anderer Ebene wirksam, molteplicità, »Vielschichtigkeit« und »Dichte«, die beiden letzten der Kategorien Calvinos. Der letzten niedergeschriebenen. Er starb vor einer noch geplanten allerletzten Vorlesung. Das Thema kennen wir nicht. Manche denken, es hätte mit einer seiner bevorzugten Fragestellungen zu tun, dem Verhältnis von Literatur, Text und Textwissenschaften auf der einen, Natur, Mathematik und mathematischen Wissenschaften auf der anderen Seite. Er, und nicht nur er, sondern eigentlich alle Großen von Aristoteles bis Einstein, Leonardo bis Eco bauen auf gesetzmäßige Zusammenhänge und Unterschiede zwischen Human- und Natur-Wissenschaften. Die Arbeitsmethoden der Gruppe Calvino – Perec – Eco hat viel mit Regeln, systematischer Planung, ausgeklügelten Versuchsanordnungen und logischen Verfahrensweisen zu tun, sehr wenig dagegen mit ›Genieästhetik‹, ›romantischem Künstlertum‹ etc. Von daher sind Brücken vorbereitet, um kreative Verbindungen, erkenntnissteigernde Projekte interdisziplinärer Art geradezu zu stimulieren.

Literaturverzeichnis

- Calvino, Italo: *Wenn ein Reisender in einer Winternacht.* Übers. v. Kroeber, Burkhart. Hanser. München. 1985.
- Calvino, Italo: *Kybernetik und Gespenster. Überlegungen zu Literatur und Gesellschaft.* Übers. Schoop, Susanne. Hanser. München. 1984.
- Calvino, Italo: *Sechs Vorschläge für das nächste Jahrtausend. Harvard Vorlesungen.* Übers. Kroeber, Burkhart. Hanser. München. 1991.
- Eco, Umberto: *Nachschrift zum »Namen der Rose«.* Übers. Kroeber, Burkhart. Carl Hanser. München. 1986.
- Eco, Umberto: *Der Name der Rose.* Übers. v. Kroeber, Burkhart. Deutscher Taschenbuch Verlag. München. 1991.

Italo Calvino

Vita
*15.10.1923   Santiago de Las Vegas, Kuba
†19.9.1985   Sienna, Italien

1942	Studium der Agrarwissenschaften in Turin
	Studium der Literatur und Philosophie
1943	Während der deutschen Okkupation Partisan
1944	Mitglied der Kommunistischen Partei Italiens
1945	Schlacht von Bayardo
1947	Dissertation über Joseph Conrad
1950	Lektor in der KPI Zeitung L'Unitá
1951	Reise in die Sowjetunion
1957	Austritt aus der KPI
1964	Begegnung mit Ché Guevara
1967	Österreichischer Staatspreis für europäische Literatur

Werke

1947	Il sentiero die nidi di ragno
	Wo spinnen ihre Nester bauen
1942	Il visconte dimezzato
	Der geteilte Viskonte
1957	Il barone rampante
	Der Baron auf den Bäumen
1959	Il cavaliere inesistne
	Der Ritter den es nicht gab
1972	Le città invisibili
	Die Unsichtbaren Städte
1973	Il castello di destini incrociati
	Das Schloß darin sich Schicksale kreuzen
1983	Palomar
	Herr Palomar

Ingeborg Bachmann
Das Buch Franza. Auf der Suche nach dem verlorenen Ich

Spiel, Ironie, Distanz, Leserbezug – alle Elemente, die für die Poetik Calvinos und seiner postmodernen ›Community‹ von zentraler Bedeutung sind, scheinen für seine Zeitgenossin Ingeborg Bachmann kaum von Belang. Und doch verbindet die diametralen Konzepte zumindest eine übergreifende Eigenart, die Orientierung am Primat der Sprache. War die Sprache für Calvino stets beweglich vibrierende Oberfläche, die jeden Moment neue Wirklichkeiten herstellte, so ist sie für Bachmann Instrument zum Ertasten einer Wirklichkeit hinter der Sprache. Auf der Suche nach einer neuen Wirklichkeit – so könnte man ihren innersten Schreibantrieb umreißen. Zwar beginnt Ingeborg Bachmann ihre Frankfurter Poetik-Vorlesungen aus dem Wintersemester 1959/60 mit Blick auf Hofmannsthals bekannten Chandos-Brief, dem Dokument der modernen Sprachkrise. Doch der Fluchtpunkt ihrer radikalen Suche ist nicht nur eine neue Sprache, sondern ein neues Denken, ein sich erneuerndes Denken, »Denken wie ein Sprengstoff«, das allem Epigonalen, zur Routine, zur Reproduktion Gewordenen den Kampf ansagt. So beginnen ihre Ausführungen mit eine Absage – einer Absage an die Tradition, auch an die Tradition derer, die die Tradition überwunden haben. Diese Absage beinhaltet zugleich auch eine Überwindung von Stagnation und Epigonalität:

Ich glaube [...] nicht, dass uns, nach so und so vielen formalen Entdeckungen und Abenteuern, die in diesem Jahrhundert gemacht worden sind (vor allem zu Anfang dieses Jahrhunderts), nichts mehr übrig bleibt, als Epigonenhaftes zu schreiben, wenn man nicht noch surrealistischer als surrealistisch und noch expressionistischer als expressionistisch schreibt, und dass einem nichts übrig bleibt, als die Entdeckungen von Joyce und Proust, von Kafka und Musil zu nutzen. [...] Bei der blinden Übernahme dieser seinerzeitigen Wirklichkeitsbestimmungen, dieser gestern neu gewesenen Denkformen, kann es nur zu einem Abklatsch und einer schwächeren Wiederholung der großen Werke kommen.

[...]

Mit einer neuen Sprache wird der Wirklichkeit immer dort begegnet, wo ein moralischer, erkenntnishafter Ruck geschieht, und nicht, wo man versucht, die Sprache an sich neu zu machen, als könnte die Sprache selber die Erkenntnis eintreiben und die Erfahrung kundtun, die man nie gehabt hat. (»Fragen und Scheinfragen«)

Empört Euch!

Mit wenigen, energischen, schnörkellosen Strichen fragt Bachmann sich weiter durch: Sprengstoff, Zündung, Axt. Ihre literarischen Werkzeuge sind nichts für Zartbesaitete. Sie spricht, wissentlich oder intuitiv, im Duktus von Kleists *Penthesilea*: Wahrheit oder Tod. Utopisch. Extremistisch. Appellativ. Fremdartig. Spricht von Poesie, die wie Brot zwischen den Zähnen knirschen müsste und den Hunger wiedererwecken, ehe es ihn stillt. Spricht von scharfer Erkenntnis und bitterer Sehnsucht, vom »an den Schlaf der Menschen rühren«, denn wir sind Schlafwandler, Träumer, Tiefschläfer, »Schläfer aus Furcht, uns und unsere Welt wahrnehmen zu müssen«.

Bachmanns Extremismus erscheint heutzutage, wo das Wort ›Utopie‹ zum Naivitätsausweis geworden ist, möglicherweise fremdartig und brandaktuell zugleich. Sie läuft intellektuell Amok, akzeptiert kaum Regeln, kaum Gesetze, noch nicht einmal die des Geldes. Ihr Protest gegen vereinnahmende Systeme ist wie ein vorweggenommener »Empört Euch« -Ruf.

Wie die Lage ist, sind wir vor lauter Einverständnissen schon so weit, einen Zustand eintreten zu lassen, den Hermann Broch mit einem wütenden Satz gegeißelt hat. Dann gilt es, dann ist es so weit: »*Moral ist Moral, Geschäft ist Geschäft und Krieg ist Krieg' und Kunst ist Kunst.*«

»Wenn wir es dulden«, so fährt Bachmann fast drohend fort,

dieses ›Kunst ist Kunst‹ [...] und wenn die Dichter es dulden und befördern [...] durch die bewusste Auflösung der stets [...] neu zu schaffenden Kommunikation mit der Gesellschaft – und wenn die Gesellschaft sich der Dichtung entzieht [...], so käme das einer Bankrotterklärung gleich.

Bachmanns ethischer und ästhetischer Extremismus hat nichts Naives an sich. Reflektiert und emotional, politisch und privat zugleich ist die Signatur ihrer essayistischen Argumentation wie auch ihrer literarischen Arbeit. Und sie löst die Prämissen, ihrer sehr weitreichenden theoretischen Forderungen, was die Position und den Status dieses neuen Ich betrifft, mit jedem Wort ein.

Vielleicht lohnt es sich gerade im rückblickenden Vergleich mit Calvino, die Annäherung an die Instanz des schreibenden Ich (des ›ich‹ schreibenden Ich) bei Bachmann ins Auge zu fassen. Man ist möglicherweise überrascht, doch die Positionen sind auf den ersten Blick eher ähnlich. Bachmann stellt zunächst fest, dass das ›Ich‹ auch für sie nur ein Satzfragment, ein Blatt Papier, jedenfalls Sprach-Materie sei, etwas Konzeptionelles, nur Be-Zeichnendes, ein Etwas ohne Haut und Knochen, ein ›Ich ohne Gewähr‹; »Partikelgestöber«:

Myriaden von Partikeln, die ›Ich‹ ausmachen, und zugleich scheint es, als wäre Ich ein Nichts, die Hypostasierung der reinen Form, irgend etwas wie eine geträumte Substanz [...] eine Chiffre für etwas, das zu dechiffrieren [...] Mühe macht. (»*Das schreibende Ich*«)

Zweifellos bildet das Thema dieser Ich-Chiffrierung und Dechiffrierung das Zentrum der *Frankfurter Vorlesungen* der Bachmann: über Dostojevski, Svevo, Joyce, Proust spürt Bachmann dieser neuen Qualität, die eine Fragilität ist, nach. Insbesondere Proust ist ihr Garant der Ungesichertheit, der multiplen Präsenz, der gespannten Wahrnehmungs(un)fähigkeit; diese Sucht nach Genauigkeit, die so weit geht, dass das Ich mit Personen in Verbindung tritt, die ihm Klarheit über einzelne Punkte seiner Vergangenheit verschaffen können. Eines Ich, das daran leidet, keine bestimmte Persönlichkeit mehr zu besitzen, abgeschnitten von jeder Bindung, jedem Bezug, in dem es als solches bestimmt sein könnte. Bachmann resümiert zugleich bitter und lebens-süchtig, bevor sie sich an ein faszinierendes Kapitel über den »Umgang mit Namen« macht, Namen, die Ich-Sicherheit ohne Gewähr versprechen:

Das sind die letzten bedrückenden Verlautbarungen des Ich in der Dichtung, von denen wir wissen, während wir jeden Tag hartnäckig und mit dem Brustton der Überzeugung ›Ich‹ sagen, belächelt von den ›Es‹ und ›Man‹, von den anonymen Instanzen, die unsere Ich überhören, als redete da Niemand. Aber wird von der Dichtung nicht, trotz seiner unbestimmbaren Größe, seiner unbestimmbaren Lage immer wieder das Ich hervorgebracht werden, einer neuen Lage entsprechend, mit einem Halt an einem neuen Wort? Denn es gibt keine letzte Verlautbarung. Es ist das Wunder des Ich, dass es, wo immer es spricht, lebt; es kann nicht sterben – ob es geschlagen ist oder im Zweifel, ohne Glaubwürdigkeit und verstümmelt – dieses Ich ohne Gewähr! Und wenn keiner ihm glaubt, und wenn es sich selbst nicht glaubt, man muss ihm glauben, es muss sich glauben, sowie es einsetzt, sowie es zu Wort kommt, sich löst aus dem uniformen Chor, aus der schweigenden Versammlung, wer es auch sei, was es auch sei. Und es wird seinen Triumph haben, heute wie eh und je – als Platzhalter der menschlichen Stimme.

Auch Ingeborg Bachmann-Adeptin Christa Wolf wird diesen symptomatischen Doppeleffekt von Sprachfindung und Ichfahndung als Signatur des anderen, nennen wir es in aller Vorsicht ›weiblichen‹ Schreibens charakterisieren. Mehr als dreißig Jahre später (1983), die feministische Theorie ist mittlerweile voll ausgebildet, vermag sie das Differenzpotential am Beispiel der Prosa Bachmanns in Begriffe zu bringen, wobei das Thema der Relation zwischen Autoren-Ich und Figuren-Ich im Zentrum der Überlegungen steht:

Meinst Du, die Bachmann wusste nicht, wie Goethe, Stendhal, Tolstoi, Fontane, Proust und Joyce Romane schrieben? [...] »Madame Bovary bin ich«, das hat bekanntlich Flaubert gesagt, und wir bewundern dieses Wort seit mehr als hundert Jahren, und wir bewundern Flauberts Tränen, als er die Bovary sterben lassen muss [...] Die Bachmann aber ist jene namenlose Frau aus Malina, sie ist jene Franza aus dem Romanfragment, die ihre Geschichte einfach nicht in den

Griff, nicht in die Form kriegt. [...] Eine wilde Frau, man kann nur ratlos die Arme heben; eine andre Art Logik (sie, die wie kaum eine das männliche Denken des Wenn-dann, Weil-darum, Sowohl-als-auch kennt), eine andre Art, Fragen zu stellen (nicht mehr das mörderische: Wer-wen?), eine andre Art Stärke, eine andre Art Schwäche.

Noch eindeutiger als bei *Malina* fällt der Nachweis dieser »kunst-losen« Nähe, dieser ›Auto‹-Literarizität, in der eine Frau »mit ihrer verbrannten Hand von der Natur des Feuers« schreibt, in *Der Fall Franza* aus. Zur biographischen Vergegenwärtigung: Es ist das letzte Werk der 1926 in Klagenfurt geborenen Autorin. Promovierte Philosophin mit einer Arbeit über Heidegger. 1953: Entdeckung durch die ›Gruppe 47‹. Es erscheinen in rascher Folge ihre Gedichtbände. Liaison mit Frisch. 1961: Das Dreißigste Jahr. In Berlin beginnt sie ab 1963 mit der Arbeit an ihrem Projekt »Todesarten«. 1978 wird *Der Fall Franza*, der aus diesem Zusammenhang erwächst, posthum veröffentlicht von Christine Koschel und Inge von Weidenbaum, mit denen Ingeborg Bachmann in den langen Jahren ihrer Zeit in Rom eine Art Vertrauensverhältnis unterhielt. Im Oktober 1973 starb Ingeborg Bachmann unter bis heute nicht restlos geklärten Umständen. Offiziell jedenfalls an den Folgen von Verbrennungen, die sie sich durch eine im Bett entflammte Zigarette zugezogen hatte.

Den *Fall Franza* hat Bachmann immer nur ihr ›Wüstenbuch‹ genannt, weil es weite Passagen enthielt, die mit ihren Ägypten- und Sudanreisen des Jahres 1964 zu tun haben. Obwohl auch touristische Ziele besucht werden, unter anderem der von der Königin Hatschepsut errichtete Totentempel Deir el-Bahri in Theben und der Hatschepsut-Tempel in Karnak, war dies keine touristische Reise. Erfahrungen und Beobachtungen werden auf verstörende Art in ihre Arbeit einfließen:

Mit so unvereinbaren Vorstellungen gingen sie durch die Totenstadt und Martin konnte erst wieder mit Franza rechnen, als sie die ausgekratzten Zeichen sah, in Dêr el-Báhari, in dem Tempel der Königin Hatschepsut, von der jedes Zeichen und Gesicht getilgt war auf den Wänden, durchgehend die Zerstörung, aber keine durch Plünderer und keine durch Archäologen, sondern zu ihrer Zeit zerstört oder nach ihrem Tod, [von] dem dritten Tuthmosis. Siehst du, sagte sie, aber er hat vergessen, dass an der Stelle, wo er sie getilgt hat, doch sie stehen geblieben ist. Sie ist abzulesen, weil da nichts ist, wo sie sein soll. Martin war unsicher, was sie meinte, aber es war tatsächlich das Sonderbarste, das er je gesehen hatte, diese Zerstörungswut, mit Meißeln ausgeführt, dieses Auslöschenwollen einer großen Figur, und er fragte sich, warum das geschehen war, denn darüber war nichts zu lesen, und wenn Ehrgeiz das Motiv für den dritten Tuthmosis war, dann hätte er ihn auch an vielen Dynastien vorher stillen können. Aber der Tempel der Hatschepsut stand da, ein Steinlicht in dieser Totenstadt, griechisch tausend Jahre vor Griechenland. [...] Für sie hier war das nicht Stein und nicht Geschichte, sondern, als wär kein Tag vergangen, etwas, das sie beschäftigte. (3. Kap., Die ägyptische Finsternis, I)

Mit dem Satz: »Er hat sie zerstören wollen«, ist bereits das eine, wesentliche Moment des Romans genannt: die Gewalt. Genauer: die Gewalt patriarchaler Wesen und Systeme. Was die Gewalt betrifft, so ist sowohl der Bereich der körperlichen wie der der strukturellen Gewalt bezeichnet, bis hin zur »Namenstilgung«.

Das zweite Thema: das der Wüste selbst, als des großen Laboratoriums, des erbarmungslosen »Purgatoriums«, der Heilanstalt, »der Gummizelle aus Himmel, Licht und Sand«.

Doch nicht so, nämlich aus der Sicht der Protagonistin, Franza, oder gar halb-autobiographisch aus der ihrer Erzählerin, wird die Geschichte der Franza erzählt, sondern als Fall-Studie, zunächst von außen. Von der eigentlichen Hauptfigur ist noch nicht einmal in den Inhaltsskizzen Bachmanns die Rede. Bei einer Lesung sagt sie einleitend:

Die Seiten, die ich Ihnen vorlesen werde, beziehen sich auf Vorfälle, die sich in Wien zutragen, und sie haben zur Voraussetzung folgende Personen, einen der bedeutendsten Wiener Psychiater, Jordan, den man zu jenen Personen zählen könnte, die heute den cercle ausmachen, also die moralischen Autoritäten, denen wir mit Recht Aufmerksamkeit schenken. Jordan hat, mit der Assistenz seiner jungen Frau [...] ein Buch geschrieben über die Spätschäden an weiblichen KZ-Häftlingen und in eben diesen Jahren seine eigene Frau zugrundegerichtet. Franziska, Franza genannt, verschwindet aus einer Wiener Klinik, aus Furcht vor ihrem Mann und begleitet ihren Bruder, einen jungen Wissenschaftler auf eine Reise nach Nordafrika.

In einer anderen ›Einleitung‹ heißt es über diesen Bruder, damals noch als ›Protagonist‹ bezeichnet:

Der Inhalt also, der nicht der Inhalt ist, sieht so aus: ein junger Mann, Assistent an einem Wiener Institut, Geologe [...], ein Mann von achtundzwanzig Jahren, in Wien wohnhaft, aus Kärnten stammend, trifft vor einer Reise [...] mit seiner Schwester zusammen, die schwerkrank aus einer Klinik in Baden bei Wien verschwunden ist. Diese ältere Schwester nun, ihr Sterben, ist in diesem Buch, und die Begleitung, die der Bruder ihr gibt, der am Ende aller Bindungen ledig wird.

Das Buch ist aber nicht nur eine Reise durch eine Krankheit. Todesarten, unter sie fallen auch die Verbrechen. Das ist ein Buch über ein Verbrechen. ([Vorrede] Entwurf)

Als die Erzählung einsetzt, hat die eigentliche Hauptfigur, das Hauptopfer bereits fast ihre ganze Geschichte, ihr Leben hinter sich. Der Rest sind ein paar Monate Krankheit zum Tode. Franziska Ranner, so heißt sie, so hieß sie, bevor sie verehelichte Jordan wurde, war vor 32 Jahren in Gailtal geboren worden, in einer

Art mythischer Urheimat, weit weg vom arroganten Wien, – Galizien nennt sie dieses damals noch unbesetzte Territorium ihrer jugendlichen Identität. Diesem Land widmet sich der erste Teil »Heimkehr nach Galizien«. Die Erinnerung daran wird über ihren Bruder vermittelt, der die Verschollene – er hat von ihr eine Art Notruf erhalten -, in einem katastrophalen Zustand auffindet: physisch wie psychisch. Die Rolle des in der dritten Person erzählten Bruders ist komplex: Gedächtnisinstanz, Protokollant, Detektiv, der aus Spuren (Tagebüchern, Zetteln, Briefen) den Fall seiner Schwester zu rekonstruieren versucht: ihre gemeinsame Jugend im Gailtal, der Faschismus, die Nachkriegszeit, Franzas Weg nach Wien, in eine andere, mondänere Welt, ihr Verfallen, Zerfallen, Zerbrechen am Fossil, an Jordan.

Galizien als Chiffre für ›Heimat‹

Fast ein Medea-Stoff, aus dem die Geschichte der Franza gemacht ist. (Freilich mit dem gravierenden Unterschied, dass es hier statt des Kindermords aufgezwungene Abtreibungen und statt der Rache eine Art Selbsttötung geben wird.) Damals, im Gailtal, erinnert sich Martin, war seine Schwester eine Barbarin gewesen, eine »kleine Wilde« mit nackten Füßen. Ein Fossil, das in »der Magie und in Bedeutungen« lebte; an deren Geschichte, die auch seine war, er sich ohne Nostalgie, aber sehnsüchtig erinnert:

[...] die Liebe aber ist –der Satz hatte ganz anders geheißen, es war ihr Kult-Satz gewesen: unter hundert Brüdern. [...] es stellten sich in ihm Bilder von seiner Schwester ein, nur nachts, wenn er ankam, konnte sie nicht gut von einem Hügel herunterlaufen, und nicht mehr bloßfüßig sein, mit immer zerkratzten Beinen, und einem Hänger aus einem Vorhangstoff, dem Vorhang aus der Stube, diesen Fetzen hatte sie immer getragen, eine Ranner, eine vulgo Tobai, die letzte aus einer Familie, eine mythische Figur, die ihn aus der Gail zog, die ins kälteste Wasser ging, und für diese Figur suchte er sich zurück in die Kindheit, für die er keine Erinnerung hatte, nur Stichworte [...].(Kap.1, Heimkehr nach Galizien)

Erst im zweiten Teil »Jordanische Zeit«, das Geschwisterpaar befindet sich auf der Schiffsfahrt von Genua nach Ägypten, tritt Franza selbst auch grammatikalisch, als ›Ich‹, in Erscheinung. Nun ist es an ihr, die eigene Vergangenheit zu rekonstruieren, mühsam zu rekonstruieren. Der Beginn:

Wann hat es angefangen? Man meint, nicht mit dem Anfang, aber zuletzt weiß man: im Anfang. Da warnt dich etwas, und schon hörst du nicht zu [...] Du liebst jetzt die Stimme, weil du aus ihr Melancholie heraushörst, und wenn sie aggressiv wird, dann hörst du etwas Kühnes, nun gefällt es dir schon, der Schwindel ist vollkommen, du brauchst dich nicht betrügen, der Betrug zeugt neuen Betrug. Nichts warnt dich mehr, das Signal wird nur einmal gegeben, *wenn du mit dem anderen zum erstenmal in einem Raum bist und es dir befiehlt, hab acht, hab acht [...] (Kap. 2, Jordanische Zeit)*

Später erinnert sie sich an die Fortsetzung ihrer Geschichte, an das Zuschnappen der Falle:

[...] du liegst schon in einem Bett in einem 19. Bezirk und suchst deine Dokumente zusammen, dein Heimatschein ist eingetroffen und wird dir abverlangt, der Heimatschein kommt aus deiner Gemeinde, die willst du hinter dir lassen, du probierst einen Namen aus, damit du ihn zum erstenmal gleich flüssig schreiben kannst. Dann verlässt du ein Standesamt, ein paar Stunden später fällt eine Wohnungstür hinter dir zu, jemand hebt dich auf, nachdem das Schloss eingeschnappt ist, du lachst mit jemand, als wäre der Welt damit ein wunderbarer Streich gespielt worden mit diesem Türzufallen, dem Namenwechsel, du denkst keinen Augenblick, er könnte dir gespielt worden sein und schon einigen vor dir. Es ist furchtbar, es ist eine Schande, eine Schandgeschichte, die sich zuzutragen beginnt, und du lachst noch und hängst deine Kleider in einen Kasten, wo früher andere hingen[...].

Warum will jemand seine Frau ermorden?

Franza begnügt sich nicht mit einfachem Konstatieren, sondern fragt, bohrt weiter, sucht nach Untergründen, Hintergründen. Unter der Leitfrage »Warum will jemand seine Frau ermorden? Warum hasst jemand Frauen und lebt mit ihnen?« recherchiert sie in Sachen Franza, sucht nach der Bedeutung dieses klinischen Mordens im großbürgerlichen Ambiente. Glaubt ihre Rolle in Jordans Experiment retrospektiv zu durchschauen; das Wohnzimmer als Folterkammer:

Ich habe lange gebraucht, um das zu verstehen, es ging so lange, mindestens über ein Jahr, dann verstand ich, dass wirklich ich gemeint war. Er bearbeitete mich, er bereitete mich vor, seinen Fall. Er hetzte mich hinein in einen Fall. [...] Eines Tags war es dann so weit, ich weiß nicht mehr, wann das angefangen hat. Plötzlich, während eines Abendessens, bei einem Wiener Schnitzel, beim Obst, bei einem Apfel, weißt du, es war wie mit dem Apfelschnitz in dem Märchen, da hatte ich dieses Apfelstück im Mund und fing zu husten an, ich wusste aber, dass ich mich nicht verschluckt hatte, keineswegs, aber plötzlich hustete ich an ihm herum, als wäre es vergiftet, und danach ging das weiter und weiter, ich bekam keine Luft mehr. Ich spuckte das Stück aus, und er stand etwas ungehalten auf und klopfte mir auf den Rücken – ich weiß nie, warum seine Patienten eine so zarte Hand an ihm bemerkt haben, es war eine harte Hand, er klopfte wie ein Teppichklopfer auf meinen Rücken, dann ging mir die Luft ganz aus, und ich fiel auf den Sessel zurück und dachte ich sterbe, ich ließ mich vom

Sessel langsam herunterrollen und lag auf dem Teppich. Damals fing er an, mir Tabletten zu geben.

In vielen Texten Bachmanns steht das Phänomen des wissenschaftlichen Zu-Grunde-Richtens im Zentrum: *Simultan. Gebell.* Wissenschaftler als Professionalisten nicht der Lust, sondern des Tötens. Dieser klinisch-wissenschaftliche Aspekt des Gewaltphänomens beginnt in späteren Texten der Bachmann immer mehr zu dominieren. So wird in *Ein Wildermuth* »ein Duell der Wahrheit im Hirn [...] chirurgisch rekonstruiert«. Ist es dort die juristische, so wird es in *Das Gebell* die medizinische Ebene sein, der Bachmanns Interesse gilt. Als eine Art Vorläuferfigur des späteren Jordan tritt hier ein Mediziner auf, der gleichfalls Forschungen an KZ-Opfern vorgenommen hatte. »Die Bedeutung endogener und exogener Faktoren beim Zustandekommen von paranoiden und depressiv gefärbten Psychosen bei ehemaligen Konzentrationslagerhäftlingen und Flüchtlingen« heißt die technokratische Schrift, die sich als eine »kleine Vorarbeit für eine viel größere« Arbeit, an der Franziska mitarbeiten »dürfe«, versteht. Dass sich hinter diesem bereits durch die Art der Wissenschaftssprache denunzierten Ansatz mehr als nur wissenschaftliches Interesse verbirgt, deutet Bachmann bereits in dieser früheren Skizze an. Die systematischen Zusammenhänge werden in der breiter angelegten *Franza*-Geschichte dann erst wirklich ausgeführt. Nun erst wird auch die ästhetische und literarische Ambivalenz des Phänomens der Gewalt, sowohl was die Seite des Täters wie des Opfers wie des Autors anbelangt, voll entfaltet. Ähnlich wie bei Sylvia Plath beginnt Franzas Weg auf der Ebene der Oberfläche, der Fassade, deren Tiefenstruktur erst im Verlauf der Erzählung, der eigenen Figur, sukzessive erfahrbar gemacht wird.

Design, Lebensstil, Luxus, Ambiente und Form gediegener bürgerlicher Existenz an der Seite des renommierten Mediziners bestimmen zunächst die Erfahrungswelt der Protagonistin. Zu diesem Zeitpunkt erscheinen sowohl die mit real erfahrener Gewalt bis hin zu Vergewaltigung besetzte Jugend wie auch das eigene Ehe-Martyrium weitgehend abgedrängt, beziehungsweise unter der Schicht des eben erwähnten noblen Ambientes verdeckt. Erst im Verlauf des Textes wird die mentale Designer-Oberfläche aufgebrochen. Der Weg über diese Konfrontation mit dem Geist und dem Körper der Gewalt wird zum Schlüssel zu einer neuen Lebenserfahrung, die im Tod endet. Erst im Moment des Zusammenbruchs dringt Franza in die Bedeutungsebene hinter den Zeichen ein, vermag den Raum der Erinnerung auf den Spuren der an ihr und anderen praktizierten Gewalt zu entschlüsseln. Man kann diese innere Reise auch als eine Reise durch die vergessenen oder verdeckten (ästhetisch oder wissenschaftlich) Refugien der Gewalt lesen, einer Gewalt, die ihren Ort im zivilen Alltag und nicht im Sonderstatus des mörderischen Exzesses hat. Nun auch wird es ihr erst möglich, Zusammenhänge zwischen ihrer eigenen Nachkriegserfahrung, den

Geschehnissen während des Holocaust und der Fortsetzung dieser Strukturen bis hinein in die gegenwärtige persönliche und politische Erfahrung herzustellen. Und hochzurechnen, etwa auf den Umgang unserer westlichen Kultur der ›Weißen‹ mit anderen Kulturen. Erkenntnishafte Verklammerungen machen Vermutungen zur Gewissheit. Geben der Protagonistin ein unbeirrbares zweites Gesicht – politisch blickscharf und gnadenlos: Sie erkennt den verhängnisvollen Pakt zwischen den faschistischen Eroberungsversuchen (El Alamein), den Spuren dieses totalitaristischen Herrschaftssystems (ehemaliger SS-Arzt) und der Fortsetzung dieser auf Zerstörung ausgerichteten Zivilisation in die Gegenwart hinein (BASF) bis in ihre eigene Geschichte hinein. Eine Erkenntnisimplosion im Körper als übermächtigem politischen Wahrnehmungsorgan. Einer Wahrnehmung auch und vor allem auf der Ebene der Affekte, die sich der Verbalisierung vollständig verweigern, zum Beispiel der Angst. Damit ist exakt jene Erkenntnisform in den Prozess integriert, die in den Sprachen der Gegenzivilisation ausgeschaltet ist, die der Emotionalität, der Emotionalität jenseits ihrer wissenschaftssprachlichen Fassbarkeit.

»Ich rede über die Angst«

Ich rede über die Angst. Schlagt alle Bücher zu, das Abrakadabra der Philosophen, dieser Angstsatyrn, die die Metaphysik bemühen und nicht wissen, was die Angst ist. Die Angst ist kein Geheimnis, kein Terminus, kein Existential, nichts Höheres, kein Begriff, Gott bewahre, nicht systematisierbar. Die Angst ist nicht disputierbar, sie ist der Überfall, sie ist der Terror, der massive Angriff auf das Leben. Das Fallbeil, zu dem man unterwegs ist, in einem Karren, zu seinem Henker, angeblickt von einer verständnislosen Umgebung, einem Publikum, und mein Publikum war mein Mörder.

Der Mord, den die Erzählerin auf diesem Wege im Begriff ist zu beschreiben, vollzieht sich an ihr selbst, und er vollzieht sich mit System. Nicht das Phänomen der Angst selbst, wohl aber die Masken der Angst. Die Ursachen und Strategien ihrer Herstellung sind systematisierbar, und der akribischen Rekonstruktion dieses Prozesses wird der Selbstanalyseweg Franzas gelten. Leitbegriff dieses mit wissenschaftlicher Präzision betriebenen Destruktionsprozesses, dieses strategischen Vernichten-Wollens: Das ›Zerlegen‹. Ob Probleme oder Menschen, die Methode des Typus Jordan besteht in der Dissoziation des Ganzen in einzeln behandelbare Segmente. Hinter diesem sich als analytisch ausgebenden Prozess wiederum verbirgt sich die oft unbewusst praktizierte Strategie der Löschung des Anderen, seiner Verhinderung, seiner ›Vereitelung‹. Auch hier zieht Bachmann eine große Linie, der ein Herrschaftskonzept zugrunde gelegt wird und deren Mechanismen sich von der Unterschlagung ihrer Mitwirkung an der

Schrift Jordans bis zur Tilgung des Namens in den Kartuschen von Luxor verfolgen lassen werden. Dahinter steht in beiden Fällen der männlich orientierte Herrschaftswahn einer sich höher setzenden Rasse und der damit in Verbindung stehenden Ideologie des Tilgens der vermeintlich anderen als der niedrigeren.

Die unaufhebbare Ambivalenz zwischen Gewalterfahrung und seiner analytischen Bewältigung des Phänomens bleibt bis zum Schluss des *Franza*-Fragments erhalten. Der Erkenntnisprozess an sich macht die Figur nicht widerstandsfähiger im Umgang mit dem Phänomen. Freilich wäre es auch verfehlt, von einer Art fatalistischer Determination auszugehen. Beide Verhaltensmuster bleiben gleichermaßen erhalten und als unaufhebbarer Widerspruch im Text eingeschrieben. So evoziert der schließlich zum Tod führende, gewalttätige Übergriff des Mannes bei der Pyramide die Vorgänge in der Bibliothek und setzt damit eine Art Wiederholungsgefühl frei:

[...] sie stand erstarrt da, erhielt den leichten Schlag, als hätte er sie mit einer Axt getroffen, dann erst sah sie, was er tat mit der anderen Hand und was er wollte von ihr. Sie brachte keinen Ton heraus und bewegte sich nicht, bis er an ihr vorbeigegangen war. [...] sie fing vor sich hinzureden an, ein armer Teufel, und sie zog sich wieder an der Quader hoch, er wollte mich nur erschrecken, und in Wien, er auch, er wollte mich nur erschrecken, immer erschrecken, ich bin zu gut erschrocken, schon damals, sie brauchen es [...]. (Kap. 3, Die ägyptische Finsternis, II)

Wenig später wird unter dem Stichwort der »Wiederholung«, der »Stellvertretung« die Vergewaltigung Franzas mit Todesfolge kommen. Franzas letzte bewusste Aktion beinhaltet den vertrauten Gestus der Indifferenz ebenso wie den neuen Gestus der Verweigerung:

Es ist gleichgültig. Ihr Denken riss ab, und dann schlug sie, schlug mit ganzer Kraft, ihren Kopf gegen die Wand in Wien und die Steinquader in Gizeh und sagte laut, und da war ihre andere Stimme: Nein. Nein.

Man mag einwenden, dass dieser Verweigerungsgestus letztlich nur auf einer Vorstufe zum Tod stattfindet, dennoch bleibt dies zusammen mit der Wendung gegen den SS-Arzt Körner einer der beiden einzigen Aktionen des Widerstandes, die im Verlauf des Textes erarbeitet werden. Franzas Widerstandshaltung insgesamt bleibt nicht ohne Folgen für ihr soziales Umfeld, auch wenn diese marginal und auch banal erscheinen mögen. Wenige Monate später nämlich, in der Wohnung der Altenwyls in Döbling scheint bei einem Souper, an welchem auch Franzas Bruder Martin teilnimmt, alle Tragik vergessen und in einer Aura sentimental gelangweilter Alltäglichkeit unterzugehen. Doch selbst jetzt ist eine kleine Gegenbewegung zu beobachten, als über die Sprache die Erinnerung an Franza und ihr Vermächtnis nach oben treibt. Im Zustand der Trunkenheit wiederholt Martin den finalen Fluch Franzas kurz vor ihrem Tode:

*[...] die Weißen, sie sollen verflucht sein [...].
Die arabische Wüste
ist von zerbrochenen,
zerbrochen.*

Diese Worte sind fast identisch mit jenen, die Franza, bereits delirierend, kurz vor ihrem Tode gesprochen hatte. So scheint hinter der Oberfläche des Vergessens das neue, das andere Denken der Protagonistin auf. Obwohl auch hier kein Zweifel daran gelassen wird, dass die zerstörerischen Mechanismen der sogenannten Wirklichkeit unverändert am Werk sind. Noch während diese Szene erzählt wird, vermeldet ein Bericht, dass zur selben Zeit Wadi Haifa, das letzte Refugium der arabischen Welt, durch die Modernisierungsmaßnahmen des Westens überflutet und die Vergangenheit damit einmal mehr ausgelöscht wurde. Doch ist auch die umgekehrte Lesart möglich, wenn die vernarbten, vergessenen Wörter als sprachliche Geisterrede weiterwirken und dem magischen Denken zumindest ein Rederecht bleibt. Die zerstörte Sprache Bachmanns, ihr Gegenterror, ihre Verfluchung der weißen Technokratenwelt durch eine neue Sprache der Formeln, der Kürzel, der Konzentrate hineingetragen, geschrien in Wienerische Gesprächskultur.

»Ich bin eine Papua«

Auch insgesamt wird der erzählerische Rhythmus immer fragmentarischer, der Atem immer atemloser: die Ergebnisse sprunghaft, übergreifend, irr-witziger, was die innere Kombination betrifft, so zum Beispiel am Ende des Kapitels *Jordanische Zeit*, Zeit des Übergangs.

In Australien wurden die Ureinwohner nicht vertilgt, und doch sterben sie aus, und die klinischen Untersuchungen sind nicht imstande, die organischen Ursachen zu finden, es ist eine tödliche Verzweiflung bei den Papuas, eine Art des Selbstmordes, weil sie glauben, die Weißen hätten sich aller ihrer Güter auf magische Weise bemächtigt, und sind die Inkas wirklich nur von diesen grausamen Banditen vernichtet worden, von diesen wenigen? und die Muruten heute in Nordborneo, die sterben, seit sie mit der Zivilisation in Berührung kommen, und früher die Rassen, denen man den Alkohol gebracht, sie haben sich selbst vernichtet, aus Verzweiflung. [...]

Er hat mir meine Güter genommen. Mein Lachen, meine Zärtlichkeit, mein Freuenkönnen, mein Mitleiden, Helfenkönnen, meine Animalität, mein Strahlen, er hat jedes einzelne Aufkommen von all dem ausgetreten, bis es nicht mehr aufgekommen ist. Aber warum tut das jemand, das versteh ich nicht, aber es ist ja auch nicht zu verstehen, warum die Weißen den Schwarzen die Güter genommen haben. Ich kann auch nicht mehr leben, weil er meine Gegenstände hat. [...] Es wird von Tag zu Tag schlimmer, dieses Leiden, es macht die Magie möglich. Ich bin eine Papua [——] (Kap.2, Jordanische Zeit)

Im letzten Buch, Die ägyptische Finsternis, löst sich Franza folgerichtig noch weiter von den europäischen Traditionen des Denkens, Empfindens, Erzählens, tritt in die »Wüste« ein, wird Teil der Wüste. Damit kehrt sie zeichenhaft – eine neue Medea – in die ihr eigene magische Welt zurück: liest Zeichen, nimmt in Zeichenbändern wahr. (Freilich ist auch dieser Raum durchdrungen von den Müllresten der westlichen Welt.)

Eine Reise in die Wüste. Die Wüste, die arabische, die libysche, die sudanesische, die ägyptische ist das Ziel dieses umgekehrten Exodus aus der Heimat, aus der Zivilisation, weg von Wien, Kärnten, Österreich, Europa, weg von den ›Weißen‹, wie es in Anlehnung an Rimbaud heißt. Der Begriff die ›Weißen‹ wird zur Chiffre für ein ganzes Bündel an destruktiven Verhaltensmustern, die vom Einfluss der westlichen Chemiekonzerne bis zu den Spätfolgen und Relikten des Holocaust reichen. Zu diesen Relikten zählt paradoxerweise auch ihr sadistischer Ehemann, jener hochgeachtete Wissenschaftler und Professor, der sie zu seinem persönlichen Studienobjekt gemacht hatte. Der sie zerstört hatte.

Franzas Exodus aus der »Heimat« führt sie in die absolute Un-Heimat, die Wüste, die Welt der untergehenden Nomaden. Im Untergang begriffen ist diese Welt deshalb, weil auch hier die Weißen im Vormarsch waren und es sind: Al Alamein, Hurgada, Luxor – die Spuren reichen bis in die Gegenwart. Und genau hier, sie steht buchstäblich ›in der Wüste‹, der ›großen Heilanstalt‹, dem ›unverlassbaren Purgatorium‹, am Rande des ›roten Arabien‹, am abweisenden ›Roten Meer‹, am einsamsten Strand der Welt, in einem breughelschen ›Höllenbassin, vollgepfropft mit Quallen, Spinnen, Krabben‹, hat sie eine Erscheinung, einen Augen-Blick, der ihr Leben entscheidend verändern wird. Diese Stelle muss im Ganzen zitiert werden:

An dem einsamsten Strand der Welt fuhr sie in die Höh und fing zu gehen an, neben diesem Höllenbassin, vollgepfropft mit Quallen, Spinnen, Krabben, und am Strand lief das zwischen ihren Füßen, flog auf, was sich herausverirrte, Stechendes, Klebriges, Verfolgendes. Sie fing zu laufen an und sprang immer auf die paar Handbreit Sand, die frei waren. [...]

Dann stand sie, suchte sich eine Stelle zum Stehen aus, zwischen dem, was krallen, stechen, zustechen wollte, und die Sonne stand genau über ihr. Da sah sie das Bild. Nicht mehr die Bilder von der Frau in Kairo, nicht mehr die Blutlache, das abgestochene Kamel, nicht mehr den Kretin. Sie weinte fassungslos, ich sehe, und jetzt wieder, was niemand gesehen hat, ein Bild, aber sie stand da und das Bild zog sich zurück. Ihre Haut fing zu brennen an. Ich muss laufen, es wird schon deutlicher, er ist es, ich muss noch bis zu ihm, aber es war nicht Martin, der zurückwich, aber er ist es ja, er in dem weißen Mantel, er ist gekommen aus Wien, in dem Trostmantel, nein in dem schrecklichen Mantel, aber er ist es nicht. Mein Vater. Ich habe meinen Vater gesehen. Sie legte ihre Hände über den Kopf, damit ihr Kopf nicht in Feuer aufging. Aber es ist nicht er, er ist nicht mein Vater. Was ist es denn, sie begann schneller zu laufen, und schwarz und hochaufgerichtet kam das über den Strand und war bald über dem Sand und fasste wieder Fuß. Aber schwarz und finster und jetzt über den Strand kriechend, sich wälzend, kam es. Gott kommt auf mich zu und ich komme auf Gott zu. Sie lief wieder und weinte und weil kein Wort aus ihr herauskam, nur der Zigarettenschleim in ihrem Hals hochkam, spuckte sie in den Sand und lief weiter. Ich habe Gott gesehen. Zum Greifen nah[...].

Sie stürzte und kam auf die Knie zu liegen, und da lag es vor ihr, ein schwarzer Strunk, aus dem Wasser geschwemmt, eine Seewalze, ein zusammengeschrumpftes Ungeheuer, in dem ein leises Leben war, keine dreißig Zentimeter lang. Darauf war sie zugerannt, sie weinte noch immer und griff nach dem Tier und schob es ins Wasser zurück, ließ es ins Meer schaukeln. Ich habe ein Bild gesehen. Sie blieb liegen, mit den Konvulsionen, wie auf dem Korridor in Wien, auf einem Parkettboden, einem Linoleumboden, in einem Spitalsbett, jetzt wieder im Sand, auf dem die Kamele verbluteten, sie lachte und lachte und lachte – und in ihr Lachen, die Einfallsstelle für die Dekomposition: wer bin ich, woher komme ich, was ist mit mir, was habe ich zu suchen in dieser Wüste, [...] da trat etwas sie nieder und mit ihr das andre, den halben Tod, die halbe Vernunft, das halbe Tier, den halben Menschen, die halben fünf Sinne, die eine Schwester, die andre Frau, das von der Sonne anvisierte Fleisch im Übergang zu etwas nicht Erkennbarem.

Sie schrie. Sie hoben sie auf und trugen sie zu dem Wagen auf der Piste.

Der Saum der arabischen Wüste ist von zerbrochenen Gottesvorstellungen umsäumt. (Kap. 3, Die ägyptische Finsternis, I)

Bachmann ist eigentlich keine Autorin des ›Bildes‹. Einer Besprechung von Bildern begegnen wir im Werk der protestantischen Autorin nur höchst selten. Im Unterschied zur herausragenden Rolle der Musik spielen Bilder der darstellenden Kunst in ihrem Schreiben kaum eine Rolle. Umso auffälliger präsentiert sich dieses Bild an herausgehobener Stelle. Das Bild, die Bilderflut, das ›Ins-Bild-Setzen‹ von subjektiver Wahrnehmung als äußerster Verdichtung und Konkretisierung von Erfahrung. Als Erscheinung. Als Schein:

Bilderflut und Bildersturm

»Da sah sie das Bild. Nicht mehr die Bilder«, das heißt nicht mehr die bisherigen Bildimpressionen der Reise, sondern das absolute, das noch ungesehene Bild.

Das Bild, das den Betrachter bannt, und das sich ihm zugleich entzieht. Ein ein-gebildetes Bild. Vielleicht. Wichtiger aber scheint die Tatsache, dass dieses Bild zum Auslöser eines verzweifelten Annäherungsversuches wird, eines Wettlaufs um Sein oder Nicht-Sein. Es beginnt ein traumatischer Annäherungsprozess, bei dem nicht auszumachen ist, wer sich wem annähert. Bald scheint sich das Bild von der Jägerin zu entfernen, bald sich ihr zu nähern:

Aber schwarz und finster und jetzt über den Strand kriechend, sich wälzend, kam es, Gott kommt auf mich zu und ich komme auf Gott zu [...] Ich habe Gott gesehen. Zum Greifen nah[...].

Doch was in Epiphanie zu münden scheint, wird zum Akt der Ernüchterung:

Sie stürzte und kam auf die Knie zu liegen, und da lag es vor ihr, ein schwarzer Strunk, aus dem Wasser geschwemmt, eine Seewalze, ein zusammengeschrumpftes Ungeheuer [...] keine 30 cm lang.

Eben noch Gottesbild – dann nur mehr ein geschrumpftes Monster: die Kollision der Gegensätze könnte nicht härter sein. Von einem Moment zum anderen ist der erhabene Schein des Bildes zerstört, ausgelöscht und fast wie bei Dorian Gray taucht hinter der Ikone der Schönheit die schäbige, banale Wirklichkeit auf.

Es ist, als ob sich die Erkenntnissuche selbst bestrafen wollte und das Tabu des Bildverzichts so ex negativo bestätigt würde.

Um sich in diesem Geflecht der Ambivalenzen zurechtfinden zu können, ist es nötig, die Fragestellung aufzubrechen und den Kontext des alttestamentarischen Diskurses in *Das Buch Franza* zu betrachten. Die Spuren und Verweise sind vielgestaltig und vielstimmig und auch die Bibellektüre der Bachmann ist mehrdeutig, widersprüchlich, absurd: so mehrdeutig, widersprüchlich, absurd wie das Alte Testament selbst. Wie jedes große literarische Werk – und als suggestive literarische Fiktion, als brillantes massenpsychologisches und rhetorisches Wortkunstwerk – sollte man das Alte Testament auch heute noch bewundern.

Der Kampf ums Bild steht nicht von ungefähr an einer, vielleicht der Schlüsselstelle des Alten Testaments und des *Fall Franzas*: Der Kampf um Visibilität,

Konkretisierung, Nachweisbarkeit, steht deshalb an so zentraler Stelle, weil er einen neuralgischen, hochsensiblen Punkt der alttestamentarischen Gotteserfindung berührt. Versuchen wir es ganz nüchtern zu sehen. Jan Assmann hat in seinem Buch *Moses der Ägypter* (1995) die Fakten und Mythenreste zusammenzurücken versucht. Wir sind in Ägypten, im Ägypten des 14. Jahrhunderts vor Christus; Assmann spricht vom:»ersten Konflikt zwischen zwei fundamental verschiedenen und unvereinbaren Religionen, den die Menschheitsgeschichte kennt«. Und fährt fort:

Echnatons monotheistische Revolution mit ihrer aggressiven, gewaltsamen Intoleranz war nicht nur der erste, sondern auch der radikalste und gewaltsamste Ausbruch einer Gegenreligion. Die Tempel wurden geschlossen, die Götterbilder zerstört, ihre Namen ausgehackt.

Theoklasmus, die Zerstörung von Göttern durch Vernichtung ihrer Bilder und Tabuisierung ihrer Namen hatte es bis dahin noch nie gegeben. Die Restaurationsbemühungen des nachfolgenden Tutanchamun zeigen die verheerende Wirkung dieses monotheistischen Bildersturms auf die kollektive Befindlichkeit, die diese Erfahrung der Gottesferne als traumatisch empfand und ihr nicht gewachsen war.

Franza Ranners halluzinatorischer wahnsinniger, ver-rückter Sturmlauf ist so gesehen auch ein Bildersturmlauf gegen das nicht vorhandene Götterbild. Ihre Sehnsucht, ihr Weinen gilt der Ent-Hüllung, der Aufklärung des Ominösen. Das Resultat dieses Sturmlaufs wird Triumph und Niederlage in einem sein.»Weh dem, der zu der Wahrheit geht durch Schuld/Sie wird ihm nimmermehr erfreulich sein.« – So seit Schillers *Verschleiertem Bildnis von Sais* die Warnung an alle Wahrheitssucher, die den verhüllten oder verbotenen Bildern auf den Grund gehen wollen. Das Hüten der ›Wahrheit‹ ist ein offenbar zu sensibles Herrschaftsmittel, als dass man es Unbefugten überlassen durfte. Wer das Bild hat, hat die Macht. Wer das Bild hütet, steuert die Ohnmacht der anderen. Ob Totem oder Tabu, Anbetung oder Zerstörung, Präsenz oder Absenz – die Hüter der Bilder bestimmen das Verhalten der anderen.

Die Hüter, das sind bei Bachmann die Männer, die Weißen, majestätisch und hochaufgerichtet: Bruder, Vater, Jordan in ihren gleichfalls weißen Trost- und Tarnmänteln. Und sie, Franza selbst, laufend, stürzend, kniend vor diesen Idolen, die im Näherkommen all ihrer Würde, Macht und Bedeutung verlustig gehen: »Gott, ein geschrumpftes Ungeheuer.«

Doch was wie ein Sieg aussieht, wird – wieder ist man versucht, an Schiller zurückzudenken – zum Verhängnis für die Sucherin: ›hingestreckt in Konvulsionen‹, irrsinnig ›lachend, lachend, lachend‹, ohnmächtig wird sie von ihrem Bruder weggetragen, eingesammelt, geborgen.

Im Lachstarrkrampf

Andererseits/dennoch: wo das Lied bei Schiller endet, beginnt Franzas zweites Leben. Und immer noch ist es das Bild, der Zusammenprall mit dem leeren Bild, der den Prozess des Sich-Neufindens in Gang setzt. Bachmann spricht fast distanziert von einer »Einfallsstelle für die Dekomposition«. Eine Dekomposition, die das Individuum zerstückelt und neu zusammensetzt:

– *und in ihr Lachen [...]: wer bin ich, woher komme ich, was ist mit mir, was habe ich zu suchen in dieser Wüste, trat, [...] da trat etwas sie nieder und mit ihr das andere, den halben Tod, die halbe Vernunft, das halbe Tier, den halben Menschen, die halben fünf Sinne [...].(Kap. 3, Die ägyptische Finsternis)*

Wo Halbheiten weggetreten werden, bleibt das Nichts oder das Ganze. Eine Absolutheit, die für die Protagonistin, seit ihrem Eintritt in die große ›Heilanstalt‹ und ›Gummizelle‹, als die sie die Wüste sieht, passt:

[...] Nein, die Würde hat nichts zu tun mit dem erspekulierten Nichts der Lehrstuhlinhaber. Sie ist etwas Ausschließliches und duldet nichts Halbes.

Idealer Ort für ein Experiment mit sich selbst:

Ich oder Ich. Ich und die Wüste. Oder Ich und das andere. Und ausschließlich und nichts Halbes duldend, fingen Ich und Ich an, gegeneinander zu gehen.

heißt es beim Einstieg in den Experimentalraum der biblischen Wüste. Wenn nun alles ›Halbe‹ weggetreten wurde – durch den entlarvenden Zusammenstoß mit dem Trugbild Gottes nämlich – müsste ein neues Ganzes entstanden sein. Müsste aus dem Fall Franza eine Figur Franza geworden sein.

»Die arabische Wüste ist von zerbrochenen Gottesvorstellungen umsäumt.« lautet der Schlusssatz der vorliegenden Passage. Er ist den Memoiren des Lawrence von Arabien entnommen und lautet dort: »der Saum ihrer Wüsten war mit Trümmern von Glaubenslehren übersät.« Bei Lawrence sind damit Ruinen gemeint. Bei Bachmann ist von Bruchstücken von theologischen Systemen die Rede; Scherben, die übriggeblieben sind, wenn Menschen buchstäblich mit Gottesbildern kollidiert sind.

Franza, bis dahin das gewordene Opfer, jedenfalls geht gestärkt und ihrer selbst bewusst aus der Konfrontation mit den gefälschten patriarchalen Göttern hervor. Im Westkorridor des Mumiensaals in Cairo wird sie Touristen buchstäblich vor die Füße kotzen: Leichenschänder-Protest. Und es wird ihr gelingen, einen Kriegsverbrecher, den in Ägypten untergetauchten SS-Hauptsturmführer und Arzt Körner, der in Menschenversuche verwickelt war, zu stellen und zur Flucht zu veranlassen: »Ich habe jemand doch noch das Fürchten beigebracht. Einem von denen. Ja, das habe ich.«

Sie ist, sie scheint tatsächlich eine andere geworden zu sein: Rächerin, Wiederherstellerin, Rückgeberin von Geraubtem. Keine Weiße mehr, eine Papua, wie sie an anderer Stelle sagt, frei vom Gesetz des Patriarchats und der Weißen von Wien bis Jerusalem. Vertraut, und auch hier stehen kleine konkrete Bilder statt großer Begrifflichkeiten, vertraut allen Kulturen, die majorisiert und unterdrückt, ausgebeutet und ausgemerzt wurden oder im Begriff dazu sind: Den Papuas ebenso wie den Beduinen, der Königin Hatschepsut ebenso wie dem untergehenden Wadi Halfa und ihrem untergegangenen slovenisch-jüdischen Galizien. Ein kleines Grabkreuz auf dem alten Bauernfriedhof mit kirchenslavischer Inschrift. Die getilgte Namenskartusche der Hatschepsut, die man auslöschen wollte, das gestohlene Lachen, die geraubten Güter. All dies ist ihr wichtig. Franzas Gehirn und ihr Körper wird zu einem Mausoleum der Unterdrückten und mit diesem Bewusstsein, kompromisslos sich einer neuerlichen Überwältigung verweigernd, geht sie bewusst in den Tod; noch einmal:

Es ist nichts, nichts ist geschehen, und wenn auch. Es ist gleichgültig. Ihr Denken riss ab, und dann schlug sie, schlug mit ganzer Kraft, ihren Kopf gegen die Wand in Wien und die Steinquader in Gizeh und sagte laut, und da war ihre andre Stimmen: Nein. Nein.

Am Ende zerschlägt sie den Kopf an den Stufen der Pyramide und führt den Tod willentlich herbei. Inwendige Bildfluten, monologisierende Wortfolgen tragen die sterbende Franza in einen neuen Bezirk ihrer Existenz, in den ihr zunächst niemand, auch nicht der eigene Bruder zu folgen vermag. Der Bruder, der nicht merkt, dass »sie vor lauter Sterben zu sterben anfing«:

[...] Unter hundert Brüdern.
Die Wüste ist etwas.
Der Rand der arabischen Wüste.
Von zerbrochenen, von zerbrochenen, das Zerbrechen.
Alle Vorstellungen zerbrochen.
[...]
Die Weißen, sie sollen.
Sie sollen verflucht sein. [...].

Gottesverfluchung und Abgesang stehen am Ende der Geschichte Franzas. Und doch: ihre Botschaft ist nicht völlig verlorengegangen. Die Bilder verwandeln sich in Wörter und die Sprache, die wie die Bilder zerbrochene neue Sprache, die Sprache aus Scherben transportiert die Botschaft dieses ›neuen Testaments‹ weiter. Der Leser erinnert sich, Monate später, aus dem Mund ihres Bruders, ihre Sprache.

Der Rausch. Galizien. Die Wüste, die Liebe – Ingredienzien eines Gegenevangeliums. Eines Untergangsevangeliums – Religion aus der Sicht derer, die sie verlieren. Oder sind die Verlierer diejenigen, die zwar zugrunde gehen, aber – eben dadurch – zum Grunde gehen?

Das Todesarten-Projekt

Das Todesarten-Projekt hat die Theoriebildung der achtziger Jahre wie kaum ein zweites vorangetrieben. Mit dem Begriff ›feministischer Theorie‹ verkürzt man die Bedeutung des Impulses fast ein wenig. Es handelt sich um das Einlösen eines literarischen Radikalisierungsprozesses, der das Schreiben in einem neuen und gesteigerten Sinne realitätshaltig macht. ›Realitätshaltig‹ heißt dabei nicht, sich einem naiven Glauben an das ›Authentische‹ hinzugeben. Biographische Nähe impliziert hier politische, historische Brechungen auf unterschiedlichsten Niveaus: der Roman verkettet sich im Netzwerk der Schrift und Verschriftlichungskultur, wird Medium und Optik zum Erforschen von Kultursystemen: Feldforschung im Binnenbezirk eines tradierten, kolportierten, zitierten Ich.

So gesehen ist der Weg Bachmanns, Christa Wolfs und anderer Autorinnen der konträre in Relation zu dem Ecos, Calvinos. Eco will vom Allgemeineren, Konzipierten oder Konstruierten zum – möglicherweise – Persönlichen. Wolf will vom konkreten, persönlich Erfahrenen zum – möglicherweise – Allgemeinen. Dem entspricht der Aufbau der vier Vorlesungen und die von ihr in den *Voraussetzungen* umrissene Problemstellung:

Es gibt keine Poetik, und es kann keine geben, die verhindert, dass die lebendige Erfahrung ungezählter Subjekte in Kunst-Objekten ertötet und begraben wird. Sind also diese Kunst-Objekte (›Werke‹) auch Produkte der Entfremdung innerhalb dieser Kultur, deren andere perfekte Produkte zum Zweck der Selbstvernichtung produziert werden?

Ich bin also persönlich vorgegangen. Ich beobachte verschiedene subjektive Formen bei der Arbeit, die sie leisten können, die ich in ihnen leisten kann. Die erste und die zweite Vorlesung, zwei Teile eines Berichts über eine Griechenlandreise, bezeugen, wie die Kassandra-Gestalt von mir Besitz ergreift und ihre erste vorläufige Verkörperung erfährt. Die dritte Vorlesung versucht in Form eines Arbeitstagebuchs die Verklammerung zwischen Leben und Stoff nachzuzeichnen; in der vierten Vorlesung, einem Brief, frage ich nach der historischen Wirklichkeit der Kassandra-Figur und nach den Bedingungen weiblichen Schreibens, früher und heute. Die fünfte Vorlesung ist eine Erzählung unter dem Titel: Kassandra. Meine übergreifende Frage richtet sich auf, genauer: gegen das unheimliche Wirken von Entfremdungserscheinungen auch in der Ästhetik, auch in der Kunst.

Der Kampf um die eigene Stimme durch Literatur. Noch Streeruwitz wird ihn führen. In ihren *Tübinger Poetik-Vorlesungen* heißt es:

Literarisches Schreiben und Lesen sind, wie alle Sprachfindungen, mögliche Formen des In-Sich-Hineinblickens. Sind Schnitte in die sichtbare Oberfläche, um tiefere Schichten zu ergründen. Sind Forschungsreisen ins Verborgene, Verhüllte. Mitteilungen über die Geheimnisse und das Verbotene. Sind Sprachen,

in denen die Selbstbefragung gesprochen werden kann und damit zur Erscheinung gebracht wird.
Im günstigsten Fall führt literarisches Schreiben und Lesen zur Erkenntnis. Jelinek, S. Plath, andere wären zu nennen. Auch Autoren: Hubert Fichte. Pier Pasolini. Thomas Bernhard. Diese Art zu schreiben, schreiben zu wollen, ist nicht nur Frauensache und nicht nur eine dieser Moderne.

Doch ist es frappierend, zu beobachten, dass bei allen Divergenzen im Prinzipiellen auch eine zeitgenossenschaftliche Nähe Bachmanns zu den postmodernen Systemironikern bleibt: Perec, Italo Calvino, Eco, Arno Schmidt – deren Konzept zielt ganz auf eine Entdeckung einer Welt jenseits des Ich: Leser, Text, Lektüre, Spiel: »Leicht« soll die Kunst der Wörter sein. Wie bei Kundera, in seinem Roman von der *Unerträglichen Leichtigkeit des Seins*, wenn er im Moment der größten, auch politischen Pression, die Dinge und Situationen auf überraschend leicht(fertige) Art wahrzunehmen und darzustellen beginnt. Dies Unterlaufen des Gewichts der Dinge durch eine Umgewichtung der Sprache, die die Oppositionen aufeinanderprallen lässt und den Druck umlenkt, ohne ihn zu neutralisieren, scheint eine genuin *literarische* Verfahrensweise und Fähigkeit. In der imaginativen Gegenrede der Leichtigkeit vollzieht sich etwas wie eine Lösung vom Gravitationsgesetz der ›physischen Wirklichkeit‹, wird jene Schwerelosigkeit in einen konsistenten, gewichtigen, metaphorischen Kontext rückgebunden, der die Balance der Doppelstimmigkeit, Doppeldeutigkeit auflöst. Es ist gut, sich der schmalen Zone einer gespannten Freiheit *zwischen* Systemgrenzen als artistisch-politischer Aufgabe bewusst zu bleiben. Nicht zufällig ist Calvinos zweites Argument im Plädoyer für das Erbe der Moderne der *Genauigkeit*.

Genauigkeit

Auch hier die Spannung zwischen Exaktheit und Ungenauigkeit, Bildschärfe und medialem »Overkill«. An Ulrich in Musils *Mann ohne Eigenschaften* ist zu erinnern: wenn der Erzähler von jenen unendlichen und unvollendeten Ideenketten spricht, die wie folgt charakterisiert werden:

Ist nun das beobachtete Element die Exaktheit selbst, hebt man es heraus und lässt es sich entwickeln, betrachtet man es als Denkgewohnheit und Lebenshaltung und lässt es seine beispielgebende Kraft auf alles auswirken, was mit ihm in Berührung kommt, so wird man zu einem Menschen geführt, in dem eine paradoxe Verbindung von Genauigkeit und Unbestimmtheit stattfindet. Er besitzt jene unbestechliche, gewollte Kaltblütigkeit, die das Temperament der Exaktheit darstellt; über diese Eigenschaft hinaus ist aber alles andere unbestimmt. (I, Kap. 62)

Eine Lösung dieses Paradoxons wird zwar im vorliegenden Text nicht gefunden, deutet sich allenfalls an (Kap. 83) – das Problem, die Doppelsignatur, jedoch bleibt konstitutiv für die Moderne.

Genauigkeit und Sichtbarkeit

Von einem ›overkill – realism‹ auf der Basis vorgefertigter Bilder bombardiert, sind wir derzeit in Gefahr, die Optik der Wahrnehmung zu verlieren. Wenn dennoch gerade der Begriff der ›visibilia‹, der optischen Sichtbarkeit im Zentrum steht, so in der Absicht, sich einem Problem und einer Versprechung der Moderne zu stellen. Dabei steht das Bild nicht nur in seiner spontanen, imaginativen, magischen Dimension zur Diskussion, sondern auch in seiner zeichenhaften, arbiträren, intellektuellen Qualität. Imagination *und* Interpretation vereinigen sich im Akt des Lesens zu einer Art von plurimedialem ›Cinéma mentale‹ bewusstseinserhellender Art. Der spirituelle Fernsehfilm, der in jedem von uns abläuft und Ströme von Bildern an die Stelle der Wörter setzt wie umgekehrt jedes Bild in Begrifflichkeit zu übersetzen sucht (Dante sprach von einem »fantastischen Bildregen«), ist in seiner verwirrenden und bewusstseinserweiternden Gegenläufigkeit fundamentaler Bestandteil unseres post-postmodernen Textverständnisses – Starobinski hatte in seinem *L'empire de l'image* bereits 1970 hierauf verwiesen und von permanenter Interdependenz zwischen figuraler Fantasie und begrifflichem Diskurs mit dem Ziel einer synthetisierenden *und* spontanen Bildergeneration geträumt. Sprache, Literatur, Kommunikation sind keine angenehme Ergänzung, sondern überlebenswichtige Orientierungs- und Lesehilfe.

An die Stelle der changierenden Wolke, die wir bis gestern in unseren Köpfen herumtrugen und deren Verdichtung oder Verfliegen wir uns durch die Schilderung hauchzarter psychologischer Zustände, schattenhafter Seelenlandschaften bewusst zu machen versuchten – anstelle all dessen empfinden wir heute das blitzschnelle Vorbeigleiten von Signalen auf den verworrenen Schaltkreisen, welche die Relais, Dioden, Transistoren miteinander verbinden, mit denen unsere Schädelhalbkugel bis obenhin zugestapelt ist. (Sechs Vorschläge für das nächste Jahrtausend)

Der Roman der postmodernen Moderne ist ein einziger, vielgestaltiger Versuch, sich Oberflächen der Wirklichkeit auf neue Art anzunähern.

[...] Groß- und Kleinbuchstaben, Punkte, Kommata, Einschübe; Seiten aneinandergereihter Zeichen wie Sandkörner, die das vielfältige Schauspiel der Welt wiedergeben (abbilden) mit einer immergleichen und immer wechselnden OBERFLÄCHE, wie die Dünen, welche vom Wind der Wüste getrieben werden.

Wir Leser sollten versuchen, uns für diese neue Qualität von ›Oberflächlichkeit‹ sensibel zu machen, die kleinen Verwerfungen, Schichtungen, Verkrustungen auf Oberflächen wieder und neu ›lesen‹ zu lernen. Nicht mehr aus bloßer sinnlicher *Lust am Text* (Barthes), sondern um in seine komplexe Tiefe eindringen zu können.

Literaturverzeichnis

- Bachmann, Ingeborg: *Das »Todesarten«-Projekt. Band 2: Das Buch Franza.* Piper. München. 1995.
- Bachmann, Ingeborg: *Das »Todesarten«-Projekt. Band 3. Malina.* Piper. München. 1995.
- Bachmann, Ingeborg: *Frankfurter Vorlesungen. Probleme zeitgenössischer Dichtung.* Piper. München. 1980.
- Bachmann, Ingeborg: *Das dreißigste Jahr.* Piper. München. 1961.
- Assmann, Jan: *Moses der Ägypter. Entzifferung einer Gedächtnisspur.* Hanser. München. 1998.
- Barthes, Roland: *Sade, Fourier. Loyola.* Übers. v. Sell, Maren/Hoch, Jürgen. Suhrkamp. Frankfurt a. Main. 1974.
- Calvino, Italo: *Sechs Vorschläge für das nächste Jahrtausend. Harvard Vorlesungen.* Übers. Kroeber, Burkhart. Hanser. München. 1991.
- Kleist, Heinrich von: *Penthesilea.* Cotta'sche Buchhandlung. Tübingen. 1808.
- Kundera, Milan: *Die unerträgliche Leichtigkeit des Seins.* Übers. v. Roth, Susanna. Hanser. München. 1987.
- Musil, Robert: *Der Mann ohne Eigenschaften. Band 1.* Rowohlt. Berlin. 1930.
- Streeruwitz, Marlene: *Sein. Und Schein. Und Erscheinen. Tübinger Poetikvorlesungen.* Suhrkamp. 1997.
- Wolf, Christa: *Voraussetzungen einer Erzählung: Kassandra. Frankfurter Poetik-Vorlesungen.* Dtv. Hamburg. 1980.

Ingeborg Bachmann

Vita
*25.6.1926   Klagenfurt
†17.10.1973   Rom

1945-50 Studium der Philosophie, Psychologie und Germanistik in Innsbruck, Graz und Wien

1950	Promoviert über Martin Heidegger
1952	Erste Hörspiele, u.a. Radiofamilie
1953	Literaturpreis der Gruppe 47 für Die gestundete Zeit
1957	Dramaturgin beim Bayerischen Fernsehen
1958-62	Beziehung zu Max Frisch
1959	Poetik-Vorlesung an der Goethe-Universität Frankfurt
1963-65	Aufenthalt in Berlin
1964	Georg-Büchner-Preis
1973	Erleidet schwere Brandverletzungen in ihrer römischen Wohnung

Werke

1953	Die gestundete Zeit
1956	Anrufung des großen Bären
1958	Der gute Gott von Manhattan
1961	Das dreißigste Jahr
1971	Malina
1972	Simultan
1979	Der Fall Franza

Impressum

© konkursbuch Verlag Claudia Gehrke 2013
PF 1621, D – 72006 Tübingen
Telefon: 0049 (0) 7071 66551 und 0049 (0) 172 7233958
Fax: 0049 (0) 7071 63539
E-Mail: office@konkursbuch.com
www.konkursbuch.com

Gestaltung: Verlag, C. Gehrke. Die grafischen Elemente in diesem Buch sind Details aus Illustrationen und Einbänden der Originalausgaben und Textdokumente: Manuskriptseiten, Fahnenkorrekturseiten. Dank an alle, die bei der Zusammenstellung mitgewirkt haben.

ISBN: 978-3-88769-357-2

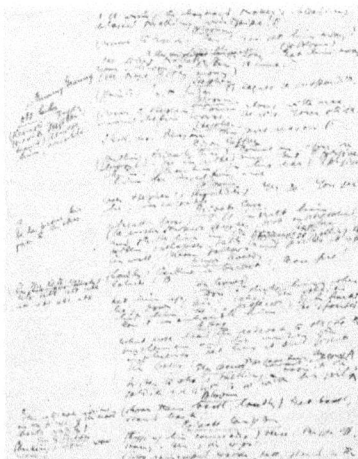